PROBLEME DER WIRTSCHAFTSPOLITIK

SCHRIFTENREIHE ZUR
INDUSTRIE- UND ENTWICKLUNGSPOLITIK

Herausgegeben von Prof. Dr. Dr. Dr. h. c. Fritz Voigt

Band 16

Probleme der Wirtschaftspolitik

Beiträge zu einer erklärungsrelevanten Ökonomie

herausgegeben von

Stefan Jokl, Michael Schönemann
Frank Walcher

DUNCKER & HUMBLOT / BERLIN

Gedruckt 1975 bei Berliner Buchdruckerei Union GmbH., Berlin 61
Printed in Germany

ISBN 3 428 03370 1

Unserem verehrten Lehrer Fritz Voigt
zur Vollendung seines 65. Lebensjahres

Inhalt

Vorwort

Anläßlich des am 16. Januar 1975 vollendeten 65. Lebensjahres unseres akademischen Lehrers Prof. Dr. Dr. Dr. h. c. *Fritz Voigt* sollen die Beiträge dieses Sammelbandes einer interessierten Öffentlichkeit einen Überblick geben über die Tätigkeit des Instituts für Industrie- und Verkehrspolitik der Universität Bonn, dem er als Direktor vorsteht.

Unter dem bewußt breit gewählten Thema „Wirtschaftspolitik — Beiträge zu einer erklärungsrelevanten Ökonomie" haben seine Mitarbeiter versucht, einen Abriß der vielfältigen Forschungstätigkeit des Instituts in Beiträgen aus den Gebieten der Methodologie der Wirtschaftspolitik, der Industrie-, Verkehrs- und Entwicklungspolitik und aus dem Bereich des Geld- und Kreditwesens zu geben, um dem güterwirtschaftlichen Aspekt den monetären komplementär hinzuzufügen.

Der Titel dieser Schrift soll die Absicht der Herausgeber kennzeichnen, nicht „Modellexperimente", sondern an der Wirklichkeit überprüfbare Aussagen zu entwickeln. Erklärungsrelevanz zielt also gleichzeitig auf Realitätsnähe, Praxisorientierung und Anwendbarkeit der Theorie ab.

Daher ist die wissenschaftliche Arbeit des Institutes — wie auch das Gesamtwerk von Fritz Voigt — durch das Spannungsfeld „Theorie und Wirklichkeit" gekennzeichnet. Der modernen Wirtschaftstheorie — von den Erfahrungen der Weltwirtschaftskrise ausgehend — ist es zwar gelungen, mit Hilfe neuer theoretischer Werkzeuge, mit unterschiedlich stark abstrahierenden Modellbetrachtungen viele wirtschaftliche Prozesse zu analysieren bzw. einer Analyse näher zu kommen. Fritz Voigt hat in seinen Schriften aber immer wieder darauf hingewiesen, daß wirtschaftliche Entwicklungen nicht modellhaft ablaufen, sondern daß die Wirklichkeit auf komplexen komplizierteren Funktionszusammenhängen beruht. Die Theorie[1] geht dabei von einem Einheitstyp des wirt-

---

[1] Wir verstehen hierunter die traditionelle Wirtschaftstheorie (z. B. die neoklassische Theorie), die sämtliches wirtschaftliches Handeln auf die Allokation knapper Ressourcen reduziert und Elemente wie Macht, Interessen, Gerechtigkeit usw. unberücksichtigt läßt. In den letzten Jahren scheint sich aber wieder in der Literatur eine Abkehr von der „reinen" Theorie und eine „Renaissance der Politischen Ökonomie" (so *Frey*, B. S.: Die Renaissance der Politischen Ökonomie; in: Schweiz. ZfV u. Stat., H. 3 [1974], S. 357 - 407) abzuzeichnen, welche die moderne Ökonomie wieder an die drängenden Probleme unserer Gesellschaft heranführt, insbesondere also wieder den Bezug zur *Politik* herstellt.

schaftlich Handelnden, dem „homo oeconomicus", aus und baut auf den Grundlagen einer sehr vereinfacht gesehenen Marktwirtschaft mit der privaten Verfügungsmacht über Produktionsmittel auf. Die Erklärungsrelevanz derartiger Ansätze für die differenzierte Struktur des heutigen Industrialisierungsprozesses und der wirtschaftlichen Entwicklung in den Industrie- und Entwicklungsländern reicht nicht aus.

Die in den theoretischen Modellen verwendeten Verhaltenshypothesen und vorausgesetzten Randbedingungen weisen i. d. R. einen extrem hohen Abstraktionsgrad auf, der zwangsläufig zu einer vereinfachten Darstellung wirtschaftlicher Zusammenhänge führen muß. Die dort verwendeten aggregierten makroökonomischen Größen enthalten viel zu differenzierte Bestandteile, wovon tatsächlich jeder einzelne für sich im langfristigen Wirtschaftsablauf u. U. selbst wieder unterschiedliche sozioökonomische Folgeprozesse induzieren kann. Derartige, von jedem wirtschaftlichen Handeln erzeugten „externen" Folgeeffekte sind das eigentliche Zentralthema dieser Schrift. Sie finden fast immer ihre Ursache in der nicht quantifizierbaren Komplexität des auch emotional determinierten menschlichen Verhaltens.

Im Teil I *(Methodologie der Wirtschaftspolitik)* wird nach einer Zusammenstellung der augenblicklich diskutierten *Planungstheorien* („Planung zwischen Theorie und Realität") eine kritische Auseinandersetzung mit Hilfe der *Popper*schen Theorie vorgenommen, die ja bekanntlich jede Form gesamtgesellschaftlicher Planung als „holistisch" bzw. „historizistisch" ablehnt und daher jegliche Planbarkeit sozialer Zustände verneint[2].

Der Teil II *(Industriepolitik)* versucht, Folgewirkungen industrieller Entwicklungsprozesse und die zu deren planvoller Lenkung erforderlichen wirtschaftspolitischen Maßnahmen aufzuzeigen: *Soziale Sicherheit*, unter Einbeziehung der „Sicherung" der unmittelbaren Tätigkeit am Arbeitsplatz und *Umweltschutz* sind heute zentrale wirtschaftspolitische Ziele jeder hochentwickelten Industriegesellschaft. Der marktwirtschaftliche Prozeß der Industrialisierung führt durch unterschiedliche Auswirkungen der „Entwicklungsanreize" — Voigt bezeichnet dies als Differenzierungsprozeß — zu „Kern-, Indifferenz- und Entleerungsbereichen". Resultanten im Kernbereich des Prozesses der Industrialisierung sind u. a. der „Konzern" und das „Kartell". Das Verhältnis zwischen Kartell und Staat, die Wettbewerbspolitik, wird am Beispiel der Niederlande, eines EG-Landes, dargestellt. Der letzte Beitrag dieses Teils versucht nachzuweisen, daß eine produktivitätsorientierte Lohn-

[2] Es sollte in diesem Zusammenhang nicht unerwähnt bleiben, daß die auf dem „kritischen Rationalismus" beruhenden Beiträge dieses Bandes nicht die Meinung aller Mitarbeiter des Instituts wiedergeben und nur als Diskussionsbeiträge zu verstehen sind.

und Preispolitik infolge von Allokations- und Wachstumsproblemen den marktwirtschaftlichen Industrialisierungsprozeß in seiner Eigendynamik verlangsamen kann.

Nach Voigt treiben primär zwei „Motoren“ den Prozeß der Industrialisierung und damit den Differenzierungsprozeß voran: Das *Geld- und Kredit*system und das *Verkehrs*system[3]. Das moderne, elastische, geldschöpfende Kreditsystem ist die eine wichtige Voraussetzung dieser Entwicklungsprozesse. In einem Beitrag wird daher in diesem Zusammenhang untersucht, ob die Organisationsform der Kreditwirtschaft Einfluß auf die räumliche und sektorale Streuung der Wachstumsimpulse hat. Die beiden anderen Beiträge behandeln Spezialprobleme des Geldschöpfungsprozesses.

Fritz Voigt hat — ausgehend von einer neuen Konzeption der *Theorie der Wirtschaftspolitik,* in der er die Formung sowie die Möglichkeiten und Grenzen staatlichen Handelns analysiert[4], und einer kritischen Überprüfung des Entwicklungsprozesses der Industrialisierung — den Zusammenhang zwischen der Entwicklung der verschiedenen Verkehrsmittel eines Verkehrssystems und wirtschaftlichen und sozialen Wandlungen aufgezeigt. Er will nachweisen, wie das Verkehrssystem u. U. fähig ist, eigene Entwicklungsprozesse (Volkswirtschaftliche Gestaltungskraft) auszulösen, und wie es zu einem fruchtbaren Prozeß der Industrialisierung führt[5]. Andererseits sind Verkehrsinvestitionen in der Lage, räumliche Differenzierungen des Industrialisierungsprozesses insbesondere in Entleerungsgebieten zu korrigieren, da in einem marktwirtschaftlich organisierten System Investitionen i. d. R. nur dort vorgenommen werden, wo unter der Voraussetzung des rationalen Verhaltens der Investoren ein maximaler Gewinn erwartet wird. Diese regionalpolitische Zielsetzung der gesamtwirtschaftlichen Investitionsplanung kollidiert aber häufig mit anderen wirtschaftspolitischen Maximen.

Ein Beitrag beschäftigt sich daher mit dem Problem der „Verkehrsinvestitionen als Instrument der Regionalpolitik“. Da aber die ausschlaggebenden Determinanten der ökonomischen Entwicklung die Pläne der privaten Wirtschaftssubjekte sind, mußte weiter untersucht werden, ob eine bessere verkehrsmäßige Erschließung die industrielle Standortwahl

[3] Technischer Fortschritt, Bevölkerungswachstum, Wirtschaftsgesinnung usw. sind natürlich auch Bestimmungsfaktoren dieses Prozesses; aber allein sind sie nicht in der Lage, Wachstum auszulösen.

[4] Vgl. *Voigt,* F.: Theorie der Wirtschaftspolitik (erscheint voraussichtlich 1976).

[5] Eine komprimierte Darstellung dieser *Voigt*schen Theorie findet sich bei: *Heinze,* G. W.: Disparitätenabbau und Verkehrstheorie; in: Strukturwandel und makroökonomische Steuerung, Festschrift für Fritz Voigt, hrsg. v. S. Klatt und M. Willms, Berlin 1975, S. 427 - 464.

beeinflußt. Dies wirft unter Verkehrspolitikern die Frage auf, welches Verkehrsmittel hierzu am besten in der Lage ist. Die Problematik solch vergleichender Analysen der Leistungsfähigkeit verschiedener Verkehrsträger wird deshalb am Beispiel der Binnenschiffahrt und der Eisenbahn dargestellt.

Der letzte Beitrag dieses Teils („Das Oszillationsphänomen in der Frachtratenentwicklung und sein Einfluß auf die Zahlungsbilanz der Entwicklungsländer") leitet bereits über zur Darstellung der Beziehungen zwischen den *Entwicklungs-* und *Industrieländern*.

Der seit Ausbruch der „Erdölkrise" verstärkt entbrannte weltweite Macht- und Verteilungskampf zwischen armen und reichen Ländern macht sich in allen internationalen Beziehungen bemerkbar, sei es auf Welthandels- und Entwicklungskonferenzen, wo u. a. eine Neuorientierung der Schiffahrtspolitik zugunsten der Entwicklungsländer gefordert wird, oder sei es im „Ölpreiskrieg", der nicht nur den Wohlstand der Industrieländer in Frage stellt, sondern die sogenannte „Dritte Welt" in Rohstofflieferanten und „Habenichtse" spaltet („Die Spaltung der Dritten Welt — Zukunftsaussichten der Entwicklungsländer"). Ob die von den Rohstoffproduzenten beabsichtigte „gerechtere" Verteilung des „Reichstums dieser Welt" Erfolg haben wird, hängt nicht zuletzt von Verhalten, Stabilität und von den zukünftigen Entwicklungen des bisher einzig funktionierenden Rohstoffkartells, des Kartells der erdölproduzierenden Staaten, ab („Das OPEC-Kartell — Verhalten, Stabilität und Zukunftsaussichten").

Es sollte aber in diesem Zusammenhang nicht vergessen werden, daß die Entwicklungsländer für die Industrieländer bis jetzt nur „billige Rohstofflieferanten" waren, deren Wohlverhalten sich die Industrieländer durch „Entwicklungshilfe" zu erkaufen suchten, die aber meistens nur auf schablonenhafter Übertragung der in den Industrieländern gültigen Entwicklungsmodelle auf die Entwicklungsländer beruhte. Dies führte zu den bekannten Mißerfolgen. Die Hilfe der Industrieländer muß stärker die „eigenen Wege" der Entwicklungsländer zur Erlangung einer höheren Entwicklungsstufe berücksichtigen und nicht nur „kapitalistisches" Wohlverhalten auszeichnen.

Fritz Voigt hat in seinen Schriften immer wieder darauf hingewiesen, daß vor allem Infrastrukturinvestitionen in den Entwicklungsländern besondere Produktivitätswirkungen ermöglichen und daher einen „positiven" und sinnvollen Beitrag zum Industrialisierungsprozeß der Entwicklungsländer darstellen („Die Bedeutung der Produktivitätswirkung von Verkehrswegeinvestitionen für eine wachstumsorientierte Entwicklungspolitik").

Anliegen dieses Bandes ist es, auf dringende Probleme aufmerksam zu machen, welche zu lösen die Ökonomie allein mit theoretischen Entwicklungsmodellen nicht in der Lage ist. Die ökonomische Entwicklung ist das Ergebnis einer Kombination aus gesellschaftlichen, kulturellen, politischen und wirtschaftlichen Veränderungen, die ihrerseits wieder Veränderungen induzieren. Alle diese von unterschiedlichen historischen Gegebenheiten ausgehenden Entwicklungsprozesse lassen sich nicht auf nur wenige ursächliche Beziehungen zwischen verschiedenen ökonomischen Größen reduzieren. Mit diesem Sammelband soll aus der Sicht des Ökonomen zugleich Darstellung, Erklärung und Fortschreibung dieser komplexen Welt gegeben werden, einer Welt, die selbst im Tätigkeitsbereich des „homo oeconomicus" eine vielfältige, vielschichtige und letztlich nicht quantifizierbare Größe zumindest solange bleiben wird, wie der Mensch seiner Individualität noch nicht beraubt ist. Dieser Gedanke steht nicht nur hinter den hier veröffentlichten Aufsätzen, er zieht sich auch als Ausdruck bewußt empfundener und praktizierter Verantwortung durch Werk und Schaffen von Fritz Voigt.

Den Abschluß bildet ein Anhang; er versucht, Entwicklung, Zielsetzung, Forschungs- und Lehrtätigkeit des Instituts seit seiner Gründung im Jahre 1965 in Bonn nachzuzeichnen. Eine Dokumentation der wichtigsten Veröffentlichungen rundet diesen Überblick ab.

Die Weite des wissenschaftlichen Betätigungsfeldes, dem bereits durch die Namensgebung des Instituts Ausdruck verliehen wurde, kommt auch in der Vielfalt der hier abgedruckten Beiträge zum Ausdruck. Um so mehr sind wir deshalb Herrn Dr. *Johannes Broermann*, Inhaber des Verlages Duncker & Humblot, dankbar, daß er uns bei der Verwirklichung der Drucklegung so sehr entgegenkam.

Die besonderen Glückwünsche seiner Mitarbeiter gelten ihrem verehrten akademischen Lehrer und Chef, dem sie mit diesem Band zur Feier seines 65. Geburtstages eine Freude bereiten wollen.

Bonn, im Januar 1975

Die Herausgeber

TEIL I

Methodologie der Wirtschaftspolitik

Planung zwischen Theorie und Realität

Von Rudolf H. Wasem

I. Einleitung

Der Aufsatz soll versuchen, einen gewissen Überblick über die Haupttendenzen bisheriger Planungsdiskussion zusammenzustellen. Absolute Vollständigkeit sowie absolut korrekte Interpretation der einzelnen Positionen können nicht immer in Anspruch genommen werden; eine solche Zusammenfassung läuft infolge der starken Vereinfachungen immer Gefahr, bestehende Querbezüge zu zerreißen und wichtige Teilaspekte zu vernachlässigen.

Es wird versucht, die jeweilige Darstellungsart der Verfasser möglichst objektiv zu übernehmen. Eine eigene Wertung wird nicht vorgenommen. Größere und kleinere Theoriediskussionen (wie etwa Werturteilsstreit, Historizismusdiskussion und *Luhmann-Habermas*-Kontroverse) werden nicht reproduziert, da sie kaum zusätzliche Informationen zur jeweiligen Grundposition bringen.

Der Begriff ‚Planung' kann hier natürlich nicht allgemeingültig definiert werden, da der Aufsatz erst das unterschiedliche Verständnis von Planung aufzeigen soll. Ausgeklammert aus den Betrachtungen sind die rein betriebswirtschaftliche Planung und die Instrumente der Planung.

II. Einteilungsmöglichkeiten

Planungstheorien lassen sich nach unterschiedlichen Kriterien — wissenschaftstheoretische, inhaltliche etc. — systematisieren (vgl. *Friedmann/Hudson, Linder, Krieger* u. a.)[1]. Als Einstieg in die Problematik sollen hier drei Dimensionen der konkreten Erscheinungsform von Planung mit ihren gegensätzlichen Elementen dargestellt werden[2]:

---

[1] Vgl. *Friedmann,* John; *Hudson,* Barclay: Knowledge and Action: A Guide to Planning Theory; in: AIP Journal No. 1 (1974), S. 2 - 14; *Linder,* Wolf: Probleme geplanter Politik; in: DISP Nr. 32, Informationen ORL, Zürich 1974, S. 20 - 30; *Krieger,* Martin: Some New Directions for Planning Theories; in: AIP Journal No. 2 (1974), S. 156 - 163.

[2] Vgl. *Faludi,* Andreas: Planungstheorie, Planung in den USA; in: Stadtbauwelt Nr. 26 (1970), S. 130 - 134.

(a) — *technisches Plandenken* (blueprint planning): Ingenieurmäßiges Erstellen eines Plandokuments

— *Planung als kontinuierlicher Prozeß:* Homogen fortlaufende Planung, das einzelne Plandokument wird quasi zum Nebenprodukt

(b) — *umfassende Planung* (comprehensive planning): Versuch der Lenkung aller relevanten Variablen

— *zusammenhangloser Inkrementalismus* (disjointed I.): Schrittweises, experimentelles, unkoordiniertes Vorgehen

(c) — *normative Planung:* Gesellschaftliche Zielfindung wird als Teil der Planung verstanden

— *funktionale Planung:* Gesellschaftliche Zielsetzungen sind gegeben, Planung sucht rationellste Verwirklichungswege (Mittelplanung).

Ein Grundwiderspruch der heutigen Planungspraxis drückt sich in der unter (c) erwähnten Ziel-Mittel-Dichotomie aus[3]. Darunter ist die autonome Zielformulierung durch den Politiker oder die Institution und die unkontrollierte Mittelplanung durch den Experten zu verstehen. Die Irrationalität einer solchen strengen Abgrenzung liegt offen: Der Politiker kann durch eine enge Zielvorgabe die Suche nach günstigeren oder nützlicheren Alternativen unterbinden, der Experte kann durch geschickte Planungstaktik politische Entscheidungen präjudizieren oder unterlaufen.

Die folgende Einteilung der Planungstheorien und die Reihenfolge der Abhandlung richtet sich nach der Komplexität der geforderten Planungsinhalte. Begonnen wird mit der ‚Stückwerk-Technologie' *Poppers.* Am Ende des Überblicks über die in Westeuropa und den USA diskutierten Möglichkeiten steht die Forderung nach einer Gesamtplanung in einem neuen politischen System. Anschließend werden sozialistische Planungstheorien der RGW-Staaten und Jugoslawiens dargestellt.

III. Marktwirtschaftlich orientierte Planungstheorien

1. Begrenzte Planung kleiner Schritte

Die wichtigsten Vertreter einer engen Auslegung der Planung sind *Popper, Lindblom* und *Tenbruck. Popper* lehnt die ganzheitliche Betrachtungsmöglichkeit größerer Systeme (wie etwa der Gesellschaft)

[3] Vgl. *Vente,* Rolf E.: Planung wozu? Begriff, Verwendungen und Probleme volkswirtschaftlicher Planung, Baden-Baden 1969, S. 77 ff.

ab und verneint dementsprechend auch deren Planbarkeit[4]. Er faßt die Planungspraxis als Experimentieren auf und fordert eine lernfähige Sozialtechnik, die variabel auf unvorhergesehene Veränderungen in der gesellschaftlichen Entwicklung eingeht und negative Nebenfolgen eliminiert. Es darf nie so komplex geplant werden, daß Ursachen und Wirkungen, Handlungen und Erfolge nicht mehr einander zurechenbar sind. *Popper* nennt dieses Vorgehen ‚Stückwert-Technik' (piecemeal engineering) oder auch ‚Herumbasteln' (muddling through). Nach dieser Theorie vermindert sich mit zunehmender Komplexität der Gesellschaft in Zukunft immer mehr die Chance einer Totalplanung.

Lindblom (mit *Braybrooke*) erweitert die Theorie *Poppers*. Indem er mehrere Entscheidungsinstitutionen und die Schwierigkeiten bei Informationsaustausch und -gewinnung einbezieht, kommt er zu einem Modell, das den Vorstellungen einer pluralistischen Ordnung weitgehend entspricht[5]. Ziel der Planung ist die schrittweise Verbesserung des gegenwärtigen Zustandes. Da die Informationen über zu lösende Probleme immer unvollständig sein werden, kann nur eine beschränkte Anzahl von Handlungsalternativen untersucht werden. Alle Entscheidungen sind in einem permanenten Prozeß zu kontrollieren und zu revidieren. Dieses Handeln einer Vielzahl von nicht oder kaum koordinierten Entscheidungsträgern wird ‚disjointed incrementalism' genannt.

Auch *Tenbruck* lehnt eine zukunftsorientierte normative Gesamtplanung ab. Jede Planung zielt auf manifeste Bedürfnisse, berührt aber unkontrollierbar die durch den gegenwärtigen Zustand befriedigten latenten Bedürfnisse[6]. Nach der Implementierung zeigen sich neue alte Bedürfnisse — die Präferenzstruktur hat sich geändert. Normative und für die Zukunft gültige Wertordnungen sind unmöglich bestimmbar, weil sie Antworten auf diejenigen zukünftigen Handlungen sein werden, die aus vorhergehenden Wertordnungen und Planungen resul-

---

[4] Vgl. *Popper*, Karl R.: Das Elend des Historizismus, 3. Aufl., Tübingen 1971, S. 51 ff.; vgl. auch *Albert*, Hans: Theorie und Prognose in den Sozialwissenschaften; in: Logik der Sozialwissenschaften, hrsg. v. Ernst *Topitsch*, NWB 6, Köln 1972, S. 126 - 143.

[5] Vgl. *Braybrooke*, David; *Lindblom*, Charles E.: Zur Strategie der unkoordinierten kleinen Schritte (Disjointed Incrementalism); in: *Fehl*, Gerhard; *Fester*, Mark; *Kuhnert*, Nikolaus (Hrsg.): Planung und Information, Materialien zur Planungsforschung, Gütersloh 1972, S. 142 ff.; *Lindblom*, Charles E.: The Science of ‚Muddling Through', in: Public Administration Review No. 19 (1959), S. 79 - 88; vgl. auch: *Davidoff*, Paul: Advocacy and Pluralism in Planning; in: AIP Journal 31. Jg. (1965), S. 331 - 338; *Kade*, Gerhard; *Hujer*, Reinhard: Planung der kleinen Schritte und Politik des ‚status quo'; in: *Fehl/Fester/Kuhnert* (Hrsg.): Planung und Information, Materialien zur Planungsforschung, Gütersloh 1972, S. 167 - 179.

[6] Vgl. *Tenbruck*, Friedrich H.: Zur Kritik der planenden Vernunft, Freiburg, München 1972, S. 56 ff.

tieren. Jeder soziale Prozeß bewirkt die Änderung von Werten und Ideen, jede erreichte Bedürfnisbefriedigung entwertet sich selbst. Der Gesamtprozeß ist nicht vorhersagbar und kontrollierbar. *Tenbruck* geht so weit, daß er die grundsätzliche Frage, ob Planen immer besser sei als Nichtplanen, allgemeingültig nicht bejahen will.

2. Rationalistische Mittelplanung

Für einige Theoretiker stellt sich Planung lediglich als rein instrumentelle Managementtechnik dar. Am weitesten geht mit dieser Auslegung *Dror*, der bei jeglichem politischen Prozeß und bei jeder Planung einen maximalen Netto-Output fordert, gleich an welchen Zielen oder Werten sich dieser Prozeß zu orientieren hat[7].

Churchman schlägt vor, daß ‚Operations Researcher' Pläne für Handlungsabläufe erarbeiten, welche für besser gehalten werden als andere Planungen[8]. Diese Pläne bringen bessere Ergebnisse, seien letztere monetär oder auf einer Präferenzskala gemessen. Die zugrunde liegenden Werte sind (a) problemimmanent und bekannt, (b) durch Einschätzen der Zielpräferenzen des Auftraggebers zu erhalten, oder (c) nicht bekannt und müssen empirisch ermittelt werden.

Tinbergen tendiert in Richtung einer Zielplanung, wenn er schreibt, daß in einem gutdurchdachten Entwicklungsplan auch eine Vorstellung über die anzustrebende soziale Ordnung enthalten sein sollte[9]. Trotzdem wird er noch unter die Rationalisten (auch ‚decisionmaker') eingeordnet, da er versucht, die Suche nach einer optimalen Sozialordnung auf das Problem der Wohlstandsmaximierung zu reduzieren. Diese Fragestellung kann dann ohne Schwierigkeit mit dem wirtschaftswissenschaftlichen Instrumentarium der Wohlfahrtsökonomie gelöst werden.

Aus gänzlich anderer Perspektive ist *Hojman* zu den Rationalisten zu zählen. Aus seinen Erfahrungen in Lateinamerika leitet er ab, daß Planung nur rationale Mittelplanung sein kann[10]. Sie kann zwar gewisse Optimierungsprobleme lösen, nicht aber Probleme der Vermögensumverteilung oder der politischen Machtverteilung. Folglich verneint er die Möglichkeit, nur mit Hilfe der Planung gegen die herrschenden Inter-

---

[7] Vgl. *Dror*, Yehezkel: Public-Policy Reexamined, San Francisco 1968, S. 130 ff.

[8] Vgl. *Churchman*, C. West: Wie ist Planung möglich?; in: *Fehl/Fester/Kuhnert:* Planung und Information, Materialien zur Planungsforschung, Gütersloh 1972, S. 127 - 139.

[9] Vgl. *Tinbergen*, Jan: Modelle zur Wirtschaftsplanung, München 1967, S. 64 ff.

[10] Vgl. *Hojman*, David A.: Desarrollo Regional y Planificación Regional, Caracas 1974, S. 41 ff.

essen eine evolutionäre, systemreformerische Politik durchsetzen zu können.

3. Ein empirizistischer Planungsansatz

Ausgehend von dem Postulat, daß Planungen Bedürfnissen dienen sollen und nicht umgekehrt, fordert *Waterston* einen neuen Ansatzpunkt der Planung[11]. Als erster Schritt soll eine Identifizierung wichtiger Probleme vorgenommen werden. Die Zielvorgabe oder -diskussion soll abgelöst werden durch eine empirische Problemsuche und die Feststellung der für die Problemlösung verfügbaren Ressourcen. Da diese Probleme auf der untersten Stufe, der kleinsten politischen Einheit am besten bekannt sind, ist eine dezentralisierte Durchführung der Planung notwendig.

Während die vorhergehenden Modellansätze immer nur Teilsysteme der komplexen Wirklichkeit beschreiben, befassen sich *alle* folgenden Theorien mit einer umfassenden Planung der Gesamtgesellschaft. In der Literatur werden dafür verschiedene Ausdrücke gebraucht, etwa ‚soziale Planung', ‚Gesellschaftsplanung', ‚Gesamtplanung'. Die darzustellenden Theorien bewegen sich entweder im Rahmen der herrschenden Gesellschaftsordnung und versuchen, die Gesellschaft als Ganzes weiterzuentwickeln oder sie fordern neue zukunftsbezogene politische Systeme, beispielsweise die direkte Demokratie.

Der erste wichtige Vertreter umfassender Eingriffe des Staates in den Wirtschaftsablauf war übrigens John Maynard *Keynes* mit seiner Forderung nach staatlicher Einwirkung auf Beschäftigung, Nachfrage, Zinssatz etc.[12].

4. Planung und kybernetische Systemtheorie

Wenn man die Gesellschaft als Regelkreis und zwar als offenes System ansieht, dann kann die kybernetische Systemtheorie als Erklärungsmodell der sozialen Wirklichkeit und gesellschaftlichen Ordnung dienen[13]. Über die Relationen nach außen können Wirtschaftspolitik, Planung etc. Einfluß auf das System nehmen. Zum Überleben muß der Regelkreis zu Lernprozessen (internen Neuordnungen) in der Lage sein. Planen bedeutet nun Erkennen der Strukturen des Regelkreises mit allen Subsystemen und Einflußnahme insofern, als sie zur Verhaltensoptimierung führt[14].

---

[11] Vgl. *Waterston*, Albert: Eine Lösung des dreifachen Planungsdilemmas; in: Finanzierung und Entwicklung 2/1972, S. 39 f.

[12] Vgl. *Keynes*, John Maynard: The General Theory of Employment, Interest, and Money, London 1964 (Erstveröffentlichung: 1936), S. 3 ff.

[13] Vgl. *Degen*, Ulrich u. a.: Zur Anwendung der kybernetischen Systemtheorie in den Sozialwissenschaften; in: *Fehl/Fester/Kuhnert:* Planung und Information, Materialien zur Planungsforschung, Gütersloh 1972, S. 18 ff.; vgl. auch *Aderhold*, Dieter: Kybernetische Regierungstechnik in der Demokratie, Deutsches Handbuch der Politik, Bd. 7, München - Wien 1973.

[14] Vgl. *Friedmann*, John: Ein konzeptionelles Modell für die Analyse von Planungsverhalten; in: *Esser*, Josef; *Naschold*, Frieder; *Väth*, Werner (Hrsg.):

Während die Systemplanung bei uns schweren Angriffen ausgesetzt ist[15], wird sie von sozialistischen Planungstheoretikern als systemimmanent angesehen. *Klaus* versucht darzustellen, daß sich Marxismus und kybernetische Systemtheorie gegenseitig bestätigen und vertiefen[16]. Er will die Methoden der Planung im Marxismus mit Hilfe dieses Instruments und seiner informations-, entscheidungs- und spieltheoretischen Aspekte optimal ausgestalten. Auf diese Weise soll der Marxismus zu einer exakten Wissenschaft gemacht werden, soll der Übergang von der bisher vorherrschenden qualitativen Betrachtungsweise zu einer quantitativen vollzogen werden[17].

Von *Luhmann* wird die bisher beschriebene Art der Systemtheorie abgelehnt. Vor allem wendet er sich gegen die Auslegung des kybernetischen Systems als ein Ganzes, das aus abgrenzbaren und steuerbaren Teilen besteht[18]. Sein System-Umweltansatz bezieht sich auf die ‚Welt' als einen homogenen Komplex, dessen unbegrenzte Möglichkeiten durch die Planung (entscheidungsmäßige Selektion) auf ein Format reduziert werden müssen, das erst Handeln ermöglicht. Diese reduzierte Abbildung ist für ihn das ‚System'.

Einen sehr komplexen Ansatz zur Systemtheorie bringt *Etzioni*. Hauptgedanke ist eine Einteilung von Gesellschaftsformen nach den beiden Kriterien Kontrolle und Konsensbildung[19]. Es ergeben sich vier Typen, von denen zur Zeit drei realisiert sind:

(a) geringes Kontroll- und Konsensniveau: passive Gesellschaft wie etwa manche afrikanischen Stämme

(b) geringes Kontroll- und starkes Konsensniveau: ungesteuerte Gesellschaft, dazu zählen die kapitalistischen Demokratien

(c) starkes Kontroll- und geringes Konsensniveau: übersteuertes System, alle totalitären Gesellschaften.

Gesellschaftsplanung in kapitalistischen und sozialistischen Systemen, Gütersloh 1972, S. 213 f.

[15] Vgl. *Fehl*, Gerhard; *Fester*, Mark; *Kuhnert*, Nikolaus (Hrsg.): Planung und Information, Materialien zur Planungsforschung, Gütersloh 1972, S. 9.

[16] Vgl. *Klaus*, Georg: Kybernetik, Eine Universalphilosophie der Gesellschaft? Zur Kritik der bürgerlichen Ideologie 27, Frankfurt/M. 1973, S. 64 ff.

[17] Vgl. *Damus*, Renate: Kybernetische Systemtheorie und marxistische Philosophie, Eine Auseinandersetzung mit Georg *Klaus*, in: *Fehl/Fester/Kuhnert:* Planung und Information, Materialien zur Planungsforschung, Gütersloh 1972, S. 36 ff.

[18] Vgl. *Luhmann*, Niklas: Zweckbegriff und Systemrationalität, Tübingen 1968, S. 117 ff.

[19] Vgl. *Etzioni*, Amitai: Ansätze zu einer Theorie gesellschaftlicher Steuerung, in: *Esser/Naschold/Väth:* Gesellschaftsplanung in kapitalistischen und sozialistischen Systemen, Gütersloh 1972, S. 205 ff.; *Etzioni*, Amitai: The Active Society, New York 1968.

Die beiden letzten Arten können dazu tendieren, sich in Typ (d) umzuwandeln:

(d) starkes Kontroll- und Konsensniveau: aktive Gesellschaft.

In den westlichen Demokratien sollte also die Planung auf erhöhte Kontrolle hinarbeiten, insbesondere auf eine breite Kontrolle von unten nach oben.

Dieser Ansatz *Etzionis* hat eine eminent politische Bedeutung, versucht er doch, die Konvergenztheorie soziologisch zu untermauern. Allgemeine Gegenargumente zur Konvergenztheorie aus sozialistischer Sicht finden sich bei *Meissner*[20].

5. Ansätze zu einer nicht-kybernetischen Gesamtplanung

Erster Befürworter einer Gesamtgesellschaftsplanung war *Mannheim*. Ausgehend von der immer größer werdenden Störanfälligkeit der liberalen Demokratie gegenüber totalitären Systemen (zwischen den Weltkriegen), fordert er eine ganzheitliche Betrachtungsweise der gesellschaftlichen Beziehungen[21]. Durch rationale, objektivierte gesellschaftliche Entscheidungen können normative Rahmen gesetzt werden, innerhalb welcher sich eine sinnvolle Entwicklung vollziehen kann. Die ‚geplante Gesellschaft' kann aufgrund dieser rationalen Konsistenz als Bollwerk gegen den Totalitarismus dienen.

Ebenfalls im Rahmen des institutionellen Systems bewegt sich *Galbraith*. Dieses System soll gestärkt werden, allerdings ohne daß es zu einer zu Konflikten führenden absoluten Vorrangstellung des Staates kommt[22]. Staat und die wirtschaftlich-technokratische Führungselite sind natürliche Bündnispartner, da die Führungsschicht ähnliche Gemeinwohlziele wie der Staat vertritt. Gemeinsam kann das wichtigste Problem (nach *Galbraith*) gelöst werden, die Abhängigkeit des Staates vom Industriesystem.

In zumindest indirekter Beziehung scheinen *Galbraiths* Gedanken zur französischen Planification zu stehen. Die ersten französischen Pläne wurden von der Technokratie erarbeitet ohne echte Beteiligung von Parlament und sozialen Gruppen. Erst in der V. Republik wurde eine breitere Partizipation an der Plandiskussion eingeführt. Trotz der seither verbesserten Kooperation verschiedener sozialer Gruppen, ist die

---

[20] Vgl. *Meissner*, Herbert: Konvergenztheorie und Realität, Berlin (DDR) 1971, S. 21 ff.

[21] Vgl. *Mannheim*, Karl: Mensch und Gesellschaft im Zeitalter des Umbaus, Darmstadt 1958, S. 49 ff.

[22] Vgl. *Galbraith*, J. K.: Die moderne Industriegesellschaft, München, Zürich 1968, S. 419 ff.

Planification nach *Cohen* noch mit vielen Mängeln behaftet. Insbesondere die Zielplanung ist kaum beeinflußbar[23].

6. Sonstige neuere Ansätze

In den letzten Jahren wurden einige sehr unterschiedliche Ansätze planungstheoretischer Art publiziert. Einige davon werden im folgenden kurz skizziert.

Klages fordert eine ‚aktive' umfassende Planung, die sich am Leitziel der menschlichen Emanzipation orientiert[24]. Hauptpunkt ist der Abbau der Humanbarriere, der konservativ-kleinbürgerlichen Immobilität durch Bildung, um dann den ‚gebildeten' und mit den nötigen Informationen versehenen Mitbürger aktiv am Planungsprozeß teilnehmen zu lassen. Die politischen und sozioökonomischen Randbedingungen werden grundsätzlich berücksichtigt, eine kontrollierte Demokratisierung wird (bis zu gewissen Grenzen) eingeführt. Der Möglichkeitsbereich aktiver umfassender Planung wird mit Hilfe einer systemtheoretisch fundierten Modellsimulation abgetastet.

Naschold tritt für eine Partizipation der Betroffenen am Planungsprozeß ein. Da die Tendenz zu einer stärkeren Verselbständigung des Staates, besonders zu einer zu großen Selbständigkeit der Verwaltung gegenüber dem politischen Willensbildungsprozeß führt, wird eine Gegenmachtbildung fast automatisch hervorgerufen[25]. Wird diese Gegenmacht als echtes Partizipationspotential in die staatlichen Planungssysteme integriert, so wird das System stabilisiert und die Regelungskapazität im Sinne einer ‚labilen Multistabilität' erweitert. *Naschold* zählt die ‚Partizipation' zu den Produktivkräften. Die Problematik ist ihm bekannt: Die begrenzte Steuerbarkeit infolge unsicherer menschlicher Bedürfnisse und Motivationsbildung. Sie könnte sich administrativ-politischen Kontrollmechanismen entziehen und zu einem reinen Störfaktor werden. Dieser Entwicklung muß mit geeigneten Strategien entgegengesteuert werden.

---

[23] Vgl. *Cohen,* Stephen: Moderne kapitalistische Planung: Das französische Modell, in: *Esser/Naschold/Väth:* Gesellschaftsplanung in kapitalistischen und sozialistischen Systemen, Gütersloh 1972, S. 260 ff.; *Edelmann,* Pierre: Möglichkeiten und Grenzen der französischen Planification, Bern, Frankfurt/M. 1971, S. 139 ff.; *Lutz,* Vera C.: Zentrale Planung für die Marktwirtschaft, Tübingen 1973; *Yatsimirski,* Marie-Rose: Le passé et l'avenir de la planification française, Reflexions du C.N.P.F.; in: Revue d'économie politique, No. 5 (1970), S. 988 - 998.

[24] Vgl. *Klages,* Helmut: Planungspolitik, Stuttgart, Berlin, Köln, Mainz 1971, S. 142 f.

[25] Vgl. *Naschold,* Frieder: Zur Politik und Ökonomie von Planungssystemen, in: *Fehl/Fester/Kuhnert:* Planung und Information, Materialien zur Planungsforschung, Gütersloh 1972, S. 114 ff.

Fester hat 1970 die ersten Ansätze eines kommunikationstheoretischen Konzepts der Planungstheorie vorgelegt. Er will Planung als kommunikatives Handeln im Sinne eines Transaktionsmodells verstanden wissen, welches sich an der Steigerung der echten Kommunikation, der Gestaltungs- und Lernfähigkeit der Gesamtgesellschaft orientiert[26]. Echte Kommunikation (Responsivität) bedeutet, daß kein einseitiger asymetrischer Prozeß aus der Sicht des Systems stattfindet (Steuerungsmodell), sondern daß ebenso von den Aspekten der Systemumwelt ausgegangen werden muß, d. h. die Aktivitäten des Systems sind auch unter dem Blickwinkel der Leistungserbringung an die Umwelt zu sehen. Ungelöst ist bisher noch die Frage, in welchen exakten Beziehungen die drei Elemente Lernfähigkeit, Gestaltungsfähigkeit und Responsivität zueinander stehen.

Eine ähnliche Richtung schlägt *Habermas* ein. Die Mitglieder eines Gesellschaftssystems sollen ihre Normen und Bedürfnisse kollektiv in einem chancengleichen, diskursiven Willensbildungsprozeß festlegen[27]. Nur so kann das Endziel erreicht werden, eine Gesellschaftsplanung auf der Basis eines herrschaftsfreien Konsenses.

7. Kritik an der westlichen Planungswirklichkeit

Offe wirft der planenden Verwaltung Verschleierungstaktik vor[28]. Da sie durch ihr eigenes Handeln möglicherweise Konflikte provoziert, die ihre weitere Handlungsfähigkeit beeinträchtigen, muß sie sich absichern (strukturelles Legitimationsproblem). Die Legitimation durch Partizipation wird aber nur sehr eingeschränkt in der Planungspraxis realisiert. Und selbst dann hat sie keine demokratisierende sondern systemstabilisierende Funktionen. Entweder dient Partizipation zum Beziehen von Informationen über sehr komplexe Probleme (z. B. Hearings), oder sie hat die Aufgabe, Frustrationen aus den stetig zunehmenden staatlichen Eingriffen in die tägliche Lebenssphäre des einzelnen Bürgers abzubauen (z. B. Vorinformationen über geplante Projekte sollen den Überraschungseffekt abmildern und ein Gefühl der Beteiligung vermitteln). Keinesfalls aber wird eine Kontrolle der Verwaltung von unten oder eine inhaltliche Vertretung der Interessen der Betroffenen durch die Verwaltung angestrebt.

---

[26] Vgl. *Fester*, F. Marc: Vorstudien zu einer Theorie kommunikativer Planung, Zur Kritik entscheidungslogischer und regelungstheoretischer Planungskonzepte, Diskussionspapier, o. O. 1970, S. 83 f.; wiederabgedruckt in: arch+ Heft 12 (1970).

[27] Vgl. *Habermas*, Jürgen: Legitimationsprobleme im Spätkapitalismus, Frankfurt/M. 1973, S. 178 ff.

[28] Vgl. *Offe*, Claus: Strukturprobleme des kapitalistischen Staates, 2. Aufl.. Frankfurt/M. 1973, S. 123 ff.

Eine Kritik aus sozialistischer Sicht bringt *Alter*, ein Vertreter der *Stamokap*-These. Danach ist der staatsmonopolistische Kapitalismus die höchste planmäßige Form des Kapitalismus[29]. Zu dieser Gesellschaftsform (Staat Eigentümer von oder Teilhaber an großen Teilen des volkswirtschaftlichen Produktivkapitals) kam es aufgrund der Störanfälligkeit des liberalen Systems und der fehlenden Rendite in einigen Wirtschaftsbereichen. Um rational zu handeln, ist der Staat gezwungen, zuerst seinen Bereich, und da dieser nicht unabhängig existiert, auch die anderen Teile der Volkswirtschaft mehr und mehr zu planen. Diese Planung (*Alter* nennt sie ‚Programmierung') beinhaltet in ihrer höchsten Stufe aber nur die gewollte *ökonomische* Entwicklung innerhalb des bestehenden Systems. Eine Fortentwicklung der Gesellschaft kann und soll damit nicht erreicht werden. Planung ist und bleibt ‚Krisenmanagement im Rahmen einer Überlebensstrategie der herrschenden Eliten' *(Bettelheim)*.

IV. Forderung nach der direkten Demokratie

Beer meint, daß die jetzigen Gesellschaftsstrukturen, die heutigen Herrschaftsformen von Politik, Wirtschaft und Soziokultur überholt sind und ersetzt werden müssen[30]. Wenn Menschen Modelle bauen, so entsprechen diese inneren Erwartungsmodellen von der Umwelt, nicht aber der Umwelt selbst. Planung ist eine Illusion, da das Modell der Ersatzwelt geplant wird und nicht die Realität. Außerdem ist das herrschende System infolge fehlender Rückkoppelungen und mangelnder Konsensfähigkeit äußerst störanfällig und explosiv. *Beer* fordert nun neue Institutionen, deren Organisation der Wirklichkeit entspricht. Dazu schlägt er als wichtigste Innovationen vor:

(a) Entmachtung der fortschrittsbremsenden Bürokratie, der filternden Medien und der Lobbies

(b) Installierung eines Systems schneller Rückkoppelungen zwischen Volk, Exekutive und Legislative

(c) Ersetzen der bürokratischen Maschinerie durch ein effizientes, die Freiheit des Einzelnen schützendes und im Echtzeit-Zugriff arbeitendes Informationssystem.

In diesem neuen System vollzieht sich die gesellschaftliche Entwicklung auf einer durch Partizipation abgesicherten Basis.

---

[29] Vgl. *Alter*, L.: Regulierung und Programmierung der kapitalistischen Wirtschaft: Wesen, Methoden und Widersprüche, in: *Esser/Naschold/Väth:* Gesellschaftsplanung in kapitalistischen und sozialistischen Systemen, Gütersloh 1972, S. 290 ff.

[30] Vgl. *Beer*, Stafford: Wie wir die Welt lenken, in: Stadtbauwelt Heft 43 (1974), S. 212 ff.

V. Sozialistische Planungstheorien

1. Planungstheorien im RGW-Bereich

Die Aussagen einiger Planungstheoretiker aus des RGW[31]-Bereich unterscheiden sich nur unwesentlich. Am weitesten entfernt von der herrschenden Meinung ist wohl *Lange*, der unter Planung lediglich die quantitative Festlegung des gesamtgesellschaftlichen (Produktions-) Zieles sowie die Ableitung ebensolcher Ziele für die nachgeordneten Stufen der Hierarchie versteht[32]. Bei ihm hat Planung nur Mittelcharakter.

Nach *Afanasjew* ist eine Leitung der sozialistischen Gesellschaft in ihrer Gesamtheit auf wissenschaftlicher Basis möglich, weil durch das gesellschaftliche Eigentum Anarchie, Konkurrenz und das grenzenlose spontane Wirken des Marktes verhindert werden[33]. Da es auch im Sozialismus keine automatische Gewähr für eine harmonische Entwicklung gibt, gilt es die objektiven Gesetze der Entwicklung zu erforschen und aufzubereiten. Diese ein objektives Möglichkeitsfeld absteckenden Gesetze geben den Rahmen ab für subjektive Entscheidungen[34].

Eine planmäßig geleitete Entwicklung bedeutet also eine systematische Einflußnahme auf diejenigen Strukturen, die der auf die Überlegungen des historischen Materialismus gegründeten Theorie der Gesellschaftlichen Entwicklung entgegenstehen. Dabei dürfen unvollendete Etappen und Stadien der Entwicklung nicht übersprungen werden.

Die Planung der Entwicklung erfährt — anders als bei *Lange* — keine enge Auslegung auf Quantifizierung und Technokratisierung, sondern bezieht sich auf die Gesamtstrukturen. Neben der materiellen Komponente sind etwa auch die Entfaltung der menschlichen Kultur und der menschlichen Persönlichkeit einbezogen[35]. Als Leitlinie dient dabei das Gesetz der planmäßigen proportionalen Entwicklung. Insgesamt wird die in ihrer Gesamtheit wissenschaftlich geleitete sozialistische Gesellschaft als selbststeuerndes System angesehen[36].

---

[31] RGW — Rat für gegenseitige Wirtschaftshilfe (Comecon), Sitz Moskau.

[32] Vgl. *Lange*, Oskar: Politische Ökonomie, in: *Esser/Naschold/Väth:* Gesellschaftsplanung in kapitalistischen und sozialistischen Systemen, Gütersloh 1972, S. 103 ff.

[33] Vgl. *Afanasjew*, W. G.: Wissenschaftliche Leitung der Gesellschaft, Berlin (DDR) 1969, S. 137 ff.

[34] Vgl. *Hörz*, Herbert: Determinismus und Entscheidungen; in: Deutsche Zeitschrift für Philosophie Heft 3 (1972), S. 268 ff.

[35] Vgl. *Ley*, Hermann: Philosophische Probleme der wissenschaftlichen Leitung des gesamtgesellschaftlichen Lebensprozesses der sozialistischen Gesellschaft; in: Deutsche Zeitschrift für Philosophie, Sonderheft 1969, S. 140 ff.

2. Kritik an der sozialistischen Planungswirklichkeit

Nach *Neumann* wurde mit der Einführung des ‚Ökonomischen Systems des Sozialismus (ÖSS)' in der DDR ein Rückgriff auf kapitalistische Verhaltensweisen vorgenommen[37]. Da die DDR-Wirtschaft sich als Subsystem des — kapitalistischen— Weltmarktes begreift und an ihm ihre Perspektivplanungen orientiert, kann der Plan nicht mehr als Instrument des Klassenkampfes und des Übergangs zum Kommunismus dienen. Vielmehr degenerierte er zu einem technokratischen Element, das ähnlich wie im Kapitalismus zum Krisenmanagement des Marktes eingesetzt wird. Gesellschaftspolitische Prioritäten im Plan (z. B. Beseitigung der Klassenstruktur) werden zunehmend verdrängt durch Prioritäten, die vom Weltmarkt diktiert werden (so führen etwa die sehr hohen Qualitätsansprüche des Weltmarktes zu einer Ausweitung des ‚unsozialistischen' Systems der materiellen Anreize).

Während also *Neumann* zurückkehren will zu einem Lenkungsprinzip, das den Sozialismus als nur kurze Übergangsphase auf dem Weg zur kommunistischen Gesellschaftsordnung sieht, versuchten die Theoretiker des ‚Prager Frühlings', in das sozialistische System marxismusfremde Elemente zu integrieren. Die Verwandtschaft des ‚Marktsozialismus' von *Šik* mit dem jugoslawischen Selbstverwaltungssozialismus ist dabei unverkennbar.

Für *Šik* ist die derzeit praktizierte zentrale Planung einiger RGW-Länder eine Art Manipulation, die zwar eine formal ausbilanzierte Wirtschaftsentwicklung gewährleistet, der betroffenen Bevölkerung aber absolut keine Wahlmöglichkeiten überläßt[38]. Eine Diskussion zwischen Repräsentanten der unmittelbaren Produzenteninteressen mit denjenigen der Nichtproduzenteninteressen ist unmöglich. *Šik* konzipierte deshalb einen ‚dritten Weg': Im neuen sozialistischen System soll

— eine Kapitalkollektivierung stattfinden (keine Verstaatlichung der Produktion!)

— eine demokratische makroökonomische Orientierungsplanung Produzenten- und Nichtproduzenteninteresse gleichgewichtig berücksichtigen

— ein echter Markt entstehen, der lediglich auf makroökonomischer Ebene planmäßig reguliert wird

---

[36] Vgl. *Afanasjew*, W. G.: Wissenschaftliche Leitung der Gesellschaft, Berlin (DDR) 1969, S. 136.

[37] Vgl. *Neumann*, Philipp: Der Sozialismus als eigenständige Gesellschaftsformation, Zur Kritik der politischen Ökonomie des Sozialismus und ihre Anwendung in der DDR, in: *Esser/Naschold/Väth:* Gesellschaftsplanung in kapitalistischen und sozialistischen Systemen, Gütersloh 1972, S. 180 ff.

[38] Vgl. *Šik*, Ota: Der dritte Weg, Hamburg 1972, S. 426 ff.

— durch institutionelle Veränderungen eine Vertiefung der politischen Demokratieelemente (Partizipation) erreicht werden.

3. Planung im jugoslawischen Selbstverwaltungssozialismus

In Jugoslawien sind Staatsverwaltung und Management der Wirtschaft fast gänzlich getrennt[39]. Zentrale Planungen erstrecken sich nur auf große bundesweite Investitionsobjekte. Der Staat besteht quasi aus einer ‚Föderation selbstbestimmter — politischer, ökonomischer und sonstiger — Einheiten' *(Spulber)*. Jeder von oben organisierte Zwang wurde abgeschafft und stattdessen eine Partizipation von unten mittels Arbeiterräten konstituiert. Gesellschaftspolitische Priorität genießt das Ziel soziale Gerechtigkeit (Bedürfnisgerechtigkeit), das schon auf der Unternehmensebene realisiert wird. Dabei sind die Unterziele Humanität und wirtschaftliche Unternehmensführung einander gleichgestellt. Der Güteraustausch findet auf einem freien Markt statt, wodurch es zu einer Einkommensverteilung nach Markterfolg kommt.

Dieser Selbstverwaltungssozialismus wird von *Vučić* kritisiert. Er nennt die Selbstverwaltungsgruppen ‚kollektive Kapitalisten': Einzelne SV-Gruppen beuten andere Gruppen und die gesellschaftliche Gesamtheit aus[40]. Es kommt zu ständigen Konflikten, sowohl zwischen einzelnen Gruppen als auch zwischen Vertretern unterschiedlicher Zielbündel. Die regionalen Unterschiede werden nicht aufgehoben. Da die SV-Körperschaften die volle Verfügungsgewalt über die erwirtschafteten Mittel haben, hat der Staat kaum Möglichkeiten zur Regulierung wirtschaftlicher Krisen und Ungleichgewichte.

VI. Tendenzen der Planungspraxis

Zum Schluß sollen Geschichte und Tendenzen der Planung kurz umrissen werden. Bisher kann man von drei Phasen der Planungsintensität sprechen[41]. Es begann mit punktuellen administrativen Interventionen gegenüber Engpässen. Sie wurden Anfang der dreißiger Jahre abgelöst durch eine Phase der Dauerregelung gewisser gesellschaftlicher Sektoren. Dabei stimmten sich der politisch-administrative Bereich und etablierte gesellschaftliche Gruppen (Gewerkschaftsführung etc.) ab. Eine dritte Phase zeichnet sich seit einiger Zeit ab. Der Planungshorizont

---

[39] Vgl. *Spulber*, Nicolas: The theory of the Socialist Economy; in: Kyklos 1972, S. 723 ff.; *Gehrecke*, Siegfried: Arbeiterselbstverwaltung und wirtschaftliche Effizienz; in: Osteuropa Heft 9 (1972), S. 663 - 676.

[40] Vgl. *Vučić*, Novica: Die sozio-ökonomische Lehre des jugoslawischen Selbstverwaltungssozialismus; in: Osteuropa Heft 6 (1972), S. 433 ff.

[41] Vgl. *Esser*, Josef; *Naschold*, Frieder; *Väth*, Werner: Gesellschaftsplanung in kapitalistischen und sozialistischen Systemen, Gütersloh 1972, S. 10 ff.

wird verlängert, alle Gesellschaftsbereiche werden in die Planung integriert und die Partizipation wird ausgeweitet. In diese Richtung tendiert auch das gesamtgesellschaftliche Simulationsmodell, an dem seit zwei Jahren Wissenschaftler des Zentrums Berlin für Zukunftsforschung arbeiten[42].

Parallel zu der innerstaatlichen Entwicklung zeichnen sich auch im zwischenstaatlichen Bereich Bestrebungen zum Ausbau regionaler und weltweiter Steuersysteme ab. Regionale Planungsverbundsysteme sind die EG, der RGW usw. Als fast alle nichtsozialistischen Länder umfassende Kooperationszentren existieren seit über 20 Jahren die Weltbank und ihre Schwesterorganisationen. Durch die Einführung der Kunstwährung Sondererziehungsrechte vor einiger Zeit wurde der erste Schritt zu einer Umwandlung der Weltbank in ein effektives Steuerungsinstrument getan. Ein ‚global guidance system' kann nicht mehr aufgehalten werden, da die zunehmende Verflechtung der einzelnen Staaten untereinander über Außenhandel und Weltmarkt einen funktionierenden Regelungs- und Konfliktlösungsmechanismus erfordert.

[42] Vgl. *Koelle*, H. H.: Entwurf eines zielorientierten, gesamtgesellschaftlichen Simulationsmodells (GESIM) zur Unterstützung der Ziel-, Aufgaben- und Finanzplanung, ZBZ-Berichte 18 + 21 (1974).

Ganzheitsdenken und Gesellschaftsplanung

Ein kritischer Überblick

Von Thilo Sarrazin, Frithjof Spreer, Manfred Tietzel

I.

Historizismus und (utopischer) Holismus bilden in der politischen Soziologie nur zu oft ein unheiliges ideologisches Geschwisterpaar, sobald es um Gesellschaftsplanung geht. Dieses Paar kann auf eine lange Tradition zurückblicken und erlebte unzählige Wiedergeburten in scheinbar neuen soziologischen Theorien[1].

Der Historizismus, vertreten in der Art spekulativer Geschichtsphilosophien, die einen „Sinn" in den Ablauf der Geschichte projizieren, der sich durch einen „prime mover", ein „immanentes Bewegungsgesetz", realisiert, kann als eine auf den Geschichtsprozeß bezogene Variante des Ganzheitsdenkens (Holismus) verstanden werden.

Das Ganzheitsdenken behauptet die Existenz eines „sinngebenden Kollektivsubjekts", das es in seiner Totalität zu erkennen und zu analysieren gelte.

Der utopische Charakter des Holismus ist nicht unbedingt evident. Im Gegenteil zeichnet sich das Denken in Ganzheiten durch eine hohe intuitive Anziehungskraft aus. So wird niemand bestreiten, daß alle Dinge auf der Welt irgendwie miteinander im Zusammenhang stehen, und daß eine isolierende Betrachtung oder Behandlung angeblich singulärer Ereignisse ein zumindest oberflächliches Verfahren darstellt. *Zwar ist ein selektiv-aspekthaftes Analyseverfahren mit Recht als oberflächlich*[2]

[1] Vgl. (kritisch) *Spreer*, F.: Zur Wissenschaftstheorie der Wirtschaftsplanung, Bonn-Bad Godesberg 1974, S. 149 ff.

[2] „Unser Wissen wird in gewissem Sinne nur negativ sein, d. h. es wird uns nur in die Lage versetzen, gewisse Ergebnisse auszuschließen, nicht aber den Bereich des Möglichen genügend einzuengen, so daß eine Möglichkeit übrig bleibt." (*Hayek*, F. A. v.: Scientism and the Study of Society; in: Economica 9 (1942), S. 390.) Deutlich durch *Albert:* „Es ist nicht ausgeschlossen, daß wir in den Sozialwissenschaften noch weitgehend an Oberflächenerscheinungen haften, unsere Theorien also noch zu ‚anschaulich' sind." (*Albert*, H.: Der moderne Methodenstreit und die Grenzen des Methodenpluralismus; in: *Jochimsen*, R., *Knobel*, H. (Hrsg.): Gegenstand und Methoden der Nationalökonomie, Köln 1971, S. 268.

einzustufen, allerdings gegenüber allen anderen Vorgehensweisen dadurch ausgezeichnet, daß es logisch vertreten werden kann. Ein theoretisches Verfahren ist notwendig aspekthaft, und die Ausmerzung oder Vermeidung *aller* „theoretischen Vorurteile“ erweist sich sowohl in bezug auf den Induktionsprozeß des Positivismus als auch in bezug auf die antipositivistische Wissenssoziologie als logisch unhaltbar.

Der Holist knüpft dennoch an die vereinigte positivistisch-wissenssoziologische Kritik des Selektivismus an. Zu dieser Kritik glaubt er sich durch seine Ablehnung der angeblich nicht „gegenstandsadäquaten“ Methode von Auflösung und Rekomposition — also der Analysemethode aller theoretischen Realwissenschaften — berechtigt; stattdessen rekurriert er beinahe zwangsläufig auf die Hermeneutik, und es ist nicht übertrieben zu behaupten, die Methode des „verstehenden“ Erkenntnisgewinns sei bereits holistisch geprägt. Verstehen „sei eine Form des Erkennens, die das Ganze eines erkannten Objekts in seiner Komplexität erfaßt und es gleichsam neu hervorbringt“[3], sagt *Schieder*.

Hermeneutische Methode und holistischer Anspruch treten gemeinsam auf, wenn es gilt, den Ergebnissen der historischen Forschung den Anspruch größerer „Allgemeingültigkeit“ zu verleihen. Ausgehend von der (freilich zunächst wenig nützlichen) Erkenntnis, daß alle Dinge auf der Welt zusammenhängen, und daß alle Kausalketten prinzipiell infinit sind, versucht der hermeneutisch vorgehende Holist, das „Ganze“ in sich aufzunehmen und zu reproduzieren. Die Kritik des hermeneutischen Anspruches auf Methodenautonomie und Erklärungsleistung[4] gilt nun auch für den hermeneutischen Holismus; er kann akzeptiert werden als heuristischer Mittler, als Vehikel für den Entdeckungsprozeß; allein holistisch gewonnene Theorien konstituieren nicht etwa eine „ganz andere Wahrheit“, die nun nicht mehr überprüft zu werden braucht, vielmehr wird dieser Anspruch hinfällig, wenn man — was für den Wahrheitsgehalt einer Theorie unumgänglich ist — zwischen Entdeckungs- und Prüfungszusammenhang dieser Theorie unterscheidet.

Das Ganzheitsdenken muß sich also mit den gleichen Schwierigkeiten konfrontieren lassen wie die Hermeneutik als Methode der Sozialwissenschaften. Neben diesen Problemen gerät der Holist jedoch in weitere, die seine Lehre als höchst prekär erscheinen lassen. Dies soll die folgende Darstellung zeigen.

II.

Die Forderung nach einer wie auch immer „ganzheitlichen“ Betrachtungsweise wird vorzugsweise dann als selbstverständlich angesehen,

---

[3] *Schieder*, Th.: Geschichte als Wissenschaft, München - Wien 1965, S. 37.

[4] Vgl. dazu *Albert*, H.: Theorie, Verstehen und Geschichte, in: Zeitschrift für allgemeine Wissenschaftstheorie, Bd. I (1970).

wenn man einen synthetischen Satz formuliert, welcher eine Dichotomie von „Totalitätsfragestellung“ und „atomisierende(r), alles in abstrakte, voneinander unabhängige Stücke zerschlagende(r) Empirie“[5] konstruiert, wie *Mannheim* dies tut. Nachdem einmal diese Dichotomie als tatsächlich gegeben hingenommen ist, klingen Stichworte wie „Organismus der Gesellschaft“, „Wirtschafts- und Gesellschaftssystem“, „gesamtwirtschaftlicher Zusammenhang“, „Systemkrise“ oder „Gesamtplan“[6] völlig unverfänglich; es kann aber gezeigt werden, daß ihnen historizistisch-holistische Gedanken zugrunde liegen, die — gelinde gesagt — einige ungelöste Probleme aufwerfen. Die größten Probleme stellen sich aber bereits bei der Frage nach dem Begriff und der Existenz sozialer „Ganzheiten“[7].

(1) Die Holisten, sagte *Schlick* schon 1938, führen die Worte „Ganzheit“ oder „Totalität“ „ohne Unterlaß im Munde und glauben damit auf dem Wege zur Lösung der größten Probleme zu sein. ‚Ganzheit‘ ist fast zu einem Zauberwort geworden, von dem man Befreiung von allen Schwierigkeiten erhofft“[8]. *Schlick* unterscheidet in seiner Kritik des Holismus zwei Arten der Ganzheit, *Summenganzheit* und *Gestaltganzheit*. Die Gestaltganzheit wird nach *Schlick* durch zwei Kriterien charakterisiert: (1) Die Eigenschaften oder Wirkungen der Ganzheit sind nicht aus ihren Teilen zusammensetzbar oder ableitbar. (2) Die Ganzheit ist „transponierbar“, d. h. ihre Charakteristika bleiben auch dann erhalten, wenn ihre Teile verlorengehen. *Schlick* zeigt nun die metaphorische Verwendung der Begriffe „Eigenschaften“, „Wirkungen“, „zusammensetzbar“, „ableitbar“, „transponierbar“ usw. auf. Gerade beim Wort „zusammensetzen“ liegt „... jedesmal ein anderer, teilweise geradezu entgegengesetzter Gebrauch desselben Wortes vor, und beliebig viele andere Verwendungsweisen sind denkbar“. *Schlick* weist nach, daß gerade der Ganzheitstheoretiker, der ständig auf der Nichtadditivität qualitativer Phänomene besteht, einem „schweren Irrtum hinsichtlich des Summenbegriffs“ unterliegt; und „da Summe (additive Komplexe) und Ganzheiten (nicht additive Komplexe) korrelative Begriffe sind, so kann man den einen nicht verstehen, ohne sich über den anderen klar zu sein“[9].

---

[5] *Mannheim*, K.: Die Gegenwartsaufgabe der Soziologie. Ihre Lehrgestalt, Tübingen 1932, S. 27.

[6] Vgl. dazu etwa: *Sarrazin*, T., *Spreer*, F., *Tietzel*, M.: Krise und Planung in marxistischer Sicht: Das Beispiel Habermas, in: Hamburger Jahrbuch für Wirtschafts- und Gesellschaftspolitik, 19. Jg. (1974), S. 293 - 318.

[7] Vgl. *Feyerabend*, P. K.: Das Problem der Existenz theoretischer Entitäten, in: *Topitsch*, E. (Hrsg.), Probleme der Wissenschaftstheorie, Festschrift für V. Kraft, Wien 1960.

[8] *Schlick*, M.: Über den Begriff der Ganzheit (1938); in: *Topitsch*, E. (Hrsg.): Logik der Sozialwissenschaften, 8. Aufl., Köln 1972, S. 213.

[9] Ebenda, S. 217.

Der Ganzheitstheoretiker leidet auch hier unter dem von ihm selbst gesetzten Zwang, logisch-semantisch eindeutige Begriffe zu verwenden, was mit großen Schwierigkeiten behaftet ist. Nur ein pragmatisches Verfahren kann diesen Schwierigkeiten aus dem Weg gehen; aber was sollte ein pragmatischer Holismus sein? „Eine klare und eindeutige Verwendung für das Wort ‚Ganzheit' ist bisher nicht gefunden worden." Was bei diesen Bemühungen herauskommt, ist stets dies: „Die Frage: Summe oder Ganzheit? scheint keine Tatsachenfrage, sondern eine Angelegenheit der willkürlichen Festsetzung zu sein[10]." Und so kann man immer nur die Ganzheiten schauen, die man selbst definiert hat, ebenso wie man immer nur die „Systeme" scheitern lassen kann, die man als krisenhaft definiert hat. Seit aber *Einstein* und später *Popper* die Vagheit des Ganzheitsbegriffes in der Physik klargestellt haben, scheint die gesellschaftstheoretische holistische Wortmagie desto mehr in Mode gekommen zu sein.

Die Holisten übersehen nach *Schlicks* Meinung folgendes: „Die vollständige Beschreibung des Verhaltens aller Teilchen eines Systems enthält bereits die lückenlose Beschreibung seines Gesamtverhaltens: Die Gesetze des Geschehens in ihm sind nicht etwas, das der Beschreibung hinzukommen muß, sondern etwas, das aus ihr abzulesen ist. Dies geschieht dadurch, daß man die zahllosen Einzelbeschreibungen mit Hilfe möglichst einfacher Formeln auszudrücken sucht, durch die im Falle des Gelingens alles wundersam geordnet erscheint. Aufstellung von Naturgesetzen, das heißt Erklärung von Naturerscheinungen, *ist* nichts anderes als eine solche Vereinfachung vorliegender Beschreibungen, eine Zusammenfassung vieler mit Hilfe weniger Formeln oder Funktionen[11]."

Nun gebraucht *Schlick* hier gerade das völlig unhaltbare positivistische Argument (Erklärung durch Beschreibung), dessen Ablehnung die Ganzheitstheoretiker zum Anlaß genommen haben, eine noch weniger haltbare Lehre einzuführen. Hier sehen wir, wie sich zwei unakzeptable gegensätzliche methodologische Positionen aus der mangelhaften Bewältigung des nun schon seit Jahrhunderten währenden Streits zwischen Empirismus und Intellektualismus herleiten[12]. Während *Schlick* den empiristischen Weg wählte, beschreitet der Holist ungeachtet aller früheren Einwände den zum Begründungsregreß führenden Weg des Intellektualismus, oder genauer gesagt, dessen essentialistischen Seitenpfad. Alle diese Wege führen gleichwohl in ähnliche Schwierigkeiten.

Von *Schlicks* Ergebnissen können wir allerdings das folgende akzeptieren: „Streng genommen ist es niemals korrekt, von einem Gebilde zu sagen, es sei eine ‚bloße Summe' oder eine ‚Ganzheit', sondern man meint: Bei diesem Gebilde ist eine summenhafte, bei jenem eine ganzheitliche

[10] Ebenda, S. 217.

[11] *Schlick*, M.: Über den Begriff der Ganzheit ..., S. 220.

[12] Siehe dazu *Albert*, H.: Traktat über kritische Vernunft, 2. Aufl., Tübingen 1969, S. 21 ff.

Begriffsbildung zum Zwecke der Erkenntnis vorteilhafter." Denn es „kann der Gegensatz von ‚Summe' und ‚Ganzheit' nicht der Gegensatz zweier Arten von Dingen oder Vorgängen bedeuten, sondern er bleibt ein Gegensatz zweier Darstellungsweisen"[13].

(2) Auch der Antipositivist *Popper* betont „eine fundamentale Zweideutigkeit im Gebrauch des Wortes ‚Ganzheit' in der neueren holistischen Literatur". Er unterscheidet den Gebrauch des Wortes „Ganzheit" als „Bezeichnung (a) der Gesamtheit *aller Eigenschaften oder Aspekte* einer Sache und insbesondere aller Relationen, die zwischen den sie konstituierenden Teilen bestehen und (b) *bestimmter besonderer Eigenschaften oder Aspekte* der fraglichen Sache, nämlich jener, die sie als organisierte Struktur erscheinen lassen, nicht als ‚bloße Anhäufung'"[14]. Sicherlich läßt sich das Diktum: „Das Ganze ist mehr als die Summe seiner Teile" rechtfertigen, wenn man auf einen bestimmten *Aspekt* abstellt (ein Beispiel wäre das Entstehen „synergistischer Benefits" bei der Plankoordination)[15]. Eine *Gestaltganzheit* (z. B. in der Gestaltpsychologie) ist also durch diese Selektivität scharf von der *Totalität*, d. h. von einer Ganzheit im Sinne (a) unterschieden. *Popper* bestreitet zu Recht, daß solche Totalitäten Gegenstände einer Untersuchung sein können. „Wenn wir eine Sache studieren wollen, müssen wir stets bestimmte Aspekte an ihr auswählen. Es ist uns nicht möglich, ein ganzes Stück der Welt oder ein ganzes Stück der Natur zu beschreiben, ja nicht einmal das kleinste ganze Stück läßt sich so beschreiben, denn jede Beschreibung ist notwendig selektiv. Man kann sogar sagen, daß Ganzheiten im Sinne (a) niemals Gegenstand irgendeiner Tätigkeit sein können, keiner wissenschaftlichen und keiner sonstigen[16]."

Popper findet daher „die Unterscheidung zwischen ‚Anhäufung' und ‚Ganzheit' nicht nur trivial, sondern auch äußerst vag. Sie ist nicht auf verschiedene Arten von Dingen anwendbar, sondern nur auf verschiedene Aspekte der gleichen Dinge"[17]. Daß nun bestimmte besondere Eigenschaften und Aspekte, etwa der ökonomische Aspekt oder der „Klassenaspekt", das „Wesen" einer Ganzheit ausmachen, das hatte schon der *Essentialismus* behauptet. Die essentialistische Attitüde des Holisten ist es, die ihn „monokausale Theorien des sozialen Wandels von Gesamtsystemen"[18] aufstellen läßt. Nicht nur, daß der Holist glaubt, „objektive

---

[13] *Schlick*, M.: Über den Begriff der Ganzheit . . ., S. 223.

[14] *Popper*, K. R.: Das Elend des Historizismus, 3. Aufl., Tübingen 1971, S. 61.

[15] Vgl. dazu im einzelnen: *Bonus*, H.: Kosten-Nutzen-Analyse in Stadtregionen; in: Jahrbuch für Sozialwissenschaft, 23. Bd. (1972), S. 16 ff.

[16] *Popper*, K. R.: Das Elend des Historizismus, S. 61.

[17] Ebenda, S. 66.

[18] *Riegel*, K.-G.: Buchbesprechung zu: *Bergmann*, J. E.: Die Theorie des sozialen Systems von Talcott Parsons; in: Z. f. d. ges. Staatswiss. 125/1969, S. 555.

ökonomische Gesetze" gefunden zu haben, er legt vielmehr Wert auf *das* Bewegungsgesetz, oder *den* „Grundwiderspruch, aus dem alle Widersprüche entspringen, in denen die heutige Gesellschaft sich bewegt"[19]. So ist also schnell auf holistische Weise der „Ursprung der Ungleichheit unter den Menschen"[20] oder „die Anarchie in der gesellschaftlichen Produktion"[21] „erklärt". Eine solche „Erklärung" ist freilich nichts als die Formulierung eines synthetischen Satzes, dessen „Wahrheit" nur geglaubt werden kann.

(3) Auch *Nagel* weist darauf hin, „daß Wörter wie ‚Ganzes' und ‚Summe' in ihrer üblichen Verwendung meist vage, vieldeutig und sogar metaphorisch sind ...". Je nach dem, wie man Ganzheit, Summe und Teil definiert, kann sowohl das Diktum „das Ganze ist gleich der Summe seiner Teile" als auch das Diktum „das Ganze ist mehr als die Summe seiner Teile" notwendig wahr sein, obwohl beide Aussagen zusammengenommen kontradiktorisch sind. Anhand von konkreten Beispielen weist Nagel die Vieldeutigkeit der Begriffe „Ganzes", „Teil" und „Summe" nach. Wenn man, was häufig geschieht, das Wort „Summe" als Interdependenzzusammenhang innerhalb eines „Systems" interpretiert, dann „folgt, daß die Unterscheidung zwischen Ganzheiten, die Summe ihrer Teile sind, und Ganzheiten, die dies nicht sind, *relativ in bezug auf eine angenommene Theorie T ist,* mit deren Hilfe die Analyse des Systems durchgeführt wird"[22].

Der Holist hat ein weiteres scheinbar einleuchtendes Argument für die „Gegenstandsadäquanz" seiner Methode zur Hand. Die Gesellschaft sei analog zu einem *Organismus* strukturiert. Ausgehend von dem besonders im Neomarxismus vertretenen Glauben, die Forschungslogik habe sich nach dem jeweiligen Forschungsgegenstand zu richten (dessen Abgrenzung freilich der Willkür anheim gegeben ist), fordert der Holist die Anwendung von *Organismusmodellen* auf die Untersuchung und den „Bau der Gesellschaft". Die Beliebtheit solcher Analogien im Altertum und im Mittelalter ist leicht zu verstehen. Nachdem aber heute klar ist, daß gerade Analogie-Ideale wie Biologie und Medizin einen Organismus nicht etwa holistisch, sondern analytisch (auflösend und rekonstruierend) erklären, ist die weitere Verwendung der in der Tradition von *Comte* und *Spencer* stehenden Organismusmodelle wohl eher psychologisch als er-

---

[19] *Engels,* F.: Die Entwicklung des Sozialismus von der Utopie zur Wissenschaft, Frankfurt 1971, S. 91.

[20] (kritisch) *Dahrendorf,* R.: Über den Ursprung der Ungleichheit unter den Menschen, in: ders.: Pfade aus Utopia, München 1968, S. 352 ff.

[21] *Engels,* F.: Die Entwicklung des Sozialismus ..., S. 91.

[22] *Nagel,* E.: Über die Aussage: „Das Ganze ist mehr als die Summe seiner Teile" (1955); in: *Topitsch,* E. (Hrsg.): Logik der Sozialwissenschaften, S. 225 und 235.

kenntnistheoretisch interessant. Aber zur Lösung „komplexer Phänomene“ scheint beinahe jedes Mittel recht zu sein[23].

(4) Die Organismustheorie über die „Gesellschaft als lebender Organismus“ ist dem *Funktionalismus* zuzuordnen *(Carlsson)*, nach dem „eine Institution oder eine sonstige soziale Gegebenheit ... durch den Nachweis erklärt werden (kann), daß sie bestimmte Auswirkungen auf die Gesellschaft als eine von der bloßen Summe ihrer Mitglieder verschiedene Einheit hat ...“[24]. Die Gesellschaft wird als lebender Organismus dargestellt[25]. Sie kann „sterben“, wenn gewisse „funktionale Bedürfnisse“ nicht erfüllt werden. Individuelle Bedürfnisse werden dominiert durch „gesellschaftliche Bedürfnisse“. Individuelle Bedürfnisse sind von „gesellschaftlichen Bedürfnissen“ „abgeleitet“. Das Entscheidende „gesellschaftliche Bedürfnis“ ist das des *Überlebens der Gesellschaft*, alle anderen Mittel werden lediglich als im Dienste der Verfolgung dieses Zweckes interpretiert. Die Frage nach der *Definition einer „Gesellschaft“* scheint man im Funktionalismus viel Wert beizumessen; ist sie politisch (z. B. Nation oder Staat) oder abstrakt (gemeinsame Ziele), durch die Bedingungen ihres „Todes“ *(Aberle)* oder durch „wesentliche“ Merkmale zu kennzeichnen? „*Wie* drastisch muß denn evolutionäre oder revolutionäre Veränderung sein, damit wir von einer neuen Gesellschaft sprechen dürfen[26]?“ *Carlsson* weist darauf hin, daß wir uns bei diesen Fragen „in der Gefahr tautologischen Denkens befinden“. Gewisse „Bedingungen“, „Konstituentien“ und Funktionen[27] können *definitorisch* funktional gemacht werden. „Vielleicht ist es gar nicht so verfehlt anzunehmen, daß die Soziologen Opfer ihres eigenen Ehrgeizes geworden sind, alle sozialen Erscheinungen unter eine einzige Perspektive zu bringen ...[28].“

---

[23] Vgl. dazu (kritisch): *Hayek*, F. A. v.: Die Theorie komplexer Phänomene, Tübingen 1972.

[24] *Carlsson*, G.: Betrachtungen zum Funktionalismus; in: *Topitsch*, E. (Hrsg.): Logik der Sozialwissenschaften, S. 237.

[25] „Zustände der Gesellschaft sind wie ... die verschiedenen Lebensalter im natürlichen Körper; sie sind Zustände nicht eines oder einiger Organe oder Funktionen, sondern des ganzen Organismus.“ (*Mill*, J. St.: Logic, Buch VI, Kap. X, Abschn. 2, zit. nach *Popper*, K. R.: Das Elend des Historizismus, S. 58). Auch *Marx* vertrat eine milde Form der Organismusanalogie: Es „hat der Menschen Geist sie (die „Wertform“; d. V.) seit mehr als 2000 Jahren vergeblich zu ergründen gesucht, während andererseits die Analyse viel inhaltsvollerer und komplizierterer Formen wenigstens annähernd gelang. Warum? Weil der ausgebildete Körper leichter zu studieren ist als die Körperzelle.“ (*Marx*, K.: Das Kapital, Bd. I, MEW 23, S. 12).

[26] *Carlsson*, G.: Betrachtungen zum Funktionalismus, S. 239.

[27] Vgl. dazu *Leinfellner*, W.: Einführung in die Erkenntnis- und Wissenschaftstheorie, 2. erw. Aufl., Mannheim - Wien - Zürich 1967, S. 65 ff. („Voraussetzungen der Konstitution und Partition holistischer Systeme“).

[28] *Carlsson*, G.: Betrachtungen zum Funktionalismus, S. 240.

„Auflösung und Tod einer Gesamtgesellschaft ist dagegen bestenfalls eine analytische Fiktion: Sie ist zwar als Ergebnis einer abstrakten Denkübung vorstellbar, tritt jedoch in der Realität niemals auf." Wir haben an anderer Stelle[29] anhand *Habermas'* Krisentheorie gezeigt, wohin solche „abstrakten Denkübungen" führen können. Die Funktionen gewisser „Elemente", „Institutionen" oder „Kräfte" innerhalb der Gesamtgesellschaft werden bei dieser Betrachtungsweise regelmäßig teleologisch gesehen. Vielleicht kann man *Carlssons* folgenden Satz auch auf *Habermas'* Krisendilemma anwenden: „Der naheliegende Ausweg aus dem Dilemma besteht in der These, daß ein dysfunktionaler Zustand zumindest teilweise geheilt wird, sobald er entsprechend schmerzhaft ist, mit der Folge, daß er nie zum Zusammenbruch der Gesellschaft führt." Diese These hat immerhin den Vorzug, daß sie bis heute durch die tatsächliche Entwicklung des Kapitalismus nicht falsifiziert worden ist. Die Zusammenbruchsthese jedoch kann solche Erfolge nicht vorweisen. Viel lohnender als die Pflege dieser Zusammenbruchstheorien scheinen uns Untersuchungen darüber, „wo und wie ein dysfunktionaler Zustand schmerzhaft ist[30]."

(5) *Luhmann* versucht, der Organismusanalogie und der Totalitätsphilosophie eine *systemtheoretische Bewältigung des Komplexheitsproblems* entgegenzusetzen. Er ist der Auffassung, daß die von *Habermas* konstruierte Dichotomie zwischen Technik (Handeln im planmäßigen Rahmen) und Praxis („selbstvollzogenes Schicksal") das Problem der Komplexität verwische. So scheint ihm, „daß *weder* praktische Diskurse *noch* zweckrationale Handlungsplanungen in ihren historisch entwickelten Formen und Grenzen ihrer Möglichkeiten dem Problem gerecht werden können, das ich als zentral ansehe: dem Problem der Komplexität"[31]. Er wendet sich damit gegen die Beschränkung der Systemtheorie auf den Typus zweckrationalen Handelns. In Erwiderung von *Habermas'* Unterstellung, Systemtheorie könne lediglich „die Wahrheit der Technik, der Sozialtechnologie, der durch Herrschaft vermittelten Manipulation"[32] erreichen, möchte *Luhmann* sogar den für *Habermas* zentralen Begriff des *Diskurses* systemtheoretisch fassen („Diskussion als System").

Schauen wir uns *Luhmanns* systemtheoretische Bewältigung des Komplexheitsproblems an. Der analytischen Kausalforschungsmethode möchte er einen „Äquivalenzfunktionalismus" entgegensetzen. Das soziale „System" sei dermaßen komplex und kompliziert, daß die Kausalanalyse einzelner Vorgänge der Ganzheitlichkeit sozialer Gegenstände nicht gerecht werde: „Jede Kausalfeststellung impliziert in verschiedenen Richtungen Verweisungen ins Unendliche: Jede Wirkung hat

---

[29] Vgl. *Sarrazin,* T., *Spreer,* F., *Tietzel,* M.: Krise und Planung in marxistischer Sicht ...

[30] *Carlsson,* G.: Betrachtungen zum Funktionalismus, S. 240 f.

[31] *Luhmann,* N.: Systemtheoretische Argumentationen. Eine Entgegnung auf Jürgen Habermas; in: *Habermas/Luhmann:* Theorie der Gesellschaft oder Sozialtechnologie, Frankfurt 1972, S. 294.

[32] Ebenda, S. 294.

unendlich viele Ursachen, jede Ursache unendlich viele Wirkungen[33]." Daher sei es „nicht mehr möglich, Ursache und Wirkung als bestimmte Seinszustände zu deuten und die Kausalität als invariante Beziehung zwischen einer Ursache und einer Wirkung festzustellen. Der Ausschluß aller anderen Ursachen und Wirkungen ist nicht zu rechtfertigen"[34]. Es ist hier nicht möglich, *Luhmanns* Kritik an der Kausalforschungsmethode zurückzuweisen[35]. Die Haltbarkeit der von *Luhmann* angebotenen methodologischen Alternative bedarf allerdings einer kritischen Prüfung.

Die funktionalistische Systemtheorie will das „Komplexheitsproblem" der Sozialwissenschaften mit Hilfe des „Äquivalenzfunktionalismus" lösen. Das Rezept lautet in Kurzform: Man sammle alle „funktionaläquivalenten" Vorschläge zur Lösung eines bestimmten Problems. Der methodologische Charakter der angebotenen Theorien ist dabei nicht von Interesse. Ein vielfältiges Theorie-Angebot ist stets von Vorteil, aber wer bestimmt, welcher Erklärungsansatz akzeptiert wird? Dies erledigt das System selbst, welches zudem als „bekannt" vorausgesetzt wird[36]. Sehen wir einmal von der Problematik der Bekanntheitsannahme ab, so klingt *Luhmanns* Vorschlag gefällig. Denn aus dem Riesenangebot der konkurrierenden Hypothesen wird sich das „System" nur jene aussuchen, welche nicht nur das anstehende Problem lösen, sondern darüber hinaus die Lösung weiterer Systemprobleme nicht behindern. Wenn wir — einer milden Interpretation folgend — das „System" als (freilich nur unvollständig „bekannte") Wirklichkeit ansehen, dann ist der Vorschlag sogar akzeptabel — aber nicht neu: Er stellt lediglich auf logische Konsistenz und empirische Gültigkeit unserer Theoriesysteme ab, und er ist damit *Poppers* Verfahren von trial-and-error äquivalent. Nun möchte *Luhmann* von solchen „Einschmelzungstendenzen"[37] nichts wissen, und er tut gut daran, denn das trial-and-error-Verfahren verzichtet durchaus nicht auf die Kausalerklärungsmethode — im Gegenteil. Es geht davon aus, daß alle „befriedigenden" wissenschaftlichen Erklärungen Kausalerklärungen sein müssen, das heißt Kausalhypothesen, welche Realursachen zur Erklärung eines Ereignisses oder einer Regelmäßigkeit heranziehen und nicht nur Überzeugungsgründe. Diese Anforderung ist eine methodologische Konsequenz des Wissenschaftsideals der Intersub-

---

[33] *Luhmann*, N.: Funktion und Kausalität; in: Kölner Z. f. Soziologie und Sozialpsychologie 14 (1962), Wiederabdruck in: Ders.: Soziologische Aufklärung Aufsätze zur Theorie sozialer Systeme, Köln-Opladen 1970, S. 16.

[34] Ebenda, S. 16.

[35] Vgl. dazu *Clever*, P.: Über den Informationsgehalt sozialwissenschaftlicher Theorien, Bonn-Bad Godesberg 1973, und *Spreer*, F.: Zur Wissenschaftstheorie der Wirtschaftsplanung, Bonn-Bad Godesberg 1974.

[36] Vgl. *Luhmann*, N.: Funktionale Methode und Systemtheorie; in: Ders., Soziologische Aufklärung, S. 37 ff.

[37] Vgl. *Luhmann*, N.: Funktionale Methode, S. 49.

jektivität, d. h. der interpersonellen Überprüfbarkeit, auf die *Luhmann* offenbar verzichtet. Eine so gewonnene wissenschaftliche Kausalhypothese ist stets in „technologische“ Form gegossen, d. h. sie gibt die Randbedingungen ihrer Geltung an, verspricht also durchaus nicht mehr, als einen Ausschnitt aus der Wirklichkeit zu erklären. Dem „Komplexheitsproblem“ ist folglich nur mit Hilfe vieler nicht widersprüchlicher Theorien beizukommen, zu lösen ist es nicht, es sei denn um den Preis einer Wissenschaftlichkeit zweiter Klasse, die Wahrsagertum und intersubjektiv prüfbare Theorien mit dem gleichen, „funktional-äquivalenten“ Status versieht.

Wir können also den Schluß ziehen, daß *Luhmanns* Ansatz entweder die Neuformulierung eines längst bekannten Verfahrens darstellt — nämlich für den Fall, daß alle „funktional-äquivalenten“ Theorien mit dem gleichen Wissenschaftsbegriff gemessen werden —, oder daß er im höchsten Maße inkonsistent ist — nämlich falls (völlig unnötigerweise) auf einen Wissenschaftsbegriff verzichtet wird. Es ist zu vermuten, daß *Luhmann* die methodologischen Konsequenzen seines Programms nicht durchschaut hat, wenn er von vornherein auf eine kritische Vorauswahl aus den „funktional-äquivalenten“ Theorien verzichtet: es ist unmöglich vom wissenschaftlichen Fortschritt zu reden, wenn man nicht zuvor klar gemacht hat, was man darunter verstanden wissen möchte. Als methodologische Alternative zur Kausalforschungsmethode kommt die funktionale Systemtheorie nicht in Frage.

Schließlich bevorzugen Holisten oft den Gebrauch des Wortes *System*[38] im Sinne einer Utopie. Ein solches „System“ ist geschlossen und im Gleichgewicht. Ein gleichgewichtiges System kann „von innen“ nicht gestört werden. Daher dränge sich, meint *Dahrendorf*, der Eindruck auf, „daß nur ein Schritt das Verständnis von den Gesellschaften als gleichgewichtigen Systemen von der Behauptung trennt, daß jeder Störer des Gleichgewichts, jeder Abweichler ein ‚Spion‘ oder ‚imperialistischer Agent‘ ist. Die System-Theorie der Gesellschaft kommt implizit der Verschwörungstheorie der Geschichte gefährlich nahe — und diese ist nicht nur das Ende aller Soziologie, sondern auch ziemlich einfältig“[39].

(6) *Watkins* untersucht die idealtypische Betrachtungsweise Max *Webers* und kommt zu dem Ergebnis, daß man unterscheiden kann zwischen holistischen und individualistischen Idealtypen. *Holistische Idealtypen* sind „von der Komplexität des tatsächlichen Geschehens frei“.

[38] „... die Gesellschaft ähnelt eher dem System als dem Organismus. Gegen die Gesellschaft als System, ihr eigentliches Objekt, verblendet sich die theorielose, mit bloßen Hypothesen haushaltende empirische Forschung ...“ (*Adorno*, Th. W.: Soziologie und empirische Forschung, in: *Topitsch*, E. (Hrsg.), Logik der Sozialwissenschaften, S. 520.)

[39] *Dahrendorf*, R.: Pfade aus Utopia, S. 252 f.

Es ist gerade die Aufgabe eines holistischen Idealtypus, dieses tatsächliche Geschehen zu analysieren. Der holistische Idealtypus hebt die „‚wesentlichen' Züge einer Situation" hervor, „die als Ganzes gesehen wird"[40].

„Der holistische Idealtypus sollte einen Überblick aus der Vogelperspektive über die allgemeinen Charakteristika einer ganzen sozialen Situation geben; dagegen wird der individualistische Idealtypus konstruiert, indem Situationen tatsächlicher Individuen untersucht werden und von diesen folgendes abstrahiert wird: (a) allgemeine Schemata persönlicher Präferenzen, (b) die verschiedenen Arten von Wissen über die eigene Situation, die ein Individuum besitzen kann, und (c) verschiedene typische Beziehungen zwischen dem Individuum und seinen Hilfsquellen. Der individualistische Idealtypus stellt hypothetische Akteure in eine simplifizierende Situation[41]." Auf diese Weise sollten soziale Verhaltensprinzipien ermittelt werden (z. B. oligopolistisches Verhalten).

Idealtypen waren bei *Max Weber* lediglich heuristische Mittler. Die heuristische Funktion holistischer Idealtypen stellt *Watkins* klar heraus: „(1) Indem man ein in der Realität unvollkommenes Objekt mit einer idealen Konstruktion vergleicht, werden die Abweichungen des ersteren von der letzteren deutlich sichtbar... (2) Sowohl das Objekt als auch die Konstruktion werden als *Ganzes betrachtet.* (3) Die Analogie involviert das, was mit der Idee des Vergleichs vorausgesetzt wird, nämlich das gleichzeitige Gewahrwerden der Charakteristika der beiden Dinge, die verglichen werden[42]."

Watkins stellt nun die kritische Frage: „Wenn die Charakteristika einer historischen Situation schon aufgezeigt wurden, *bevor* der Idealtypus ins Spiel gebracht wurde, warum sich dann noch mit Idealtypen herumschlagen. Sie sind keine Hypothesen, die den Sozialwissenschaftler bei seiner Suche nach Fakten leiten, da nicht von ihnen verlangt wird, daß sie realistisch oder empirisch sind. Ein holistischer Idealtypus stellt keine Vermutungen über die Realität dar, sondern ein a priori Wort-Bild, mit anderen Worten eine Definition." „So zeigt sich, daß der holistische Idealtypus seine hohen Ansprüche nicht einlösen kann; er besteht lediglich in einer Forderung nach Definitionen[43]." Vielleicht ist dies das Schicksal jeglichen holistischen Vorgehens, jeglichen methodologischen Kollektivismus.

---

[40] *Watkins*, J. W. N.: Idealtypen und historische Erklärung (1952); in: *Albert*, H. (Hrsg.): Theorie und Realität, 2. Aufl., Tübingen 1972, S. 333.

[41] Ebenda, S. 333.

[42] *Watkins*, J. W. N.: Idealtypen..., S. 334.

[43] *Watkins*, J. W. N.: Idealtypen..., S. 335.

(7) Wie *Schäfers* am Beispiel *Mannheim* und *Saint-Simon* darlegt, will der holistische Gesellschaftsgestalter „die Gesellschaft durch ein einheitliches Wertsystem ... harmonisieren." Der Holist betont „das Abhängigkeits- und Bedingungsverhältnis von Wertsystem und Gesellschaftsorganisation". Die Menschheit braucht eine *„Erziehungsnorm"*: „Die neue Gesellschaft kann nur verwirklicht werden, wenn wir zu einer neuen Form der substantiellen Rationalität kommen." Der holistische Gesellschaftsgestalter will ein *„neues Denken"*, eine *„neue Moral"*, einen *„neuen Menschen"*. *Schäfers* wirft *Popper* vor, *Mannheim* von diesen Begriffen her beurteilt zu haben. Vielmehr sei „das neue Denken ... ein Denken in Interdependenzen, das ... mit der Forderung radikal ernst macht, die abstrakte Trennung von Denken und Handeln aufzugeben und das Denken konsequent als ein Instrument der Lebensführung zu begreifen"[44]. Die Anerkenntnis dieser Interdependenz setzt uns allerdings aus logischen Gründen außer Stande, den Charakter der Interdependenz zu erforschen! Dies ist das Dilemma jeglicher Art von Wissenssoziologie. Angesichts dieser Schwächen scheint die Forderung nach einem „konsistenten Erziehungssystem" eher gefährlich[45].

Schäfers glaubt, sich durch die abqualifizierende Bezeichnung „Neopositivismus" eine inhaltliche Auseinandersetzung mit dem auf der Kausalforschungsmethode fundierenden kritischen Rationalismus *Poppers* ersparen zu können. Der auf Prüfbarkeit abstellende Wissenschaftsbegriff des kritischen Rationalismus ist ihm offensichtlich zu eng, weshalb er eher einem „weiteren", dem holistischen oder „gesamtgesellschaftlichen" zuneigt, ohne die Konsequenzen dieses Schrittes durchdacht zu haben. „Praktische Notwendigkeit" scheint auch bei ihm (in Anlehnung an *Karl Mannheim*) methodologische Möglichkeit nach sich zu ziehen[46]. Was man aus logischen Gründen nicht kann, das sollte man auch nicht wollen (denn Wollen setzt bekanntlich Können voraus), selbst wenn die Logik als unbequemer Zuchtmeister empfunden wird.

(8) Die bisher präsentierten „bürgerlichen" Ganzheitsbegriffe mochten trotz aller Vagheiten immer noch eine gewisse intuitive Anziehungskraft ausgeübt haben, die sie wohl ihrer Metaphorik verdankten — dies läßt sich vom *marxistischen Begriff der „Totalität"* u. E. nicht behaupten, denn er zeichnet sich durch hochgradige begriffliche Verschwommenheit aus. Um dies zu zeigen und um dem Vorwurf vorzubeugen, den Marxismus womöglich nicht „im Sinne seiner Begründer" *(Lukacs)* dar-

---

[44] *Schäfers*, B.: Voraussetzung und Prinzipien der Gesellschaftsplanung bei *Saint-Simon* und *Mannheim*, in: Zur Theorie der allgemeinen und der regionalen Planung, Bielefeld 1969, S. 39.

[45] Vgl. dazu *Hayek*, F. A. v.: Die Verfassung der Freiheit, Tübingen 1971.

[46] Vgl. *Schäfers*, B.: Ansatzpunkte einer gesamtgesellschaftlichen Planungsdiskussion in den Sozialwissenschaften; in: Jb. f. Soz.wiss. 20 (1969), S. 356 ff.

gestellt und interpretiert zu haben, werden wir einige Zitate zusammenstellen, die den Totalitätsbegriff zum Inhalt haben:

(a) *Lukacs* wirft der „bürgerlichen" Wissenschaft vor: „Wo sie jedoch das Allerkonkreteste gefunden zu haben glaubt, hat sie gerade am weitesten verfehlt: *Die Gesellschaft als konkrete Totalität;* die Produktionsanordnung auf einer bestimmten Höhe der gesellschaftlichen Entwicklung und die durch sie bewirkte Gliederung der Gesellschaft in Klassen. Indem sie daran vorbeigeht, faßt sie etwas völlig Abstraktes als Konkretes an ... Konkrete Untersuchung bedeutet also: Beziehung auf die Gesellschaft als *Ganzes*[47]." *Lukacs* grenzt den Marxismus von der „bürgerlichen" Wissenschaft anhand des Totalitätsbegriffs im *Hegel*schen Sinne ab: „Nicht die Vorherrschaft der ökonomischen Motive in der Geschichtserklärung unterscheidet entscheidend den Marxismus von der bürgerlichen Wissenschaft, sondern der Gesichtspunkt der Totalität. Die Kategorie der Totalität, die allseitige, bestimmte Herrschaft des Ganzen über die Teile ist das Wesen der Methode, die Marx von Hegel übernommen und originell zur Grundlage einer ganz neuen Wissenschaft umgestaltet hat ... Die Herrschaft der Kategorie der Totalität ist der Träger des revolutionären Prinzips der Wissenschaft." Der „Gesichtspunkt der Totalität" äußert sich in der „Betrachtung aller Teilerscheinungen als Momente des Ganzen, des dialektischen Prozesses, der als Einheit von Gedanken und Geschichte gefaßt ist ... Die dialektische Methode bei Marx geht auf die Erkenntnis der Gesellschaft als Totalität aus"[48]. „Die abstrahierende Isolierung der Elemente, sowohl eines ganzen Forschungsgebietes wie einzelner Problemkomplexe oder Begriffe innerhalb eines Forschungsgebietes, ist freilich unvermeidlich. Das Entscheidende bleibt aber, ob diese Isolierung nun Mittel zur Erkenntnis des Ganzen ist, d. h. stets dem richtigen (!) Gesamtzusammenhang, den sie voraussetzt und fördert, einverleibt wird, oder ob die abstrakte Erkenntnis des isolierten Teilgebietes ihre ‚Autonomie' bewahrt, Selbstzweck bleibt[49]."

„Totalität" leistet aber weit mehr: „Der Gesichtspunkt der Totalität bestimmt aber nicht nur den Gegenstand, sondern auch das Subjekt der Erkenntnis ... Die Totalität des Gegenstandes kann nur dann gesetzt werden, wenn das setzende Subjekt selbst eine Totalität ist ... Diesen Gesichtspunkt der Totalität als Subjekt stellen in der modernen Gesellschaft einzig und allein die *Klassen* vor[50]." Eine solche dialektische *Totalität* ist also weder *Summenganzheit* noch *Gestaltganzheit* im hermeneutischen Sinne. Es kommt vielmehr auf den „richtigen Gesamtzusammenhang" an, aus dem heraus das Ganze erkannt wird, und der „richtige Gesamtzusammenhang" kann nur aus dem „Denken mit seiner Klasse" ermittelt werden.

Dialektische und holistische Methode gehören nach *Lukacs* untrennbar zusammen: „Es soll ... nicht behauptet werden, daß einzelne Persönlichkeiten, Epochen usw. ... ohne dialektische Methode nicht mehr oder weniger genau beschrieben werden könnten. Es handelt sich vielmehr darum, daß auf diese Weise das Erfassen der Geschichte als *einheitlichen Prozesses* unmög-

---

[47] *Lukacs,* G.: Geschichte und Klassenbewußtsein, 2. Aufl., Neuwied-Berlin 1971, S. 222 f.

[48] Ebenda, S. 199.

[49] Ebenda, S. 200.

[50] Ebenda, S. 200.

lich wird[51]." Dieses Zitat mag als Beleg für die marxistische Einheit von Holismus und Historizismus gelten.

Weiter ist eine „dialektische Totalitätsbetrachtung, die sich scheinbar so stark von der unmittelbaren Wirklichkeit entfernt, die die Wirklichkeit scheinbar so ‚unwissenschaftlich' konstruiert, *in Wahrheit die einzige Methode, die Wirklichkeit gedanklich zu reproduzieren und erfassen.* Die konkrete Totalität ist also die *eigentliche Wirklichkeitskategorie*[52]." Hierzu ist wohl kein Kommentar mehr notwendig.

(b) Bei *Habermas* wird der Zusammenhang von *holistischem* und *historizistischem* Glauben ebenfalls ganz deutlich: Seine dialektische Theorie der Gesellschaft behauptet „die Abhängigkeit der Einzelerscheinungen von der Totalität; die restriktive Verwendung des Gesetzesbegriffs muß sie ablehnen. Über die partikularen Abhängigkeitsverhältnisse historisch neutraler Größen hinaus zielt ihre Analyse auf einen objektiven Zusammenhang, der auch die Richtung der historischen Entwicklung mit bestimmt". Er möchte „eine epochale Lage im ganzen" erfassen, welche „eben als eine Totalität bestimmt, und in allen ihren Momenten durchwirkt ist"[53]. Woher weiß man aber, ob ein vermeintlicher Zusammenhang „objektiv" ist, wer ermittelt eine „epochale Lage im ganzen", wer bestimmt also, was eine Totalität sei, und was sollen wir überhaupt mit ihr anfangen, Nach *Habermas* sollen wir mit ihr hermeneutisch verfahren.

Gerade das historizistische Moment unterscheidet den marxistischen Totalitätsbegriff vom „bürgerlichen" Begriff der Ganzheit. Marxistische Totalität hat immer eine *Zukunftsperspektive.* Weder Dialektik noch Historizismus noch Totalität sind aber Kategorien marxistischer Gesellschaftsanalyse schlechthin, sie werden ausschließlich für die Analyse der „bürgerlichen" Gesellschaft verwendet, in einer klassenlosen Gesellschaft verlieren sie ihre Bedeutung. Denn „Totalität ist keine affirmative, vielmehr eine kritische Theorie", wie *Adorno* betont:

(c) „Dialektische Kritik möchte retten oder herstellen helfen, was der Totalität nicht gehorcht, was ihr widersteht oder was, als Potential einer noch nicht seienden Individuation, erst sich bildet. Die Interpretation der Fakten geleitet zur Totalität, ohne daß diese selbst Faktum wäre. Nichts sozial Faktisches, das nicht seinen Stellenwert in jener Totalität hätte. Sie ist allen einzelnen Subjekten vorgeordnet... Insofern ist sie das Allerwirklichste. Weil sie aber der Inbegriff des gesellschaftlichen Verhältnisses der Individuen untereinander ist, das gegen die Einzelnen sich abblendet, ist sie zugleich auch Schein, Ideologie. Eine befreite Menschheit wäre länger nicht Totalität; ihr Anschein ist ebenso deren Unfreiheit, wie es sie über sich selbst als das wahre gesellschaftliche Substrat täuscht[54]." Das heißt aber: Totalität selbst kann nie Untersuchungsgegenstand und damit auch niemals kritisiert werden; denn wie sollten wir etwas untersuchen, das nicht „selbst

---

[51] Ebenda, S. 183.

[52] *Lukacs,* G.: Geschichte und Klassenbewußtsein, S. 181 (Hervorhebung von den Verf.).

[53] *Habermas,* J.: Analytische Wissenschaftstheorie und Dialektik, in: *Topitsch,* E. (Hrsg.): Logik der Sozialwissenschaften, S. 296.

[54] *Adorno,* Th. W.: Zur Logik der Sozialwissenschaften; in: Kölner Zeitschrift für Soziologie und Sozialpsychologie 14/1962, S. 252.

Faktum wäre", aber doch „das Allerwirklichste" und „zugleich auch Schein" ist?

„Die gesellschaftliche Totalität führt kein Eigenleben oberhalb des von ihr Zusammengefaßten, aus dem sie selbst besteht. Sie produziert und reproduziert sich durch ihre einzelnen Momente hindurch... So wenig aber jenes Ganze vom Leben, von der Kooperation und von dem Antagonismus seiner Elemente abzusondern ist, so wenig kann irgendein Element auch bloß in seinem Funktionieren verstanden werden ohne Einsicht in das Ganze, das an der Bewegung des Einzelnen selbst sein Wesen hat. System und Einzelheit sind reziprok und nur in ihrer Reziprozität zu erkennen[55]." Nach *Adorno* ist die gesellschaftliche Totalität in ihrer Ganzheit hermeneutisch zu erfassen. Er vertritt den „dialektischen Begriff des Ganzen", wie uns *Habermas* klarzumachen versucht: „*Adorno* begreift Gesellschaft in Kategorien, die ihre Herkunft aus der Logik *Hegels*[56] nicht verleugnen. Er begreift Gesellschaft als Totalität in einem streng dialektischen Sinne, der es verbietet, das Ganze organisch aufzufassen nach dem Satze: es sei mehr als die Summe ihrer Teile; ebenso wenig ist aber Totalität eine Klasse, die sich umfangslogisch bestimmen ließe durch ein Zusammennehmen aller unter ihr befaßten Elemente. Insofern fällt der dialektische Begriff des Ganzen nicht unter die berechtigte Kritik an den logischen Grundlagen jener Gestalttheorien, die auf ihrem Gebiete Untersuchungen nach den formalen Regeln analytischer Kunst überhaupt perhorreszieren; und *überschreitet (!) dabei doch die Grenzen formaler Logik, in deren Schattenreich Dialektik selber nicht anders scheinen kann denn als Schimäre*[57]."

Vielleicht sollte man den letzten Satz noch einmal in aller Klarheit formulieren: Die formale Logik beherrscht ein „Schattenreich", innerhalb dessen die Dialektik nur als Trugbild erscheint. Dialektik und den „dialektischen Begriff des Ganzen" können wir also innerhalb der Regeln formaler Logik nicht verstehen[58]!

Diese mythisch klingende Totalitätsphilosophie des Neomarxismus macht Front gegen die analytische Wissenschaftstheorie. Interessant scheint *Habermas'* Bemerkung, die „dialektische Aufklärung" halte „vom Mythos in der Tat eine durch den Positivismus preisgegebene Einsicht fest, die nämlich: daß der von Subjekten veranstaltete Forschungsprozeß dem objektiven Zusammenhang, der erkannt werden soll, durch

---

[55] *Adorno*, Th. W.: Zur Logik der Sozialwissenschaften, S. 251.

[56] „Es ist betrüblich, aber aufschlußreich, festzustellen, wie der orthodoxe Marxismus heute offiziell das Studium von Hegels *Logik* als Grundlage für das Studium der wissenschaftlichen Methodologie empfiehlt — eines Buches also, das nicht nur veraltet, sondern typisch ist für vorwissenschaftliches und sogar vorlogisches Denken. Diese Empfehlung ist übler als die Empfehlung von Archimedes' Mechanik als Grundlage für den modernen Maschinenbau." (*Popper*, K. R.: Was ist Dialektik? in: *Topitsch*, E. (Hrsg.): Logik der Sozialwissenschaften, S. 207 f.

[57] *Habermas*, J.: Analytische Wissenschaftstheorie und Dialektik, S. 291 (Hervorhebung von den Verf.).

[58] „Aus dem Kontext, in dem dieser Satz (von *Habermas;* d. V.) erscheint, darf man wohl darauf schließen, daß Habermas die Möglichkeit bestreiten will, seinen Begriff der Totalität logisch zu analysieren." (*Albert*, H.: Konstruktion und Kritik, Hamburg 1972, S. 270.)

die Akte des Erkennens hindurch selber zugehört. Diese Einsicht setzt freilich Gesellschaft als Totalität voraus, und Soziologen, die sich aus deren Zusammenhang reflektieren"[59]. Hier haben wir das wissenssoziologische Argument, welches dem im Ganzheitserfassen ungeübten Forscher die Fähigkeit abspricht, von seinem Subjekt unabhängige Ergebnisse zu erzielen. Dieses Argument scheint die dogmatische Konsequenz einer Verwechslung von Entdeckungs- und Prüfungszusammenhang einer Theorie und einem völligen Unverständnis des Werturteilsproblems zu sein. Das epistemologische Problem und das Werturteilsproblem werden in diesem marxistisch-wissenssoziologischen Ansatz auf eine radikale Weise gelöst, welche dem autoritären Rationalismus *Platon*scher Prägung sehr nahe kommt.

Glücklicherweise will die „kritische Theorie" alle Schwierigkeiten ihrer Totalitätsphilosophie „dialektisch" lösen: „Die Forderung indessen, daß sich die Theorie in ihrem Aufbau und der Struktur des Begriffs an die Sache anmessen, daß die Sache in der Methode ihrem eigenen Gewicht nach zur Geltung kommen soll, ist, jenseits aller Abbildtheorie, nur dialektisch einzulösen"[60], wobei natürlich Dialektik wieder außerhalb der Regeln formaler Logik geschieht. Wie kann es da anders sein, als daß der nicht geleugnete hermeneutische Zirkel ebenfalls „nur in Anknüpfung an die natürliche Hermeneutik der sozialen Lebenswelt dialektisch durchzudenken" ist. Dies ist offenbar der Weisheit letzter Schluß: der Rekurs auf den hermeneutisch ausgeloteten „gesunden Menschenverstand". „An Stelle des hypothetisch-deduktiven Zusammenhangs von Sätzen tritt die hermeneutische Explikation von Sinn; statt einer umkehrbar eindeutigen Zuordnung von Symbolen und Bedeutungen gewinnen undeutlich vorverstandene Kategorien ihre Bestimmtheit sukzessive mit dem Stellenwert im entwickelten Zusammenhang ... Theorien dieses beweglicheren Typs nehmen noch in die subjektive Veranstaltung der wissenschaftlichen Apparatur reflektierend auf, daß sie selbst Moment des objektiven Zusammenhangs bleiben, den sie ihrerseits der Analyse unterwerfen[61]." Auch dieser Zirkel soll wieder dialektisch gelöst werden. Ohne die Zügel der Logik scheint freilich alles möglich!

III.

Es dürfte klar sein, daß ein von holistischen Denkmethoden ausgehender Gesellschaftsplaner ganz andere Vorstellungen von Planungstheorien zugrunde legt als ein den empirischen Wissenschaften verpflichteter Technologe. Ebenso wie der Holist nur in Ganzheiten denkt,

[59] *Habermas*, J.: Analytische Wissenschaftstheorie ..., S. 291.
[60] *Habermas*, J.: Analytische Wissenschaftstheorie und Dialektik, S. 293.
[61] Ebenda, S. 293.

ist er im Sinne einer „Einheit von Theorie und Praxis“ auch geneigt, nur Ganzheiten zu planen. Ein wie immer gemeinter Begriff der Ganzheit bleibt jedoch prekär, Beispiele für Ganzheiten hat noch niemand geben können. Es ist daher äußerst unklar, was der holistische Gesellschaftsplaner sich denkt, wenn er das „Ganze“ im Auge zu behalten verlangt. „Aber die Holisten wollen nicht nur die Gesellschaft als Ganzes nach einer unmöglichen Methode studieren, sie haben auch vor, unsere Gesellschaft ‚als Ganzes‘ unter Kontrolle zu bringen und neu aufzubauen[62].“ Die aus dem Ganzheitsdenken erwachsenen heute verwendeten Planungstheorien des Sozialismus haben nicht zufällig holistischen Charakter. Auch *Mannheims* „Denken in Interdependenzen“ führte zu holistischen Planungsgedanken, welche sich gegen den „Geist des ‚Fortwurstelns‘“ und für eine vollständige und planmäßige Umgestaltung der Gesellschaft nach einem feststehenden „großen Plan“ verwenden[63]. *Popper* denkt an *Mannheim,* wenn er eine solche „utopische Sozialtechnik“ kritisiert: sie will „‚die Gesellschaft als Ganzes‘ nach einem feststehenden Gesamtplan ummodeln, will ‚die Schlüsselpositionen in die Hand bekommen‘ . . . , und sie will ferner von den ‚Schlüsselpositionen‘ aus die geschichtlichen Kräfte lenken, welche die Zukunft der sich entwickelnden Gesellschaft gestalten, indem sie entweder diese Entwicklung aufhält oder ihren Verlauf voraussieht und ihm die Gesellschaft anpaßt“[64]. Diese Charakterisierung trifft zweifellos ebenso auf marxistische Planungsgedanken zu.

Der Zwang zu zentraler Gesamtplanung der Gesellschaft ergibt sich, wenn man sich dem Geviert Historizismus, Verschwörungstheorie, totales Engagement und Ganzheitsdenken verschrieben hat. „Die Lenkung müßte vollständig sein; denn auf jedem Gebiet des gesellschaftlichen Lebens, das nicht auf diese Weise beherrscht wird, können die gefährlichen Kräfte lauern, die unvorhergesehene Umwälzungen herbeiführen[65].“ Und die praktische Folge des Totalitätsdenkens ist nicht selten der Totalitarismus. Planung wird „als universales Heilmittel“ zur Schaffung eines „neuen Menschen“ im „geplanten Planungsparadies“[66] angesehen; der Mensch wird nur unter dem Aspekt seiner „Materialhaftigkeit“[67] betrachtet, der Mensch muß „im Sinne“ eines einheitlichen sozia-

---

[62] *Popper,* K. R.: Das Elend des Historizismus, S. 63.

[63] So *Mannheim,* K.: Mensch und Gesellschaft im Zeitalter des Umbaus, Darmstadt 1958; zu *Mannheim* vgl. *Neusüss,* A.: Utopisches Bewußtsein und freischwebende Intelligenz. Zur Wissenssoziologie Karl Mannheims, Meisenheim 1968.

[64] *Popper,* K. R.: Das Elend des Historizismus, S. 54.

[65] Ebenda, S. 59.

[66] Kritisch: *Schelsky,* H.: Planung der Zukunft. Die rationale Utopie und die Ideologie der Rationalität; in: Soziale Welt 1966, S. 155 ff.

[67] Vgl. kritisch: Ders.: Über die Abstraktheiten des Planungsbegriffes; in: Zur Theorie der allgemeinen und der regionalen Planung, S. 13.

listischen Normenkodex „erzogen" werden, bevor er, als „fortschrittlich" eingestuft, die Planbarkeitsideologie endlich anerkennt. Die Holisten „prophezeien, daß die ‚Macht des Staates wachsen muß, bis der Staat mit der Gesellschaft fast identisch wird' (*Mannheim;* d. V.). Es ist ziemlich klar, welches Weltbild in diesem Satz zum Ausdruck kommt: das totalitäre"[68]. Möglicherweise tut *Popper* hier *Mannheim* etwas unrecht; es ist aber richtig, daß in der Praxis der Planwirtschaft Totalitätsdenken und Totalitarismus regelmäßig einander bedingen.

Es ist nicht Aufgabe einer metatheoretischen Untersuchung darzulegen, daß eine holistische Gesellschaftsplanung *praktisch* unmöglich oder gefährlich ist. Besonders *Hayek* hat sich mit diesem Problem beschäftigt. Aber die Unmöglichkeit ist auch eine logische, wie die folgende Kritik deutlich machen soll.

Eine Kritik holistisch-historizistischer Gedanken unter dem Aspekt ihrer Verwendbarkeit für Planungstheorien wird schon deswegen vielschichtig sein müssen, weil ihre Vertreter kaum greifbare, abgrenzbare, stringente Beiträge vorgelegt haben. Es gibt also zwar keine präsentierfähige „Theorie des Historizismus und Holismus", dafür aber unzählige, teils kaum explizierte Gedanken und Vorstellungen, die unter diesen Begriff zu fassen wären. Bisher hat unseres Wissens lediglich *Popper* versucht, die Problematik ganzheitlicher Geschichtstheorien im Hinblick auf ihren Einfluß auf Planungstheorien kritisch zu erfassen. Auf *Poppers* „Elend des Historizismus"[69] wird daher in der hier vorgetragenen Kritik häufig zurückzugreifen sein.

(1) „Der Anspruch, ‚das Ganze' als sinndurchwirkte Einheit in für alle verbindlicher Weise zu erfassen, wenn auch in einer Weise, die offenbar nur wenigen möglich ist ... und aus dem ‚Begriff des Ganzen' für alle verbindliche Entscheidungen gewinnen zu können, ein solcher Anspruch kann sich nur auf Illusionen über menschliche Möglichkeiten, auf ein Wunschdenken gründen, wie es in theologischen Lehren immer schon heimisch war[70]." Unsere Analyse *holistischer Lehren* hat ergeben, daß der Holist geneigt ist, aus recht vage explizierten Begriffen mit „analogen Vieldeutigkeiten"[71] die weitestreichenden Folgerungen zu ziehen. Sämtliche Begriffe der Ganzheit waren mit völlig ungeklärten Problemen befrachtet, die einer kritischen Analyse nicht verborgen bleiben konnten. Diese Unklarheiten verspricht der Holist jedoch durch die Bedeutung und Tiefe seiner Erkenntnis, durch die Ermittlung einer

---

[68] *Popper,* K. R.: Das Elend des Historizismus, S. 63.

[69] Der Titel „Elend des Historizismus" soll nach *Popper* auf *Marx*ens „Elend der Philosophie" anspielen, welches seinerseits als etwas ironische Antwort auf *Proudhons* „Philosophie des Elends" gedacht war.

[70] *Albert,* H.: Plädoyer für kritischen Rationalismus, 3. Aufl., München 1973, S. 102.

[71] *Nagel,* E.: Über den Satz: „Das Ganze ist mehr als die Summe seiner Teile", S. 228.

„ganz anderen Wahrheit" auf holistisch-hermeneutischem Wege wettzumachen. Der hermeneutisch verfahrende Holist scheint jedoch zu übersehen, daß es keine Möglichkeit gibt, seine vermeintliche Erkenntnis der „ganz anderen Wahrheit" zuverlässig gegen bloße Phantasiegebilde abzugrenzen. Ein hermeneutisches Verfahren verschließt sich intersubjektiver Überprüfbarkeit, freilich ohne damit „sinnlos" zu sein. Denn sowohl hermeneutische als auch holistische Vorgehensweisen sind als heuristische Mittler akzeptabel, falls sie zu Theorien führen, welche von dritter Seite überprüft werden können. Der von *Albert* kritisierte holistische Anspruch, aus dem Begriff des Ganzen verbindliche Erkenntnis und Entscheidung gewinnen zu können, entsteht aus der mangelnden Berücksichtigung der Tatsache, daß die Abstammung oder Gewinnung einer Theorie nichts über deren Wahrheitsgehalt aussagt. Geltung und Genese einer Theorie sind nicht identisch. Die unterlassene Unterscheidung zwischen Entdeckungs- und Prüfungszusammenhang hat daher zur Irrelevanz oder zum klanglosen Ende der meisten Ganzheitstheorien geführt.

Das gilt jedoch nicht für den zählebigen *Totalitätsmythos marxistischer Provenienz.* Wie *Habermas* zwar verschlüsselt, glücklicherweise aber immer noch deutlich genug hören läßt, bedürfe die marxistische Totalitätsphilosophie keiner faktischen Überprüfung mehr, da sie eine Art höherer, innerlicher Wahrheit, nach *Bloch* „nackte Wahrheit", konstituiere und im übrigen ja alle Überprüfungsmethoden in Frage stelle. Weiter sei die Überprüfung der „dialektischen Totalität" mit den Mitteln der Logik gar nicht möglich, da sie, so *Habermas,* sich innerhalb der Grenzen formaler Logik lediglich als Trugbild zeige. Nach der weiteren Ablehnung einer Kontrolle durch einen angeblich „selbstdefinierten Typus von Erfahrung"[72] erhält nun die „Totalität" eine unangreifbare Position — *sie ist als wahr definiert.* Diese essentialistische Philosophie wäre nicht annähernd so beliebt, wenn sie nicht verspräche, den Zugang zu ihrer sicheren Wahrheit mittels eines gesunden Menschenverstandes — oder wie *Habermas* wissenschaftlich sagt: durch eine „natürliche Hermeneutik der sozialen Lebenswelt" — zu ermöglichen. Es soll also die Glaubwürdigkeit des Totalitätsmythos durch einen Legitimationsgenerator womöglich demokratisch beschafft werden, den man früher in anderer Absicht „gesundes Volksempfinden" nannte. Es ist da schon konsequent, wenn man auf *Alberts* kritische Frage: „Was ist zu tun, wenn sich andere Theorien bei empirischer Prüfung besser bewähren als die mit der vornehmeren Abstammung?[73]" die Antwort der Konspirationstheorie bereithält. Gerade *Habermas* hat durch eine Art Trans-

[72] Zur Kritik dieser allenthalben vorgebrachten *Habermas*schen Behauptung vgl.: *Albert,* H.: Konstruktion und Kritik, S. 276 ff.

[73] Ebenda, S. 276.

plantationstheorie der kapitalistischen Krise ja eine ganz subtile, sozusagen mehrstufige Konspirationstheorie der Gesellschaft konstruiert[74].

Da nun über den marxistischen Totalitätsbegriff inhaltlich kaum mehr als das hier vorgeführte Material verbreitet worden ist und demnach der Rekurs auf eine natürliche Hermeneutik ausdrücklich als der Weisheit letzter Schluß dargestellt wurde, ist eine logische Analyse und eine empirische Überprüfung der „dialektischen Totalität" nicht weiter möglich. Dies ist vollkommen „im Sinne ihrer Begründer", um einmal *Lukacs'* Formel zu benutzen. Wohl aber kann man einige methodologische Bemerkungen zum Ganzheitsproblem im allgemeinen beitragen.

„Das Ganze wird niemals direkt wahrgenommen, sondern stets mit Hilfe unserer Phantasie rekonstruiert", sagt *Hayek*[75]. Jede vom Menschen angewandte „ganzheitliche Methode" kann nicht mehr erfassen als der forschende menschliche Geist es zuläßt; der Holist muß damit rechnen, daß er dennoch nur an der Oberfläche bleibt. Dies gilt freilich, wie wir sahen, auch für den Analytiker; allerdings haben seine Ergebnisse den Vorteil, greifbar, nachvollziehbar, überprüfbar zu sein. Kaum jemand hat sich so ausgiebig mit dem Totalitätsmythos kritisch befaßt wie *Popper*. Er akzeptiert zwar die holistische Gestalttheorie in gewissem Umfange, kritisiert aber die Totalitätsphilosophie als unhaltbar: „Die Tatsache, daß Ganzheiten im Sinne von Totalitäten nicht zum Gegenstand wissenschaftlicher Forschung oder irgendeiner anderen Tätigkeit, etwa der Lenkung oder der Wiederherstellung, gemacht werden können, scheint aber den Holisten entgangen zu sein[76] . . . " „Kurz gesagt, die Holisten begreifen nicht, daß die Intuition der Gestalt mit Ganzheiten . . . (i. S. v. Totalitäten; d. V.) überhaupt nichts zu tun hat, daß alles Wissen, ob intuitiv oder diskursiv, Wissen von abstrakten Aspekten sein muß, und daß man die ‚konkrete Struktur der sozialen Realität selbst' niemals erfassen kann." Weiter bleibt nach *Popper* „ . . . diese holistische Methode . . . zwangsläufig bloß Programm. Kein einziges Beispiel für eine wissenschaftliche Beschreibung einer konkreten sozialen Situation als Ganzheit wird je angeführt. Und es kann auch gar nicht angeführt werden, da man in jedem derartigen Fall leicht auf Aspekte hinweisen könnte, die vernachlässigt wurden, und die trotzdem in bestimmten Zusammenhängen höchst wichtig sein können[77]." Abgesehen von der unhaltbaren Implikation, mit dem Forschungsinhalt habe sich auch die Forschungslogik zu ändern, konnte bisher kein Ganzheits-

---

[74] Vgl. *Habermas*, J.: Legitimationsprobleme im Spätkapitalismus, Frankfurt 1973.

[75] *Hayek*, F. A. v.: The Counter-Revolution of Science: Studies in the Abuse of Reason, Glencoe/Ill. 1952, S. 214.

[76] *Popper*, K. R.: Das Elend des Historizismus, S. 62.

[77] Ebenda, S. 63.

theoretiker auf einen greifbaren Erfolg einer holistischen Alternative verweisen. Denn auch „die Sozialwissenschaften ... behandeln nicht ‚gegebene' Ganzheiten, sondern es ist ihre Aufgabe, diese Ganzheiten zu konstruieren, indem sie aus vertrauten Elementen Modelle konstruieren ..."[78].

(2) Der Holist vertritt — oft ohne ein Bewußtsein der Konsequenzen — einen *„methodologischen Kollektivismus"*, welcher fordert, „das Verhalten eines Individuums müsse erklärt werden durch Deduktion aus (a) makroskopischen Gesetzen, die *Gesetze sui generis und auf das soziale System als Ganzes anwendbar* sind, und (b) Beschreibungen der Positionen (oder Funktionen) der Individuen innerhalb des Ganzen"[79].

Watkins verwirft den methodologischen Kollektivismus zugunsten eines methodologischen Individualismus aus folgenden Gründen[80]: Das „Soziale" (soziale „Dinge") wie etwa „Gesetze, Preise, Premierminister und Rationskarten" bilden sich aus individuellen Einstellungen, weshalb eine Erklärung sozialer Objekte individualistisch möglich sein muß[81]. Weiter hat der Sozialwissenschaftler „keinen ‚direkten Zugang' zu Struktur und Verhalten eines Systems von interagierenden Individuen". Auch die Tatsache z. B., daß alle Individuen bestimmten Preisbildungsgesetzen „gehorchen", macht es uns noch nicht möglich, diese Gesetze überindividualistisch zu erforschen, das „Ganzheitliche" solcher Gesetze wird vielmehr vom Wissenschaftler erst unter Rekurs auf Individualverhalten konstruiert. Anderen Gegenbeispielen geht es ähnlich, etwa dem Argument, der (vom Individuum durchaus ungewollte) gesellschaftliche Nutzen ökonomischen Wettbewerbs sei so eine Ganzheit; tatsächlich lassen sich die Marktteilnehmer von keiner Ganzheit, sondern lediglich von ihren persönlichen Dispositionen leiten. Wenn man, was *Watkins* tut, zeigen kann, daß Sozialsysteme keine „Organismen" sind (a) im biologischen, (b) im mentalen (Gruppenpanik) und (c) im „sozialen" Sinne, dann besteht kein Grund, den methodologischen Individualismus aufzugeben; allerdings wird dieser ja nicht einmal z. B. von Biologen aufgegeben, die mit tatsächlichen Organismen beschäftigt sind. So etwas wie Gruppendisziplin, „Faulheit der Nation" oder überbegrifflicher „Staat" wird jeweils unter Rekurs auf Individualverhalten erklärbar. „Angeblich soziale Entitäten wie der ‚Staat', der ‚Kapitalismus' usw. sind jedoch nur Hypostasierungen soziologischer Termini ... wenn immer wir versuchen, diese Termini zu präzisieren,

---

[78] *Hayek*, F. A. v.: The Counter-Revolution of Science, S. 56.

[79] *Watkins*, J. W. N.: Idealtypen ..., S. 338.

[80] Vgl. Ebenda, S. 338 ff.

[81] „Man beseitige die Einstellungen von Lebensmittelverwaltern, Ladenbesitzern, Hausfrauen usw. zu Rationskarten und diese werden zu Pappstückchen schrumpfen." (Ebenda, S. 338.)

sprechen wir individualistisch." Der Totalitätsphilosophie ist jedoch an Präzision offenbar nicht gelegen, jedenfalls hat keiner ihrer Anhänger sich diesbezüglich Mühe gegeben, sonst wäre man wohl durchaus zu *Watkins'* Ergebnis gelangt.

Es ist also bisher kein Grund angegeben worden, weshalb die erfolgreich geübte Methode von Auflösung und Rekomposition nicht auch weiterhin zum Fortschritt der Sozialwissenschaften beitragen sollte. Eine methodologische Alternative ist bisher auch immer nur behauptet, nicht aber präzisiert worden.

(3) Wir behandeln nun kurz ein Argument, welches sich auch der Holismus zu eigen gemacht hat; es ist dies die Behauptung einer relativ zu den Naturwissenschaften angeblich wesentlich größeren *Komplexheit sozialwissenschaftlicher Probleme,* aus der die Notwendigkeit ganz anderer, nämlich holistischer Methoden zu folgern sei. Ganz ungeachtet des Problems, ob und wie eine Methode „gegenstandsadäquat" zu sein habe, und ungeachtet der Tatsache, daß es gar keine präzisierte holistische Methode gibt, soll nur die Behauptung der größeren Komplexheit zurückgewiesen werden.

„Das weitverbreitete Vorurteil, daß soziale Situationen komplexer sind als physische, scheint aus zwei Quellen zu entspringen. Die eine ist unsere Neigung, das zu vergleichen, was nicht verglichen werden darf, nämlich einerseits konkrete soziale Situationen und andererseits künstlich isolierte Versuchssituationen in der Natur ... Die zweite Quelle ist der alte Glaube, daß die Beschreibung einer sozialen Situation die seelischen und vielleicht sogar die physischen Zustände aller Beteiligten zu berücksichtigen hat (oder vielleicht sogar, daß sie auf diese reduzierbar sein soll). Aber dieser Glaube ist nicht gerechtfertigt, er ist noch viel weniger gerechtfertigt, als die unmögliche Forderung, die Beschreibung einer chemischen Reaktion sollte die atomaren und subatomaren Zustände aller beteiligten Elementarteilchen berücksichtigen ... Dieser Glaube zeigt auch Spuren der weitverbreiteten Auffassung, daß soziale Entitäten wie Institutionen oder Vereinigungen konkrete natürliche Entitäten sind ... und nicht abstrakte Modelle, die man konstruiert, um bestimmte ausgewählte abstrakte Beziehungen zwischen Individuen zu interpretieren ...[82]."

Trotzdem ist die Trumpfkarte, die der Historizist zu haben glaubt, die vermeintliche Tatsache, der Gegenstand der Sozialwissenschaften sei weitaus komplexer und komplizierter als der der Naturwissenschaft. Vor allem sei der Forscher selbst Teil dieses Komplexes und könne sich nicht, wie etwa der Naturwissenschaftler, auf eine abstrakte Ebene stellen. Konkrete soziale Ganzheiten seien nicht auf abstrahierendem Wege analysierbar. Wir können diesem Vorurteil folgendes Argument entgegenhalten: Der Glaube, der Sozialwissenschaftler könne keine relevanten Modelle sozialen Handelns finden, sondern müsse sich der

---

[82] *Popper,* K. R.: Das Elend des Historizismus, S. 109 f.

gesellschaftlichen „Totalität“ hermeneutisch nähern, beruht auf der Behauptung, der soziale Mensch könne nicht gemäß einer objektivierbaren Entscheidungslogik handeln. Diese Behauptung ist falsch, die sozialwissenschaftliche Praxis nimmt sie kaum zur Kenntnis. Vielmehr geht die gesamte erfahrungswissenschaftliche Sozialwissenschaft mit Erfolg davon aus, daß der Mensch nach bestimmten, verallgemeinbaren Verhaltensmustern agiert; die Hypothese des Rationalverhaltens gehört dazu. Ohne die Hypothese des Rationalverhaltens beispielsweise wäre die erfolgreiche Methode des Null-Tests gar nicht möglich. Die Methode geht davon aus, daß die untersuchten Individuen oder Gruppen sich strikt rational verhalten und dabei alle entscheidungsrelevanten Informationen besitzen. Das im Modell behauptete Null-Verhalten ist also zu interpretieren als Null-Abweichung vom strikt rationalen Verhalten. Das tatsächliche Verhalten wird dann mit dem theoretisch erwarteten Modellverhalten verglichen; beispielsweise liegen die interessantesten Aufgaben der Wirtschaftswissenschaften darin, diese Differenzen sinnfällig zu interpretieren. Planlogische Systeme gehören u. a. zu den Resultaten dieser Forschungsmethode. Freilich gibt es kompliziertere Probleme, z. B. im Zusammenhang mit der Rationalverhaltenshypothese und aufgrund der Tatsache, daß die sozialwissenschaftlichen Modellparameter in der Regel variabel und schwer meßbar sind. Den Naturwissenschaften steht gleichwohl ein solches rationales Element ihrer Forschungsobjekte nicht zur Verfügung.

Weiter ist die Tatsache, daß viele soziale Vorgänge quantitativ schwer erfaßbar sind, für den Holisten nicht etwa Anlaß, nach Möglichkeiten der Verbesserung zu suchen, sondern Grund genug, in das Extrem des methodologischen Essentialismus zu fallen, der mit Was-ist-Fragen zum Wesen der Dinge vordringen möchte. „Die Betonung des qualitativen Charakters sozialer Vorgänge und die hohe Bewertung des intuitiven Verstehens (im Gegensatz zur bloßen Beschreibung) weisen auf eine Haltung hin, die dem Essentialismus verwandt ist[83].“ Aber das „Wesentliche“ kann als „Ganzheit“ immer nur behauptet werden. So ist z. B. mit dem Bezug auf die „ökonomische Basis“ oder dem vermeintlichen „Gang der Geschichte“, noch lange keine „Totalität“ gefunden. Denn „Phänomene, die von einigen Standpunkten aus essentiell verschieden sind, können von anderen aus essentiell gleich sein“[84]. Daraus ergibt sich auch, daß der im Marxismus ständig behaupteten Selbstlegitimierung der hermeneutischen Intuition nur im fiktiven Fall eines eindeutigen Ergebnisses zugestimmt werden kann[85].

---

83 *Popper*, K. R.: Das Elend des Historizismus, S. 24.

84 Ebenda, S. 25.

85 Siehe dazu kritisch: *Kraft*, V.: Geschichtsforschung als strenge Wissenschaft (1955); in: *Topitsch*, E. (Hrsg.): Logik der Sozialwissenschaften, S. 76 f.

(4) Die Abneigung des Historizismus gegenüber *experimentellen Methoden* der Sozialwissenschaften erklärt sich aus seiner Neigung zum Holismus. Diese Ablehnung gilt sowohl für Realexperimente als auch für Gedankenexperimente. Eine isolierende, abstrahierende Modelltheorie der Sozialwissenschaften, welche etwa in der Wirtschaftswissenschaft gepflegt wird, erscheint dem Historizisten geradezu profan, denn wie könnten so die „gesellschaftlichen Wirkkräfte" erfaßt, die großen historischen Tendenzen gewürdigt werden? Ein Sozialexperiment müsse daher immer ganzheitlichen Charakter haben. *Popper* freilich meint, daß *holistische* Experimente „nur insofern ‚Experimente' genannt werden können, als dieser Ausdruck ein *Unternehmen* bedeutet, dessen *Ausgang ungewiß ist* aber nicht im Sinne, in dem ein Experiment ein *Mittel* ist, das gestattet, *durch den Vergleich der erreichten mit den erwarteten Resultaten Wissen zu gewinnen*"[86]. Ein anderer kritischer Aspekt erscheint uns erwähnenswert: Der holistisch denkende Historizist neigt eher dazu, mit *Reißbrettgesellschaften* zu experimentieren. Dazu braucht er nicht viel Mut, denn er findet das Risiko klein. Nach historizistischer Auffassung kann nämlich die gesellschaftliche Entwicklung nie hinter den status quo zurückfallen.

Eine *isolierende experimentelle Methode*, behauptet der Historizist, sei in den Sozialwissenschaften deswegen nicht verwendbar, weil die Versuchsbedingungen nicht — wie in der Physik — reproduzierbar seien. *Popper* legt überzeugend dar, daß diese „These auf einem groben Mißverständnis der experimentellen Methode beruht"[87]. Er zeigt, daß die Probleme der künstlichen Isolierung von Experimenten in Natur- und Sozialwissenschaften wesentlich die gleichen sind; Unterschiede sind lediglich gradueller Natur. Auch ein physikalisches Experiment kann „schief" ausgehen, wenn etwa der geographische Standpunkt des Versuchs eine Rolle spielt. Herauszufinden, welche Einflüsse entscheidend sind, d. h. von welchen wegen ihrer relativen Bedeutungslosigkeit abstrahiert werden kann, ist jedoch gerade der Gegenstand einer experimentellen Methode. Hier gibt es keine Unterschiede.

Dies gilt natürlich auch für die *historische Relativität*, die als Argument von den Historizisten gern ins Feld geführt wird. In Wahrheit dienen Relativierungsversuche, so paradox das klingen mag, nur einer Verabsolutierung historizistischer Doktrinen von den wesenhaften Neuheiten. Wenn nämlich eine abstrahierende Analyse eines historizistisch-holistisch erklärten Ereignisses nicht mehr möglich sein soll, so entzieht sich die Erklärung jeglicher Kritik[88].

---

[86] *Popper*, K. R.: Das Elend des Historizismus, S. 68.

[87] Ebenda, S. 74.

[88] „Nach Ansicht dieser Historizisten wären wir nicht imstande, unsere Denkgewohnheiten und insbesondere unsere Gewohnheiten im Bereich der Analyse sozialer Vorgänge diesen verwirrenden Verhältnissen anzupassen. Solche Befürchtungen scheinen mir zur historizistischen Hysterie zu gehören —

Wie wir in *Engels'* Utopieschrift deutlich erfahren, empfindet der marxistische Holismus alle Sozialexperimente als utopisch, soweit sie sich nicht auf die Gesellschaft als Ganzes beziehen. Sozialexperimente könnten nur in holistischem Umfange durchgeführt werden. Nun wäre man allerdings eher berechtigt, holistische Sozialexperimente als utopisch zu bezeichnen, denn für sie gibt es keinerlei wissenschaftliche Grundlage. Die tatsächliche Entwicklung der experimentellen Sozialwissenschaften überrollt ganz einfach die holistischen Argumente. Niemand der „durch Erfahrung lernt" hat je ein holistisches Experiment angestellt. Selbst wenn man mit dem vorwissenschaftlichen Charakter dieser Erfahrungen argumentiert, hat man damit noch nichts gegen geplante wissenschaftliche Experimente und noch nichts für holistische Sozialexperimente gesagt."... sogar ein Mann, der von der Theaterkasse Schlange steht, gewinnt experimentelles technologisches Wissen, das er insofern nutzen kann, als er sich die Karte nächstes Mal im Vorverkauf besorgt, was wiederum ein soziales Experiment ist[89]." Ganze Bibliotheken sprechen von dem Erfolg geplanter wissenschaftlicher Sozialexperimente, die mit der tastenden Methode von Versuch und Irrtum sehr gut zurechtkommen, welche ihrerseits auf den moralischen Entschluß für einen kritischen Rationalismus zurückzuführen ist. Aber es gibt nicht nur geplante „Realexperimente", sondern „alle Theorien sind Versuche, sind vorläufige Hypothesen, die erprobt werden, damit man feststellen kann, ob sie funktionieren, und jede experimentelle Bewährung ist nichts als das Ergebnis von Prüfungen, die wir in kritischem Geist angestellt haben, um herauszufinden, wo unsere Theorien irren". Es ist gar nicht erstaunlich: auch der „vorwissenschaftliche" Mann an der Theaterkasse verfährt nicht anders. Möglicherweise bedient er sich sogar des „Habermasschen deus ex machina"[90] einer „natürlichen Hermeneutik", welche dann eindeutig und ausschließlich heuristischen Charakter hat.

Sowohl der Wissenschaftler als auch der Mann an der Theaterkasse lernen nur durch Versuch und Irrtum, nur aus ihren *Fehlern.* Und wenn auch der Holist aus seinen Experimenten etwas lernen will, so ist ihm zu bedenken zu geben: „Es ist sehr schwer, aus sehr großen Fehlern zu lernen." Denn „es ist im allgemeinen schon schwer genug, den eigenen Fehlern kritisch gegenüberzustehen, aber es wird zwangsläufig fast unmöglich sein, gegenüber den Aktio-

---

zu der Besessenheit von der Bedeutung des geschichtlichen Wandels ... Die Möglichkeit, daß ein Sozialforscher im Kochtopf landet, bevor es ihm gelungen ist, sich durch Versuch und Irrtum kannibalischen Gewohnheiten anzupassen, ist ebensowenig auszuschließen wie die Möglichkeit, daß in einer ‚geplanten' Gesellschaft seine Forschungen in einem Konzentrationslager enden. Analoges gilt jedoch auch in der Physik." (*Popper*, K. R.: Das Elend des Historizismus, S. 76).

[89] Ebenda, S. 68 und 69.

[90] *Albert*, H.: Konstruktion und Kritik, S. 286.

nen, durch die wir in das Leben vieler Menschen eingreifen, dauernd eine kritische Haltung einzunehmen". Der Holist wird nach seinem Experiment Ursache und Wirkung nicht mehr auseinanderhalten können, die Zuordnung bestimmter Maßnahmen zu bestimmten Resultaten wird unmöglich sein, und „wenn wir ein bestimmtes Resultat auf eine bestimmte Maßnahme zurückführen, dann können wir dies nur aufgrund eines theoretischen Wissens tun, welches früher und nicht durch das fragliche holistische Experiment erworben wurde"[91]. *Schelskys* Analogie des Sozialplans mit dem technischen Plan[92] (z. B. Bauplan) scheint auch aus dem Gesichtspunkt des Sozialexperiments akzeptabel und gegen holistische Gedanken anwendbar. Denn weder der Ingenieur noch der Sozialtechnologe werden einen Plan entwerfen, ohne auf „Erfahrung" zurückzugreifen, wobei der hier verwendete Erfahrungsbegriff nicht irgendwie „selbstdefiniert" (*Habermas*) ist, sondern für nichts anderes steht, als für in Tests bewährte *Theorien*. Und wenn man in bezug auf ein Planungsproblem noch nicht genügend Erfahrungswissen hat, so braucht man dennoch nicht auf politische Planung zu verzichten, denn „in der Praxis ist der Sozialwissenschaftler nur zu oft gezwungen, sich auf *Gedankenexperimente* und eine Analyse politischer Maßnahmen zu veranlassen, die unter Bedingungen und auf eine Art getroffen werden, welche wissenschaftlich viel zu wünschen übrig lassen"[93].

(5) Der Holist hält es also ebenso wie der Historiker für „utopisch", Sozialexperimente, Sozialpolitik und Wirtschaftsplanung im kleinen Maßstab, im technologischen Sinne als Stückwerte, in kleinen sowie kurzfristigen Schritten erfolgreich durchzuführen. Ein solches „Herumbasteln" und „Fortwursteln", wie *Mannheim* sagt, kuriere lediglich an den Symptomen, gehe am „Zug der Zeit" vorbei oder hemme gar dessen Fahrt. Sozialen Phänomenen könne nur mit ganzheitlichen Methoden, mit umfassender Planung, beigekommen werden, sobald einmal die Ganzheit erkannt und Ziel und Gang der Geschichte ermittelt seien. Der Holist hat einen dem Verlauf der Geschichte entsprechenden Gesamtplan.

Eigenartigerweise ist vor *Popper* kaum auf die Unmöglichkeit und auf die menschlichen Folgen eines solchen Unterfangens hingewiesen worden. *Popper* zeigt drei Ansatzpunkte einer Kritik holistisch-historizistischer Gesamtplanung auf: einen logischen, einen praktischen und einen moralischen Aspekt. Wir wollen diese Ebenen der Kritik auf den holistischen Anteil an einer sozialen „Großbaustelle" übertragen[94].

(a) Die *Unmöglichkeit* umfassender Planung und Lenkung der Gesellschaft ist eine *logische*, „denn mit jeder neuen Lenkungsinstanz für soziale Beziehungen schafft man eine Unmenge neuer sozialer Bezie-

[91] *Popper*, K. R.: Das Elend des Historizismus, S. 70 und 71.

[92] Vgl. *Schelsky*, H.: Über Abstraktheiten des Planungsbegriffs, in: Zur Theo-Theorie der allgemeinen und der regionalen Planung, Bielefeld 1969, S. 11.

[93] *Popper*, K. R.: Das Elend des Historizismus, S. 77 (Hervorhebung von den Verf.).

[94] Diese Aufgliederung stammt nicht von *Popper*.

hungen, die ihrerseits zu lenken sind". Zweitens steht der Holist vor einem infiniten Regreß, denn schon der „Versuch, die Gesellschaft als Ganzes zu studieren ... müßte sich selbst einschließen"[95]. Drittens will der Holist seinen Planungen die theoretische Basis einer Ganzheitsmethode sozialer Erkenntnis zugrunde legen, die sich als logisch unmöglich herausstellte. Viertens übersieht der holistische Gesellschaftsplaner, daß er dabei ist, „Reformen von solcher Komplexität und Tragweite zu unternehmen, daß es ihm unmöglich wird, Ursachen und Wirkungen zu entwirren und zu wissen, was er eigentlich tut"[96], was ihn allerdings nicht davon abzuhalten braucht, diese Wirrnis einer Konspiration anzulasten (z. B. den Unternehmern, den Gewerkschaften, der Opposition, anderen Staaten oder „unabwendbaren Ereignissen").

(b) Die *Unmöglichkeit* umfassender Planung und Lenkung der Gesellschaft ist zusätzlich eine *praktische* (wobei natürlich alles logisch Unmögliche auch praktisch unmöglich ist). Der Gesellschaftsplaner wird nicht umhin können festzustellen, „daß in der Praxis die holistische Methode sich als unmöglich herausstellt. Je größer die Veränderungen sind, die der Holismus durchzuführen versucht, desto größer sind ihre unbeabsichtigten und zum Teil unerwarteten Rückwirkungen, die den holistischen Ingenieur zwingen, zur Improvisation und damit zur Stückwerk-Technik Zuflucht zu nehmen. Dies charakterisiert die zentrale oder kollektivistische Planung sogar in höherem Maße als die bescheideneren und vorsichtigeren Eingriffe der Stückwerk-Technik und treibt den utopischen Ingenieur dauernd zu Aktionen, die er nicht geplant hat, führt also zu dem notorischen Phänomen der *ungeplanten Planung*"[97].

Weiter muß der Holist früher oder später sein eigenes Programm aufgeben: denn es „zwingen die Probleme, die mit der Unsicherheit des menschlichen Faktors zusammenhängen, den Utopisten, ob er nun will oder nicht, zu dem Versuch, den menschlichen Faktor mit Hilfe von Institutionen unter Kontrolle zu bringen. Er muß dann sein Programm so erweitern, daß es nicht nur die planmäßige Umgestaltung der Gesellschaft, sondern auch die Umgestaltung des Menschen umfaßt". Dieses Programm „ersetzt die utopische Forderung nach Errichtung einer Gesellschaft, in der die Menschen leben können, durch die Forderung, diese Menschen so umzuformen, daß sie in die neue Gesellschaft passen. Es ist klar, daß damit jede Möglichkeit der Prüfung des Erfolges oder Mißerfolges der neuen Gesellschaft wegfällt... Sobald es aber keine Möglichkeit der Prüfung gibt, verliert jeder Anspruch auf eine ‚wissenschaftliche' Methode seine Grundlage. Der Holismus ist mit einer wahrhaft wissenschaftlichen Haltung unvereinbar"[98].

---

[95] *Popper*, K. R.: Das Elend des Historizismus, S. 63 u. 64.

[96] Ebenda, S. 54.

[97] Vgl. dazu auch *Merton*, R. K.: Die unvorhergesehenen Folgen zielgerichteter sozialer Handlung; in: *Dreitzel*, H. P. (Hrsg.): Sozialer Wandel, 2. Aufl., Neuwied-Berlin 1972, S. 169 ff., das Zitat stammt von *Popper*, ebenda, S. 55.

[98] *Popper*, K. R.: Das Elend des Historizismus, S. 55.

(c) Vielleicht gehört ein Hinweis auf die „menschlichen Folgen des Versuchs, das Unmögliche zu machen“, des „Traum(es), das Himmelreich hier auf Erden zu verwirklichen“[99], nicht in eine wissenschaftliche Arbeit. Wenn man allerdings den hohen moralischen Anspruch in Rechnung zieht, den gerade die Verfechter holistischer Gesellschaftstheorien unter dem Etikett der Wissenschaftlichkeit zur Schau tragen, könnte man folgende Einwendungen wohl als berechtigt hinnehmen. Es erscheint nämlich nicht gerade abwegig, „daß man eine freie Diskussion über den holistischen Plan und seine Konsequenzen gar nicht dulden wird. Denn jeder Versuch, langfristig in sehr großem Maßstab zu planen, bringt zwangsläufig für viele Leute, gelinde gesagt, beträchtliche Unannehmlichkeiten mit sich“. Daher wird es vielleicht für den Holisten das Vernünftigste sein, Widerstand und Kritik generell zu unterbinden, denn die Wirkungen der Kritik sind nicht planbar und gefährden sein Experiment. Es wird ihm auch vernünftig erscheinen, Propaganda zu betreiben, die Kontrolle über den Verstand des Menschen zu gewinnen und sich damit jeder Möglichkeit zu begeben, „festzustellen, was die Leute wirklich denken“. Und es wird uns kaum als Apokalyptik erscheinen, wenn wir hören: „Letzten Endes muß ein solcher Versuch die Erkenntnis und das Wissen vernichten, und je größer der Gewinn an Macht wird, desto größer wird der Verlust an Wissen sein.“ Wenn man dagegen aus „kritischen“ Kreisen hört, die gesellschaftliche Entwicklung könne „nie hinter den status quo zurückfallen“, dann entdecken wir dahinter unschwer die aus Wunschdenken geborene Verbrüderung des Holisten mit dem Historizisten. Auch die Fiktion einer grundsätzlich gutwilligen allmächtigen Planungsbehörde hilft nicht weiter, denn sie wird „vielleicht niemals imstande sein, festzustellen, ob die Ergebnisse ihrer Maßnahmen mit ihren guten Absichten übereinstimmen“[100].

---

[99] Ebenda, S. VIII.

[100] Ebenda, S. 71 f.

Analytische Wissenschaftstheorie und historische Erklärung

Von Thilo Sarrazin

Die Bemühungen um „Einheit der Sozialwissenschaften" konzentrierten und konzentrieren sich vornehmlich auf die Auseinandersetzung mit den Verfechtern einer geisteswissenschaftlichen, insbesondere historischen Methodenautonomie, die, den unterschiedlichsten Geistesrichtungen entstammend und sich untereinander oft heftig bekämpfend[1], alle gemeinsam haben, daß sie die Methoden der analytischen Wissenschaftstheorie als „naturwissenschaftlich" und nicht „gegenstandsadäquat" ablehnen.

Mit der Entwicklung des „covering-law-Modells" als des universalen Modells der historischen Erklärung durch die analytische Wissenschaftstheorie[2] und mit dem Versuch, auch in der praktischen Forschungstätig-

---

[1] Hier sind die Vertreter der philosophischen Hermeneutik, wie etwa *Gadamer*, ebenso einzuordnen, wie z. B. jedwede Propagandisten einer dialektischen Methode, mögen sie sich nun dem Marxismus-Leninismus oder der „kritischen Theorie" verbunden fühlen. Zur Auseinandersetzung mit der Hermeneutik vgl. *Albert*, H.: Theorie, Verstehen und Geschichte. Zur Kritik des methodologischen Autonomieanspruchs in den sogenannten Geisteswissenschaften; in: Zeitschrift für allgemeine Wissenschaftstheorie, H. 1 (1970), S. 3 ff. Zur Auseinandersetzung mit der Dialektik siehe *Popper*, K. R.: Was ist Dialektik?; in: *Topitsch*, E. (Hrsg.): Logik der Sozialwissenschaften, 7. Auflage, Köln, Berlin 1971, sowie *Sarrazin*, Th.: Historische Analyse und Zukunftsplanung, in: *Lührs*, G. (Hrsg.): Beiträge zur Theoriediskussion 2, Bonn-Bad Godesberg 1974.

[2] Der Ausdruck „covering-law-Modell" stammt von W. *Dray*, einem seiner einflußreichsten Gegner, vgl. sein Buch: Laws and Explanation in History, London 1957.

Die covering-law-Theoretiker (*Popper*, *Hempel*, *Nagel* u. a.) lehnen jeden Unterschied zwischen historischer und naturwissenschaftlicher Forschungslogik ab, da dieser auf einem radikalen Mißverständnis der Methoden der Naturwissenschaften und der Regeln, welche jede Wissenschaft beachten muß, beruhe. Vgl. etwa *Nagel*, E.: Some Issues in the Logic of Historical Analysis; in: Scientific Monthly, Jg. 74 (1952), S. 162 ff.; *Popper*, K. R.: Naturgesetze und theoretische Systeme; in: *Albert*, H.: Theorie und Realität, 2. Aufl. 1972; insb. siehe den klassisch gewordenen Aufsatz von *Hempel*, C. G.: The Function of General Laws in History; in: *Gardiner*, P. (Hrsg.): Theories of History, London 1959; weiterhin von demselben: Reasons and Covering Laws in Historical Explanations; in: *Hook*, S. (Hrsg.): Philosophy and History, New York 1963; *sowie:* Wissenschaftliche und historische Erklärungen, in: *Albert*, H. (Hrsg.): Theorie und Realität, 2. veränderte Auflage, Tübingen 1972.

keit mit einer „analytischen" Geschichtsschreibung ernst zu machen[3], gewann die Diskussion insbesondere im angelsächsischen Sprachraum neue Richtung und Intensität. Hierbei sind die Bemühungen der sogenannten *Narrativisten,* aus der logischen Struktur der erzählenden Darstellung Argumente für eine historische Methodenautonomie abzuleiten, von besonderem Interesse. Der bekannte Grundgedanke des covering-law-Modells ist: „Einen Vorgang ‚kausal erklären' heißt, einen Satz, der ihn beschreibt, aus *Gesetzen und Randbedingungen* deduktiv abzuleiten[4]." Zwischen dem Historiker und dem Theoretiker gibt es hiernach keinen prinzipiellen Unterschied, sondern nur einen pragmatischen Unterschied der Richtung des Forschungsinteresses: Der Theoretiker ist an der Auffindung und Überprüfung allgemeiner Gesetze und der Historiker an der Erklärung historischer Ereignisse mit Hilfe allgemeiner Gesetze interessiert[5]. Die Kritik des covering-law-Modells und der Versuch, Alternativen zu entwickeln, erhalten ihre Bedeutung gerade auch dadurch, daß Theorie und Praxis des „covering-law-Modells" gewaltig auseinanderklaffen. So ist es auch der New Economic History als dem bisher weitestgehenden Versuch zur Realisierung einer analytischen Geschichtsschreibung nicht gelungen, Erklärungen zu liefern, welche dem Prinzip des covering-law vollständig genügen[6]. Man wird wohl *Donagan* weitgehend zustimmen müssen, wenn er schreibt: „Die erstaunlichste Tatsache über die *Popper-Hempel*-Theorie ist, daß nur wenige der unzähligen historischen Erklärungen ... sich auch nur den Anschein geben, mit ihr übereinzustimmen." ... „Kurzum, wenn die covering-law-These

---

Es sollte nicht unerwähnt bleiben, daß Max *Weber* der erste bekannte covering-law-Theoretiker ist. Nach seiner Meinung empfängt „das einfachste historische Urteil ... sachlich nur dadurch Gültigkeit ..., daß wir zu der ‚gegebenen Wirklichkeit' den ganzen Schatz unseres ‚nomologischen' Erfahrungswissens hinzubringen." Das Zitat stammt aus: Kritische Studien auf dem Gebiet der kulturwissenschaftlichen Logik, in: Ders.: Gesammelte Schriften zur Wissenschaftslehre, 3. erweiterte und verbesserte Auflage, hrsg. von *Winckelmann,* J., Tübingen 1968.

[3] Hier ist die *New Economic History* zu erwähnen, eine Ende der fünfziger Jahre entstandene Richtung der Wirtschaftsgeschichte, welche sich bemüht, die analytischen Verfahrensweisen der ökonomischen Theorie und Ökonometrie für die historische Erklärung nutzbar zu machen, und hierbei einige beachtenwerte Erfolge errungen hat. Zur intensiven Auseinandersetzung mit der New Economic History vgl. *Sarrazin,* Th.: Ökonomie und Logik der historischen Erklärung, Bonn-Bad Godesberg 1974; zum Verhältnis von Ökonomie und Geschichte siehe den interessanten Sammelband von *Wehler,* H. U. (Hrsg.): Geschichte und Ökonomie, Köln 1973.

[4] *Popper,* K. R.: Logik der Forschung, 4. verbesserte Auflage, Tübingen 1971, S. 31.

[5] Vgl. ders.: Naturgesetze ..., S. 50 ff.

[6] Zu den praktischen Erfolgen der New Economic History siehe *Sarrazin,* Th., *Spreer,* F., *Tietzel,* M.: Eisenbahnen und wirtschaftliche Entwicklung. Neue Perspektiven eines alten Problems, in: Jahrbuch für Sozialwissenschaft, Bd. 24 (1973), S. 85 ff., sowie *Sarrazin,* Th.: Ökonomie ..., S. 67 ff.

wahr ist, dann hat noch kein Historiker darin Erfolg gehabt, eine wirkliche historische Erklärung zu entwickeln[7]."

Es ist das Ziel dieses Aufsatzes, (1) die am covering-law-Modell vorgebrachte Kritik auf ihre Stichhaltigkeit zu prüfen und (2) die methodische Tragfähigkeit der von den Narrativisten vorgebrachten Alternativen zu untersuchen.

I. Zur Kritik des covering-law-Modells

Die im folgenden diskutierten Kritikpunkte können sich bisweilen überschneiden, da die Heterogenität und Vielfalt der kritischen Einwände eine konsistente Systematisierung unmöglich macht.

(1) Der Anspruch des covering-law-Modells, ein „universalistisches Modell kausaler Erklärung zu sein", schließt tendenziell die herkömmlichen historischen Methoden aus[8]. Selbst wenn man nicht den streng naturwissenschaftlichen Kausalitätsbegriff zugrundelegt, daß „Kausalgesetze ... quantitative, deterministische, mittels stetiger mathematischer Funktionen darstellbare Mikro-Sukzessionsnahwirkungsgesetze" seien, „die sich auf ein homogenes und isotropes von bestimmten Erhaltungsprinzipien beherrschtes Raum-Zeit-Kontinuum beziehen"[9], sondern *Poppers* bereits zitierte pragmatische Definition der kausalen Erklärung zugrundelegt, wirft die Frage nach der Adäquanz einer kausalen Erklärung beträchtliche Probleme auf.

Entscheidend ist für uns allein, daß aus der Sicht des covering-law-Theoretikers kausale Erklärung ohne Rückgriff auf allgemeine Gesetze nicht möglich ist, womit die Frage nach der historischen „causa" bei Kenntnis der Anfangs- und Randbedingungen identisch ist mit der Frage nach den jeweils wirksamen allgemeinen Gesetzen. Die Suche nach Ursachen in der Geschichte ist damit aber ein genauso unsicheres und schwieriges Geschäft geblieben wie vorher auch. Die „Fülle der sich anbietenden Ursachen", welche die „kausale Zurechnung in der Geschichte" erschweren[10], wird durch das covering-law-Modell verwandelt in die Fülle der sich anbietenden allgemeinen Gesetze, aus denen die Auswahl nicht weniger schwer fällt. Es bleibt dem Historiker auch bei

[7] *Donagan*, A.: Historical Explanation: The *Popper-Hempel*-Theory Reconsidered, in: History and Theory, Bd. 4 (1964/65), S. 3 ff. Sämtliche Zitate aus fremdsprachigen Werken wurden vom Verfasser übersetzt.

[8] Vgl. *Beer*, S. H., Causal Explanation and Imaginative Re-Enactment, in: History and Theory, Bd. 3 (1964), S. 6, im folgenden zitiert als: *Beer*, S. H.: Causal Explanation ...

[9] *Stegmüller*, W.: Das Problem der Kausalität, in: *Topitsch*, E. (Hrsg.): Probleme der Wissenschaftslehre, Wien 1960, S. 183.

[10] *Faber*, K. G.: Theorie der Geschichtswissenschaft, München 1971, S. 71.

Verwendung allgemeiner Gesetze nicht erspart, die Einflußfaktoren und ihr Verhältnis zueinander in adäquater Gewichtung zu ermitteln; da alles vergangen ist, ist er auf Vermutungen und Interpretationen angewiesen[11]. Die Möglichkeit zur kausalen Erklärung ist begrenzt durch die Möglichkeit, tragfähige allgemeine Gesetze zu verwenden: „Wenn wir mit ‚Ursache' eine invariable Abfolge meinen und wenn wir zugeben, daß wir weder invariable Abfolgen gefunden haben noch dies erwarten, dann haben wir keine kausalen Erklärungen erbracht und können dies auch nicht tun[12]."

(2) Damit ist das Problem der Existenz und des Geltungsbereichs der vom Historiker verwendeten allgemeinen Gesetze angesprochen. Hier liegt die praktische Schwierigkeit der covering-law-Theorie. Es gibt kaum allgemeine Gesetze, welche empirisch gehaltvoll sind und zugleich die geforderte Universalität besitzen[13]. Vielmehr treten an die Stelle der allgemeinen Gesetze „gesetzesähnliche Feststellungen"[14]. Unabhängig von der strittigen Frage, ob der Historiker in der Lage ist, selbst Gesetzeshypothesen zu entwickeln, erfüllen sozialwissenschaftliche Gesetze sämtlich nicht den Universalitätsanspruch, sondern stellen statistische Zusammenhänge dar. Lediglich in solchen Fällen historischer Erklärung, wo Naturgesetze herangezogen werden, ist deduktiv-nomologische Erklärung im *Hempel*schen Sinne möglich. In allen anderen Fällen verbleibt lediglich die schwächere Form der induktiv-probabilistischen Erklärung (siehe dazu Punkt (3)). In diesem Sinne ist das Problem der covering-law-Theorie eigentlich ein Problem der Sozialwissenschaften, welche bislang nicht in der Lage sind, wirklich universale Gesetze abzuleiten, die denen der Naturwissenschaft analog wären[15].

Eine in diesem Zusammenhang mehr „praktische" Gefahr liegt darin begründet, daß der sich am covering-law-Modell Orientierende sich dieser Unzulänglichkeiten nicht voll bewußt ist und unreflektiert, ohne genaue Prüfung im Einzelfall, falsche oder nicht anwendbare sozialwissenschaftliche Theorien verwendet. „Theorie kann uns helfen, Fakten zu ordnen und zu verstehen, aber die Fakten können auch zeigen, daß bestimmte Theorien für Erklärungszwecke unbrauchbar sind[16]."

---

[11] Vgl. *Nagel*, E.: Some Issues in the Logic of Historical Analysis; in: *Gardiner*, P.: Theories of History ..., S. 382 f.

[12] *Beer*, S. H.: Causal Explanation ..., S. 9.

[13] Vgl. *Donagan*, A.: Historical Explanation ..., S. 24 f. sowie ders.: Explanation in History; in: *Gardiner*, P. (Hrsg.): Theories of History ..., S. 431, im folgenden zitiert als: *Donagan*, A.: Explanation ...

[14] Ders.: Ebenda, S. 438.

[15] Vgl. dazu *Evans-Pritchard*, E. E.: Social Anthropology, London 1951, S. 57.

[16] *Davis*, L. E.: „And it will never be Literature", The New Economic History: A Critique, in: *Andreano*, R. L. (Hrsg.): The New Economic History. Recent Papers on Methodology, New York, London, Sidney, Toronto 1970.

Die historische Relativität und der stochastische Charakter sozialwissenschaftlicher Gesetze hindern die Geschichtsschreibung daran, dem covering-law-Modell voll Genüge zu tun[17].

(3) Der Umstand, daß die meiste in der Geschichtsschreibung verwendeten covering laws stochastischen Charakter tragen, führt zu einer weiteren Schwierigkeit: zwar können Gruppen von Ereignissen oder Typen von Erscheinungen mit Hilfe stochastischer Zusammenhänge mehr oder weniger zufriedenstellend erklärt werden. Zweifelsfreie Erklärung eines *individuellen* Ereignisses jedoch verlangt ein Gesetz von universaler Gültigkeit. Die induktiv-probabilistische Erklärung macht nicht nur die deduktive Ableitung des Explanandum aus dem Explanans unmöglich[18], sie macht zugleich das Streben nach *sicherer* Erklärung zu einer Fiktion. Sozialwissenschaftliche Gesetze mögen hinreichend exakt sein für die Erklärung kollektiver Verhaltensweisen und genereller Erscheinungen (etwa: Abhängigkeit des Sparverhaltens vom Einkommensniveau), sie versagen bei der Erklärung von Einzelerscheinungen (etwa: Sparverhalten eines bestimmten Haushaltes).

Dietl bringt das Beispiel eines Mörders, der sein Opfer haßte[19]. Sicherlich ist Haß eine plausible Erklärung für Mord, sicherlich läßt sich auch ein Gesetz aufstellen, daß Haß von einer bestimmten Art und Stärke bei einer bestimmten Persönlichkeitsstruktur mit hoher Wahrscheinlichkeit zum Mord führt. Dieses Gesetz aber sagt nichts aus über den historischen Einzelfall: Zwar haßte der Mörder sein Opfer, aber war nicht trotzdem Gewinnsucht der eigentliche Grund seiner Tat? Es ist „extrem unwahrscheinlich, daß wir je ein interessantes Gesetz haben, daß Haß und Mord verbindet"[20]. Selbst wenn dieses Gesetz vorläge, würde der beschriebene Rest von Unsicherheit in der historischen Erklärung nicht ausgeräumt.

Zwar wird der Wert des covering-law-Modells durch das Fehlen letzter Sicherheit in der induktiv-probabilistischen Erklärung nicht verneint, aber doch relativiert: Wenn man unter einer „wissenschaftlichen" historischen Erklärung eine Erklärung versteht, die den gleichen Grad an Sicherheit aufweist wie eine „naturwissenschaftliche" Erklärung, dann wird es nur sehr wenige „wissenschaftliche" historische Erklärungen geben.

---

[17] Zur historischen Relativität vgl. *Nagel*, E.: Probleme der Begriffs- und Theoriebildung . . ., S. 82 ff.

[18] Vgl. *Donagan*, A.: Historical Explanation . . ., S. 7 f.

[19] Vgl. *Dietl*, P. J.: Deduction and Historical Explanation; in: History and Theory, Bd. 7 (1968), S. 179 f., im folgenden zitiert als: *Dietl*, P. J.: Deduction and Historical Explanation . . .

[20] Ders.: Ebenda, S. 179.

(4) *Donagan*[21] bezieht sich auf ein Beispiel von *Ryle*[22], um zu zeigen, daß nicht einmal physikalische Erklärungen sich immer auf strikt allgemeine Gesetze beziehen. Für das Zerbrechen einer vom Stein getroffenen Fensterscheibe wird die Erklärung gegeben: Sie war zerbrechlich. *Donagan* nun wendet hierauf als allgemeines Gesetz an: Fenster von einer bestimmten Art, in deren Klasse auch das in Frage stehende Fenster fällt, zerbrechen bei harten Stößen oder starken Verwindungen. Zu Recht stellt er fest, dies sei kein wirklich allgemeines Gesetz, denn es erwähne Fenster von einer bestimmten Art. Die durch das Gesetz miteinander verbundenen Erscheinungen bildeten keine offene Klasse. Hieraus folgert *Donagan* ebenso wie *Ryle*, statt des von *Hempel* geforderten allgemeinen Gesetzes handele es sich hier nur um eine gesetzesähnliche Feststellung (law-like statement).

Für die oben getroffene Verallgemeinerung trifft diese Bezeichnung zu. Es trifft allerdings nicht zu, daß diese Verallgemeinerung die zugrundeliegenden universalen Gesetze wirklich widerspiegelt. Diese nämlich würden zum Gegenstand haben die Zusammenhänge zwischen molekularen Strukturen und bestimmten physikalischen Eigenschaften, aus welchen sich dann in Verbindung mit den singulären Randbedingungen, z. B. Zusammenprall mit einem Gegenstand von bestimmter Masse und Geschwindigkeit, das Ereignis erklären ließe.

Donagan hat also den Fehler gemacht, eine simple Verallgemeinerung des Einzelfalls für das zugrundeliegende allgemeine Gesetz zu halten und ist hierdurch zu dem falschen Schluß gekommen, nicht einmal alle physikalischen Erklärungen beruhten auf dem covering-law-Gesetz.

(5) *Scriven* wärmt den uralten Vorwurf des infiniten Regresses bei nomothetischer Erklärung wieder auf[23]. Der infinite Erklärungsregreß ergibt sich aus der Tatsache, daß jede Feststellung in ein allgemeines Gesetz und eine neue Feststellung aufgespalten werden kann. Die neue Fesstellung kann wieder aufgespalten werden usw. ad infinitum. Dieser Umstand ist bekannt als das Basis-Problem[24]. Der Vorwurf ist nun, daß man, ebenso wie auf der ersten Stufe, auf allen Stufen nomothetische Erklärungen fordern könnte. Es sei ein rein willkürlicher Akt, die nomothetische Erklärung auf die erste Stufe zu beschränken (woraus umgekehrt folgt, es sei willkürlich, nomothetische Erklärung überhaupt zu fordern).

---

[21] Vgl. *Donagan*, A.: Explanation in History ..., S. 435 f.

[22] Vgl. *Ryle*, G.: The Concept of Mind, London 1949, S. 88 ff. und S. 123.

[23] Vgl. *Scriven*, M.: Truisms as the Grounds for Historical Explanations; in: *Gardiner*, P. (Hrsg.): Theories of History ..., S. 449 f., im folgenden zitiert als: *Scriven*, M.: Truisms ...

[24] Zum Basisproblem und seiner Lösung siehe *Popper*, K. R.: Logik der Forschung ..., S. 17 ff. und S. 60 ff.

Ein solcher Vorwurf nun vermengt zweierlei: Die logische Struktur einer jeden Erklärung und die praktische Frage, wieweit es zweckmäßig ist, die Erklärung durch Aufführung der allgemeinen Gesetze und der Randbedingungen explizit zu machen. Bei selbstevidenten Erklärungen (wir erinnern an den oben erwähnten Fall der zerbrochenen Fensterscheibe) mag der explizite Rückgriff auf allgemeine Gesetze selbst auf der ersten Stufe überflüssig sein. Dies aber ist Sache eines prokollarischen Beschlusses, welcher an der *grundsätzlichen* logischen Struktur einer jeden Erklärung nichts ändert, und dementsprechend auch keinen Vorwurf gegen das covering-law-Modell begründen kann. *Passmore* weist zu Recht darauf hin, es gebe überhaupt keine „vollständige" Erklärung[25]. Jede Erklärung ist vollständig immer nur im Hinblick auf die Fähigkeit des Fragenden, Zusammenhänge zu überschauen, d. h. auf die Breite und Einsatzfähigkeit des von ihm beherrschten Vorrats von Generalisierungen.

(6) Der wohl am ernstesten zu nehmende Vorwurf besagt, das covering-law-Prinzip sei zwar nicht falsch, aber zu restriktiv, indem es, obwohl im Prinzip richtig, auf eine falsche Art allgemeiner Gesetze hinziele: „Was in den Aussagen aller Leute, die die Ansicht vertreten, daß historische Erklärung immer allgemeine Gesetze voraussetzen muß, *implizit* enthalten ist, ist eine Konzeption von der Aufgabe des Historikers, die sich für die tatsächliche Praxis dieses Faches als ebenso restriktiv wie unzutreffend erweist[26]." Der Vorwurf richtet sich auf den Umstand, daß die „angebotenen Gesetze das folgende gleiche Merkmal besitzen: Sie sind einfache Verallgemeinerungen dessen, was sie angeblich erklären sollen"[27]. Zu Recht stellt *Scriven* fest, daß Generalisierungen mehr als ein Beispiel umfassen müssen, um tragfähig zu sein[28], und *Beer* meint, daß die von *Popper* und *Hempel* benutzten Beispiele allgemeiner Gesetze alles andere sind als wirklich allgemeine Gesetze[29]. Wir wollen dies anhand von zwei Beispielen demonstrieren[30]:

Hempel schreibt[31]:

„Betrachten wir beispielsweise die Aussage, daß die Dust Bowl Farmer nach Kalifornien auswandern, ‚weil' anhaltende Trockenheit und Sand-

---

[25] Vgl. *Passmore,* J.: Explanation in Everyday Life, in Science, and in History; in: History and Theory, No. 2 (1962), S. 111 f., im folgenden zitiert als: *Passmore,* J.: Explanation in Everyday Life ...

[26] *Goldstein,* L. J.: Theorien in der Geschichtsforschung; in: *Albert,* H. (Hrsg.): Theorie und Realität ..., S. 293, im folgenden zitiert als: *Goldstein,* L. J.: Theorien ...

[27] Ders.: Ebenda, S. 294.

[28] Vgl. *Scriven,* M.: Truisms ..., S. 474 f.

[29] Vgl. *Beer,* S. H.: Causal Explanation ..., S. 7 f.

[30] Siehe dazu *Goldstein,* L. J.: Theorien ..., S. 293 ff.

[31] *Hempel,* C. G.: The Function of General Laws ..., S. 439 f.

stürme ihre Existenz in zunehmendem Maße verschlechtern und weil Kalifornien ihnen soviel bessere Lebensbedingungen zu versprechen scheint. Diese Erklärung beruht auf irgendeiner ähnlichen universellen Hypothese wie: eine Bevölkerung neigt dazu, in Regionen auszuwandern, die bessere Lebensbedingungen versprechen."

Popper schreibt[32]:

„Wenn wir zum Beispiel die erste Teilung Polens im Jahre 1772 durch den Hinweis erklären, daß Polen keinesfalls der vereinten Macht Rußlands, Preußens und Österreichs widerstehen konnte, dann nehmen wir stillschweigend irgendein triviales Gesetz an, wie etwa dieses: ‚Wenn eine von ungefähr gleich gut geführten und gleich gut ausgerüsteten Armeen einen ungeheuren Überschuß an Menschen besitzt, dann gewinnt die andere niemals'."

Wir sehen, die von den Autoren selbst angeführten zugrundeliegenden Generalisierungen sind nichts als unmittelbare Verallgemeinerungen des in der historischen Feststellung ausgedrückten Zusammenhangs. Wenn solcherart sämtliche in der Geschichtsschreibung verwandten universalen Gesetze wären, dann müßte man *Beer* zustimmen, der meint, weder *Popper* noch *Hempel* hätten universale Gesetze gefunden[33]. Mit solchen Verallgemeinerungen ist zwar „der logischen Forderung genügt, die durch die *Humes*sche Analyse herausgearbeitet wurde, aber gleichzeitig wird dabei der Fall isoliert, da nur ganz ähnliche Fälle — d. h. wenn überhaupt welche auftauchen, dann nur sehr wenige — irgendeine Bedeutung für ihn oder seine Begründung haben[34].

Gesetze, welche nur den speziellen Fall abdecken, sind zumeist banal und für die Forschungspraxis ohne Bedeutung, auch wenn sie durch die historische Erklärung logisch impliziert werden. Praktischen Sinn hat das covering-law-Modell nur, wenn allgemeinere Gesetze benutzt werden, welche bestimmte Zusammenhangs*typen* erklären[35]. Sozialwissenschaftliche Gesetze erfüllen diese Forderung, so daß der hier erhobene Vorwurf zumeist den Historiker nicht trifft, welcher, anstatt induktiv aus dem Einzelfall ein banales allgemeines Gesetz zu konstruieren, die bereits bestehende sozialwissenschaftliche oder ökonomische Theorie benutzt, wie dies etwa im Falle der New Economic History geschieht.

Dort aber, wo die einzigen verwendeten allgemeinen Gesetze in der oben beschriebenen Weise gewonnen werden, ist ihre explizite Aufführ-

[32] *Popper*, K. R.: Die offene Gesellschaft und ihre Feinde, Band II, Falsche Propheten. Hegel Marx und die Folgen, 2. Auflage, Bern, München 1970, S. 327, im folgenden zitiert als: *Popper*, K. R.: Die offene Gesellschaft II . . .

[33] Vgl. *Beer*, S. H.: Causal Explanation . . ., S. 8.

[34] *Goldstein*, L. J.: Theorien . . ., S. 298.

[35] Vgl. *Mandelbaum*, M.: Historical Explanation: The Problem of Covering Laws; in: History and Theory, No. 1 (1961), S. 229 ff.

rung einfach überflüssig, da sie dann, falls die in Frage stehende Erklärung zutreffend ist, selbstevident sind. Solche Gesetze sind „nicht der Mühe wert“[36]. In solchen Fällen ist das covering-law-Modell kein Problem der Geschichtsschreibung, sondern des Wissenschaftstheoretikers: „Die theoretischen Probleme entstehen durch genaue Prüfung der historischen Erklärung und durch Konzentration auf die Beziehungen, die in ihr akzentuiert werden. Wenn die Formulierung von Theorien in einem gewissen Sinne zu einer umfassenderen Formulierung der historischen Erklärung führt, so bedeutet das jedoch keinesfalls, daß die besondere historische Erklärung in irgendeiner Weise von geringerem Wert ist[37].“

Es sei jedoch noch einmal betont, daß dies keine Widerlegung des covering-law-Modells oder auch nur seines Anspruchs auf universale Gültigkeit begründet. Dies scheint nicht immer klar erkannt zu werden, andernfalls könnte *Dray* nicht die Aussage angreifen, daß alle Erklärungen Erklärungen auf der Basis von Gesetzen sind[38], und *Scriven* würde das Beispiel der durch einen Stoß vom Tisch fallenden Tinte nicht anführen als eine Erklärung, welche ohne den Rückgriff auf allgemeine Gesetze auskommt[39].

(7) *Scriven* verlangt, in der historischen Erklärung müsse man Erklärung und Begründung unterscheiden, und behauptet, diese Unterscheidung würde das Bedürfnis nach allgemeinen Gesetzen überflüssig machen[40]. In einem Punkt hat er sicherlich recht: Allgemeine Gesetze werden in der Tat nur zur *Begründung* eines behaupteten Zusammenhangs gebraucht. Aber es geht nicht an, die Begründung einer Erklärung aus dem Aufgabenbereich des Historikers herauszunehmen. Wissenschaft unterscheidet sich ja von anderen Produkten menschlichen Geistes gerade dadurch, daß sie objektive, also möglichst zweifelsfrei begründete und intersubjektiv nachprüfbare Erkenntnis liefert. Nur der Begründungszusammenhang ist überhaupt logischer Analyse zugänglich und damit nachprüfbar.

(8) Die Bedeutung der Anfangs- und Randbedingungen für die Forschungspraxis des Historikers wird nach Meinung *Mandelbaums* im covering-law-Modell nicht hinreichend gewürdigt[41]. Er hält die *Hempel*sche Analyse für recht wirklichkeitsfremd, da das Hauptproblem des Historikers nicht in der Entdeckung allgemeiner Gesetze, sondern in der

---

[36] *Goldstein*, L. J.: Theorien ..., S. 299.

[37] Ders.: Ebenda, S. 303.

[38] Vgl. *Dray*, W.: „Explaining What“ in History; in: *Gardiner*, P. (Hrsg.): Theories of History ..., S. 404.

[39] Vgl. *Scriven*, M.: Truisms ..., S. 456.

[40] Vgl. Ders.: Ebenda, S. 445 ff.

[41] Vgl. *Mandelbaum*, M.: Historical Explanation ..., S. 237 ff.

Entdeckung und Analyse der Anfangs- und Randbedingungen liege. Hier aber könne das covering-law-Modell nicht helfen, denn die Entdeckung der dem betrachteten Fall zugrundeliegenden allgemeinen Gesetze sei nur notwendige Bedingung der Erklärung. Erst die Spezifizierung der Anfangs- und Randbedingungen liefere die hinreichenden Bedingungen. Mit dieser Feststellung hat *Mandelbaum* ohne Frage recht. Ein Patentrezept der historischen Erklärung wird durch das covering-law-Modell nicht geliefert. Dies zeigen auch die praktischen Beispiele der analytischen Geschichtsschreibung insb. in der New Economic History[42]. Mühevolle Detailarbeit bleibt weiterhin unerläßlich. Das covering-law-Modell liefert der historischen Erklärung lediglich einen logischen Rahmen und ein methodisches Prinzip. Die Arbeit am historischen Material zur Spezifizierung der Anfangs- und Randbedingungen kann es nicht ersetzen.

(9) *Berlin* konstruiert einen Gegensatz zwischen analytischer Klarheit und logischer Exaktheit von Theorien einerseits, und der Fülle und Weite des umspannten Stoffes andererseits. Die Anwendung von Theorie bedeute Isolierung und damit die Vernachlässigung bestimmter Tatbestände der historischen Wirklichkeit, so daß eine am naturwissenschaftlichen Erkenntnisideal orientierte Historiographie niemals den Reichtum und die Komplexität der historischen Wirklichkeit hinreichend wiedergeben könne[43]. Worauf *Berlin* anzuspielen scheint, ist die Unschärfe der an der Alltags- und an der literarischen Sprache orientierten Ausdrucksweise des Historikers, welche eine Fülle von Assoziationen, Bedeutungen und möglichen Beziehungen zuläßt. Es stimmt natürlich, daß analytische Klarheit und logische Exaktheit wissenschaftliche Aussagen in ihrer möglichen Bedeutung strikt einschränken, denn das Ziel ist es ja, eindeutige Aussagen zu gewinnen. Unserer Ansicht nach ist dies im Sinne wissenschaftlicher Erkenntnis nicht unbedingt von Nachteil. Es läßt sich wohl eher das Gegenteil behaupten. Eine unscharfe Sprache kann weder die argumentative noch die deskriptive Funktion erfüllen, die ihr auch in der Geschichtswissenschaft zukommen sollte[44].

(10) „Versuche, die Geschichte mit Gesetzen zu versehen, haben zwei Hauptrichtungen genommen: allumfassende Schemata und Aufspaltung in spezialisierte Disziplinen[45]. Nach *Berlins* Auffassung bleibt dem an theoretischem Wissen interessierten Historiker nur die Wahl zwischen Historizismus[46] und Spezialistentum. Im Falle des Spezialistentums

---

[42] Vgl. hierzu *Sarrazin*, Th.: Ökonomie ..., S. 67 ff.

[43] Vgl. *Berlin*, I.: History and Theory ..., S. 15 f.

[44] Zur Analyse der historischen Sprache siehe *Sarrazin*, Th.: Ökonomie ..., S. 110 ff.; Zur Funktion der Sprache in der Wissenschaft siehe *Popper*, K. R.: Objektive Erkenntnis, Hamburg 1973, S. 137 ff.

[45] Vgl. *Berlin*, I.: History and Theory ..., S. 13.

[46] Zur Auseinandersetzung mit dem Historizismus siehe *Popper*, K. R.: Das Elend des Historizismus, 3. Aufl., Tübingen 1971.

wäre die Einheit der Geschichte in Gefahr. *Redlich* streitet der New Economic History teilweise sogar ab, daß ihre Produkte noch Geschichtsschreibung seien[47]. Beide Autoren konstruieren damit implizit einen Gegensatz zwischen Theorie und Geschichte, oder nomologischer und idiographischer Wissenschaft. Solch ein Gegensatz jedoch kann nur insoweit bestehen, als es eine eigene historische Methode zumindest in Teilbereichen der Historiographie gibt. Die im Zusammenhang mit der Diskussion des covering-law-Modells neu entwickelten oder wieder aufgewärmten Konzepte einer historischen Forschungslogik werden im folgenden Abschnitt kritisch untersucht.

II. Die historische Erzählweise

„Die Autoren, die der Konzeption, die Erklärungen in der Geschichte als allgemeine Gesetze verwendet, feindlich gegenüberstehen, befassen sich in erster Linie stets mit dem, was sie in historischen Erzählungen finden[48].“ Der allgemeine Gesetzesstandpunkt wird verworfen, „weil er dem nicht Rechnung trägt, was tatsächlich in erzählenden Geschichtswerken geschrieben steht“[49]. Zur *erzählenden* Geschichte führen einmal Gründe der passenden Darstellung (chronologische Ordnung, didaktische Momente), zum anderen der teleologische Faktor der Geschichtsschreibung[50]: Die weitere Entwicklung ist bekannt, und der historische Stoff wird im Hinblick auf die bekannte Entwicklung geordnet. Dies führt nun die Anhänger der Ansicht, daß die historische *Erzählung* eine autonome historische Erklärungsmethodik begründe (welche wir als Narrativisten bezeichnen wollen) zur Auffassung, im Unterschied zur kausalen „naturwissenschaftlichen“ Erklärung gebe es eine *genetische* „historische“ Erklärung. Aus dieser Verwendung angeblich unterschiedlicher Erklärungstypen rührt die Uneinigkeit[51].

Die „Technik des Erzählens, wie sie vom Historiker benutzt wird“, ... „ist nicht nur ein zufälliger, stilistischer Effekt des historischen Handwerks, sondern wesentlich für das Geschäft der historischen Erklärung[52].“

---

[47] Vgl. *Redlich*, F.: 'New' and Traditional Approaches to Economic History and their Interdependence, in: Journal of Economic History, Bd. 25 (1965), S. 489.

[48] *Goldstein*, L. J.: Theorien ..., S. 292.

[49] Ders.: Ebenda, S. 292.

[50] Vgl. *Mandelbaum*, M.: A Note on History as Narrative; in: History and Theory, Bd. 6 (1967), S. 414, im folgenden zitiert als: *Mandelbaum*, M.: A Note ...

[51] Vgl. *Levich*, M.: Disagreement and Controversy in History; in: History and Theory, No. 2 (1962), S. 48 f., im folgenden zitiert als: *Levich*, M.: Disagreement ...

[52] *Louch*, A. R.: History and Theory, Bd. 8 (1969), S. 5, im folgenden zitiert als: *Louch*, A. R.: History ...

Zwar wird die Existenz kausaler Zusammenhänge in der Geschichte nicht rundweg geleugnet, aber: „Die Zusammenhänge einer Geschichte *mögen* eine Ursache-und-Wirkung-Beziehung haben, aber nicht alle erzählenden Verbindungen können darauf reduziert werden[53]."

Der Narrativist will die „Kontinuität" der Geschichte herausarbeiten und meint, dem covering-law-Modell liege eine atomistische Sicht der Welt zugrunde[54]. Die Erfahrung des kontinuierlichen Wandels sei das Leitbild des Historikers, welches seinen Stil schaffe sowie die Verwirrung und die Auflösungen, die speziell historisch sind. Eine Welt des Diskontinuierlichen (welche durch Beschränkung auf kausale Erklärung geschaffen werde) sei nicht konsistent mit historischer Praxis[55]. Wissenschaftlichen Fortschritt im herkömmlichen Sinne gibt es für den Narrativisten nur in begrenztem Umfang, denn aus dem Erzählcharakter der Historiographie ergibt sich die Notwendigkeit, die Geschichte dauernd umzuschreiben, nicht weil das Alte ‚falsch' wäre, sondern weil sich die Perspektiven ändern. Die Perspektive der Untersuchung bestimmt mithin die Logik der Erzählung: „Das Verstehen des Vergangenen in diesem Sinne äußert sich darin, Ereignisse und Perioden so zu ordnen, daß eine Person oder Periode in das Zentrum der Betrachtung gebracht wird[56]."

Die Frage der historischen Erzählweise weist mancherlei Ähnlichkeiten auf mit dem Problem des historischen Verstehens[57], mit dem wir uns in diesem Zusammenhang allerdings nicht auseinandersetzen wollen.

Die Positionen der Narrativisten sind keineswegs einheitlich. *Dray* und *Gallie* etwa verneinen jede Anwendung „naturwissenschaftlicher" Erklärungsmethoden in der Geschichte. *Danto* und *White* schließen solche Methoden nicht aus, meinen aber doch, daß die historische Erzählung darüber hinausgehende Eigentümlichkeiten hat.

Dray setzt an die Stelle des covering-law-Prinzips, dessen Anspruch, eine hinreichende Erklärung zu liefern, er für „künstlich und irreführend" hält[58], sein Prinzip der „rationalen Erklärung". Der Historiker soll zeigen, daß sich die Aktionen des handelnden Subjekts folgerichtig aus der objektiven Lage, sowie seinen Motiven und seinen Vorstellungen

---

[53] *Fain*, H.: History and Science; in: History and Theory, S. 156, im folgenden zitiert als: *Fain*, H.: History as Science ...

[54] Vgl. *Louch*, A. R.: History ..., S. 59 f.

[55] Vgl. Ders.: Ebenda, S. 56.

[56] Vgl. *Louch*, A. R.: History ..., S. 58.

[57] Vgl. *Olafson*, F. A.: Narrative History and the Concept of Action; in: History and Theory, No. 9 (1970), S. 265, im folgenden zitiert als: *Olafson*, F. A.: Narrative ...

[58] Vgl. *Dray*, W.: Laws and Explanation ..., S. 58.

vom Handlungserfolg ergaben: „Das Ziel einer solchen Erklärung ist es zu zeigen, daß das, was getan wurde, die Sache war, die aus den gegebenen Gründen getan werden mußte[59]."

Das, was wir nach Meinung *Drays* wissen sollen, ist die Angemessenheit einer Handlung aus der historischen Situation heraus, und zwar aus der Situation, wie sie sich dem handelnden Subjekt darstellte. Die rationale Erklärung hat die das Handeln bestimmenden *Motive* bloßzulegen, so daß die historische Handlung und ihre Begründung im Geiste des Historikers und seiner Leser nachvollzogen werden können.

Drays Konzept der historischen Erklärung umfaßt also nur die Erklärung intentionaler menschlicher Handlungen. Zwielichtig bleibt hierbei seine Forderung nach „Rationalität". Wenn er damit meint, daß die zu erklärende Handlungsweise durch die Darstellung des Historikers als subjektiv sinnvoll dem Leser nahegebracht werden soll, so ist dies nichts als die alte Forderung nach einfühlendem Verstehen. Wenn die „Platitude der Rationalität" aber, wie *Dray* sagt, nur die allgemeine Voraussetzung behandelt, daß Handelnde aus zureichenden Gründen handeln[60], so ist diese Aussage entweder metaphysisch, da nicht falsifizierbar, und damit überflüssig, oder sie ist falsch, denn ein empirisch gehaltvoller Begriff der Rationalität schließt auch die Möglichkeit ein, nichtrational zu handeln, und damit ist „rationale Erklärung" nicht für alle menschlichen Handlungen möglich[61].

Gallie betont besonders den antizipatorischen, genetischen Charakter der historischen Erklärung, welcher die erzählende Darstellung unentbehrlich (essential) für die Geschichtsschreibung mache[62]. Mit diesem Charakter der historischen Erklärung ist für ihn eine Art des Verstehens verbunden, „die gänzlich verschieden ist von der Art, welche die Naturwissenschaften charakterisiert"[63] und zur Entfaltung der erzählenden Darstellungsform bedarf. „Wenn es wahr ist, daß in den Naturwissenschaften immer eine Theorie ist, so ist es nicht weniger wahr, daß in der historischen Forschung immer eine Geschichte ist[64]. Zwar wird die grundsätzliche logische Richtigkeit des covering-law-Modells nicht geleugnet, wohl aber nahezu jegliche Bedeutung für die Geschichtsschreibung, denn *Gallie* hält explizite Kausalerklärung nur bei sehr komplizierten und

---

[59] Ders.: Ebenda, S. 124.

[60] Vgl. *Dray*, W.: Laws and Explanation ..., S. 137.

[61] Siehe hierzu auch *Dietl*, P. J.: Deduction and Historical Explanation ..., S. 183.

[62] Vgl. *Gallie*, W. B.: Philosophy and the Historical Understanding, S. 65, im folgenden zitiert als: *Gallie*, W. B.: Philosophy ...

[63] Ders.: Ebenda, S. 11.

[64] Ders.: The Historical Understanding; in: History and Theory, Bd. 3 (1964), S. 173, im folgenden zitiert als: The Historical ...

verwickelten Zusammenhängen für nötig. Im Normalfalle sei die Kunst der Erzählung gerade die, daß sich der Ablauf der Ereignisse selbst erklärt[65]. Einer Geschichte *zu* einer Schlußfolgerung zu folgen ist für ihn etwas anderes als auf dem Wege des logischen Schlusses zu erkennen, *daß* ein bestimmtes Ergebnis folgt. Anders als in den Naturwissenschaften sei der *Weg* zum Schluß das Erkenntnisziel und nicht das Ende selbst[66].

Die Orientierung am covering-law-Modell führe jedoch dazu, den Bereich erklärter Geschichte mit dem Bereich der Anwendung wissenschaftlicher oder banaler Generalisierungen mit Prognosekraft zu identifizieren[67]. Die genetische Erklärung hingegen führe zu jener Kontinuität der Darstellung, welche allein dem historischen Gegenstand adäquat und nur durch erzählende Darstellung zu erreichen sei. Genetische Erklärungen schildern einen einmaligen, nicht umkehrbaren Prozeß. Im Gegensatz zum covering-law-Modell haben die in ihnen verwendeten Regelmäßigkeiten keinerlei Prognosekraft[68], sondern werden erst im nachhinein als solche erkannt.

Danto hält zwar den erzählenden Charakter der historischen Erklärung für wesentlich, meint aber trotzdem, daß Erklärung Unterordnung unter allgemeine Gesetze bedeute. Der Historiker muß den historischen Wandel erklären und deshalb die verbindenden Elemente zwischen den historischen Ereignissen finden. Die Auswahl dieser verbindenden Elemente aber ist nach *Danto* nur möglich durch die Anwendung allgemeiner Gesetze oder zumindest eines allgemeinen Konzepts[69]. Die historische Erzählung muß so angeordnet werden, daß die zugrundeliegenden Regelmäßigkeiten sichtbar werden.

Danto wendet sich scharf gegen die Vorstellung, die Aufführung sämtlicher Fakten auf der Grundlage vollständiger Faktenkenntnis könne die interpretierende und erklärende Aufgabe der historischen Forschung ersetzen[70]. Erst die Einbeziehung des in der historischen Vergangenheit „Zukünftigen“ ermögliche es, die volle Wahrheit über die Vergangenheit zu erfahren. Der Historiker vermag das, was auch die vollständigste Beschreibung nicht leisten kann: Er kann Vergangenes unter dem Aspekt

---

[65] Vgl. *Gallie*, W. B.: Philosophy . . ., S. 22.

[66] Vgl. Ders.: The Historical . . ., S. 169 .

[67] Vgl. Ders.: Explanations in History; in: *Gardiner*, P. (Hrsg.): Theory of History . . ., S. 395.

[68] Vgl. Ders.: Ebenda, S. 388 und 391.

[69] Vgl. *Danto*, A.: Analytical Philosophy of History, Cambridge 1965, S. 2, im folgenden zitiert als: *Danto*, A.: Analytical Philosophy . . .

[70] Vgl. *Danto*, A.: Narrative Sentences; in: History and Theory, Bd. 2 (1962), S. 151 f., im folgenden zitiert als: *Danto*, A.: Narrative . . .

des ‚danach‘ in der ‚damaligen‘ Zukunft Geschehenen würdigen[71]. Wenn man unter Beschreibung eines Ereignisses auch die Beschreibung seiner Einwirkungen auf später Geschehenes versteht, so kann also die Beschreibung eines Ereignisses niemals abgeschlossen sein, weil die werdende Zukunft dem Ereignis immer neue Aspekte verleihen kann[72]. Zwar wird die Beschreibung eines vergangenen Ereignisses als *Verursachtes* durch die zukünftige Entwicklung nicht gewandelt, wohl aber seine Beschreibung als *Verursachendes*, denn seine in die Zukunft hineinreichenden Wirkungen sind im Prinzip unbegrenzt. Erst das im historischen Ablauf Nochfolgende gibt die Anleitung für die unentbehrliche Auswahl aus der unendlichen Fülle des Vergangenen, ohne die jegliche Geschichtsschreibung unmöglich wäre: „Kein Kriterium zu besitzen für die Auswahl einiger Ereignisse als relevant und anderer als irrelevant, das bedeutet, einfach nicht in der Lage zu sein, Geschichte überhaupt zu schreiben[73].“ Die erzählende Beschreibung enthält also immer ein zukunftsbezogenes Element, indem die Anlage des Zukünftigen im Vergangenen dargestellt wird. Auch für *Danto* ist die historische Erklärung antizipatorisch oder genetisch, im Gegensatz zu *Gallie* sieht er hierin jedoch keinen Widerspruch zum covering-law-Modell begründet.

White hält es für die Aufgabe des erzählenden Historikers — im Unterschied zur reinen Aufzählung von Fakten — die historischen Fakten in solch einer Weise zu ordnen, daß es aus dem Ablauf der Erzählung deutlich wird, weshalb sie in einer bestimmten Weise aufeinander folgen[74]. Zur logischen Verbindung der historischen Fakten sind angemessene Kausalgesetze unentbehrlich, sie bilden gleichsam das logische Skelett der historischen Erzählung, welches zu unterscheiden ist von ihren literarischen Qualitäten[75]. Aber: Es gibt beliebig viele kausale Verbindungen in Abhängigkeit vom jeweiligen Blickpunkt der historischen Erzählung, so daß endgültige Erklärungen von universaler Geltung eine Fiktion sind. Zwar gibt es objektive historische Wahrheit, aber „es gibt keinen archimedischen Punkt, von dem aus Gesichtspunkte festgesetzt werden können, keinen Geist der Geschichte, der diktiert ‚welche Betrachtungsweise immer angewandt werden muß, um die richtige Antwort auf die Frage ‚Was war der Grund dessen, was geschah?‘ oder ... auf die Frage ‚Was geschah?‘ herauszufinden[76].“ Mit einem Wort: In bezug auf denselben

---

[71] Vgl. Ders.: Ebenda, S. 153 f.

[72] Vgl. Ders.: Ebenda, S. 157 f.

[73] Vgl. Ders.: Ebenda, S. 167.

[74] Vgl. *White*, M.: The Foundations of Historical Knowledge, New York 1965, S. 221, im folgenden zitiert als: *White*, M.: The Foundations ...

[75] Zur Darstellung des Konzepts von *White* vgl. auch: *Olafson*, F. A.: Narrative ..., S. 279 ff.

[76] *White*, M.: The Foundations ..., S. 23.

historischen Gegenstand gibt es so viele Wahrheiten wie es Gesichtspunkte gibt.

Mit dieser Konzeption berührt *White* zwar gänzlich andere Aspekte als das covering-law-Modell, hierdurch will er jedoch keine eigenständige Logik der historischen Erklärung begründen. Der Charakter der historischen Erklärung bestehe vielmehr einzig und allein darin, daß sie Verbindungen zwischen vergangenen Geschehnissen unterschiedlicher Zeitpunkte untersucht. Hieraus aber läßt sich keinerlei Methodenautonomie ableiten[77].

Es ist nunmehr am Beispiel von *Dray, Gallie, Danto* und *White* klargeworden, daß die Positionen der Narrativisten keineswegs deckungsgleich sind, sondern nicht unbeträchtliche Unterschiede aufweisen. Im folgenden wollen wir zu den aufgetauchten Einzelproblemen systematisch Stellung nehmen. Dabei behandeln wir: (1) Die „rationale" Erklärung, (2) die genetische Erklärung, (3) die Bedeutung intentionalen menschlichen Handels für die historische Erklärung, (4) die Bedeutung des historischen Zeitablaufs, (5) das Verhältnis von Wahrheit, Vollständigkeit und Relativität einer historischen Erklärung, (6) das Verhältnis von „Erkennen" und „Erleben" historischer Zusammenhänge, (7) die Frage, ob die erzählende Form notwendige Bedingung historischer Erklärung sei.

(1) Wir hatten bereits darauf hingewiesen, daß *Drays* Rationalitätsmaxime entweder inhaltsleer ist, oder eine empirische Aussage über die Verhaltensweise des Handelnden darstellen muß. *Hempel* weist darauf hin, daß das Explanans der rationalen Erklärung nur vollständig ist, wenn tatsächlich die empirische Aussage des rationalen Handelns darin enthalten ist; es hat dann die folgende Form:

„(a) A befand sich in einer Situation vom Typ C.

(b) A hatte eine Disposition, rational zu handeln.

(c) Jeder Mensch mit einer Disposition zum rationalen Handeln wird in einer Situation vom Typ C unausweichlich (mit großer Wahrscheinlichkeit) X tun[78]."

Das obige Explanans ist hinreichend für das Explanandum: A tat X. In dieser Form unterscheidet sich die rationale Erklärung nicht mehr von

---

[77] Vgl. Ders.: Historical Explanation, in: *Gardiner,* P.: Theories of History ..., S. 360 ff., im folgenden zitiert als: *White,* M.: Historical Explanation ...

[78] *Hempel,* C. G.: Wissenschaftliche und historische Erklärungen, in: *Albert,* H.: Theorie und Realität ..., S. 256, im folgenden zitiert als: *Hempel,* C. G.: Wissenschaftliche ...

einer gewöhnlichen deduktiven oder probabilistischen nomologischen Erklärung. Rationale Erklärung allerdings kann dann nur noch stattfinden, wenn der Handelnde tatsächlich rational gehandelt hat. Dies aber ist — wie bereits festgestellt — keineswegs immer wahrscheinlich. Soll das Schema universale Gültigkeit haben, so müssen auch andere Aussagen dispositionalen Typs unter (b) zulässig sein. Damit allerdings wird „*Drays* Konstruktion der Erklärung" durch rationale Beweggründe unhaltbar[79]. Rationale Erklärung könnte lediglich dazu dienen, eine Verhaltensnorm zu finden, mit der dann das faktische Verhalten beurteilt werden kann. Wir haben dann eine Parallele zu dem, was *Popper* Erklärung aus der „Logik der Situation" nennt[80]. Die Logik der Situation impliziert bestimmte Verhaltensweisen in bestimmten Situationen, sie setzt einen bestimmten Maßstab dessen voraus, was in einer Situation als rational zu gelten hat: „Wenn wir von ‚rationalem Verhalten' oder ‚irrationalem Verhalten' sprechen, so meinen wir damit ein Verhalten, das der Logik der Situation entspricht oder nicht[81]."

(2) „Ein Erklärungsverfahren, das weithin in der Geschichte benutzt wird, obwohl nicht in der Geschichte allein, ist das der genetischen Erklärung; sie präsentiert das untersuchte Phänomen als die letzte Stufe einer Entwicklungsabfolge, und trägt ihm Rechnung durch Beschreibung der aufeinanderfolgenden Stadien der Folge[82]." Die genetische Erklärung ist so lange mit dem covering-law-Modell vereinbar, als nicht ihr kausaler Charakter abgestritten wird. Eben dies geschieht, wie wir sahen, durch einen Teil der Narrativisten, welche mit der Rolle von Generalisierungen auch gleich die Kausalität vom Tische wischen.

Zu unterscheiden von dieser grundsätzlichen Ablehnung ist die Position, daß explizite Kausalerklärung nicht immer notwendig sei, weil die kausalen Beziehungen sowieso offenlägen. In der Tat würde es jede Kommunikation praktisch unmöglich machen, wenn sämtliche Erklärungen stets vollständig wären. Auch *Hempel* läßt *elliptische* oder unvollständige Erklärungen zu, wenn die zugrundeliegenden Gesetze oder Tatsachen als unproblematisch gelten können[83]. Zu denen, welche die immer notwendige Kausalverbindung in einer genetischen Erklärung bestreiten, gehört *Fain*, welcher seine Ansicht an zwei Beispielen zu belegen sucht:

(a) Die Beziehung zwischen Eltern und Kindern in einem Stammbaum sei nicht die von Ursache und Wirkung, sondern ausschließlich gene-

---

[79] *Hempel*. C. G.: Wissenschaftliche . . ., S. 258.

[80] Vgl. *Popper*, K. R.: Die offene Gesellschaft II . . ., S. 123.

[81] Ders.: Ebenda, S. 123.

[82] *Hempel*, C. G.: Aspects of Scientific Explanation, New York 1965, S. 497.

[83] Vgl. *Hempel*, C. G.: Wissenschaftliche . . ., S. 245.

tisch[84]. Begründet wird diese Ansicht nicht näher. Wenn aber unter Beziehung weder die menschliche Beziehung zwischen Eltern und Kindern noch der verbindende Strich auf dem Bild des Stammbaums gemeint ist (was beides in diesem Falle recht sinnlos wäre), dann kann unter „Beziehung" nur die Entstehung der Kinder aus den Eltern gemeint sein; diese Beziehung ist zwar genetisch, aber zugleich kausal, indem die elterliche Beziehung die notwendige Bedingung für die Existenz der Kinder ist. Eine explizite Aufführung der zugrundeliegenden allgemeinen Gesetze und singulären Anfangs- und Randbedingungen ist hier nicht einmal nötig, es genügt die elliptische Erklärung.

(b) „Nachdem Mr. Smith ... die Garagentür geöffnet hatte, ließ er den Motor an. Es ist völlig klar, daß die Verbindung zwischen diesen beiden Ereignisse in der Geschichte nicht die von Ursache und Wirkung ist[85]." Gerade dieses ist nun überhaupt nicht klar. *Fain* begeht den Fehler, eine *unmittelbare* kausale Verbindung zwischen den beiden Ereignissen finden zu wollen. Die kausale Verbindung der beiden Ereignisse liegt vielmehr in der Absicht des Mr. Smith, mit dem Wagen wegzufahren. Keineswegs ergibt sich aus dem Öffnen der Garagentür genetisch das Anlassen des Motors. Mr. Smith könnte ebenso gut nur den Gartenschlauch holen wollen. Richtig ist: Die erzählende Darstellung der beiden Ereignisse appelliert an den beim Leser vorhandenen Vorrat an Generalisierungen, die Generalisierung würde in diesem Falle lauten: Leute, welche die Absicht haben wegzufahren und ihre Garagentür öffnen, lassen sodann in der Regel ihren Motor an. Das vollständige Explanans ist dann:

(a) Smith hat die Absicht wegzufahren;

(b) Smith öffnet seine Garagentür;

(c) Leute, die die Absicht haben wegzufahren und ihre Garagentür öffnen, lassen sodann in der Regel ihren Motor an.

Hieraus folgt das Explanandum: Smith läßt den Motor an. Die vollständige Erklärung allerdings ist in diesem Falle so banal, daß die einfache Aufzählung der Ereignisse genügt, um dem Leser auch Klarheit über die kausale Verknüpfung zu geben. In der genetischen oder teleologischen ist die kausale Betrachtungsweise immer enthalten[86]. Zu Recht betont *Arthur*, die Fähigkeit, einer Geschichte folgen zu können, mache Generalisierungen nicht überflüssig, sondern setze

---

[84] Vgl. *Fain*, H.: History as Science ..., S. 168.

[85] Ders.: Ebenda, S. 169.

[86] Vgl. *Kaufmann*, F.: Methodenlehre der Sozialwissenschaften, Wien 1936, S. 88 ff.

diese voraus[87]. Zwar ist die genetische Erklärung wertvoll für das historische Verständnis, aber „ihre Rolle als Erklärung scheint ... im Grunde nomologischen Charakter aufzuweisen und nicht *sui generis* zu sein[88]."

(3) Bisweilen wird argumentiert, die Intentionalität individuellen menschlichen Handelns mache kausale Erklärung im Sinne des covering-law-Modells unmöglich, da dieses die „Voraussetzung individueller Wahl" und damit die menschliche Willensfreiheit nicht hinreichend beachte[89]. Unter dem Bereich menschlicher Willensfreiheit pflegen wir den Bereich essentiell nicht vorhersagbaren menschlichen Handelns zu verstehen. Deduktiv-nomologische Erklärung ist hier in der Tat unmöglich, da die Determinanten individueller Aktionen unmöglich im Explanans erfaßt werden können.

Trotzdem existieren gewisse Regelmäßigkeiten auch des individuellen menschlichen Verhaltens, welche durchaus eine induktiv-probabilistische Erklärung ermöglichen. Diejenigen, welche nomologische Erklärung intentionalen Handelns ablehnen, konstruieren einen Unterschied zwischen *Gründen* (reasons) und *Ursachen* (causes). Eine intentionale Handlung wird dann verstanden, wenn der Handlungs*grund* des Handelns klar ist[90]. Als Handlungsgrund werden die *Motive* der Handlung aufgefaßt, welche der Historiker zu entdecken und zu erklären habe.

Es ist völlig unbestreitbar, daß sich der Historiker *auch* mit den Motiven menschlichen Handelns befassen sollte. Es ist auch unbestreitbar, daß hier ein Erklärungstyp benutzt wird, der sich zwar zur nachträglichen Erklärung, nicht aber zur Prognose eignet, da die Motive oft erst im nachhinein aus der Handlung selbst erkennbar sind. Dies wird auch von *Hempel* zugestanden[91]. Trotzdem müssen (1) die Annahmen über Motive empirisch testbar sein, wenn die Geschichtsschreibung nicht in Metaphysik ausarten soll, und es müssen (2) passende allgemeine Gesetze verfügbar sein, die den angenommenen Motiven Erklärungskraft verleihen. Auch bei der Erklärung individuellen Verhaltens durch ein Motiv liegt die Annahme zugrunde, das Motiv liefere *generell* eine plausible Erklärung für den in Frage stehenden Handlungs*typ*[92].

---

[87] Vgl. *Arthur,* C. J.: On the Historical Understanding, in: History and Theory, No. 7 (1968), S. 211, im folgenden zitiert als: *Arthur,* C. J.: On the Historical ...

[88] *Hempel,* C. G.: Wissenschaftliche ..., S. 252.

[89] Vgl. *Donagan,* A.: Historical Explanation ..., S. 19; sowie *Dietl,* P. J.: Deduction and Historical Explanation ..., S. 171.

[90] Vgl. Ders.: Ebenda, S. 176.

[91] Vgl. *Hempel,* C. G. und *Oppenheim,* P.: The Logic of Explanation, in: *Feigl,* H. und *Brodbeck,* M. (Hrsg.): Readings in the Philosophy of Science, New York 1953, S. 328.

[92] Vgl. hierzu etwa *Nagel,* E.: The Structure of Science, New York und Burlingame 1961, S. 555.

Falsch wäre es jedoch, in der Forschung nach den Motiven individueller Handlungen eine zentrale Aufgabe der Geschichtsschreibung sehen zu wollen: „Die Vorstellung, daß die Erklärung eines Historikers ... eine detaillierte Untersuchung, vornehmlich in rationaler Form, der Aktivitäten und Motive zahlloser Individuen und Gruppen enthält, stellt eindeutig eine Verwechslung von Psychologie und Geschichte dar, die Art von Verwechslung, die man mit einer als ‚methodologischen Individualismus' bezeichneten Theorie in Verbindung bringen kann[93]." *Goldstein* bringt zwar zu Unrecht die von ihm kritisierte Tendenz mit dem methodologischen Individualismus in Verbindung, kritisiert aber zutreffend das, was man als *Psychologismus* bezeichnen könnte, nämlich den Irrtum, die Erscheinungen der menschlichen Geschichte und des sozialen Lebens seien letztlich auf die Psychologie der menschlichen Natur zurückzuführen[94]. Die vielfachen Einwirkungen der Umwelt im weitesten Sinne auf die Motive und Handlungsweisen des Individuums werden damit ebenso vernachlässigt wie die Tatsache, daß nur ein kleiner Teil der zu erklärenden historischen Erscheinungen auf individuelles menschliches Handeln rückführbar ist (etwa: Ursachen der Völkerwanderung, Gründe für den Aufstieg des Dritten Reiches etc.).

So hat *Goldstein* völlig recht, wenn er bemerkt: „... wir wollen einfach annehmen, daß wir es hier mit mangelnder Unterscheidung zwischen der Initiierung und der Fortsetzung eines Ereignisses zu tun haben. Was auf die Initiierung einer Handlung folgt, ist nicht lediglich eine Folge ihrer Initiierung, sondern der Initiierung unter den zu diesem Zeitpunkt herrschenden besonderen Bedingungen." Zur Erklärung einer Handlung „müssen wir jedoch beträchtlich mehr als die Motive, Intentionen und Dispositionen eines Handelns kennen"[95].

(4) Die zeitliche Struktur einer Ereignisabfolge hat ohne Frage in der Geschichtsschreibung eine große Bedeutung, welche noch dadurch verstärkt wird, daß die Technik des Erzählens, welche ja bewirken soll, daß die Ereignisse „sich selbst erklären", in hohem Maße von einer einfühlsamen und geschickten zeitlichen Anordnung abhängt[96].

Völlig falsch aber ist es, hieraus zu folgern, die zeitliche Struktur intentionalen Handelns würde — erzählt — die kausale Erklärung mitliefern. Dies ist nur der Fall bei ganz offensichtlichen kausalen Verbindungen (vgl. dazu auch Beispiel (b) unter Punkt (2)). *Mandel-*

---

[93] *Goldstein*, L. J.: Daten und Ereignisse ..., S. 284.

[94] Zur Kritik des Psychologismus vgl. *Popper*, K. R.: Die offene Gesellschaft II ..., S. 112 ff.

[95] *Goldstein*, L. J.: Daten und Ereignisse ..., S. 286.

[96] Vgl. hierzu die Beispiele bei *Fain*, H. History as Science ..., S. 157, sowie den dort folgenden Text.

baum bringt in diesem Zusammenhang das instruktive Beispiel eines Wahlkampfes[97]: Eine bloße Beschreibung eines Wahlkampfes als lineare Serie — oder einer Kombination linearer Serien — von Ereignissen, in denen das vorhergehende Ereignis immer die Erklärung für das nachfolgende liefert, würde garantiert keine auch nur annähernd zutreffende oder hinreichende Erklärung des Wahlausgangs liefern. Hierzu müssen die wirtschaftliche Lage, die soziologischen Veränderungen in der Bevölkerung, die herrschenden Ideologien, die Strategien der Parteien, die Glaubwürdigkeit ihrer Führer und zahlreichen anderen Komponenten in einer *systematischen* Analyse durchleuchtet und auf ihre Wechselbeziehungen hin untersucht werden. Die „einzelnen aufeinanderfolgenden Phasen müssen sich für ihre Funktion durch mehr qualifizieren als durch die Tatsache, daß sie eine zeitliche Abfolge bilden[98] . . . “

Richtig ist nicht, daß die zeitliche Abfolge kausale Erklärung überflüssig macht, sondern vielmehr, daß zeitliche Abfolge notwendige Bedingung jeder kausalen Erklärung ist, da die erklärenden Bedingungen zeitlich der zu erklärenden Wirkung vorausgehen müssen[99].

(5) Geschichtsschreibung setzt Auswahl voraus. Es ist unmöglich, „die“ Geschichte von irgendetwas zu schreiben. Selbst die „vollständige“ Erklärung eines einzelnen Ereignisses ist unmöglich, weil die meisten Aspekte stets in die Anfangs- und Randbedingungen verbannt werden müssen. Die Idee (im Sinne der Erklärung aller Aspekte) ist „selbstzerstörerisch, denn jedes singuläre Ereignis weist unendlich viele verschiedene Aspekte der Merkmale auf, die nicht alle durch eine finite Menge von erklärenden Aussagen, wie groß sie auch sein mag, erklärt werden können“[100]. „Man erreicht nie eine ‚vollständige‘, eine ‚absolute‘ Erklärung, wenn man darunter eine Erklärung versteht, die *alle* notwendigen Bedingungen spezifiziert und die auf *universalen* Gesetzen gründet[101]. Hierauf aber läßt sich kein allgemeiner Pessimismus hinsichtlich der Möglichkeiten „objektiver“ historischer Erklärung und schon gar nicht die Auffassung gründen, die für kausale Erklärung notwendige Isolierung einer Fragestellung und eines historischen Faktenbündels bedeute eine Verfälschung der Geschichte.

Vielmehr hat „ganzheitliche“ Betrachtung, die die „Kontinuität“ des historischen Prozesses herausarbeiten soll, wie von Narrativisten oft angestrebt, die zweifelsfreie Erklärung der einzelnen kausalen Be-

---

[97] Vgl. *Mandelbaum*, M.: A Note . . ., S. 416 f.

[98] *Hempel*, C. G.: Wissenschaftliche . . ., S. 252.

[99] Vgl. Ders.: Ebenda, S. 241.

[100] Vgl. Ders.: Ebenda, S. 247.

[101] *Beer*, S. H.: Causal Explanation . . ., S. 18.

ziehungen zur notwendigen Voraussetzung. Natürlich ist historische Erklärung immer nur möglich im Hinblick auf eine bestimmte Fragestellung, und es ist durchaus möglich, daß Erklärungen desselben Ereignisses unter verschiedenen Fragestellungen auch verschiedene Ergebnisse haben. Solche verschiedenen Erklärungen können aber durchaus kompatibel sein. Es wäre falsch, bei Anerkennung aller Grenzen der historischen Erkenntnis, deshalb die Möglichkeit zur objektiven Erklärung in der Geschichte zu bestreiten.

(6) Gleichberechtigt neben die Kausalerklärung stellt *Beer* den Nachvollzug der Vergangenheit durch die Vorstellungskraft der Phantasie (imaginative re-enactment). Sie müsse dort einsetzen, wo die kausale Erklärung nicht ausreicht. Imaginative re-enactment ist nach *Beer* kein Gegensatz zur Kausalerklärung, sondern notwendige Ergänzung[102]. Es sollen nicht nur die kausalen Zusammenhänge zwischen historischen Ereignissen erschlossen werden, sondern die *Bedeutung* (meaning), welche die handelnden Individuen ihren Aktionen beimaßen[103]. Imaginative re-enactment ist also ein Mittel zur Rekonstruktion vergangener Bewußtseinshorizonte. Neben die *Erkenntnis*wahrheit, welche auf kausale Zusammenhänge abstellt, wird also eine *Erlebnis*wahrheit gestellt, welche auf das Nacherleben vergangener Bewußtseinslagen gerichtet ist. Dies ist ein Rückgriff auf die alte Behauptung, eine eigene historische Methodik werden durch die Hermeneutik konstituiert, eine Auffassung, mit der wir die Auseinandersetzung an dieser Stelle nicht führen wollen[104].

(7) Indem die Historiker die erzählende Methode für die Darstellung verwenden, haben sie sich nach *Teggarts* Ansicht „jede Möglichkeit abgeschnitten, wissenschaftliche (scientific) Resultate zu erreichen". „Mit welcher Sorgfalt auch immer Fakten gesichert würden, mit welcher Reinheit sie aufeinanderfolgend präsentiert würden, erzählende Feststellung bleibe Kunst und, als solche, keine Wissenschaft"[105]. Dieser extremen Position, welche der erzählenden Darstellungsform den Anspruch auf Wissenschaftlichkeit abstreitet, steht die ebenso extreme Position mancher Narrativisten gegenüber, daß die erzählende Form essentiell für die Geschichtsschreibung sei.

Unbestritten ist wohl, daß dem „Erzählen" in der Geschichtsschreibung eine wichtige Darstellungsfunktion zukommt. Die historischen Ereignisse in ihrer vielfältigen Verflechtung und den oft ungesicherten,

---

[102] Vgl. *Beer*, S. H.: Causal Explanation ..., S. 22 ff.

[103] Vgl. Ders.: Ebenda, S. 27.

[104] Vgl. den bereits erwähnten Aufsatz von *Albert*, H.: Theorie, Verstehen und Geschichte ..., sowie *Sarrazin*, Th.: Ökonomie ..., S. 22 ff. u. S. 121 ff.

[105] *Teggart*, F. J.: Theory of History; in: Ders.: Theory and Process of History, Berkeley 1960, S. 39.

komplexen Zusammenhängen darzustellen, erfordert stilistische Fähigkeiten, welche — hier hat *Teggart* recht — den Übergang zwischen Geschichtsschreibung und Literatur bisweilen fließend machen und vielleicht auch „Kunst" produzieren. Keiner der Narrativisten konnte jedoch darlegen, wieso das Bemühen um kausale Erklärung im Sinne des covering-law-Modells mit der historischen Erzählweise nicht vereinbar sein soll, bzw. wie die alternative Erklärungsmethodik der Narrativisten nun aussieht. Mögen die Kritiker des covering-law-Modells mit noch so beredten Beispielen und Argumenten auf die Unmöglichkeit hinweisen, eine im Sinne des covering-law-Modells vollständige Erklärung zu formulieren — ein wissenschaftslogisches Argument gegen das covering-law-Modell läßt sich daraus nicht ableiten. Hierzu wäre es notwendig gewesen zu zeigen, daß die logische Struktur der historischen Kausalerklärung des Bezugs auf Gesetzeshypothesen (sei dieser Bezug auch implizit) entbehren kann. Dieser Nachweis ist nicht gelungen. Die Schwierigkeiten einer im Sinne des covering-law-Modells vollständigen und adäquaten historischen Erklärung spiegeln lediglich die Schwierigkeiten der historischen Erklärung überhaupt wider.

TEIL II

Industriepolitik

Leitbilder der sozialen Sicherheit gestern und heute

Von Hans-Jörg Budischin und Hansheinz Kreuter

I. Aufgabenstellung und Methode

„Die vorstechenden Fehler der wirtschaftlichen Gesellschaft, in der wir leben, sind ihr Versagen, für Vollbeschäftigung Vorkehrung zu treffen und ihre willkürliche und unbillige Verteilung des Reichtums und der Einkommen[1].“ Mit dieser Feststellung charakterisierte John Maynard *Keynes* den Wirkungsmechanismus des marktwirtschaftlichen Systems und kritisierte gleichzeitig die Theorie der klassischen Ökonomie, die jede wirtschafts- und sozialpolitische Aktivität des Staates für unnötig erachtet, da eine „unsichtbare Hand“ aufgrund selbstregulierender Kräfte das System stets zum Gleichgewicht führe und so auf Dauer auch keine gesellschaftlichen Antagonismen bestehen könnten.

Das Vertrauen in diesen Automatismus war jedoch zu keiner Zeit so groß, daß der Staat resp. andere Institutionen auf Maßnahmen zur Beseitigung bestehender eklatanter Diskrepanzen in der Einkommens- und Vermögensverteilung verzichtet hätten. Aus den Anfängen sozialpolitischer Maßnahmen, die noch zu schildern sein werden, wurde bis zur Gegenwart ein umfassendes System der sozialen Sicherheit, wie wir es beispielsweise heute in den meisten westlichen Industrieländern vorfinden[2].

Wie jedoch aus den anfänglich unzusammenhängenden ad hoc-Interventionen ein konsistentes System der sozialen Sicherung entwickelt werden konnte, kann nur dann so recht begriffen werden, wenn die Notwendigkeiten und der Umfang der Entwicklungsstufen sozialpolitischer Aktivitäten im Zeitablauf verfolgt werden. Der vorliegende Beitrag stellt einen Versuch dar, diese Entwicklungsgeschichte nachzuzeichnen, um aus der Kenntnis der Zusammenhänge gegenwärtig gültige Leitbilder der Sozialpolitik zu diskutieren.

---

[1] *Keynes*, J. N.: Allgemeine Theorie der Beschäftigung des Zinses und des Geldes, Übersetzung von F. *Waeger*, München, Leipzig 1936, S. 314.

[2] *Kreuter*, H.: Soziale Sicherung, in: Wirtschafts- und Gesellschaftspolitische Grundinformationen, Hrsg. Institut der deutschen Wirtschaft, Köln 1975.

II. Sozialpolitische Aktivitäten im geschichtlichen Abriß

1. Die Anfänge der Sozialpolitik

Der Begriff Sozialpolitik hat von seinem eigentlichen Inhalt her erst für die Zeit nach Beginn des Industrialisierungsprozesses Geltung. So kann es sich eigentlich nur um eine Rückprojektion des Begriffes handeln, wenn er auf weit früher liegende Epochen Anwendung finden soll[3].

Fürsorgerische Einrichtungen finden sich in irgendeiner Form in der Geschichte fast aller Völker[4]. Derartige Maßnahmen, die von verschiedenen Institutionen und Personen getroffen wurden, hatten im Sinne der erwähnten Rückprojektion bereits in erheblichem Umfang sozialpolitischen Charakter.

So muß erwähnt werden, daß bereits im antiken Griechenland Kriegsbeschädigte, Hinterbliebene, Erwerbslose und Arbeitsunfähige durch Geld und Naturalien unterstützt wurden, wenn eine Versorgung dieses Personenkreises durch Familienangehörige nicht getragen werden konnte. Neben dieser Fürsorge, die durch eine besondere Wohlfahrtssteuer gespeist wurde, existierten vielfach Einrichtungen, die in der Form von Selbsthilfeinstitutionen ihre Aktivitäten aus freiwilligen Spenden und Mitgliederbeiträgen finanzierten. Ähnlich dem griechischen Beispiel bauten auch die Römer um die Zeitwende Kranken- und Sterbekassenvereine auf.

Mit dem Zusammenbruch der antiken Weltreiche schwanden auch die erwähnten fürsorgerischen Aktivitäten aus dem Gesellschafts- und Wirtschaftsleben, soweit nicht die allgemeine Fürsorge vom Christentum übernommen wurde. Nach einer langen Epoche sozialpolitischer Inaktivität wurden erst wieder zur Zeit *Karls des Großen* neue Ansätze zur Wohlfahrtspflege konzipiert. Die Finanzierung erfolgte durch die Einrichtung des sogenannten Zehnten und durch eine sogenannte Armensteuer.

Thomas von Aquin kann als der Begründer eines ersten systemähnlichen Konzepts sozial- und verteilungspolitischer Maßnahmen angesehen werden. Seiner Almosentheorie zur Folge waren bestimmte Personenkreise zur Vergabe von Almosen verpflichtet, andere zu deren Empfang berechtigt. Überfluß auf der einen Seite und andererseits existentielle Not, die nicht durch eigene Kraft behoben werden konnte, waren die Kriterien für die Vergabe oder Annahme von Almosen. Anreiz für die Wohltätigkeit war die Aussicht, so eine Abgeltung der Sünden-

---

[3] *Seidel*, W.: Sozialpolitik (I); in: Handwörterbuch der Sozialwissenschaften, 9. Band, Tübingen, Göttingen 1956, S. 533.

[4] *Achinger*, A.: Sozialpolitik und Fürsorge, Würzburg 1939, S. 20.

strafe zu erlangen[5]. Diese Grundidee wurde in der Folgezeit wiederholt aufgegriffen.

Ein Versuch, die Armut durch Arbeitspflicht zu beseitigen, wurde durch die sogenannte *Nürnberger Ordnung* von 1487 unternommen. In Fortentwicklung dieses Konzeptes vertrat 1501 Geiler von *Kaysersberg* die Auffassung, der redlichen Obrigkeit obliege die Pflicht, die Versorgung und auch die Arbeitspflicht der Armen zu ordnen und zu sichern[6]. Eine weitere Fortentwicklung erfuhr schließlich dieser Fürsorgeansatz durch die Theorie von John *Major*, der die Einführung von Arbeitsbeschaffungsprogrammen forderte[7].

Doch erst mit dem Heraufkommen des Humanismus wurde in aller Deutlichkeit erkannt, daß die Situation der Armen und ihr moralischer, zur Kriminalität drängender Zustand in starkem Maße von Verzerrungen des damaligen Wirtschafts- und Gesellschaftslebens abhing. *Thomas Morus* sah beispielsweise eine Hauptursache für die von ihm kritisierte Entwicklung in der wachsenden Gewinnorientierung des Frühkapitalismus. Er forderte daher, daß die Armenpflege in dem Gesamtzusammenhang einer auf Wohlfahrt der Gesellschaft gerichteten Innenpolitik des Staates gesehen werden müsse. Diese Fürsorgekonzeption wurde weiter entscheidend präzisiert und systematisiert durch den Beitrag des Humanisten *Juan Luis Vives*, dessen Gedanken sich vereinfacht auf die Form reduzieren lassen, nicht was einer fordert, sondern was ihn fördert, muß gewährt werden[8].

Neben den geschilderten Konzepten zur Armenpflege gab es während des gesamten Mittelalters bereits bestimmte Berufsgruppen, die als Selbsthilfeorganisationen fürsorgerisch in Erscheinung traten. Wegbereiter der späteren Sozialpolitik waren insbesondere die Unterstützungssysteme, die durch die Bergarbeiter geschaffen wurden. In diesem Zusammenhang sind die *Kuttenberger* Bergordnung, die *Joachimstaler-* und die *Hannoversche* Bergordnung hervorzuheben, die mit Beginn des 14. Jahrhunderts in der Folgezeit richtungweisende Unterstützungsmaßnahmen für ihre Mitglieder entwickelten[9]. Die Fürsorgepflicht der Bergwerksgesellschaften trat ein bei Krankheit oder Unglücksfall und galt so-

---

[5] *Scherpner*, H.: Theorie der Fürsorge, Göttingen 1962, S. 23 ff.; vgl. hierzu auch W. *Weddigen*, Grundzüge der Sozialpolitik und Wohlfahrtspflege, Stuttgart 1957, S. 204.

[6] Ders., S. 59.

[7] Ders., S. 64 ff.

[8] Vgl. hierzu auch insbesondere *Frey*, R. L.: Sozial- und Verteilungspolitik; gestern, heute, morgen, Mitteilungen der List-Gesellschaft, Fsc. 8 (1973), Nr. 2, S. 28.

[9] *Miesbach*, H.: Knappschaftsversicherung; in: HdSW, 6. Band, Stuttgart, Tübingen, Göttingen 1959, S. 21 ff.

wohl den unmittelbar Betroffenen als auch deren Familienangehörigen. Besondere Regelungen waren bei Tod eines Mitgliedes vorgesehen[10].

Auch die mittelalterlichen Zünfte als berufsständische Organisationen des Handwerks wurden bereits frühzeitig fürsorgerisch aktiv[11]. Bereits im 11. Jahrhundert wurden Kranken- und Sterbekassen für die Mitglieder gegründet. Die Leistungen entsprachen zum Teil den antiken Vorbildern, lassen sich jedoch auch mit denen der Knappschaftskassen vergleichen.

Die Exponenten des Humanismus bejahten weitgehend einheitlich die Notwendigkeit einer subsidiären Fürsorge. Mit dem Aufkommen des Liberalismus, der den Senat zu einem großen Maß wirtschaftspolitischer Inaktivität verurteilte, erfuhr die Geisteshaltung und damit auch die Beurteilung fürsorgerischer Notwendigkeiten eine grundlegende Änderung. Die Vertreter der ökonomischen Klassik beurteilten das Phänomen Wohlstandsunterschied äußerst divergent[12]. Typisch für derartig unterschiedliche Einschätzungen der Wohlstandsentwicklung sind die Auffassungen von *Adam Smith* auf der einen und von *David Ricardo* auf der anderen Seite. Während Ricardo schon relativ frühzeitig auf die ökonomischen und gesellschaftlichen Gefahren wachsender Wohlstandsunterschiede hinwies, glaubte *Smith* an die Funktionsfähigkeit des Marktmechanismus, der langfristig aufgrund der prästabilierten Harmonie die Herausbildung personeller und regionaler Armut unmöglich mache. Beide Autoren betrachteten jedoch das Armutsphänomen nicht als gesonderten Untersuchungsgegenstand ihrer wissenschaftlichen Forschung. Den ihr gebührenden Platz in der wissenschaftlichen Durchdringung ökonomischer und gesellschaftlicher Zusammenhänge erhielt die Problematik erst durch *Robert Malthus,* der trotz liberalistischer Grundhaltung nach Möglichkeiten suchte, die Gefahren zu beseitigen, die aus der Armut resultieren. Trotz der empirischen Falsifizierung seines Bevölkerungsgesetzes mutet es heute als nachgerade fortschrittlich an, wenn Malthus zur Beseitigung der Armut ein Mittel propagierte, das gegenwärtig noch vielfach den unterentwickelten Ländern zur Lösung ihrer Probleme empfohlen wird: Überwindung der Armut durch Beseitigung der Überbevölkerung. Fürsorgerische Elemente im Sinne finanzieller Zuwendungen jedoch wurden von *Malthus* abgelehnt[13].

Karl Marx gelangt zu seiner Kritik an den zu seiner Zeit praktizierten Methoden der Armenfürsorge aufgrund gänzlich anderer Über-

---

[10] *Schieckel,* H.: Deutsche Sozialpolitik, München, S. 173.

[11] *Zorn,* W.: Zünfte; in: HdSW, 12. Band, Stuttgart, Tübingen, Göttingen 1965, S. 484 ff.

[12] *Frey,* R. L.: S. 27 f.

[13] *Herkner,* H.: Die Arbeiterfrage, Berlin 1908, S. 35.

legungen. Jede wirtschaftspolitische Aktivität, die die Schroffheit von These und Antithese abmildern könnte, mußte von *Marx* als Hemmschuh für die Erreichung der Synthese betrachtet werden. So ist es nur konsequent, daß er sozialpolitische Maßnahmen in den ersten beiden Stufen des dialektischen Prozesses als abträglich für die baldmöglichste Erreichung eines kommunistischen Systems ablehnen mußte[14].

Antike, Mittelalter und früher Liberalismus kannten kaum ein anderes sozialpolitisches Konzept als das der Fürsorge. Der Hauptgrund dafür, daß eine einheitliche aktive, staatliche Sozialpolitik nicht betrieben wurde und daß die Gesellschaft derartige Maßnahmen nicht erzwang, ist in der über Jahrhunderte vorherrschenden Selbstversorgungswirtschaft zu erblicken. Auch die territoriale Zerrissenheit Europas und gleichermaßen der Einfluß der Kirchen auf das Welt- und Gesellschaftsbild des Menschen ließen kein Staatsgefühl im heutigen Sinne aufkommen, keine gemeinsame und gleichartige Bezogenheit auf die Staatsgewalt. Eine Sozialpolitik des Staates konnte so nicht entstehen. Vorherrschend blieb die Fürsorge, getragen durch die Selbsthilfe bestimmter Interessen- und Berufsgruppen und durch die Kirchen.

Erst der Beginn des Industrialisierungsprozesses konnte überkommene Bindungen auflösen[15]. Arbeitsteilung, größere Staatsgebilde und Nachlassen der kirchlichen Dominanz führten zu einem neuen Verhältnis zwischen Staat und Bürger. Insbesondere die Anonymität der industriellen Arbeitswelt und die damit verbundene Neuorientierung familiärer Bindungen führten zu der Erkenntnis, daß eine Sicherung der Wohlfahrt auf Dauer ohne staatliche Aktivität nicht sichergestellt werden könne.

2. Sozialpolitik im 19. Jahrhundert

Der soziale Wandel, der durch den Prozeß der Industrialisierung ausgelöst und befruchtet wurde, erfuhr seine Prägung nicht nur durch die zahlreichen Erfindungen und Innovationen, er wurde entscheidend auch durch das gebündelte Einwirken verschiedenartiger Geisteshaltungen beeinflußt[16]. Mit der Durchsetzung des Rationalismus, dessen alleiniges Ordnungsprinzip die Vernunft war, und mit der wachsenden Fortschrittsgläubigkeit der Menschen setzte sich ein neuer Naturbegriff durch, der Gewinnstreben und Nutzenmaximierung zum beherrschenden Prinzip ökonomischer und gesellschaftlicher Aktivitäten erhob. Das starke Bevölkerungswachstum führte zu einem Überangebot an Arbeits-

---

[14] *Schraepler,* E.: Quelle zur Geschichte der sozialen Frage in Deutschland, Band I, Göttingen 1955, S. 17.

[15] *Fischer,* W.: Soziale Umschichtungen im Zeitalter der Frühindustrialisierung; in: International Review of Social History, Vol. 8 (1963), S. 415 ff.

[16] *Köllermann,* H. W.: Sozialpolitik in Deutschland, Stuttgart 1963, S. 3.

kräften. In dem Maße, in dem die Industrie das Handwerk verdrängte, schwanden die Einflußmöglichkeiten ständischer Organisationen. Der arbeitende Mensch mußte Schutz und Geborgenheit ständischer und familiärer Ordnungen gegen die Anonymität einer industriellen Produktionswelt eintauschen. Vor diesem Hintergrund vollzog sich ein Bewußtseinswandel, in dessen Gefolge allgemein eine aktive staatliche Sozialpolitik postuliert wurde.

Der Zeitpunkt für den Beginn der Industrialisierung war von Land zu Land sehr unterschiedlich. Naturgemäß mußten die ersten staatlichen Aktivitäten sozialpolitischer Prägung dort einsetzen, wo der Prozeß der Industrialisierung, respektive seine Differenzierungseffekte, am weitesten fortgeschritten waren. Die ersten staatlichen Maßnahmen zur Verbesserung der sozialen Situation, insbesondere der arbeitenden Bevölkerung, mußten in England ergriffen werden. Dabei orientierte sich die Sozialpolitik zunächst an den Problemen der Gesundheit der Arbeiter. So wurde ein Mindestalter für Kinderarbeit festgelegt, die Arbeitszeit für Minderjährige reglementiert sowie ein betrieblicher Gesundheitsschutz postuliert. Auch die Bestimmungen über die Beschaffenheit der Produktionsstätten und Arbeitsbedingungen wurden dem Ziel der Gesunderhaltung der Arbeitskräfte angepaßt[17].

Neben diesen staatlichen Maßnahmen waren bereits zu Beginn des Industrialisierungsprozesses in England erste Anfänge einer Arbeiterbewegung erkennbar, die einen Kulminationspunkt in der Massenbewegung des *Chartismus* von 1834 erreichte[18]. Ziel dieser Bewegung war insbesondere die Schaffung des Wahlrechts für alle Männer sowie die Durchsetzung geheimer Wahlen[19]. Nach der Ära des *Chartismus* fanden dann die englischen Arbeiterbewegungen ihre eigentliche Aufgabe in der Gründung von Unterstützungsvereinen auf Gegenseitigkeit.

Mit der Gründung der „Social Democratic Federation" richteten sich die Ziele auf die Erreichung eines allgemeinen Achtstundentages, die Einführung einer progressiven Einkommensteuer und die Bekämpfung der Arbeitslosigkeit durch staatliche Fürsorge[20].

Auch die sogenannte „Fabian Society" wandte sich intensiv dem Studium der Sozialfragen zu. Ähnlich wie die „Fabier" verfolgte dann

---

[17] *Nölting*, E.: Grundlegung und Geschichte der Sozialpolitik, Berlin 1932, S. 72.

[18] *Brusatti*, A.: Geschichte der Sozialpolitik mit Dokumenten, Wien, Linz, München 1962, S. 39 f.

[19] Vgl. hierzu *Sombart*, W.: Sozialismus und soziale Bewegung im 19. Jahrhundert, Jena 1900, S. 29; s. hierzu auch *Güttler*, G.: Die englische Arbeiterpartei, Jena 1914, S. 43 ff.

[20] *Güttler*, G., S. 66.

auch die 1893 gegründete „Independant Labour Party" neben der fortschreitenden Verstaatlichung der Produktionsmittel eine Einführung der 48-Stundenwoche sowie die staatliche Kranken-, Unfall- und Invaliditätsversicherung. Fabier, Gewerkschaften, Sozialisten und die unabhängige Arbeiterpartei vereinigten sich schließlich 1966 unter Ausschluß der marxistischen Sozialdemokraten zur „Labour Party".

Die Anfänge sozialpolitischer Aktivitäten waren in Frankreich mehr theoretischer Natur als in England. Die frühsozialistischen und utopistischen französischen Denker formulierten so bereits ausgangs des achtzehnten Jahrhunderts das begriffliche Werkzeug für die soziale Auseinandersetzung der folgenden Jahrzehnte und verlangten eine genossenschaftliche Organisation von Produktion und Konsumption[21].

Auf dem Gebiet der Arbeiterschutzgesetzgebung waren konkret die gleichen Maßnahmen erforderlich wie in England. Ihren Niederschlag fanden die sozialpolitischen Intentionen bereits 1841 in der Schaffung eines Arbeiterschutzgesetzes, das auch Normen für die Kinderarbeit setzte.

Neben der staatlichen Fremdhilfe wurde auch das System der privaten Selbsthilfe fortentwickelt. In der napoleonischen Zeit wurde das System der Arbeiterunterstützungskassen durch finanzielle Hilfen des Staates abgesichert.

Als einige Jahrzehnte später als in England auch in Deutschland schließlich der Industrialisierungsprozeß einsetzte[22], mußten auch hier die schon genannten sozialen Diskrepanzen konstatiert und Gegenstand einer Sozialgesetzgebung werden[23]. Die Ziele der Maßnahmen waren zunächst die gleichen wie in England und in Frankreich: Kinderarbeit, Arbeitszeitbegrenzung, Ausstattung der Produktionsstätten[24]. Dem „Regulativ über die Beschäftigung jugendlicher Arbeiter in der Fabrik", nicht zu Unrecht bezeichnet als das „Urgesetz der deutschen Sozialpolitik"[25], folgte 1849 die preußische allgemeine Gewerbeordnung[26]. Durch beide Gesetzgebungswerke gelang es, Arbeitszeit, Arbeitspausen und Beschäftigungsalter zu regeln, ein relativ funktionsfähiges Inspektions- und Überwachungssystem zu etablieren und Mißstände wie das

---

21 Vgl. hierzu *Ramm*, Th.: Die Frühsozialisten, Stuttgart 1956, S. 141 ff.; sowie *Voigt*, F.: Die Mitbestimmung der Arbeitnehmer in den Unternehmungen; in: Schriften des Vereins für Socialpolitik, N. F., Band 24/1, Berlin 1962, S. 172 f.

22 Vgl. *Sombart*, W., S. 45 f.

23 *Heyde*, L.: Abriß der Sozialpolitik, Heidelberg 1959, S. 28 f.

24 *Herkner*, H., S. 24.

25 *Syrup*, F.: 100 Jahre staatliche Sozialpolitik 1839 - 1939, Stuttgart 1957, S. 54.

26 *Erdemann*, G.: Die Entwicklung der deutschen Sozialgesetzgebung, Göttingen 1957, S. 81.

„Trucksystem" zu beseitigen. Nach der Gründung des Norddeutschen Bundes im Jahre 1867 wurde zwei Jahre später die Gewerbeordnung vereinheitlicht und galt ab 1871 für das gesamte Deutsche Reich.

Die christliche Sozialbewegung, getragen durch Männer wie *Wichern, Ketteler, Kolping, Stoecke* und *Naumann,* konnte zusätzlich zur staatlichen Sozialpolitik für die arbeitende Bevölkerung zahlreiche Verbesserungen durchsetzen[27]. Insbesondere für die katholische Soziallehre wurde darüber hinaus 1869 die päpstliche Enzyklika „rerum novarum" *Leo XIII.* richtungweisend.

Zur staatlichen Sozialgesetzgebung und der christlichen Sozialbewegung trat als weiterer Faktor für die soziale Besserstellung der arbeitenden Bevölkerung in Deutschland die Arbeiterbewegung selbst hinzu. Ein wesentlicher Durchbruch in Richtung auf eine fortschrittlichere Gestaltung der Arbeitswelt war mit dem „Allgemeinen Deutschen Arbeiterverein" unter der Führung von *Ferdinand Lassalle* zu verzeichnen, der den Kapitalismus durch Staatssozialismus zu überwinden trachtete[28]. Eine radikale Betonung des Klassenkampfes erfolgte durch *Bebel* und *Liebknecht,* die 1849 die sozialdemokratische Arbeiterpartei gründeten. Beide Organisationen wurden trotz der Betonung unterschiedlicher Methoden bei der Zielerreichung, der Verbesserung der sozialen Lage der Arbeiter, 1875 zusammengeschlossen. Zur vollen Entfaltung gelangte die Organisation erst, als sie durch das Sozialistengesetz 1878 ihre Aktivitäten in den Untergrund verlagern mußte. Die Polarisation wurde zu einem derart integrativen Moment, daß die Arbeiterbewegung alle ihre Kräfte und Intentionen sammeln konnte und nach Aufhebung des Sozialistenverbots eine weitgehend schlagkräftige homogene Einheit darstellte.

Der Vollständigkeit halber ist zu den bisher erwähnten Faktoren der Sozialpolitik auch das Moment der betrieblichen Sozialpolitik hinzuzufügen, das bereits im 19. Jahrhundert durch deutsche Industrielle wie *Zeiss, Siemens* und *Krupp* entscheidende Impulse erfuhr[29].

Ohne die bisher behandelten Maßnahmen und Träger der Sozialpolitik in ihrer Bedeutung herabwürdigen zu wollen, läßt sich dennoch feststellen, daß der Sozialpolitik bis zum Ende des 19. Jahrhunderts eine systematische Konzeption fehlte. Der entscheidende Schritt in Richtung auf eine Systematisierung wurde durch die *Bismarck*sche Sozialversicherungsgesetzgebung vollzogen. Die Bedeutung dieser Gesetzgebung für die Ausgestaltung staatlicher Versorgungsmaßnahmen wird auch

---

[27] *Schraepler,* E., S. 86 ff.

[28] *Brusatti,* A., S. 36.

[29] Vgl. *Brusatti,* A., S. 38.

nicht dadurch geschmälert, daß *Bismarcks* Einstellung zur sozialen Frage weniger von sozialpolitischen als von staatspolitischen Erwägungen getragen wurde und daß es *Bismarck* weniger um den einzelnen Arbeiter, als um die Integration in das Gemeinwesen ging. Frühzeitig erkannte *Bismarck* bei der Suche nach einem für alle Betroffenen befriedigenden sozialen Sicherungssystem die Bedeutung, die dem Aspekt der Belastbarkeit der Industrie in der sozialen Frage zukommt[30]. Das Zitat von der Henne, die nicht geschlachtet werden darf, wenn sie goldene Eier legen soll, machte diese Problematik nachgerade jedermann verständlich. Ein weiteres Anliegen *Bismarcks* war es, dem Bürger eine positive Einstellung zur Staatsgewalt zu vermitteln. Nach seiner Auffassung war es die vornehmliche Aufgabe einer staatserhaltenden Politik, auch in den besitzlosen Klassen der Bevölkerung die Überzeugung zu etablieren, daß der Staat nicht nur eine notwendige Institution, sondern auch eine wohltätige, d. h. sozialpolitisch aktive Einrichtung sei.

Mit der Unterstützung *Kaiser Wilhelm I.* wurde am 1. 11. 1881 der Beginn des Sozialversicherungsschutzes eingeleitet[31]. Bis zum Jahre 1884 wurden die Gesetze für die Kranken-, Unfall-, Invaliditäts- und Altersversicherung verabschiedet. Die Rentenversicherung von 1889 brachte den vorläufigen Abschluß dieses bahnbrechenden Gesetzgebungswerkes. Mit der *Bismarck*schen Sozialversicherungsgesetzgebung war ein System der sozialen Sicherung entwickelt worden, das seinesgleichen in allen vergleichbaren Industrienationen suchte.

Die Zeit des I. Weltkrieges war mit Ausnahme des Rechts über die Koalitionen — das sogenannte Hilfsdienstgesetz von 1916 kann als Vorläufer des Betriebsrätegesetzes von 1920 betrachtet werden — für die Entwicklung der Sozialpolitik in Deutschland von relativ geringer Bedeutung.

1918 leitete die Errichtung des Reichsarbeitsministeriums eine neue Phase moderner Sozialpolitik in Deutschland ein, die dazu verhalf, die großen sozialen Aufgaben der Folgezeit zu meistern. Die verheerenden Auswirkungen der Massenarbeitslosigkeit führten zur Abrundung der Sozialversicherungsgesetzgebung durch Einführung eines Versicherungsschutzes gegen Arbeitslosigkeit.

Weiter setzte sich die Erkenntnis durch, daß die Konfrontation zwischen den Produktionsfaktoren Arbeit und Kapital langfristig ein Hemmnis für die Produktivitätsentwicklung darstellte. Arbeitgeber und Arbeitnehmer versuchten somit in dem Gemeinschaftsgremium „Zentralarbeitsgemeinschaft“, den Gedanken der Partnerschaft zwischen den

---

[30] *Syrup*, F., S. 80.

[31] *Erdemann*, G., S. 324.

bisherigen Kontrahenten stärker zu etablieren und auf das gesamte Wirtschaftsleben auszudehnen.

Das Aufkommen des Nationalsozialismus beinhaltete für die sozialpolitische Entwicklung eine gewisse Zäsur. Wenn auch der soziale Gedanke nicht grundsätzlich vernichtet wurde, so beinhalteten doch die Aufhebung von Koalitionsfreiheit und Selbstverwaltung der Sozialpartner eine grundsätzliche Systemänderung. Die deutsche „Arbeitsfront" trat 1933 als Organ der staatlichen Kontrolle und Lenkung der Arbeit an die Stelle der verbotenen Gewerkschaften und Arbeitgeberverbände.

Als Positivum der nationalsozialistischen Sozialpolitik sind die starken Bemühungen zu begreifen, durch Arbeitsbeschaffungsprogramme für Vollbeschäftigung zu sorgen, wenn auch hier eher militärstrategische als soziale Gesichtspunkte im Vordergrund standen.

III. Sozial- und Verteilungspolitik in der Bundesrepublik Deutschland

1. Leitbild und Zielsystem

Das Grundgesetz der Bundesrepublik Deutschland enthält keine konkrete Bestimmung über Leitbilder und über ein Zielsystem für die staatliche Sozialpolitik[32]. Gestützt auf das Sozial- und Rechtsstaatsprinzip wird allgemein ein leistender, zuteilender und verteilender Staat postuliert, der zur subsidiären Unterstützung des einzelnen verpflichtet ist, um so eine gerechte Sozialordnung zu verwirklichen.

Leitbilder und Zielsysteme der Sozialpolitik müssen somit aus den richtungweisenden Erklärungen und Aktivitäten der politischen Entscheidungsträger hergeleitet werden, um so den von der Verfassung vorgegebenen Raum auszufüllen. Eine scharfe Umgrenzung sozialpolitischer Aktivität ist dabei bisher noch nicht gelungen. Dies liegt nicht zuletzt in dem Umstand begründet, daß die klassischen Aufgaben dieser Disziplin durch neue ausgedehnt werden, Aktivitäten, die eine quantitative und qualitative Aufgabenerweiterung beinhalten. Dieser offenkundige Wandel des sozialpolitischen Aktionsfeldes ist nicht ohne Auswirkung auf die Sozialpolitik-Wissenschaft geblieben[33].

---

[32] *Sanmann,* H.: Leitbilder und Zielsysteme der praktischen Sozialpolitik als Problem der wissenschaftlichen Sozialpolitik; in: Schriften des Vereins für Socialpolitik, N. F., Band 72, Berlin 1973, S. 61 ff. sowie die dort angegebene Literatur.

[33] Vgl. hierzu auch *Budischin,* H. J.: Die Formung der staatlichen Sozialpolitik in der Bundesrepublik Deutschland; in: Schriftenreihe zur Industrie- und Entwicklungspolitik, Berlin 1975 (in Vorbereitung).

In der wissenschaftlichen Auseinandersetzung um die Abgrenzung der Sozialpolitik wurde und wird nun immer wieder betont, daß mit den Zwecken des politischen Handelns auch das notwendige Unterscheidungskriterium gefunden sei[34]. Zur Normbestimmung ist daher das wesentliche der sozialpolitischen Tätigkeit unabhängig von den jeweiligen Tagesfragen zu isolieren, wobei es sich nicht um „eine beschreibende Etikettierung oder Klassifizierung empirischer Tatbestände“ handeln kann. Hierbei geht es vielmehr um die „Feststellung des spezifisch-sozialpolitischen Gehalts, der spezifisch-sozialpolitischen Erheblichkeit der empirischen Maßnahmen“[35]. Der so gefundene Begriff stellt dann die Aufgabe der praktischen Disziplin Sozialpolitik unter Zusammenfassung des unter einem Gesichtspunkt Gleichartigen weitgehend allgemein fest, womit ein klar umrissenes Feld als Grundlage für die wissenschaftliche Betrachtung dieser Tätigkeit geschaffen ist[36].

Nach *von Wiese*[37] verdanken wir eine erste allgemeine Normfassung der praktischen Sozialpolitik *Bortkiewicz*[38], der sich insbesondere auch gegen die Bestimmung der Sozialpolitik als Teil der Wirtschaftspolitik wandte[39]. Er definierte Sozialpolitik vielmehr als die in Gesetzgebung und in der Verwaltung sich äußernde Stellungnahme des Staates zu den sozialen Gegensätzen[40], eine Normfassung, der sich seither zahlreiche Autoren im Grundsatz angeschlossen haben.

So darf festgestellt werden, daß als Kern der Aufgabe der Sozialpolitik auch heute die Bekämpfung der gesellschaftlichen Antagonismen herausgestellt wird. In diesem Sinn sagt auch *Preller:* „Das Feld der Sozialpolitik ist der Ausgleich von Disproportionalitäten auf Propor-

---

[34] Vgl. *Amonn,* A.: Der Begriff der Sozialpolitik; in: Schmollers Jahrbuch, Band 45 (1924), S. 136; von *Bortkiewicz,* L.: Der Begriff „Sozialpolitik“; in: Jahrbücher für Nationalökonomie und Statistik, Band 72 (1899), S. 345; *Heinemann,* E.: Marktwirtschaft, Klassengesellschaft und Sozialpolitik; in: Kölner sozialpolitische Vierteljahresschrift, Band 3 (1923), Heft 2, S. 64; und *Zwiedineck-Südenhorst,* O.: Zum Schicksal der Sozialpolitik in Deutschland; in: Schmollers Jahrbuch, Band 47 (1924), S. 108; *Weddigen,* W.: Zur logischen Grundlage der praktischen Wirtschaftswissenschaft; in: Schmollers Jahrbuch, Band 52 (1928), S. 73 ff.; s. hierzu auch *Gäfgen,* G.: Theorie der wirtschaftlichen Entscheidung, Tübingen 1963, S. 23 ff.

[35] *Weddigen,* W.: Sozialpolitik, eine Einführung in ihre Theorie und Praxis, Jena 1933, S. 8.

[36] *Winterstein,* H.: Leitbilder und Zielsysteme in der Bundesrepublik Deutschland; in: Schriften des Vereins für Socialpolitik, N. F., Band 72, Berlin 1973, S. 85.

[37] *Von Wiese,* L.: Sozialpolitik; in: Handwörterbuch der Sozialwissenschaften, Band 7, Jena 1926, S. 613.

[38] *Von Bortkiewicz,* L.: S. 332 ff.

[39] *Sombart,* W.: Ideale der Sozialpolitik; in: Archiv für soziale Gesetzgebung und Statistik, Band 10 (1897), S. 8.

[40] Ders., S. 334 ff.

tionalitäten hin"[41], mögen diese nun aus „grundspezifischen wirtschaftlichen Schwächen"[42], aus „Lebenslagen gesellschaftlich schwacher Personen" herrühren[43] oder aus Ungleichheiten im „Sozialstatus"[44] resultieren.

Im folgenden soll nun geprüft werden, welche Entwicklung die politische Aktivität auf dem durch die Wissenschaft als Sozialpolitik eingegrenzten Betätigungsfeld des Ausgleichs gesellschaftlicher Disproportionalitäten in der Zeit seit dem zweiten Weltkrieg genommen hat. Mit *Kleinhenz* soll dabei der in der Definition enthaltene Faktor der „gesellschaftlichen Schwäche" darin gesehen werden, „daß solche Merkmale der Lebenslage nicht vorhanden bzw. nicht hinreichend ausgeprägt sind, die in der jeweiligen Gesellschaftsordnung Voraussetzung dafür sind, daß die mit der Gesellschaftsordnung verfolgten Ziele in bezug auf die Lebenslage der Individuen schon durch das unbeeinflußte Handeln der Individuen gemäß dieser Ordnung erreicht werden"[45].

Insbesondere soll im Rahmen dieser Darstellung danach gefragt werden, ob die mit der Industrialisierung einhergehenden sozialen Differenzierungsprozesse heute noch für die Normbestimmung der Sozialpolitik dieselbe Bedeutung haben, die sie nach der Sozialpolitikwissenschaft während der Entstehung der neuzeitlichen Sozialpolitik und in den ersten Jahrzehnten dieses Jahrhunderts besaßen. In jener Zeit war die gesellschaftliche Lage durch die massenhaften und deshalb politisch relevanten Notstände gekennzeichnet, die in den durch die Industrialisierung aufgekommenen Arbeits- und Lebensformen begründet lagen. Freilich darf in diesem Zusammenhang auch nicht vergessen werden, daß es gerade erst diese entwickelten Formen einer arbeitsteiligen, auf ständigen Produktivitätsfortschritt ausgerichteten Geldwirtschaft waren, die nunmehr die Erfüllung der sich stellenden sozialpolitischen Aufgaben ermöglichten. Die staatliche Sozialpolitik war somit in die Möglichkeit gesetzt, die Unsicherheit der Existenzbewältigung durch ein System von im Notfall gewährten Sozialleistungen weitgehend zu beseitigen[46].

---

[41] *Preller*, L.: Sozialpolitik. Theoretische Ordnung, Tübingen 1962, S. 78.

[42] *Sanmann*, H.: Sozialpolitik; in: *Ehrlicher*, W. u. a. (Hrsg.): Kompendium der Volkswirtschaftslehre, 2. Band, Göttingen 1972, S. 189.

[43] *Kleinhenz*, G.: Probleme wissenschaftlicher Beschäftigung mit der Sozialpolitik, Berlin 1970, S. 76.

[44] *Molitor*, B.: Was ist Sozialpolitik?; in: Hamburgisches Jahrbuch für Wirtschafts- und Gesellschaftspolitik, 17. Jahrg. (1972), S. 191.

[45] *Kleinhenz*, G.: Die Ausrichtung der Sozialpolitik auf das Arbeits- und Wirtschaftsleben als Problem einer Sozialreform; in: Zeitschrift für Sozialreform 1971, S. 321 ff.

[46] Vgl. zum vorausgegangenen *Achinger*, H.: Sozialpolitik als Gesellschaftspolitik, Hamburg 1958, S. 45.

2. Beurteilung der „praktischen" Sozialpolitik in der Bundesrepublik Deutschland

Die Ausrichtung der Sozialpolitik des ersten deutschen Bundestages von 1949 - 1953 wurde entscheidend von der Aufgabe mitgeprägt, die Kriegsfolgen zu bewältigen. Ökonomische Zielsetzungen bestimmten daher die sozialpolitische Arbeit in dieser Zeit wesentlich. Sie diente hierbei einerseits direkt der Vollbeschäftigungspolitik zur Beseitigung der erheblichen Arbeitslosigkeit. Diese Politik diente daneben der Strukturverbesserung. Insbesondere die Situation der zahlreichen nicht Arbeitsfähigen machte eine Regelung des Lastenausgleichs und der Kriegsopferversorgung in dieser Zeit erforderlich. Im übrigen führte diese Sozialpolitik mit dem verständlichen Rückgriff auf den verfügbaren Apparat zu einem Wiederaufleben der „klassischen Sozialpolitik".

Für die Jahre ab 1953 nun muß eine Diskrepanz quantitativer und qualitativer Art zwischen den Programmen und ihrer Realisierung festgestellt werden.

a) Sozialpolitische Grundthesen

Da ihnen von keiner Seite in der Folgezeit ernsthaft widersprochen wurde, sollen hier als Grundbestimmungen der Sozialpolitik die von *Mackenroth* in seinem Vortrag über die Reform der Sozialpolitik im Jahre 1952 aufgestellten Thesen und deren Konsequenzen Berücksichtigung finden[47].

So sagte *Mackenroth,* daß sämtliche Leistungen des sozialen Sicherungssystems nur aus dem Volkseinkommen der laufenden Wirtschaftsperiode gedeckt werden können, weil es ökonomisch gesehen auf lange Sicht keine Ansammlung von Konsumfonds gebe. Aus dieser volkswirtschaftlichen Tatsache ergibt sich nach *Mackenroth* zwangsläufig, daß juristische und historische Unterscheidungen innerhalb des Systems der sozialen Sicherheit nicht gerechtfertigt sind[48]. Die dritte These besagt, daß das Volkseinkommen die Höhe des Sozialbudgets bestimmt, da dieses die Basis aller Sozialleistungen ist. Aufgrund dieser volkswirtschaftlichen Zusammenhänge ergibt sich, daß die möglichen sozialen Ansprüche an das Volkseinkommen nach Maßgabe ihrer Dringlichkeit nur insoweit befriedigt werden können, wie die Leistungsfähigkeit der Volkswirtschaft dies erlaubt. Damit ist zugleich die Forderung nach objektiven Maßstäben bei der Aufstellung der Rangordnung der sozialen Ansprüche verbunden, d. h. daß nur unter objektiv gleichen

---

[47] *Mackenroth,* G.: Die Reform der Sozialpolitik durch einen deutschen Sozialplan; in: Schriften des Vereins für Socialpolitik, N. F., Band 4, Berlin 1952, S. 39 ff.

[48] Vgl. zu diesem Problem auch: *Liefmann-Keil,* E.: Ökonomische Theorie der Sozialpolitik, Berlin 1961, S. 62 ff.

Bedingungen gleiche Ansprüche gegenüber dem Staat anzuerkennen und gleiche Leistungen zu gewähren sind[49].

Diese von *Mackenroth* dargelegten Grundbedingungen der Sozialpolitik müssen ihre praktische Ausgestaltung in der Erfüllung der immer wieder erhobenen sozialpolitischen Forderungen nach Gerechtigkeit, Verantwortung und persönlicher Freiheit bei sozialer Sicherheit finden.

b) Forderung nach sozialer Gerechtigkeit

Als erstes Ziel staatlicher Sozialpolitik ist die Gerechtigkeit zu nennen, die jedoch nur zu verwirklichen ist, wenn die Voraussetzungen sichergestellt sind, die die erstrebte Art der Gleichbehandlung ermöglichen. Zu diesen Voraussetzungen gehören die Sozialstruktur ebenso wie die Rechtsordnung und die Staatsverfassung[50].

Erstere stellt sich sowohl als Datum wie als Problem dar. Die Sozialstruktur ist Datum, wenn man bedenkt, daß Gleichheit und Ungleichheit sich inhaltlich wandeln und so auch die Bedingungen für eine Gleichbehandlung verändern. Auch die Tatsache, daß die Sozialpolitik heute häufig als Gesellschaftspolitik bezeichnet wird, liegt zu einem nicht geringen Teil letztlich darin begründet, daß in der Sozialpolitik die Sozialstruktur als Problem aufgefaßt wird[51].

Soweit nun die Voraussetzungen für die Verwirklichung des Gerechtigkeitspostulates von der Staatsverfassung abhängen, wird ihnen in dem Programm des „sozialen Rechtsstaates" genügt[52]. Die sich daraus für die Sozialpolitik ergebende Forderung wird in der Bundesrepublik seit ihrem Bestehen offiziell anerkannt. So heißt es beispielsweise in der Regierungserklärung *Adenauers* vor dem ersten Bundestag am 20. 3. 1949: „Die Koalitionsparteien sind sich völlig einig darin, daß sie bei ihrer ganzen Arbeit sich von dem Bestreben leiten lassen werden, so sozial im wahrsten und besten Sinne des Wortes zu handeln, wie irgend möglich. Das Streben nach Linderung in der Not, nach sozialer Gerechtigkeit wird der oberste Leitstern unserer ganzen Arbeit sein[53]."

Drei Ziele sind dann auch heute noch unter diesem Gesichtspunkt der „sozialen Gerechtigkeit" von besonderer Bedeutung für die Sozialpolitik.

---

[49] Vgl. hierzu auch Gräfin von *Bethusy-Huc*, V.: Das Sozialleistungssystem in der Bundesrepublik Deutschland, Tübingen 1965, S. 182.

[50] *Preller*, L., S. 94.

[51] *Liefmann-Keil*, E.: S. 15.

[52] Vgl. *Badura*, B.: Wirtschaftsverfassung und Wirtschaftsverwaltung, Köln 1971, S. 33; *Ossenbühl*, K. H.: Die gerechte Steuerlast, Heidelberg, Löwen 1972, S. 84.

[53] Bundesanzeiger 1949, Nr. 1, S. 1.

aa) Forderung nach gerechten Leistungsentgelten

So besteht einmal das Ziel, die Erreichung möglichst gerechter Leistungsentgelte anzustreben. Dieses Ziel hat in der Praxis zu der Forderung geführt, die soziale Stellung einzelner Gruppen zu ändern, insbesondere die der Arbeitnehmer zu verbessern. Darüber hinaus wird aber gerade in jüngster Zeit zunehmend ein Recht auf Ausbildungsbeihilfe erstrebt. Ungeachtet der Ungleichheit der Menschen wird so aus dem Recht auf Arbeit das Recht auf gleiche Chancen[54] für den Bezug höherer Einkommen. Bewußt oder unbewußt wird so auch die Finanzierung von Schulen und Ausbildung zu einem Teilgebiet der Politik der Einkommensverteilung gemacht. Ob die politischen Entscheidungsträger hierbei immer das rechte Augenmaß behalten haben, darf in Anbetracht des angekündigten bzw. schon bestehenden Abiturientenüberhanges füglich bezweifelt werden.

bb) Forderung nach dem interpersonalen Ausgleich

Als zweites Ziel wird der interpersonale Ausgleich des Einkommens angestrebt, womit der Unterschied unter den jeweils zu einem Zeitpunkt anfallenden Einkommen verringert werden soll. Begründet wird diese Forderung nach gleichmäßigerer Einkommensverteilung damit, daß bei einer Einkommensverteilung zu Lasten der Reichen und zugunsten der Armen der Nutzenentgang auf der einen Seite geringer sei, als der Nutzenzuwachs auf der anderen. Eine solche These setzt jedoch voraus, daß Nutzenvergleiche überhaupt durchführbar sind. Hierfür wiederum ist Voraussetzung, daß die Nutzeneinschätzung bei allen Menschen die gleiche ist. Bei gleicher Einkommenssteigerung muß also eine gleiche Abnahme des Grenznutzens verzeichnet werden können. Gerade aber dieser letzten Angabe kann keine Geltung zuerkannt werden.

Ist ein Nutzenvergleich aber nicht möglich, dann ist bei einkommenspolitischen Maßnahmen auch eine schlüssige ökonomische Beurteilung von Gewinnen und Verlusten nicht möglich[55]. Der Nutzenvergleich in der Sozialpolitik dient danach nur dazu, Forderungen mit Werturteilen

---

[54] Vgl. zu diesem kausaltherapeutischen Mittel zur Armutsbekämpfung auch *Frey*, R. L., S. 42.

[55] Zur Kritik an der älteren Wohlfahrtsökonomie vgl. auch: *Külp*, B.: Die Rolle der Einkommensverteilung innerhalb der Wohlfahrtstheorie; in: Beiträge zu einer Theorie der Sozialpolitik, Berlin 1973, S. 105; das Ziel einer gleichmäßigeren Einkommensverteilung zur Erreichung eines größeren Gesamtnutzens aus dem Volkseinkommen findet seine theoretische Erklärung jedoch, wenn man ordinalen Nutzenfunktionen durch ein neues Wohlfahrtskriterium ersetzt, indem die bisher verwandte individuelle Nutzenfunktion durch die Befriedigungsfunktion ersetzt wird, vgl. hierzu *Krelle*, W.: Präferenz und Entscheidungstheorie, Tübingen 1968, S. 29.

zu begründen[56]. Allzuleicht wird dann auf die Dauer die volkswirtschaftliche Ergiebigkeit außer acht gelassen und somit die sozialpolitische Arbeit selbst letztlich gefährdet. Daraus folgt, daß bei der Überprüfung der sozialpolitischen Mittel auf ihre Zielkonformität nicht nur die sozialpolitische Hauptwirkung berücksichtigt werden darf, sondern darüber hinaus auch jene Nebenwirkungen Beachtung finden müssen, die jenseits der Grenzen der Sozialpolitik liegen[57].

So kommt eine Sozialpolitik mit dem Ziel breiter Vermögensstreuung in ihren Auswirkungen sofort mit den politischen Primärzielen in Berührung. Dies gilt in besonderem Maße für das hier angesprochene Ziel einer Veränderung des Verteilungsschlüssels des Volkseinkommens. *Weddigen* hat in einer Analyse auf die engen Grenzen hingewiesen, die der Zwang ökonomischer Notwendigkeit der sozialpolitischen Zielverfolgung setzt[58]. — Bei all diesen Überlegungen ist natürlich zu berücksichtigen, daß gerade bei der sozialpolitischen Fragestellung, bei der qualitative Aspekte vor quantitativen Vorrang haben, die Bestimmung eines Vor- oder Nachteiles besondere Schwierigkeiten bringt, und noch schwieriger ist es dann, wenn man sich über die Vor- und Nachteile geeinigt hat, diese zu quantifizieren und gegeneinander aufzurechnen. Die notwendige Gewichtung enthält dann wieder eine Wertung[59]. In diesem Zusammenhang ist aber in der „praktischen" Sozialpolitik der letzten Zeit das Phänomen zu beobachten, daß das Interesse an einem weiteren Einkommensausgleich an Bedeutung verliert. Es wird vielmehr zur Förderung des interpersonalen Nutzenausgleichs, wie im vorangegangenen Absatz angedeutet, mehr und mehr Gewicht auf Gleichheit in der Voraussetzung gelegt[60].

Der Grund hierfür liegt einmal darin, daß auch die kleinen Einkommen generell über das kritische Niveau des Existenzminimums hinausgewachsen sind. Zum anderen hat sich die Erkenntnis durch-

---

[56] Das Ziel einer gleichmäßigen Einkommensverteilung wird auch auf die intertemporale Einkommensverteilung erstreckt. Dann ist eine dynamische Betrachtungsweise relevant, wobei zu beachten ist, daß eine gleichmäßigere intertemporale Einkommensverteilung nur unter den oben genannten Annahmen einer Nutzenmaximierung erreichbar erscheint. Auch hier wird jedoch kein Beweis durch Verifizierung möglich sein.

[57] *Winterstein*, H.: Sozialpolitik mit anderen Vorzeichen, Berlin 1968, S. 216; vgl. auch: *Frey*, R. L.: Finanzpolitik und Verteilungsgerechtigkeit; in: Finanzarchiv, N. F., Band 31 (1972), S. 1 ff.

[58] *Wediggen*, H. unter Mitarbeit von *Winterstein*, H. und *Pahlow*, W.: Die wirtschaftlichen Folgen des Investivlohns, Berlin 1964, S. 22 ff.; s. auch *Winterstein*, H.: Der Investivlohn in der Bundesrepublik Deutschland, Berlin 1961, S. 47 ff.

[59] *Winterstein*, H.: Zur Zielproblematik von Sozialinvestitionen; in: Schriften des Vereins für Socialpolitik, N. F., Band 40, Berlin 1970, S. 72 ff.; ders.: Sozialpolitik mit anderen Vorzeichen, S. 218 ff.

[60] Vgl. *Liefmann-Keil*, E., S. 47.

gesetzt, daß auch direkte Steuern auf längere oder kürzere Zeit überwälzbar sind und auch überwälzt werden. So hat man erkannt, „daß jede durch Gesetzeskraft erzwungene Neuverteilung auf den primären Verteilungsprozeß unter Marktteilnehmern, d. h. Erwerbstätigen, zurückwirkt, mit der Tendenz, das alte, vom Markt gewollte Gleichgewicht wieder herzustellen“[61]. Dann aber erfüllen staatliche Eingriffe ihre Aufgabe nur kurz nach ihrer Einführung und werden dann im Laufe der Zeit von den Kräften der Dynamik überspielt. — Zurück bleibt dann ein Schaden für die, die der Staat begünstigen wollte. Denn recht oft liegen dann ihre Einkommen niedriger, als sie ohne diesen staatlichen Eingriff liegen würden[62]. Sie erhalten dann zwar einen Einkommensausgleich, aber sie erhalten diese Hilfeleistung „als Almosen aus der Hand des Staates, der sich damit in die durchaus unverdiente Gloriole des sozialen Wohltäters hüllt“[63].

cc) Forderung nach intertemporalem Ausgleich

Letztes Ziel sozialer Gerechtigkeit ist schließlich die Forderung nach intertemporalem Ausgleich der Einkommen, d. h. das Verlangen nach sozialer Sicherung[64]. Bei der Behandlung der Frage, ob und in welchem Ausmaße die soziale Sicherungspolitik in ihrer heutigen Form „gerecht“ ist, muß neben der Leistungsseite insbesondere auch der gesamte Komplex der Mittelaufbringung für die soziale Umverteilung berücksichtigt werden[65].

Bei der Mittelaufbringung ist nun festzustellen, daß im Gegensatz zu der Situation um die Jahrhundertwende die Arbeitnehmer heute infolge der gestiegenen Löhne zunehmend zu den öffentlichen Einnahmen beitragen und damit letztlich die Sozialleistungen selbst finanzieren. Einen Gesamteindruck der Belastung der Haushalte durch die Finanzierung der sozialen Sicherheit gibt eine Berechnung des gesamten Finanzierungsbeitrages der Haushalte zu den Sozialleistungen für das

[61] *Schreiber*, W.: Existenzsicherheit in der industriellen Gesellschaft; in: Sozialpolitik und Sozialreform, hrsg. v. E. *Boettcher*, Tübingen 1957, S. 84.

[62] Vgl. auch *Popper*, R. K.: Prognose und Prophetie in den Sozialwissenschaften; in: Logik der Sozialwissenschaften, hrsg. v. E. *Topitsch*, Köln 1972, S. 124.

[63] *Schreiber*, W.: Existenzsicherheit in der industriellen Gesellschaft, S. 85; ders.: Die Einrichtungen der sozialen Sicherheit und ihre gesellschaftliche Funktion; in: *Külp*, B. und *Schreiber*, W. (Hrsg.): Soziale Sicherheit, Köln und Berlin 1971, S. 660 f.; *Willgerodt*, H.: Die Krisis der sozialen Sicherheit und das Lohnproblem; in: Ordo VII (1955), S. 147; vgl. auch: *Claussen*, W.: Katzers Sozialbudget enthüllt die Therapie der Sozialisierung des Lohnes; in: Industriekurier vom 13. 2. 1969.

[64] *Liefmann-Keil*, E., S. 33.

[65] Gräfin von *Bethusy-Huc*, V.: Das Sozialleistungssystem in der Bundesrepublik Deutschland, S. 182.

Jahr 1961, die zu dem Ergebnis kommt, daß 71 % von den der sozialen Sicherheit zufließenden Leistungen von der Gruppe der pflichtigen und berechtigten Haushalte selbst aufgebracht wurden[66]. Eine Berechnung aus jüngerer Zeit hat ergeben, daß 50 % der Einnahmen der Sozialleistungsträger über das Preissystem finanziert werden[67]. Damit belasten sie insofern die Einkommen um so mehr, je niedriger diese sind.

Wesentlich stärker als die Seite der Mittelaufbringung fällt in der sozialen Sicherheit dann die Leistungsseite ins Auge. — Da eine bessere Verteilung zumeist nur erreicht werden kann, wenn hingenommen wird, daß bei einer Verteilungsänderung außer Einkommensgewinnen auch Einkommensverluste entstehen, sind Auseinandersetzungen verschiedener sozialer Gruppen unumgänglich. Dem Ziel der Gerechtigkeit entspräche es nun, wenn insgesamt gesehen ein Gleichgewicht zwischen der Dringlichkeit der Ansprüche und der Schwere des Opfers derjenigen, denen Einkommensteile zur Deckung dieser Ansprüche entzogen werden, hergestellt würde. Die Diskussion über die Fürsorgerichtsätze ist ein Beispiel für das Bemühen, der Gerechtigkeit bei Beachtung des Bedarfs und der Knappheit an Gütern entsprechen zu können[68]. Im übrigen aber muß festgestellt werden, daß die Konstruktion unseres Sozialleistungssystems die Berücksichtigung der objektiven Dringlichkeit verhindert[69]. An diesem Zustand hat auch die sozialpolitische Gesetzgebung in jüngster Zeit nichts geändert. Die Gewährung von Leistungen ist nämlich an Voraussetzungen geknüpft, die oft kaum etwas mit dem zu tun haben, was „Bedürftigkeit" genannt werden kann[70]. Da es einfach nicht möglich ist, bestimmte soziale Aufgaben so in die Rechtsnorm aufzunehmen, daß diese tatsächlich die Durchführung der Aufgaben ermöglichen[71], erweist sich die von den Einzelschicksalen losgelöste Festlegung von bestimmten Leistungsvoraussetzungen als Quelle der Ungerechtigkeit.

Nimmt man jedoch die gegebene Situation des Sozialleistungssystems einmal hin, so dürfte die Bemessung von Leistungen auch dann nur als gerecht angesehen werden, wenn sie beim Vorliegen vergleichbarer Voraussetzungen unter gleichen Umständen gleich hoch ist.

---

[66] Vgl. Institut „Finanzen und Steuern": Der Fiskus als Sozialpolitiker, Institut „Finanzen und Steuern", Heft 77, Bonn 1965, S. 161 ff.

[67] Gräfin *von Bethusy-Huc*, V.: Das Sozialleistungssystem in der Bundesrepublik Deutschland, S. 18.

[68] Vgl. *Liefmann-Keil*, E., S. 17.

[69] Gräfin *von Bethusy-Huc*, V.: Das Sozialleistungssystem in der Bundesrepublik Deutschland, S. 183.

[70] *Kleinhenz*, G. und *Lampert*, H.: Zwei Jahrzehnte Sozialpolitik in der Bundesrepublik Deutschland. Eine kritische Analyse, Ordo XXII (1972), S. 148.

[71] Gräfin *von Bethusy-Huc*, V.: Das Sozialleistungssystem in der Bundesrepublik Deutschland, S. 225.

Es ist jedoch festzustellen, daß die verschiedenen Sozialleistungsträger auf gleichartige Tatbestände mit unterschiedlichen Leistungen antworten. *Bethusy-Huc* stellt in ihrem Buch „Das Sozialleistungssystem in der Bundesrepublik Deutschland" die Leistungen der Gesetze in Unfallversicherung und Kriegsopferversorgung gegenüber und kommt zu dem Ergebnis, daß ein bestimmter körperlicher Schaden in der Kriegsopferversorgung anders eingestuft wird als in der gesetzlichen Unfallversicherung, daß die Gewährung von Renten bei Schädigungen von unterschiedlichem Grad einsetzen und daß schließlich die Leistungen bei gleichem Schadensgrad unterschiedlich hoch sind[72].

c) Forderung nach Solidarität und Subsidiarität in der sozialen Sicherung

Ein weiteres Ziel unseres Sozialleistungssystems ist die Anwendung der Prinzipien der Solidarität und der Subsidiarität. Die korrekte Anwendung des Subsidiaritätsprinzips, nach dem der Mensch durch die Gesellschaft nicht davon entlastet werden soll, was er als einzelner selbst tun kann[73], ist aber deswegen besonders schwierig, „weil einmal eingeführte Hilfsarten die Tendenz zeigen, auch dann in alter Form bestehen zu bleiben, wenn diejenigen, denen diese Hilfe zugedacht war, längst in den Stand gesetzt sind, sich — mehr oder weniger — selbst zu helfen"[74]. Je stärker sich nun derartige Tendenzen weiter durchsetzen, um so mehr wird der Sinn des Subsidiaritätsprinzips verändert. Im steigenden Maße wird dann auf eine durch die öffentliche Hand zu gewährende öffentliche Solidarität verwiesen, und die eigene Initiative wird immer mehr den Bedingungen unterworfen, welche von der öffentlichen Hand gesetzt werden[75]. Das Subsidiaritätsprinzip dient dann immer häufiger nur noch zur Begründung von weiteren Anforderungen an die öffentliche Hand[76], wie dies unmißverständlich die Sozialenquête sagt, die sonst von den Politikern gerne zitiert wird: „Die Sozialpolitik hat alles getan, um den Menschen die Flucht in die Krankheit leicht zu machen, sie hat den Menschen förmlich dazu ermuntert. Krank sein kostet sechs Wochen lang keinen Pfennig, im Gegenteil, es beschert Tage und Wochen der Befreiung von der oft als drückend empfundenen Arbeitsfron[77]."

---

[72] Dies., S. 185.

[73] Von *Nell-Breuning*, O.: Solidarität und Subsidiarität im Raume von Sozialpolitik und Sozialreform; in: Sozialpolitik und Sozialreform, hrsg. v. E. *Boettcher*, Tübingen 1957, S. 220.

[74] Gräfin *von Bethusy-Huc*, V.: Das Sozialleistungssystem in der Bundesrepublik Deutschland, S. 187.

[75] *Winterstein*, H.: Sozialpolitik mit anderen Vorzeichen, S. 233.

[76] *Liefmann-Keil*, E., S. 98.

Wie beim Subsidiaritätsprinzip so gibt es auch in der Praxis bei der Anwendung des Solidaritätsprinzips noch Schwierigkeiten. Dieses Prinzip bedeutet die wechselseitige Bezogenheit in Verantwortung, womit die solidaristische Gesellschaftsphilosophie als Doppelseitigkeitslehre sich gegenüber beiden Einseitigkeitslehren, sowohl des Individualismus als auch des Kollektivismus, abgrenzt[78]. Vorläufig ist jedoch die Solidargemeinschaft der Versicherten noch ein Trugbild. Die Solidarität erschöpft sich vielmehr darin, möglichst viel von der Kasse oder dem Staat zu verlangen. Je stärker das Leistungsrecht ausgebaut wurde, desto größer wurde auch die Versuchung, dies auszunutzen[79].

In diesem Zusammenhang erscheint es daher zumindest bedenklich, wenn auf den in jüngerer Zeit erfolgten Vorschlag der Arbeitgeberverbände, die von einer „beispiellosen Kostenentwicklung"[80] getroffenen gesetzlichen Krankenkassen von Bagatellfällen durch die Wahlmöglichkeiten der Versicherten zwischen Sachleistung und Kostenerstattung zu entlasten, keine andere Antwort gefunden wurde, als daß dies einer „diskriminierenden Aufteilung der Medizin in zwei Klassen" gleichkäme, die gesundheitspolitisch nicht vertretbar sei[81]. Wollte man nicht zu einem Zwei-Klassen-Versicherungssystem zurückkommen[82], seien einheitliche Bedingungen für alle Versicherten unumgänglich. Nur in der Perfektionierung des Krankenscheinsystems wird der soziale Fortschritt gesehen[83].

Somit muß folgendes konstatiert werden: Die Regierungserklärungen von 1957 wie auch von 1961 und 1963 enthielten die Feststellung, daß weite Teile der Bevölkerung nunmehr höhere Einkommen erhielten und damit weitgehend für sich selbst sorgen könnten. Damit war das Ziel gegeben, den Gedanken der Selbsthilfe und der privaten Initiative im System der sozialen Sicherheit stärker zu betonen. Demgegenüber wurde in der Praxis die Versicherungspflichtgrenze für Angestellte in der Rentenversicherung und in der Arbeitslosenversicherung schrittweise aufgehoben und in der gesetzlichen Krankenversicherung nach mehrmaliger Erhöhung der Versicherungspflichtgrenze allen Angestellten der Beitritt ohne Rücksicht auf die Höhe ihres Einkommens oder ihrer

---

77 Vgl. hierzu auch: *Kannengiesser*, W.: Lohnfortzahlung als Wahlbonbon; in: Frankfurter Allgemeine vom 23. 9. 1968.

78 Vgl. hierzu auch: *von Nell-Breuning*, O., S. 217.

79 Vgl. zu diesem Problem auch: Die letzte Chance, Industriekurier, Düsseldorf vom 28. 3. 1963.

80 Vgl. Direkt zur Kasse?, Rheinischer Merkur vom 30. 11. 1973.

81 Vgl. Arbeitgeber wollen kranke Arbeitnehmer zur Kasse bitten, Parlamentarisch-politischer Pressedienst vom 26. 11. 1973.

82 Vgl. in diesem Sinn: *Henckel*, B. P.: Stein der Weisen; in: Vorwärts vom 20. 10. 1973.

83 Vgl. Den Bonus gestrichen, Frankfurter Allgemeine vom 10. 10. 1973.

Schutzbedürftigkeit ermöglicht[84]. Der Gedanke der Selbsthilfe dagegen wurde nur indirekt durch eine Eigentumspolitik zu realisieren versucht, die jedoch ohne Verknüpfung mit dem System der sozialen Sicherung blieb[85].

d) Forderung nach persönlicher Freiheit bei gleichzeitiger sozialer Sicherung

Eine Folge, die sich aus der Geltung des Subsidiaritätsprinzips in der Politik der sozialen Sicherung ergibt, ist es, daß in jedem Fall darüber entschieden werden müßte, wo die Grenze der gesellschaftlichen Grundsätze der Gewährung und Aufrechterhaltung persönlicher Freiheit verläuft[86], denn das Postulat der persönlichen Freiheit setzt der Forderung nach sozialer Sicherheit mithin eine Grenze[87].

Bei der jeweiligen Entscheidung des Zielkonfliktes zwischen sozialer Sicherheit und persönlicher Freiheit ist darüber hinaus ein weiterer Punkt zu berücksichtigen. Von Grenzfällen abgesehen können Art und Weise des Zusammenhanges zwischen diesen beiden Zielen nicht analysiert werden, ohne daß gleichzeitig die verschiedenen Mittel betrachtet werden[88].

Die soziale Sicherungspolitik kann der Forderung nach persönlicher Freiheit und Selbstverantwortung jedoch nur gerecht werden, wenn die gesetzlich fixierten Rechte und Pflichten denjenigen überschaubar sind, denen sie dienen. Diese Forderung ist alt, doch auch die Sozialreform ist dieser Aufgabe letztlich nicht gerecht geworden[89]. In der Bundesrepublik gilt nämlich nach wie vor das klassische System sozialer Sicherung, das auf der Unterscheidung von Versicherung, Versorgung und Fürsorge beruht. Als Folge ist es nur noch für Spezialisten, nicht aber mehr für den Bürger überschaubar, für den es eigentlich geschaffen ist[90].

Eine Lösung der aufgezeigten Spannung zwischen sozialer Sicherheit und Freiheit ist nur möglich, wenn „eine in einem bestimmten Verhältnis zum durchschnittlichen Lebensstandard stehende Grundversor-

---

[84] Vgl. Zweites Krankenversicherungsänderungsgesetz vom 21. 12. 1970, BGBl. I, S. 1770.

[85] Vgl. *Kleinhenz*, G. und *Lampert*, H., S. 148.

[86] Vgl. dies., S. 149.

[87] Vgl. zu diesem Problem auch *Preller*, L., S. 264.

[88] Vgl. zum vorausgegangenen: *Giersch*, H.: Allgemeine Wirtschaftspolitik, I. Grundlagen, Wiesbaden 1961, S. 53.

[89] *Von Bismarck*, D. K.: Das Memorandum und die Sozialpolitik; in: Sozialer Fortschritt, 1962, S. 74.

[90] *Achinger*, A.: Sozialpolitik als Gesellschaftspolitik, S. 104 ff.

gung für alle Mitglieder der Gesellschaft sichergestellt ist"[91]. — Dies ist aber nur dann zu erreichen, wenn das Sozialleistungssystem sich nach dem Prinzip der Finalität richtet. Nur so kann nämlich der mit der wachsenden Zahl der Empfänger von Sozialleistungen verbundenen Heterogenität dieser Gruppe begegnet werden[92], ein Problem, das ein vom Kausalprinzip bestimmtes System nicht zu lösen vermag[93].

Beim letztgenannten System bleibt man nämlich im Grunde in den Begriffen der privaten Versicherungswirtschaft stehen. Als Folge davon bleibt viel Raum für Zufälligkeiten, die im Bereich der staatlichen sozialen Sicherungspolitik als Ungerechtigkeiten empfunden werden müssen. „Je zahlreicher, vielfältiger und unüberschaubarer die sozialen Leistungen staatlicher Stellen ... werden ..., desto weiter erhöht sich das Betätigungsfeld für solche Zeitgenossen, die es verstehen, sich auch ohne legitime Berechtigung in den Genuß derartiger öffentlicher Leistungen zu setzen[94]."

e) Vergessene Notlagen

Geht man von den oben genannten Zielsetzungen aus[95] und vergleicht sie mit den gegebenen gesellschaftlichen Verhältnissen, so muß man bei der Beurteilung der Ausrichtung der Sozialpolitik neben den genannten Unzulänglichkeiten verwirklichter Zielvorstellungen auch noch feststellen, daß bestimmte gesellschaftliche Erscheinungen, die als Notlage verstanden werden müssen, von den staatlichen Entscheidungsträgern nicht als solche erkannt wurden oder aber zwar erkannt, aber nicht verbessert wurden.

So ist ein Fall, der infolge der heutigen Ausrichtung der sozialen Sicherung auf den erwerbstätigen Normalbürger zumindest als Vernachlässigung beurteilt werden muß, die Situation der nicht erwerbstätigen Frau und in anderer Hinsicht auch die der erwerbstätigen Frau[96]. Auch für die noch nicht Erwerbstätigen können Unterlassungen der staatlichen Sozialpolitik festgestellt werden, die ebenfalls in deren Ausrichtung auf die Erwerbstätigen zu suchen sind. So findet wenig Beachtung, daß Kinder auch Träger von eigenen Interessen sind. Es fehlen daher Kinderspielplätze, Kindergärten und Einrichtungen der vorschu-

---

[91] Gräfin *von Bethusy-Huc*, V.: Das Sozialleistungssystem in der Bundesrepublik Deutschland, S. 119.

[92] Vgl. zu dieser Frage auch *Liefmann-Keil*, E.: S. 202.

[93] *Molitor*, B.: „Kausalprinzip" und „Finalprinzip"; in: Sozialpolitik und Sozialreform, herausgegeben von E. *Boettcher*, Tübingen 1957, S. 253.

[94] *Schmölders*, G.: Der verlorene Untertan, Düsseldorf, Wien 1971. S. 191.

[95] Vgl. III, Anm. 47.

[96] Vgl. *Neundörfer*, L.: Die vergessenen Notstände, die von der Sozialgesetzgebung nicht gedeckt sind; in: Sozialpolitik und persönliche Existenz, Berlin 1969, S. 209 ff.

lischen Erziehung[97]. Ebenfalls als Folge der einseitigen Ausrichtung der Sozialpolitik ist der Mangel an Einrichtungen für Menschen mit körperlichen oder geistigen Schäden zu werten. Aus diesem Grund fehlen auch Pflege- und Wohnheime für die alten Menschen sowie Einrichtungen der Altenhilfe[98].

Die sozialpolitische Aufgabenerfüllung fordert also immer auch soziale Einrichtungen und soziale Dienste, die die eigenen Einkommensleistungen ergänzen, denn nur mit ihnen ist das Ziel der Sicherung eines menschenwürdigen Lebens erreichbar[99]. Aufgrund dieser Überlegungen sind die Bemühungen negativ zu beurteilen, die soziale Sicherung auf ein am Äquivalenzprinzip ausgerichtetes System der Einkommensverteilung reduzieren zu wollen.

IV. Leitende gesellschaftliche Ordnungsvorstellungen unserer staatlichen Sozialpolitik

Fassen wir die Sozialpolitik der letzten 25 Jahre noch einmal zusammen, so darf für die erste Legislaturperiode festgestellt werden, daß sich die durch den wirtschaftlichen Aufstieg stabilisierte Wirtschaftspolitik an neoliberalen Ordnungsvorstellungen orientierte. Dies führte in der Folgezeit zu einer der sozialen Marktwirtschaft entsprechenden freiheitlichen Ordnung des Arbeitsmarktes, des weiteren zur Wiedereinführung der Selbstverwaltung der Sozialversicherung sowie schließlich zu Ansätzen der Eigentumspolitik[100]. Sowohl die zeitliche als auch die sachliche Priorität der Ausgestaltung einzelner Bereiche in der staatlichen Sozialpolitik wurde durch die konkreten Notlagen bestimmt. Diese Umstände waren letztlich auch „mitverantwortlich ... für den ausgeprägten Zug einer in bezug auf die Weimarer Republik restaurativen Sozialpolitik“[101].

Die entscheidende Akzentsetzung der sozialpolitischen Arbeit erfolgte aber durch die im Erlebnishorizont der Zeit begründete Aussage[102], daß eine gesunde Wirtschaftspolitik beste Sozialpolitik sei[103]. An dieser Fest-

---

[97] Vgl. hierzu *Kleinhenz*, G.: Die Ausrichtung der Sozialpolitik auf das Arbeits- und Wirtschaftsleben, S. 324 f.

[98] Vgl. *Kleinhenz*, G. und *Lampert*, H., S. 151 f.

[99] Vgl. *Molitor*, B.: So wird Wohltat zur Plage; in: „Die Zeit“ vom 4. 1. 1974.

[100] Gesetz über die Selbstverwaltung und über Änderungen und Vorschriften auf dem Gebiet der Sozialversicherung vom 22. 2. 1951, BGBl. I, S. 124; ferner die Novelle vom 13. 8. 1952, BGBl. I, S. 421.

[101] Vgl. *Kleinhenz*, G. und *Lampert*, H., S. 118.

[102] *Voigt*, F.: Die Formung der staatlichen Wirtschaftspolitik; in: Ergebnisse sozialwissenschaftlicher Forschung der Gegenwart, Köln, Opladen 1961, S. 607 ff.

[103] Vgl. Regierungserklärung vom 20. 9. 1949, Bundesanzeiger 1949, Nr. 1, S. 1 f.

stellung ist so viel richtig, daß es weitgehende Überschneidungen der beiden Bereiche gibt. — Die nach dem Krieg realisierte Konzeption der „sozialen Marktwirtschaft“ betrachtete jedoch sozialpolitische und wirtschaftsordnungspolitische Aufgaben als weitgehend identisch[104]. Nach ihr wurde schon als Sozialpolitik verstanden, wenn die Wettbewerbsordnung hergestellt war, die eine Lenkung der Wirtschaft durch die Bedürfnisse der Konsumenten ermöglichte, sowie Nicht-Leistungsgewinne ausgeschaltet wurden und wirtschaftliche Freiheit sowie formal gleiche Chancen gewährt waren[105].

Auf der Grundlage der wirtschaftlichen Leistungsfähigkeit der Marktwirtschaft wurde dann die eigentliche Sozialpolitik als ein System der staatlichen Einkommensverteilung aufgebaut[106]. Im Widerspruch zur liberalen Konzeption ist sie jedoch nicht auf den Kreis der abhängig Beschäftigten beschränkt geblieben, sondern umfaßt im wesentlichen alle Erwerbstätigen. Gegenstand der Sicherung sind nunmehr alle Risiken eines „Normalbürgers“ in der heutigen Wirtschaftsgesellschaft. Ziel ist nicht mehr nur die Deckung „eines von der Art der Notlage bestimmten Bedarfes, es soll vielmehr der in der Zeit der beruflichen Aktivität erreichte Status aufrecht erhalten werden“[107].

Diese grundsätzliche Orientierung kommt dann vor allem auch in der Regierungserklärung zu Beginn der zweiten Legislaturperiode unmißverständlich zum Ausdruck[108]. „Es waren bisher in erster Linie die im Arbeitsprozeß Tätigen, die sichtbaren Nutzen aus den Erfolgen der sozialen Marktwirtschaft zogen. Es wird das besondere Anliegen der Bundesregierung sein müssen, die Arbeitslosen einzugliedern und im Bundestag Maßnahmen vorzuschlagen, durch die die wirtschaftliche Lage der Rentner, Invaliden, Waisen und Hinterbliebenen weiter verbessert wird[109].“ — Der in der Regierungserklärung 1953 skizzierte

---

[104] Vgl. zu dieser Frage auch: *Becker*, H. P.: Die soziale Frage im Neoliberalismus, Analyse und Kritik, Heidelberg, Löwen 1965, S. 242 ff.

[105] s. hierzu auch insbesondere: *Müller-Armack*, A.: Soziale Marktwirtschaft; in: Handwörterbuch der Sozialwissenschaften, Band 9, S. 390 ff.

[106] Vgl. zu diesem Problem auch *von Nell-Breuning*, O.: Sozialpolitik als integraler Bestandteil der allgemeinen Politik; in: Sozialwissenschaft und Gesellschaftsgestaltung, Berlin 1963, S. 332; vgl. hierzu auch *Frey*, R. L., S. 33 ff.; *Frey* bezeichnet diese Politik als symptomtherapeutisch und hebt sie ab von einer Kausal-Therapie, der er die Arbeitsmarktregelung, die Beschäftigungspolitik, die Stabilitätspolitik und die Vermögenspolitik zuzählt.

[107] *Kleinhenz*, G.: Die Ausrichtung der Sozialpolitik auf das Arbeits- und Wirtschaftsleben, S. 325.

[108] Regierungserklärung vom 20. 10. 1953, Bundesanzeiger 1953, Nr. 204, S. 3.

[109] Der Umfang der sozialstaatlichen Aktivität der öffentlichen Hand in der Bundesrepublik Deutschland aufgrund der Entwicklung des Anteils der öffentlichen Sozialleistungen am Sozialprodukt läßt sich folgendermaßen darstellen: Während die sog. Sozialquote 1913 3 % betrug und im Durchschnitt der Jahre

Katalog sozialpolitischer Aufgaben[110] wurde in den Programmen der weiteren Regierungen nur noch unwesentlich erweitert und spezifiziert[111] und begrenzte auch die staatliche Tätigkeit.

Aus den vorangegangenen Erklärungen läßt sich nun zum Menschenbild, das die Leitvorstellungen für diese Sozialpolitik abgab, folgendes feststellen. Ausgangspunkt ist ein Mensch, der als freientfaltete Persönlichkeit mit eigenen Kräften sein Lebensziel zu erreichen vermag und nur von Fall zu Fall hilfsweise der staatlichen Unterstützung bedarf[112]. Die Lösung auf die so wichtige Frage der sozialen Gerechtigkeit wird mithin von einer Ordnung erwartet, die auf der Freizeit und Eigenverantwortlichkeit des einzelnen beruht.

In der für die Sozialpolitik so entscheidenden Auslegung dieser Frage unterschieden und unterscheiden sich auch heute noch die beiden großen Parteien. Auch heute noch läßt sich von der jetzt in der Regierungsverantwortung stehenden sagen, daß nach ihrer Interpretation der historischen Verhältnisse die Freiheit und die freie Entfaltung der Persönlichkeit für alle Menschen erst noch möglich gemacht werden muß[113]. Welche einzelnen Forderungen mit der Erreichung dieses Zieles erfüllt sein müssen, umreißt eine öffentliche Verlautbarung jüngster Zeit, in der es heißt: „Wir müssen zunächst zu einer umfassenden sozialen Sicherung der Bürger kommen. Das gehört zur Grundausstattung einer modernen Industriegesellschaft[114].“ — Konsequenter als bisher soll folglich in Zukunft Einfluß auf eine den Sicherungserfordernissen entsprechende Struktur der Gesellschaft genommen werden. Es soll der Schritt zur Sozialpolitik als „Strukturpolitik“ getan werden, die, wie schon *Gehlen* sagte[115], als Aufgabe des Wohlfahrtsstaates die „Siche-

---

1927 - 1934 15 % und 1938 9 % ausmachte, erreichte sie 1950 17 %. 1971 war sie auf 20 % angewachsen und lag 1972 bei 26,3 %. Sie wird nach Vorausschätzungen 1977 nicht weniger als 27,1 % betragen; vgl. hierzu auch *Molitor,* B.: So wird Wohltat zur Plage; in: „Die Zeit“ vom 4. 1. 1974.

[110] Hier wurden genannt: Eingliederung der Vertriebenen und Flüchtlinge, Schaffung selbständiger Existenzen in Handwerk, Gewerbe, Industrie und Landwirtschaft, Hilfe für Opfer des Krieges, Förderung des Wohnungsbaues bei stärkerer Beachtung der Grundsätze der sozialen Marktwirtschaft, Ausgleich der finanziellen Lasten kinderreicher Familien durch Gewährung von Kinderbeihilfen.

[111] *Winterstein,* H.: Leitbilder und Zielsystem der Sozialpolitik in der Bundesrepublik Deutschland, S. 92.

[112] Ders., S. 95.

[113] Vgl. Programme der deutschen Sozialdemokratie, Hannover 1965, S. 124 f.

[114] Informationen der sozialdemokratischen Partei im deutschen Bundestag vom 24. 1. 1974, Hrsg. v. Karl *Wienand.*

[115] *Gehlen,* A.: Eigentum und Eigentümer in unserer Gesellschaftsordnung, Veröffentlichungen Walter-Raymond-Stiftung, Bd. 1, Köln, Opladen 1960, S. 168.

rung des effektiven Lebensraumes" sieht[116]. Daß aber auch bei diesem sozialpolitischen Verständnis der arbeitende Mensch in besonderem Maße Berücksichtigung finden soll, kommt zum Ausdruck, wenn betont wird: „... darauf aufbauend muß der nächste Schritt ein Mehr an persönlicher Entfaltung und Beteiligung an Entscheidungsprozessen bringen. Parallel dazu gilt es, die Arbeitnehmer an der Ausgestaltung ihres Arbeitsplatzes zu beteiligen. Damit werden wir unserem Wahlkampfversprechen von mehr Lebensqualität ebenso gerecht, wie der Forderung des Godesberger Programms: Der Arbeitnehmer muß aus einem Wirtschaftsuntertan zu einem Wirtschaftsbürger werden[117]."

Die erhobene Forderung nach sozialer Gleichberechtigung[118], d. h. nach mehr sozialer Gerechtigkeit und nach höheren Erwartungen an die Qualität des Lebens weist darauf hin, daß nunmehr das wirtschaftliche Wachstum neu bewertet wird. Dies wird mit der Erfahrung begründet, daß wirtschaftliches Wachstum die soziale Struktur von Gesellschaften verändert; veränderte soziale Strukturen aber haben ihrerseits Rückwirkungen auf das soziale Bewußtsein[119]. Deutlich wird diese Veränderung des Präferenzsystems auch in einigen „grundsätzlichen Bemerkungen" der Regierungserklärung vom 18. 1. 1973[120]: „Wirtschaftliches Wachstum und steigender Wohlstand haben seit dem zweiten Weltkrieg den Lebensstandard unserer Bürger wesentlich verbessert. Mehr Produktivität bedeutet aber nicht automatisch mehr Freiheit für den einzelnen. Lebensqualität ist mehr als Lebensstandard. Sie ist Bereicherung unseres Lebens über Einkommen und Konsum hinaus. Sie setzt ein neues Verständnis zum allgemeinen Interesse voraus[121]."

Es ist also festzustellen: In unserer Gegenwart vollzieht sich der Wechsel vom „produktionsorientierten" zum „konsumorientierten" Wachstum[122].

---

[116] *Preller*, L., S. 240.

[117] Vgl. Informationen der sozialdemokratischen Fraktion im deutschen Bundestag vom 24. 2. 1974, Hrsg. v. Karl *Wienand*.

[118] Vgl. hierzu auch: *Kreuter*, H.: Themen und Argumente der gegenwärtigen Mitbestimmungsdiskussion; in: Die Mitarbeit, 19. Jahrgang (1970), S. 345 ff.

[119] Vgl. *Rhode*, H.: Wirtschaftliches Wachstum und Sozialpolitik; in: Bulletin vom 27. 6. 1973.

[120] Vgl. Bulletin vom 19. 1. 1973.

[121] Vgl. zu dieser Aussage auch: *Neujeck*, K.: Wohlfahrtsstaat ade, in Rheinische Post, Düsseldorf vom 4. 12. 1972.

[122] *Liefmann-Keil*, E., S. 83.

Die Problematik des Arbeitsunfalls und seiner gesamtwirtschaftlichen Auswirkungen

Von Stefan Jokl

I. Einleitende Bemerkungen

Soziale Sicherheit ist eins der zentralen wirtschaftspolitischen Ziele moderner Industriegesellschaften. Die gesellschaftliche Verankerung sozialer Sicherung durch gesetzliche Regelungen der Arbeitsverhältnisse sowie durch die Institutionen der Sozialversicherungen (Arbeitslosen-, Renten-, Unfallversicherungen) steht hierbei im Mittelpunkt.

Ist in der Vergangenheit aus wachstums- wie auch aus wirtschaftspolitischer Sicht als dominierendes Problem eine Steigerung des Realkapitalbestandes einer Volkswirtschaft gesehen worden, so setzte sich in den letzten Jahren vor allem unter dem Gesichtspunkt der Vollbeschäftigung immer mehr die Erkenntnis durch, daß stetiges und störungsfreies Wachstum hauptsächlich in Form von Produktivitätssteigerungen der nur noch langsam zunehmenden Ressourcen zu erreichen ist. Daraus läßt sich die Forderung ableiten, daß einerseits der technische Fortschritt in verstärktem Maße eingesetzt, andererseits die Leistungsfähigkeit des Arbeitsangebots erhöht werden muß.

Da jede menschliche Tätigkeit Unfallgefahren in sich birgt, also auch die Arbeit, wird sowohl der Gesichtspunkt der sozialen Sicherheit als auch der der erhöhten Leistungsfähigkeit vom Unfallgeschehen her stark tangiert. Eine Erhöhung der Sicherheit am Arbeitsplatz durch verstärkte Unfallverhütung bedeutet gleichzeitig eine Reduzierung der negativen Unfallfolgen, oder anders ausgedrückt: Eine Senkung der Unfallzahlen bewirkt eine relative Erhöhung des vorhandenen Real- und Humankapitals sowie eine Steigerung der Produktivität der Produktionsfaktoren Arbeit und Kapital.

Wenn hier die ökonomische Komponente des Unfallproblems angesprochen wird, so darf das allerdings nicht zu der Auffassung führen, die menschliche Seite des Problems würde abgewertet. Im Gegenteil: Wenn an Hand der Darstellung und Erläuterung der ökonomischen Unfallauswirkungen die Notwendigkeit der Erweiterung und Vervollkommnung des Unfallschutzes aufgezeigt wird, so bedeutet das, daß wirksame Unfallverhütung nicht nur ein Mittel zur Senkung der Kosten ist, sondern auch ein Mittel, um menschliches Leid zu verhindern. Solange aber die für den Gesundheitssektor zur Verfügung stehenden Ressourcen knapp sind, müssen Prioritäten gesetzt werden, die dann die Grundlage für eine optimale Allokation dieser knappen Mittel bilden sollten.

Als Beispiel sei die Einrichtung eines Programms zur Früherkennung von Krebs und die dadurch bedingte Zurückstellung des Baus eines speziellen Unfallkrankenhauses genannt. Die dank des Früherkennungsprogramms rechtzeitig behandelten Krebskranken können zwar vor dem Tode bewahrt werden, allerdings nur auf Kosten der Unfallverletzten, denen mit dem Bau eines Krankenhauses hätte geholfen werden können[1]. Inwiefern solche Entscheide mit derartig schwerwiegenden Werturteilen überhaupt auf Grund rationaler Überlegungen getroffen werden können, mag dahingestellt bleiben, und es ist auch sicher nicht primär Aufgabe des Ökonomen, dies zu klären.

Im folgenden soll nun speziell auf den Unfall im Zusammenhang mit der Arbeit des Menschen und seine Auswirkungen auf die Volkswirtschaft eingegangen werden, wobei die Erfassung dieser Folgen vor allem im Hinblick auf eine kostenmäßige Quantifizierung vorgenommen werden soll[2].

II. Der Begriff des Arbeitsunfalls und seine Bedeutung für die gesamtwirtschaftliche Analyse

Voraussetzung für das Vorliegen jeden Unfalls (hierzu zählen Arbeitsunfälle, Verkehrsunfälle, Unfälle im häuslichen Bereich sowie bei Sport und Spiel) sind zum einen das Unfallereignis selbst, zum anderen die Plötzlichkeit seines Eintritts sowie die durch das Ereignis ursächlich hervorgerufene Schädigung, wobei es unerheblich ist, ob nur Personenschäden bzw. nur Sachschäden oder Personen- und Sachschäden die Folge sind[3].

---

[1] *Brüngger,* Heinrich: Die Nutzen-Kosten-Analyse als Instrument der Planung im Gesundheitswesen, Basler sozialökonomische Studien Nr. 3, Zürich 1974, S. 1.

[2] Vgl. zum systematischen Vorgehen auch: *Voigt,* Fritz, *Helms,* Ekkehart: Die gesamtwirtschaftliche Problematik steigender Verkehrsunfälle, Köln und Opladen 1970, sowie die eingehende Darstellung des Arbeitsunfallproblems bei: *Voigt,* Fritz, *Franke,* Angelika, *Jokl,* Stefan: Die gesamtwirtschaftliche Problematik der Arbeitsunfallfolgekosten (Hrsg.: Bundesanstalt für Arbeitsschutz und Unfallforschung), Dortmund 1973.

[3] Bei Unfällen, die nur Sachschäden zur Folge haben, wird in der Literatur auch oft von „Schadensfällen" gesprochen. Die Unterscheidung Unfall — Schadensfall erscheint aber nicht sehr plausibel, da Unfälle mit Verletzungen von Personen („Personenschäden") ebenfalls Schadensfälle darstellen. Im übrigen wird auf die Abgrenzung Schäden — Ausfälle noch weiter unten eingegangen.

Der Arbeitsunfall stellt eine besondere Form der sich im täglichen Leben ereignenden Unfälle dar, d. h. der Unfall ist hier immer an die Tätigkeit des Menschen im Rahmen seines Berufes (einschl. der Ausbildung) geknüpft. Da diese Tätigkeit seit annähernd einem Jahrhundert, was den Bereich des Unfallwesens betrifft, versicherungsrechtlich abgedeckt ist, ergab sich demzufolge auch die Notwendigkeit, den Begriff des Arbeitsunfalls genau zu definieren[4]. Nach der Legaldefinition der Reichsversicherungsordnung ist unter einem Arbeitsunfall jedes plötzlich eintretende, den gesetzlich Versicherten körperlich schädigende Ereignis, das mit der versicherten Tätigkeit in ursächlichem Zusammenhang steht, zu verstehen[5].

Vom ökonomischen Standpunkt aus betrachtet ist diese Definition völlig unzureichend, da sie außerdem auch noch eine Einschränkung dadurch erfährt, daß der Meldepflicht nur solche Unfälle unterliegen, die eine Arbeitsunfähigkeit des Versicherten von drei Tagen und mehr zur Folge haben. Sowohl aus mikro- wie auch aus makroökonomischer Sicht erscheint die Eingrenzung der Arbeitsunfälle auf Unfälle mit Personenschäden von Arbeitnehmern, wobei noch eine gewisse Mindestschwere der Verletzung des Betroffenen vorausgesetzt wird, nicht gerechtfertigt.

Unfälle mit reinem Sachschaden und großen Betriebsunterbrechungen — durch fortschreitende Automatisierung des Arbeitsprozesses vor allem in größeren Betrieben immer häufiger — können erhebliche Kosten verursachen. Es wäre demnach nur folgerichtig, wenn auch reine Sachschadensfälle als Arbeitsunfälle gewertet würden; im übrigen eine Praxis, die bei Verkehrsunfällen selbstverständlich ist[6]. Doch scheint sich im Bereich der Arbeit im Laufe der Zeit ein Bewußtwerdungsprozeß entwickelt zu haben, demzufolge der Begriff „Verletzung" sehr häufig verwechselt wird mit dem „Unfall", der die Verletzung herbeiführt. Selbst in den Unternehmen bzw. Branchen, in denen die Kosten durch

[4] Das erste Unfallversicherungsgesetz für das Deutsche Reich trat 1885 in Kraft. Die heute gültige Definition findet sich in: *Reichsversicherungsordnung* (RVO) vom 19. 7. 1911, 3. Buch (Unfallversicherung), in der Fassung vom 30. 4. 1963 (BGBl. I, S. 241 ff.), §§ 539 - 551.

[5] RVO, S. 241; vgl. hierzu auch *Linthe,* Hans: Die gesetzliche Unfallversicherung (Sozialpolitik in Deutschland, Nr. 38), 2. überarb. Aufl., Stuttgart 1964; *Schönberger,* Alfred: Entwicklung und Grenzen des Begriffs „Versicherungsfall"; in: Schimmelpfeng, Heinz (Hrsg.): Grundsatzfragen der sozialen Unfallversicherung (Festschrift für Herbert Lauterbach), Berlin 1961, S. 158 ff.

[6] Vgl. hierzu auch: *Seiler,* Arnim: Betriebsunfälle, Die Beeinflussung durch die Betriebsführung und die Erfassung ihrer Kosten, Diss., Zürich 1969, S. 44 f.; *Champagnac,* G.: Die wirtschaftlichen Aspekte der Unfallbekämpfung; in: Internationale Vereinigung für Soziale Sicherheit (IVSS). Die wirtschaftlichen Folgen des Arbeitsunfalls, Bericht und technische Beiträge (Internationale Kolloquien über die Verhütung von Arbeitsunfällen und Berufskrankheiten, Wien 25. bis 30. Okt. 1965), Genf 1967, S. 66.

unfallbedingte Sachschäden einen wesentlichen Anteil der gesamten Betriebskosten ausmachen, gehen diese in die allgemeinen Instandhaltungskosten ein und können nicht mehr als Kosten, die vermeidbar gewesen wären, erkannt werden. In diesem Zusammenhang müßte deutlich unterschieden werden zwischen Sachschäden — im Sinne des Unfallereignisses — und normalem Verschleiß (analog zu ereignisabhängigen Sonderabschreibungen und linearen, zeitabhängigen Regelabschreibungen[7])[8].

Neben der Einschränkung des Arbeitsunfalls mit Personenschäden, die zudem noch eine gewisse „Mindestschwere" (mindestens drei Tage Arbeitsunfähigkeit) zur Folge haben müssen, wird vom Gesetzgeber auch der betroffene Personenkreis begrenzt und zwar auf „Personen, die ihre Arbeitskraft einem Dritten zur Verfügung stellen und zu diesem in einem wirtschaftlichen oder persönlichen Abhängigkeitsverhältnis stehen"[9]. Unfälle, die Selbständige bei der Ausübung ihres Berufes erleiden, gelten also nicht als Arbeitsunfälle im Sinne der RVO.

Diese Tatsache erscheint geradezu grotesk, wird aber vielleicht ein wenig verständlich, wenn die Zielsetzung betrachtet wird, auf die die hier diskutierte Begriffsdefinition ausgerichtet ist: Der Arbeitsunfallbegriff sollte operational sein zum einen im Hinblick auf seine „einen Versicherungstatbestand auslösende Eigenschaft" und zum anderen im Hinblick auf seine „soziale Funktion", d. h. die Definition mußte so gewählt werden, daß es — unter Berücksichtigung der Versicherungsleistung — eindeutig ist, wann ein Arbeitsunfall vorliegt (z. B. Abgrenzung zur Berufskrankheit durch Betonung der „Plötzlichkeit"), und daß nur der Personenkreis vom Versicherungsschutz betroffen ist, der das Unfallrisiko nicht mit eigenen wirtschaftlichen Mitteln abdecken kann (daher nur Einbeziehung des Nicht-Selbständigen). Außerdem sei daran erinnert, daß die Unfallversicherung von Anfang an als Schadenersatzleistung innerhalb des Sozialversicherungssystems konstruiert worden ist, und daß sie „in ihrem Kern noch heute (als) eine Ablösung der Haftpflicht der Unternehmer für die den Arbeitnehmer schädigenden Folgen des Arbeitsverhältnisses" interpretiert wird[10].

---

[7] Eine ähnliche Systematik wird für den Bereich der Personalaufwandsplanung vorgeschlagen von: *Dierkes*, Meinolf und *Freund*, Klaus P.: Personalaufwand: Neuer Aktivposten in der Bilanz; in: Plus, Nr. 2 (1974), S. 60.

[8] Eine eingehendere Diskussion der Problematik der Schadenskontrolle (damage control) sowie eine Definition des Begriffs „Schadensfall" findet sich bei: *Nill*, Edgar: Schadenkontrolle; in: Der Sicherheitsingenieur, Nr. 2 (1971), S. 8 ff. sowie Nr. 3 (1971), S. 9 ff. Hier wird im übrigen auch auf amerikanische Untersuchungen verwiesen und festgestellt, daß Unfälle mit rein materiellen Schäden ein Vielfaches der Verletzungsunfälle ausmachen.

[9] RVO, § 539 ff.

[10] *Auerbach*, Walter: Zusammenhänge-Illusion und Wirklichkeit der sozialen Sicherheit, Frankfurt a. M. 1968, S. 52.

Für eine Definition des Arbeitsunfalls aus ökonomischer (sowohl einzel- als auch gesamtwirtschaftlicher) Sicht sind vor allem die folgenden Kriterien relevant: Plötzlichkeit, ohne Absicht, Schädigung; d. h. mit anderen Worten: Bei einem Arbeitsunfall muß es sich um ein plötzliches, ungewolltes Ereignis handeln, das zu Schädigungen des Personen- und/oder Sachvermögens führt und mit dem Produktionsprozeß in ursächlichem Zusammenhang steht[11]. Die sog. Beinahe-Unfälle bleiben also außer Ansatz, da der gesamte Bereich der potentiellen Unfälle[12] — in diesem Zusammenhang wird in der Literatur sogar von „schadensfreien Unfällen" gesprochen[13], was ein Widerspruch in sich ist — definitorisch kaum in den Griff zu bekommen sein dürfte, da es sich hierbei um stochastische Ereignisse handelt. Außerdem kann sich eine ökonomische Analyse (im Unterschied z. B. zu psychologischen Untersuchungen) nur an realiter geschehenen Dingen orientieren, hier also an den Unfall*folgen,* die wiederum nur dann auftreten, wenn tatsächlich Unfälle eingetreten sind.

III. Die gesamtwirtschaftlichen Arbeitsunfallfolgen

Je nach Ziel einer Untersuchung lassen sich an Hand verschiedener Kriterien mehrere Unfallarten voneinander unterscheiden und daher auch unterschiedliche Klassifizierungen vornehmen. So werden z. B. Hergang, Ort und Zeit des Arbeitsunfalls für die Unfall*ursachen*forschung im Mittelpunkt stehen; an dieser Stelle sei nur auf die recht zahlreichen Beiträge technisch-naturwissenschaftlicher, medizinischer, soziologischer und psychologischer Art hingewiesen[14].

Für den Ökonom dagegen steht bei einer Analyse des Unfallgeschehens die Unfall*folge* bzw. die Art der Unfallfolge an erster Stelle;

[11] Vgl. hierzu auch: *Lyndon,* G. S.: Artikel „Accidents"; in: International Labour Office: Encyclopaedia of Occupational Health and Safety, Bd. I, 3. Auflage, Genf 1972, S. 10 f.

[12] *Skiba,* Reinald: Grundlagen, Methoden und Grenzen der Gefährdungsanalyse; in: Sicher ist sicher, Nr. 10 (1972), S. 485 ff.

[13] Danach ist ein Unfall auch dann gegeben, wenn die bloße Wahrscheinlichkeit eines Schadens besteht. Vgl. hierzu: *Sozial-Archiv* (Dokumente sozialwissenschaftlicher Betriebsgestaltung), Schriftenreihe 5, Neue Wege der betrieblichen Unfallverhütung, Darmstadt 1954, S. 2.

[14] Als Auswahl seien nur genannt: *Thomae,* H. u. a.: Arbeitsunfall und seelische Belastung, Basel, New York 1963; *Neuloh,* Otto: Der Arbeitsunfall und seine Ursachen (Hrsg.: Gesellschaft für soziale Betriebspraxis), Stuttgart, Düsseldorf 1957; *Steinberg,* Christa: Der Unfallgefährdete und die Unfallverhütung im Ruhrbergbau, Berlin 1957; *Wagner,* Reinold: Der Arbeitsunfall, 2. Aufl., Berlin 1954; *Berckhoff,* H. D.: Produktivität und Unfallverhütung, Düsseldorf 1952; *Paul,* Helmut A., Sozialpsychologische Beeinflussungsfaktoren des Betriebsunfalls, in: Fürstenberg, Friedrich (Hrsg.): Der Betriebsunfall (Schriften zur Industriesoziologie und Arbeitswissenschaft. Heft 3), Kolloquium gehalten am 26. 11. 65. Clausthal 1965.

denn nur sie kann der Ansatzpunkt für eine monetäre Bewertung im Rahmen einer eventuellen Kosten-Nutzen-Analyse der Unfallverhütung sein. Da es sich hier nicht um eine einzel-, sondern um eine gesamtwirtschaftliche Betrachtung handelt, darf bei der Feststellung der Unfallauswirkungen primär nicht von den *einzelnen* Unfällen und ihren Folgen ausgegangen werden, sondern es muß der gesamte Wirtschaftsablauf gesehen werden, wie er sich mit den Unfällen darstellt, und wie er ablaufen würde, wenn es keine Arbeitsunfälle gäbe, d. h. es müssen die durch die Unfälle bedingten Änderungen in einer Volkswirtschaft erfaßt werden.

1. Erster Impulsbereich: Die volkswirtschaftlichen Schäden und Ausfälle

a) Die Schäden

Als unmittelbare Folge von Arbeitsunfällen werden Vermögensbestände teilweise oder ganz zerstört, d. h. es tritt ein außerplanmäßiger „Verzehr von zuvor voll nutzbaren Werten ein, ohne daß als Äquivalent unmittelbar neue Werte geschaffen werden“[15]. Diese Schäden können sich zum einen auf das Arbeitsvermögen und/oder zum anderen auf das Sachvermögen erstrecken und grundsätzlich materieller und immaterieller Natur sein, wobei letztere (wie z. B. Schmerz, Schock, Verlust an Lebensfreude etc.) einer subjektiven Wertung unterliegen und interpersonell nur schwer vergleichbar gemacht werden können. Als Ansatzpunkte für eine in Geldeinheiten ausgedrückte und mehr oder weniger „objektive“ Bewertung dieser Schäden könnten möglicherweise die Schmerzensgeldzahlungen herangezogen werden[16].

Materielle Schäden am Arbeitsvermögen entstehen dann, wenn „der in Geld ausgedrückte Wert der Fähigkeit einer Person, Einkommen zu erzielen“[17], reduziert wird. Dies ist dann der Fall, wenn Personen verletzt oder getötet werden. In diesem Zusammenhang wird bewußt der Begriff Arbeitsvermögen und nicht der Terminus Humankapital verwandt, da im Unterschied zu anderen Unfalluntersuchungen die Hauptbetroffenen bei Arbeitsunfällen ex definitione Personen in Ausübung ihres Berufes sind. Der Begriff Humankapital geht aber über die Definition des Arbeitsvermögens hinaus, denn er beinhaltet das

---

[15] *Helms*, Ekkehart: Ökonomische Grundlagen zur Erfassung der Unfallkosten im Straßenverkehr, Diss., Bonn 1971, S. 19.

[16] Eine Ansicht, die im übrigen auch von der Versicherungswirtschaft vertreten wird (*Jakobi*, Ernst: Volkswirtschaftlicher Schaden durch Verkehrsunfälle. Korreferat zum Gutachten Berkenkopf/Schmölders über die Berechnung der Unfallfolgekosten, München, den 14. 1. 1958, Manuskript, S. 4).

[17] Vgl. zur Definition des Arbeitsvermögens: *Krelle*, Wilhelm: Volkswirtschaftliche Gesamtrechnung, 2. verb. Auflage, Berlin 1967, S. 120 f.

gesamte, in alle Menschen einer Volkswirtschaft für Erziehung, Ausbildung und Gesunderhaltung investierte Kapital; er umfaßt also auch den Wert der nicht-erwerbstätigen Bevölkerungsgruppen wie Kinder, Rentner und Hausfrauen, wobei bei letzteren davon ausgegangen wird, daß sie eine unentgeltliche Leistung erbringen, die demzufolge auch bei der Sozialproduktsermittlung außer Ansatz bleibt. Für Unfalluntersuchungen anderer Art (z. B. Verkehrsunfallanalysen) sind Verletzungen bei diesem Personenkreis selbstverständlich relevant und müssen als gesamtwirtschaftliche Vermögensschäden Berücksichtigung finden. Eine Tatsache, die beim Gesetzgeber sowie in der bisherigen deutschen Gerichtspraxis nur sehr wenig — wenn überhaupt — Beachtung fand[18]. In diesem Zusammenhang muß sich auch der Ökonom den Vorwurf gefallen lassen, alle solche Werte und Leistungen, die „nicht in einen markt- und geldwirtschaftlichen Verwertungsprozeß eingebracht oder dafür vorgesehen sind“[19], überwiegend (vor allem bei volkswirtschaftlichen Gesamtrechnungen) vernachlässigt zu haben.

Häufig wird bei Arbeitsunfällen aber nicht nur das Arbeitsvermögen vermindert, sondern auch der Sachkapitalbestand, und zwar dann, wenn Sachgüter beschädigt oder zerstört werden; dabei kann sowohl das Produktivvermögen (Güter, die im weitesten Sinne der Produktion dienen) als auch das Konsumtivvermögen (mittel- bis langlebige *Gebrauchs-* und kurzfristige *Verbrauchs*güter) betroffen werden[20]. Es können also sowohl Güter beschädigt oder zerstört werden, die der Produktion dienen (Maschinen, Werkzeuge, Gebäude, Transportmittel etc.), als auch solche, die selbst produziert werden. Neben dem „Sachinteresse“, das ist der selbständige Sachwert eines Gutes, geht auch das „Sachnutzungsinteresse“ an diesen Vermögensgegenständen infolge der Schäden verloren[21]; zu dem „direkten“ Schaden am gegenwärtigen Vermögen kommt der Folgeschaden, der den erwarteten Gewinn, das zukünftige Vermögen betrifft.

---

[18] Vgl. *Esser*, Josef: Schuldrecht, Bd. 2, 3. Auflage, Karlsruhe 1969, S. 452, Anm. 28; *Geigel*, Reinhart und Robert: Der Haftpflichtprozeß mit Einschluß des materiellen Haftpflichtrechts, 14. neu bearb. Aufl., München 1969, S. 174; *Lorenz*, Karl: Lehrbuch des Schuldrechts, Bd. 2, 9. Auflage, München 1968, S. 467, Anm. 3

[19] *Schäfer*, Dieter: Soziale Schäden, soziale Kosten und soziale Sicherung, Berlin 1972, S. 105.

[20] *Krelle*, Wilhelm: Volkswirtschaftliche Gesamtrechnung, S. 121 f.

[21] *Hax*, Karl: Wesen, Bedeutung und Gliederung der Versicherung; in: Große, Walter, Müller-Lutz, L.-H., Schmidt, Reimer: Die Versicherung, Bd. 1, Allgemeine Grundlagen, Studienplan B II, 1, Wiesbaden 1962 - 64, S. 2353.

b) *Die Ausfälle*

Als eine weitere unmittelbare Folge des ersten Wirkungsbereichs der Arbeitsunfälle entstehen der Volkswirtschaft Ausfälle in Form von entgangenem Sozialprodukt und Minderung der Freizeit der Betroffenen. Durch jeden Unfall werden dem Produktionsprozeß Arbeitskräfte für mehr oder weniger lange Zeit — je nach Schwere des Unfalls — entzogen, und zwar fallen sowohl der Betroffene selbst als auch meist andere, durch den Unfall nicht direkt betroffene Mitarbeiter aus, weil sie vielleicht nicht weiterarbeiten können (wenn der Verunglückte zu einem Team gehört) oder nicht weiterarbeiten wollen (aus Neugier oder um Hilfe zu leisten)[22]. Außerdem bleibt vom Augenblick des Eintritts des Unfalls an der Arbeitsgegenstand unbearbeitet liegen, womit in den meisten Fällen auch ein Maschinenstillstand verbunden ist. Sowohl Arbeitsausfall als auch Sachkapitalausfall führen gesamtwirtschaftlich gesehen zu einer Sozialproduktsminderung, d. h. daß mögliche Erträge, die ohne Arbeitsunfälle hätten erwirtschaftet werden können, aufgrund der reduzierten Vermögenssubstanz (Arbeits- und Sachvermögen) ausfallen müssen[23].

Von einem Ausfall an Freizeit sind diejenigen Verunglückten betroffen, deren Verletzungen so schwerwiegend sind, daß sie nicht innerhalb der Arbeitszeit wiederhergestellt werden können. Für die anzeigepflichtigen Unfälle trifft dies ausnahmslos zu, da sie — wie bereits oben bemerkt — eine „Mindestausfallzeit" von drei Tagen zur Folge haben. Einbußen an Freizeit sind mit ihnen also immer verbunden. Die Freizeit geht zwar nicht als selbständiger Bestandteil in die Sozialproduktsberechnung ein, doch kann insofern eine Minderung an möglichem Sozialprodukt eintreten, als durch ihren Ausfall die Arbeitsmoral und damit letzten Endes auch die Arbeitsproduktivität negativ beeinflußt wird. Außerdem sei an dieser Stelle noch einmal darauf hingewiesen, daß sich eine Unfallanalyse — auch wenn sie hauptsächlich unter ökonomischen Aspekten steht — nicht ausschließlich auf die Auswirkungen beschränken darf, für die marktmäßige Beziehungen existieren, die also kommerzialisiert bzw. monetär bewertet sind[24].

---

[22] Vgl. hierzu auch: *Cloquet*, Ludovicus: Activities of the Social Security Institutions and Specialised Institutes in the Field of Prevention of Occupational Accidents and Diseases, Report II (1 b), (Sixth World Congress on the Prevention of Occupational Accidents and Diseases, Vienna, 10 - 15 May 1971), Wien 1971, S. 4.

[23] *Voigt*, Fritz, *Franke*, Angelika, *Jokl*, Stefan: Die gesamtwirtschaftliche Problematik . . ., S. 26.

[24] Nell-Breunig bezeichnet die Freizeit als Konsumgut im weiteren Sinne (*Nell-Breunig*, Oswald von: Artikel „Freizeit"; in: HdSW, Bd. 4, Stuttgart, Tübingen, Göttingen 1965, S. 140); demzufolge ist sie als ein Bestandteil des Sachvermögens anzusehen.

c) Ansatzpunkte für eine ökonomische Bewertung der Schäden und Ausfälle

Wie bereits oben dargestellt wird durch das Arbeitsunfallgeschehen vorhandenes Vermögen reduziert, d. h. es findet ein Verzehr von Gütern und Leistungen statt; doch im Unterschied zur mehr oder weniger rein betriebswirtschaftlich orientierten Kostenrechnung und der dort vorgenommenen Definition des Kostenbegriffs, fehlt bei Unfällen das Äquivalent der erzeugten Werte[25]. Eine Werttransformation („Verbrauch" von Werten zur Erzeugung neuer Werte), wie sie im normalen Produktionsprozeß stattfindet, liegt hier erst dann vor, wenn die zum Ausgleich der entstandenen Vermögensschäden notwendigen produktiven Leistungen herangezogen werden, wobei vorausgesetzt wird, daß durch den Reproduktionsprozeß sämtlichen Schäden behoben werden.

Auch im Bereich der Rechtsprechung hat sich mittlerweile diese sog. Differenzmethode durchgesetzt, nach der die Höhe eines Schadens „als Differenz zwischen der gegenwärtigen Güterlage nach dem Schadenseintritt und der, welche im gleichen Berechnungszeitpunkt bestehen würde, wenn das schädigende Ereignis nicht eingetreten wäre", zu berechnen ist[26]. Allerdings muß hier beachtet werden, daß der Schadenersatz dadurch auf einen bestimmten Zeitpunkt fixiert wird, zu dem er zwar nicht unbedingt geleistet, aber doch für die Zukunft festgesetzt werden muß; dies folgt zwangsläufig aus dem statischen Charakter des Vermögens als Bestandsgröße. So werden auch zukünftige Einkommensminderungen und Produktionsausfälle auf den Zeitpunkt des Unfalls umgerechnet. Das darf aber nicht dazu führen, daß ein gegebener Zustand konserviert wird, sondern — und das gilt vor allem für die Beeinträchtigung der Erwerbsfähigkeit — daß der Ausgleich von Schäden und Ausfällen die Anpassung an sich permanent verändernde Zustände berücksichtigt; es ist daher eine dynamische Leistungsstruktur erforderlich.

Auch in diesem Zusammenhang muß wieder deutlich zwischen den gesetzlichen Vorschriften für die Schadensersatzleistung und den tatsächlichen wirtschaftlichen Folgen unterschieden werden: Der Verletzte kann nicht nur „Wiederherstellung" des alten Zustandes fordern, der unwiederbringlich dahin ist, sondern „Herstellung" des Zustandes, der ohne den Unfall jetzt bestehen würde[27]. Uninteressant für die ökonomische Analyse ist also die Schadensdefinition der Versicherungsträger,

---

[25] Seiler spricht in diesem Zusammenhang von einer „Leistung", die aber durch negative Auswirkungen gekennzeichnet ist; vgl.: *Seiler*, Arnim: Betriebsunfälle ..., S. 164.

[26] *Esser*, Josef: Schuldrecht, Bd. 1, 3. Aufl., Karlsruhe 1969, S. 279.

[27] Ebenda, S. 280.

für die nur die sie treffende Versicherungsleistung maßgebend ist, nicht aber der die Gesamtwirtschaft tatsächlich treffende Schaden[28]. Allerdings muß eingeräumt werden, daß bei der Bewertung der Unfallfolgen die Schadenersatzleistung in vielen Fällen — mangels anderer Quantifizierungsmöglichkeiten — als Behelfsmaßstab herangezogen werden muß.

Der für eine makroökonomische Unfallfolgenbewertung adäquate Ansatz wäre die volkswirtschaftliche Gesamtrechnung[29]; doch da ihr die entsprechenden Buchungsposten fehlen, muß von einem mehr oder weniger betriebswirtschaftlich ausgerichtetem System ausgegangen werden, d. h. die Bewertung muß sich der *Kostenartenrechnung* anschließen, in der eine Unterscheidung nach der Art der „verzehrten Werte" vorgenommen wird, und ein Ausweis von Einzel- und Gemeinkosten stattfindet. Dabei muß beachtet werden, daß die als „Kostenarten" bezeichneten Größen nur zum Teil mit dem entsprechenden Terminus der Betriebswirtschaftslehre identisch sind und zwar insofern, als auch hier die verschiedenen Komponenten einer Gesamtgröße gemeint sind. Während jedoch im Rechnungswesen die Produktionsfaktoren als Gliederungsmerkmal für die Kostenarten gelten, sollen hier die Kosten zusammengefaßt werden, die einen bestimmten Abschnitt der Unfallfolgen bezeichnen[30].

Die von *Heinrich* aufgestellte Terminologie der „direct and indirect costs"[31], die auch von verschiedenen anderen Autoren übernommen worden ist, soll hier nicht verwandt werden, da „direkte" und „indirekte" Kosten veraltete betriebswirtschaftliche Bezeichnungen für Einzel- und Gemeinkosten darstellen. Zu den sog. direkten Kosten werden aber Leistungen der Krankenkasse, der Berufsgenossenschaft, der Unfallversicherungen gezählt, die entgegen ihrer Bezeichnung zu den Gemeinkosten eines Betriebes gehören, während die sog. indirekten Kosten — Produktionsausfall, Materialschäden, Erstehilfekosten usw. — hauptsächlich zu den Einzelkosten zählen[32]. Außerdem kann es nicht Sinn einer Analyse der Unfallfolgen und ihrer entstehenden Kosten sein, eine neue Terminologie einzuführen, die zwar für den Bereich des Unfallwesens Gültigkeit hat, jedoch einen Vergleich mit anderen Posi-

---

[28] *Mahr*, W.: Einführung in die Versicherungswirtschaft (Allgemeine Versicherungslehre), 2. Aufl., Berlin 1964, S. 107.

[29] Aufschlüsselung der Unfallkosten nach den betroffenen volkswirtschaftlichen Kreislaufsektoren Unternehmungen, Staat, private Haushalte.

[30] So beinhalten z. B. die im folgenden aufgeführten „Verwaltungskosten" Lohn- *und* Materialkosten.

[31] *Heinrich*, Herbert William: Industrial Accident Prevention — A Scientific Approach, 4. Aufl., New York, London 1959, S. 49 f.

[32] *Compes*, Peter C.: Wirtschaftliche Auswirkungen von Betriebsunfällen, Diss., Aachen 1963, S. 26.

tionen des mikro- und makroökonomischen Rechnungswesens nicht zuläßt.

Werden die im Zusammenhang mit Arbeitsunfällen entstehenden Personen- bzw. Sachschadensfälle als Kostenträger im weiteren Sinne angesehen, und wird eine Bewertung der Unfallfolgen analog zur Einzel- und Gemeinkostenverrechnung vorgenommen, ergibt sich folgende Systematik der Arbeitsunfallfolgekostenrechnung[33]:

(1) Unfalleinzelkosten

- (11) Die den Personenschadensfällen zurechenbaren Kosten
  - (111) Kosten des Krankenhausaufenthaltes der Getöteten
  - (112) Kosten der Heilbehandlung von Verletzten
  - (113) Kosten für die Berufshilfe und die Gewährung der Pflege
  - (114) Kosten der Produktionsausfälle infolge der Personenschäden
  - (115) Bewertete Freizeitausfälle
  - (116) Sonstige Kosten infolge der Personenschäden
- (12) Die den Sachschäden zurechenbaren Kosten
  - (121) Kosten für die Reparatur beschädigter bzw. Wiederbeschaffung zerstörter Sachgüter
  - (122) Kosten für den Produktionsausfall infolge der Sachschäden

(2) Unfallgemeinkosten

- (21) Rechtsfolgekosten
- (22) Allgemeine Verwaltungskosten
- (23) Kosten ungenutzter Bereitschaft von Versorgungseinrichtungen (Sanitäter, Werksärzte etc.)
- (24) Polizeikosten
- (25) Sonstige Unfallgemeinkosten.

Eine Analyse aller angeführten Kostenpositionen soll im einzelnen hier nicht vorgenommen werden; ausführliche Bemerkungen hierzu finden sich in der bereits mehrfach erwähnten Studie[34]. An dieser Stelle soll nur kurz auf die Problematik der Wahl eines geeigneten Bewertungsansatzes zur Messung der Personenschäden eingegangen werden, wobei es natürlich nicht um die Bewertung des Menschen schlechthin gehen kann, sondern um die möglichst weitgehende Erfassung der durch Arbeitsunfälle bedingten Schäden und Ausfälle, die durch die Beein-

[33] *Voigt*, Fritz, *Franke*, Angelika, *Jokl*, Stefan: Die gesamtwirtschaftliche Problematik . . ., S. 55 ff.

[34] Ebenda, S. 62 ff.

trächtigung des Produktionsfaktors Arbeit in einer Volkswirtschaft entstehen.

Für den am Menschen verursachten *Schaden* infolge Verletzungen, gleichgültig welcher Schwere, können die Heilkosten (Kosten für Ärzte, Arzneimittel, Krankenhausaufenthalte, Kuren etc.) als Äquivalent betrachtet werden, sofern sie die „echten" Kosten repräsentieren und nicht durch irgendwelche anderen Positionen (z. B. staatliche Subventionen) verfälscht sind.

Bei der monetären Quantifizierung der *Ausfälle* an Arbeitsvermögen (tödlich Verunglückte, invalide Verletzte) ergibt sich das Problem der Wahl des Wertansatzes. Im Gegensatz zum „subjektiven" Wertansatz, der die soziale bzw. individuelle Zahlungsbereitschaft als Maßstab vorsieht, kann aus ökonomischer Sicht nur der „objektive" Wertansatz Berücksichtigung finden, da dieser an statistisch erfaßte oder erfaßbare Größen anknüpft. Die Meinungen, ob im Rahmen dieses Ansatzes „Kostenwert-" oder „Ertragswert-" Berechnungen durchzuführen sind, gehen in der Literatur auseinander[35]. Während in den *Kostenwert* des Menschen Aufwendungen für den Lebensunterhalt und die Ausbildung (bis zum Eintritt in das Berufsleben) sowie eventuelle Weiterbildung (nach Eintritt in das Berufsleben) eingehen, ermittelt der *Ertragswert* den entgangenen Produktionsbeitrag, den ein tödlich Verletzter oder Invalider geleistet hätte, wenn er keinen Unfall gehabt hätte. Dabei wird die Ausfallzeit vom Zeitpunkt des Unfalls bis zum Ende der erwarteten Arbeitslebenszeit berechnet, mit einem anteiligen Sozialproduktsbeitrag gewichtet und auf das Unfalljahr abdiskontiert[36].

Als Bewertungsmöglichkeit der Personenschäden außer Betracht bleiben jegliche Rentenzahlungen, wie sie von den Unfallversicherungsträgern mit über 50 % der gesamten Aufwendungen als größte Kostenposition ausgewiesen werden. Diese Zahlungen, die im Rahmen der Versorgung der Hinterbliebenen von Getöteten sowie invalider Schwerverletzter geleistet werden, stellen in einer gesamtwirtschaftlichen Analyse keine Kosten dar, sondern nur eine „Umleitung von Geldströmen". Diese Tatsache, die im übrigen in die bisherigen ökonomischen Untersuchungen auf dem Gebiet des Arbeitsunfallwesens noch keinen Eingang gefunden hat, läßt sich wie folgt erklären: Die von den Arbeitgebern zu zahlen-

---

[35] Vgl. hierzu z. B.: *Berkenkopf*, Paul, *Hansmeyer*, K.-H., *Nelson*, W.: Die Berechnung der Unfallkosten der Verkehrsunfälle in der Bundesrepublik, Düsseldorf 1958; *Engel*, E.: Der Werth des Menschen, 1. Teil: Der Kostenwerth des Menschen, Berlin 1883; *Dublin*, L. E. und *Lotka*, A. J.: The Money Value of the Man, Rev. Ed., New York 1947; *Voigt*, Fritz, *Helms*, Ekkehart: Die gesamtwirtschaftliche Problematik steigender Verkehrsunfälle.

[36] Vgl. zum systematischen Vorgehen im einzelnen: *Voigt*, Fritz, *Franke*, Angelika, *Jokl*, Stefan: Die gesamtwirtschaftliche Problematik ..., S. 62 ff.

den Versicherungsbeiträge werden von den Trägern der Unfallversicherung u. a. für Rentenzahlungen verwendet; sinkt die Zahl der Unfälle und damit die Zahl der Getöteten und Invaliden, vermindert sich entsprechend die zu zahlende Versicherungsprämie. Da der kapitalmäßige „Bodensatz" bei den Unfallversicherungsträgern sehr gering ist, bilden die Rentenzahlungen quasi einen „durchlaufenden Posten" und stellen gesamtwirtschaftlich betrachtet keine Kosten dar[37]. Es findet in Höhe der Rentenzahlungen lediglich eine Vermögensumverteilung statt, und zwar vom Versicherungsbeitragszahlenden zum Rentenempfangenden[38, 39]. Dies ist zwar für die Ermittlung der Unfall*folgekosten* nicht von Bedeutung, muß allerdings bei einer Analyse aller Unfall*folgen* berücksichtigt werden, da es sich hier um die Veränderung monetärer Größen handelt, die vor allem im Bereich des durch Unfälle ausgelösten Produktionsprozesses eine große Rolle spielen.

2. Zweiter Impulsbereich: Der durch Arbeitsunfälle ausgelöste volkswirtschaftliche Produktionsprozeß

Dieser Produktionsprozeß umfaßt den Einsatz von Faktoren, um den Zustand vor Entstehung des Unfalls wiederherzustellen. Er ist in seiner Wirkung dem ersten Impulsbereich entgegengesetzt: Während dort ausschließlich negative Folgen festgestellt wurden, werden in dieser Wirkungsebene produktive Leistungen erbracht. Daß diese teilweise im Rahmen der Bewertungsansätze für die Schäden und Ausfälle bereits Berücksichtigung fanden, sich also scheinbar Überschneidungen zwischen beiden Impulsbereichen ergeben, ändert an der Selbständigkeit beider Folgebereiche nichts. Der Produktionsprozeß als zweiter Impuls schließt sich in seiner Wirkung dem ersten an, denn er ist zeitlich versetzt und kann erst dann wirksam werden, wenn Unfälle und damit auch Schäden und Ausfälle bereits entstanden sind.

---

[37] Anders dagegen die Sozialversicherung, bei der die Reservebildung einen bedeutenden volkswirtschaftlichen Sparprozeß hervorruft, was wieder erhebliche Auswirkungen auf die makroökonomischen Größen hat; vgl. hierzu die ausführliche Darstellung dieser Problematik bei: *Voigt*, Fritz: Der volkswirtschaftliche Sparprozeß, Berlin 1950, sowie: *Voigt*, Fritz: Die volkswirtschaftliche Bedeutung der Versicherung; in: Versicherungswissenschaftliches Archiv (Hrsg.: Arbeitsgemeinschaft der Versicherungswissenschaftler an deutschen Hochschulen), Jg. 1955, H. 1, S. 89 - 111.

[38] In der Sozialproduktsberechnung werden die Unfallversicherungsbeiträge als indirekte Steuerzahlungen des Unternehmenssektors an den Staat ausgewiesen, während die Renten Transferzahlen des Staates an Private darstellen. Vgl. hierzu auch: *Krelle*, Wilhelm: Volkswirtschaftliche Gesamtrechnung, S. 109.

[39] *Voigt*, Fritz, *Franke*, Angelika, *Jokl*, Stefan: Die gesamtwirtschaftliche Problematik . . ., S. 63.

Aber nicht nur die Maßnahmen zur Schadensfeststellung und -behebung sind hierzu zu zählen, sondern auch alle solche, die der Unfallverhütung dienen; auch sie sind Folgen der Unfälle, denn wenn von dem „Idealzustand", d. h. einer Wirtschaft ohne Unfälle, ausgegangen würde, wäre die Unfallverhütung ebenfalls nicht notwendig. Beide Komponenten — Unfallverhütung und Schadensregulierung — sind in ihrer Zielsetzung unterschiedlich, sollen aber an dieser Stelle gemeinsam behandelt werden, da die gesamte ökonomische Problematik des Unfallwesens hier nur kurz angerissen werden kann.

Durch Maßnahmen zur Verhütung von Unfällen und Behebung von Schäden entstehen der Volkswirtschaft Kosten, die über den gesamtwirtschaftlichen Kreislauf in Einkommen umgewandelt werden[40]. Hieraus kann natürlich nicht abgeleitet werden, daß Arbeitsunfälle und die damit verbundenen Folgekosten ein Mittel wären, das Einkommen und folglich auch das Sozialprodukt zu erhöhen. Daß dies ein Trugschluß ist, wird sofort deutlich, wenn berücksichtigt wird, daß die negativen Auswirkungen insgesamt erheblich größer sind als die produktiven Leistungen. Dem zweimaligen Werteverzehr (Wertevernichtung durch Schäden und Ausfälle sowie Werteverbrauch durch den Produktionsprozeß) steht nur ein einmaliges Werteschaffen (Produktionsprozeß) gegenüber; die Gesamtwirkungen sind also per Saldo negativ und lösen einen volkswirtschaftlichen Schrumpfungsprozeß aus; denn die für den Produktionsprozeß gebundenen Faktoren hätten — an anderer Stelle eingesetzt — einen zusätzlichen positiven Beitrag zum Sozialprodukt leisten können[41].

Eine mögliche Einschränkung dieses Schrumpfungsprozesses könnte lediglich dadurch erfolgen, daß sich die Gesamtwirtschaft im Stadium der Unterbeschäftigung befindet, Produktivkräfte also brach liegen (Arbeitslose, ungenutzte Kapitalkapazitäten), die erst durch den von Arbeitsunfällen ausgelösten Produktionsprozeß zum Einsatz kommen. In diesem Fall würde jede Re-Investition zu einer Senkung entstehender Kosten (Arbeitslosenunterstützung, Lagerhaltungskosten, Kosten ungenutzter Maschinenkapazitäten etc.) beitragen und außerdem eine Erhöhung der kaufkräftigen Nachfrage induzieren, die wiederum zum Anreiz einer Weiterentwicklung werden kann. Abgesehen davon, daß es aus moralisch-ethischen Gründen nicht zu vertreten ist, Arbeitsunfälle in bestimmten wirtschaftlichen Situationen als wünschenswert anzusehen, kann es auch nicht der Sinn einer ökonomischen Analyse sein, den Beweis zu erbringen, daß unter besonderen Voraussetzungen die Zerstörung vorhandener Vermögensbestände zur Steigerung des Sozialprodukts beiträgt.

---

[40] *Voigt*, Fritz, *Helms*, Ekkehart: Die gesamtwirtschaftliche Problematik steigender Verkehrsunfälle, S. 22.

[41] *Helms*, Ekkehart: Ökonomische Grundlagen . . ., S. 30 f.

Abschließend sei noch kurz auf eine weitere Problematik, die sich im Zusammenhang mit dem arbeitsunfallbedingten Prduktionsprozeß ergibt, hingewiesen.

Die Maßnahmen zur Feststellung und Beseitigung von Schäden und Ausfällen sowie zur Verhütung von weiteren Unfällen erfordern Geldausgaben, die überwiegend in Form von Beitragszahlungen an Versicherungen (Unfallversicherung, Sachversicherungen etc.) geleistet werden, teilweise aber auch direkt aus eigenen Mitteln getätigt werden, wobei berücksichtigt werden muß, daß auch die Fremdfinanzierung in diesem Zusammenhang eine nicht unerhebliche Rolle spielt[42]. In jedem Fall stellen diese Finanzierungen aber für den Betroffenen Kosten dar, die sich entweder in Preiserhöhungen für den Abnehmer oder aber in Gewinnminderungen für den Produzenten niederschlagen, je nachdem ob eine Kostenüberwälzung möglich ist oder nicht[43]. Unfälle und die damit verbundenen Folgen können daher Preisauftriebstendenzen auslösen oder verstärken — das ist besonders in Zeiten der Vollbeschäftigung der Fall —, die sich aufgrund der vielschichtigen Wirtschaftsstruktur nicht auf einzelne Sektoren beschränken, sondern generelle Nachfrageverschiebungen bzw. sektorale Verlagerungen verursachen können.

Diese Bewegungen verteilen sich nicht gleichmäßig über die gesamte Volkswirtschaft; vielmehr ergeben sich — gerade auch hinsichtlich des Multiplikatoreffekts — durch den Produktionsprozeß begünstigte Gebiete oder Branchen (mit erhöhtem Einkommen, Steigerung der Grenzleistungsfähigkeit des Kapitals), während es demgegenüber Sektoren gibt, die überhaupt nicht von den Auswirkungen dieser Investition und der Einkommenserhöhung berührt werden[44].

IV. Die Bedeutung der ökonomischen Analyse für die Unfallverhütung

Eine ökonomische Analyse kann nur dann als sinnvoll angesehen werden, wenn sie im Hinblick auf eine bestimmte Zielsetzung erfolgt, unter der sie vorgenommen wird und zu deren Verwirklichung sie im bestimmten Maße beiträgt. Das würde in diesem Fall heißen, daß die Ermittlung

---

[42] Kreditfinanzierung bedeutet, daß Geldkreislauf und Kaufkraftstrom der Volkswirtschaft erweitert werden.

[43] *Voigt,* Fritz, *Franke,* Angelika, *Jokl,* Stefan: Die gesamtwirtschaftliche Problematik ..., S. 32.

[44] Zu den Auswirkungen von Investitionen auf Wirtschaftsstruktur und -raum vgl. vor allem die grundlegenden Ausführungen von Voigt u. a. in: *Voigt,* Fritz: Aussagefähigkeit und Erkenntnisgrenzen der modernen Wirtschaftstheorie; in: Voigt, Fritz u. a.: Beiträge zur Theorie des Sparens und der wirtschaftlichen Entwicklung, Berlin 1958, S. 7 - 83.

und Bewertung der Arbeitsunfallfolgen nicht um ihrer selbst Willen durchgeführt wird, sondern dazu beiträgt, daß Beeinträchtigungen des gesamtwirtschaftlichen Produktionsprozesses, wie sie die Arbeitsunfälle darstellen, nicht als systemimmanent hingenommen werden, sondern als eine eindeutig beeinflußbare Größe angesehen werden. Dazu gehört vor allem eine Quantifizierung dieser Größe, um einerseits alle Folgen des Unfallgeschehens deutlich zu machen und andererseits einen Maßstab zu finden, an dem die Wirksamkeit unfallverhütender Maßnahmen gemessen werden kann. Als Maßgröße sollte nämlich nicht nur die absolute Zahl der Unfälle gesehen werden, sondern auch das Ausmaß der bewerteten Folgen. So kann es z. B. der Fall sein, daß die Absolutzahl der Unfälle zwar konstant geblieben ist, sich aber — vielleicht auf Grund verstärkter Unfallverhütung — die Unfallschwere verringert hat. Ausdruck der Unfallschwere wiederum ist aber u. a. die Arbeitsunfähigkeitsdauer, die ihrerseits wieder in Form von Produktionsausfall in die ökonomische Analyse eingeht. Ferner kann durch Sichtbarmachung der finanziellen Unfallauswirkungen in ihrer volle Höhe das Interesse der Verantwortlichen mehr als bisher geweckt werden, um so durch Einbeziehung ökonomischer Aspekte den Bemühungen um Arbeitssicherheit stärkere Impulse zu verleihen.

Umweltpolitik

Ein kritischer Überblick aus ökonomischer Sicht

Von Frithjof Spreer

Der vorliegende Überblick soll in komprimierter, hoffentlich verständlicher Weise über den gegenwärtigen Stand der umweltpolitischen Diskussion informieren. Nahezu alle Teilnehmer an dieser Diskussion sind sich darüber einig, daß die Ursachen der Umweltmisere vor allem im ökonomischen Bereich zu suchen sind. Ansätze zur Lösung von Umweltproblemen müssen daher ebenfalls im ökonomischen Bereich zu finden sein. Einig ist man sich weiterhin über das grobe Ziel jeder Umweltpolitik, die Umweltqualität zu verbessern. Die Diskussion um zielgerechte Maßnahmen ist jedoch in erhebliche Verwirrung geraten. Dies mag daran liegen, daß (a) das Problem in seiner logischen Struktur nicht richtig erfaßt wurde, (b) die systemhafte Verflechtung von Ökonomie und Ökologie nur unzureichend theoretisch dargelegt werden konnte und (c) empirische Daten zur Auffüllung der verschiedenen Analysemodelle bisher nur in unvollkommenem Maße vorliegen. Wie auch immer: Wer Politik treiben will, d. h. wer festlegen will, was sein soll, muß zunächst einmal feststellen, was tatsächlich ist. Eine Ist-Analyse im weitesten Sinne des Wortes ist Gegenstand des folgenden Überblicks.

I. Ökonomie und Ökologie

Nach dem bisherigen Planungshorizont aller Gesellschaften und Gesellschaftsformen wurde die Umwelt als ein freies, kostenloses Gut angesehen. Diese Sicht der Dinge ergab sich aus der Interpretation des Weltwirtschaftsystems als eines offenen Systems*. Erst in letzter Zeit wird die Erde als „Raumschiff" gesehen *(Boulding)*, d. h. „Ökonomie und Ökologie bilden gemeinsam ein geschlossenes System mit begrenzten Vorräten an natürlichen Ressourcen und einer begrenzten Aufnahmekapazität der Umwelt für Reststoffe des Wirtschaftsprozesses"[1]. Da fast

* Der Systembegriff wird meist in sehr problematischer Weise gebraucht, worauf ich hier nicht eingehen kann. Ich verwende ihn im folgenden metaphorisch.

[1] *Wulf*, J.: Umweltpolitik: Probleme, Phasen, Forschungsstrategien; in: Jb. f. Sozialwissenschaft, Bd. 24 (1973), H. 2, S. 180.

alle Umweltgüter in den Wirtschaftsrechnungen von Unternehmen, Haushalten und öffentlichen Händen mit einem Preis von null bewertet wurden und da die Abfall- und Schadstoffbeseitigung im allgemeinen fast kostenlos möglich war, erfolgte eine *Übernutzung* der Umwelt. Dies wurde bezeichnenderweise erst offenbar, als die faktische (aber nicht ökonomische) Knappheit an Umweltgütern erste negative Wirkungen auf das ökonomische System selbst zur Folge hatte.

Diese aus einer ökonomischen *Unterbewertung* resultierende Übernutzung der Umweltgüter ist übrigens in allen zur Zeit vorhandenen Wirtschaftssystemen nahezu gleichermaßen feststellbar. Alle realen Wirtschaftssysteme orientieren sich nämlich am Produktionsstand als Wohlfahrtsindikator. Für eine Umweltpolitik ergibt sich hieraus die erste allgemein zu formulierende Konsequenz, diesen Wohlfahrtsbegriff durch umweltpolitische Indikatoren zu ergänzen: Das Sozialprodukt muß nunmehr unter umweltpolitischen Restriktionen maximiert werden.

Ökonomisches und ökologisches System sind durch input-output-Beziehungen miteinander verbunden. Aus der Umwelt fließen dem ökonomischen System Konsumgüter (z. B. Trinkwasser, Atemluft, Erholungsmöglichkeiten), natürliche Rohstoffe und Produktionsmittel (Kühlwasser, Wasser als Transportmittel usw.) zu. Bei Produktion und Konsum im ökonomischen System entstehen als Kuppelprodukte Abfälle im weitesten Sinne des Wortes; sie fließen in das ökologische System zurück. Es dürfte klar sein, daß Produktion mittels (und Konsum von) Umweltgütern entscheidend von deren Qualität abhängt, welche wiederum durch Produktion und Konsum bestimmt wird.

Dieser Teufelskreis der gegenseitigen negativen Beeinflussung von Ökonomie und Ökologie kann nur durchbrochen werden, wenn es gelingt, die Abfallmengen (im weitesten Sinne des Wortes) so zu verringern, daß das ökologische Gleichgewicht erhalten oder wiederhergestellt wird. Abfallmengen (neben Abfall im engeren Sinne gehören hierzu auch: Wasserverschmutzung, Luftverschmutzung, Lärmerzeugung, Wassererwärmung, Lufterwärmung usw.) können je nach Art des Abfalls aber nur reduziert werden, wenn man über die *Ursachen* ihres Zustandekommens informiert ist. Die Diskussion über die „Ursachen" der Umweltverschmutzung ist einer weitgehenden Politisierung zum Opfer gefallen. So wurden als ursächlich genannt: der Kapitalismus, der Privatismus, der Egoismus, „die Industrie", das Sozialproduktwachstum, der technische Fortschritt oder die Marktwirtschaft. Alle diese Ursacheerklärungen haben den Nachteil, daß sie nicht konkret genug sind, um aus ihnen umweltpolitische Maßnahmen ableiten zu können.

Umweltverschmutzung wird in jedem Land und in jedem ökonomischen System betrieben. Ursachen der Abfallentstehung dürften daher weitgehend „systemunabhängig“ sein. Nach einer eingehenden Analyse der neuesten Literatur auf dem Gebiet der Umweltökonomie hat *Siebert*[2] die Ursachen der Umweltverschmutzung (nach Menge und Art) in sieben Kategorien eingeteilt: (1) Produktions- und Konsumtechnologie (einschließlich der Wiederverwendungstechnologie), (2) Rohstoffintensität der Produktion, (3) Lebensdauer der Kapital- und langlebigen Konsumgüter, (4) Produktions- bzw. Konsumniveau, (5) Bevölkerungsgröße und räumliche Bevölkerungsdichte, (6) Standortverteilung der Industrie und (7) Faktorintensität der Produktion (arbeitsintensiv/kapitalintensiv).

Dieser grobe Entwurf einer Ursachenerklärung der Umweltverschmutzung erscheint geeignet, von einer reaktiven zu einer vorsorglichen Umweltschutzpolitik überzugehen. Denn reaktive Umweltschutzpolitik ist stets das Resultat mangelnder theoretischer Durchdringung der Ursache-Wirkung-Zusammenhänge der Umweltverschmutzung, und ohne theoretisches Wissen können keine technologischen Prognosen gestellt, kann keine Vorsorge geleistet werden.

II. Instrumente für Analyse und Prognose der Umweltverschmutzung

Schon ein oberflächlicher Blick auf die genannten Kategorien der Verschmutzungsursachen vermittelt folgende Einsichten: (a) Die verschiedenen Ursachen wirken nicht alternativ, sondern kumulativ; sie beeinflussen sich gegenseitig. (b) Umweltpolitik wird sehr differenzierter und komplizierter Maßnahmesysteme bedürfen; eine simple, leicht überschaubare Umweltpolitik „wie aus einem Guß“ (etwa gekennzeichnet durch Schlagworte wie: Stärkung des Umweltbewußtseins, gesellschaftliche Kontrolle, Sozialisierung, Subventionierung, Verursacherprinzip, Planung usw.) kann es nicht geben; im Prinzip sind alle Gesellschaftssysteme mit den gleichen Umweltproblemen behaftet. (c) Eine vorsorgende, differenzierte Umweltpolitik verlangt umfassende und detaillierte Informationen theoretischer und statistischer Art über Zusammenhänge innerhalb und zwischen den ökologischen und ökonomischen Teilsystemen. Im folgenden sollen einige Probleme genannt werden, die sich bei der Konstruktion datenmäßig auffüllbarer Analyseinstrumente ergeben.

(a) In den sechziger Jahren begann man in Amerika[3] mit der Aufstellung eines Schemas von *Materialbilanzen.* Dieses einfache Schema

---

[2] Vgl. *Siebert,* H.: Das produzierte Chaos. Ökonomie der Umwelt, Stuttgart, Berlin, Köln, Mainz 1973; weiter: Ders.: Ökonomie der Umwelt: Ein Überblick; in: Jb. für Nationalökonomie und Statistik Bd. 188 (1974), S. 119 ff., hier S. 121.

[3] Vgl. *Ayres,* R. U. und *Kneese,* A. U.: Production, Consumption, and Externalities; in: American Economic Rev. Vol. 59 (1969), S. 282 ff.; *Kneese,* A. V., *Ayres,* R. U., *d'Arge,* R. C.: Economics and the Environment. A Materials Balance Approach, Washington 1970.

geht von der oben skizzierten Auffassung eines geschlossenen ökonomisch-ökologischen Systems aus, dessen Materialflüsse in Bilanzform erfaßt werden sollen. Aus dem Umweltsystem fließen Stoffe in das ökonomische System und werden dort in Konsum- und Investitionsgüter verwandelt, wobei Abfallstoffe entstehen. Die produzierten Güter werden nach Ablauf ihrer jeweiligen Nutzungszeit entweder als Abfall in das Umweltsystem zurückgegeben oder für den Produktionsprozeß wiederverwendet (recycling). Da von dem insgesamt vorhandenen Material nichts verlorengehen kann, ist es theoretisch möglich, die Reststoffe genau zu erfassen; sie können unter Umständen in Schädlichkeitsklassen eingeteilt werden. Dieses Analyseinstrument umgeht zwar das Bewertungsproblem — den Knappheitsgrad anzeigende Marktpreise für Umweltgüter stehen ohnehin nicht zur Verfügung —, es werden aber erhebliche Anforderungen an die statistische Erfassung des ökonomisch-ökologischen Gesamtsystems gestellt. Dieses einfachste aller angebotenen Umweltmodelle dürfte daher nach dem augenblicklichen Stand der statistischen Erfaßbarkeit allenfalls in Teilbereichen des „Systems" anwendbar sein. Dort lassen sich dann allerdings sehr genau bestimmte Umweltschäden als Folge bestimmter ökonomischer Ursachen im Produktions- oder Konsumprozeß identifizieren.

(b) Materialbilanzen können erweitert werden zu *Input-Output-Modellen*. Solche Modelle werden innerhalb des ökonomischen Bereichs schon lange angewendet und auch prognostisch benutzt. So erfassen etwa die vom Statistischen Bundesamt erstellten Input-Output-Tabellen alle wichtigen Lieferbeziehungen innerhalb der Volkswirtschaft. Solche Modelle lassen sich theoretisch durch Einbeziehung des Systems Umwelt erweitern. Zum Beispiel kann man den Schadstoffanfall als Kuppelprodukte des Produktionsprozesses ansehen und entsprechend erfassen. Weiter gestattet ein solches Modell, bestimmte Abfall- und Schadstoffe bestimmten Endprodukten zuzurechnen. Ohne derartige Informationen könnte übrigens das „Verursacherprinzip" nicht hinreichend exakt angewandt werden, denn die Zurechnung von Beseitigungs- oder Vermeidungskosten des Schadstoffanfalls erfordert systematische Kenntnisse seiner Verursachung. Wenn man sich also nicht damit zufrieden geben will, daß nur hier und da einmal bestimmte offensichtliche Schäden vermieden oder beseitigt werden sollen, dann ist eine systemhafte Erfassung aller Lieferbeziehungen zwischen Umwelt und Ökonomie und innerhalb der beiden Teilsysteme notwendig. Obwohl hier nur eine Idee von dem gegeben werden konnte, was mit Hilfe solcher erweiterten Input-Output-Modelle theoretisch erreichbar ist, so dürfte doch bereits klar sein, daß allein die statistischen Erfordernisse einer solchen Analyse kaum befriedigt werden können. Darüber hinaus entstehen methodische Probleme, die auf die theoretische Konstruktion des Modells zurückzuführen sind (z. B. wird eine konstante Technologie und konstanter Schadstoffanfall je Produkteinheit vorausgesetzt). Was das Input-Output-Modell nicht leistet, ist dies: Die räumliche Dimension des Umweltproblems kann nicht berücksichtigt, eine Verbindung zwischen Produktion und Abfallbeseitigung kann nicht erfaßt werden, alle Anpassungsprozesse im Konsum und in der Produktion aufgrund umweltpolitischer Maßnahmen (z. B. Substitution und Wiederverwendung) bleiben unberücksichtigt. Die Feststellung der Abfallmengen informiert nicht über deren umweltschädlichen Verbleib.

(c) Die modernen kombinierten *Analyse-Management-Modelle* der Umweltökonomie vermeiden einige der hier vorgebrachten Nachteile. Ihre Anforderungen an die statistische Erfassung der Prozeßaktivitäten sind jedoch noch erheblich höher. Sie sind gleichwohl bereits auf begrenztere Fragestellungen empirisch angewandt worden[4]. Diese komplizierten Modelle enthalten Untermodelle für die Verteilung der Schadstoffe im ökologischen System und zur Berücksichtigung von Schadensfunktionen. Zum Beispiel können mit Hilfe eines solchen Instruments folgende Aufgaben erfüllt werden: Lückenlose Verfolgung des Materialflusses, Bestimmung des Materialgehalts der Endprodukte, Bestimmung der Verteilung von Abfallstoffen in die verschiedenen Umweltmedien, Bestimmung der räumlichen Konzentration von Abfallstoffen und deren Schäden, geldliche Bewertung der Schäden dort, wo der Marktmechanismus versagt, Feststellung der Abfallentstehung und wertmäßige Zuordnung der Schäden zum Verursacher, Ermittlung der Reaktionen der verschiedenen Produktionssektoren auf umweltpolitische Maßnahmen, schließlich die Festlegung eines optimalen umweltpolitischen Instrumentariums. Neben den äußerst hohen statistischen Erfordernissen solcher Analyse-Management-Modelle bestehen auch einige methodische Schwierigkeiten, z. B. bei der Ermittlung von Schadensfunktionen (wie soll etwa der Freizeitkonsum bestimmter Umweltgüter bewertet werden?). In bestimmten Bereichen haben sich derartige Modelle allerdings bereits bewährt, so etwa in der ölverarbeitenden Industrie, in der Zuckerindustrie und in der Papierindustrie[5]. Kaum erfaßbar sind Langzeitwirkungen. Technologische Änderungen, die nicht nur der Umweltreinhaltung dienen, werden kaum berücksichtigt, die Verteilungsproblematik bleibt ausgeklammert.

---

[4] Vgl. z. B. *Russel*, C. S., *Spofford* Jr., W. O., *Haefele*, E. T.: Environmental Quality Management in Metropolitan Areas, Prepared for Delivery at the International Economic Association Conference on Urbanization and the Environment, Kopenhagen 1972 (vervielfältigt).

[5] Vgl. z. B. *Bower*, B. T., *Löf*, G. O. G., *Hearon*, W. M.: Residuals Management in the Pulp and Paper Industry; in: National Ressources Journal Vol. 11 (1972), S. 605 ff.

(d) *Intertemporale Optimierungsmodelle* wollen die Wachstumstheorie mit umweltpolitischen Ergänzungen bereichern. Im Endeffekt soll ein Gleichgewichtspfad von Konsum und Umweltqualität bestimmt werden. Auch bei diesen sehr anspruchsvollen Modellen gibt es eine Reihe erheblicher Probleme: Je nach Festlegung des Planungshorizonts und einer gesellschaftlichen Verzinsungsrate erhält man kraß unterschiedliche Ergebnisse. Insbesondere aber ist unklar, in welcher Weise die Interessen zukünftiger Generationen, mit denen man schließlich nicht verhandeln kann[6], zu berücksichtigen sind. Dieses Problem ist auch mit politischen Leerformeln nicht zu bewältigen. Schließlich sind diese Modelle nicht flexibel genug, um Revisionen in späteren Planungsperioden zu gestatten.

Trotz aller theoretischen Mängel und trotz derzeitiger Unmöglichkeit, die statistischen Erfordernisse dieser Analyseinstrumente erfüllen zu können, ist nach übereinstimmender Ansicht der Fortschritt einer rationalen, nach gesellschaftlichen Kriterien orientierten Umweltpolitik mit dem Fortschritt in der Entwicklung solcher Methoden aufs engste verknüpft. Immerhin geben diese Modelle voreiligen Protagonisten einer verstärkten „Planungskomponente" eine Idee von dem, was anspruchsvollere Umweltplanung bedeuten kann und berücksichtigen muß.

III. Das Verursacherprinzip

Die weitgehend kostenfreie, zumindest aber unterbewertete, Benutzung der Umwelt (Entnahme und Reststoffabgabe) wird unumstritten als die Hauptursache der Umweltmisere angesehen. Die allgemeine Übernutzung des kostenlosen öffentlichen Gutes Umwelt brachte vielfältige schädliche externe Effekte und damit verbunden soziale Kosten mit sich, weil derjenige, der die Umwelt benutzte und andere damit schädigte, durch keinen ökonomischen Anreiz bewogen wurde, diese Schädigung zu unterlassen. Verursacher von Umweltschäden und Betroffene waren und sind in der Regel nicht identisch. Auch der Markt leistete eine zufriedenstellende Bewältigung des Problems externer Effekte nicht.

Um den als unhaltbar empfundenen Zustand abzustellen, daß der Verursacher einer ökonomischen Aktivität einen oder mehrere Betroffene kostenfrei schädigen durfte, wurde das „Verursacherprinzip" auf den Plan geführt. Es ist heute in aller Munde und wird weithin als das zentrale Prinzip jeder Umweltpolitik angesehen.

Zumindest innerhalb der Politik orientiert sich eine Interpretation des Verursacherprinzips am *juristischen Schadensersatzdenken*. Im Umweltprogramm der Bundesregierung wird das Prinzip so verstanden: „Jeder,

---

[6] Vgl. *Siebert*, H.: Ökonomie der Umwelt ..., S. 141.

der die Umwelt belastet oder schädigt, soll für die Kosten dieser Belastung oder Schädigung aufkommen[7]." Dem Schadensersatzdenken der verantwortlichen Politiker entsprechend sollen alle umweltpolitischen Gesetze diesem juristischen Verursacherprinzip gemäß ausgestaltet werden.

Die *ökonomische Interpretation* des Verursacherprinzips unterscheidet sich von der juristischen ganz erheblich, ohne daß dieser Unterschied in der wissenschaftlichen und politischen Diskussion immer hinreichend berücksichtigt wird. Das ökonomische Verursacherprinzip ist nicht vom Schadensersatzdenken bestimmt, sondern darauf angelegt, daß der betreffende Schaden gar nicht erst entsteht. Die gesamte damit befaßte ökonomische Literatur interpretiert das Verursacherprinzip auf diese Weise. Das ökonomische Verursacherprinzip und seine Wirkungsweise sollen kurz dargestellt werden.

Das ökonomische Verursacherprinzip will durch gezielte Kostenanlastung den Umstand verhindern, daß die Umwelt weiterhin als Freigut übernutzt wird. Die Kostenanlastung (man spricht von Internalisierung externer Kosten) soll bewirken, daß in den Kosten der jeweiligen umweltschädlichen Produktionsverfahren und in den Preisen der jeweiligen umweltschädlichen Konsum- oder Investitionsgüter ein Signal zum Ausdruck kommt, welches die faktische gesellschaftliche Knappheit des infragestehenden Umweltgutes anzeigt. Beispielsweise muß sich eine umweltschutzbedingte Kostenerhöhung beim Verfahren zur Herstellung eines bestimmten Gutes in einer Erhöhung des Endpreises dieses Gutes niederschlagen, wenn das Verursacherprinzip erfolgreich sein soll. Das Verursacherprinzip vermeidet nicht, daß der Endverbraucher des so verteuerten Konsum- oder Investitionsgutes auf jeden Fall belastet wird; auf diesem Umstand beruht vielmehr das Prinzip. Es geht nämlich von einer prinzipiellen *Nachfragelenkung des Angebots* aus, und mit seiner Hilfe soll bewirkt werden, daß eine Nachfragesubstitution von umweltschädlichen, kostenmäßig belasteten Gütern zu weniger umweltschädlichen stattfindet. Dabei ist es zunächst gleichgültig, ob das Gut selbst umweltschädlich ist oder ob zu seiner Herstellung ein umweltschädliches Verfahren angewandt wurde.

Dieses ökonomische Verursacherprinzip funktioniert allerdings nur unter einigen einschränkenden Bedingungen: (1) Das Angebot muß tatsächlich im Prinzip nachfragegesteuert sein, d. h. es muß im wesentlichen Konsumentenautonomie vorliegen; soweit diese Bedingung nicht gegeben ist, ist auf ihre Einhaltung durch komplementäre Maßnahmen, z. B. Werbeverbot, zu drängen. (2) Es wird eine Überwälzbarkeit der Umwelt-

---

[7] *Umweltprogramm der Bundesregierung*, Reihe „betrifft" des BMI, Heft 9, Bonn 1971, S. 10.

kosten auf die Endverbraucherpreise vorausgesetzt; diese Voraussetzung wird in der Regel erfüllt sein, solange nicht Nachfragemonopolisierungen die Überwälzung unmöglich machen oder mindern. (3) Es muß tatsächlich eine Ausweichmöglichkeit von umweltschädlichen auf weniger umweltschädliche Güter vorhanden sein; hier spielt das *Verteilungsproblem* hinein, denn die Ausweichmöglichkeiten sind abhängig von der Preis- und Einkommenselastizität der Nachfrage und damit letztlich von der Einkommensverteilung. Da sich nicht generell im voraus sagen läßt, ob eine zu geringe Nachfrageumlenkung Folge eines relativ hohen Einkommens ist (Beispiel: Ein reicher Playboy beharrt auf dem Kauf eines von ihm bevorzugten umweltschädlichen Luxusgutes) oder ob sie Folge eines relativ niedrigen Einkommens ist (Beispiel: Ein armer, auf seinen alten Volkswagen angewiesener Industriearbeiter kann trotz einer Erhöhung des Preises für umweltschädliches Benzin nicht auf sein altes Auto verzichten, da er auf eine billige Vorortwohnung angewiesen ist und gleichzeitig der Kauf eines umweltfreundlicheren Autos mit Einspritzpumpe finanziell nicht möglich ist). Hier zeichnen sich also erhebliche Zielkonflikte ab, die z. B. im Umweltprogramm der Bundesregierung gar nicht erwähnt sind.

Eine ökonomische Interpretation des Verursacherprinzips ergibt den Vorsorgecharakter einer Verteuerung umweltschädlicher Aktivitäten. Die praktische Ausgestaltung des Prinzips (Wer ist Verursacher? Wo soll die Verteuerung ansetzen? Gebühren oder Steuern? Höhe der Abgaben? usw.) muß sich dem Ziel der Vorsorge oder Vermeidung unterordnen. Eine juristische Interpretation und Ausgestaltung, die dem Schadensersatz- oder dem Kompensationsdenken gehorcht, führt oft nicht zur Vermeidung zukünftiger Umweltschäden.

Der Vorsorgeeffekt des Verursacherprinzips ist dann gewährleistet, wenn im Endpreis eines Gutes eine Information über die (gesamtwirtschaftliche) Höhe der externen (d. h. nicht nur den Verursacher treffenden) Umweltschäden enthalten ist. Hier wird also der Marktmechanismus insofern korrigiert, als daß nicht nur — wie bisher — die privatwirtschaftlichen Grenzkosten (= Kosten einer zusätzlichen Produktionseinheit), sondern zusätzlich soziale „Umweltbenutzungskosten" den Endpreis bestimmen. Im Effekt werden also durch das ökonomische Verursacherprinzip umweltintensive und umweltschädliche Produktionen und Güter teuerer. Setzt man voraus, daß die Nachfrage mit steigenden Preisen zurückgeht (dies ist der Normalfall), dann wird eine gezielte Verteuerung bzw. kostenmäßige Erfassung der Umweltdienste folgenden Struktureffekt nach sich ziehen: Nachfrage und Angebot von umweltbelastenden Gütern und die Benutzung umweltintensiver Produktionsverfahren gehen mit der Verteuerung zurück.

Mittel- und langfristig werden also die gesamte Technologie und die gesamte Konsumstruktur durch Preissignale, welche die soziale Knappheit der Umweltleistungen anzeigen, umgeformt: Der gewünschte Vorsorgeeffekt ist eingetreten. Über die optimale Höhe der in die privaten Wirtschaftspläne einzuführenden Kostenanlastungen wird noch zu sprechen sein. Klar geworden sein müßte aber, daß die Frage, *wer* als Verursacher anzusehen ist (d. h., *wo* die Abgabe erhoben wird), relativ nebensächlich ist: Der ökonomische Vorsorgeeffekt des Verursacherprinzips wird dadurch nicht tangiert. Es wird dem juristischen Denken kaum einsichtig sein, daß diese Frage pragmatischer Natur ist, denn im Effekt trägt stets die gesamte Umweltlast der Endverbraucher: Darauf beruht das Prinzip[8].

Eine juristische Argumentation übersieht übrigens, daß nicht etwa der Fall eintreten darf, daß der Verursacher den oder die Geschädigten für die ertragenen Belastungen entschädigt (kompensiert). Ebenso ist ein auf nachträgliche Beseitigung der Belastung gerichtetes (juristisches) Verursacherprinzip gesamtwirtschaftlich nicht optimal. In beiden Fällen wird nämlich die Umweltbelastung nicht verhindert. Nur wenn also der Geschädigte nicht direkt kompensiert wird, wird er dem Schaden ausweichen, indem er auf kostengünstigere Produkte als das jetzt umweltschädliche umsteigt.

So gesehen ist also die Frage: Sozialisierung der externen (Umwelt-) Kosten eines privatwirtschaftlichen Systems? eindeutig zu bejahen, wenn man einen Vorsorge- oder Vermeidungseffekt wünscht. Juristisch als „ungerecht" empfundene umweltpolitische Lösungen können also durchaus gesellschaftlich optimal sein.

IV. Umweltpolitik und Wachstumspolitik[9]

In einem geschlossenen ökonomisch-ökologischen System, wie es wohl die Erde darstellt, ist kein unbeschränktes Wachstum der ökonomischen Aktivitäten möglich. Dies ist unbestritten.

Strittig war aber bis vor kurzem die Frage, welche Konsequenzen diese Einsicht für die Wachstumspolitik habe. Unüberlegte Forderungen nach Nullwachstum und ähnlichem trugen zu einer erheblichen Konfusion bei[10], die erst während der letzten drei Jahre annähernd geklärt werden konnte.

---

[8] Vgl. *Bonus*, H.: Sinn und Unsinn des Verursachungsprinzips — Zu einigen Bemerkungen von Richard Zwintz; in: Z. f. d. ges. Staatswissenschaft Bd. 130 (1974), H. 1, S. 156 ff.

[9] Vgl. dazu näher: *Walterskirchen*, M. P. v. (Hrsg.): Umweltschutz und Wirtschaftswachstum, München, Bern, Wien 1972.

Heute scheint folgendes klar zu sein: Ökonomie und Ökologie als Teile eines gemeinsamen Systems beeinflussen sich gegenseitig. Das Verhältnis beider Teile zueinander bestimmt den *Wachstumsspielraum* des ökonomischen Teilsystems. Schon aus diesem Systemzusammenhang läßt sich ersehen, daß eine Umkehrung der Wachstumspolitik (stationäre Wirtschaft) zu keinerlei positiven Nettowirkungen führen kann. Es ließ sich zeigen, daß nur eine Wachstumspolitik sinvoll ist, welche sich auf eine Ausweitung dieses Wachstumsspielraums richtet. Umweltgerechte Wachstumspolitik bedeutet also im wesentlichen Maximierung des Sozialprodukts unter umweltpolitischen Nebenbedingungen.

Konkret geht es also um die Schaffung zusätzlichen Wachstumspielraums innerhalb des ökonomisch-ökologischen Systems. Dies leistet zum Beispiel eine Politik der Preissignale im oben besprochenen Sinne, indem sie

(1) die Konsumstruktur ändert (von verteuerten umweltschädlichen Konsumgütern zu relativ billigen umweltschonenden Gütern),

(2) den Einbau von Wiederverwendungsanlagen (recycling) induziert,

(3) zur Entwicklung einer Umwelttechnologie anreizt,

(4) Rohstoffsubstitution erzwingt (von knappen bzw. teuren, weil umweltschädlichen Rohstoffen zu reichlich vorhandenen bzw. relativ preiswerten, weil umweltfreundlichen),

(5) bessere Rohstoffausnutzung bzw. effizientere Rohstoffverarbeitung lohnend macht (Erhöhung der Produktivität; Freisetzung von Produktionsfaktoren, die z. B. der Umwelttechnologie zugeführt werden könnten).

Ein Beispiel, das (1), (3) und (5) umfaßt, wäre die Entwicklung und der Einbau von elektronischen Einspritzanlagen in Autos, die den Benzinverbauch senken und außerdem die Schadstoffemission mindern. Typisch für (2) sind geschlossene Kühlwasserkreisläufe in Industrieanlagen oder die abfallfreie (hier: abfallwiederverwendende) Chlorproduktion, aber auch Abfallkompostierungsanlagen. Beispielhaft für (4) ist der Übergang von Kunststoff- auf Holzbaustoffe (Holz wächst nach, Erdöl nicht) oder von Kohle- bzw. Ölkraftwerken zu Kernkraftwerken. Beispiel für (1): Übergang von zu verteuernden Plastiktüten auf Papiertüten, von Pkw auf öffentliche Verkehrsmittel, von Einweggebinden zu Pfandgebinden, von Kohleöfen zu Elektroheizung, von Kunststofftextilien zu Baumwolltextilien usw.

Alle diese Möglichkeiten umweltschonenden Wachstums setzen also Substitutionen voraus. Diese Substituierbarkeit aber ist in der Regel vom technischen Fortschritt abhängig. So ergibt sich, daß Umweltpolitik

[10] So sieht etwa *Himmelmann* den Umweltschutz als Alternative zu quantitativem Wachstum: *Himmelmann*, G.: Die qualitative Dimension des Umweltschutzes; in: Wirtschaftsdienst 1972/IX, S. 451 ff.

unter Wachstumsgesichtspunkten in erster Linie kostensteuernde Technologiepolitik ist. Bei der Festlegung umweltschützender Abgaben sind die aufgezeigten positiven Effekte anzurechnen[11]. Die Kernfrage jeder planvollen Wachstumspolitik muß die nach dem Minimumsektor sein: Werden zuerst die Rohstoffe zur Erhaltung menschlicher Existenz oder zuerst die Aufnahmekapazitäten der Umwelt für Reststoffe knapp[12]?

V. Umweltpolitik und Verteilungspolitik

Verteilungseffekte einer Umweltpolitik lassen sich sehr schwer voraussagen. Zunächst hat man zu unterscheiden zwischen der Verteilung der Umweltkosten und der Verteilung der Umweltnutzen. Beide Verteilungen müssen gegeneinander aufgerechnet werden. Bei einigen Gütern läßt sich möglicherweise nachweisen, daß relativ niedrige Einkommen einen relativ hohen Anteil an umweltschädlichen Produkten konsumieren; entsprechendes gilt umgekehrt für die Bezieher höherer Einkommen. So gesehen „sind die Preiswirkungen dieser umweltpolitischen Maßnahmen einer regressiven Verbrauchssteuer äquivalent, welche die unteren Einkommensklassen überproportional belastet und so mit dem Ziel einer gleichmäßigeren Verteilung in Konflikt steht“[13]. Falls Umweltschutzmaßnahmen über Subventionen finanziert werden, läßt sich über die Verteilung nichts Allgemeines sagen; sie hängt nämlich davon ab, welche Steuern man zur Aufbringung der Subventionsmittel benötigt.

Auch die Verteilung des Umweltnutzens ist möglicherweise positiv mit der Einkommensverteilung korreliert. Dafür spricht z. B., daß Personen aus höheren Einkommensklassen eher in der Lage sind, sich ein „umweltfreundlicheres“ Leben zu leisten und möglichen Umweltschäden auszuweichen. So steigt etwa der Wasserverbrauch mit den Einkommensklassen. Solches gilt zumindest für die Vergangenheit und die Gegenwart. Wie die Nutzenverteilung künftiger umweltpolitischer Maßnahmen aussehen wird, wird sich nur am konkreten Fall abschätzen lassen. In der Literatur wird darauf hingewiesen, daß verschiedene Umweltgüter und die Verteuerung verschiedener umweltschädlicher Produkte unterschiedliche Verteilungswirkungen haben. Insbesondere müssen jeweils im Einzelfall primäre, sekundäre und tertiäre Effekte der Umweltpolitik gegeneinander aufgerechnet werden, was nicht einfach sein wird. Verteilungsprobleme solcher Art würden bei einer Umwelt-

---

[11] Vgl. *Hesse*, H.: Optimales Wachstum durch Umweltschutz; in: Wirtschaftsdienst 1972/IX, S. 457 ff.

[12] Vgl. *d'Arge*, R. C.: Essay on Economic Growth and Environmental Quality; in: Swedish Journal of Economics Vol. 73 (1971), S. 25 ff.

[13] *Wulf*, F.: Umweltpolitik ..., S. 190.

politik nicht auftreten, wenn sie verstärkt mit einer allgemeinen Verteilungspolitik gekoppelt würde.

Bei der räumlichen Verteilung umweltpolitischer Maßnahmen wird die Idee der „Funktionsräume“ herangezogen[14], um eine Verbindung von Raumordnungspolitik und Umweltpolitik herbeizuführen. Hier würde man verschiedenen Räumen innerhalb des ökonomisch-ökologischen Systems bestimmte Haupt- und Nebenfunktionen zuordnen, um das Gleichgewicht aufrecht zu erhalten. Die bisherige Umweltpolitik und auch das Umweltprogramm der Bundesregierung berücksichtigen solche Verteilungswirkungen fast gar nicht. So könnte man etwa unter Berücksichtigung des Bundesraumordnungsprogramms und des Abwasserabgabengesetzes eine umweltpolitische Steuerung der Flächennutzung über eine räumliche Variation der Abwasserabgaben erwägen; bisher scheinen derartige Ideen keinen Anklang gefunden zu haben.

Über das Problem der Verteilung externer Umweltschäden zwischen dem Produktionssektor und dem Konsumsektor scheinen erhebliche Mißverständnisse zu bestehen. Man argumentiert etwa so: Wenn die Privathaushalte als Konsumenten mit den Kosten zur Vermeidung externer Umweltschäden belastet werden, so ergibt sich daraus ein Verteilungsvorteil für den Produktionssektor. Umgekehrt sollen sich angeblich Vorteile für den Konsumentensektor ergeben, wenn die externen Kosten im Produzentensektor internalisiert werden. Aus dieser naiven Sicht der Dinge haben viele den Schluß gezogen: Die Industrie wehrt sich gegen umweltorientierte Wirtschaftspolitik, weil sie deren Kosten zu tragen hat.

Tatsächlich ergibt sich aus dem bisher Gesagten keine Bestätigung für eine solche Sicht der Dinge. Zunächst ist nur der Produktionssektor mit den höheren Umweltkosten belastet. Er ist gezwungen, das Marktrisiko, welches sich aus der Unsicherheit über die Überwälzungsmöglichkeiten ergibt, „vorzufinanzieren“; dies ist der Verteilungsnachteil für den industriellen Sektor. Erst wenn die Überwälzung gelungen ist — und sie sollte mit allen Mitteln gefördert werden —, wird der Konsumentensektor belastet, und für den Produzentensektor ergibt sich kein positiver oder negativer Nettoeffekt — er hat es mit einem durchlaufenden Posten zu tun.

Falls also die Überwälzung gelingt, hat der Konsument die Reparatur seiner beschädigten Umwelt voll bezahlt. Lastenverteilungsprobleme zwischen dem Produzentensektor und dem Konsumentensektor gibt es also unter der Voraussetzung hinreichender Überwälzung und hin-

[14] Vgl. *Affeld/Klein/Peithmann/Turowski:* Ein Ansatz zu einer regional und funktional differenzierten Freizeitplanung; in: Raumforschung und Raumordnung Jg. 31 (1973), S. 222 ff.

reichender Konsumentenautonomie nicht. Die Klagen einer mit Umweltschutzkosten zu belastenden Industrie sind also nur dann in gewissem Umfang berechtigt, wenn erhebliche internationale Wettbewerbsnachteile entstünden; dies zu verhindern sollte eine internationale Umweltpolitik sich anschicken.

Es bleibt also im wesentlichen folgendes Verteilungsproblem: „Durch steigende Preise werden die Haushalte einerseits belastet (und zwar um so mehr, je weniger sie auf umweltfreundliche Produkte ausweichen können); andererseits kommen sie in den Genuß einer verbesserten Umweltqualität. Dabei kann die personelle Verteilung dieser zusätzlichen Qualität je nach Art der vorgenommenen Maßnahmen ganz verschieden aussehen[15].“ Die oben skizzierten Analysemodelle berücksichtigen keine Kosten- und Nutzenverteilung umweltpolitischer Maßnahmen, weil die für eine solche Berücksichtigung unbedingt notwendigen Substitutionsmöglichkeiten durch den technischen Fortschritt bestimmt sind, den man nicht prognostizieren kann.

VI. Umweltpolitische Maßnahmen

Man unterscheidet im wesentlichen vier Gruppen umweltpolitischer Maßnahmen, die auf Ressourcenbewirtschaftung und Umweltschutz im eigentlichen Sinne zielen: Technische Auflagen, Subventionen (auch Steuererleichterungen), öffentliche Investitionen und Abgaben. Daneben wird auch Forschungspolitik und Politik der „moral suasion“ („Umweltbewußtsein“) angeführt.

1. Technische Auflagen

Hierzu gehören z. B. direkte Kontrollen, Genehmigungsverfahren, Gewerbeaufsicht, Emissionsnormen, Mindeststandards, Toleranzgrenzen, Verfahrensvorschriften, Rohstoffverbote oder -einschränkungen, Standortpläne usw. Insbesondere Toleranzgrenzen werden im Umweltprogramm der Bundesregierung „zur Durchsetzung des Verursacherprinzips“ und zur Ermöglichung einer „umweltfreundlichen Technik“ empfohlen. Hier zeigt sich abermals die juristische Auffassung vom Verursacherprinzip, denn die Ziele eines vorsorgenden (ökonomischen) Verursacherprinzips lassen sich durch Abgabenlösung im allgemeinen besser erreichen, wie noch zu zeigen sein wird.

Im Sinne des ökonomischen Verursacherprinzips müßte man zunächst unterscheiden zwischen (1) produktionsverteuernden, (2) produktionsausschließenden und (3) raumlenkenden technischen Auflagen. Dem öko-

[15] *Bonus*, H.: Sinn und Unsinn ..., S. 163.

nomischen Verursacherprinzip entsprechen lediglich produktions- bzw. produktverteuernde Auflagen in allerdings unzureichender Weise. Denn technische Auflagen, etwa Emissionsnormen, bewirken zwar die gewünschte Kostenerhöhung einschließlich der gewünschten Kostenüberwälzung auf die Preise, aber bis auf einen einmaligen technologischen Verbesserungseffekt (bis zur Ereichung der Norm) ergibt sich kein ökonomischer Anreiz, die Norm zu unterbieten, selbst wenn dafür nur geringe Kosten aufzuwenden sind.

Das „ideale" umweltpolitische Instrument muß dafür sorgen, daß die externen Umweltkosten (im sozialen Sinne) internalisiert werden und ein „ständiger Anreiz gegeben (ist), umweltschonende Produktionsverfahren neu zu entwickeln"[16]. Dies leisten Schadstoffstandards oder ähnliches natürlich nicht, sie haben eine nur geringe „allokative Effizienz" (Lenkungswirksamkeit). Anreize für die Optimalstrategie des „Immer-wieder-verbesserns" fehlen. Schließlich ist der technologiepolitische Effekt unerwünscht: Der Staat ist zur technologischen Forschung verurteilt, wenn er aus dem Kriterium des „Standes der besten erhältlichen Technik" (so in den USA) heraus die Möglichkeit einer Normverbesserung ableiten will. Aus „planwirtschaftlicher" Normsetzung läßt sich keine Optimalstrategie entwickeln, wie insbesondere die amerikanischen Erfahrungen deutlich zeigen. Die Aufsichtsbehörden laufen der Entwicklung hinterher, sofern eine solche von den Unternehmen überhaupt ernsthaft betrieben wird. Weiter wird die öffentliche Verwaltung bei wachstumspolitischen Erwägungen (Industrialisierung, Erhaltung der Arbeitsplätze) auf eine möglichst „niedrige" Normsetzung in ihrem Bereich drängen. Diese Probleme fallen bei einer Abgabenlösung weg.

Technische Auflagen sind allerdings in zwei Fällen unabdingbar: (1) Wenn bei akuten Gefährdungsfällen ein sofortiger Entlastungseffekt notwendig erscheint und (2) wenn die Voraussetzungen zur Anwendung des ökonomischen Verursacherprinzips nicht in hinreichendem Maße gegeben sind (zu geringe Konsumentenautonomie, mangelnde Überwälzbarkeit der Umweltkosten auf die Preise, Nachfrage- und Angebotsmonopole). Gewisse direkte Kontrollen, Genehmigungen und Globalstandards werden auch weiterhin aus Gründen der Praktikabilität notwendig sein, denn eine Abgabenlösung wird vielfach aus praktisch-rechtlichen Erwägungen nicht gewählt. Wo immer es geht, sollte jedoch eine Abgabenlösung vorgezogen oder parallel angewendet werden.

2. Subventionen

Subventionen allerlei Art standen bei allen Bundesregierungen hoch im Kurs. Von der Wissenschaft werden Subventionen — auch in Form

[16] *Wulf*, J.: Umweltpolitik . . ., S. 186.

von Steuererlassungen, Steuerkrediten, Abschreibungshilfen und Zahlungen für bereits getätigte Umweltschutzinvestitionen — einhellig als untauglichstes Mittel der Umweltpolitik abgelehnt[17]. Eine Auswahl gesamtwirtschaftlich effizienter Umwelttechnologien ist mittels Subventionen nicht möglich. Es können nur die Ausgaben subventioniert werden, die überhaupt in irgendeiner Weise der Umweltentlastung dienen.

Mehr als theoretische Erörterung über die Zweifelhaftigkeit solcher Subventionen macht vielleicht folgende Karikatur deutlich: Zwei Unternehmer beobachten einen Arbeiter, der den Fabrikhof kehrt und überlegen: „... wenn wir ihn zu unserem Umweltexperten machten, hätte das steuerliche Vorteile!“ (entnommen aus Umwelt 3/1974).

Auch das Umweltprogramm der Bundesregierung stellt stark auf Subventionen (hier: Sonderabschreibungen) ab. Ein gerade beendetes Forschungsprojekt der Universität Erlangen-Nürnberg hat in einer großen empirischen Untersuchung die theoretisch ermittelte Wirkungslosigkeit von Steuervergünstigungen im Umweltschutz voll bestätigt[18]; amerikanische Untersuchungen ergaben das gleiche. Insgesamt lassen sich folgende Argumente gegen Subventionen im Umweltschutz angeben:

(1) Belastung der öffentlichen Hand.

(2) Umwelttechnologischer Fortschritt (Entwicklung besserer und billigerer Verfahren) kann nicht induziert werden.

(3) Die Preisstruktur als Allokationsinstrument bleibt unverändert (kein Vorsorgeeffekt); umweltschädliche Produkte bleiben billig.

(4) Das Steursystem wird komplizierter.

(5) Kleine Unternehmen ohne Steuerabteilungen werden benachteiligt (Konzentrationseffekt).

(6) Wie sollen die Subventionen finanziert werden? (Problem der Ausgabengerechtigkeit).

(7) Unerwünschte Ankündigungseffekte.

(8) Keine Wirkungsprognose der Subventionen möglich.

(9) Werden Subventionen nicht gewährt, falls behördliche Auflagen schon vorher erfüllt waren, so werden „freiwillige“ Umweltschutzinvestitionen benachteiligt.

(10) Sollen Neuinvestitionen oder Verfahrensverbesserungen gleich oder unterschiedlich (wie?) begünstigt werden?

---

[17] Vgl. *Rat der Sachverständigen für Umweltfragen:* Umweltgutachten 1974 (Manuskript, S. 117 und S. 119). *Siebert,* H.: Ökonomie der Umwelt ..., S. 143.

[18] Vgl. *Heigl,* H.: Fördern Steuervergünstigungen den Umweltschutz?; in: Umwelt 3/1974, S. 58 ff. und die dort angegebenen Untersuchungen.

(11) Subventionen widersprechen sowohl dem juristischen als auch dem ökonomischen Verursacherprinzip (keine Kostenüberwälzung).

(12) „Subventionen pro Einheit (Tonne) beseitigter Schadstoff sind problematisch, da sie Unternehmern Gewinne erlauben, die eine Reduzierung ihrer Abfallprodukte mit geringeren Kosten als dem Subventionssatz vornehmen können, und da sie zu keiner Reduzierung von anfallenden Schadstoffen führen, wenn die betrieblichen Kosten zur Modifikation der Abfallprodukte höher liegen als der Subventionssatz[19]."

(13) Es werde in erster Linie Unternehmen in guter Gewinnsituation begünstigt.

(14) Bisher hat die Subventionspolitik, besonders im Kläranlagenbau, versagt (viele kleine, ineffiziente und teure Kläranlagen, noch immer ungeklärte Abwässer; gewerbliche Benutzer öffentlicher Kläranlagen werden indirekt mitsubventioniert, sogar überproportional, wegen degressiver Tarife!).

Subventionen sind zwar politisch beliebt, aber ineffizient in bezug auf ihr Ziel und mit erheblichen Nachteilen behaftet. Sie sollten allenfalls ergänzend eingesetzt werden, z. B. um Strukturschwächen zu mildern. Als umweltpolitisches Mittel sind sie untauglich.

3. Öffentliche Investitionen

Öffentliche Investitionen sind aus der Umweltbewirtschaftung und dem Umweltschutz nicht mehr hinwegzudenken. Es handelt sich in der Regel um Infrastrukturausgaben, welche (1) Vorleistungen zugunsten des Produktionssektors bzw. (2) Angebot an Konsum öffentlicher Güter darstellen. Beispiele für (1) sind: Wasserstraßenbau, Wasserregulierung, Sauerstoffanreicherung, überhaupt Steigerung der Umweltaufnahmekapazität. Beispiele für (2) sind: Abfallbeseitigung, Trinkwasseraufbereitung, Kläranlagen. In beiden Fällen trägt die öffentliche Hand Lasten zugunsten der privatwirtschaftlichen Produktionsfunktionen. Es würde der Rationalität eines marktwirtschaftlichen Systems entsprechen, wenn für diese Leistungen ein Entgelt gefordert würde, in dem die soziale Knappheit der Umweltgüter und die sozialen Kosten des Umweltschutzes berücksichtigt wurden. Die Umweltgüter und einige Rohstoffe sollten als nicht vermarktungsfähige öffentliche Güter staatlicherseits bewirtschaftet und ihren gesellschaftlichen Kosten (interne plus externe bzw. soziale Kosten) entsprechend „verkauft" werden. Dies wäre einer Abgabenlösung adäquat.

---

[19] *Siebert*, H.: Ökonomie der Umwelt . . ., S. 143.

4. Abgaben

Es dürfte klar geworden sein, daß die Erhebung von Umweltabgaben (Gebühren oder Steuern) in Höhe ihrer sozialen Kosten das geeignetste Instrument sind, externe Umweltkosten so zu internalisieren (= in die Pläne privater Wirtschaftssubjekte einfließen zu lassen), daß ein Vermeidungseffekt (Substitutions- oder Vorsorgeeffekt) eintritt. Abgaben bewirken eine Verteuerung umweltintensiver Verfahren und Produkte und ändern nach einem Anpassungsprozeß (Reaktionsgeschwindigkeit des Marktes) die Preisstruktur im umweltpolitisch optimalen Sinne. Abgaben wirken als ökonomischer Anreiz, *immer wieder* „umweltfreundlichere" Verfahren und Produkte zu entwickeln; man spricht von Optimierungsstrategie. Die Höhe der Abgaben bestimmt die Stärke des Anreizes.

Theoretisch ist die Festlegung der Höhe der jeweiligen Gebühr/Steuer gelöst. In einem Simultanansatz wird die Höhe z. B. der Frischwassergebühr oder der Abwasserabgabe errechnet als „Schattenpreis" (weil es keinen Marktpreis gibt) aus:

(1) Produktionskosten im engeren Sinne und Kosten des Rohstoffverbrauchs (z. B. Kosten der Rohwassergewinnung),

(2) „Opportunitätskosten" entgangener alternativer Verwendungen (z. B. Absenkung des Gewässerspiegels; abzuziehen sind allerdings die Nutzen bei Mehrfachverwendung, z. B. bei Wasser: Trinkwasser, Freizeit, Fischerei, Schiffahrt, Schmutztransport, Kühlwasser),

(3) ökologischen Schäden bzw. Kosten deren Vermeidung (z. B. Gewinnungskosten von Trinkwasser aus Rohwasser).

Ein solcher Schattenpreis wäre „gesellschaftlich optimal".

In der Praxis erfordert die Schattenpreisberechnung erhebliche theoretische und statistische Kenntnis des ökonomisch-ökologischen Systems (s. o. Analyseinstrumente), denn ohne die Kenntnis der Systemzusammenhänge in theoretischer und quantitativer Hinsicht können die obigen Teilkosten nicht errechnet werden. Man schlägt daher „Herantastungsmethoden" vor. Das verlangt eine flexible Abgabenregelung, wozu sich Gebühren am besten eignen. Schon z. B. neue Informationen über neue Rohstoffvorkommen verlangen eine Abgabenänderung.

Dem juristischen Denken adäquat wäre eine Festlegung der Abgaben nach den tatsächlichen Kosten (z. B. der Schadensvermeidung). Die für den gewünschten Strukturwandlungseffekt erforderliche Abgabe in Höhe der marginalen Sozialkosten der Umweltbelastung liegt aber in der Regel unter den „tatsächlichen Kosten" im juristischen Sinne. Die Marginalkosten (Schattenpreise) geben nämlich an, um wieviel sich der Wert einer

Zielfunktion ändert, wenn eine zusätzliche Einheit des betrachteten Umweltgutes zur Verfügung stünde. Die optimale Abgabenhöhe ist also zielorientiert (zielt auf Vermeidung in der Zukunft) und nicht schadensersatzorientiert.

Baumol und *Oates* haben ein Beispiel für ein praktikables „Probiersystem" zur Bestimmung der Abgabenhöhe gegeben[20]: Es kann ein „politisch" oder aus der Kenntnis der Systemzusammenhänge heraus bestimmter Gebührensatz festgelegt werden (Beispiel: Abwasserabgabe), er sollte zunächst niedrig sein. Ziel ist das Erreichen eines bestimmten Standards (z. B. Wassergüteklassen). Nun beobachtet man den Erfolg. Dort, wo der Verzicht auf Umweltschäden für die Unternehmen billiger erscheint als die Gebühr, werden sie Umweltschutzanlagen bauen. Falls so der gesetzte Standard noch nicht erreicht wurde, erhöht man die Gebühr allmählich, bis der Standard erfüllt wird. Die Gebühr hat nun etwa den optimalen „Schattenpreis der Schadensvermeidung" erreicht. An diesem Beispiel läßt sich einerseits die Vorsorgeorientierung (Zielorientierung) und andererseits die Kombination eines umweltpolitischen Instrumentariums aus Gebühren und Standards ersehen. Natürlich funktioniert das System nur, soweit keine (kostenmindernden) Subventionen gezahlt werden.

Halten wir fest: Der marktwirtschaftliche Lenkungsmechanismus bringt eine systembedingte Verzerrung der Produktion zugunsten umweltschädigender Produkte mit sich. Er ist daher durch staatlich administrierte Schattenpreise zu korrigieren (Abgabenlösung). Die Schattenpreise sind vorsorgewirksam, d. h. zielorientiert, woraus gleichzeitig folgt, daß es relativ gleichgülig ist,

(1) wie man die Gebühren interpretiert (ob als Abgaben für den Bezug „sauberer" Umweltgüter oder für die Erlaubnis, die Umwelt zu verschmutzen; so kann man die Abgaben z. B. durchaus als „Verschmutzungsrechte"[21] interpretieren; es ist nämlich unter diesem Gesichtspunkt völlig gleichgültig, ob man die Entnahme aus der Umwelt oder die Abgabe von Schadstoffen in die Umwelt verteuert.),

(2) wen man als Verursacher definiert (dies ist ausschließlich eine pragmatische, d. h. zielorientierte Frage; am praktischsten erscheint es in der Regel, schon die Produktion zu verteuern).

---

[20] *Baumol*, W. J. *Ootes*, W. E.: The Use of Standards and Prices for Protection of the Environment; in: Swedish Journal of Economics Vol. 73 (1971). *Baumol*, W. J.: On Taxation and the Control of Externalities; in: American Economic Rev. Vol. 62 (1972), S. 307 ff.

[21] Vgl. *Bales*, J. H.: Pollution, Property, and Prices. An Essay in Policymaking and Economics, Toronto 1968.

Unter den Voraussetzungen des ökonomischen Verursacherprinzips erreicht eine Abgabenlösung simultan folgende Ziele:

(1) Allokative Effizienz (= keine Verschwendung),

(2) Erweiterung des Wachstumsspielraums,

(3) Änderung der Produktions- und Konsumstruktur zugunsten weniger umweltintensiver Verfahren und Produkte,

(4) Korrektur und Ausnutzung des Marktmechanismus im umweltpolitischen Sinne.

Kartellpolitik als Instrument der Industriepolitik

Beispiel Niederlande

Von Wilhelm Laschet

I. Das Verhältnis von Wettbewerb — Politik — Gesetzgebung

Wirtschaftliche Tätigkeit vollzieht sich stets innerhalb einer wirtschaftlichen Ordnung[1]. Der wirtschaftliche Prozeß — Produktion, Verteilung und Konsum — kann nur dann verstanden werden, wenn man sich vorher mit den organisatorischen und institutionellen Gegebenheiten auseinandergesetzt hat. Wettbewerbspolitik, sowie jede andere Wirtschaftspolitik muß sich an der jeweiligen Wirtschaftsverfassung ausrichten, die meist ein Datum darstellt, das aus der geschichtlichen Entwicklung erwachsen ist[2] unter Einfluß von Ethik, Philosophie, sozialen und politischen Institutionen und anderen Faktoren, welche die Verteilung des Einkommens und die Kontrolle der wirtschaftlichen Macht beeinflussen[3].

Viele politische Entscheidungen üben mehr oder weniger Einfluß auf die Wettbewerbspolitik aus. Ein besonderes Verhältnis besteht zwischen Wirtschaftspolitik und Wettbewerbspolitik, die einen Teil der Wirtschaftspolitik darstellt und daher stets im Rahmen der allgemeinen Wirtschaftspolitik zu betrachten ist. Die Wirtschaftspolitik ihrerseits ist jedoch kaum aus dem gesamten politischen Gefüge eines Staates als etwas Eigenständiges zu lösen. Wirtschaftspolitik, Wettbewerbs- und Kartellpolitik sind daher nur im Rahmen aller politischen Aktivitäten eines Staates zu betrachten und zu verstehen[4].

Wirtschaftspolitische Maßnahmen können auf die Wirtschaftsstruktur, die Wirtschaftsordnung oder den Ablauf des wirtschaftlichen Prozesses gerichtet sein[5]. Jedoch ist zu beachten, daß jede Maßnahme,

---

[1] *Eucken*, W.: Die Grundlagen der Nationalökonomie, Jena 1940, S. 61.

[2] Ebenda, S. 63.

[3] Vgl. *Suranyi-Unger*, T.: Comparative economic systems, New York 1952.

[4] Die Interdependenz der gesamten politischen Aktivitäten in den Niederlanden kann hier nicht dargestellt werden. Die Arbeit muß sich auf einen Teilaspekt — die Wettbewerbspolitik — beschränken.

[5] *Gaay Fortman*, B. de: Theory of Competition Policy, Amsterdam 1966, S. 167 ff.

die vornehmlich auf ein Ziel gerichtet ist, gleichzeitig sowohl auf Struktur, Ordnung als auch Ablauf einwirken kann. Wettbewerbspolitik ist Ordnungspolitik, da sie auf Erhaltung oder Beschränkung der Konkurrenz ausgerichtet ist, die Konkurrenz jedoch weder produktiven Ressourcen noch einer ökonomischen Variablen gleichgesetzt werden kann. Wettbewerbspolitische Maßnahmen zielen also in erster Linie auf die wirtschaftliche Ordnung eines Staates hin und sind daher langfristiger Natur. Aufgabe der Wettbewerbspolitik ist, zunächst die Bedingungen für einen gesunden Wettbewerb zu schaffen und dann dafür Sorge zu tragen, daß der Wettbewerb in dem Maße erhalten bleibt, daß er dem *allgemeinen Wohl* förderlich ist.

Häufig wird Wettbewerbspolitik mit Maßnahmen aufgrund von Gesetzen gegen unlauteren Wettbewerb gleichgesetzt. Zweifellos ist die Bekämpfung von Wettbewerbsbeschränkungen, die auf unfairem Gebaren beruhen und deren Ziel die Übervorteilung anderer Wirtschaftssubjekte ist, Gegenstand wirtschaftspolitischer Maßnahmen. Die Aufgabe der Wettbewerbspolitik besteht darin, einen freien Wettbewerb zu ermöglichen, d. h. auf lange Sicht einen Leistungswettbewerb zu erhalten, und nicht, eine reine Exekutive von Gesetzen gegen unlauteren Wettbewerb zu sein[6].

Das Instrumentarium einer Politik hängt natürlicherweise von ihrer Funktion ab. Die Wettbewerbspolitik beschäftigt sich mit der Art und Weise, wie private Unternehmen den freien Wettbewerb beeinträchtigen können und ihre Funktion ist, diesen freien Wettbewerb durch ordnungspolitische Maßnahmen zu erhalten oder wiederherzustellen[7].

Jede Politik bedarf zu ihrer konkreten Ausführung einer gesetzlichen Grundlage. Dies bedeutet nicht, daß — sobald die Politik gesetzlich formuliert ist — ein politisches Handeln überflüssig wird. Da vor allem die Wettbewerbspolitik mit sich ständig ändernden Situationen konfrontiert wird, müssen ihre Instrumente und auch die diesbezügliche Gesetzgebung weitgehend flexibel bleiben.

Eine reine Fall-zu-Fall-Entscheidung wäre jedoch auch nicht angebracht. Wenn von der privaten Wirtschaft ein adäquates Verhalten erwartet wird, so müssen die Grundzüge der Wirtschaftspolitik und vor allem das „öffentliche Interesse“ konkretisiert sein[8]. Denn es scheint weitaus wichtiger zu sein, den Unternehmen die Normen der staatlichen

---

[6] Vgl. *Amonn*, A.: Wirtschaftspolitik auf Irrwegen, Frankfurt 1958, S. 105 und *Eucken*, W., S. 247.

[7] *Gaay Fortman*, B. de: S. 200.

[8] Zu dem Begriff „öffentliches Interesse“ siehe *Gaay Fortman*, B. de, S. 143 ff. und die dort angegebene Literatur. Ferner *Kleerekoper*, S.: De fictie van het algemeen belang, Deventer 1964.

Wettbewerbspolitik klar zu machen, nach denen sie ihre Unternehmenspolitik ausrichten sollen, als eine exakte Gesetzeskenntnis von den Unternehmen zu verlangen, was erlaubt und was verboten ist. Die Wettbewerbspolitik ist daher mehr als reine Ausführung von Wettbewerbsgesetzen.

Da in der freien Wirtschaft die privaten Unternehmen stets die Möglichkeit haben, gegen die staatliche Wettbewerbspolitik zu handeln, reicht es für die Durchsetzung einer Wettbewerbspolitik nicht aus, die private Wirtschaft von dem Nutzen der staatlichen Wettbewerbspolitik zu überzeugen, sondern es muß auch die Möglichkeit bestehen, Sanktionen zu verhängen. Auch aus diesem Grunde ist eine gesetzliche Formulierung der Wettbewerbspolitik notwendig.

Gesetze werden erlassen, um das Leben in einer Gemeinschaft zu ermöglichen. Das bedeutet, daß das Gesetz zum einen das Interesse der Gemeinschaft, zum anderen die Freiheit der Person zu wahren hat und die Gleichheit aller vor dem Gesetz garantiert ist. Zur Durchsetzung von Gesetzen bedarf es einer Autorität[9].

Ein Wettbewerbsgesetz darf jedoch nicht so einschneidend sein, daß es die private Wirtschaft jeder Entscheidungsmöglichkeit beraubt.

In der Wettbewerbsgesetzgebung unterscheidet man grundsätzlich zwei Typen:

1. Verbotsgesetzgebung
2. Mißbrauchsgesetzgebung[10]

Der Begriff Mißbrauchsgesetzgebung kann in diesem Zusammenhang jedoch zu Irrtümern führen, denn die Wettbewerbspolitik, die sich in einer solchen Gesetzgebung verkörpert, befaßt sich weniger mit unlauterem Wettbewerbsgebaren als mit Konsequenzen von Wettbewerbsbeschränkungen auf die wirtschaftliche Ordnung, deren Tragweite oft private Unternehmen nicht überschauen können. Es wäre vielleicht besser, von einer Wettbewerbsgesetzgebung zu sprechen, die auf einer Kontrolle basiert — einer Kontrollgesetzgebung.

Hennipman charakterisiert in seinem Vortrag „De taak van de mededingingspolitiek"[11] die beiden Grundkonzeptionen der Wettbewerbsgesetzgebung. Nach seiner Meinung basiert eine Verbotsgesetz-

---

[9] Vgl. *Scholten*, P.: Rechtsbeginselen; in: medeelingen der koniklijke academie van wetenschappen, Amsterdam 1935, S. 283.

[10] Vgl. *Lambers*, H. W.: Mededingingspolitiek, in: Theorie van economische politiek, hrsg. v. *Andriessen*, J. É. und *Meerhaege*, M. A. G.: Leiden 1962, S. 332 ff.

[11] *Hennipman*, P.: De taak van de mededingingspolitiek-Rede-, Haarlem 1966, S. 22 ff.

gebung auf der Ansicht, daß der Wettbewerb die Antriebskraft sei, aus dem wirtschaftlichen Prozeß das bestmögliche Ergebnis zu erzielen. Jede Wettbewerbsbeschränkung von seiten der privaten Wirtschaft werde hier als absolut negativ gewertet, da sie den freien Wettbewerb hemme und damit das beste Resultat aus dem wirtschaftlichen Prozeß nicht erzielt werden könne. Aus diesem Grunde sei jede Wettbewerbsbeschränkung grundsätzlich verboten, es sei denn, ein wirklich funktionierender Wettbewerb könne nur mit Hilfe wettbewerbsbeschränkender Maßnahmen erhalten werden. Eine Gesetzgebung, die auf dem Mißbrauchs- oder Kontrollprinzip beruht, sehe die private Beschränkung des Wettbewerbs vornehmlich als positiven Faktor an, der ein geregeltes Marktverhalten garantiert. Der Wettbewerb habe jedoch auch einen positiven Einfluß auf den Markt, aber mit absolut freiem Wettbewerb sei nicht das ökonomisch beste Ergebnis zu erzielen. Trotzdem sollte der Möglichkeit der Wettbewerbsbeschränkung nicht freier Lauf gelassen werden, da wirtschaftliche Machtpositionen in ungebührlicher Weise ausgenutzt werden könnten. In diesen Fällen müßte eine Wettbewerbsbeschränkung verboten werden können.

Das Konzept der niederländischen Wettbewerbspolitik hat sich in einer Kontrollgesetzgebung verkörpert, die durch die gesamte geschichtliche Entwicklung der Kartellpolitik und Wettbewerbsgesetzgebung zu verfolgen ist.

II. Die geschichtliche Entwicklung der Kartellgesetzgebung in den Niederlanden

„Die Bedeutung des internationalen Handels für die niederländische Wirtschaft und die individualistische Einstellung des niederländischen Unternehmers waren die wichtigsten Grundlagen, auf welche die niederländische Freihandelstradition sich stützte[12]." Bedingt durch den internationalen Handel, der Freizügigkeit für Ein- und Ausfuhr und der geringen Bedeutung von Einfuhrzöllen waren Kartelle bis zum Ende des ersten Weltkrieges kaum von Bedeutung, da der niederländische Unternehmer praktisch in Abhängigkeit von und in Konkurrenz mit dem Weltmarkt stand.

1. Das Gesetz über Unternehmerabsprachen von 1935

Die Gesetzgebung hatte sich bis dahin mit Kartellen noch in keiner Weise befaßt. Dem Phänomen des wirtschaftlichen Zusammenschlusses und der wirtschaftlichen Macht hatte der Staat bisher absolut unbetei-

---

[12] *Verloren van Themaat,* P.: Die Kartellpolitik der Niederlande; in: Internationales Handbuch der Kartellpolitik, hrsg. v. *Jahn,* G. und *Junkerstorff,* K., Berlin 1958, S. 352.

ligt gegenübergestanden. Während der Depression Mitte der dreißiger Jahre wuchs der Wettbewerb aufgrund der geringen Absatzmöglichkeiten sowohl auf dem inländischen als auch auf dem ausländischen Markt zu einer ruinösen Konkurrenz aus, so daß der Wettbewerb nicht mehr die Funktion eines Regulativs hatte, sondern ganze Branchen mit dem Untergang bedrohte[13].

1935 wurde das Gesetz über Unternehmerabsprachen (*wet tot het algemeen verbindend en onverbindend verklaren van ondernemersovereenkomsten* in *ondernemersovereenkomstwet* umbenannt) erlassen. Das Gesetz bezog prinzipiell eine neutrale Position gegenüber Kartellen. Es eröffnete der Wirtschaft einerseits die Möglichkeit, Verabredungen, die von der Mehrzahl der Mitglieder einer Branche gefordert wurden, für die ganze Branche vom Staat als allgemein bindend erklären zu lassen. Selbst Außenseiter eines Kartells konnten so gezwungen werden, sich den Verabredungen zu beugen. Das Gesetz verlangte jedoch für das Zustandekommen einer Allgemeinverbindlichkeitserklärung:

1. daß die Absprache für die Branche von schwerwiegender Bedeutung war,
2. daß die Initiative für die wettbewerbsregelnde Absprache von der Wirtschaft selbst ausging,
3. daß die Allgemeinverbindlichkeitserklärung dem allgemeinen Interesse[14] nicht entgegenstand und
4. daß eine ständige Kommission des ökonomischen Rates[15] dem Minister ein Gutachten über die Absprache vorlegte[16].

Andererseits bot das Gesetz der Regierung die Möglichkeit, Kartellabsprachen, die Verträge nach dem bürgerlichen Gesetz darstellen, für alle Mitglieder in Zukunft als nicht bindend zu erklären, wenn die Kartelle nach Auffassung des Wirtschafts- und des betreffenden Ressortministers dem allgemeinen Interesse schadeten. Die Nichtigkeitserklärung hatte zur Folge, daß die Mitglieder eines Kartells nicht mehr an ihre vertraglich fixierten Absprachen gebunden waren und die Kartelle ihre Mitglieder nach bürgerlichem Recht nicht mehr zur Einhaltung dieser Absprachen zwingen konnten. Die Nichteinhaltung der Allgemeinverbindlichkeit- wie der Unverbindlichkeitserklärung hatte strafrecht-

---

[13] Ebenda.

[14] Zum Inhalt des Begriffes „Allgemeines Interesse" im Sinne dieses Gesetzes siehe *Kleerekoper*, S.

[15] Der ständige Ausschuß des ökonomischen Rates war mit der Prüfung der Absprachen betraut. Über die Zusammensetzung des Ausschusses und seine Funktion siehe: *Mulder*, A. und *Mock*, M. R.: Kartelrecht, Alphen aan de Rijn 1962, S. 12 ff.

[16] *Roos*, W. A. A. M. de: De economische machtpositie, Leiden 1969, S. 42.

liche Folgen. In der *memorie van toelichting* werden folgende Gründe für die Anwendung der beiden Instrumentarien genannt:

I. Eine Allgemeinverbindlichkeitserklärung sollte aus folgenden Gründen zulässig sein:

1. Bei Importbeschränkungen des Auslandes,
2. bei Auftreten neuer Konkurrenz aus jungen Industrieländern mit niedrigem Lebensstandard,
3. zur Behebung von Störungen vornehmlich in der Produktionsmittelindustrie, die durch die anhaltende Krise verursacht waren,
4. zur Steuerung von Rationalisierungs- und Konzentrationstendenzen, um Überkapazitäten zu vermeiden,
5. gegen internationale Kartelle, die in den untereinander konkurrierenden inländischen Unternehmen schwache Gegner fanden,
6. ferner, um einer Branche die Möglichkeit zu geben, aus sich selbst heraus eine Strukturverbesserung durchzuführen, ohne staatliche Hilfe in Anspruch nehmen zu müssen.

II. Eine Unverbindlichkeitserklärung konnte folgendermaßen begründet werden, daß

1. ein Schutz gewährt werden soll vor inländischen Produzenten, die zum Nachteil der Konsumenten den Markt beschränken oder gar beherrschen,
2. monopolistische Absprachen, in den durch Kartelle geschützten Branchen, einer gleichmäßigen Kosten- und Preisentwicklung zu einem niedrigeren Preisniveau hin entgegenwirken könnten[17].

In der Zeit von 1935 bis 1940 wurde von dem Recht der Unverbindlichkeitserklärung kein Gebrauch gemacht. Hingegen kamen in dieser Zeit acht Unternehmerabsprachen zustande, die als allgemeinverbindlich erklärt wurden. Für 31 weitere Unternehmerabsprachen war die Allgemeinverbindlichkeitserklärung für den 1. Januar 1940 beantragt[18]. „Hierin zeigt sich, daß bei der Anwendung der neuen Befugnisse große Zurückhaltung geübt wurde[19].“

Das Gesetz fand entsprechend der damaligen Wirtschaftslage Anwendung, um dem ruinösen Wettbewerb ein Ende zu setzen und die Funktionsfähigkeit der Wirtschaft zu erhalten. Zusammenfassend kann

---

[17] *Mulder,* A. und *Mock,* M. R.: S. 14.

[18] Siehe hierzu: *Pattijn,* C. L.: Bij het einde van de Ondernemersovereenkomstwet 1935, in: Economisch Statistische Berichten, Rotterdam 1942, S. 14.

[19] *Verloren van Themaat,* P.: Die Kartellpolitik der N., S. 354.

man sagen, daß das Gesetz als ein strukturpolitisches Instrument konzipiert war, seine Anwendung jedoch der konjunkturellen Lage entsprach.

2. Der Kartellerlaß von 1941

Die Bestimmungen der *ondernemersovereenkomstwet* wurden 1941 durch den *kartelbesluit* abgelöst[20]. Die Rechte der Allgemeinverbindlichkeits- und Unverbindlichkeitserklärung wurden in den Kartellerlaß übernommen.

Die Grundzüge des Kartellerlasses sind aus der Zeit der Entstehung des Gesetzes her zu erklären. Der Kartellerlaß ist während der deutschen Besatzungszeit entstanden. Jedoch meinte *van der Grinten*, daß die deutsche Ideologie („Führerprinzip") nur einen untergeordneten Einfluß auf den Kartellerlaß gehabt habe. Es wäre vielmehr die allgemeine Tendenz gewesen, daß der Regierung einschneidendere Befugnisse zugestanden werden müssen. Inwieweit man hierbei zu weit gegangen wäre, stünde auf einem anderen Blatt. Von der Regierung her wäre die Meinung vertreten worden, daß es notwendig sei, die Wirtschaft insgesamt zu beherrschen, um sie nach ihrer Einsicht leiten zu können[21].

Der Kartellerlaß von 1941 räumte der Regierung bedeutend weitergehende Befugnisse ein als das Gesetz von 1935. Die Regierung hatte nun sogar das Recht, aus eigener Initiative Wettbewerbsregelungen zu erlassen und sie als allgemein bindend zu erklären. Vorher war die Initiative der Wirtschaft überlassen[22]. Nach dem Kartellerlaß konnten somit regelrecht Zwangskartelle errichtet werden. Ferner wurde das Recht, Kartelle aufzuheben, durch das Recht des Amendement und der Addition ergänzt und die Regierung konnte Durchführungsvorschriften für Kartellvereinbarungen erlassen[23]. Gleichzeitig verpflichtete das Gesetz erstmalig die Wirtschaft zur Anmeldung von Kartellen beim Wirtschaftsminister.

Die Vorschriften bezogen sich nicht nur auf Kartelle, sondern auch auf marktbeherrschende Positionen. Der Wirtschaftsminister — das ausführende Organ — hatte auch hier das Recht, gegen Unternehmen einzuschreiten, deren Gebaren nach seiner Ansicht nicht im Einklang

---

[20] Dieses Gesetz war bis November 1958 Grundlage der niederländischen Kartellpolitik, obwohl bereits 1956 ein neues Gesetz erlassen wurde, das jedoch erst 1958 Rechtskraft erhielt.

[21] *Grinten*, W. C. L. van der: Nederlands Bestuurrecht, Teil II, Alphen aan de Rijn 1951, S. 416.

[22] *Maitland*, W. F.: Kartelwetgeving in Nederland, Den Haag 1945, S. 50.

[23] Vgl.: *Verloren van Themaat*, P.: Die Kartellpolitik der N., S. 355 und *Ross*, W. A. A. M. de: S. 42.

mit dem Interesse der Allgemeinheit, eines oder mehrerer Wirtschaftszweige stand.

Während des Krieges wurde von dem Gesetz kein Gebrauch gemacht, da die Besatzungsmacht sämtliche Wirtschaftszweige kontrollierte. Praktische Bedeutung hatte nur die Registrierungspflicht für Kartelle. In den 13 Jahren, die das Gesetz nach Kriegsende noch gültig war, ist von den vorgesehenen Maßnahmen außer der Registrierungspflicht für Kartelle nur die Unverbindlichkeitserklärung angewandt worden.

1949 wurde dann auch, wie bereits in dem Gesetz über Unternehmerabsprachen vorgeschrieben, eine Kommission innerhalb des ökonomischen Rates eingerichtet, die dem Wirtschaftsminister in seinen Entscheidungen beratend zur Seite stehen sollte. 1950 verselbständigte sich diese Kommission als Kommission für Wettbewerbsbeschränkungen *(commissie bedrijfsregelingen)*[24].

3. Der Suspensionserlaß für Wettbewerbsregelungen von 1951

In den Nachkriegsjahren normalisierte sich die politische und wirtschaftliche Situation und die niederländische Regierung stellte die Freiheit und das öffentliche Interesse wieder an die Spitze der Kriterien für die Anwendung der Kartellgesetze. Die Vertragsfreiheit wurde in jeder Hinsicht gewährt und nur das öffentliche Interesse bot dieser Freiheit gewisse sehr weit gesteckte Grenzen. In diesem Rahmen hatte die Kommission jede Absprache, die den Verdacht erregte, daß sie mit dem öffentlichen Interesse in Widerstreit stehen könne, zu untersuchen, ehe gegen eine derartige wettbewerbsbeschränkende Absprache eine Maßnahme ergriffen werden konnte.

Im Juni 1950 brach der Koreakrieg aus. In dieser Krisensituation sah sich die Regierung genötigt, ein schnelles Durchgreifen gegen Kartelle zu ermöglichen und eine strengere Preispolitik zu führen. 1951 wurde der Kartellerlaß durch den Suspensionserlaß für Wettbewerbsbeschränkungen *(wet schorsing bedrijfsregelingen)* ergänzt. Die Erfahrung hat nämlich gezeigt, daß eine Unverbindlichkeitserklärung häufig zu lange Zeit in Anspruch nahm, bis sie vom Minister ausgesprochen werden konnte, da erst die *commissie bedrijfsregelingen* ein entsprechendes Gutachten dem Minister zustellen mußte. Aus diesem Grunde ermöglichte das Gesetz von 1951 Kartellvereinbarungen für die Dauer von maximal einem Jahr aufzuheben, ohne den Bericht des Gutachterausschusses abwarten zu müssen[25].

---

[24] Siehe: *Mulder*, A. und *Mock*, M. R.: S. 20.

[25] *Roos*, W. A. A. M.: S. 43.

Das Gesetz hatte nur das Recht der Unverbindlichkeitserklärungen zum Gegenstand und konnte nur dann in Anspruch genommen werden, wenn schwerwiegende Gründe für unverzügliches Eingreifen vorlagen.

4. Das Gesetz über den wirtschaftlichen Wettbewerb von 1956

Bereits 1950 wurde dem sozialökonomischen Rat ein Gesetzentwurf, der den wirtschaftlichen Wettbewerb regeln sollte, zur Begutachtung vorgelegt. Sechs Jahre dauerte die Diskussion über den Gesetzentwurf, bis das Gesetz verabschiedet werden konnte. Die Tatsache, daß das Gesetz als letzte Instanz das Urteil des Ministers vorsah bei der Entscheidung, ob eine wirtschaftliche Machtposition oder eine Kartellabsprache das öffentliche Interesse beeinträchtigt, entfachte einen heftigen Streit über die Rechtssicherheit in dem System des Gesetzentwurfes, der sich wie ein roter Faden durch alle Verhandlungen des Gesetzes zieht[26].

1953 wurde die Gesetzesvorlage bei der zweiten Kammer des Parlaments eingereicht. Die Grundzüge entsprachen denen des ersten Entwurfs. Zusätzlich war ein generelles Verbot für bestimmte Kartellabsprachen vorgesehen. Das Gesetz über den wirtschaftlichen Wettbewerb *(wet economische mededining — wet e.m.)* wurde 1956 verabschiedet[27].

Da nach dem neuen Gesetz dem Wirtschaftsminister weitgehende Befugnisse eingeräumt wurden, bestand aus Gründen der Rechtssicherheit das Bedürfnis nach einer Berufungsmöglichkeit bei einem unabhängigen Gericht[28]. Da der Weg dieser Berufungsmöglichkeit und seine Auswirkung vorab geklärt werden mußten, trat das Gesetz erst zwei Jahre nach seiner Verabschiedung in Kraft.

Das Gesetz basiert im wesentlichen auf drei Gesichtspunkten:

1. Wettbewerbsregelungen,
2. marktbeherrschende Positionen,
3. allgemeines Interesse,

wobei die Wettbewerbsregelungen und die marktbeherrschenden Positionen den Hauptgegenstand des Gesetzes bilden, deren Beurteilung nach dem allgemeinen Interesse auszurichten ist[29]. Bei der Beurteilung

---

[26] *Mulder*, A. und *Mock*, M. R.: S. 26 ff.

[27] Über den Verlauf der parlamentarischen Behandlung siehe den Bericht von *Mulder*, A. und *Mock*, M. R.: S. 31 - 38.

[28] *Verloren van Themaat*, P.: Die Kartellpolitik der N., S. 365.

[29] Der Begriff „Allgemeines Interesse" ist sehr vieldeutig, zumal das Gesetz den Ministern die Entscheidung überläßt, was dem allgemeinen Interesse förderlich oder hinderlich ist. Siehe hierzu *Kleerekoper*, S.

von Wettbewerbsregelungen und marktbeherrschenden Positionen geht das Gesetz keineswegs von dem Standpunkt aus, daß beide grundsätzlich nicht mit dem allgemeinen Interesse vereinbar wären, sondern versucht Wettbewerbsbeschränkungen und marktbeherrschende Positionen zu kontrollieren und bei Mißbrauch, wenn das allgemeine Interesse gefährdet ist, einzugreifen.

Die Kontrolle bezieht sich nicht nur auf Unternehmen, die ihren Sitz in den Niederlanden haben, sondern auf alle am wirtschaftlichen Prozeß in den Niederlanden teilnehmende Parteien[30]. Gegen Kartellabsprachen, die ausschließlich Wirkungen auf ausländische Märkte haben, kann nach dem niederländischen Gesetz nicht vorgegangen werden.

Eine Formulierung der Ziele der niederländischen Kartellpolitik aufgrund des wet economische mededinging ist im *memorie van antwoord* an die zweite Kammer niedergelegt: „Im allgemeinen sieht die Regierung es als ihre Aufgabe an, einen gesunden Wettbewerb zu fördern, der sowohl der wirtschaftlichen Expansion dient als auch einer wirtschaftlichen Stagnation entgegenwirkt und damit gleichzeitig zu einem akzeptablen Kosten- und Preisverhältnis führt. Kooperation in der Wirtschaft kann auf Zwecke ausgerichtet sein, die mit dieser Regierungspolitik nicht in Widerstreit stehen, die Rationalisierung der Produktion, des Einkaufs und des Absatzes, technischer Forschung, Export, Qualitätsverbesserungen, Rationalisierung der Betriebsführung auf dem Gebiet der Kalkulation und der internen Organisation, zum Kampf gegen unlauteren Wettbewerb oder einer Konkurrenz, die selbst gut geführte wirtschaftlich arbeitende Unternehmen zugrunde richtet. In den wesentlichen Punkten wie Qualität und Preis muß eine gesunde Konkurrenz in der Regel möglich bleiben[31].“

Aus den vorangegangenen Kapiteln geht hervor, daß der niederländischen Wettbewerbspolitik von Anfang an eine Mißbrauchs- oder besser eine Kontrollgesetzgebung zugrunde gelegen hat. Man kann daher von einer Kontinuität der grundsätzlichen Einstellung der niederländischen Regierung gegenüber Wettbewerb und Wettbewerbsbeschränkungen sprechen, die Flexibilität und Adaption für die jeweilige Wirtschaftslage beinhaltete.

---

30 Vgl.: *Mulder*, A. und *Mock*, M. R., S. 68.

31 Memorie van Antwoord, Wet e. m., zitting 1954 - 1955, 3295, S. 2, Sp. 2 (Übersetzung des Verfassers).

III. Das Gesetz über wirtschaftlichen Wettbewerb von 1956 Grundlage der niederländischen Wettbewerbs- und Kartellpolitik

1. Wettbewerbsbeschränkungen und wirtschaftliche Machtpositionen

Das Gesetz über den wirtschaftlichen Wettbewerb befaßt sich, wie oben erwähnt, mit Wettbewerbsbeschränkungen und wirtschaftlichen Machtpositionen. Das Gesetz spricht ausdrücklich von „wirtschaftlichem Wettbewerb", dem Wettbewerb auf dem Güter- und Dienstleistungsmarkt. Der Wettbewerb auf dem Arbeitsmarkt fällt nicht unter das Gesetz[32].

Wettbewerbsregelnde Maßnahmen werden in § 1. 1 *wet e.m.*[33] definiert als Verträge nach bürgerlichem Recht, in denen der wirtschaftliche Wettbewerb zwischen Unternehmen geregelt wird; eine marktbeherrschende Position als tatsächliches oder rechtliches Verhalten im Wirtschaftsleben, das einen überwiegenden Einfluß eines oder mehrerer Unternehmenseigentümer auf einem Güter- oder Dienstleistungsmarkt in den Niederlanden zur Folge hat. Das Gesetz umfaßt jedoch auch Absprachen, die nicht unmittelbar den Wettbewerb zwischen den beteiligten Unternehmen regeln, die nicht schriftlich fixiert sind und jeder Rechtskraft entbehren, wie z. B. spezifizierte *gentlemen's agreements*[34]. Selbst Unternehmen, die nicht auf Gewinn ausgerichtet sind, unterliegen den gesetzlichen Vorschriften, falls durch sie der Markt überwiegend beeinflußt wird und sie das Gemeinwohl gefährden[35].

Der Begriff der wirtschaftlichen Machtposition taucht in der niederländischen Kartellgesetzgebung zum ersten Mal in dem *wet e.m.* auf. Daher ist auch verständlich, daß über diesen Begriff im Parlament ausführlich diskutiert wurde. Die entsprechenden Vorschriften des Kartellerlasses waren nie zur Anwendung gekommen und man sah darin auch vornehmlich ein Stück Besatzungsrecht. Die Regierung war jedoch bei der Behandlung des *wet e.m.* der Meinung, daß nicht nur Kartelle den wirtschaftlichen Wettbewerb zum Nachteil des Gemeinwohls beeinflussen könnten, sondern auch wirtschaftliche Machtpositionen durch ihre Praktiken dem allgemeinen Interesse schaden könnten und man gegen beide Maßnahmen ergreifen müßte. Die gesetzliche Definition ist sehr weit gefaßt, um sämtliche Formen einer dominierenden Position auf einem Markt erfassen zu können. Exemplarisch werden als marktbeherrschende Positionen genannt:

---

[32] Siehe hierzu: *Mulder*, A. und *Mock*, M. R., S. 47.

[33] Eine deutsche Übersetzung des wet e. m. von 1956 ist abgedruckt in: *Verloren van Themaat*, P.: Die Kartellpolitik der N., S. 369 ff.

[34] Siehe hierzu: *Mulder*, A. und *Mock*, M. R.: S. 43 - 46, S. 48 und S. 218.

[35] Siehe hierzu: Memorie van toelichting, Wet e. m., zitting 1953 - 1954, 3295, S. 9, Sp. 2.

1. Die Beherrschung des Marktes durch ein Unternehmen,
2. rechtliche nicht bindende *gentlemen's agreements* (so z. B. auch als unverbindlich erklärte Kartellabsprachen, die jedoch praktisch weitergeführt werden),
3. gleichförmiges Marktverhalten ohne zugrunde liegende Absprachen (z. B. Preisführerschaft).

2. Das wettbewerbspolitische Instrumentarium des wet e.m.

a) Die Instanzen

aa) Das ausführende Organ

Zur Festlegung und Durchführung wettbewerbspolitischer Entscheidungen steht der niederländischen Regierung keine eigenständige Institution — wie z. B. das Bundeskartellamt in der BRD — zur Verfügung. Schon seit den *ondernemersovereenkomstwet* war das ausführende Organ der Wirtschaftsminister. Bei der parlamentarischen Beratung des *wet e.m.* sah die Regierung es für eine Kontrollgesetzgebung als selbstverständlich an, daß sämtliche Entscheidungen dem Wirtschaftsminister zufallen. So sind nach § 1.1 *wet e.m.* der Wirtschaftsminister allein oder zusammen mit dem Ressortminister die entscheidende und ausführende Instanz[36]. Hierdurch ist in einer gewissen Weise sichergestellt, daß Wettbewerbs- und Kartellpolitik stets in einer engen Verbindung mit der allgemeinen Wirtschaftspolitik und den angrenzenden Gebieten stehen und sich in ihren Zielen nicht verselbständigen. Voigt weist auf die Eigendynamik der Kartellpolitik in Deutschland hin, mit den Worten: „Wie auch in anderen Organisationen des Staates feststellbar, entwickelte das deutsche Bundeskartellamt, kaum daß es errichtet war, die Tendenz zur Eigendynamik über den Bereich hinaus, den das Gesetz ihm zugedacht hatte. Ohne daß es vielleicht bewußt gewollt war, zog es immer mehr wirtschaftspolitische Entscheidungen über Einzelgestaltungen an sich heran[37].“ Nach der niederländischen Konzeption ist eine solche Entwicklung unmöglich, da *jede* politische Entscheidung auf wirtschaftlichem Gebiet von ein und derselben Instanz gefällt wird, nämlich

[36] Eine Entscheidungskompetenz wird nach dem Gesetz grundsätzlich folgenden Ministern zuerkannt: Wirtschaft-, Finanz- und Wohnungsbauminister, dem Minister für Landwirtschaft, Forsten und Fischerei und dem Minister für das Sozial- und Gesundheitswesen, wobei jeweils der einzelne betroffene Ressortminister die Entscheidungskompetenz erhält.

[37] *Voigt,* F., German Experience with Cartels and their Control during the prewar and postwar periods; in: (Hrsg.) *Miller,* J. P., Competition, Cartels and their Regulation, Amsterdam 1962, S. 197 (zitiert: Deutsche Übersetzung, als Umdruck veröffentlicht, S. 38).

der Regierung und von ihren Vertretern, dem Wirtschaftsminister und den Ministern der betreffenden Ressorts.

bb) Der beratende Ausschuß

Den Ministern ist jedoch ein beratender Ausschuß *(commissie economische mededining)* zur Seite gestellt (§ 1.1; § 29 bis § 32 *wet e.m.)*. Dieser Ausschuß besteht aus zwölf Mitgliedern und falls erforderlich können weitere außerordentliche Mitglieder zur Erfüllung spezieller Aufgaben berufen werden. Die Amtszeit der Mitglieder des beratenden Ausschusses beträgt sechs Jahre. Die Minister sind gehalten, vor jeder Entscheidung der *commissie economische mededining* den Sachverhalt vorzulegen und die Stellungnahme des beratenden Ausschusses abzuwarten (siehe z. B. § 5.2/7.1/11.1/13.1/*wet e. m.*). Die Stellungnahme des Ausschusses umfaßt sowohl wirtschaftliche als auch rechtliche Aspekte. Jede Anfrage, die die betroffenen Minister an den Ausschuß stellen, wird in der *nederlandse staatscourant* veröffentlicht. Nach Ansicht der Regierung wird hierdurch eine weitgehende rechtliche Sicherheit gewahrt[38]. Die betroffenen Parteien haben dann die Möglichkeit, dem Ausschuß ihre Meinung zur Sache darzulegen.

Die Stellungnahme wird der Regierung zugeleitet, d. h. dem Wirtschafts- und betreffenden Ressortminister und ist nur ihnen zugänglich. Der Öffentlichkeit gegenüber wird die Stellungnahme geheimgehalten, sie erfährt lediglich eine begründete Entscheidung der Minister, jedoch ohne Hinweis darauf, ob die Entscheidung aufgrund des Gutachtens der Kommission oder anderer wirtschaftspolitischer Überlegungen gefällt worden ist. Hier fehlt nach Auffassung des niederländischen Parlamentes eine ausreichende Publizität der Arbeit des Gutachterausschusses.

Die Geheimhaltung der Stellungnahme wurde damit begründet, daß die Souveränität und Unabhängigkeit der Mitglieder der Kommission auf jeden Fall erhalten bleiben müsse, und eine Veröffentlichung der Gutachten die Interessengruppen veranlassen könnte, zu versuchen, Einfluß auf die Mitglieder der Kommission auszuüben, da dann die Ansicht der Mitglieder über verschiedene Tatbestände bekannt wäre und somit die Gefahr einer gezielten Beeinflussung bestehe[39].

Die Minister treffen unabhängig ihre Entscheidungen und sind in keiner Weise an die Stellungnahme der Kommission gebunden. Sie sind lediglich verpflichtet, das Gutachten abzuwarten und zur Kenntnis zu nehmen, bevor sie ihre Entscheidung treffen.

---

[38] Vgl. hierzu: Memorie van Antwoord, Wet e. m., zitting 1954 - 1955, 3295, S. 4; *Mulder*, A. und *Mock*, M. R., S. 82 - 85.

[39] *Gaay Fortman*, B. de, S. 278.

cc) Der Einspruch gegen ministerielle Entscheidungen

Um eine größere Rechtssicherheit zu erhalten und Gleichheit vor dem Gesetz zu gewährleisten, gibt das *wet e.m.* der Wirtschaft die Möglichkeit, gegen ministerielle Entscheidungen Einspruch zu erheben (§§ 33 bis 38 *wet e.m.*). Dieser Einspruch kann nur gegen konkrete Entscheidungen erhoben werden, nicht jedoch gegen Entscheidungen, die generelle Bedeutung haben und denen kein konkreter Fall zugrunde liegt, so z. B. gegen Entscheidungen zu Anträgen auf Dispens von der Regierungspflicht, von einer Allgemeinverbindlichkeitserklärung oder einer generellen Unverbindlichkeitserklärung, ferner gegen eine einfache Unverbindlichkeitserklärung oder gegen Anweisungen an marktbeherrschende Positionen[40].

Zuständig ist eine eigens gebildete Kammer des Gerichtes, deren Mitglieder in Zusammenarbeit von Justiz- und Wirtschaftsminister berufen werden (§ 36 *wet e.m.*).

Ein Einspruch ist nur in ganz speziellen Fällen möglich:

1. Wenn eine Unstimmigkeit mit generell zwingenden Anweisungen oder
2. Mißbrauch von staatlicher Macht vorliegen kann oder
3. eine unterschiedliche Behandlung gleichartiger Fälle nachgewiesen werden soll und kein besonderer Grund für die getroffene Entscheidung vorliegt oder
4. die Entscheidung aufgrund einer unsachgemäßen Administration zustande gekommen sein soll[41].

Erkennt das Gericht einen Einspruch ganz oder teilweise als zu Recht bestehend an, so hat dies nicht zur Folge, daß z. B. ein Kartell, im Falle einer Unverbindlichkeitserklärung, gegen die Einspruch erhoben worden ist, wieder voll rechtskräftig ist. Die Wirkung des Urteils erstreckt sich lediglich auf die ministerielle Entscheidung, die mit Verkündigung des Urteils ganz oder teilweise aufgehoben worden ist (§ 37.2 *wet e.m.*). Der Kartellvertrag an sich bleibt weiterhin nichtig, kann jedoch dann wieder voll rechtskräftig abgeschlossen werden. Grundsätzlich hat ein Einspruch gegen eine ministerielle Entscheidung — ausgenommen einige wenige Fälle — keine aufschiebende Wirkung[42].

---

[40] Wet e. m. § 33.1.

[41] *Mulder,* A. und *Mock,* M. R., S. 173 ff.

[42] Über die Rechtsfolgen eines Einspruchs siehe: ebenda, S. 176.

dd) Die Registrierungspflicht

Entsprechend dem Kartellerlaß von 1941 kennt auch das Gesetz über den wirtschaftlichen Wettbewerb von 1956 eine Registrierungspflicht für Kartelle. Da der Wirtschaftsminister die oberste Kartellbehörde darstellt, ist er auch mit der Führung des Kartellregisters betraut. Sämtliche wettbewerbsbeschränkende Absprachen müssen dem Minister innerhalb eines Monats nach Abschluß des Kartellvertrages gemeldet sein. Im Kartellerlaß bezog sich die Registrierungspflicht nur auf Unternehmen im Handel und in der Industrie. Das Gesetz von 1956 erstreckt sich dagegen auf sämtliche Sektoren der Wirtschaft. Nicht erfaßt sind Zusammenschlüsse jeder Art auf dem Arbeitsmarkt[43].

Die Anmeldung eines Kartells ist nicht konstitutiv, wie man es in manchen Gesetzen findet. Der Kartellvertrag hat auch ohne Anmeldung beim Wirtschaftsminister Rechtskraft, jedoch ist das Unterlassen der Anmeldung strafbar (§ 5 und 41, 3 *wet e.m.*). Der Wirtschaftsminister ist befugt, in speziellen Fällen die Kartelle von der Registrierungspflicht zu befreien (§ 4 *wet e.m.*). Zum einen kann er einen generellen Erlaß der Registrierungspflicht für bestimmte Kartellformen verkünden, zum anderen in einzelnen Fällen auf Antrag Dispens gewähren.

Das Kartellregister ist grundsätzlich geheim und nur dem Wirtschaftsminister und der Regierung zugänglich. Der Zweck der Registrierungspflicht für Kartelle liegt vornehmlich in der Information der Regierung über Art, Weise und Ausmaß der Kartellvereinbarungen in den einzelnen Branchen. Es fehlt jegliche Publizität, aus der die Öffentlichkeit sich ein eigenes Urteil über Ausmaß und Wirkung von Kartellen bilden könnte. Die Entscheidung und Beurteilung liegt alleine bei der Regierung. Dies ist sicherlich ein erheblicher Nachteil. Denn eine Kontrolle der wettbewerbspolitischen Praktiken der privaten Unternehmer von einer zentralen Stelle aus durchzuführen, wirft erhebliche Schwierigkeiten auf und kann daher nur lückenhaft sein. Besser wäre es, wenn der Öffentlichkeit Zusammenschlüsse und Absprachen der Unternehmen bekannt wären und dadurch eine unmittelbare Kontrolle von seiten aller Beteiligten möglich wäre.

Von dieser grundsätzlichen Geheimhaltung ist die niederländische Regierung jedoch einen kleinen Schritt abgewichen. Im jährlichen Bericht über die Anwendung des *wet e.m.* wird eine globale Statistik über die Zahl der Kartelle veröffentlicht. Die Statistik ist gegliedert nach Anzahl der Kartelle in den einzelnen Branchen und der Art der Kartellabsprachen über alle Branchen summiert[44]. Nähere Auskünfte

[43] Vgl.: OECD, Guide to Legislation on Restrictive Business Practices — Netherlands —, Loseblatt-Sammlung, Paris 1960 u. Ergänzungen, 2. Teil, S. 2.

[44] Zur Gliederung der Statistik siehe: Verslag over de toepassing van de wet e. m. in: Bijlagen 2e Kamer (z. B. zitierte Bijlagen).

über die einzelnen Kartelle kann man der *nederlandse staatscourant* entnehmen. Denn sowohl bei einer Unverbindlichkeitserklärung als auch einer Anfrage der Minister beim beratenden Ausschluß werden Einzelheiten über das betreffende Kartell veröffentlicht. Das Ausmaß der Publizität ist jedoch keineswegs befriedigend.

b) Maßnahmen zur Regulierung des Wettbewerbs

aa) Die Verbindlichkeitserklärung

In ähnlicher Weise wie im *ondernemersovereenkomstwet* und dem *kartelbesluit* ist in dem *wet e.m.* die Möglichkeit vorgesehen, Zwangskartelle zu errichten. Der Kartellerlaß ermächtigte die Regierung aus eigener Initiative ein Zwangskartell zu errichten. Das ist nach dem neuen Gesetz nicht mehr möglich. Hier ist wie in der ondernemersovereenkomstwet den Unternehmen die Initiative überlassen (§ 7.1 *wet e.m.*). Auf Antrag eines oder mehrerer Unternehmen können die Minister einen bestehenden Kartellvertrag ganz oder teilweise bindend für alle Mitglieder der Branche erklären. Ausnahmen von einer allgemeinen Verbindlichkeitserklärung sind in speziellen Fällen möglich (§ 8 *wet e.m.*). Sowohl Antrag als auch eventuelle Ablehnung einer allgemeinen Verbindlichkeitserklärung werden mit ausführlicher Begründung in der *nederlandse staatscourant* veröffentlicht. Maßgeblich für die Entscheidung der Minister ist der Vorteil der Kartellabsprache für das Gemeinwohl, das jedoch an keiner Stelle des Gesetzes ausreichend definiert ist und somit eine Leerformel darstellt (§ 6.1 *wet e.m.*). Eine Allgemeinverbindlichkeitserklärung ist maximal für die Dauer von drei Jahren gültig.

Die Errichtung eines Zwangskartells — wenn auch zum Teil auf freiwilliger Basis — stellt einen schwerwiegenden Eingriff in das freie Wirtschaftsleben dar. Dem wird in der niederländischen Wettbewerbspolitik dadurch Rechnung getragen, daß bei Errichtung eines Zwangskartells großer Wert auf die öffentliche Meinung gelegt wird und der Staat nicht aus eigenem Gutdünken die Wirtschaft zu bestimmten Verhaltensweisen zwingen kann. Die Allgemeinverbindlichkeitserklärung ist im wesentlichen ein Instrument gegen Struktur- und Konjunkturkrisen.

Aufgrund des EWG-Vertrages wird die Möglichkeit einer Allgemeinverbindlichkeitserklärung jedoch eingeschränkt. Dem steht nicht so sehr der § 85 des EWG-Vertrages entgegen als vielmehr wirtschaftliche Gründe. Denn um die Wirksamkeit einer Allgemeinverbindlichkeitserklärung zu sichern, wird es meist notwendig sein, den inländischen Markt vor der ausländischen Konkurrenz zu schützen. Der EWG-Vertrag verbietet jedoch Maßnahmen wie Schutzzölle, Kontingentierungen und Einfuhrverbote zwischen den Mitgliedsstaaten. Eine Allgemeinverbindlichkeitserklärung kann somit nur noch in den Wirtschaftszweigen in die Tat umgesetzt werden, wo keine Konkurrenz mit den übrigen Mitgliedsstaaten besteht, da ansonsten jedes Zwangskartell von außen her unterlaufen werden könnte.

bb) Die Unverbindlichkeitserklärung

Das häufiger angewendete kartellpolitische Instrument ist die Unverbindlichkeitserklärung für Kartellverträge, entsprechend dem *ondernemersovereenkomswet* und dem *kartelbesluit* (§ 19 *wet e. m.*). Die Wirkung einer solchen Nichtigkeitserklärung ist zunächst rein juristisch. Sie hat zur Folge, daß sämtliche Mitglieder des Kartells von ihren vertraglichen Verpflichtungen befreit sind. Die kartellierten Unternehmer könnten somit auch nach der Unverbindlichkeitserklärung in einer Art gentlemen's agreement ihre wettbewerbsregelnden Praktiken fortsetzen. Dem hat der Gesetzgeber jedoch Rechnung getragen, indem er alle Bemühungen der Unternehmer, das Kartell in irgend einer Weise fortzuführen, verbietet und unter Strafe stellt (§ 22 *wet e.m.*). Die Unverbindlichkeitserklärung ist rein negativ, sie hebt die vertragliche Pflicht der Kartellmitglieder auf, macht ihnen jedoch keine Verhaltensvorschriften. Der Effekt einer Unverbindlichkeitserklärung ist daher nicht zu überschätzen. Dennoch kann sie auf die Dauer eine größere Dynamik in der Wirtschaft sicherstellen, die zu einer besseren Allokation der Ressourcen führen kann und den Markt funktionsfähig hält. Eine Wettbewerbsregelung, die unverbindlich erklärt wurde, muß innerhalb eines Monats nach der Unverbindlichkeitserklärung aufgelöst sein (§ 21 *wet e.m.*). Das Kartellierungsverbot hat maximal fünf Jahre Gültigkeit (§ 22.2 *wet e.m.*).

Wie bei allen ministeriellen Entscheidungen auf dem wettbewerbspolitischen Gebiet, muß auch hier die *commissie economische mededining* gehört werden. Die Anfrage an die Kommission und die Entscheidung der Minister werden mit ausführlicher Begründung in der *nederlandsen staatscourant* veröffentlicht.

Die Ausübung dieses wettbewerbspolitischen Instruments beruht voll und ganz auf einer Kontrolle der Wirtschaft. Ausschlaggebend für das Eingreifen der Regierung ist nicht nur ein unlauteres Wettbewerbsgebaren, sondern hauptsächlich die Gefährdung des öffentlichen Interesses. Die Entscheidung, ob und in welchen Fällen das öffentliche Interesse in Gefahr ist, liegt einzig und allein bei der Regierung. Die Kontrolle wird zum einen durch das Kartellregister ausgeübt, da hier eine Einsicht in die Kartellverträge möglich ist und somit gegen schon vertraglich festgelegte Praktiken, die nach Meinung der Minister dem Gemeinwohl entgegenstehen, eingeschritten werden kann, zum anderen durch Beobachtung des wirtschaftlichen Gebarens der Kartelle und ihrer Konsequenzen für die gesamte Wirtschaft. Von einer Kartellabsprache nachteilig Betroffene haben das Recht, Klage beim Wirtschaftsminister gegen das Kartell einzureichen.

cc) Die einstweilige Verfügung gegen Wettbewerbsregelungen

Bereits im Suspensionserlaß von 1951 trug die Regierung der Tatsache Rechnung, daß oft ein rasches Eingreifen gegen Kartelle unabdingbar ist. Da nach dem neuen Gesetz die Minister das Gutachten des beratenden Ausschusses abwarten müssen — was oft mehr als ein Jahr in Anspruch nimmt — ehe sie eine Unverbindlichkeitserklärung aussprechen können, sieht das Gesetz vor, präventiv eine Kartellabsprache als nicht bindend zu erklären (§ 23 *wet e.m.*). Zuvor müssen die Minister jedoch den Sachverhalt dem beratenden Ausschuß mit der Bitte um Stellungnahme zugeleitet haben. Die vorläufige Aufhebung der Kartellabsprache wird drei Monate nach Erteilung des Gutachtens des beratenden Ausschusses hinfällig, falls die Minister nicht vor Ablauf dieser Frist eine endgültige Entscheidung getroffen haben, spätestens jedoch nach einem Jahr. Die terminlichen Regelungen für Dauer und Verfall der einstweiligen Unverbindlichkeitserklärung beschleunigen den Entscheidungsprozeß. Das Verbot der Weiterführung der Kartellpraktiken gilt hier in gleicher Schärfe wie bei der Unverbindlichkeitserklärung.

Dieses Instrument hat seine praktische Bedeutung in der Unterstützung der Unverbindlichkeitserklärung, die in der Regel auf den Zweck einer einstweiligen Aufhebung einer Wettbewerbsregelung abzielt, da hierdurch unmittelbar den negativen Einflüssen auf die Wirtschaft Einhalt geboten werden kann.

dd) Generelle Unverbindlichkeitserklärung

Bisher kannte die niederländische Kartellpolitik als Maßnahme gegen Kartelle nur eine Fall-zu-Fall-Entscheidung. Bei der Debatte über die *wet e.m.* brachte der Sozialökonomische Rat den Vorschlag ein, grundsätzliche wettbewerbspolitische Entscheidungen gesetzlich fixieren zu können. Denn gleiche Fälle sollten auch gleich beurteilt werden und bestimmte wettbewerbsregelnde Praktiken sollten daher generell gesetzlich verboten werden können. Dies würde auch die Rechtssicherheit erhöhen und gleichzeitig die Minister und den beratenden Ausschuß entlasten[45].

---

[45] Vgl.: Memorie van toelichting, zitting 1953 - 1954, 3295, S. 4; Gaay Fortman, B. de, S. 279.

In dem *wet e.m.* ist dann auch diese Möglichkeit in § 10 ff. vorgesehen. In diesem Fall steht die Entscheidung jedoch nicht dem Wirtschaftsminister und den betreffenden Ressortministern zu, sondern eine generelle Unverbindlichkeitserklärung muß von der gesamten Regierung durch Anhörung des beratenden Ausschusses verabschiedet werden. Ein generelles Verbot hat fünf Jahre Gültigkeit. Ausnahmen sind zugelassen, unterliegen jedoch einer besonderen parlamentarischen Kontrolle. Diese Unverbindlichkeitserklärung richtet sich nicht nur gegen bestehende Kartelle, sondern verbietet präventiv bestimmte Kartellarten in allen Wirtschaftszweigen. Nach § 15 wet e.m. ist auch der Versuch, ein Kartell, das unter das Verbot fällt, zu errichten oder weiterzuführen, untersagt. Auch *gentlemen's agreements* sind von der Vorschrift betroffen[46].

Die generelle Unverbindlichkeitserklärung stellt ein neues Instrument in dem kasuistischen Kontrollsystem der niederländischen Kartellpolitik dar. Sie bringt in die grundsätzliche Konzeption einer Kontrollgesetzgebung ein wichtiges Element der Verbotsgesetzgebung ein. Durch eine häufige Anwendung könnte sie den Charakter des niederländischen Kontrollsystems in den eines Verbotssystems umwandeln.

ee) Die Veröffentlichung von Informationen über Kartelle

Wie oben dargelegt sind Kartellregister und Stellungnahme des beratenden Ausschusses geheim. Die Öffentlichkeit hat also keinen direkten Zugang zu Informationen über Kartelle. Nur der jährliche Bericht über die Anwendung des *wet e.m.* und eventuelle Veröffentlichungen über Anfragen beim beratenden Ausschuß und Entscheidungen der Minister geben der Öffentlichkeit einen geringen Einblick in die Anzahl der Art der bestehenden und verbotenen Kartelle.

Das Gesetz sieht jedoch eine Veröffentlichung von Informationen über Kartelle, die im Widerstreit mit dem öffentlichen Interesse stehen, vor (§ 19. 1 a *wet e.m.*). Im Gesetzentwurf war diese Maßnahme vornehmlich gegen wirtschaftliche Machtpositionen gedacht. Sie sollte das Pendant zu einem öffentlichen Kartellregister darstellen. Da man sich jedoch für ein geheimes Kartellregister entschied, richtete sich diese Maßnahme auch gegen Kartelle. Sie hat sowohl einen präventiven als auch einen repressiven Charakter. Zum einen ist es möglich, durch Publizität eine öffentliche Meinung zu bilden, die die Kartelle veranlaßt, sich in der von der Regierung gewünschten Weise zu verhalten, zum anderen als flankierende Maßnahme bei Unverbindlichkeitserklärungen, durch die eine größere Effektivität erreicht werden soll[47].

---

[46] *Mulder*, A. und *Mock*, M. R., S. 139.

[47] Siehe: Handelingen 2e Kamer 1955 - 1956, 3768, S. 1 ff.; *Mulder*, A. und *Mock*, M. R., S. 166.

c) Maßnahmen gegen marktbeherrschende Positionen

Das Gesetz richtet sich, wie aus § 1 wet e. m. hervorgeht, nicht nur gegen Kartelle, sondern auch gegen marktbeherrschende Positionen. Die marktbeherrschende Position kann sowohl auf der absoluten als auch auf der relativen Bedeutung eines Unternehmens innerhalb einer Branche beruhen oder durch ein Kartell oder ein *gentlemen's agreement* hervorgerufen werden. Daher können Maßnahmen, die gegen eine marktbeherrschende Position gerichtet sind, auch auf Kartelle und *gentlemen's agreements* angewandt werden[48].

Falls nach dem Urteil der Minister eine marktbeherrschende Position sich im Konflikt mit dem öffentlichen Interesse befindet, können folgende Maßnahmen getroffen werden:

1. Die Öffentlichkeit kann über die marktbeherrschende Position informiert werden (§ 24. 1 a *wet e. m.*).
2. Die Minister können für die marktbeherrschende Position bestimmte Verhaltensregeln erlassen (§ 24. 1 b *wet e. m.*).
3. Um gegen eine marktbeherrschende Position unmittelbar einschreiten zu können, ist die Möglichkeit vorgesehen, einstweilige Verhaltensvorschriften zu erlassen (§ 27. 1 *wet e. m.*).

Der Katalog gesetzlicher Vorschriften, die für den wirtschaftlichen Wettbewerb von Bedeutung sind, umfaßt wesentlich mehr als nur das *wet e. m.* Dieses Gesetz bezieht sich nur auf privatrechtliche wettbewerbsbeeinflussende Absprachen oder Machtpositionen. Daneben existieren noch eine Reihe gesetzlicher Regelungen verschiedener Art, Zielsetzung und Anwendungsgebiete, die eine mehr oder weniger direkte Auswirkung auf den Wettbewerb der Wirtschaft haben.

Als Beispiele können die Verordnung über öffentlich-rechtliche Unternehmen *(verordening van de publiek-rechteelijke bedrijfslichnam)*, das Niederlassungsrecht für Unternehmen *(vestigingswet bedrijven)* und das Gesetz über Wertreklame *(wet beperking cadeausstelsel)* genannt werden. Die kartellpolitischen Maßnahmen werden durch diese und noch andere gesetzliche Vorschriften beinflußt. So vertrat die Regierung bei der parlamentarischen Beratung des *wet e. m.* zum Beispiel den Standpunkt, daß lediglich dann eine Allgemeinverbindlichkeitserklärung für Kartelle erlassen werden soll, falls es nicht möglich wäre, die Angelegenheit in Form eines öffentlich-rechtlichen Unternehmens zu regeln[49]. Zum anderen kann ein Kartell dadurch in Konflikt mit dem öffentlichen

---

[48] *Mulder*, A. und *Mock*, M. R., S. 159 ff.

[49] Siehe: Bijlagen 2e Kamer van de Handelingen der staten generaal, zitting 1964 - 1965, 8038, Nr. 1, S. 3.

Interesse stehen, daß den Sektor, auf dem die Unternehmen tätig sind, bereits ein öffentlich-rechtliches Unternehmen versorgt.

Inwieweit eine Verflechtung der einzelnen Gesetzesvorschriften die Formulierung der Kartellpolitik beeinflussen, kann in diesem Zusammenhang nicht erörtert werden. Hier soll lediglich auf die Interdependenz hingewiesen werden.

IV. Das Verhältnis der Kartellvorschriften im Vertrag der Europäischen Gemeinschaft für Kohle und Stahl und des EWG-Vertrages zur niederländischen Kartellpolitik

Nach niederländischem Kartellrecht wird nur dann gegen eine wettbewerbsbeschränkende Maßnahme vorgegangen, wenn sie in Widerstreit mit dem öffentlichen Interesse *in den Niederlanden* steht. In einigen internationalen Verträgen, die die Niederlande mit unterzeichneten, sind Kartellbestimmungen enthalten.

Internationale Kartellvorschriften haben die Liberalisierung des Handels zum Ziel und sollen jegliche Beeinträchtigung des Handels zwischen den beteiligten Staaten von vorn herein ausschalten. Das Zustandekommen eines großen, verschiedene Länder umfassenden Marktes gibt dem Wettbewerb ein völlig anderes Gepräge, wodurch die Möglichkeiten kartellpolitischer Maßnahmen auf nationalem Niveau eingeschränkt werden.

In dem Maße, in dem der Schutz der Grenzen vor ausländischer Konkurrenz abnehmen wird, wird sich auch die Möglichkeit verringern, effektive nationale Wettbewerbsregelungen durchzuführen. Durch ausländische Außenseiter wird deren Fortbestehen häufig schon in Gefahr gebracht. Hier kann man einerseits einen automatischen Schutz gegen Mißbrauch wirtschaftlicher Macht sehen. Da jedoch dieser automatische Schutz im wirtschaftlichen Prozeß mehr und mehr nachläßt und sich in eine monopolistische Konkurrenz umwandelt und somit zu einer weitergehenden Konzentration wirtschaftlicher Macht führt, entsteht andererseits immer mehr die Neigung, gegen internationale Absprachen vorzugehen.

In der Havanna-Charta findet man erstmalig die Formulierung einer internationalen Kartellpolitik, die die Mitglieder anhält, unter bestimmten Umständen Maßnahmen gegen wettbewerbsbeschränkende Praktiken einzuleiten (§ 45 Havanna-Charta). Der Vertrag kam jedoch diesbezüglich nie zur Anwendung[50].

---

[50] Vgl.: *Weebers*, A. J. M., Controle op internationale Kartels, Zwolle 1957, S. 41 ff.

Der Teil der Havanna-Charta, die in den GATT *(general agreement on tariffs and trade)* übernommen wurde, enthielt keine kartellpolitischen Vorschriften[51]. Der erste internationale Vertrag, der Kartellbestimmungen enthielt, die auch tatsächlich zur Anwendung gekommen sind, ist der Vertrag über die Europäische Gemeinschaft für Kohle und Stahl (EGKS), der am 18. 4. 1951 zwischen Frankreich, Italien, Deutschland, Belgien, Luxemburg und den Niederlanden abgeschlossen wurde[52]. Die kartellpolitischen Vorschriften sind in den §§ 65 und 66 enthalten. Sie wenden sich gegen Kartelle und ähnliche Gebilde, gegen Konzentration und gegen Mißbrauch wirtschaftlicher Machtstellungen. Sie beziehen sich jedoch nur auf spezielle Märkte und zwei Sektoren der Schwerindustrie, die einen oligopolistischen Charakter haben. Diesen Kartellbestimmungen liegt das Verbotsprinzip zugrunde. Absprachen, die gegen ein im Vertrag fixiertes Verbot verstoßen, sind von vorne herein nichtig.

So war die niederländische Regierung 1954 der Meinung, daß sie gegen Kartelle im Schrotthandel und in der Stahlindustrie nicht vorzugehen brauche, da diese Absprachen ja bereits nach dem EGKS-Vertrag nichtig seien[53]. Nach *Mulder* und *Mock* war die Meinung der niederländischen Regierung falsch, da nur die „Hohe Behörde" die Nichtigkeit feststellen kann und dies in dem oben genannten Fall nicht geschehen war[54]. Die niederländische Regierung hätte somit aus eigener Initiative gegen diese Kartelle einschreiten können.

Zum größten Teil bestand die Kartellpolitik der „Hohen Behörde" im Umformen und Anpassen der bestehenden Organisationen an die Vertragsbestimmungen.

Nicht nur für Kartelle, sondern auch für Konzentration in jeder Form ist die Genehmigung der „Hohen Behörde" erforderlich. Selbst die amerikanische *Antitrust*-Politik kennt eine solche strenge Vorschrift nicht.

Bis zum 31. 12. 1967 wurden der „Hohen Behörde" 255 Anträge für Zusammenschlüsse vorgelegt. 218 Vorgänge waren zum angegebenen Zeitpunkt bereits abgeschlossen, kein einziger Antrag wurde abgelehnt[55].

---

[51] *Mulder,* A. und *Mock,* M. R., S. 191.

[52] Vertrag über die Gründung der E.G.K.S., auszugsweise abgedruckt in: Wettbewerbsrecht und Kartellrecht, Beck-Texte, 5009, 1971.

[53] Siehe: Bijlagen 2e Kamer van de Handelingen der staten generaal, zitting 1960 - 1961, 6348, S. 12.

[54] *Mulder,* A. und *Mock,* M. R., S. 195.

[55] Vgl.: Erster allgemeiner Bericht über die Wirksamkeit der Gemeinschaft, 1967, Brüssel - Luxemburg, Februar 1968, S. 55; vgl. über die Wirkung des E.G.K.S.-Vertrages in Deutschland: *Voigt,* F., German Experience with cartels, S. 188 ff.

Nur einmal sah die „Hohe Behörde“ sich veranlaßt, gegen ein niederländisches Unternehmen in der Stahlbranche einzuschreiten. Und zwar handelte es sich um eine Zusammenarbeit zwischen *Hoesch*, der *Dortmund-Hörder-Hüttenunion* und der *Koninklijke nederlandse hoogovens en staalfabrieken Ijmuiden*[56]. Die Zusammenarbeit wurde von der „Hohen Behörde“ unter der Bedingung genehmigt, daß bestimmte Vorschriften bezüglich der Zusammenlegung der Verwaltung der Unternehmen beachtet werden[57].

Zwischen denselben Ländern, die die EGKS gründeten, wurde am 25. 3. 1957 der Vertrag über die Europäische Wirtschaftsgemeinschaft geschlossen[58]. Ihr Ziel ist, innerhalb eines gemeinsamen Marktes eine harmonische Entwicklung der wirtschaftlichen Aktivitäten, eine stetige und gleichgewichtige Expansion, eine große Stabilität, eine stetige Steigerung des Lebensstandards und engere Beziehungen zwischen den Mitgliedsstaaten zu erreichen (§ 2 EWG-Vertrag).

Aus diesen Gründen verbietet der Vertrag in § 7 jegliche nationale Handelsdiskriminierung. Die Richtlinien der Wettbewerbspolitik sind in den §§ 85 und 86 enthalten. Sie basieren auf dem Verbotsprinzip. Alle Absprachen zwischen Unternehmen, alle Beschlüsse von Unternehmensvereinigungen und aufeinander abgestimmte Verhaltensweisen, welche den Handel zwischen den Mitgliedsstaaten zu beeinträchtigen geeignet sind und eine Verhinderung, Einschränkung oder Verfälschung des Wettbewerbs innerhalb des gemeinsamen Marktes bezwecken oder bewirken, sind verboten und nichtig (§ 85. 1 und 2 EWG-Vertrag). Ausnahmen zu diesem Verbot sind zugelassen (§ 85. 3 EWG-Vertrag). § 86 des Vertrages wendet sich gegen den Mißbrauch marktbeherrschender Positionen. „Um ein System zu errichten, das den Wettbewerb innerhalb des gemeinsamen Marktes vor Verfälschungen schützt, ist es angebracht, für eine ausgewogene Anwendung der Artikel 85 und 86 in einheitlicher Weise Sorge zu tragen[59].“ Aus diesem Grunde wurde 1962 eine Durchführungsverordnung erlassen, die die Richtlinien der Kartellpolitik der EWG festlegt.

Für die Übergangsregelung, die in § 88 des Vertrages vorgesehen ist, erließ die niederländische Regierung am 5. 12. 1957 ein Gesetz (*sinterklaaswetje* — Sankt Nikolaus-Gesetzchen), nach dem alle Kartellabsprachen und beherrschenden Positionen keine Sanktionen zu befürchten hatten, solange nicht aufgrund des *wet e. m.* gegen sie eingeschritten werden müsse[60]. Das Gesetz wurde mit dem Erlaß der Durchführungsverordnung hinfällig.

---

[56] Siehe: OECD, Guide to Legislation . . ., Ergänzung Januar 1970, S. 25.

[57] Im Frühjahr 1972 fusionierten Hoesch und Hoogovens.

[58] Vertragstext über EWG auszugsweise abgedruckt in: Wettbewerbsrecht und Kartellrecht, Beck-Texte, 5009, 1971.

[59] Ebenda, Kartellverordnung, S. 186.

Grundsätzlich könnten die nach dem EWG-Vertrag verbotenen und nichtigen Kartellabsprachen und Verhaltensweisen auch nach dem *wet e. m.* verboten werden. Nach niederländischem Recht obliegt die Beweislast der Regierung, nach dem EWG-Vertrag müssen die Unternehmer darlegen, daß ihre Absprachen und Verhaltensweisen die Wirtschaft nicht in unzulässiger Weise beeinträchtigen. Die EWG-Kommission entscheidet dann über die Zulässigkeit oder das Verbot.

Nach § 85. 3 EWG-Vertrag können die nach § 81. 1 verbotenen Wettbewerbsbeschränkungen individuell oder gruppenweise zugelassen werden, falls sie „unter angemessener Beteiligung der Verbraucher an dem entstehenden Gewinn zur Verbesserung der Warenerzeugung oder -verteilung oder Förderung des technischen oder wirtschaftlichen Fortschritts beitragen, ohne daß den beteiligten Unternehmen

a) Beschränkungen auferlegt werden, die für die Verwirklichung dieser Ziele nicht unerläßlich sind oder

b) Möglichkeiten eröffnet werden, für einen wesentlichen Teil der betreffenden Waren den Wettbewerb auszuschalten[61]."

Im Rahmen der niederländischen Kartellpolitik sind alle Kartelle, *gentlemen's agreements* und wirtschaftliche Machtpositionen zugelassen — selbst wenn sie den Wettbewerb einschränken —, solange sie nicht das Gemeinwohl gefährden. Im Rahmen der EWG-Kartellpolitik sind sie alle verboten und nur dann wird eine Ausnahme gestattet, wenn sie dem internationalen Handel förderlich ist.

Aufgrund des § 85 EWG-Vertrag wurde so zum Beispiel gegen ein niederländisches Unternehmen eingeschritten, das Mitglied des internationalen Chinin-Kartells war[62]. Das Kartell bestand aus sechs Mitgliedern, einem niederländischen Unternehmen *(nederlandse combinatie voor industrie N.V., „nedchem")*, zwei deutschen *(Boehringer Mannheim* und *Buchler & Co.)* und drei französischen *(société chemique pointet-girad S.A., société nogentaise des produises chemiques et pharmacies centrale de France)*, die eine dominierende Stellung sowohl auf dem europäischen als auch auf dem Weltmarkt in der Chininproduktion einnehmen[63]. Die Absprache umfaßte eine Koordination des Einkaufs von Rohmaterialien und des Verkaufs von Chininprodukten auf dem gesamten Markt, eine Preisfixierung, eine Quotierung des Exports und eine Ausschaltung gegenseitiger Konkurrenz auf den heimischen Märkten.

---

[60] *Mulder*, A. und *Mock*, M. R., S. 205 und 212.

[61] Vgl.: EWG-Vertrag § 85.3.

[62] Siehe hierzu: OECD, Guide to Legislation . . ., E.E.C. 3.1, S. 68; Bijlagen 2e kamer, zitting 1967 - 1968, 9563, Nr. 1, S. 8.

[63] Boehringer und Nedchem sind die größten Chinin-Produzenten der Welt.

Das Kartell bestand seit 1960, wurde jedoch nicht bei der EWG-Kommission angemeldet. Ein starker Preisanstieg für Chininprodukte Mitte 1966 veranlaßte die amerikanische Antitrustbehörde, diesbezüglich eine Untersuchung durchzuführen. Aufgrund einer Veröffentlichung dieser Untersuchung leitete die EWG-Kommission ein Verfahren gegen das Chinin-Kartell ein. Im Urteil vom 16. 7. 1969 wurde das Kartell als nichtig erklärt und den Mitgliedern erhebliche Geldbußen auferlegt[64]. Obwohl *nedchem* in den Niederlanden eine marktbeherrschende Position innehatte und sein Verhalten sicherlich nicht im Einklang mit dem öffentlichen Interesse stand, schritt die niederländische Regierung aufgrund des *wet e. m.* nicht gegen das Unternehmen ein[65].

In der Regel führt die EWG-Kommission jedoch eine informelle Kartellpolitik, so daß internationale Absprachen meist nach einigen Abänderungen zugelassen wurden, so zum Beispiel im Fall des Exportkartells zwischen niederländischen Farb- und Lackherstellern[66].

Die Wettbewerbspolitik der EWG erschöpft sich nicht allein in der Anwendung der §§ 85 und 86 des Vertrages, sie ist vielmehr innerhalb des gesamten Systems zu sehen. *Verloren van Themaat* sagt über die Interdependenz der verschiedenen Teile des Vertrags: „In the Common Market the rules of competition must be seen firstly in connection with the so-called ‚four freedoms' — the free movement of goods, of services, of persons and of capital; secondly, the rules must be viewed in connection with the basic principles of the economic union. It cannot be too highly stressed that in this context articles 85 and 86 are just one part of the general aim to eliminate all interstate restrictions and distortions of competition in the Common Market. And I must emphasize that the phrase ‚rules of competition', as used in the treaty, covers not only articles 85 and 86, but also the antidumping policy within the Common Market and the rules on memberstate aids to industry. Competition policy as defined by the European Commission and concentrated in one administrated unit, the Directorate-General for Competition, covers, finally problems like fiscal distortions and discriminations, other discriminations on the ground of nationality, and harmonisation of legalisation. The whole of this policy of unrestricted and undistored competition is in turn closely connected with the general economic policy of the Common Market. These coherence, this interdependence of all the various parts of the treaty also needs to be stressed[67]."

---

[64] Vgl.: OECD, Guide to Legislation . . ., E.E.C., Januar 1970, 3.1, S. 70.

[65] Siehe: Bijlagen 2e kamer, zitting 1969 - 1970, 10642, Nr. 1, S. 5.

[66] Vgl.: OECD, Guide to Legislation . . ., E.E.C., Januar 1970, 3.1, S. 68 ff.

[67] *Verloren van Themaat*, P., Introduction to Antitrust and the Common Market — A Symposion, in: New York University Law Review 1963, S. 436 bis 437.

Es erhebt sich jedoch die Frage, was bei einer konsequenten Verwirklichung der internationalen Kartellpolitik der EWG tatsächlich noch für eine nationale Kartellpolitik übrigbleibt[68]. Für die Niederlande sieht Bos die grundsätzliche Konzeption des Mißbrauchsprinzips des *wet e. m.* durch die Verbotsgesetzgebung der EWG überlagert[69].

Betrachtet man jedoch die kartellpolitischen Entscheidungen der niederländischen Regierung, so sieht man, daß weit weniger als die Hälfte der Wettbewerbsregelungen und wirtschaftlichen Machtpositionen, gegen die sie eingeschritten ist, in der Lage gewesen wären, den Handel zwischen den Mitgliedsstaaten der EWG zu beeinflussen[70]. Der größte Teil bezog sich auf lokale und regionale Absprachen.

Je weiter der gemeinsame Markt seiner Verwirklichung und Vollendung zustrebt, desto mehr werden auch Vereinbarungen und wirtschaftliche Machtpositionen von regionaler Bedeutung Gegenstand der EWG-Kartellpolitik werden, da die Existenz nationaler Absprachen von der Ausschaltung der ausländischen Konkurrenz abhängen wird. Will man ereichen, daß nicht nur der Handel zwischen den Mitgliedsstaaten gut funktioniert, sondern auch der Verbraucher einen Vorteil daraus zieht, so verbleibt der nationalen Kartellpolitik noch ein wichtiger Bereich. Denn Absprachen und Machtposition kleiner Unternehmen, die nur eine lokale Bedeutung haben, sind für den durchschnittlichen Konsumenten sicherlich von gleichgroßer Bedeutung wie die euro- und weltmarktbeherrschenden Unternehmerabsprachen und Machtpositionen, da sie hier unmittelbar den Verbraucher treffen. Hier für einen sauberen und funktionsfähigen Wettbewerb Sorge zu tragen, wird vornehmlich Aufgabe der nationalen Instanzen sein.

V. Die Grundzüge der kartellpolitischen Entscheidung

Die Entwicklung der Kartellpolitik während und nach dem Kriege zeigt, daß im Rahmen des prinzipiell zweiseitigen Charakters der niederländischen Kartellgesetzgebung ihre faktische Ausrichtung im überwiegenden Maße von der aktuellen wirtschaftlichen Situation beeinflußt wurde. Demzufolge legte die Kartellpolitik in den Vorkiegsjahren den Akzent auf die Allgemeinverbindlichkeitserklärung, einer Regulierung des Wettbewerbs. In den Jahren nach dem Krieg sah sie sich jedoch einer fundamental veränderten wirtschaftlichen Situation gegenüber, anfangs

[68] Vgl.: Bijlagen 2e kamer, 1960 - 1961, 6348, Nr. 1, S. 2.

[69] Siehe hierzu: *Bos*, M., Kartels en euromarkt, preadvies voor de vereniging „handelsrecht", Zwolle 1960, S. 32.

[70] Vgl. Bijlagen 2e Kamer, 1959 - 1971, Zitting 5912, 6348, 6689, 7157, 7623, 8038, 8558, 9082, 9563, 10642, 11322 jeweils Nr. 1.

bestimmt durch die Güterknappheit, wo kaum wettbewerbsregelnde Absprachen zustande kamen, später in den Jahren des wirtschaftlichen Aufschwungs wuchs die Neigung der Unternehmen, den Wettbewerb durch Absprachen zu beschränken.

In der Zeit von 1946 bis 1958, hauptsächlich erst ab 1950, wurde insgesamt 47mal gegen Kartelle und marktbeherrschende Positionen eingeschritten. Absprachen auf dem industriellen Sektor waren 21mal betroffen. Von den 47 Prozessen aufgrund des Kartellerlasses gegen marktbeschränkende Absprachen und wirtschaftliche Machtpositionen führten 15 zu einer Unverbindlichkeitserklärung[71].

Die kartellpolitischen Maßnahmen richteten sich im wesentlichen gegen folgende Kartelle:

1. Kartelle, die das Zustandekommen bestimmter Unternehmensformen zu verhindern suchten, wie z. B. Genossenschaften, Einkaufskontore, Warenhäuser, Filialen und horizontal oder vertikal gemischte Unternehmen.
2. Einkaufs- und Verkaufskartelle, die einen bestimmten Zwischenhandel vorschrieben und direkte Verbindungen zu Lieferanten und Kunden verboten.
3. Kartelle, die Zulassungsbeschränkungen zu ihrer Branche beinhalten, die höhere Anforderungen in Fachausbildung, Handelskenntnis und Kreditwürdigkeit an die neu zu gründenden Unternehmen stellten, als evtl. gesetzliche Vorschriften im Niederlassungsrecht,
   - die Zulassung von der Zustimmung der Kartellmitglieder in dem Wirtschaftszweig abhängig machten,
   - ein sogenanntes Bedürfniskriterium aufstellten, vage und subjektive Normen wie Moral, Leumund und dergleichen als Bedingungen für die Zulassung forderten,
   - höhere Anforderungen an Ausstattung, Umsatz, Kapitalstock etc. stellten als vertretbar,
   - kein angemessenes Verfahren und keine neutrale Berufsinstanz für eine Zulassungsentscheidung nachweisen konnten.
4. Kartelle, die Mindestpreise festlegten, die einer wirtschaftlich verantwortlichen Konkurrenz im Wege standen.
5. Kartelle, deren Verbandsschiedsgericht keine ausreichende Rechtssicherheit nachweisen konnten[72].

---

[71] Vgl. Bijlagen 2e Kamer 1960 - 1961, 6348, Nr. 1, S. 7 ff.

[72] Bijlagen 2e Kamer 1960 - 1961, 6348, Nr. 1, S. 2.

In den meisten Fällen blieben die Absprachen, gegen die ein Verfahren eingeleitet wurde, nach einer Änderung oder Ergänzung entsprechend den oben erwähnten Richtlinien bestehen. Die Erwägungen, die den getroffenen kartellpolitischen Entscheidungen zugrunde lagen, machen deutlich, daß die niederländische Kartellpolitik sich in erster Linie gegen die Erstarrung der wirtschaftlichen Verhältnisse wandte[73].

Die gesellschaftliche Funktion der unternehmerischen Produktion und des wirtschaftlichen Wettbewerbs fordert, daß die Unternehmer im Rahmen der geltenden gesetzlichen Vorschriften frei ihre Tätigkeit ausführen können und ihnen nicht von seiten der Wirtschaft Zugangsbeschränkungen auferlegt, Unternehmensform, Absatzwege und Preise vorgeschrieben werden; ihnen praktisch jede Freiheit in ihrer Unternehmenspolitik genommen wird. An anderer Stelle werden Kartelle zwar als akzeptabel oder gar nützlich angesehen, sobald sie jedoch Zwang ausüben, versuchen, Unternehmen oder bestimmte Wirtschaftsstrukturen zu erhalten, oder die Freiheit und Verantwortlichkeit ihrer Mitglieder in wesentlichen Punkten einschränken, sieht die Regierung sich veranlaßt, korrigierend einzugreifen.

Die Kartellpolitik hatte bis Ende der 50er Jahre einen selektiven Charakter; sie richtete sich nicht gegen alle Wettbewerbsbeschränkungen ohne Unterschied, sondern nur gegen bestimmte Kartelle, die in ihren Absprachen die wirtschaftliche Freiheit allzu sehr einschränkten.

Mit Inkrafttreten des *wet e. m.* war die Möglichkeit gegeben, die kartellpolitischen Richtlinien, die sich bis dahin in den Fall zu Fall Entscheidungen herauskristallisiert hatten, in generelle Unverbindlichkeitserklärungen zu formen.

1959 legten die Minister der *Commissie Economische Mededinging* die Frage zur Begutachtung vor, ob für Kartellabsprachen, die neben den normalen rechtlichen Folgen für die Nichteinhaltung der Verträge zusätzlich Sanktionen vorsehen, nicht eine generelle Unverbindlichkeitserklärung erlassen werden sollte[74]. Die Regierung machte in ihrer Entscheidung für die Gültigkeit der Kartelle, die solche Vereinbarungen enthielten, zur Bedingung, daß eine ordentliche Rechtsprechung gewährleistet war. Ansonsten fielen die Kartelle unter ein generelles Verbot, das 1963 in Kraft trat[75]. Man war der Ansicht, daß Kartelle, die Vorschriften über Preis und Rabattdiskriminierung oder Exklusivverkehrsregeln enthalten und obendrein die Verletzung dieser Kartellvereinba-

---

[73] Ebenda, „Overwegingen die aan die beslissing ten grondslag hebben gelegen", S. 7 ff.

[74] Bijlagen 2e Kamer, 1959 - 1960, 5912, Nr. 1, S. 4.

[75] Ebenda, 1962 - 1963, 7157, Nr. 1, S. 4.

rungen mit Sanktionen bedrohen, alle übrigen Mitglieder der Branche zum Anschluß an das Kartell zwingen[76]. Daher müsse gegen solche Kartelle eingeschritten werden.

Die Preisstabilität, die schon seit Anfang der 50er Jahre eine wichtige Rolle in der niederländischen Wirtschaftspolitik spielte, beeinflußte auch weitgehend die Wettbewerbspolitik[77]. „In een ontspannen economie ... neemt het actualiteiskarakter van het prijsbeleid af en is het veeleer het mededingingsbeleid, dat kan bijdragen tot het voorkomen van ongewenste prijsontwikkelingen[78].“ So richtete 1960 der Wirtschaftsminister eine Anfrage an den beratenden Ausschuß, ob es notwendig sei, eine generelle Unverbindlichkeitserklärung zu erlassen, die Preisbindungen untersage. Die Stellungnahme der *Commissie Economische Mededinging* — sie wurde ausnahmsweise veröffentlicht — unterschied drei Formen der vertikalen Preisbindung: 1. individuelle vertikale Preisbindung; 2. kollektive vertikale Preisbindung; 3. kollektiver Zwang zur vertikalen Preisbindung[79]. Da die kollektive Preisbindung die Wiederverkäufer in der Wahl ihrer Lieferanten beschneidet — je mehr Mitglieder eine kollektive Regelung erfaßt, desto schwerwiegender ist die Beschränkung —, erachtete der Ausschuß es für notwendig, hier ein generelles Verbot zu erlassen. Auch die Hersteller werden durch eine solche Absprache in ihrer Verkaufspolitik beschränkt, da sie ihre Preise den aktuellen Marktsituationen nicht ohne weiteres anpassen können.

Die individuelle vertikale Preisbindung wurde nicht als so einschneidend erachtet, daß hierfür auch ein Verbot erlassen werden müßte.

Insgesamt 138 Anträge auf Ausnahmegenehmigung vom Verbot der kollektiven vertikalen Preisbindung stellten Handel und Industrie unmittelbar nach Erlaß der generellen Unverbindlichkeitserklärung im April 1964. 67 Anträge betrafen individuelle vertikale Preisabsprachen und fielen nicht unter den Erlaß. Der größte Teil der Anträge wurde zurückgezogen oder abgelehnt[80].

Auch für Kartellverträge, die ausschließlich oder nur zum Teil Zulassungsbeschränkungen zu einer Branche beinhalten, beantragten die

[76] Das Verbot gilt nur für Absprachen, an denen mindestens zehn Unternehmer beteiligt sind.

[77] Vgl. Wijsen, J. F. H., De verhouding tussen kartel — en prijspolitiek, in: Klein- en Middenbedrijf, 's-Hertogenbosch, März 1958, S. 82 ff.

[78] Handelingen blz. 3324, rechter kolom, in: Handelingen 1. Kamer der Staten-generaal, Zitting 1962 - 1963, Nr. 56, S. 1.
„In einer entspannten Wirtschaft ... nimmt die Aktualität der Preispolitik ab und es ist eher die Wettbewerbspolitik, die dazu beitragen kann, unerwünschten Preisentwicklungen entgegenzuwirken.“

[79] Vgl. Bijlagen 2e Kamer, 1963 - 1964, 7623, Nr. 1, S. 3.

[80] Bijlagen 2e Kamer, 1964 - 1965, 8023, Nr. 1, S. 6 und S. 8 ff. und 1967, 9082, Nr. 1, S. 5.

Minister ein Gutachten für eine generelle Unverbindlichkeitserklärung beim beratenden Ausschuß[81].

Der Gutachterausschuß befürwortete ein Verbot für Kartelle, die den Zugang zum Markt für Unternehmen einschränkten. Er verwies darauf, daß die kasuistische Kartellpolitik bisher häufig gegen Kartelle dieser Art aufgetreten war. Das Verbot trat 1968 in Kraft[82].

Ein generelles Verbot für horizontale Mindestpreisabsprachen und Exklusivverkehrsregelungen kam nicht zustande. Obwohl beide Kartellarten nach Meinung des beratenden Ausschusses den wirtschaftlichen Wettbewerb einschränken und Bedenken hervorrufen, müßte hier weiterhin kasuistisch entschieden werden, da ihre Beurteilung weitgehend von den jeweiligen Umständen abhinge[83].

Für Submissionskartelle wurde Ende 1970 eine generelle Unverbindlichkeitserklärung in Erwägung gezogen[84].

Die Kartellpolitik machte somit relativ wenig Gebrauch von der generellen Unverbindlichkeitserklärung und behielt ihren kasuistischen Charakter.

In den letzten Jahren verlagerte sich die Tätigkeit der Kartellpolitik immer mehr auf die informelle Ebene. Anzeigen, die gegen Kartelle erstattet wurden, oder Untersuchungen, die die Regierung aus eigener Initiative einleitete, führten zum größten Teil nicht zu formellen Eingriffen. Meist wurde schon in Vorverhandlungen ein *modus vivendi* gefunden. Entweder strichen die Kartelle die beanstandeten Passagen aus ihren Verträgen oder die Regierung kam gar zu dem Schluß, daß kein Grund für einen ministeriellen Eingriff vorlag[85].

So hat *Verloren van Themaat* mit seiner Meinung Recht behalten, als er 1957 äußerte, daß sich die Kartellpolitik hauptsächlich auf der informellen Ebene abspielen werde und die formale Prozedur über die Kommission für wirtschaftlichen Wettbewerb nur in Sonderfällen angewendet werden würde[86].

In dem Bericht über die informelle Kartellpolitik von 1964 wird zu Kontingentierungskartellen und wirtschaftlichen Machtpositionen Stellung genommen[87]. Danach hält die Regierung die Kontingentierung von

---

[81] Ebenda, 1960 - 1961, 6348, Nr. 1, S. 6.

[82] Ebenda, 1963 - 1964, 7623, Nr. 1, S. 4.

[83] Ebenda, 1961 - 1962, 6689, Nr. 1, S. 3 ff.

[84] Ebenda, 1971, 11322, Nr. 1, S. 4.

[85] Vgl. Bijlagen 2e Kamer, Verslagen over de toepassing van de Wet E.M.

[86] Vgl. *Verloren van Themaat*, P., Het kartelbeleid in de eerste ambtsperiode van Minister Zijlstra, in: Sozial-Economische Wetgeving, Zwolle 1957, S. 1.

[87] Bijlagen 2e Kamer, 1964 - 1965, 8038, Nr. 1, S. 4 ff.

Produktion und Absatz in der Regel für akzeptabel, falls die Quoten variabel und die Bußgelder für Nichteinhaltung der Absprachen wirtschaftlich vertretbar sind.

Die Verweigerung von Lieferung und Leistung ist meist Inhalt der Klagen gegen wirtschaftliche Machtpositionen. Hier ist die Abhängigkeit und die tatsächliche Einschränkung des Kunden ausschlaggebend, ob ein Mißbrauch wirtschaftlicher Macht vorliegt und ein Eingriff der Regierung angezeigt erscheint.

Die Kartellpolitik in den Niederlanden ist kaum von ihrem kasuistischen Prinzip abgewichen. Dennoch zeigt sich in den letzten Jahren eine Tendenz, der Kartellpolitik ein Instrumentarium zur Verfügung zu stellen, mit dem eine durchgreifende Wettbewerbspolitik geführt werden kann. Diese Bestrebungen konzentrieren sich seit 1973 hauptsächlich auf die Vorbereitung gesetzlicher Vorschriften bezüglich horizontaler Preisabsprachen, vertikaler Preisbindung und der Einrichtung eines öffentlichen Kartellregisters[88]. Gegen horizontale und vertikale Preisabsprachen soll möglichst schnell eine gesetzliche Regelung herbeigeführt werden, um dadurch den Unzulänglichkeiten einer Mißbrauchsaufsicht entgegenwirken zu können. Ferner steht in diesem Rahmen auch das Streben nach einer Harmonisierung der Wettbewerbspolitik innerhalb der EWG. Die Vorschriften bezüglich der Preisabsprachen sollen ferner die Inflationsbekämpfung erleichtern. Das niederländische Kartellrecht soll — und das nicht allein in bezug auf Preisregulierungen — in ein Verbotssystem für Kartellformen, die eine wesentliche Einschränkung des Wettbewerbs beinhalten, umgewandelt werden.

In diesem Zusammenhang ist auch die künftige Einrichtung eines öffentlichen Kartellregisters zu verstehen. Mit der verstärkten Einbringung von Normen mit Verbotscharakter in die Kartellgesetzgebung entsteht das Bedürfnis, einer breiteren Öffentlichkeit die Formen der Wettbewerbsregulierungen zur Kenntnis kommen zu lassen, da beim Übergang von einer Mißbrauchsaufsicht zu einem Verbotsgesetz mit Ausnahmegenehmigungen die Öffentlichkeit des Kartellregisters ein notwendiges Element für die Rechtssicherheit darstellt.

Obwohl die bevorstehende Kartellgesetzreform bestimmte Vorstellungen und Auffassungen gesetzlich fixiert, soll sie dennoch nicht einen Bruch mit den essentiellen Zielvorstellungen über Wettbewerbspolitik bedeuten, die dem *wet e. m.* zugrunde liegen. So wird weiterhin der Standpunkt vertreten, daß die Bedeutung eines freien Wettbewerbs nicht absolut betrachtet werden kann und unter bestimmten Voraussetzungen

[88] Die bevorstehende Änderung der Kartellgesetzgebung siehe: 2e Kamer, Zitting 1974 - 75, 13100 hoofdstruk XIII, Nr. 2, S. 19 ff.

anderen Gesichtspunkten untergeordnet werden muß. Man will versuchen, beim Erlaß eines Verbots für Preisabsprachen, Ausnahmen zuzulassen, sobald diese Preisabsprachen zum Beispiel zur Strukturverbesserung einer Branche beitragen oder in Verträgen anderer Art zwischen Unternehmen einen wesentlichen Bestandteil darstellen. Bezüglich der Zulassung von Preisregulierungen in Zusammenhang mit Kooperationsverträgen ist hauptsächlich an eine Mittelstandspolitik gedacht, um durch solche Absprachen mittlere und kleinere Betriebe in ihrer Konkurrenzkraft gegen Großunternehmen zu stärken. Um exzessiven Preiskämpfen entgegenwirken zu können, will sich die Regierung im Rahmen der Gesetzgebung für Preisabsprachen die Möglichkeit einräumen, Minimumpreise festzulegen.

Die gesetzlichen Regelungen sollen ferner eine Beherrschung und, wenn nötig, eine Auflösung von Machtkonzentrationen auf sozial-ökonomischen und anderen Gebieten ermöglichen. Dabei ist jedoch zu beachten, daß die Niederlande auch hier der Konzentration von ökonomischer Macht nicht grundsätzlich ablehnend gegenüberstehen.

Obwohl die niederländische Regierung sich bei ihrer Kartellpolitik stets auf ihre traditionelle Kontrollgesetzgebung beruft, nimmt der Verbotscharakter in der *wet e. m.* stets zu. Diese Tatsache mag zwar die Rechtssicherheit der Kartellgesetzgebung erhöhen, hat für die Kartellpolitik jedoch den Nachteil, daß sie wesentlich an Adaption und Flexibilität verliert. Als politisches Instrumentarium vornehmlich auf dem industriellen Sektor wird mit steigendem Verbotscharakter der Gesetzgebung die Wettbewerbspolitik an Bedeutung verlieren.

Zur Frage der Struktur- und Wachstumswirkungen einer produktivitätsorientierten Einkommenspolitik*

Von Johannes Frerich

I.

Die wirtschaftliche Lage der Bundesrepublik Deutschland unterschied sich im Sommer 1974 nur sehr wenig von der Situation im Frühjahr dieses Jahres: Auf der einen Seite ein anhaltender Preis- und Kostenauftrieb, auf der anderen Seite eine Stagnation der gesamtwirtschaftlichen Produktion mit einem weiteren Rückgang der Beschäftigung. Die Konjunkturschwäche war besonders in der Bauwirtschaft sowie in der Automobilindustrie und in den von dieser abhängigen Branchen ausgeprägt; die Produktion lag im Durchschnitt um etwa 10 % niedriger als im gleichen Vorjahreszeitraum. In anderen Industriezweigen war demgegenüber auch weiterhin ein sehr hoher Beschäftigungsstand gegeben; hier erhöhte sich sogar teilweise die Beschäftigung: Überstunden und Sonderschichten wurden insbesondere in den exportabhängigen Bereichen geleistet. Im großen und ganzen verharrte jedoch das reale Sozialprodukt seit fast einem Jahr auf demselben Niveau[1].

Wenngleich die Sorge um die Sicherung der Arbeitsplätze gegenwärtig immer deutlicher wird, gilt doch nach wie vor die Stabilisierung des Geldwertes als eine der vordringlichsten Aufgaben der Wirtschaftspolitik. Nicht ohne Grund wird auch jetzt noch die Preisniveaustabilität als das am meisten gefährdete gesamtwirtschaftliche Ziel angesehen: Der Preisindex für die Lebenshaltung aller privaten Haushalte stieg im Jahre 1973 gegenüber 1972 im Durchschnitt um 6,9 %[2], und auch für das Jahr 1974 ist — trotz erheblicher Bemühungen um die Preisstabilität — eine ähnliche Größenordnung der Preissteigerungsrate zu erwarten. Zudem droht die Gefahr, daß Maßnahmen zur Konjunkturbelebung den Preisauftrieb wieder verstärken werden.

Obwohl weite Kreise der Bevölkerung die Schrecken der beiden großen Inflationen dieses Jahrhunderts durchaus noch vor Augen ha-

---

* Dieses Manuskript lag bereits Mitte 1973 vor und wurde Ende 1974 endgültig abgeschlossen.

1 Vgl. Monatsberichte der Deutschen Bundesbank, 26. Jg. (1974), Nr. 9, S. 5.

2 Vgl. Geschäftsbericht der Deutschen Bundesbank für das Jahr 1973, S. 33.

ben, breitet sich doch unverkennbar eine Inflationsgewöhnung aus. Nun muß zwar eine schleichende Geldentwertung durchaus nicht zu einer Hyperinflation führen, aber eine solche Inflations*gewöhnung* birgt die Gefahr einer sich ständig verstärkenden Geldwertverschlechterung mit all ihren bedenklichen Nebenwirkungen in sich. In dem Maße, in dem die Wirtschaftssubjekte für die nächsten Jahre ähnliche Zunahmen der Geldentwertung erwarten und diese Änderungsraten in ihren Entscheidungen im Bereich der Einkommensentstehung und Einkommensverwendung antizipieren, werden die Preissteigerungsraten bei entsprechender Elastizität des Geld- und Kreditsystems nahezu zwangsläufig realisiert. Die „... Gewöhnung an hohe Inflationsraten zu durchbrechen und das Vertrauen in den Geldwert zurückzugewinnen“[3], scheint deswegen von besonderer Bedeutung zu sein.

Der Geld- und Fiskalpolitik der letzten Jahre wird vielfach ein Versagen bei der Inflationsbekämpfung nachgesagt. Daß aber die inflationäre Entwicklung im letzten Jahrzehnt nicht allein auf wirtschaftspolitische Fehlentscheidungen zurückzuführen ist, sondern vielfältige tiefere Ursachen hat, wird dabei häufig übersehen. So nahmen die Konsumansprüche der Bürger wesentlich stärker zu als das reale Sozialprodukt. Zusätzlich erhöhten sich angesichts der dringenden Zukunftsprobleme in den Bereichen von Bildung und Wissenschaft, Verkehr und Raumordnung, Wohnungsbau und Städtesanierung die Leistungsanforderungen an die öffentlichen Verbände. Außerdem trug die unzureichende außenwirtschaftliche Absicherung in der Vergangenheit ebenso zur inflationären Entwicklung bei wie die ständigen Lohn- und Materialkostensteigerungen in den einzelnen Wirtschaftssektoren. Da gleichzeitig aus sozial- und gesellschaftspolitischen Motiven eine faktische Vollbeschäftigungsgarantie[4] — zumindest auf mittlere und erst recht auf lange Sicht — unantastbar geworden ist, reflektieren die Preissteigerungsraten der letzten Jahre nicht nur „Kunstfehler“ und Mängel des Instrumentariums, sondern auch ordnungspolitisch institutionalisierte Hemmnisse für eine konsequente Anwendung stabilitätspolitischer Instrumente.

In dieser Situation wird in der stabilitätspolitischen Diskussion nach neuen Konzeptionen zur Dämpfung des Preisauftriebes gesucht. Neben dem Vorschlag von Wilhelm Krelle zur staatlichen Festsetzung des Durchschnittslohnniveaus, dem Ansatz von Herbert Giersch zur Indexierung der Einkommen und Preise sowie dem Konzept von C. C. von

[3] Sachverständigenrat zur Begutachtung der gesamtwirtschaftlichen Entwicklung, Gleicher Rang für den Geldwert, Jahresgutachten 1972/73, Stuttgart und Mainz 1972, S. 112.

[4] Zur Problematik der Vollbeschäftigungsgarantie vgl. auch *Meyer*, Fritz W.: Glanz und Elend der Vollbeschäftigungspolitik, Sonderdruck, S. 14 ff.

Weizsäcker zum Aufbau eines Systems von Preisänderungslizenzen[5] wird auch weiterhin eine bei der Einkommensentstehung ansetzende Inflationsbekämpfung mit Hilfe einer produktivitätsorientierten Lohn- und Preispolitik erwogen.

Die hieran seit langem anknüpfende Diskussion umfaßt ein weites Spektrum der Meinungen, die von schroffer Ablehnung aus ordnungs- und ablaufspolitischen Gründen einerseits bis zu absoluter Bejahung als Stabilitätsgarantie andererseits reichen. Mit dem Blick auf die wirtschaftspolitische Zielsetzung der Preisstabilisierung werden regelmäßig die theoretischen und empirischen Probleme einer Bestimmung, Messung und Prognose der Arbeitsproduktivität in der durch ständige Strukturwandlungen gekennzeichneten industriellen Wirtschaft, Fragen der Durchsetzbarkeit und Effizienz dieser Politik im Rahmen einer freiheitlichen Wirtschaftsordnung sowie Notwendigkeit und Möglichkeiten flankierender Maßnahmen im Bereich der Ordnungs- und Ablaufspolitik diskutiert[6].

Bisher hat man sich jedoch selten die Frage gestellt, ob eine solche produktivitätsorientierte Lohn- und Preispolitik langfristig nicht Ne-

[5] *Krelle,* W.: Die Opfer für stabilitätskonforme Lohnpolitik, in: Wirtschaftswoche, Nr. 49 (1972), S. 22 f.; *Giersch,* H.: Indexklauseln und Inflationsbekämpfung. Kieler Diskussionsbeiträge 32, Institut für Weltwirtschaft Kiel. Oktober 1973; *von Weizsäcker,* C. C.: Grenzen der traditionellen Globalsteuerung. Arbeiten aus dem Institut für mathematische Wirtschaftsforschung, Nr. 12, Rheda 1973.

[6] *Balogh,* Th.: Der einzig mögliche Weg, in: Wirtschaftswoche, Nr. 50 (1972), S. 26; *Föhl,* C.: Zur Problematik geldwertneutraler Lohnbildung, in: Beiträge zur Wirtschafts- und Gesellschaftsgestaltung. Festschrift für Bruno Gleitze, Berlin 1968; *Scherf,* H.: Produktivitätsorientierte Lohnpolitik und Preisstabilität, in: Weltwirtschaftliches Archiv, Bd. 98, S. 117 ff.; *Ott,* A. E.: Leitlinien für die branchenmäßige Lohnfindung — Ein Beitrag zur Lohnpolitik, in: Schriftenreihe der Wirtschaftsvereinigung Eisen- und Stahlindustrie zur Wirtschafts- und Industriepolitik, Heft 10, Düsseldorf 1968; *Henschel,* R.: Orientierungsdaten einer zeitgemäßen Lohnpolitik, in: Beiträge zur Wirtschafts- und Gesellschaftsgestaltung, S. 321 ff.; *Kullmer,* H. K.: Produktivität, Lohn und Inflation, Vorfragen und Probleme der produktivitätsorientierten Lohnpolitik, in: Schriften zur wirtschaftswissenschaftlichen Forschung, Bd. 13, Meisenheim am Glan 1965; *Lendi,* U.: Stabilitäts- und wachstumsorientierte Einkommenspolitik und ihre Ergänzung durch die kurz- und längerfristige allgemeine Wirtschaftspolitik, in: Veröffentlichungen der Hochschule St. Gallen für Wirtschafts- und Sozialwissenschaften. Volkswirtschaftlich-wirtschaftsgeographische Reihe, Bd. 19, Zürich und St. Gallen 1969; *Larenz,* K. F.: Untersuchungen zur Einkommenspolitik, in: Kieler Studien, Forschungsberichte des Instituts für Weltwirtschaft an der Universität Kiel, hrsg. von E. *Schneider,* Bd. 91, Tübingen 1968; *Meinhold, H.:* Die Vereinbarkeit von stabilitäts- und verteilungspolitischen Konsequenzen, in: Wirtschaftswoche, Nr. 47 (1972), S. 49; *Hardes,* H.-D.: Wirtschaftspolitische Ziele und Gruppeninteresse, in: Wirtschaftsdienst, 1973, IV, S. 194 ff.; *Rothschild,* Kurt W.: Einkommenspolitik — Die Verteilungsprobleme müssen offengelegt werden, in: Wirtschaftswoche, Nr. 46 (1972), S. 65 f.; *Haberler,* G.: Einkommenspolitik — Ohne Geldpolitik erfolglos, in: Wirtschaftswoche, Nr. 47 (1972), S. 42; *Meidner,* R.: Das Eingeständnis des Versagens, in: Wirtschaftswoche, Nr. 48 (1972), S. 26.

benwirkungen haben kann, die in Antinomie zu weiteren wichtigen Zielvorstellungen stehen. Wird eine solche Untersuchung versäumt, kann eine Durchführung dieser Politik zu Auswirkungen von solcher Komplexität und Tragweite führen, daß es dem Entscheidungsträger, um mit Popper zu reden, „... unmöglich wird, Ursachen und Wirkungen zu entwirren und zu wissen, was er eigentlich tut“[7]. Bevor der Frage nach den langfristigen Nebenwirkungen einer produktivitätsorientierten Einkommenspolitik in bezug auf Wachstum und Struktur der Volkswirtschaft, die für ihre abschließende Beurteilung sicherlich von erheblicher Bedeutung ist, im einzelnen nachgegangen wird, sollen die Grundgedanken dieser Politik vorgestellt werden.

II.

Hierzu wird zweckmäßigerweise an den Begriff der Lohnquote angeknüpft. Diese ist bekanntlich als das Verhältnis der Lohnsumme L zum nominalen Volkseinkommen Y definiert. Die Lohnsumme L stellt ihrerseits das Produkt aus Arbeitsmenge (Arbeitsstunden) N und Lohnsatz (Geldlohnsatz) l dar, während sich das nominale Volkseinkommen als Produkt aus Produktionsmenge M und durchschnittlichem Preisniveau des Sozialproduktes P ergibt:

$$(1) \qquad \frac{L}{Y} = \frac{N \cdot l}{M \cdot P}$$

Da der Quotient aus Arbeitsmenge N und Produktmenge M mit dem Reziprok der Arbeitsproduktivität A identisch ist, gilt auch die Relation

$$(2) \qquad \frac{L}{Y} = \frac{l}{P \cdot A}$$

Durch logarithmische Differentiation erhält man die relative Veränderung der Lohnquote:

$$(3) \qquad \frac{d\left(\frac{L}{Y}\right)}{\frac{L}{Y}} = \frac{dl}{l} - \frac{dP}{P} - \frac{dA}{A}$$

Bei konstanter Lohnquote bleibt das allgemeine Preisniveau dann unverändert, wenn die Erhöhung des Nominallohnsatzes der Zunahme der volkswirtschaftlichen Arbeitsproduktivität entspricht. Dabei sei angemerkt, daß dieses Ergebnis nur unter verschiedenen einschränkenden

---

[7] *Popper*, K. R.: Das Elend des Historizismus, 3. verbess. Aufl., Tübingen 1971, S. 54.

Bedingungen gilt[8]. Implizite Voraussetzung der produktivitätsorientierten Lohnpolitik ist insbesondere ein konstanter Anteil von privatem und staatlichem Konsum, von Investitionen, Exporten wie Importen am Sozialprodukt. An die Stelle der Strukturkonstanz kann jedoch auch eine kompensatorische Entwicklung dieser das Preisniveau beeinflussenden Elemente der Einkommensverwendung treten. Die bei der Einkommensentstehung ansetzende Stabilitätspolitik bedarf also zu ihrer Wirksamkeit auf jeden Fall der Ergänzung auf der Seite der Einkommensverwendung[9].

Unter den aufgezeigten einschränkenden Prämissen gilt als Bedingung einer stabilitätskonformen Lohnpolitik:

$$\frac{dl}{l} = \frac{dA}{A} \tag{4}$$

Die dabei vorausgesetzte Konstanz oder Stabilität der Lohnquote ist als historische Gegebenheit nicht unbestritten. Tatsache ist, daß der Verteilungskampf in der Gesellschaft, der auf eine Veränderung des Anteils einzelner sozialer Gruppen am Volkseinkommen gerichtet ist, in den letzten Jahrzehnten wechselnden Erfolg zeigte. 1974 hat sich die reale Verteilungsposition der Arbeitnehmer um 3 % gegenüber dem Vorjahr verbessert[10]. Eine produktivitätsorientierte Einkommenspolitik zum Zwecke der Preisstabilisierung ist jedoch nur möglich, wenn der Verteilungskampf entweder beendet oder auf andere Ebenen (z. B. in den Bereich der Vermögensbildung) verlagert wird. Die Konstanz der Lohnquote sei im folgenden als „notwendiges Opfer" im Interesse einer an der Preisstabilisierung orientierten Lohn- und Preispolitik angesehen[11].

In einer hochindustrialisierten Volkswirtschaft mit weitgehender Arbeitsteilung wird es aber stets inter- und intrasektorale Abweichungen von der durchschnittlichen Veränderung der Arbeitsproduktivität geben. Diese Abweichungen werden darüber hinaus auch angesichts der Differenzierung der wirtschaftlichen Raumstruktur in der BRD regional unterschiedlich sein. Werden im Rahmen einer die Tarifpartner binden-

---

8 Vgl. insbesondere die kritische Darstellung von *Scherf*, H.: Produktivitätsorientierte Lohnpolitik und Preisstabilität, S. 117 ff.

9 Vgl. *Riese*, H.: Wirtschaftswachstum, Produktivitätslohn und Preisstabilität, in: Lohnpolitik und Vermögensbildung, hrsg. von E. *Stiller*, Basel und Tübingen 1964, S. 226 ff.

10 Vgl. Monatsberichte der Deutschen Bundesbank, 26. Jg. (1974), Nr. 9, S. 7.

11 Da hiermit aber fundamentale Gruppeninteressen berührt werden, dürfte die langfristige Durchsetzbarkeit einer produktivitätsorientierten Lohnpolitik zumindest fraglich sein. Zum Problem der Einwirkung von Gruppeninteressen auf wirtschaftspolitische Ziele vgl. *Hardes*, H.-D.: Wirtschaftspolitische Ziele und Gruppeninteresse, S. 194 ff.

den Lohnleitlinie in allen Sektoren und Regionen prozentual gleichmäßige Lohnerhöhungen (entsprechend der Veränderung der gesamtwirtschaftlichen Arbeitsproduktivität) vorgenommen, so entstehen unterschiedliche Belastungen für die einzelnen Sektoren. Eine differenzierte Lohnerhöhung entsprechend den branchenspezifischen und regionsspezifischen Veränderungsraten der Arbeitsproduktivität dürfte kaum durchsetzbar und praktikabel sein. Infolgedessen ist in denjenigen Bereichen, in denen die Erhöhung der Nominallohnsätze die Zunahme der jeweiligen Arbeitsproduktivität übersteigt, eine Steigerung der spezifischen Lohnkosten zu verzeichnen. Demgegenüber sinken die spezifischen Lohnkosten in den Branchen mit überdurchschnittlicher Produktivitätszunahme.

Die Unternehmen in den Wirtschaftsbereichen mit schwacher Produktivitätsentwicklung *neigen* in dieser Situation dazu, Preiserhöhungen vorzunehmen, während Preissenkungen in den Sektoren mit starkem Produktivitätsanstieg nicht mit gleicher Wahrscheinlichkeit zu erwarten sind. Damit aber das primäre Ziel der produktivitätsorientierten Lohnpolitik, nämlich die Stabilisierung des durchschnittlichen Preisniveaus, erreicht werden kann, ist eine kompensatorische Preisanpassung erforderlich. Die produktivitätsschwachen Wirtschaftsbereiche können danach die Preise erhöhen, während die Branchen mit überdurchschnittlich steigender Arbeitsproduktivität die Preise senken müßten. Die „schärfste" Regel für die kompensatorische Preisanpassung würde dabei fordern, daß die einzelnen Branchen i ($i = 1, 2, \ldots, n$) Preiserhöhungen (Preissenkungen) in dem Maße durchführen, in dem die durchschnittliche volkswirtschaftliche Produktivitätssteigerung über (unter) der branchenmäßigen Produktivitätszunahme liegt:

$$\frac{dP_i}{P_i} = \frac{dA}{A} - \frac{dA_i}{A_i} \qquad (5)$$

Die in dieser Weise durchgeführte produktivitätsorientierte Lohn- und Preispolitik führt *ceteris paribus* zu einer Konstanz des durchschnittlichen volkswirtschaftlichen Preisniveaus und in den einzelnen Branchen zu Lohn- und Preisentwicklungen, die die interindustriellen Gewinn- und Lohnrelationen und damit die interindustriellen Erlösrelationen konstant lassen[12]. Dabei versteht man aber unter Erlös E das Produkt aus Arbeitsproduktivität A, d. h. Produktmenge pro Arbeitsstunde, und Preis P, womit die interindustrielle Erlösrelation wie folgt bestimmt ist:

$$\frac{E_i}{E} = \frac{A_i \cdot P_i}{A \cdot P} \qquad (6)$$

[12] Vgl. *Ott*, A. E.: Leitlinien für die branchenmäßige Lohnfindung, S. 54.

Nach logarithmischer Differentiation ergibt sich:

$$(7) \qquad \frac{d\left(\frac{E_i}{E}\right)}{\frac{E_i}{E}} = \frac{dA_i}{A_i} - \frac{dA}{A} + \frac{dP_i}{P_i} - \frac{dP}{P}$$

Da hierbei:

$$(8) \qquad \frac{dP}{P} = 0$$

sein soll, folgt aus der obigen Regel für die kompensatorische Preisanpassung:

$$(9) \qquad \frac{d\left(\frac{E_i}{E}\right)}{\frac{E_i}{E}} = 0$$

III.

Eine Analyse der langfristigen Auswirkungen der in dieser Weise inhaltlich abgegrenzten Lohn- und Preispolitik in bezug auf Wachstum und Struktur einer Volkswirtschaft muß vor dem Hintergrund der Wesenselemente des marktwirtschaftlichen Industrialisierungsprozesses und der dabei ablaufenden Marktprozesse erfolgen. Der marktwirtschaftliche Industrialisierungsprozeß kann in erster Annäherung als ein Wachstumsprozeß charakterisiert werden, in dem die Relationen der einzelnen Branchen und Märkte einem typischen Wandel unterworfen sind. Daß das wirtschaftliche Wachstum wesentlich auf diesen Strukturwandlungen basiert, daß Differenzierungen „Motor des Fortschritts" sind, ist bereits seit langem bekannt. Dieser Tatbestand wurde schon von Schwabe und Engel gesehen und von Schumpeter sowie neuerdings auch von Ernst Heuß differenzierter herausgearbeitet[13]. Insbesondere Ernst Heuß[14] stellte heraus, daß die einzelnen Branchen und Märkte verschiedene Entwicklungsphasen durchlaufen, und zwar von der *Ex-*

---

[13] *Schwabe,* H.: Das Verhältnis von Miete und Einkommen in Berlin und seine Entwicklung, Berlin 1868; *Engel,* E.: Die vorherrschenden Gewerbezweige in den Gerichtsämtern mit Beziehung auf die Productions- und Consumtionsverhältnisse des Königreiches Sachsen, in: Zeitschrift des Statistischen Bureaus des Königlichen Sächsischen Ministeriums des Innern, 1857, Heft 8 u. 9; *Schumpeter,* Joseph A.: The Analysis of Economic Change, in: The Review of Economic Statistics, Bd. 17 (1935), S. 2 - 10; *Heuß,* E.: Allgemeine Markttheorie, Tübingen und Zürich 1965, S. 25 ff.

[14] *Heuß,* E.: Allgemeine Markttheorie, S. 25 ff.

perimentierphase (Periode der Produkt-, Verfahrens- und Nachfragekreation; kein nennenswerter Beitrag zur gesamtwirtschaftlichen Produktion) über die *Expansionsphase* (Marktausweitung bei hohen Einkommenselastizitäten der Nachfrage; erhebliche Erweiterungs- und Neuerungsinvestitionen; steigende Arbeitsproduktivität) und die *Ausreifungsphase* (sinkende Einkommenselastizitäten, sinkende Wachstumsraten der Produktion) bis zur *Stagnations- und Rückbildungsphase.*

Die Gleichzeitigkeit einer unübersehbaren Vielzahl von Produkten und Branchen in unterschiedlichen Stadien ihrer Marktentwicklung, die in einem Prozeß schöpferischer Zerstörung ständig erneuert wird, verhindert die Prozeßstagnation. Fehlt der „... Kreislauf des Kommens und Gehens von Märkten, so gibt es schließlich nur noch Märkte, die sich in der Stagnationsphase befinden und in dieser verharren“[15]. Im Hinblick darauf, daß Strukturwandlungen und die hinter ihnen stehenden Marktprozesse für das wirtschaftliche Wachstum einer industrialisierten Volkswirtschaft notwendig sind, wird für eine kritische Beurteilung der produktivitätsorientierten Einkommenspolitik die Frage wichtig sein, inwieweit ein derartiges Konzept den strukturellen Wandel und damit das wirtschaftliche Wachstum in einer Volkswirtschaft beeinflussen kann.

Im folgenden soll von der Modellvorstellung einer aus zwei Branchengruppen bestehenden Wirtschaft ausgegangen werden, von denen die eine als stagnierend oder schrumpfend mit geringer Zunahme der Arbeitsproduktivität bei niedriger Einkommenselastizität der Nachfrage und hoher Substitutionskonkurrenz und die andere umgekehrt bei hohen Produktivitätsfortschritten als stark wachsend charakterisiert werden soll. Die tendenzielle Übertragung der Ergebnisse auf die wirtschaftliche Wirklichkeit mit einer nahezu unübersehbaren Vielfalt von Branchen und Produktionen in unterschiedlichen Stadien der Marktentwicklung dürfte anschließend durchaus möglich sein.

Die Annahme gleichzeitig hoher Wachstumsraten der Produktion (als Folge der Nachfrageentwicklung) und der Arbeitsproduktivität — und vice versa — dürfte für den industriellen Bereich realistisch sein, wohingegen in der Landwirtschaft bei hohen Produktivitätsfortschritten und geringer Zunahme der Nachfrage unterdurchschnittliche Wachstumsraten zu beobachten sind. Im Dienstleistungsbereich wiederum findet man als Folge der Nachfrageentwicklung hohe Wachstumsraten in Verbindung mit niedriger Änderungsrate der Arbeitsproduktivität. Die folgende Analyse ist also wesentlich für den industriellen Bereich gedacht.

---

[15] *Heuß,* E.: Allgemeine Markttheorie, S. 252.

Die Wachstumsbranchen mit überdurchschnittlich steigender Arbeitsproduktivität stellen regelmäßig Produkte her, die sich in der Expansionsphase ihres Lebenszyklus befinden und durch eine hohe Einkommenselastizität der Nachfrage gekennzeichnet sind. Das weitere Wachstum der jeweils die Entwicklung der Volkswirtschaft tragenden Wirtschaftszweige hängt in der Situation der Vollbeschäftigung mit ausgenutzten Produktionskapazitäten von der Neigung und Möglichkeit zur Kapitalbildung bei gleichzeitiger Verfügbarkeit von Arbeitskräften ab, die unter bestimmten Bedingungen (bei Vernachlässigung des Einsatzes ausländischer Arbeitskräfte und der Auswirkungen des Bevölkerungswachstums) eine Freisetzung von Arbeitskräften aus anderen Wirtschaftsbereichen zur Voraussetzung hat.

An erster Stelle sollen die Auswirkungen einer produktivitätsorientierten Einkommenspolitik auf die *Investitionsneigung* untersucht werden. In isolierender Betrachtungsweise werden zunächst nur die Effekte der Preisleitlinien untersucht. Die besondere Situation der Wachstumsbranchen ist nach den obigen Prämissen dadurch gekennzeichnet, daß eine hohe Nachfrage als gegeben unterstellt werden kann, so daß die kurz- und mittelfristig erwartete Nachfrage nicht zu einer limitierenden Bedingung der Investitionstätigkeit werden kann. Auch für die neu zu errichtenden Produktionskapazitäten kann eine weitgehende Auslastung angenommen werden. In dieser Situation wird die erwartete Gewinnrate zur strategischen Variablen des Investitionsprozesses, wobei angesichts der hohen Nachfrage in der Expansionsphase eine hohe Gewinnrate für die beabsichtigten Investitionen zumindest wahrscheinlich ist. Verändern nun die kompensatorischen Preisleitlinien diese Situation? Betrachten wir zunächst die Neuerungsinvestitionen, die der kreative Unternehmer insbesondere in den ersten Abschnitten der Expansionsphase vornimmt. Diese Investitionen haben unmittelbare Auswirkungen auf die einzelwirtschaftliche und gesamtwirtschaftliche Produktivität und bewirken eine kompensatorische Preisanpassung. Nach der Logik des oben aufgezeigten Modells wird den Unternehmern ein Marktverhalten abverlangt, in dessen Verlauf die Gewinnrate auf ein solches Niveau gedrückt wird, daß die interindustriellen Gewinnrelationen konstant bleiben. Ein großer Teil der Pionier- oder Neuerungsgewinne, die nicht zuletzt die Aufgabe haben, jene „... unvermeidlichen Verluste zu kompensieren, die bei anderen und weniger erfolgreichen Neuerungsversuchen in Kauf genommen werden müssen“[16], wird abgeschöpft. Diese Reduzierung des marktmäßig möglichen Gewinniveaus

[16] *Küng*, E.: Lohninflation und Gewinninflation, in: Probleme der Einkommenspolitik, Vorträge auf der Round-Table-Konferenz des Instituts für Weltwirtschaft an der Universität Kiel vom 17. - 19. Mai 1965, hrsg. von Erich *Schneider*, Tübingen 1965, S. 38.

läßt vermuten, daß die Investitionsneigung negativ beeinflußt wird. Je mehr kapitalgebundener technischer Fortschritt über die Neuerungsinvestitionen eingeführt wird, um so stärker ist die kompensatorische Preisanpassung. Der kreative Unternehmer wird für seine Neuerungstätigkeit geradezu „bestraft“. So gesehen wirken die Preisleitlinien innovationsfeindlich.

Es ist problematisch vorherzusagen, wie stark generell Neigung und Möglichkeit zur Erforschung und Anwendung des technischen Fortschritts reduziert werden. Tatsache ist jedoch, daß der technische Fortschritt in steigendem Maße nicht so sehr eine Funktion zufälliger Erfindungen ist, sondern auf einer systematischen Erforschung und Anwendung beruht. In einer Situation, in der die Kosten der Grundlagenforschung immer mehr ansteigen und kaum noch von einem einzelnen Unternehmen zu tragen sind, kann eine Reduzierung der Gewinne durch marktwidrige kompensatorische Preisanpassung die weitere systematische Erforschung und Anwendung des technischen Fortschritts beeinträchtigen.

Gilt aber die Aussage einer Verringerung der Investitionsneigung auch für die Erweiterungsinvestitionen, die der Unternehmer in den späteren Perioden der Expansionsphase vornimmt? Sieht man Erweiterungsinvestitionen in reiner Form lediglich als multiple Betriebsgrößenvariationen an, die keine Änderung der Produktionsfunktion bewirken, so vollzieht sich der Produktionsprozeß nach erfolgter Investition lediglich auf einem höheren Mengenniveau. Zwar verändert der notwendige Übergang von Arbeitskräften aus wachstumsschwachen Wirtschaftszweigen in die wachstumsstarken Branchen keineswegs die einzelwirtschaftliche Arbeitsproduktivität, erhöht jedoch die gesamtwirtschaftliche Arbeitsproduktivität und damit die entscheidende Bemessungsgrundlage für die produktivitätsorientierten Lohnleitlinien und die kompensatorische Preisanpassung. Die nach der Logik des aufgezeigten Modells notwendige Preisanpassung vermindert sich. Ohne die ebenfalls erforderliche Anpassung der Löhne zu berücksichtigen, scheinen die Preisleitlinien stärker innovationsfeindlich als erweiterungsfeindlich zu sein.

Die Investitionsneigung ist jedoch nur eine Bestimmungsgröße der Investitionstätigkeit; hinzu tritt die *Investitionsmöglichkeit.* Hier stoßen wir an einen Punkt der Betrachtung, der die Grundlagen des ökonomischen Systems der Marktwirtschaft und die Struktur der in ihr ablaufenden Anpassungsprozesse berührt. Dieser Punkt betrifft zugleich das in der Nationalökonomie vieldiskutierte Verhältnis von Sparen und Investieren. Nach den Keynes'schen Vorstellungen wird die automatische Anpassung von Sparen und Investieren durch den Multiplikatorprozeß bewirkt, der im Falle der Unterbeschäftigung primär reale und im Falle der Vollbeschäftigung primär nominale Konsequenzen hat. Unter der Bedingungskonstellation einer produktivitätsorientierten Lohn- und Preispolitik, die bei Vollbeschäftigung auf ein stabiles Preisniveau gerichtet ist, existiert keine der beiden Anpassungsmöglichkeiten. Die Keynes'schen Anpassungsmechanismen können nicht arbeiten, wenn Unterbeschäftigung auf der einen Seite und Inflation auf der anderen Seite ausgeschlossen sind. Damit erhält das Sparen die ursprüngliche Bedeutung zurück, die es in klassischen Modellen hat[17].

Die klassische Theorie, die preismechanisch und verteilungstheoretisch ausgerichtet war, ging vom Vollbeschäftigungstheorem aus. Die Verbindung von Sparen und Investieren wurde über den Zinsmechanismus hergestellt, der stets — in Verbindung mit dem Preismechanismus auf Produkt- und Faktormärkten — für eine Anpassung der Gesamtnachfrage an das Vollbeschäftigungsniveau sorgen sollte: Schrumpfungen in der Konsumgüternachfrage als Folge des Sparens wurden durch Steigerungen der Investitionsgüternachfrage ausgeglichen. Der Aspekt des Nachfrageausfalls war somit im klassischen System bedeutungslos. Um so mehr rückte der andere Aspekt des Sparens in den Vordergrund: Sparen als Investitionsvoraussetzung. Nach dem klassischen Vollbeschäftigungstheorem war ein Konsumverzicht durch Sparen unabdingbare Voraussetzung jeder Investitionstätigkeit; denn nur so war eine Freistellung von Produktionsfaktoren möglich, die dann über die erwähnten Mechanismen in die investierenden Bereiche umgelenkt wurden[18].

Der volkswirtschaftliche Sparprozeß hat also offensichtlich sowohl eine monetäre als auch eine reale Seite. Befassen wir uns zunächst mit dem *monetären Aspekt*. Unter der Annahme einer mit steigendem Gewinniveau steigenden Quote umverteilter Gewinne führt die tendenzielle Reduzierung der Gewinnrate für die dynamischen Unternehmer zu einem Sinken des gesamten Unternehmungssparens. Eine Limitierung der Investitionen mit hoher Fortschrittsrate kann damit zumindest nicht ausgeschlossen werden. Zwar liegt der Anteil der Selbstfinanzierung an den Bruttoinvestitionen der deutschen Unternehmen lediglich bei etwa 12 %, jedoch gilt die Notwendigkeit einer Finanzierung aus

---

17 Vgl. *Coulbois*, P.: Incomes Policy and Capital Formation, in: Probleme der Einkommenspolitik, Vorträge auf der Round-Table-Konferenz des Instituts für Weltwirtschaft an der Universität Kiel vom 17. - 19. Mai 1965, hrsg. von Erich *Schneider*, Tübingen 1965, S. 20.

18 Vgl. *Frerich*, J.: Ursachen und Wirkungen der regionalen Differenzierung der privaten Spartätigkeit in Industrieländern. Ein Beitrag zur Analyse der wirtschaftlichen Raumgestaltung in der Bundesrepublik Deutschland, in: Untersuchungen über das Spar-, Giro- und Kreditwesen, hrsg. von Fritz *Voigt*, Bd. 45, Berlin 1969, S. 13 f.

eigenen Mitteln wesentlich verstärkt für die Neuerungsinvestitionen. Aber auch für die Erweiterungsinvestitionen ist das Streben der Unternehmen nach steigender Selbstfinanzierung angesichts einer zunehmenden Eigenkapital- und Langfristigkeitspräferenz[19] in der Unternehmensfinanzierung nicht von der Hand zu weisen. Die Reduzierung des marktmäßig möglichen Gewinniveaus schränkt — so gesehen — die Investitionsmöglichkeiten sowohl für Neuerungs- als auch für Erweiterungsinvestitionen ein und läßt durch Beeinträchtigung der Ziele der Eigenkapital- und Langfristigkeitspräferenz gleichzeitig qualitative Finanzierungskosten entstehen, die wiederum die Investitionsneigung negativ tangieren. Die Verringerung der Selbstfinanzierungsmöglichkeiten expansionswilliger Unternehmen beeinflußt somit nicht nur die *Investitionsmöglichkeit,* sondern konstituiert auch gleichzeitig eine der Ursachen für sinkende *Investitionsneigung.*

Allerdings sollte dieser Effekt nicht zu hoch bewertet werden. Angesichts der obigen 12 %-Relation ist grundsätzlich zu bezweifeln, ob die Preisleitlinien in erheblichem Maße innovationsfeindlich und sogar erweiterungsfeindlich wirken. Zudem ist die Auffassung nicht ganz von der Hand zu weisen, daß die Realverzinsung des Produktivkapitals in der Industrie teilweise noch gesenkt werden kann, bevor ein negativer Einfluß auf die Investitionstätigkeit eintritt.

Auf der anderen Seite ist festzustellen, daß die Preisleitlinien für Unternehmen mit niedrigem Produktivitätsfortschritt völlig den Markt als ökonomischen Ort der Preisbildung vernachlässigen. Eine Erhöhung der Preise in schrumpfenden oder stagnierenden Branchen wird regelmäßig zu einer weiteren Einschränkung des Absatzes und der Produktion führen. Das aber bedeutet, daß die Preisleitlinien auch bei großzügigsten Preiserhöhungsspielräumen für Unternehmen mit niedrigem Produktivitätsfortschritt im Hinblick auf den Gesamterlös $E \cdot N$ und schließlich auch auf Gewinniveau und Gewinnrate, die ja vom Beschäftigungsgrad abhängig sind, keineswegs stabilisierend wirken können. Angesichts der für Unternehmen mit niedrigem Produktivitätsfortschritt zu erwartenden negativen Mengenreaktionen als Folge von Preiserhöhungen werden regelmäßig Arbeitskräfte freigesetzt, was den strukturellen Wandel wiederum forciert. Dieser Einschränkung steht noch die regelmäßig höhere positive (Absatz-)Mengenelastizität der Produkte mit hohem Produktivitätsfortschritt gegenüber, so daß sich auch von dieser Seite eine ständige Veränderung des „Status quo" ergibt. Schließlich darf auch nicht vergessen werden, daß selbst Preiserhöhungen gemäß den unterschiedlichen Produktivitätsfortschrittsraten das

[19] Vgl. *Lipfert,* H.: Theorie der optimalen Unternehmensfinanzierung, in: Zeitschrift für betriebswirtschaftliche Forschung, N. F. der Zeitschrift für handelswissenschaftliche Forschung, 17. Jg. (1965), S. 61 ff.

relative Preisgefüge beständig verschieben, was einen beträchtlichen Einfluß auf die Nachfragestruktur in der Volkswirtschaft hat, deren Konstanz für die preispolitische Effizienz einer produktivitätsorientierten Einkommenspolitik von erheblicher Bedeutung ist.

Kehren wir jedoch zu unserem Ausgangspunkt zurück! Der reale Aspekt des Sparens betrifft die Schaffung einer volkswirtschaftlichen Leistungsreserve, insbesondere also die Freisetzung von Arbeitskräften, die in der Situation der Vollbeschäftigung nur aus den stagnierenden Bereichen kommen können. Dabei sind nach klassischer Auffassung interindustrielle Lohnunterschiede und ihre Vertiefung ein wesentliches Mittel, um die erforderliche Lenkung und Umschichtung des Produktionsfaktors Arbeit in seine produktivsten Verwendungen zu bewirken[20]. Nach dem oben vorgestellten Modell führt jedoch die Durchsetzung allgemeiner Lohnleitlinien zu einer Konstanz der interindustriellen Lohnrelationen. Damit wird die optimale Allokation der Arbeitskräfte, d. h. die Verschiebung der Beschäftigten von den rückständigen Wirtschaftszweigen in die fortschrittlichen und expandierenden Bereiche, beeinträchtigt.

Diese Vorstellung kann jedoch nur als vorläufige Arbeitshypothese gelten. Denn die ihr zugrunde liegende Argumentation setzt voraus, daß die interindustrielle Lohnstruktur von den das allgemeine Wirtschaftswachstum tragenden strukturellen Wachstums- bzw. Schrumpfungsprozessen einzelner Industriezweige beeinflußt wird[21]. Tatsächlich sind jedoch die interindustriellen Differenzen in den Tariflohnerhöhungen — zumindest bei Betrachtung mehrerer Jahre — relativ gering. Es ist keineswegs so, daß die Unterschiede in den Tariflohnerhöhungen so stark sind wie diejenigen in den Veränderungen der Arbeitsproduktivitäten. Die Veränderungsraten der Arbeitsproduktivität weisen in branchenmäßiger Hinsicht einen sehr viel größeren Streuungsbereich auf als die Tariflohnerhöhungen[22]. Die Ursache hierfür ist nicht zuletzt im sogenannten Lohntransmissionsmechanismus zu sehen: Lohnerhöhungen der produktivitätsstarken Branchen werden mit gewissem zeitlichen Abstand auch auf die schwächeren Bereiche übertragen[23]. Damit wäre in der Realität für die interindustrielle Struktur der Tariflöhne

---

[20] Vgl. *Lampert*, H.: Die Lohnstruktur der Industrie, Ein Beitrag zu einer Theorie der Lohnstruktur, in: Wirtschaft-Gesellschaft-Politik, hrsg. von Bernhard *Pfister*, Heft 3, Berlin 1963, S. 133.

[21] Vgl. *Lampert*, H.: Die Lohnstruktur der Industrie ..., S. 133.

[22] Vgl. *Kullmer*, H. K.: Produktivität, Lohn und Inflation. Vorfragen und Probleme der produktivitätsorientierten Lohnpolitik, in: Schriften zur wirtschaftswissenschaftlichen Forschung, Bd. 13, Meisenheim am Glan 1965.

[23] *Lendi*, U.: Stabilitäts- und wachstumsorientierte Einkommenspolitik und ihre Ergänzung durch die kurz- und längerfristige allgemeine Wirtschaftspolitik, S. 8 f.

eine ähnliche Situation erreicht, wie sie sich auch aus allgemeinen Lohnleitlinien ergeben würde. Entscheidend ist jedoch, daß für die Allokation der Arbeitskräfte nicht so sehr die Tariflöhne, sondern vielmehr die Effektivlöhne maßgebend sind, die von den Tariflöhnen durch die Lohndrift erheblich abweichen können. Gerade in den wachstumsstarken Branchen macht sich eine zunehmende Lohndrift bemerkbar, die im Sinne des Allokationsmechanismus der Löhne gewissermaßen als Ersatz für sonst notwendige Tariflohndifferenzen steht. Nur wenn die bindenden Lohnleitlinien an den Effektivlöhnen ausgerichtet würden, könnten sie die allokative Funktion des Preises für den Faktor Arbeit beeinträchtigen.

Als zweites wichtiges Argument wird in diesem Zusammenhang angeführt, daß Lohndifferenzen einen nur unerheblichen Einfluß auf die Arbeitskräftemobilität besitzen. Diese Ansicht ist nicht völlig abwegig; denn außerökonomische Gesichtspunkte können durchaus im subjektiven Präferenzsystem dominieren. Der Anbieter von Arbeitskraft ist regelmäßig über seinen Arbeitsplatz in ein bestimmtes System von Gruppen eingefügt — mit formellen und informellen Beziehungen. Die Integration in bestimmte soziologische Gruppen bewirkt eine Beharrungstendenz, die einem Arbeitsplatzwechsel in reiner Orientierung an höheren Löhnen zumindest kurz- und mittelfristig entgegenwirkt. Allerdings kann langfristig — von Ausnahmefällen abgesehen — nicht davon ausgegangen werden, daß außerökonomische Gesichtspunkte für Ausmaß und Richtung der Faktormobilität allein entscheidend sind.

Darüber hinaus muß beachtet werden, daß gerade die produktivitätsorientierten Lohnleitlinien einen Prozeß in Gang setzen, der als Ersatz für die Reallokation von Arbeitskräften als Folge zunehmender Differenzierung der Lohnstruktur eingreift. Da nach den allgemeinen Lohnleitlinien die Lohnerhöhungen sich nach Maßgabe der durchschnittlichen Arbeitsproduktivitätssteigerung vollziehen sollen, treffen sie unter den gegebenen Voraussetzungen diejenigen industriellen Unternehmen besonders hart, deren Produktivitätssteigerung weit unter dem Durchschnitt liegt. Die stagnierenden oder sich zurückbildenden Branchen können diese Lohnerhöhungen häufig nicht verkraften. Hieran ändert auch die allgemeine Leitlinie für die Preisfestsetzung wenig, nach der diese Branchen die Preise erhöhen sollen. Eine solche Preiserhöhung wird vom Nachfrager regelmäßig nicht akzeptiert und führt lediglich zu einer Intensivierung des Rückbildungsprozesses. Auf diese Weise werden den schwachen Branchen Arbeitskräfte entzogen und wachstumsstarken Industrien zur Verfügung gestellt.

Bei dieser Argumentation muß jedoch berücksichtigt werden, daß die Anpassung bei den schwachen Industrien regelmäßig selektiv erfolgt,

d. h. von den vorhandenen Arbeitskräften werden im allgemeinen zunächst die weniger leistungsfähigen freigesetzt. Es ist eine Tatfrage, ob gerade diese Arbeitskräfte für die rasch wachsenden Unternehmen geeignet sind. Zudem muß gefragt werden, ob nicht allein schon die grundsätzliche Möglichkeit der kompensatorischen Preisanpassung in gewissem Umfange eine gestaltende Kraft für das Verhalten der stagnierenden oder schrumpfenden Wirtschaftsbereiche hat. Solange nämlich als Folge der Preiserhöhung nicht ein erheblicher Absatzrückgang zu erwarten ist, werden diese Unternehmen kaum bereit sein, ihre Produktionsmethoden umzustellen und die Rationalisierungen durchzuführen. „Ein generell gültiges Verhalten für die leistungsschwachen Wirtschaftszweige läßt sich jedoch nicht bestimmen. Dennoch kann man dem Argument kaum widersprechen, daß die Möglichkeit, Lohnkostensteigerungen durch Preiserhöhungen aufzufangen, die Notwendigkeit verringert, zwischen Rationalisierung oder drastischer Produktionseinschränkung zu wählen[24]."

Als Fazit der bisherigen Überlegungen muß festgehalten werden, daß eine Konstanz der interindustriellen Lohnrelationen die Allokationsfunktion der Löhne, die zumindest in langfristiger Betrachtung durchaus von Bedeutung ist, beeinträchtigt. Dabei muß jedoch davon ausgegangen werden, daß die Lohnleitlinien sich an den Effektivlöhnen orientieren. Weiter muß bedacht werden, daß die Mobilität der Arbeitskräfte nicht nur von den Löhnen abhängig ist und daß die produktivitätsorientierte Lohnpolitik mit den für wirtschaftlich schwachen Branchen überdurchschnittlich steigenden Löhnen einen subsidiär wirkenden Allokationsmechanismus begründet.

IV.

Damit kehren wir zum Ausgangspunkt der Betrachtung zurück. Anfangs wurde aufgezeigt, daß der marktwirtschaftliche Industrialisierungsprozeß als ein relativer Wachstumsprozeß zu charakterisieren ist, d. h. als ein Wachstumsprozeß, in dem sich ständig die Relationen zwischen einzelnen Wirtschaftszweigen und Produktionen verändern, eine Entwicklung, die untrennbar mit dem Lebenszyklus der einzelnen Märkte verbunden ist und für das wirtschaftliche Wachstum in der Volkswirtschaft tragende Bedeutung hat.

Die produktivitätsorientierte Lohn- und Preispolitik wirft zweifellos eine Reihe von Allokations- und Wachstumsproblemen auf. Sie kann tendenziell in einem kaum näher zu bestimmenden Umfange eine Verlangsamung der industriellen Entwicklungsdynamik bewirken. Hierin

[24] *Larenz*, K. F.: Untersuchungen zur Einkommenspolitik, S. 98.

liegt die Gefahr, daß sie die Wachstumsrate der Arbeitsproduktivität auf lange Sicht beeinträchtigt.

Gleichzeitig stößt man hiermit an einen Punkt der Betrachtung, bei dem deutlich wird, daß es keine Form der Inflationsbekämpfung gibt, die nicht Opfer im Hinblick auf andere wirtschaftspolitische Ziele fordert. Ebenso wie der wirksame Einsatz der Geld- und Fiskalpolitik Abstriche an den Zielen der Vollbeschäftigung und des Wachstums notwendig machen kann, verlangt die produktivitätsorientierte Einkommenspolitik evtl. einen Verzicht auf sonst mögliche hohe Wachstumsraten. Ferner setzt sie die Konstanz der Lohnquote und damit die Verlagerung des Verteilungskampfes voraus. Daß darüber hinaus ganz erhebliche ordnungspolitische Bedenken geltend gemacht werden müssen, sei hier nur angemerkt. Auch die Inflationsbekämpfung mit Hilfe des Konzeptes einer produktivitätsorientierten Einkommenspolitik befindet sich im Spannungsfeld ablaufs- und ordnungspolitischer Zielsetzungen. Wenn schon zweifelhaft ist, daß man mit ihrer Hilfe den „Teufelskreis sich durch Gewöhnung kumulierender Inflationsraten" durchbrechen kann, dürfte unsere Analyse der langfristigen Folgewirkungen einer solchen Politik in bezug auf Wachstum und Struktur der Volkswirtschaft darüber hinaus gezeigt haben, daß unerwünschte Nebenwirkungen beim Einsatz dieses Instruments zumindest nicht ausgeschlossen werden können.

TEIL III

Probleme des Geld- und Kreditwesens

Räumliche Aspekte der Kreditwirtschaft

Von Manfred Hartmann

I. Problemstellung

Die wirtschaftliche Entwicklung wird weitgehend als relativer Wachstumsprozeß verstanden, in dem das wirtschaftliche Wachstum begleitet wird von Verschiebungen in der sektoralen und räumlichen Wirtschaftsstruktur. Diese Differenzierungseffekte treffen jedoch nicht nur den realwirtschaftlichen, sondern auch den monetären Bereich. Besondere Bedeutung kommt hierbei den unterschiedlichen Organisationsformen der Kreditwirtschaft zu, welche die wirtschaftliche Entwicklung hervorgebracht hat. Denn „eine Umgestaltung des überkommenen Kapitalmarktes und der Geldverfassung"[1] ist nicht nur Folge der Entwicklung, sie begründet gleichzeitig auch neue Entwicklungstendenzen und kann durch Rückkopplungseffekte verstärkend oder mildernd die Differenzierungseffekte beeinflussen. Im folgenden sollen daher einige räumliche Aspekte der Auswirkungen unterschiedlicher Organisationsformen im Kreditsystem beleuchtet werden. Insbesondere soll untersucht werden, ob von einer zentralen bzw. dezentralen Verwendung der dem Kreditsystem zufließenden Mittel unterschiedliche Wirkungen auf die räumliche Komponente des Wachstumsprozesses ausgehen. Hierzu soll zunächst die Entwicklung in von den realwirtschaftlich begünstigten und unbegünstigten Gebieten bei zentral organisierter Kreditwirtschaft betrachtet werden. Daran anschließend werden die Unterschiede, die sich in der Entwicklung bei einer dezentralen Organisation ergeben, herausgestellt.

II. Räumliche Gestaltungskraft einer zentral organisierten Kreditwirtschaft

1. Der Prozeßablauf im begünstigten Gebiet

Da es sich bei der Kreditwirtschaft um einen Wirtschaftszweig des tertiären Sektors handelt, für den die räumliche Verteilung der anderen Sektoren ein wesentlicher Bestimmungsfaktor für die Standortwahl

---

[1] Vgl. *Voigt*, Fritz: Verkehr, 2. Bd., 1. Hälfte. Die Entwicklung des Verkehrssystems, Berlin 1965, S. 573.

ist[2], findet sich in der Regel die Kopfstelle einer zentral ausgerichteten Kreditwirtschaft in einem Gebiet, das durch Industrieansiedlungen und Verkehrssystem begünstigt, sich zum Zentrum wirtschaftlicher Aktivitäten herausbilden konnte[3].

Demzufolge fließen die dem Kreditgewerbe von den Überschußeinheiten zur Verfügung gestellten Mittel in den Raum einer Volkswirtschaft, der schon vorher den anderen Gebieten gegenüber relativ begünstigt war, wo dann über die Verwendung dieser Mittel zentral entschieden wird. Unterstellt man bei diesen Entscheidungen ein dem Rationalprinzip entsprechendes Verhalten[4], so kommen die Mittel denjenigen Defiziteinheiten in Form von Krediten zugute, die schon im begünstigten Gebiet angesiedelt sind. Denn die wirtschaftlichen Verhältnisse in dieser Region sind den kreditvergebenden Entscheidungsträgern bekannt, und die Mittel können hier am sichersten angelegt werden[5], da mit wachsender Entfernung vom Zentrum „die Fühlung mit dem Markt und die Überwachung der Schuldner"[6] erschwert wird. Hierdurch erfolgt in dem begünstigten Gebiet eine Ausdehnung des Kapital- und Kreditangebots, aus der eine Ausweitung der Investitionsmöglichkeit in diesem Raum resultiert. Es können also Investitionen vorgenommen werden, die vorher aufgrund fehlender Finanzierungsmittel nicht durchgeführt werden konnten. Von diesen Investitionen gehen zusätzliche Einkommens- und Kapazitätseffekte aus, die — entgegen der Annahme der abstrakten theoretischen Modelle — nicht gleichmäßig über den Raum ausstrahlen, sondern räumlich in Abhängigkeit von der Qualität des Verkehrssystems streuen[7]. Aufgrund dieser beiden Effekte ist eine Belebung sowohl der Konsum- wie auch der Investitionsgüterindustrie zu verzeichnen, die aufgrund der leichteren Verfügbarkeit über Finanzierungsmittel in der Zentralregion ungleich stärker als in anderen Regionen expandieren können.

Weiterhin kann von den in die begünstigte Region fließenden Mitteln ein Zinseffekt[8] ausgehen, der zu niedrigeren Kreditzinsen in diesem

---

[2] Vgl. hierzu *Siepmann*, Jürgen D.: Die Standortfrage bei Kreditinstituten, Untersuchungen über das Spar-, Giro- und Kreditwesen, Bd. 40, hrsg. v. F. Voigt, Berlin 1968, S. 21 f.

[3] Vgl. *Voigt*, Fritz: Verkehr, 1. Bd., 2. Hälfte. Die Theorie der Verkehrswirtschaft, Berlin 1973, S. 653.

[4] D. h. Gewinnmaximierung im weitesten Sinne des Begriffes, vgl. *Faehndrich*, Henner: Die Gewinnmaximierung im Bankbetrieb — eine systemindifferente Verhaltensweise; in: Österreichisches Bank-Archiv, 10. Jg. (1962), S. 122 bis 126.

[5] Vgl. *Voigt*, Fritz: Die volkswirtschaftliche Bedeutung des Verkehrssystems, Berlin 1960, S. 126.

[6] *Lösch*, August: Die räumliche Ordnung der Wirtschaft, 3. Aufl., Stuttgart 1962, S. 335.

[7] Vgl. *Voigt*, Fritz: Verkehr, 1. Bd., 2. Hälfte, S. 608 ff.

Gebiet führt und somit in einem Zinsgefälle in Relation mit den anderen Regionen zum Ausdruck kommt. Infolge der steigenden Risikobehaftung der Kredite und der zunehmenden Verwaltungskosten in Abhängigkeit von der Entfernung vom Zentrum verbleibt jedoch trotz niedrigeren Zinssatzes der größte Teil der Mittel in der begünstigten Region. Hierdurch lassen sich die empirischen Beobachtungen erklären, die gezeigt haben, daß im interregionalen Kapitalverkehr entwickelte Regionen trotz eines relativ niedrigen Zinsniveaus einen Nettokapitalzufluß verzeichnen[9]. Von diesem möglichen Zinseffekt kann noch zusätzlich eine Anregung der Investitionstätigkeit in den Wirtschaftsbereichen ausgehen, deren Investitionstätigkeit von einer hohen Zinsreagibilität gekennzeichnet ist[10], wie beispielsweise die Bauwirtschaft und andere Bereiche mit einer relativ niedrigen Kapitalumschlagshäufigkeit[11]. Auch hierdurch werden in der begünstigten Region Multiplikator- und Kapazitätseffekte ausgelöst.

Bezog sich die bisherige Darstellung auf die kurzfristigen Effekte einer zentralen Mittelverwendung durch die Kreditwirtschaft, so sind die raumprägenden Kräfte der Organisaton der Kreditwirtschaft in den langfristigen Auswirkungen zu finden, die aus einem sich über einen langen Zeitraum erstreckenden Mittelzufluß resultieren und sich in einer nachhaltigen Veränderung der räumlichen Wirtschaftsstruktur äußern. Um diese Strukturveränderungen genauer analysieren zu können, ist es zweckmäßig, die für das Wachstum notwendigen Investitionen in Erweiterungsinvestitionen und Verbesserungsinvestitionen zu unterscheiden[12]. Während die Erweiterungsinvestitionen lediglich eine Aus-

---

[8] Vgl. hierzu auch die Überlegungen über die räumlichen Auswirkungen von Zinsverordnungen bei *Steinmann,* Bodo: Räumliche ‚backwash'- und ‚spread'-Effekte des Kreditsystems der Bundesrepublik Deutschland; in: Theorie und Praxis der Infrastrukturpolitik, hrsg. v. Jochimsen, Reimut und Simonis, Udo E., Schriften des Vereins für Socialpolitik, N. F. Bd. 54, Berlin 1970, S. 473 bis 508, S. 486 ff.

[9] Vgl. hierzu: *Lösch,* August, Die räumliche Ordnung der Wirtschaft..., S. 335; *Guttentag,* Jack M., *Herman,* Edward S.: Banking Structure and Performance, New York University Graduate School of Business Administration, Institute of Finance, The Bulletin No. 41/43 (1967), S. 134.

[10] Vgl. hierzu die Ausführungen von *Preiser,* Erich: Investition und Zins; in: Preiser, Erich: Bildung und Verteilung des Volkseinkommens, 3. Aufl., Göttingen 1963, S. 201; *Ehrlicher,* Werner: Geldkapitalbildung und Realkapitalbildung, Tübingen 1956; ders.: Bestimmungsgründe der Investitionstätigkeit; in Konjunkturpolitik, Zeitschrift für angewandte Konjunkturforschung, Jg. 1957, S. 144 ff.

[11] Vgl. *Herberholz,* Horst: Die Bank als Partner der mittelständischen Industrie, Köln - Opladen 1970, S. 51.

[12] Vgl. auch *Spaetling,* Dieter: Die Beziehung zwischen dem institutionellen Aufbau des Geld- und Kreditsystems und dem wirtschaftlichen Wachstum, Untersuchungen über das Spar-, Giro- und Kreditwesen, Bd. 32, hrsg. v. F. Voigt, Berlin 1966, S. 73.

dehnung des Produktionsapparates darstellen, sind die Verbesserungsinvestitionen als Träger des technischen Fortschritts anzusehen, der in der Regel arbeitskräftesparend wirkt[13]. Infolge der starken räumlichen Konzentrierung der Finanzierungsmittel kann in dieser Region der technische Fortschritt erheblich leichter durchgesetzt werden, mit der Folge, daß die Produktionsstruktur und damit die Kostenstruktur verbessert werden kann[14]. Hieraus entsteht, im Vergleich zu den anderen Regionen, eine kostenmäßige Überlegenheit der Produzenten, denen so die Möglichkeit einer Ausweitung ihres Marktanteils auf Kosten der Unternehmer in anderen Regionen gegeben wird. Somit geht von einer zentralen Mittelverwendung ein konzentrationsfördernder Effekt aus[15].

Infolge der Ausdehnung der wirtschaftlichen Aktivitäten in der begünstigten Region wird langfristig auch die Struktur der Arbeitskräfte beeinflußt. So steigt die Nachfrage nach Arbeitskräften, die zum Teil kompensiert werden kann durch die Einsparungen infolge des technischen Fortschritts. Bedingt durch die verstärkte Nachfrage zum einen und die aus der fortschreitenden Technisierung resultierenden Anforderungen an die berufliche Qualifikation der Arbeitskräfte steigen in der Zentralregion die Löhne. Hierdurch geht von dieser Region eine Attraktionskraft auf die Arbeitskräfte anderer Regionen aus, die sich in einer wanderungsbedingten Bevölkerungszunahme, insbesondere in den jüngeren Altersgruppen zum Ausdruck kommt.

Die zentrale Mittelverwendung bewirkt gleichzeitig eine Ausdehnung des tertiären Sektors in der Region. Direkt erfolgt dies durch die Tatsache, daß in diesem Raum ausreichend Finanzierungsmittel zur Verfügung stehen, indirekt infolge der oben beschriebenen Effekte, die zu einer Ausweitung der Nachfrage nach Dienstleistungen führen. Gleichzeitig wird diese Entwicklung durch eine Verbesserung der Infrastruktur gefördert, die finanziell ebenfalls leichter durchzuführen ist und die in das Kalkül bei der Standortwahl der Unternehmer eingeht[16].

Insbesondere muß in diesem Zusammenhang die soziale Komponente der Entwicklung in der Zentralregion erwähnt werden. Neben den direk-

---

[13] Vgl. *Voigt,* Fritz: Verkehr, 1. Bd., 2. Hälfte, S. 695. Diese Art des technischen Fortschritts wird auch als arbeitsvermehrender bezeichnet, da er so wirkt, als ob der Produktionsfaktor Arbeit vermehrt worden wäre. Vgl. *Krelle,* Wilhelm: Produktionstheorie, Tübingen 1969, S. 120.

[14] Vgl. *Siebert,* Horst: Zur interregionalen Verteilung neuen technischen Wissens; in: Zeitschrift für die gesamte Staatswissenschaft, 123. Bd. (1967), S. 231 - 263.

[15] Vgl. hierzu insbesondere *Kohn,* Ernest, *Carlo,* Carmen J., *Kaye,* Bernard: Meeting Local Credit Needs, New York State Banking Department, New York 1973, S. 12 f.

[16] Vgl. hierzu z. B. *Kommission der Europäischen Gemeinschaften:* Eine Regionalpolitik für die Gemeinschaft, o. O. (Brüssel) 1969, S. 23 f.

ten materiellen Verbesserungen wie beispielsweise höhere Einkommen, die zu einer Änderung der Bedürfnisstruktur führen, werden indirekt durch die Infrastrukturmaßnahmen als Investition in das Sozialkapital die Lebensbedingungen in Relation zu den anderen Regionen verbessert. Da die Nutzung dieser Infrastruktur — wie z. B. Schulen, Bibliotheken, Kliniken usw. — stark von der räumlichen Entfernung abhängt[17], bedeutet dies eine Schaffung von Entwicklungschancen, die dieser Region einen weiteren Entwicklungsvorsprung vor den anderen Regionen gibt.

Die bisherigen Überlegungen bezogen sich auf die räumlichen Effekte, die sich aus der Funktion als Kreditvermittler ergeben. Darüber hinaus ist die Kreditwirtschaft auch in der Lage, als Träger des bargeldlosen Zahlungsverkehrs bis zu einer von dem Geldschöpfungsmultiplikator bezeichneten Höhe Geld zu schöpfen[18]. In seiner einfachsten Darstellung besagt der Geldschöpfungsmultiplikator, daß die maximale Geldschöpfung ein Vielfaches einer einmaligen Überschußreserve sein kann, das bestimmt wird durch die Reserveverpflichtungen der Kreditwirtschaft und die Zahlungssitten des Publikums. Bei diesen Ableitungen wird jedoch ebenfalls die räumliche Wirkung der Geldschöpfung vernachlässigt, denn dieser Prozeß vollzieht sich ebenfalls nicht gleichmäßig über den Raum, sondern ist in unterschiedlichen Regionen verschieden stark ausgeprägt. So weisen in der Regel die Institute des begünstigten Gebiets eine Überschußreserve auf, die als Grundlage für eine Geldschöpfung dienen kann. Hierbei sind für das Ausmaß der Überschußreserve insbesondere die Kaufkraftzuflüsse aus den anderen Regionen bestimmend, so daß hierdurch „Schwerpunkte der Geldschöpfung"[19] entstehen, die jedoch in Abhängigkeit von dem Verkehrssystem und der regionalen Arbeitsteilung auch auf die anderen Regionen ausstrahlen[20].

Jedoch bleibt festzustellen, daß durch diese Elastizität des Geldsystems in der begünstigten Region weitere Entwicklungschancen realisiert werden können[21].

---

[17] Vgl. *Siebert*, Horst: Distributionswirkungen öffentlicher Infrastrukturinvestitionen; in: Theorie und Praxis der Infrastrukturpolitik, hrsg. v. Jochimsen, R. und Simonis, U. E., Schriften des Vereins für Socialpolitik, N. F., Bd. 34, Berlin 1970, S. 31 - 71, S. 42.

[18] Aus der Fülle der hierüber existierenden Literatur sei nur verwiesen auf: *Schneider*, Erich: Einführung in die Wirtschaftstheorie, III. Teil, Geld, Kredit, Volkseinkommen und Beschäftigung, 12. Aufl., Tübingen 1973, S. 43 ff.; *Jarchow*, Hans-J.: Theorie und Politik des Geldes, Bd. I, Geldtheorie, 2. Aufl., Göttingen 1974, S. 38 ff. und S. 148 ff.

[19] *Voigt*, Fritz: Die volkswirtschaftliche Bedeutung des Verkehrssystems, S. 150.

[20] Vgl. z. B. *Hirshman*, Albert O.: The Strategy of Economic Development.

[21] Vgl. auch *Schmidt*, Herbert: Räumliche Wirkung der Investitionen im Industrialisierungsprozeß, Köln-Opladen 1966, S. 160 f.

Die Entwicklung innerhalb der begünstigten Gebiete ist jedoch keineswegs nur positiv zu bewerten. Denn die räumliche Konzentration der wirtschaftlichen Aktivitäten, die durch die Katalysatorwirkung einer zentralen Kreditvergabe verstärkt wird, führt zu einer Überbelastung der sich zu Ballungsgebieten entwickelnden Teilräumen einer Volkswirtschaft[22]. Theoretisch wird versucht, diese Entwicklung mit dem aus der Produktionstheorie bekannten Ertragsgesetz zu erklären, das besagt, daß ab einer bestimmten Schwelle der Einsatz weiterer Einheiten eines Produktionsfaktors bei Konstanz der anderen zu abnehmenden Ertragszuwächsen führt[23]. Gleichzeitig führt dieses Erklärungsphänomen zu der Bestimmung eines theoretischen Ballungsoptimums[24]. Kritisch ist jedoch zu bemerken, daß diese Überlegungen zu stark abstrahieren und bedeutende Aspekte des Entwicklungsprozesses nicht erfassen können. Auf alle Fälle kann allerdings als verantwortlich für die negativen Auswirkungen der räumlichen Verdichtung das Ansteigen der sozialen Kosten[25] angesehen werden, als deren allgemeines Kriterium trotz sonst unterschiedlicher Abgrenzung das Auseinanderfallen von Kostenverursachung und Kostenträgerschaft angesehen wird. Diese Problematik führt zu einer Verzerrung des Investitionskalküls derart, daß innerhalb des Ballungsgebiets die wirtschaftlichen Aktivitäten weiter ausgedehnt werden, auch wenn die hieraus erwirtschafteten Erträge geringer als die zusätzlichen sozialen Kosten sind, da diese Kosten nicht denjenigen angelastet werden, die sie verursacht haben. Durch den Einfluß der Kreditwirtschaft auf die Investitionsmöglichkeiten der Unternehmer trägt eine zentrale Mittelverwendung zu dieser Fehlentwicklung bei.

2. Der Ablauf des Prozesses im benachteiligten Gebiet

Im Gegensatz zu der Region, in der die Zentrale ihren Sitz hat, sind die anderen Regionen von einem ständigen Nettomittelabfluß durch das Kreditsystem gekennzeichnet. Während in dieser Region durch die positive Beeinflussung der Investitionsmöglichkeit eine Ausweitung der Investitionstätigkeit erfolgen kann, können in den anderen Regionen für

---

[22] Vgl. Erster Raumordnungsbericht der *Bundesregierung*, Bundesdrucksache IV/1492 vom 1. Oktober 1963, S. 20 ff.

[23] Vgl. *Krelle*, Wilhelm: Produktionstheorie, S. 23 ff.

[24] Vgl. *Müller*, Heinz J.: Wirtschaftliche Grundprobleme der Raumordnungspolitik, Berlin 1969, S. 38 ff.

[25] Vgl. zu dem Begriff: *Voigt*, Fritz: Verkehr, 1. Bd., 1. Hälfte, Die Theorie der Verkehrswirtschaft, Berlin 1973, S. 158 ff.; *Michalski*, Wolfgang: Grundlegung eines operationalen Konzepts der Social Costs, Tübingen 1965, S. 125 ff.; *Kapp*, William K.: „Social Cost and Social Benefits — A Contribution to Normativ Economics"; *Fritsch*, Bruno: „Private und Volkswirtschaftliche Kosten"; *Jürgensen*, Harald: „Private und Soziale Kosten", alle Beiträge in: Probleme der normativen Ökonomik und der wirtschaftspolitischen Beratung, hrsg. von Beckerath, Erwin v., Giersch, Herbert, Lampert, Heinz, Schriften des Vereins für Socialpolitik, N. F., Bd. 29, Berlin 1963, S. 183 ff.

die weitere Entwicklung notwendige Investitionen nicht durchgeführt werden. Denn die potentiellen Investoren dieser Regionen sind in ihren Investitionsmöglichkeiten von der Selbstfinanzierung zum einen und zum anderen von Mitteln, die die Zentrale in der Region ihres Sitzes nicht unterbringen konnte, in starkem Ausmaße abhängig. Hierbei sind wiederum jene Regionen, deren wirtschaftliche Verhältnisse der Zentrale der Kreditwirtschaft am besten bekannt sind, relativ bevorzugt. Der negative Einfluß auf die Investitionstätigkeit wirkt sich in diesen benachteiligten Regionen kumulativ aus. Einkommens- und Kapazitätseffekte sind geringer als in der Zentralregion. Aus diesem Grunde ist ihre räumliche Strahlungskraft wesentlich enger, so daß sie in der Regel meist nur lokalen Charakter aufweisen.

Für die Unternehmer sinken hierdurch die Gewinnaussichten, so daß auch von dieser Seite eine weitere Einschränkung der Investitionstätigkeit erfolgt. Dies bedingt gleichzeitig eine Überalterung der Produktionsstruktur, da der technische Fortschritt weitgehend auf die begünstigte Region beschränkt bleibt. Hieraus resultiert eine kostenmäßige Unterlegenheit der Unternehmen in den benachteiligten Regionen. Somit können, durch die zentrale Kreditwirtschaft bedingt, diejenigen Unternehmen, deren Produkte mit solchen aus der Zentralregion konkurrieren, aus dem Markt gedrängt werden, soweit die Transportkosten den Kostenvorteil nicht kompensieren. Aber auch hier kann langfristig damit gerechnet werden, daß die Unternehmen der begünstigten Region durch eine ständige Verbesserung ihrer Kostenstruktur ihren Absatzbereich räumlich auszudehnen vermögen.

Diese Entwicklung kommt auch darin zum Ausdruck, daß zahlreiche Betriebe, die ehedem selbständige Produktionsstätten waren, sich in Dienstleistungsbetriebe zur Verteilung und Reparatur der im begünstigten Gebiet hergestellten Produkte verwandeln.

Als weitere Folgeerscheinungen sind die demographischen Veränderungen zu nennen; denn die durch den Mittelabfluß hervorgerufenen Minderinvestitionen führen langfristig zu einer Verringerung der Nachfrage nach Arbeitskräften. Gleichzeitig übt die begünstigte Region einen Sog aufgrund der höheren Einkommen, die dort erzielt werden können, auf die Arbeitskräfte der anderen Regionen aus, der in einem negativen Wanderungssaldo der benachteiligten Regionen zum Ausdruck kommt. Da in der Regel jedoch die jüngeren Arbeitskräfte abwandern, überaltert im Laufe der Zeit die Bevölkerung in den benachteiligten Gebieten. Dies ist ein weiterer Faktor, der zur Schwächung der Wirtschaftskraft dieser Region beiträgt.

Gleichzeitig verstärkt diese Entwicklung die sozialen Probleme in diesen Regionen. Das Steueraufkommen sinkt relativ, und die finanziellen Mittel zur Durchführung wichtiger Infrastrukturinvestitionen fehlen. Dies führt zu einer Benachteiligung auch in sozialer Beziehung. Die Versorgung mit öffentlichen Leistungen wird relativ schlechter. In diesem Zusammenhang sind insbesondere medizinische Versorgung wie Krankenhäuser und schulische Versorgung zu nennen. Insbesondere bezüglich der Ausbildungsmöglichkeiten werden diese Gebiete relativ benachteiligt, da eine qualitativ hochwertige Ausbildung oftmals nur unter großen Opfern zu erhalten ist. Andererseits fehlen später aber auch die adäquaten Stellen für diejenigen, die eine qualitativ gute Ausbildung erhalten haben, wodurch diese Arbeitskräfte zum Abwandern gezwungen werden.

Die bisherigen Überlegungen haben gezeigt, daß im idealtypischen Falle einer zentralen Mittelverwendung der Prozeß der räumlichen Differenzierung begünstigt wird, und die regionalen Diskrepanzen und sozialen Probleme verschärft werden können, da das zentrale Bankensystem „dazu neigt, aus den ärmeren Regionen die Ersparnisse abzuziehen und den reicheren und progressiveren Gebieten zuzuleiten ...“[26].

III. Die räumliche Gestaltungskraft einer dezentralen Organisation der Kreditwirtschaft

Erfolgt die Verwendung der dem Kreditgewerbe zur Verfügung gestellten Mittel dezentral, so ergeben sich aus theoretischer Sicht grundlegend andere Einflüsse auf die Investitionstätigkeit und somit auf die wirtschaftliche und soziale Entwicklung in den einzelnen Regionen einer Volkswirtschaft.

Im folgenden sollen deshalb diese Unterschiede zu dem oben dargestellten Verlauf herausgearbeitet werden.

1. Der Prozeßablauf im begünstigten Gebiet

Während bei einer zentralen Mittelverwendung die Investitionsmöglichkeiten durch die Bereitstellung von Finanzierungsmitteln in der schon von vornherein begünstigten Region verbessert wurden, stehen bei einer dezentralen Mittelverwendung den Investoren über den Kreditweg lediglich die von den Überschußeinheiten in der jeweiligen Region bereitgestellten Mittel zur Investitionsfinanzierung zur Verfügung. Dies bedeutet, daß die Investitionstätigkeit in der begünstigten Region nicht auf Kosten der anderen Regionen, die aus einer Mitteltransferierung durch

[26] *Myrdal*, Gunnar: Ökonomische Theorie und unterentwickelte Regionen, Stuttgart 1959, S. 26. Vgl. hierzu auch *Frerich*, Johannes: Ursachen und Wirkungen der regionalen Differenzierung der privaten Spartätigkeit in Industrieländern; in: Untersuchungen über das Spar-, Giro- und Kreditwesen, Bd. 45, hrsg. v. F. Voigt, Berlin 1969, S. 115 ff.

eine zentral organisierte Kreditwirtschaft resultiert, ausgedehnt werden kann, sondern lediglich von den realwirtschaftlichen Gegebenheiten einerseits und der eigenen regionalen Finanzierungskraft andererseits abhängt. Hierdurch ergibt sich ein vermindernder Effekt auf die Investitionstätigkeit im Vergleich mit einer zentral organisierten Kreditwirtschaft unter sonst gleichen Bedingungen. Dementsprechend sind auch die Folgewirkungen wie Einkommensmultiplikator- und Kapazitätseffekt geringer, so daß die gesamte Entwicklung in der begünstigten Region langsamer vonstatten geht als es bei einer zentralen Mittelverwendung der Fall wäre. Denn die investitionsfördernden Effekte, die dadurch entstünden, daß Mittel aus anderen Regionen den Finanzierungsspielraum erweiterten, entfallen. In langfristiger Sicht bedeutet dies, daß die Entwicklung des begünstigten Raumes sich auf realwirtschaftliche Verhältnisse begründet, und der Ballungsprozeß nicht durch die kreditwirtschaftliche Organisationsform zusätzlich gefördert wird.

2. Der Prozeßablauf in den benachteiligten Regionen

Während eine zentral organisierte Kreditwirtschaft die Entleerung schon von vornherein benachteiligter Gebiete förderte, führt eine dezentrale Kreditwirtschaft zu bestimmten Katalysatoreffekten bei der Entwicklung dieser Gebiete. Denn in diesem Fall stehen Finanzierungsmittel zur Verfügung, die sonst in die schon begünstigte Region transferiert worden wären. Somit wird die Investitionsmöglichkeit in diesen weniger stark entwickelten Teilräumen positiv beeinflußt, woraus sich wiederum positive Entwicklungsimpulse ergeben. Insbesondere treffen Multiplikator- und Kapazitätseffekte verstärkt diese Gebiete, was sich belebend auf die ökonomischen Aktivitäten auswirkt. Dementsprechend ergeben sich auch langfristige Auswirkungen in der Art, wie sie bei einer zentralen Mittelverwendung für das begünstigte Gebiet charakteristisch sind[27]. Der technische Fortschritt läßt sich auch in den benachteiligten Gebieten besser durchsetzen, so daß die Diskrepanzen in der regionalen Produktionsstruktur nicht so kraß wie bei einer zentralen Organisation der Kreditwirtschaft werden. Durch eine wirtschaftliche Belebung werden auch in diesen Regionen Infrastrukturinvestitionen möglich, die sonst nur schwierig oder gar nicht zu finanzieren gewesen wären. Hieraus resultiert eine bessere Versorgung der regionalen Bevölkerung mit öffentlichen Gütern, die langfristig sich wiederum positiv auf die Regionalentwicklung auswirkt, wie z. B. durch eine Verbesserung der Ausbildungsmöglichkeiten oder einer Verbesserung des regionalen Verkehrssystems. Auf die sozialen Probleme erstreckt sich die Einwirkung dieser Entwicklungsphänomene in der Form einer Verbesserung der allgemei-

---

[27] Vgl. oben Abschnitt II.1.

nen Lebensbedingungen in den weniger stark entwickelten Teilräumen einer Volkswirtschaft.

Zusammenfassend läßt sich also feststellen, daß bei einer dezentral organisierten Kreditwirtschaft die von realwirtschaftlichen Faktoren bedingte diskrepante Raumstruktur nicht durch die Verhaltensweise des Kreditgewerbes, die von einer bestimmten Organisationsform bestimmt wird, verschlechtert wird. Vielmehr gibt eine dezentrale Mittelverwendung Impulse für die Entwicklung auch in den benachteiligten Gebieten.

IV. Schlußbetrachtung

Als Ergebnis der bisherigen Überlegungen ist festzuhalten, daß unter idealtypischen Annahmen eine zentral organisierte Kreditwirtschaft regionale Entwicklungsunterschiede innerhalb einer Volkswirtschaft, die aus der räumlichen Differenzierungskraft der realwirtschaftlichen Faktoren und deren Entwicklung resultiert, noch verstärkt. Werden jedoch die Entscheidungen über die Kreditvergabe dezentral getroffen, so führt dies zu einer tendenziell ausgewogeneren räumlichen Entwicklung. Denn Ballungsprozesse einerseits und Entleerungsprozesse andererseits werden durch ein derartiges Verhalten der Kreditwirtschaft gebremst.

Diese Aussagen müssen jedoch in verschiedener Hinsicht ergänzt werden. Um mögliche Einwirkungen unterschiedlicher Organisationsformen auf die Raumstruktur einer Volkswirtschaft herauszukristallisieren, wurden lediglich die beiden Extremformen zentral bzw. dezentral betrachtet. Die Realität ist jedoch von Mischformen gekennzeichnet, deren Einflüsse sich zum Teil kompensieren können. Weiterhin ist zu bemerken, daß die in der Realität vorzufindenden Erscheinungen und Änderungen kaum auf die unterschiedlichen Verursachungskomponenten zurückzuführen sind, da sie sich gegenseitig beeinflussen. Jedoch sollte der Versuch unternommen werden, Unterschiede herauszustellen, die sich im räumlichen Entwicklungsprozeß bei alternativen kreditwirtschaftlichen Strukturen ergeben.

Ein Beitrag zur Theorie des Anlageverhaltens von Banken

Von Heino Faßbender

Einleitung

Die hier untersuchten Entscheidungsprobleme einer Bank seien durch folgende vereinfachte Bilanzsituation gegeben:

K	(Kredite)	Kap^*	(Eigenkapital)
W	(Wertpapiere)	E	(Einlagen)

Im Abschnitt I wird untersucht, wie ein von der Passivseite her gegebener Betrag Kap* + E^* im Aktivgeschäft auf die Positionen Kredite und Wertpapiere aufgeteilt wird.

Im Abschnitt II wird die Höhe der Einlagen nicht mehr als gegeben, sondern abhängig von der Höhe der gewährten Kredite gesehen. Erst in einem zu definierenden Optimum sind K, W und E fixiert. Es handelt sich um die simultane Lösung eines Entscheidungsproblems, das Aktiv- und Passivgeschäft betrifft.

I. Die optimale Aufteilung gegebener Mittel auf Kredite und Wertpapiere

Das Entscheidungsproblem besteht darin, aus der Menge aller erlaubten W/K-Kombinationen diejenigen zu bestimmen, die die Zielfunktion der Bank optimiert.

Die Menge aller erlaubten W/K-Kombinationen ist durch die Nebenbedingung

$$(1) \qquad \begin{cases} W + K = E^* + Kap^* \\ W, K \geqq 0 \end{cases}$$

gegeben.

Im Fall der Sicherheit ist die Lösung des Entscheidungsproblems trivial. Der Periodengewinn G ist gegeben durch

$$G = g_K \cdot K + g_W \cdot W \, , \tag{2}$$

wobei g_i der Periodengewinn einer in Position i, $i = W, K$ investierten DM ist. Infolge der Sicherheit sind g_K und g_W bekannt. Die Lösung besteht darin, soviel wie (1) erlaubt, in der Position anzulegen, deren g größer ist. Diejenige Position, die weniger Gewinn je investierte DM bringt, erscheint nicht im optimalen Portfolio.

Bei Unsicherheit sind g_K und g_W Zufallsvariable. Es sei angenommen, daß für jede von beiden eine subjektive Wahrscheinlichkeitsverteilung bestehe. Z. B. ist durch die Angabe des wahrscheinlichsten, des niedrigst- und des höchstmöglichen Wertes für g_K bzw. g_W eine Dreiecksverteilung definiert. Macht man über diese drei Werte hinaus noch eine Annahme über die Varianz, wie es bei der PERT-Netzplantechnik geschieht, ist eine β-Verteilung definiert.

Für den vorliegenden Zusammenhang ist lediglich wichtig, daß eine Wahrscheinlichkeitsverteilung angegeben werden kann. μ_i sei der Mittelwert und σ^2_i die Varianz der Verteilung der Zufallsvariablen g_i, $i = K, W$.

Der Periodenportfoliogewinn G ist dann ebenfalls eine Zufallsgröße, verteilt mit dem Mittelwert

$$\mu = \mu_K \cdot K + \mu_W \cdot W \tag{3}$$

und der Varianz

$$\sigma^2 = \sigma^2_K \cdot K^2 + \sigma^2_W \cdot W^2 + 2 \cdot c \, , \tag{4}$$

wobei die Kovarianz c ein Maß für die stochastische Abhängigkeit der beiden Summanden in (2) ist.

(3) und (4) sind die Argumente der Nutzenfunktion, von der Markowitz[1] lediglich die Annahme macht, daß der Nutzen mit μ wächst und mit steigendem σ^2 abnimmt.

Löst man (1) nach W auf und substituiert dieses in (3) und (4), kann man die Argumente der Nutzenfunktion als Funktionen von K schreiben:

$$\mu = \mu\,(K) \tag{3a}$$

$$\sigma^2 = \sigma^2\,(K) \; . \tag{4a}$$

---

[1] *Markowitz*, H. M.: Portfolio Selection; in: The Journal of Finance (1952), S. 77 - 91.

Bezeichnet man den Nutzen mit U, erhält man

$$U = U(\mu(K), \sigma^2(K)), \tag{5}$$

$$\frac{\partial U}{\partial \mu} > 0, \tag{6a}$$

$$\frac{\partial U}{\partial \sigma^2} < 0. \tag{6b}$$

Man kann nun die Lösung des Entscheidungsproblems angeben.

(5) ist die Zielfunktion. Man setzt alle durch (1) gegebenen erlaubten K ein und wählt dasjenige K als optimal aus, bei dem der Nutzen maximal ist. Damit ist wegen (1) auch das optimale W gegeben:

$$\max_K U(\mu(K), \sigma^2(K)) \Rightarrow K_{opt}, W_{opt}. \tag{7}$$

Zur Veranschaulichung wird die Lösung auch graphisch bestimmt. Die Kurve BB in Abb. 1 ist der geometrische Ort aller Punkte, deren Koordinaten μ/σ^2 — Kombinationen angeben, die erreichbar sind, wenn K (und damit W) alle erlaubten Werte annimmt. BB nennt man die Opportunitätskurve. Ihrem Verlauf in Abb. 1 liegt das Zahlenbeispiel

$$\begin{aligned} E^* + Kap^* &= 11 \\ \mu_K &= 0{,}09 \\ \sigma^2_K &= 0{,}02 \\ \mu_W &= 0{,}07 \\ \sigma^2_K &= 0{,}01 \\ c &= 0 \end{aligned}$$

zugrunde.

Für die Opportunitätskurve wurden die μ/σ^2-Koordinaten von einigen Punkten nach den 2. Zeilen der Funktionen (14.1), (24.1) und (25.1) (ohne die Beschränkung für K) berechnet. Die Werte stehen in Tabelle 1.

Die Nutzenfunktion (5) kann man in der μ/σ^2-Ebene parametrisch als Indifferenzkurvenschar darstellen. Jede Indifferenzkurve ist der geometrische Ort aller Punkte, deren Koordinaten μ/σ^2-Werte angeben, die zu gleichem Nutzen führen. Für das Nutzenniveau der drei dargestellten Indifferenzkurven gilt $U_3 > U_2 > U_1$. Aus den Angaben (6a) und (6b) über die Nutzenfunktion kann man lediglich eine Aussage über den Anstieg einer jeden Indifferenzkurve machen. Da auf ihr

Tabelle 1

Erwartungswert und Varianz unterschiedlicher Kredit-Wertpapier-Kombinationen bei gegebenen Mitteln

K	W	μ	σ^2
0	11	0,77	1,21
1	10	0,79	1,02
2	9	0,81	0,89
3	8	0,83	0,82
4	7	0,85	0,81
5	6	0,87	0,86
6	5	0,89	0,97
7	4	0,91	1,14
7,9	3,1	0,928	1,34
8	3	0,93	1,37
9	2	0,95	1,66
10	1	0,97	2,01
11	0	0,99	2,42

der Nutzen konstant bleibt, muß das totale Differential verschwinden

$$dU = \frac{\partial U}{\partial \mu} \cdot \frac{d\mu}{dK} + \frac{\partial U}{\partial \sigma^2} \cdot \frac{d\sigma^2}{dX} = 0 \tag{8}$$

oder wegen (6a) und (6b)

$$\frac{\frac{d\sigma^2}{dK}}{\frac{d\mu}{dK}} = \frac{d\sigma^2}{d\mu} = - \frac{\frac{\partial U}{\partial \mu}}{\frac{\partial U}{\partial \sigma^2}} > 0\,, \tag{9}$$

d. h. die Indifferenzkurven haben positiven Anstieg. Die Lösung liegt bei einem Kreditangebot $K = 5$, dem sind $\mu = \mu^*$ und $\sigma^2 = \sigma^{2*}$ zugeordnet, die einen Nutzen U_2 erzeugen. Ein höheres Nutzenniveau, etwa U_3, ist nicht erreichbar, wie man aus der Abbildung 1 unmittelbar erkennt.

Abbildung 1

Optimale Lösung bei gegebenen Mitteln

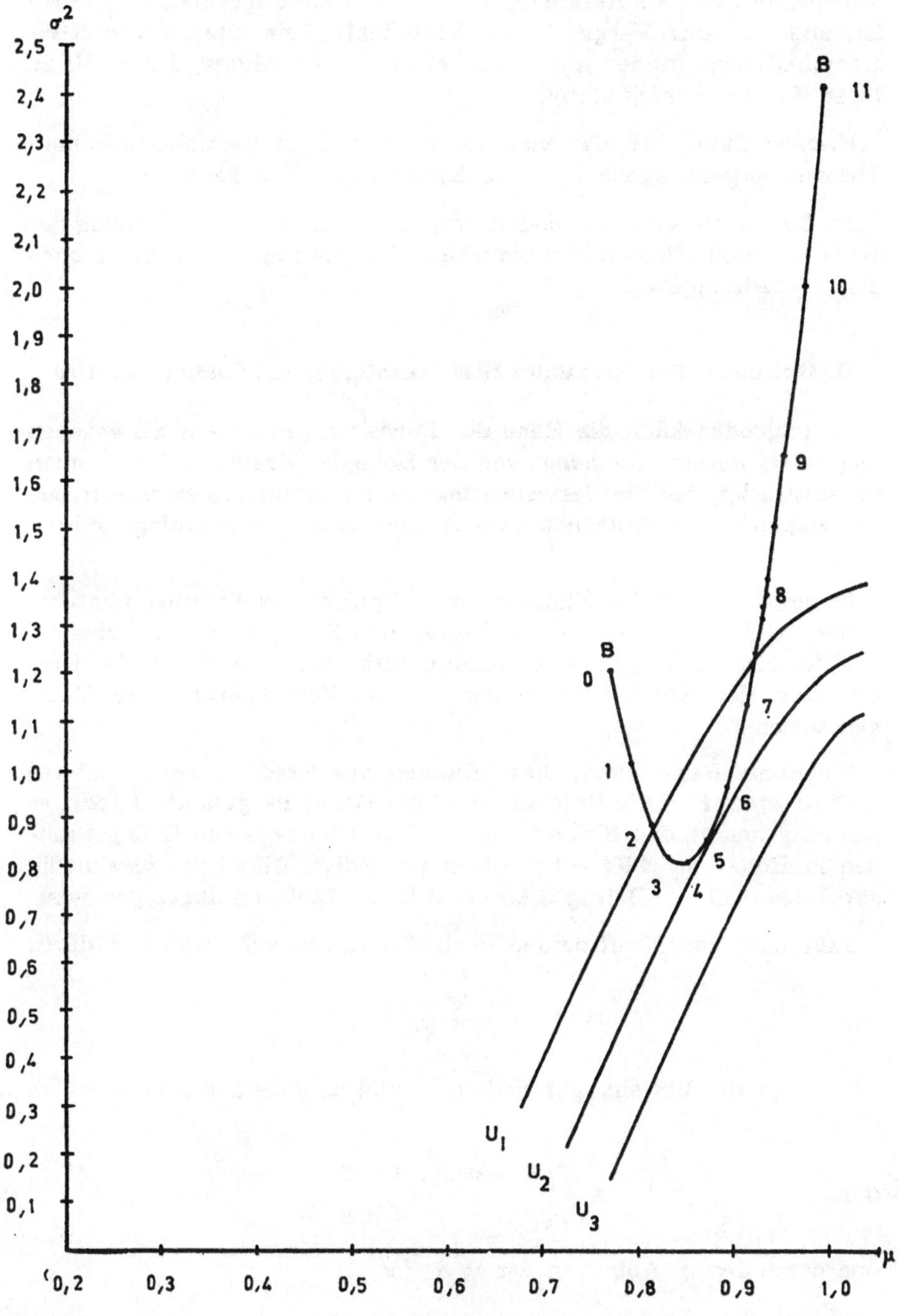

Die Optimalität dieser Lösung des Entscheidungsproblems wird von Bankpraktikern bestritten. Es wird argumentiert, daß die Position Wertpapiere nur als Residualgröße aus dem Kreditgeschäft anzusehen ist, und daß der Vergleich der Vorteilhaftigkeit alternativer *K/W*-Kombinationen in der μ/σ^2-Ebene nicht die Beziehung der Bank zu ihren Kunden berücksichtigt.

Hieraus folgt, daß das von der traditionellen Portfolio-Selection-Theorie vorgeschlagene optimale Kreditangebot zu klein ist.

Im folgenden wird ein Modell vorgeschlagen, das die Beziehung der Bank zu ihren Kunden berücksichtigt. Hieraus folgt ein höheres optimales Kreditangebot.

II. Optimales Portfolio unter Berücksichtigung des Passivgeschäftes

Im folgenden kann die Höhe der Depositen nicht mehr als gegeben angesehen werden. Sie hängt von der Höhe des Kredits ab, wenn man berücksichtigt, daß die Verweigerung des Kreditantrags eines Kunden, der zugleich eine Einlage unterhält, zum Abzug der Einlage führen kann.

E^* sei die Höhe der Einlagen im Zeitpunkt des Entscheidungsproblems, E_0 der hierin enthaltene Betrag von Einlagen, der unabhängig von der Kreditgewährung der Bank unterhalten wird. K^* sei der Kreditbetrag, den Kunden nachfragen, die bei Verweigerung ihre Einlagen abziehen.

Wenn die Bank zuerst diese Kunden mit Kredit versorgt, ist bei $K \geq K^*$ stets $E = E^*$. Unterschreitet die Bank die gesamte Kreditgewährung derart, daß $K < K^*$, bleiben Kreditanträge von Einlegerkunden in Höhe von $\Delta K^* = K^* - K$ unbefriedigt. Dies habe regelmäßig zur Folge, daß der Betrag $\Delta E = a \cdot \Delta K^*$ an Einlagen abgezogen wird.

Faßt man den Koeffizienten a als Konstante auf, bestimmt durch

$$a = \frac{E^* - E_0}{K^*}, \tag{10}$$

kann man die Beziehung zwischen K und E vollständig beschreiben durch

$$E = \begin{cases} E_0 + a \cdot K\,, & K < K^* \\ E^* & , K \geq K^* \end{cases} \tag{11}$$

und darstellen in Abb. 2, in der tg $\alpha = a$.

Abbildung 2

Die Kredit-Einlagenbeziehung

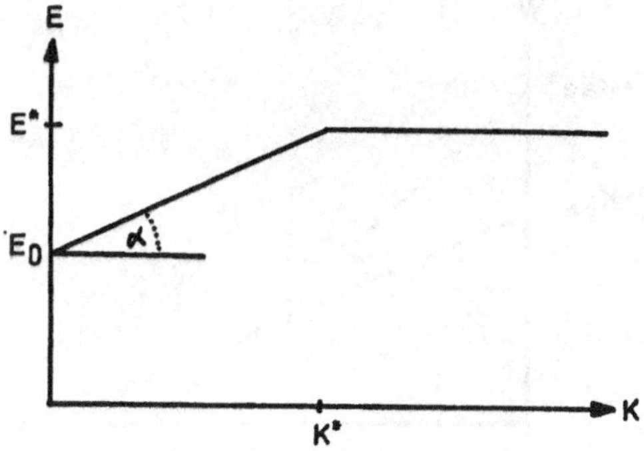

Substituiert man (11) in die Restriktion (1), erhält man

(12) $$W + K = \begin{cases} E_0 + a \cdot K + Kap^*, & K < K^* \\ E^* + Kap^* & , K \geq K^* \end{cases}$$

oder aufgelöst nach W

(13) $$W = \begin{cases} E_0 + Kap^* - (1 - a) \cdot K, & K < K^* \\ E^* + Kap^* - K & , K \geq K^* . \end{cases}$$

Die Darstellung dieser Funktion ergibt ebenfalls einen Streckenzug, bestehend aus zwei Geraden, die bei K^* zusammentreffen (Abb. 3). Die Geraden haben an dieser Stelle gleiche Ordinatenwerte, wie man leicht sieht, wenn man die Differenz ΔW der Werte der oberen und der unteren Funktion in (13) an der Stelle K^* bildet:

(14) $$\begin{aligned} \Delta W &= E_0 + Kap^* - (1 - a) K^* - E^* - Kap^* + K^* \\ &= a \cdot K^* - (E^* - E_0) . \end{aligned}$$

Setzt man hierin (10) ein, verschwindet ΔW.

An dieser Stelle kann die Änderung der Bilanzstruktur, hervorgerufen durch unterschiedlich hohes Kreditangebot, abgeleitet werden.

Für $K < K^*$ ergibt sich

(15) $$\frac{dW}{dK} = -(1 - a)$$

oder wegen $a > 0$

(16) $$\left| \frac{dW}{dK} \right| < 1$$

Abbildung 3

Mögliche Kredit-Wertpapier-Kombinationen

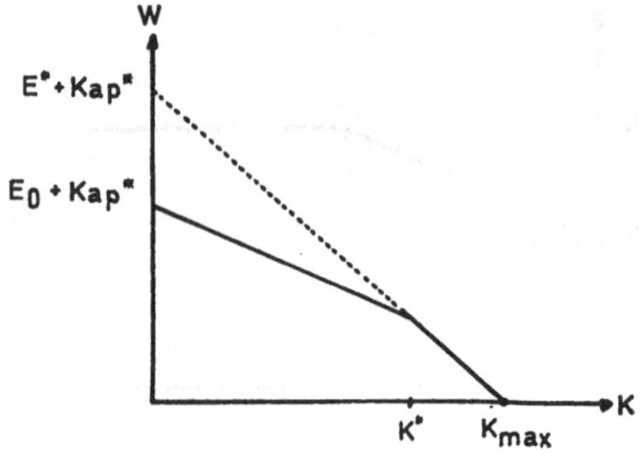

d. h. ein alternativ höheres Kreditangebot von 1 DM ist mit einer alternativ niedrigeren Wertpapierhaltung von weniger als 1 DM verbunden. Im Bilanzschema ausgedrückt bedeutet das: Die Krediterhöhung wird nur teilweise aus einem Aktivtausch in Form einer Substitution von Krediten durch Wertpapiere finanziert. Zum Teil kann das höhere Kreditangebot aus einem höheren Einlagenbetrag (vom Standpunkt der Einlagenhöhe E^*: aus einer Verhinderung eines Einlagenabzugs), also durch eine Bilanzverlängerung finanziert werden.

Für $K \geq K^*$ ergibt sich

$$\frac{dW}{dK} = -1 \,, \tag{17}$$

d. h. ein alternativ höheres Kreditangebot ist mit einem in gleicher Höhe niedrigeren Wertpapierbestand verbunden. Die Kreditexpansion wird in dem Bereich, wo die Kreditanträge von Einlegerkunden bereits bewilligt sind, voll durch einen Aktivtausch finanziert. Die Bilanzsumme bleibt konstant.

Man kann hieraus folgende Schlüsse auf das Kreditangebotsverhalten der Banken ziehen:

a) Ist das Verhalten des Bankmanagements an der Expansion der Bilanzsumme orientiert, ergibt sich, daß das Kreditangebot nicht unter K^* liegt.

b) Ist das Bankverhalten an der Gewinnhöhe orientiert, ergibt sich für den Fall der Sicherheit und der Annahme, daß die Kreditrendite stets höher als die Wertpapierrendite ist, daß sich α) im Bereich $K < K^*$ eine Kreditexpansion besonders lohnt,

β) eine Kreditexpansion auch im Bereich $K \geq K^*$ den Gesamtgewinn noch erhöht, aber nicht mehr so stark.

c) Wird jedoch eine Maximierung des Nutzens angestrebt und hat man der Unsicherheit Rechnung zu tragen, kann allgemein nur gesagt werden, daß die Kreditanträge aller Einlegerkunden im Nutzenoptimum weitgehend bewilligt sind. Man erkennt dies, wenn man die Lösung des 1. Kapitels, dargestellt in Abb. 1, mit der im folgenden abzuleitenden Lösung der Nutzenmaximierungsaufgabe dieses Kapitels vergleicht.

Hierzu wird die Lösung zunächst analytisch vorbereitet, anschließend wird für einige Zahlenbeispiele der Verlauf der Opportunitätskurve durch Berechnung von Punktkoordinaten bestimmt und die Lösung graphisch ermittelt.

Zunächst muß die Opportunitätskurve in der μ/σ^2-Ebene aus der Funktion (13) neu abgeleitet werden.

Falls $K \geq K^*$, berechnet sich der Gesamtportfolioperiodengewinn G wie in (2). Für den Fall $K < K^*$, bei dem Kreditanträge von Einlegern nicht bewilligt werden, kommt es zu einem aus (11) berechenbaren niedrigeren Einlagenbestand. Für $\tilde{K} < K^*$ hat die Bank nur noch Einlagen in Höhe von

$$\tilde{E} = E_0 + a\tilde{K}. \tag{18}$$

Da die ursprüngliche Einlagenhöhe E^* beträgt, ergibt sich ein Einlagenverlust von

$$\Delta E = E^* - \tilde{E} = E^* - E_0 - a\tilde{K} \tag{19}$$

oder allgemein für alle $K \geq 0$

$$\Delta E = \begin{cases} E^* - E_0 - a \cdot K, & K < K^* \\ 0 & , K \geq K^*. \end{cases} \tag{20}$$

Es ist nun zu berechnen, welcher Periodenverlust aus dem Einlagenabzug entsteht. Hierzu wird eine Methode von Hodgman[2] verwendet. Wenn die Bank das bisherige Kredit-Einlagen-Verhältnis $\hat{K}/\hat{E}$ (Kreditkoeffizient) unverändert lassen will, kann bei einem um ΔE vermin-

---

[2] *Hodgeman*, D. R.: The Deposit Relationship and Commercial Bank Investment Behavior; in: The Review of Economics and Statistics (1961), S. 257 bis 268, insbes. S. 258.

derten Einlagenbestand nur ein um $(\hat{K}/\hat{E})\,\Delta E$ verminderter Kreditbetrag ausgeliehen werden. Dieser Kreditbetrag hätte

$$\text{(21)} \qquad \frac{\hat{K}}{\hat{E}} \cdot \Delta E \cdot g_K$$

DM je Periode Gewinn erbracht. (21) sind die Opportunitätskosten der Kreditverweigerung gegenüber den Einlagenkunden, wenn man anders als Hodgman davon ausgeht, daß der Depositenabzug nicht zu einer Kostensenkung führt[3]. Entgegen Hodgman wird (22) als Zufallsvariable aufgefaßt, da g_K zufällig ist.

Somit lautet der entgangene Gewinn allgemein

$$\text{(22)} \qquad \frac{\hat{K}}{\hat{E}} \Delta E \cdot g_K = \begin{cases} (E^* - E_0 - a \cdot K) \dfrac{\hat{E}}{\hat{K}} \cdot g_K, & K < K^* \\ 0, & K \geq K^* \end{cases}$$

und der Gesamtportfoliogewinn je Periode

$$\text{(23)} \qquad G = \begin{cases} \left[K \cdot \left(1 + a \cdot \dfrac{\hat{K}}{\hat{E}}\right) - \dfrac{\hat{K}}{\hat{E}}(E^* - E_0)\right] \cdot g_K + W \cdot g_W, & K < K^* \\ K \cdot g_K + W \cdot g_W, & K \geq K^* \, . \end{cases}$$

Die Zufallsvariable G ist verteilt mit dem Mittelwert

$$\text{(24)} \qquad \mu = \begin{cases} \left[K \cdot \left(1 + a \cdot \dfrac{\hat{K}}{\hat{E}}\right) - \dfrac{\hat{K}}{\hat{E}}(E^* - E_0)\right] \cdot \mu_K + W \cdot \mu_W, & K < K^* \\ K \cdot \mu_K + W \cdot \mu_W, & K \geq K^* \end{cases}$$

und der Varianz

$$\text{(25)} \qquad \sigma^2 = \begin{cases} \left[K \cdot \left(1 + a \cdot \dfrac{\hat{K}}{\hat{E}}\right) - \dfrac{\hat{K}}{\hat{E}}(E^* - E_0)\right]^2 \cdot \sigma^2_K + W^2 \cdot \sigma^2_W + 2 \cdot c_1, & K < K^* \\ K^2 \cdot \sigma^2_K + W^2 \cdot \sigma^2_W + 2 \cdot c_2, & K \geq K^* , \end{cases}$$

wobei c_i die Kovarianzen als Maß für die stochastische Abhängigkeit der Summanden in der i-ten Zeile in (25) sind.

Substituiert man mit Hilfe von (13) W in (24) und (25), erhält man diese als Ausdrücke in K:

$$\text{(24a)} \qquad \mu = \mu(K)$$

$$\text{(25a)} \qquad \sigma^2 = \sigma^2(K) \, .$$

[3] Diese Annahme wird ohne Einschränkung der Allgemeingültigkeit der folgenden Ergebnisse aus Vereinfachungsgründen eingeführt und kann ohne Schwierigkeiten aufgehoben werden.

Diese Funktionen kann man wieder als Argumente in die Nutzenfunktion (5) einzetzen und hierauf die Entscheidungsregel (7) anwenden.

Als erstes wird der Verlauf der Opportunitätskurve für folgendes Zahlenbeispiel bestimmt:

$$E_0 + Kap^* = 7$$

$$\left.\begin{aligned} E^* - E_0 &= 4 \\ K^* &= 8 \end{aligned}\right\} \rightarrow a = \frac{E^* - E_0}{K^*} = 0{,}5$$

$$\frac{\hat{K}}{\hat{E}} = 0{,}7$$

$$\mu_K = 0{,}09$$

$$\sigma^2_K = 0{,}02$$

$$\mu_W = 0{,}07$$

$$\sigma^2_W = 0{,}01$$

$$c_1, c_2 = 0 .$$

Hieraus berechnen sich die Funktionen

$$W = \begin{cases} 7 - 0{,}5 \cdot K, K < 8 \\ 11 - K \quad , K \geq 8 , \end{cases} \tag{13.1}$$

$$\mu = \begin{cases} 0{,}1215 \cdot K + 0{,}07 \cdot W - 0{,}252, K < 8 \\ 0{,}09 \cdot K + 0{,}07 \cdot W \quad , K \geq 8 , \end{cases} \tag{24.1}$$

$$\sigma^2 = \begin{cases} 0{,}03645 \cdot K^2 - 0{,}1512 \cdot K + 0{,}1568 + 0{,}01 \cdot W^2, K < 8 \\ 0{,}02 \cdot K^2 \qquad + 0{,}01 \cdot W^2, K \geq 8 . \end{cases} \tag{25.1}$$

Für einige K-Werte wurden die μ/σ^2-Koordinaten der Opportunitätskurve berechnet (Tabelle 2).

In Abb. 4 ist aus diesen Punkten der Verlauf der Opportunitätskurve 2 als Kurvenzug *AAB* gezeichnet. Die neben die Kurven geschriebenen Zahlen sind die zugehörigen Kreditangebote. Zugleich ist die Opportunitätskurve 1 (*BB*) eingezeichnet, die sich aus dem I. Abschnitt ergibt, wenn man die Beziehung zwischen Kredit- und Einlagenhöhe nicht berücksichtigt.

In diesem Fall hätte sich eine Lösung im Tangentenpunkt mit der Indifferenzkurve U_2 ergeben. Die Kreditvergabe hätte 5 Einheiten betragen.

Tabelle 2

Erwartungswert und Varianz unterschiedlicher Kredit-Wertpapier-Kombinationen bei kreditabhängigen Mitteln ($K^* = 8$)

K	W	μ	σ^2
0	7	0,24	0,65
1	6,5	0,33	0,47
2	6	0,41	0,36
3	5,5	0,50	0,33
4	5	0,58	0,39
5	4,5	0,67	0,52
6	4	0,76	0,72
7	3,5	0,84	1,01
7,9	3,05	0,92	1,33
8	3	0,93	1,37
9	2	0,95	1,66
10	1	0,97	2,01
11	0	0,99	2,42

Für den Fall der neuen Opportunitätskurve 2 ergibt sich eine Lösung im Tangentenpunkt mit der Indifferenzkurve U_1 bei einem um 2 Einheiten oder 40 % höheren Kreditangebot von 7 Einheiten. Damit ist auch die Wertpapiernachfrage in Höhe von 4 Einheiten bestimmt. Ferner ergibt sich eine Einlagenhöhe von 8,5 Einheiten, falls Kap* = 2. Das simultane Entscheidungsproblem ist gelöst.

Die Berücksichtigung der Kredit-Depositen-Beziehung führt somit dazu, daß statt drei Einheiten nur noch eine Einheit der Kreditanträge der Depositenkunden unberücksichtigt bleiben. Für die Berücksichtigung aller dieser Kreditanträge ist im Fall der Opportunitätskurve 2 ein weniger starker Abbau der Risikoaversion und/oder der Erhaltung des Grenznutzens bei Änderung des erwarteten Gewinns erforderlich als im Fall der Opportunitätskurve 1.

Jedes dieser beiden Momente führt zu einem steileren Anstieg der Indifferenzkurvenschar. Das eine erniedrigt absolut betrachtet den Nenner in (9), das andere erhöht den Zähler. Jedes erhöht damit den Anstieg.

Die Indifferenzkurvenschar, repräsentiert durch U_1 in Abb. 5, ist bebereits steil genug, um im Fall der Opportunitätskurve 2 die Kreditnachfrage der Depositenkunden zu befriedigen, während im Fall der Opportunitätskurve 1 dann noch etwa 1,5 Einheiten unbefriedigt bleiben. Bei dieser Opportunitätskurve müssen die Indifferenzkurven mindestens so steil verlaufen wie U_1', damit diese Kreditanträge sämtlich bewilligt werden. Natürlich wird ihnen bei diesen Indifferenzkurven auch bei Vorliegen der Kredit-Depositenbeziehung stattgegeben.

Ein Vergleich der Abbildungen 4 und 4a (Tabelle 3) zeigt, daß ferner die Wahrscheinlichkeit für die volle Befriedigung von K^* um so größer ist, je kleiner K^* bei im übrigen konstanten Werten ist.

Tabelle 3

Erwartungswert und Varianz unterschiedlicher Kredit-Wertpapier-Kombinationen bei kreditabhängigen Mitteln ($K^* = 6$)

K	W	μ	σ^2
0	7	0,24	0,65
1	6,33	0,32	0,44
2	5,67	0,41	0,32
3	5,0	0,49	0,30
4	4,33	0,58	0,38
5	3,33	0,67	0,55
5,9	3,07	0,74	0,78

Diese Werte wurden aus den Funktionen

$$(13.2) \qquad W = \begin{cases} 7 - \frac{2}{3} \cdot K, & K < 6 \\ 11 - K, & K \geq 6 \end{cases}$$

$$(24.2) \qquad \mu = \begin{cases} 0{,}132 \cdot K - 0{,}252 + 0{,}07 \cdot W, & K < 6 \\ 0{,}09 \cdot K + 0{,}07 \cdot W, & K \geq 6 \end{cases}$$

$$(25.2) \qquad \sigma^2 = \begin{cases} 0{,}04302222 \cdot K^2 - 0{,}16426667 \cdot K + 0{,}1568 + 0{,}01 \cdot W^2, & K < 6 \\ 0{,}02 \cdot K^2 + 0{,}01 \cdot W^2, & K \geq 6 \end{cases}$$

berechnet.

Abbildung 4

Optimale Lösung bei kreditabhängigen Mitteln (K* = 8)

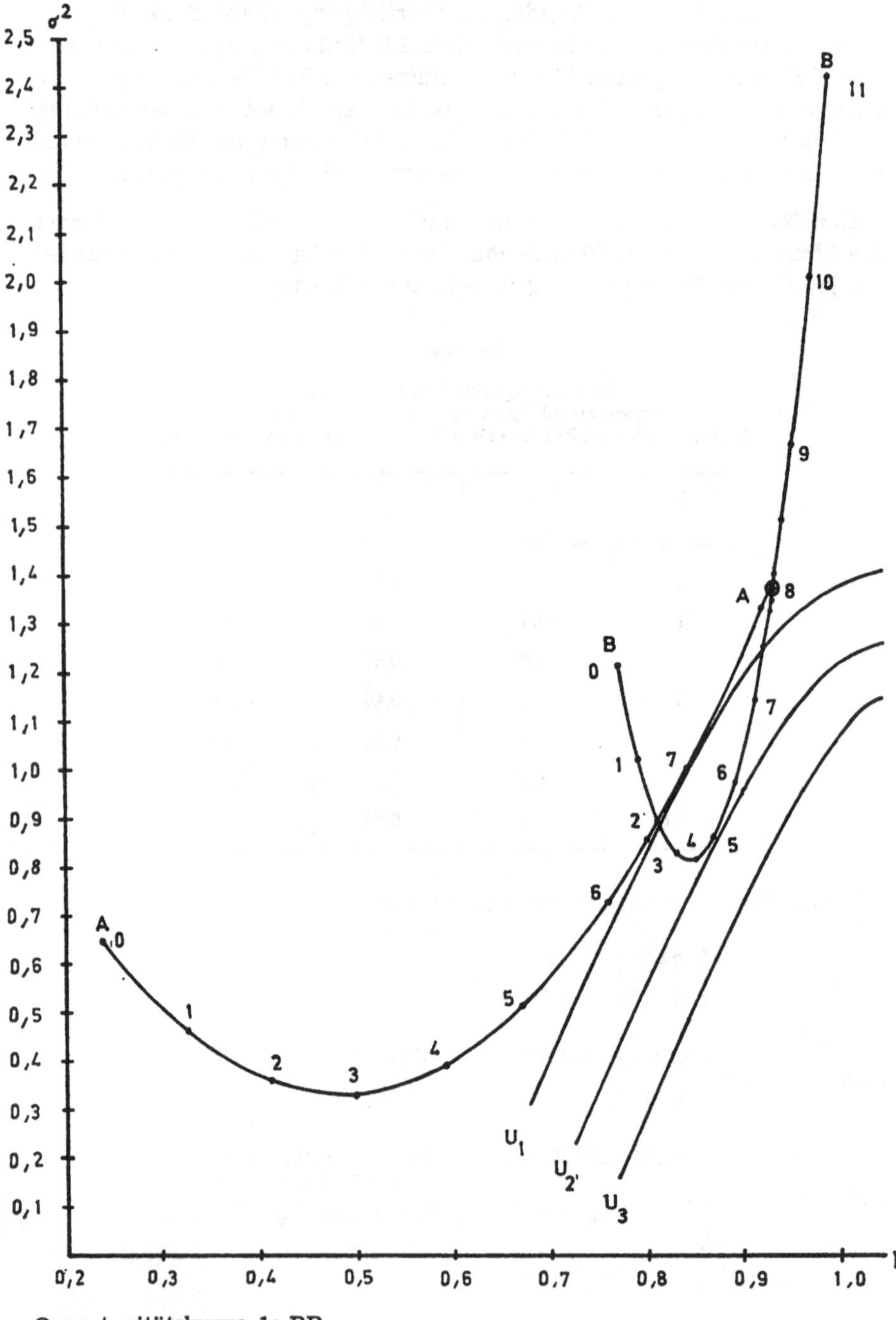

Opportunitätskurve 1: BB
Opportunitätskurve 2: AAB

Abbildung 4 a

Optimale Lösung bei kreditabhängigen Mitteln (K* = 6)

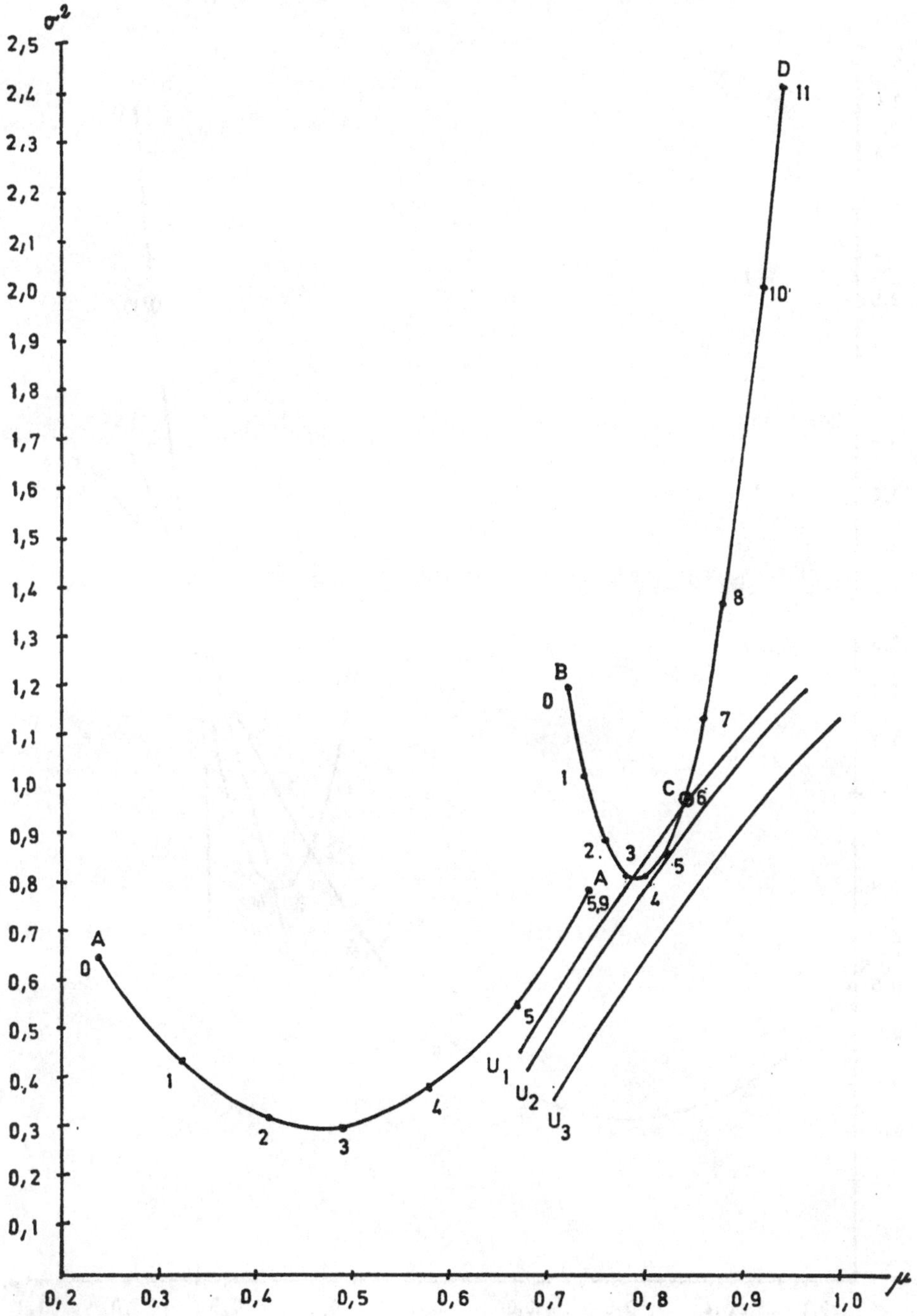

Opportunitätskurve 1: BD
Opportunitätskurve 2: AA und CD

Abbildung 5

Indifferenzkurven, bei denen alle Kreditanträge der Depositenkunden berücksichtigt werden

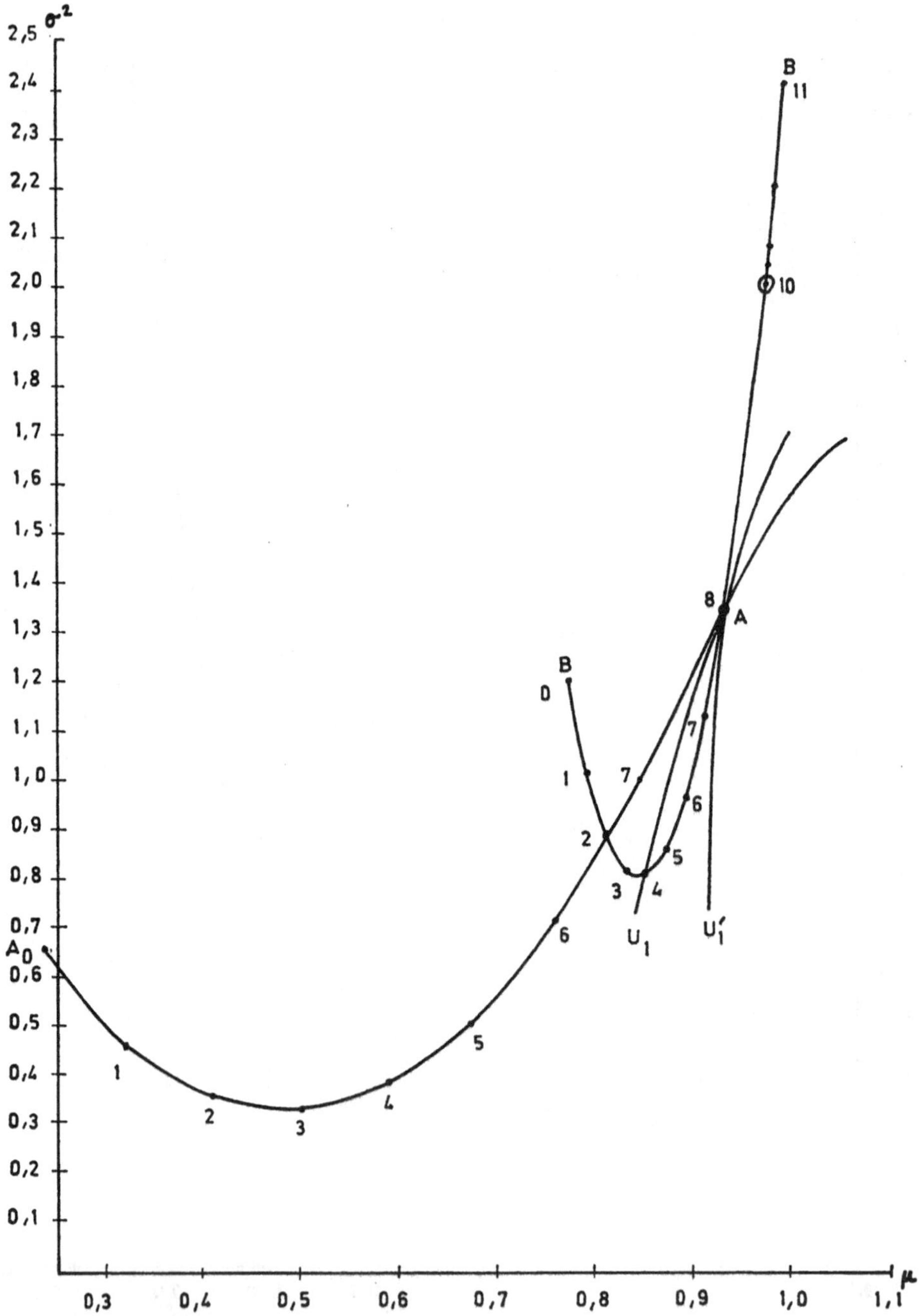

Opportunitätskurve 1: BB
Opportunitätskurve 2: AAB

Abbildung 6

Optimale Lösung bei kreditabhängigen Mitteln und geringerer Varianz (K* = 8)

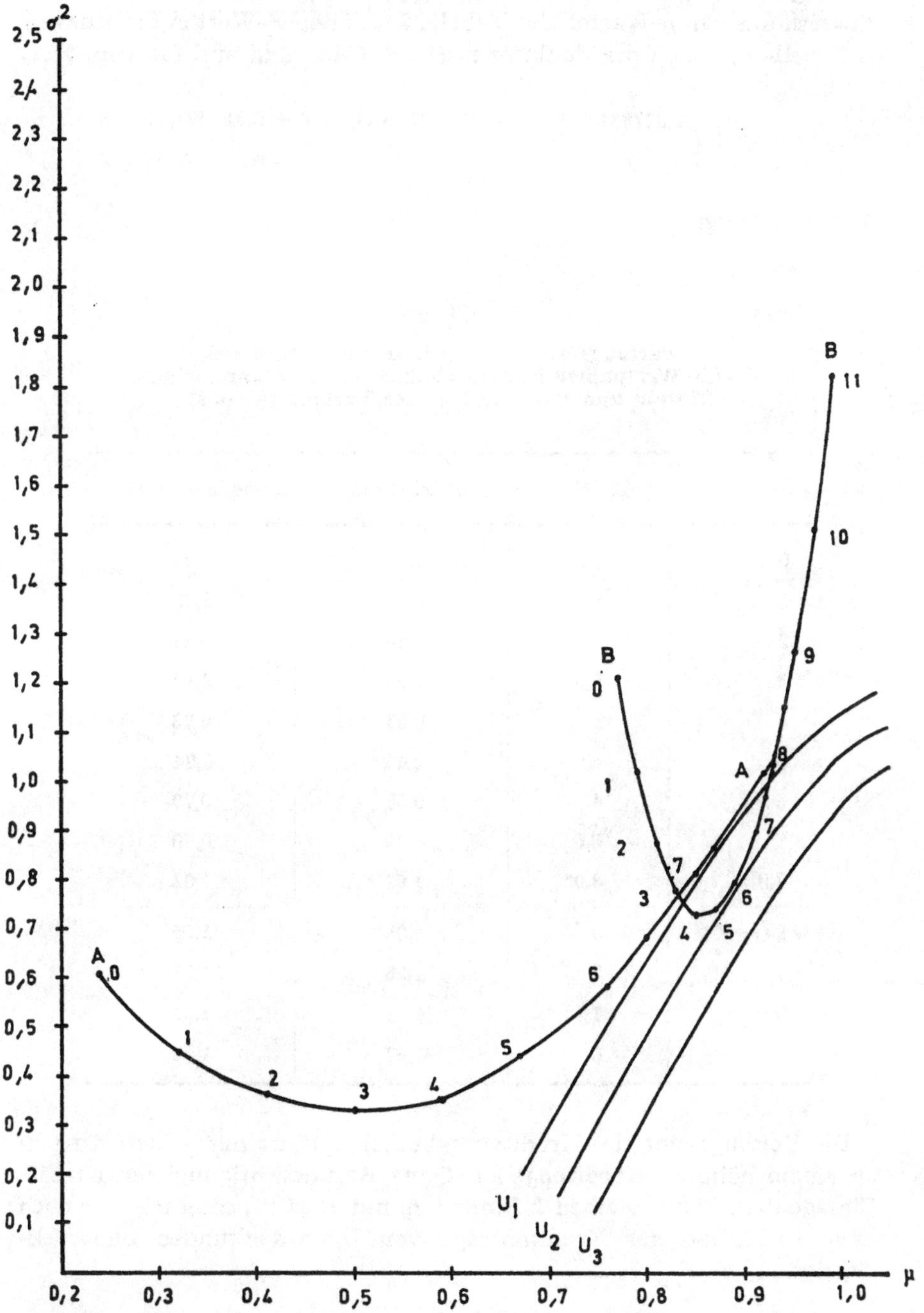

Opportunitätskurve 1: BB
Opportunitätskurve 2: AAB

Die Auswirkungen einer ceteris-paribus-Änderung der Varianz der Kreditrendite auf $\sigma_K^2 = 0{,}015$ erkennt man aus dem Vergleich der Abbildungen 4 und 6. Der Verlauf der Opportunitätskurve 2 in Abb. 6 ergibt sich aus den μ-Werten der Tabelle 2 und den σ^2-Werten für Kurve 2 in Tabelle 4, denen die Funktionen (13.1), (24.1) und anstelle von (25.1)

$$(25.3) \qquad \sigma^2 = \begin{cases} 0{,}0273375 \cdot K^2 - 0{,}1134 \cdot K + O,1176 + 0{,}01 \cdot W^2, K < 8 \\ 0{,}015 \cdot K^2 \qquad\qquad\qquad\qquad + 0{,}01 \cdot W^2, K \geq 8 \end{cases}$$

zugrunde lagen.

Tabelle 4

Erwartungswert und Varianz unterschiedlicher Kredit-Wertpapier-Kombinationen bei kreditabhängigen Mitteln und unterschiedlicher Varianz ($K^* = 8$)

K	W	σ^2 (Kurve 2)	σ^2 (Kurve 1)
0	7	0,61	1,21
1	6,5	0,45	1,02
2	6	0,36	0,87
3	5,5	0,33	0,78
4	5	0,35	0,73
5	4,5	0,44	0,74
6	4	0,58	0,79
7	3,5	0,79	0,90
7,9	3,05	1,02	1,03
8 (= K^*)	3	1,05	1,05
9	2	1,26	1,26
10	1	1,51	1,51
11	0	1,82	1,82

Die Verringerung des Kreditvergaberisikos führt mit beiden Kurven zu einem höheren Kreditangebot. Ohne Berücksichtigung der Kredit-Einlagenbeziehung bleiben 2 Einheiten, mit Berücksichtigung nur noch etwa 1/2 Einheit der Kreditanträge von Depositenkunden unberücksichtigt.

Zusammenfassend läßt sich sagen:

(1) Ungeachtet von Parameteränderungen führt die Berücksichtigung der Kredit-Einlagenbeziehung zu einer höheren optimalen Kreditmenge.

(2) Ferner erhöht sich die Wahrscheinlichkeit, daß die gesamte Kreditnachfrage der Depositenkunden befriedigt wird, weil an die hierzu erforderliche Steilheit der Indifferenzkurven bei Berücksichtigung der Kredit-Einlagenbeziehung geringere Anforderungen gestellt werden.

(3) Das Nutzenniveau ist niedriger.

Somit nähert sich die theoretische Lösung des Entscheidungsproblems derjenigen der Praxis, führt aber darüber hinaus zu einem aus der Präferenzstruktur abgeleiteten Optimum, in dem die Werte von K, W und E simultan bestimmt sind.

Die Bardepotpflicht

Erfahrungen mit einem Instrument zur außenwirtschaftlichen Absicherung

Von Wolfgang Riedel

I. Ausgangslage

1. Die außenwirtschaftliche Verflechtung der Bundesrepublik Deutschland

Die Bundesrepublik Deutschland ist ein Land mit starker außenwirtschaftlicher Verflechtung. Bei einem Bruttosozialprodukt im Jahre 1971 von 760 Mrd. DM[1] hatten die Ausfuhren (fob) einen Wert von 136 Mrd. DM und die Einfuhren (cif) einen Wert von 120 Mrd. DM, während sich im Dienstleistungsverkehr die Einnahmen über 39,8 Mrd. DM und die Ausgaben über 41 Mrd. DM beliefen. Unter Beachtung der Übertragungsbilanz ergab sich für die Leistungsbilanz ein Saldo von 3,1 Mrd. DM. Der Gesamtkapitalverkehr wies einen positiven Saldo von 10,5 Mrd. DM aus[2]. Trotz dieses hohen Grades außenwirtschaftlicher Verflechtung ist die Lage der Bundesrepublik Deutschland dadurch gekennzeichnet, daß wirtschaftspolitische Entscheidungen die übrige Welt nur so gering beeinflussen, daß die Rückwirkungen solcher Einflüsse weitgehend vernachlässigt werden dürfen. D. h. konkret, daß Zinssätze auf dem Eurodollarmarkt oder „Weltmarktgüterpreise" (in fremder Währung) bei wirtschaftspolitischen Entscheidungen als Faktum hingenommen werden müssen.

Durch die uneingeschränkte Konvertierbarkeit der D-Mark existiert darüber hinaus eine hohe internationale Kapitalmobilität, die bei Zinsdifferenzen zwischen In- und Ausland sowie Erwartungen von Paritätsänderungen Geld- und Kapitalströme entstehen läßt.

Eine weitere Dimension internationaler Verflechtung ergibt sich durch die nicht unbedeutende Höhe deutscher Anlagen im Ausland und ausländischer Anlagen in Deutschland.

---

1 Zu jeweiligen Preisen, vgl. *Deutsche Bundesbank* (Hrsg.): Statistische Beihefte zu den Monatsberichten der Deutschen Bundesbank, Reihe 4, Nr. 7 (1974), 1. Bruttosozialprodukt.

2 Vgl. *Deutsche Bundesbank* (Hrsg.): Statistische Beihefte zu den Monatsberichten der Deutschen Bundesbank, Reihe 3, Nr. 6 (1974), 1. Wichtigste Posten der Zahlungsbilanz.

2. Die Wirksamkeit der Geld- und Finanzpolitik bei unterschiedlichen Wechselkurssystemen

Unter dieser Datenkonstellation steht die Wirtschaftspolitik vor der Aufgabe, sowohl das interne als auch externe Gleichgewicht zu erreichen. Die wichtigsten Mittel, mit denen die Ziele des internen und externen Gleichgewichts erreicht werden sollen, sind die Geldpolitik, die Finanzpolitik sowie ihr kombinierter Einsatz (policy mix).

Unter Geldpolitik werden allgemein Maßnahmen des Staates und/oder einer Währungsbehörde verstanden, die die Geldmenge beeinflussen, während sich die Finanzpolitik vorwiegend auf eine Variation der Staatsausgaben, welche nicht durch eine entsprechende Änderung von privaten Ausgaben kompensiert wird, bezieht. Wichtige andere finanzpolitische Aktionsparameter sind im Bereich der Zölle, Steuern und Subventionen angesiedelt.

Der Einsatz geld- und/oder finanzpolitischer Instrumente kann grundsätzlich unter zwei verschiedenen Wechselkurssystemen erfolgen: dem System fixer Wechselkurse (mit und ohne Bandbreiten) und dem System flexibler Wechselkurse. In der wirtschaftstheoretischen Literatur existiert eine Vielzahl von Untersuchungen über die Vor- und Nachteile flexibler bzw. fester Wechselkurse. Im folgenden sollen kurz Vor- und Nachteile fester und flexibler Wechselkurse für ein Land wie die Bundesrepublik Deutschland (charakterisiert durch den obigen Datenkranz) abgewogen werden.

Entscheidungskriterien sollen die Möglichkeiten eines Landes, autonom Geld- oder Finanzpolitik unter der Nebenbedingung der optimalen Allokation der Ressourcen zu betreiben, sein[3]. Liegt bei festen Wechselkursen ein außenwirtschaftliches Ungleichgewicht vor, so hat die Geldpolitik wegen der hohen Kapitalmobilität und der nach unten starren Preise nur begrenzte Wirkungen, während die Fiskalpolitik zwar wirkt, aber schwerfällig ist. Eine Anpassung der Wechselkurse ist bei längerem Andauern des Ungleichgewichtes unvermeidlich. Diese Erkenntnis wird durch eine Vielzahl praktischer Erfahrungen belegt. Ein System fester Wechselkurse ist, sollten längerfristig realwirtschaftliche Disparitäten zwischen den dem System angehörenden Ländern entstehen, nicht geeignet, über längere Zeiträume Konstanz der Kurse zu garantieren. Damit entfällt ein populäres Argument zu seinen Gunsten.

---

[3] Die folgenden Aussagen beziehen sich im wesentlichen auf *Mundell* und *Sohmen*. Vgl. *Mundell*, R. A.: International Economics, New York 1968, S. 262 ff.; *Sohmen*, E.: Flexible Exchange Rates. rev. ed., Chicago 1969 und *ders.*: Fiscal and Monetary Exchange Rate Systems; in: Quarterly Journal of Economics, Bd. 81 (1967), S. 515 - 523.

Im Falle flexibler Wechselkurse ist die Geldpolitik effizienter. Auch wenn die Finanzpolitik bei festen Wechselkursen ebenso wirkungsvoll ist wie die Geldpolitik bei flexiblen Wechselkursen, erscheinen flexible Wechselkurse als die günstigere Lösung. Aus politischen Gründen werden Instrumente der Finanzpolitik häufig nur zögernd eingesetzt. Selbst unter der Annahme eines schnellen und konjunkturgerechten Einsatzes finanzpolitischer Instrumente bleibt ein schwerwiegendes Argument unwiderlegt: Struktur und Höhe der Staatseinnahmen und -ausgaben sollten nach langfristigen Allokationsüberlegungen festgelegt werden.

Die Geldpolitik kann schnell und mit weniger schwerwiegenden Folgen auf die optimale Allokation der Ressourcen eingesetzt werden. Sie ist jedoch bei hoher Kapitalmobilität nur wirksam, wenn flexible Wechselkurse existieren.

3. Die Lage der Bundesrepublik Deutschland im Jahre 1971

Durch den Beitritt zum System von Bretton Woods war (und ist) die Bundesrepublik Deutschland an feste Wechselkurse gebunden. Dieses System führt im Verein mit den nach unten starren Löhnen und Preisen dazu, daß es den terms of trade unmöglich war, ihre natürliche Rolle im Anpassungsprozeß zu spielen[4]. Flexible Wechselkurse erlauben — wie oben angesprochen — autonome Geld- und Finanzpolitik und führen tendenziell dazu, daß die Abwertung an die Stelle der Unterbeschäftigung und die Aufwertung an die Stelle der Inflation treten.

Permanente Ungleichgewichte in den Leistungsbilanzen wichtiger Welthandelsländer (z. B. USA, Großbritannien, Bundesrepublik Deutschland) waren nicht die Ursache des eingeschränkten Funktionierens des Systems von Bretton Woods, sondern die Folge der Verpflichtung, den Wechselkurs eines Landes zu verteidigen. Der Druck auf die Währungen einiger Länder war das monetäre Spiegelbild von Veränderungen im realwirtschaftlichen Sektor. Die Aussicht auf eine notwendig gewordene Wechselkursanpassung und Zinsdifferenzen in den einzelnen Ländern löste zusätzliche Kapitalströme aus, die im Verein mit der wegen realwirtschaftlicher Veränderungen notwendigen Anpassung auch fast immer zu Wechselkursveränderungen führten.

Bevor es jedoch zu den notwendigen Anpassungen kommt, versuchen die betroffenen Länder immer wieder mit einem Bündel „flankierender Maßnahmen" ihren Wechselkurs zu verteidigen und die aus diesem Verhalten resultierenden binnenwirtschaftlichen Folgen zu neutralisieren. Zu unterscheiden sind diese Maßnahmen in solche, die sich auf den Gü-

---

[4] Vgl. *Mundell*, R. A.: A Theory of Optimum Currency Areas; in: American Economic Review, Bd. 51 (1961), S. 657.

ter- und Leistungsaustausch und solche, die sich auf den Kapitalverkehr beziehen. Zu den ersteren gehören z. B. Zölle, Grenzausgleichssteuern, Kontingente, Export- und Investitionssubventionen, während Kapitalverkehrsbeschränkungen bzw. -anreize den letzteren zuzurechnen sind. Auch geldpolitische Instrumente wie die Mindestreservepflicht auf Ausländereinlagen gehören in den Bereich der Maßnahmen, mit denen u. a. Folgen fester Wechselkurse mit aufgefangen werden sollen.

Auch die Bundesrepublik Deutschland hat in den vergangenen Jahren versucht, einen fixen Wechselkurs zu verteidigen und gleichzeitig die daraus resultierenden negativen binnenwirtschaftlichen Folgen[5] mit Hilfe administrativer Maßnahmen zu minimieren.

Eines der administrativen Instrumente wurde durch die Einführung des § 6 a in das Außenwirtschaftsgesetz am 23. 12. 1971 (BGBl. I, S. 2141) gesetzlich verankert und damit das sog. Bardepotgesetz geschaffen. Da entgangene Kapitalerträge nicht nur die Rentabilität sondern auch erwartete Aufwertungsgewinne von Anlagen ausländischen Kapitals im Inland unter die Rentabilität einer Anlage im Ausland drücken sollen, ist die Bardepotpflicht als ein Versuch anzusehen, die Kapitalmobilität unter formaler Aufrechterhaltung der vollen Konvertibilität zu verringern. Im folgenden soll neben einer kurzen Darstellung der gesetzlichen Ausgestaltung der Versuch gemacht werden zu untersuchen, inwieweit die Bardepotpflicht geeignet ist, die angestrebten Ziele zu erreichen.

II. Die Entstehung und rechtliche Ausgestaltung der Bardepotpflicht nach § 6 a AWG

Am 21. Juli 1971 teilte die Bundesregierung mit, daß der Bundesminister für Wirtschaft und Finanzen beauftragt worden war, „... einen Gesetzentwurf vorzubereiten, nach dem ein jeweils zu bestimmender Teil der Geld- und Kapitalzuflüsse aus dem Ausland unverzinslich als Guthaben auf einem Konto bei der Deutschen Bundesbank zu halten ist“[6]. Die Idee des Bardepotgesetzes erlebte eine Wiedergeburt. Der Ministerrat der EG hatte am 9. Mai 1971 seine Mitgliedsstaaten aufgefordert geeignete Maßnahmen zu entwickeln, um die übermäßigen Kapitalzuflüsse zu entmutigen und deren Auswirkungen auf die innere monetäre Situation der EG-Länder zu neutralisieren[7].

[5] „In den 17 Monaten von Januar 1970 bis Mai 1971 mußte die Bundesbank insgesamt mehr als 11 Mrd. Dollar an Devisen aufnehmen“, Geschäftsbericht der *Deutschen Bundesbank* für das Jahr 1971, Frankfurt a. M. 1972, S. 32.

[6] Presse- und Informationsdienst der *Bundesregierung:* Bulletin Nr. 113, 23. Juli 1971, S. 1235.

[7] Vgl. *Deutscher Bundestag,* 6. Wahlperiode, Drucksache VI/2730: Entwurf eines Gesetzes zur Änderung des Außenwirtschaftsgesetzes, Bonn 1971, S. 3.

§ 6 a (Abwehr schädigender Geld- und Kapitalzuflüsse aus fremden Wirtschaftsgebieten) des Außenwirtschaftsgesetzes (AWG) stellt eine den Inhalt, den Zweck und das Ausmaß der gesetzlichen Bestimmungen umreißende Norm dar[8]. Zur Abwehr einer Gefährdung des gesamtwirtschaftlichen Gleichgewichts kann mittels Rechtsverordnung vorgeschrieben werden, daß Gebietsansässige einen bestimmten Prozentsatz ihrer bei Gebietsfremden aufgenommenen Darlehen oder sonstiger Kredite unverzinslich bei der Bundesbank zu halten haben (Depotpflicht). Rechtsgeschäfte und Handlungen, die wirtschaftlich eine Kreditaufnahme darstellen, werden dabei als Kredit angesehen. Nationale Niederlassungen gebietsfremder Unternehmen werden als rechtlich selbständig angesehen und unterliegen ebenfalls der Depotpflicht.

Durch Rechtsverordnung wird sowohl bestimmt, welche Arten von Verbindlichkeiten von der Depotpflicht ausgenommen werden als auch welche Höhe der Bardepotsatz haben soll.

III. Das Bardepotgesetz als administratives Mittel zur Abwehr von Geld- und Kapitalströmen aus fremden Wirtschaftsgebieten

Die Bardepotpflicht steht unter dem expressis verbis geäußerten Anspruch, Beeinträchtigungen der Wirksamkeit der Währungs- und Konjunkturpolitik, die durch Geld- und Kapitalzuflüsse aus fremden Wirtschaftsgebieten verursacht werden und das gesamtwirtschaftliche Gleichgewicht gefährden, abzuwehren (§ 6 a AWG). An diesem Anspruch muß dann auch das Bardepotgesetz gemessen werden.

Zunächst sei bemerkt, daß das Bardepotgesetz nicht geschaffen und angewandt wurde, um bei einem vorhandenen gesamtwirtschaftlichen Gleichgewicht Gefahren für dieses abzuwehren, sondern in einer Situation des Ungleichgewichts Gefahren zu minimieren und die Erreichung des Gleichgewichts zu erleichtern. Da das Bardepotgesetz nicht das einzige wirtschaftspolitische Instrument ist, kann seine Wirksamkeit nicht global an den Erfolgen, gesamtwirtschaftliche Ziele zu erreichen, gemessen werden. Um jedoch einen Eindruck von der Entwicklung gesamtwirtschaftlicher Größen seit Inkrafttreten des Bardepotgesetzes zu vermitteln, wird im ersten Ansatz die Entwicklung der Leistungsbilanz, ausgewählter Preisindices, der Arbeitslosenzahl und der offenen Stellen aufgezeigt[9].

---

[8] Vgl. *Flachmann*, K.: Bardepot, Frankfurt a. M. 1972, S. 28.

[9] Vgl. zu den folgenden Angaben *Deutsche Bundesbank* (Hrsg.): Statistische Beihefte zu den Monatsberichten der Deutschen Bundesbank, Reihe 4, Nr. 7 (1974), 5. Beschäftigung und Arbeitsmarkt, 10. Preise und 19. Leistungsbilanz.

Die Leistungsbilanz hat in dem genannten Zeitraum eine Steigerung ihres Positivsaldos von ca. einer halben Milliarde DM auf über sechs und eine halbe Milliarde DM erfahren, während der Preisindex für die Lebenshaltung aller privaten Haushalte von 109,0 im März 1972 auf 126,9 im Juni 1974 stieg. Im April 1972 betrug der Preisindex industrieller Produkte (nicht saisonbereinigt) 115,1 und im Mai 1974 140,0. Beide Indices sind ohne nennenswerte Ausnahmen von Monat zu Monat gestiegen. Eine Ausnahme bilden die Erzeugerpreise landwirtschaftlicher Produkte. Sie stiegen zwar vom März 1972 (107,6) bis zum Mai 1974 (114,2), hatten aber im Mai 1973 einen maximalen Stand von 126,3. In Anbetracht der Entwicklung dieser ausgewählten Größen kann von einem gesamtwirtschaftlichen Gleichgewicht keine Rede sein.

Im folgenden soll die mit § 6 a AWG verfolgte Absicht, Geld- und Kapitalzuflüsse aus fremden Wirtschaftsgebieten zu reduzieren, betrachtet werden. Mit anderen Worten, es muß untersucht werden, inwieweit es tatsächlich möglich war, mit Hilfe der Bardepotpflicht schädigende Geld- und Kapitalströme aus fremden Wirtschaftsgebieten abzuwehren. Wie eingangs auf der Basis theoretischer Überlegungen dargestellt wurde, sind wir grundsätzlich der Meinung, daß Geldpolitik bei festen Wechselkursen und hoher Kapitalmobilität wirkungslos ist. Es muß daher überprüft werden, ob die Bardepotpflicht bis zum 19. 3. 1973, dem Beginn des Gemeinschaftsfloatens mehrerer europäischer Länder gegenüber dem US-Dollar und anderen Währungen, die Kapitalmobilität so weit einzuschränken vermochte, daß die Geldpolitik Wirkungen zeigen konnte. Nach Beginn des Gemeinschaftsfloatens müßte der Geldpolitik eine größere Wirkungswahrscheinlichkeit zugeordnet werden können.

1. Währungsreserven und Zentralbankgeldmenge als Prüfkriterium für die Wirksamkeit der Bardepotpflicht

Als Prüfkriterium, inwieweit die Geldpolitik verhindern konnte, daß Geld- und Kapitalströme aus fremden Währungsgebieten in das Inland eindringen konnten, wird die Geldmenge angesehen.

Die in einer Volkswirtschaft vorhandene Geldmenge (M) kann definiert werden als Produkt aus Geldangebotsmultiplikator (m) und der Zentralbankgeldmenge oder Geldbasis (B)[10]:

$$M = m \cdot B \ .$$

Es stellt sich die Frage, welche Komponenten die Geldmenge beeinflussen. Diese Frage ist gleichbedeutend mit der, was auf die Größe der

[10] Vgl. *Siebke*, J., *Willms*, M.: Das Geldangebot in der Bundesrepublik Deutschland; in: *Kalmbach*, P. (Hrsg.), Der neue Monetarismus, München 1973, S. 277.

Geldbasis und was auf die des Multiplikators den entscheidenden Einfluß hat. Siebke und Willms konnten feststellen, daß 85 Prozent des Wachstums der Geldmenge durch die Ausdehnung der Geldbasis und nur 15 Prozent durch die Änderung des Multiplikators erreicht wurden[11].

Schema 1

Zentralbankbilanz und Geldbasis

Aktiva		Bundesbank	Passiva
W	Gold, Auslandsforderungen und zugehörige Posten	Banknotenumlauf, Münzumlauf, Einlagen der Kreditinstitute	B
F	Kredite an Kreditinstitute (Refinanzierung)	Nettoguthaben der öffentlichen Hand	N
$G_Z^M + G_S^M$	Bestand an Ausgleichsforderungen, Bestand an sonstigen Geldmarktpapieren		
St	Bestand an öffentlichen Anleihen		
U	Alle übrigen Posten der Aktiv- und Passivseite, einschl. Münzumlauf		

Der vorhandene Bestand an Zentralbankgeld (Geldbasis) läßt sich aus der Bilanz der Bundesbank ermitteln, indem der Münzumlauf zu der Aktiv- und Passivseite hinzugefügt wird (vgl. Schema 1). In einer Zusammenfassung der einzelnen Posten kann die Geldbasis definiert werden:

$$B = W + F + G_Z^M + G_S^M + St - N + U .$$

Die definitorische Beziehung von B zeigt, über welche Komponenten Zentralbankgeld entstehen kann. Jede einzelne Komponente ist zu erklären und im wesentlichen abhängig vom institutionellen Rahmen des monetären Systems. „Die obige Gleichung der monetären Basis kann als die Angebotsseite der Versorgung der Wirtschaft mit hoheitlich geschaffenem Geld betrachtet werden[12].“

Die Bundesbank definiert Zentralbankgeld in grundsätzlich ähnlicher Weise. In ihren „Bankstatistischen Gesamtrechnungen“ stellt sie jedoch nicht den vorhandenen Bestand an Zentralbankgeld dar, sondern die

---

[11] Vgl. *Siebke*, J., *Willms*, M.: ebenda, S. 282.
[12] *Siebke*, J., *Willms*, M.: ebenda, S. 285.

Zentralbankgeldbeschaffung sowie die freien Liquiditätsreserven der Banken[13] (vgl. Schema 2).

Schema 2

Entstehung und Verwendung der Zentralbankgeldmenge und der freien Liquiditätsreserven

Bestimmungsfaktoren	Zentralbankgeldmenge und freie Liquiditätsreserven
Brutto-Zentralbankgeldschöpfung bzw. -vernichtung (B I)	Zentralbankgeldmenge (A I)
Netto-Währungsreserven	Bargeldumlauf
Netto-Zentralbankguthaben von Nichtbanken	Inlandsreserve-Soll 2)
Float	Freie Liquiditätsreserven (A II)
Sonstige Positionen	Überschußguthaben
Offenmarktgeschäfte	Geldmarktpapiere
— mit Nichtbanken und in N-Papieren	— marktregulierte Mobilisierungs- und Liquiditätspapiere
— Wechsel mit Rückkaufsvereinbarung	— sonstige
Sonderlombardkredite	Unausgesnutzte Rediskontkontingente (gesamte Rediskontkontingente ./. Rediskontkredite der Bundesbank)
Angeordnete besondere Reserve- und Depothaltung bei der Bundesbank (B II) 2)	
Auslandsreserve-Soll	
Bardepot	
Netto-Zentralbankgeldschaffung (B III)	
Zwischensumme (B I + B II)	
Unmittelbare Beeinflussung der freien Liquiditätsreserven (B IV)	
Rediskontkontingente	
Geldmarktverschuldung von Nichtbanken gegenüber dem Bankensystem	
— Bestand der Bundesbank an Geldmarktpapieren	
— Bestand der Banken an Geldmarktpapieren (ohne Mobilisierungstitel)	

Quelle: Bundesbank-Monatsbericht, 1974, 7, S. 17.

[13] Vgl. zu der neuen statistischen Präsentation der Liquiditätsrechnung „Zentralbankgeldmenge und freie Liquiditätsreserven der Banken — Erläuterungen zur Liquiditätsrechnung der Bundesbank"; in: Monatsberichte der *Deutschen Bundesbank*, 26. Jg., Juli 1974, S. 21; im folgenden BB-Monatsberichte mit Jahres-, Monats- und Seitenangabe.

Da eine offene Volkswirtschaft wie die Bundesrepublik Deutschland dadurch charakterisiert ist, daß ihre Wirtschaftssubjekte, die Inländer, ökonomische Transaktionen mit Ausländern tätigen, d. h. Warenaustausch, Im- und Exporte von Dienstleistungen, Kreditaufnahme und -gewährung usw. auf internationaler Ebene stattfinden, muß, wenn die Zentralbankgeldmenge als Prüfkriterium benutzt wird, die außenwirtschaftliche Komponente der Geldversorgung analysiert werden.

Unter den Bestimmungsfaktoren der Zentralbankgeldschöpfung stellen die Währungsreserven eine Komponente dar, die von seiten der geldpolitischen Instanzen als exogen angesehen werden muß[14]. Um die inländische Geldmenge nicht zu stark von dieser exogenen Größe abhängig sein zu lassen, reagieren Zentralbank und Staat auf Veränderungen in den Devisenreserven durch Variationen in anderen Komponenten der Geldbasis. Mit der Depotpflicht wird versucht, einen Einfluß auf die außenwirtschaftliche Komponente der inländischen Geldversorgung zu nehmen[15].

Die Veränderung der Währungsreserven ist eine aggregierte Größe, die ihrerseits wiederum von verschiedenen Komponenten bestimmt wird. Entsprechend der Systematik der Deutschen Bundesbank[16] wird innerhalb der Bestände an Währungsreserven unterschieden zwischen

— Gold

— US-Dollar-Anlagen

— Sonstigen Devisenguthaben (einschl. Forderungen an den Europäischen Fonds)

— Sonstigen Geldanlagen im Ausland

— Reserveposition im IWF und Sonderziehungsrechte und

— Krediten und sonstigen Forderungen an das Ausland.

Als für die Fragestellung relevante Größen werden die Positionen „US-Dollar-Anlagen" sowie der Saldo der Devisenbilanz angesehen. Tabellen 1 und 7 zeigen die Bestände der US-Dollar-Anlagen und deren Veränderungen sowie den Saldo der Devisenbilanz seit Anfang 1972.

---

14 Vgl. *Siebke*, J., *Willms*, M.: Geldpolitik und Konjunktur; in: Wirtschaftsdienst, 50. Jg., Heft 5 (1970), S. 332.

15 In den Berechnungen zur Zentralbankgeldbeschaffung und der freien Liquiditätsreserven der Banken erscheint deshalb eine Zunahme auf dem Sonderkonto Bardepot mit einem Minuszeichen.

16 Vgl. BB-Monatsberichte, Statistischer Teil II, *Deutsche Bundesbank*, 1. Aktiva und Passiva der Deutschen Bundesbank.

2. Erfahrungen mit dem Bardepotgesetz und anderen Mitteln zur außenwirtschaftlichen Absicherung in der Zeit fester Wechselkurse

a) Darstellung

In der zur Diskussion stehenden Bilanzposition müßte eine Wirkung der Bardepotpflicht zumindest bis zur Einführung des Gemeinschaftsfloatens erkennbar sein. Eine solche Aussage gilt jedoch nur ceteris paribus. Da jedoch eine ceteris paribus-Annahme nicht gerechtfertigt ist, kann anhand der Entwicklung der zur Diskussion stehenden Bilanzposition prima vista keine uneingeschränkt zweifelsfreie Beurteilung der Wirksamkeit der Bardepotpflicht unternommen werden. Parallel zur Betrachtung der Position „US-Dollar-Anlagen" sollen (bilanztechnische) Gegenpositionen, auf die das Bardepot abzielt, betrachtet werden. Es sind dies Verbindlichkeiten aus Finanzkrediten der Unternehmen im Auslandsverkehr (Tabelle 2 und Schaubild 2), die kurzfristigen Verbindlichkeiten inländischer Kreditinstitute gegenüber dem Ausland (Tabelle 4) sowie der Saldo des langfristigen privaten Kapitalverkehrs (Tabelle 5)[17].

In den ersten beiden Monaten des Jahres 1972, vor Einführung der Depotpflicht, erhöhten sich die US-Dollar-Anlagen um rd. 3,67 Mrd. DM. Bundesregierung und Bundesbank waren bemüht, „... den Anreiz zu weiteren Geldzuflüssen aus dem Ausland zu verringern ..."[18]. Die Devisenbilanz schloß mit einem positiven Saldo von 1,9 Mrd. DM. Zu diesem Überschuß trug der langfristige Kapitalverkehr mit einem Nettokapitalimport von 1,83 Mrd. DM bei, wobei Hauptform des Kapitalimports nach Aussagen der Bundesbank Wertpapiertransaktionen mit dem Ausland waren[19]. Im kurzfristigen Kapitalverkehr war ein Negativsaldo von 634 Mio. DM zu verzeichnen. Die Vermutung, daß Rückzahlungen kurzfristiger Finanzkredite durch die im Februar erfolgte Ankündigung einer Depotpflicht stimuliert wurden, ist nicht vollständig von der Hand zu weisen (vgl. Tabelle 2 und Schaubild 2). Im März 1972 sind per Saldo so gut wie keine Mittel von außen zugeflossen. Durch Wertpapiertransaktionen kam es zu einem hohen langfristigen Nettokapitalimport. Dieser kompensierte weitgehend den mit dem Bardepot erwünschten und offenbar auch trotz Zinsgefälle vorgenommenen Abfluß kurzfristiger Mittel (netto) von Unternehmen (2,6 Mrd. DM) und Banken (0,45 Mrd. DM). Außerdem mußte die Bundesbank schon für den ersten Monat nach Einführung der Depotpflicht feststellen, daß es bei den statistisch nicht erfaßten Kapitaltransaktionen zu Zuflüssen gekommen sein muß[20].

---

[17] Zur Entwicklung der Einlagen auf dem Sonderkonto „Bardepot" vgl. Tabelle 3 und Schaubild 3.

[18] *BB*-Monatsberichte, 1972, 3, S. 22.

[19] Vgl. *BB*-Monatsberichte, 1972, 4, S. 11.

[20] *BB*-Monatsberichte, 1972, 5, S. 9.

Schaubild 1: Währungspolitische Zeittafel

Ziffer in den Schaubildern	Datum	Ereignis
1.	Februar 1972	Ankündigung einer Bardepotpflicht
2.	1. 3. 1972	Einführung der Bardepotpflicht für bestimmte von Wirtschaftsunternehmen und Banken im Ausland aufgenommene Kredite in Höhe von 40 v. H. der bardepotpflichtigen Verbindlichkeiten
3.	23. 6. 1972	Schließung der Devisenbörsen nach Freigabe des Pfundkurses und Dollarkrise
	29. 6. 1972	Bundesbank verordnet auf Grundlage des AWG Genehmigungspflicht für den Erwerb inländischer Inhaber- und Orderschuldverschreibungen durch Ausländer. Einführung einer Meldepflicht für entgeltliche Abtretung von Forderungen an Ausländer
	1. 7. 1972	Bardepotsatz auf 50 v. H. erhöht; Freibetrag von 2 Mio. DM auf 0,5 Mio. DM verringert
4.	Ende Januar 1973	Nach Spaltung des Devisenmarktes in Italien (22. 1.) und Einstellung der Dollarintervention der Schweizer Nationalbank (23. 1.) bricht eine weltweite Dollarkrise aus
	5. 2. 1973	Beschluß weiterer Maßnahmen zur außenwirtschaftlichen Absicherung im Kapitalverkehr (Genehmigungspflicht für Erwerb inländischer Aktien durch Ausländer, für Kreditaufnahme im Ausland und Inanspruchnahme von Zahlungszielen)
	12. 2. 1973	Schließung der Devisenbörsen und Abwertung des Dollars um 10 v. H.
5.	14. 3. 1973	4. DM-Aufwertung um 3 v. H. nach Schließung der Devisenbörsen am 2. 3. 1973
	19. 3. 1973	Beginn des Gemeinschaftsfloatens
6.	29. 6. 1973	5. DM-Aufwertung um 5,5 v. H. nach starkem Devisenzufluß innerhalb des Floating-Blocks
7.	19. 7. 1973	Einführung einer Genehmigungspflicht beim Verkauf von Inlandsforderungen an Ausländer
8.	19. 12. 1973	Erleichterungen in der Bardepot- und Genehmigungspflicht nach der AWV (insbes. bei Zahlungszielen)
9.	30. 1. 1974	Weitgehende Lockerungen in den Genehmigungspflichten sowie Herabsetzung der Bardepotpflicht von 50 v. H. auf 20 v. H.
10.	15. 9. 1974	Bardepotpflicht wird außer Kraft gesetzt

Quelle: Westdeutsche Landesbank Girozentrale (Hrsg.): Zum Bardepot und zu den Genehmigungspflichten nach der Außenwirtschaftsverordnung, 3. Aufl., Münster 1974, S. 12 f., und eigene Ergänzungen.

Tabelle 1

US-Dollar-Anlagen der Deutschen Bundesbank

Zeit	Bestände in Mio. DM	Veränderungen in Mio. DM
1971 Okt.	40 822	+ 924
Nov.	41 427	+ 605
Dez.*	37 413	+ 2 371
1972 Jan.	38 672	+ 1 292
Feb.	41 048	+ 2 376
März	40 849	− 199
April	41 694	+ 845
Mai	41 707	+ 13
Juni	45 152	+ 3 445
Juli	56 454	+ 11 302
Aug.	55 776	− 678
Sept.	53 950	− 1 826
Okt.	53 728	− 222
Nov.	52 648	− 1 080
Dez.*	51 965	− 697
1973 Jan.	51 214	− 751
Feb.*	61 291	+ 17 083
März	68 825	+ 7 534
April	67 926	− 899
Mai	66 425	− 1 501
Juni	65 829	− 596
Juli	68 194	+ 2 365
Aug.	68 089	− 105
Sept.	69 110	+ 1 021
Okt.	71 067	+ 1 957
Nov.	70 606	− 461
Dez.*	65 550	− 2 498
1974 Jan.	62 762	− 2 788
Feb.	62 453	− 309
März	64 003	+ 1 555
April	65 914	+ 1 906
Mai	66 943	+ 1 029

* Veränderung geht z. T. auf Verminderung des DM-Gegenwertes der Devisenposition der Bundesbank aufgrund von Neubewertung (Wechselkursänderung) zurück.

Quelle: Monatsberichte der Deutschen Bundesbank, Statistischer Teil, IX. Außenwirtschaft, 6. Währungsreserven der Deutschen Bundesbank, a. Bestände, c. Veränderungen.

Tabelle 2

Kurzfristige Verbindlichkeiten aus Finanzkrediten der Unternehmen im Auslandsverkehr

Zeit	Beträge in Mio. DM	Zeit	Beträge in Mio. DM	Zeit	Beträge in Mio. DM
1972 Jan.	15 208	1973 Jan.	7 697	1974 Jan.	5 080
Feb.	15 176	Feb.	6 871	Feb.	5 448
März	12 544	März	6 580	März	5 718
April	10 896	April	6 424	April	7 113
Mai	10 493	Mai	6 540	Mai	6 939
Juni	10 553	Juni	6 401	Juni	6 951
Juli	12 020	Juli	6 080	Juli	
Aug.	13 496	Aug.	5 787	Aug.	
Sept.	12 848	Sept.	5 488	Sept.	
Okt.	11 600	Okt.	5 498	Okt.	
Nov.	10 119	Nov.	5 547	Nov.	
Dez.	7 682	Dez.	5 032	Dez.	

Quelle: Monatsberichte der Deutschen Bundesbank, Statistischer Teil, IX. Außenwirtschaft, 8. Forderungen und Verbindlichkeiten inländischer Unternehmen gegenüber dem Ausland aus Finanzkrediten.

Tabelle 3

Einlagen auf dem Sonderkonto „Bardepot"

Zeit	Beträge in Mio. DM	Zeit	Beträge in Mio. DM	Zeit	Beträge in Mio. DM
1972 Jan.	—	1973 Jan.	1 852	1974 Jan.	266
Feb.	—	Feb.	1 635	Feb.	477
März	22	März	1 121	März	343
April	312	April	806	April	311
Mai	1 177	Mai	555	Mai	349
Juni	751	Juni	460	Juni	345
Juli	822	Juli	446	Juli	
Aug.	1 797	Aug.	516	Aug.	
Sept.	3 077	Sept.	344	Sept.	
Okt.	3 229	Okt.	414	Okt.	
Nov.	2 984	Nov.	394	Nov.	
Dez.	1 336	Dez.	245	Dez.	

Quelle: Monatsberichte der Deutschen Bundesbank, Statistischer Teil, II. Deutsche Bundesbank, 1. Aktiva und Passiva der Deutschen Bundesbank, b. Passiva.

Schaubild 2

Kurzfristige Verbindlichkeiten aus Finanzkrediten der Unternehmen im Auslandsverkehr

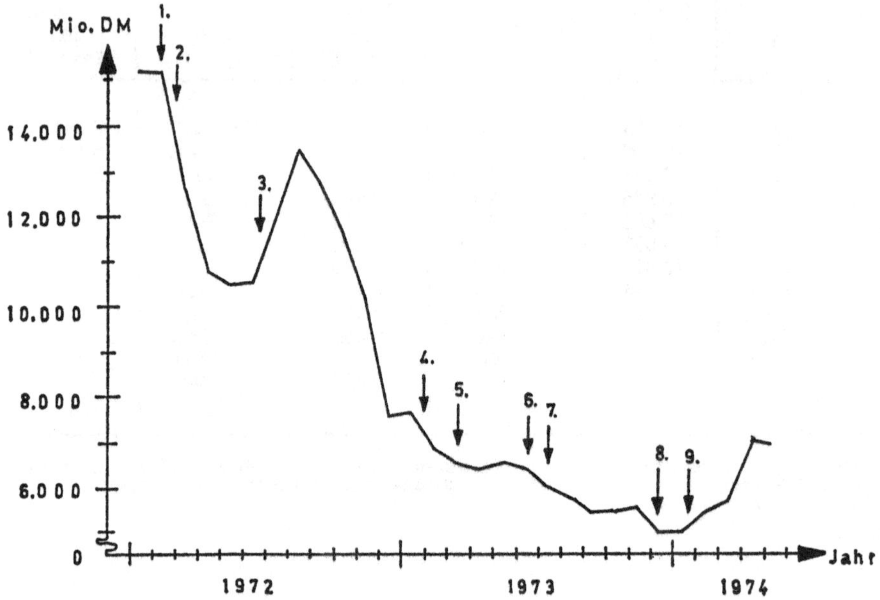

Quelle: Wie Tabelle 2.

Schaubild 3

Einlagen auf dem Sonderkonto „Bardepot"

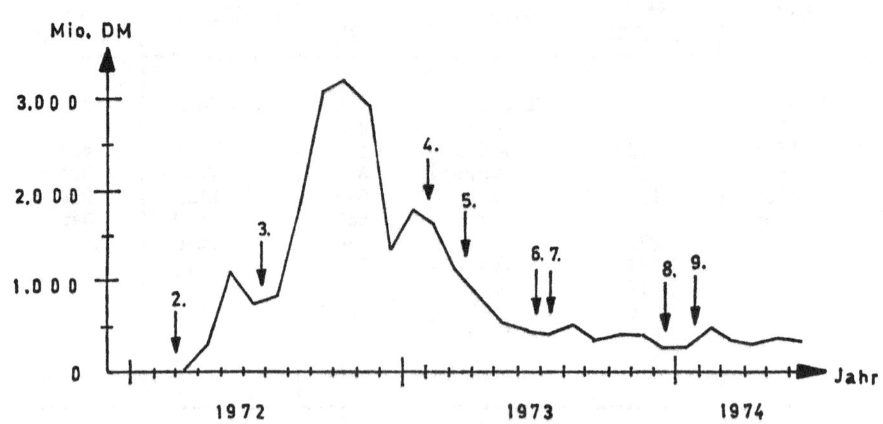

Quelle: Wie Tabelle 3. Zu den Ziffern vgl. Währungspolitische Zeittafel.

Tabelle 4

Kurzfristige Verbindlichkeiten inländischer Kreditinstitute gegenüber dem Ausland

Zeit	Beträge in Mio. DM	Zeit	Beträge in Mio. DM	Zeit	Beträge in Mio. DM
1972 Jan.	26 996	1973 Jan.	29 762	1974 Jan.	31 385
Feb.	27 243	Feb.	34 998	Feb.	31 584
März	27 108	März	36 873	März	32 819
April	26 259	April	34 738	April	34 154
Mai	25 772	Mai	32 643	Mai	35 231
Juni	28 656	Juni	31 822	Juni	36 762
Juli	30 401	Juli	32 862	Juli	
Aug.	28 788	Aug.	32 773	Aug.	
Sept.	28 309	Sept.	34 275	Sept.	
Okt.	27 655	Okt.	32 464	Okt.	
Nov.	27 707	Nov.	32 105	Nov.	
Dez.	31 757	Dez.	33 909	Dez.	

Quelle: Monatsberichte der Deutschen Bundesbank, Statistischer Teil, IX. Außenwirtschaft, 7. Kurzfristige Forderungen und Verbindlichkeiten inländischer Kreditinstitute gegenüber dem Ausland.

Tabelle 5

Salden des langfristigen privaten Kapitalverkehrs

Zeit	Beträge in Mio. DM	Zeit	Beträge in Mio. DM	Zeit	Beträge in Mio. DM
1972 Jan.	+ 1 142	1973 Jan.	— 215	1974 Jan.	— 345
Feb.	+ 1 824	Feb.	+ 654	Feb.	— 171
März	+ 2 192	März	+ 421	März	+ 18
April	+ 1 530	April	+ 624	April	+ 236
Mai	+ 1 253	Mai	+ 715	Mai	— 213
Juni	+ 3 500	Juni	+ 835	Juni	
Juli	+ 1 822	Juli	+ 531	Juli	
Aug.	+ 524	Aug.	+ 499	Aug.	
Sept.	+ 422	Sept.	+ 22	Sept.	
Okt.	— 154	Okt.	+ 133	Okt.	
Nov.	+ 774	Nov.	— 382	Nov.	
Dez.	— 108	Dez.	— 865	Dez.	

Quelle: Monatsberichte der Deutschen Bundesbank, Statistischer Teil, IX. Außenwirtschaft, 5. Kapitalverkehr mit dem Ausland.

Tabelle 6

Salden der statistisch nicht aufgliederbaren Transaktionen

Zeit	Beträge in Mio. DM	Zeit	Beträge in Mio. DM	Zeit	Beträge in Mio. DM
1972 Jan.	+ 4 611	1973 Jan.	+ 2 743	1974 Jan.	− 1 263
Feb.	+ 353	Feb.	+ 6 568	Feb.	− 2 503
März	+ 1 016	März	+ 3 690	März	− 2 660
April	+ 741	April	+ 572	April	
Mai	− 223	Mai	+ 1 554	Mai	
Juni	+ 3 178	Juni	+ 3 848	Juni	
Juli	+ 145	Juli	+ 3 752	Juli	
Aug.	− 370	Aug.	− 696	Aug.	
Sept.	− 322	Sept.	+ 2 674	Sept.	
Okt.	− 941	Okt.	+ 1 448	Okt.	
Nov.	+ 1 040	Nov.	+ 941	Nov.	
Dez.	− 2 254	Dez.	− 3 225	Dez.	

Quelle: Monatsberichte der Deutschen Bundesbank, Statistischer Teil, IX. Außenwirtschaft, 1. Wichtige Posten der Zahlungsbilanz. Februar u. Mai 1974.

Tabelle 7

Salden der Devisenbilanz

Zeit	Beträge in Mio. DM	Zeit	Beträge in Mio. DM	Zeit	Beträge in Mio. DM
1971	+ 10 989	1973	+ 16 149	1974	+ 3 253
1972	+ 15 194				
1972 Jan.	+ 2 058	1973 Jan.	− 455	1974 Jan.	− 2 538
Feb.	+ 1 902	Feb.	+ 6 758	Feb.	− 314
März	− 36	März	+ 6 352	März	+ 2 343
April	+ 403	April	− 526	April	+ 2 459
Mai	+ 462	Mai	− 375	Mai	+ 1 303
Juni	+ 9 073	Juni	+ 3 626	Juni	− 361
Juli	+ 5 570	Juli	+ 4 840	Juli	
Aug.	− 370	Aug.	− 1 600	Aug.	
Sept.	− 822	Sept.	+ 5 041	Sept.	
Okt.	− 493	Okt.	− 785	Okt.	
Nov.	− 1 113	Nov.	− 2 402	Nov.	
Dez.	− 1 540	Dez.	− 4 325	Dez.	

Quelle: Monatsberichte der Deutschen Bundesbank, Statistischer Teil, IX. Außenwirtschaft, 1. Wichtige Posten der Zahlungsbilanz.

Für die beiden Monate nach Einführung der Depotpflicht muß insgesamt festgestellt werden, daß die Veräußerung von deutschen Rentenpapieren an Ausländer zur Mittelbeschaffung benutzt wurde. Insbesondere der Anstieg des Verkaufs von Kassenobligationen inländischer Kreditinstitute seit der Einführung der Bardepotpflicht war signifikant. Kassenobligationen unterlagen weder der Depotpflicht noch den Mindestreserven. Gleiches war für Kommunalobligationen und Pfandbriefe zu beobachten. So klagte die Bundesbank dann auch: „Derartige Transaktionen der Kreditinstitute widersprechen zwar nicht den Bestimmungen über die Mindestreserven und das Bardepot (die sich jeweils nur auf Verbindlichkeiten gegenüber dem Ausland beziehen), aber sie laufen dem Sinne der genannten Bestimmungen und damit den stabilitätspolitischen Bemühungen der Bundesbank eindeutig zuwider“[21]. Einmal den Weg Kapitalmobilität behindernder Maßnahmen beschritten, kündigt sich auch der nächste Schritt an: „Eine Abschirmung gegen Kapitalimporte über Wertpapiertransaktionen läßt sich offenbar nur auf anderem, administrativem Weg erreichen“[22].

Eine weitere Reaktion der Betroffenen wird ebenfalls in den ersten beiden Monaten nach Einführung des Bardepots sichtbar. Den Rückzahlungen von Finanzkrediten steht eine Zunahme der im Waren- und Dienstleistungsgeschäft in Anspruch genommenen Zahlungsziele gegenüber. Aus dieser Tatsache erklärt sich auch die bereits erwähnte Zunahme der sog. „Restposten“ (vgl. Tabelle 6).

Von Anfang März bis Ende Mai hatten die Währungsreserven nur um 0,8 Mrd. DM zugenommen. Trotzdem kam es wegen des Erwerbs von Auslandsaktiva durch das Bankensystem („Aktivtausch“) zu einer unerwünschten Kreditexpansion. Da sich nach dem Mai 1972 die angesprochenen „Ausweichreaktionen“ der durch das Bardepot Betroffenen wiederholten und verstärkten, wird auf eine eingehende Beschreibung der Entwicklung verzichtet und im folgenden nur dargestellt, welche neuen Aktionen und Reaktionen der währungspolitischen Instanzen und der Wirtschaft eintraten.

Innerhalb der EG war am 24. 4. 1972 eine Bandbreitenverringerung auf 2,25 % eingeführt worden. Jedoch kam schon Mitte Juni das Pfund unter Druck. Auch die Bundesbank mußte entsprechend der neuen Bandbreiten Pfunde aufnehmen. Trotz gemeinsamen Handelns der EG-Partner war letztlich eine Freigabe des Pfundkurses (23. 6. 1972) unvermeidlich. Von den Ereignissen auf den Devisenmärkten wurde auch der US-Dollar angesteckt. Allein am 23. 6. 1972 mußte die Bundesbank

---

[21] *BB*-Monatsberichte, 1972, 6, S. 43.

[22] *BB*-Monatsberichte, 1972, 6, S. 43.

Dollar im Werte von 2,8 Mrd. DM aufnehmen. Bis zur Schließung der Devisenbörsen (23. 6. bis 27. 6. 1972) erhöhten sich die Währungsreserven der Bundesbank um 9,1 Mrd. DM[23].

Im betrachteten Zeitraum kam es zu starken Kapitalzuflüssen aus Wertpapiertransaktionen, aber auch wieder zu Mittelzuflüssen aus kurzfristigen Transaktionen der deutschen Unternehmen (vgl. Tabelle 2 und Schaubild 2). Als Reaktion wurde am 29. 6. der schon im Juni 1972 angedrohte „andere, administrative Weg" beschritten. „Zur Eindämmung des Kapitalzuflusses wurde außerdem angeordnet, daß Rechtsgeschäfte, die den entgeltlichen Erwerb inländischer Inhaber- und Orderschuldverschreibungen durch Gebietsfremde von Gebietsansässigen zum Gegenstand haben, der Genehmigung bedürfen[24]." Damit war, um die negativen Folgen, die sich aus der Verteidigung fixer Wechselkurse ergeben, zu verhindern, ein weiteres Glied an die Kette administrativer Maßnahmen geknüpft. Da auch das Bardepot in den neuerlichen Währungsturbulenzen seine Abwehrfunktion nur recht unbefriedigend erfüllen konnte — („... die Besitzer von Eurodollar (suchen) teilweise Anlage in solchen anderen Währungen, die zumindest nicht als abwertungsverdächtig gelten oder bei denen aufgrund der Erfahrungen in den letzten Jahren Aufwertungsgewinne für möglich gehalten werden"[25])

— wurde der Bardepotsatz von 40 v. H. auf 50 v. H. der bardepotpflichtigen Verbindlichkeiten erhöht

— der Freibetrag von 2 Mio. DM auf 0,5 Mio. DM verringert und außerdem

— eine Meldepflicht für entgeltliche Abtretung von Forderungen an Ausländer eingeführt.

Zwar war es, sieht man von den genannten Währungsturbulenzen ab, in den Bereichen, in denen jeweils ein Riegel vorgeschoben wurde, zu Abschottungseffekten gekommen. Allerdings suchten sich, wie gezeigt, die Betroffenen neue Wege für Kapitalimporte im weiteren Sinne. In Anbetracht dieser Entwicklungen scheint die Aussage der Bundesbank, daß „das einzige adäquate Instrument zur außenwirtschaftlichen Absicherung, das die Bundesrepublik aus eigenem Entschluß und ohne gegen bestehende Vereinbarungen zu verstoßen, ergreifen konnte ...[26], die Maßnahmen zur Eindämmung des Zustroms von Auslandsgeldern aufgrund des AWG waren, etwas vom Wunsch bestimmt gewesen zu

[23] *BB*-Monatsberichte, 1972, 7, S. 21.

[24] *BB*-Monatsberichte, 1972, 7, S. 7.

[25] *BB*-Monatsberichte, 1972, 7, S. 6.

[26] *BB*-Monatsberichte, 1972, 7, S. 7.

sein. Bemerkenswert ist jedoch, daß offenbar schon zu diesem Zeitpunkt das (gegen die Vereinbarungen des IWF verstoßende) Gemeinschaftsfloaten aller EG-Länder erwogen wurde. Noch wurde es jedoch mit Überlegungen, die im Grunde auf Argumentationen beruhten, daß die EG kein „optimales Währungsgebiet" sei, abgelehnt[27].

Nach den geschilderten neuerlichen Währungsunruhen kam es zunächst zu einer Verminderung der Währungsreserven; einer in Anbetracht dessen, daß in hohem Maße auf Aufwertungsgewinne hoffende kurzfristige Mittel zugeflossen waren, erklärlichen Reaktion. Wegen der verschärften Bardepotbestimmungen stiegen die Einlagen, trotz relativ hoher Kapitalexporte, auf dem Sonderkonto Bardepot im August und September um 2 255 Mio. DM auf insgesamt 3 077 Mio. DM (vgl. Tabelle 3 und Schaubild 3), während die Transaktionen in deutschen festverzinslichen Wertpapieren erstmals zu Nettokapitalexporten führten. Allerdings wurden weiterhin inländische Aktien und Investmentanteile an Ausländer verkauft.

Außerdem begann in diesen Monaten, hauptsächlich bedingt durch steigende Handelsbilanzüberschüsse, der Positivsaldo der Leistungsbilanz zuzunehmen. Diese Entwicklung führte den inländischen Unternehmen in nicht unbedeutendem Maße Auslandsguthaben zu.

Die Bundesbank spricht von einer „..., zumindest vorläufig, erreichten Abschirmung der Bundesrepublik gegen Auslandsgelder..."[28] und glaubt den Erfolg der im Rahmen des AWG vorgenommenen Maßnahmen positiv beurteilen zu können[29]. Mit den Bardepotbestimmungen war ein Zinsgefälle zwischen der Bundesrepublik und dem Euro-Geldmarkt geschaffen worden, dessen Abwehrerfolg gegen Kapitalzuströme im Verein mit den übrigen nach dem AWG errichteten Barrieren nicht zu leugnen ist (vgl. Tabellen 2 und 5). Daraus jedoch zu folgern, daß das gesamte System „außenwirtschaftlicher Absicherung" den gewünschten Erfolg hatte, erscheint irrig. Nicht zuletzt nahm der Zustrom kurzfristiger Mittel auch deshalb ab, weil kurzfristige in langfristige Mittel umgewandelt wurden. Gegen Ende des Jahres 1972 war dann auch wieder eine leichte Zunahme langfristiger Kapitalimporte zu verzeichnen, die vorwiegend auf Investitionen ausländischer Unternehmen in inländischen Töchtern beruhten. Weiterhin wurden auch die ungeklärten Rest-

---

27 Vgl. *BB*-Monatsberichte, 1972, 7, S. 7. Zum Begriff des optimalen Währungsgebietes vgl. *Mundell*, R. A.: A Theory of Optimum Currency Areas, und *Hartmann*, M.: Die Europäische Währungsunion unter dem Gesichtspunkt der Theorie des optimalen Währungsgebietes, Diskussionspapier Nr. 9 des Instituts für das Spar-, Giro- und Kreditwesen an der Universität Bonn, Bonn 1973.

28 *BB*-Monatsberichte, 1972, 11, S. 5.

29 Vgl. *BB*-Monatsberichte, 1972, 11, S. 8.

posten der Zahlungsbilanz gegenüber den Vormonaten wieder positiv. Das, was die Bundesbank als relativen Erfolg der Absicherungsmaßnahmen bezeichnete, muß nachträglich als Ruhe nach dem letzten und vor dem nächsten Sturm bezeichnet werden. Dieser kündigte sich an, als die italienische Regierung mit Wirkung vom 22. 1. 1973 eine Spaltung des Devisenmarktes beschloß, um der Kapitalflucht zu begegnen. Unter dem Druck starker Kapitalzuflüsse stellte am folgenden Tage die Schweizerische Nationalbank ihre Interventionen am Devisenmarkt ein. Daraufhin geriet auch wieder der US-Dollar gegenüber der D-Mark an den unteren Interventionspunkt. Eine zusätzliche negative Wirkung hatte die Bekanntgabe des US-amerikanischen Handelsbilanzdefizits für 1972 in Höhe von 6,4 Mrd. $.

Trotz der in der Vergangenheit gemachten Erfahrungen versuchte die Bundesregierung in dieser Lage den Wechselkurs zu verteidigen und führte zusätzliche administrative Maßnahmen aufgrund des AWG ein. Am 5. 2. 1973 wurde beschlossen, daß[30]

— die Aufnahme von Krediten und Darlehen im Ausland einer Genehmigung bedarf, soweit die Kreditaufnahme 50 000 DM übersteigt;

— die Genehmigungspflicht für den Erwerb inländischer Wertpapiere durch Ausländer von Inländern, die bislang auf festverzinsliche Wertpapiere beschränkt war, auf den Erwerb aller inländischen Wertpapiere ausgedehnt wird;

— die Inanspruchnahme von Zahlungszielen durch Inländer bei Ausländern, soweit sie nicht den handelsüblichen Vorauszahlungen für Warenlieferungen oder Dienstleistungen entspricht, einer Genehmigung bedarf, und daß

— die Ausstattung von Unternehmen, Zweigniederlassungen und Betriebsstätten in der Bundesrepublik mit Vermögenswerten von Ausländern, sofern sie den Betrag von 500 000 DM übersteigt, genehmigungspflichtig ist.

Darüber hinaus wurden Maßnahmen eingeleitet, den gesetzlichen Höchstsatz für das Bardepot von 50 v. H. auf 100 v. H. zu erhöhen (seit 22. 2. 1973 in Kraft).

Mit diesen neuen administrativen Maßnahmen sollte die Mehrzahl der oben dargestellten „Lücken" im System der außenwirtschaftlichen Absicherung geschlossen werden. Die Bundesbank muß nun auch im Gegensatz zu den vorangegangenen optimistischen Äußerungen erkennen, daß die „... nach (der) Mitte 1972 getroffenen Maßnahmen zur

---

[30] Vgl. 25. Verordnung zur Änderung der Außenwirtschaftsverordnung vom 2. Februar 1973 (BGBl. I, S. 49).

außenwirtschaftlichen Absicherung noch keine befriedigenden Erfolge ..."[31] zeitigten.

Allerdings konnten auch die genannten neuen Maßnahmen nicht verhindern, daß bis zur Schließung der Devisenbörsen am 12. 12. 1973 Dollar im Gegenwert von ca. 18,6 Mrd. DM aufgenommen werden mußten. Nach einer zehnprozentigen Dollarabwertung wurde die Interventionspflicht bei neuen Interventionspunkten beibehalten.

Nach dieser US-Dollar-Abwertung kam es nur kurzfristig zu Devisenabflüssen. Schon bald setzte erneut eine Flucht aus dem Dollar ein. Die Notwendigkeit, allein am 1. 3. 1973 Dollar im Wert von 7,5 Mrd. DM aufzunehmen, führte am 2. 3. 1973 wiederum zu einer Schließung der Devisenbörsen. Die Bundesbank mußte feststellen, daß „im Februar auf praktisch allen Kanälen" Devisen in die Bundesrepublik flossen[32], obwohl es in den administrierten Transaktionen netto zu Kapitalabflüssen kam (vgl. Tabelle 2 und Schaubild 2).

Bei Wiedereröffnung der Devisenbörsen am 19. 3. 1973 war die D-Mark um 3 % aufgewertet und gehörte zu der Gruppe von Ländern (Belgien, Luxemburg, Dänemark, Frankreich[33], Niederlande, Norwegen und Schweden), die gegenüber dem Dollar nicht mehr intervenierten (Block-Floating). Die Realitäten zwangen, nachdem die Bundesrepublik mit einem Bündel administrativer Maßnahmen versucht hatte, autonome Geldpolitik bei fixen Wechselkursen zu betreiben, zu einem Schritt, der internationalen Vereinbarungen widersprach. Die Bundesbank war denn auch der Meinung, daß die Aufhebung der Interventionspflicht gegenüber dem US-Dollar eine wichtige Voraussetzung für die Wirksamkeit nationaler Geldpolitik ist[34].

b) *Beurteilung*

Entsprechend unserem obigen Vorhaben, die Wirksamkeit des Bardepots als Instrument zur Durchsetzung nationaler Geldpolitik bei festen Wechselkursen zu beurteilen, muß bei der Einführung des Block-Floatings eine Zäsur vorgenommen werden. Als Prüfkriterium war die Zentralbankgeldmenge gewählt worden. Die Bundesbank konstatierte in ihren monatlichen „Monetären Analysen" auch nach Einführung der verschiedenen oben geschilderten Verschärfungen der Bardepotbestimmungen sowie den anderen auf die Verringerung der Kapitalmobilität

[31] *BB*-Monatsberichte, 1973, 2, S. 7.
[32] Vgl. *BB*-Monatsberichte, 1973, 4, S. 9.
[33] Frankreich ist am 21. 1. 1974 aus dem Block ausgeschieden.
[34] Vgl. *BB*-Monatsberichte, 1973, 6, S. 7.

abzielenden Maßnahmen eine (mit wenigen Ausnahmen) beständige, unerwünschte monetäre Expansion in der Bundesrepublik. Es wurde deutlich, daß nach dem ersten administrativen Schritt weitere Schritte dieser Art, wollte man nicht untätig schädigende Kapitalzuflüsse hinnehmen, folgen mußten. Letztlich mußte dann doch eine Wechselkursfreigabe gegenüber relevanten Wirtschaftsgebieten erfolgen.

Erinnern wir die Absicht, die zur Einführung der Bardepotpflicht führte: Gesamtwirtschaftliche Ziele gefährdende Geld- und Kapitalströme sollten abgewehrt werden. Bundesbank und Bundesregierung wollten verhindern, daß im Rahmen einer restriktiven Geldpolitik eine Zinserhöhung zu Kapitalzuflüssen führt bzw. Inländer Kredite zinsgünstiger im Ausland aufnehmen. In den administrierten Bereichen zeigten sich Erfolge, die jedoch durch Ausweichreaktionen kompensiert wurden. Diese Ausweichreaktionen wurden durch zusätzliche administrative Maßnahmen beantwortet, so daß ein immer dichteres Netz entstand. Die Bundesbank ist der Meinung, daß die Maßnahmen zur außenwirtschaftlichen Absicherung „... der Kreditpolitik sich solange als wirksam erwiesen, wie der Kapitalverkehr in erster Linie von Zinsüberlegungen bestimmt wurde" und erst spekulative Erwägungen zur Unwirksamkeit führten[35]. Gegen eine solche Meinung sind verschiedene Argumente vorzubringen.

(1) Da in den nicht durch spekulative Erwägungen bestimmten Perioden nicht alle Ausweichreaktionen unterbunden waren (gestiegene ungeklärte Restposten in der Zahlungsbilanz, die auch illegale Transaktionen vermuten lassen; Ausweichmöglichkeiten multinationaler Unternehmen), blieb, trotz nicht abzuleugnender Teilerfolge, die monetäre Expansion unbefriedigend. Als Erfolg deklarierte Devisenabflüsse waren häufig die Folge von vorangegangenen überdimensionierten spekulativen Zuflüssen. Durch eine stärkere Aktivierung der Leistungsbilanz seit dem 4. Quartal im Jahre 1972 verfügten die inländischen Unternehmen außerdem über gestiegene Auslandsmittel.

(2) Den Teilerfolgen in der außenwirtschaftlichen Absicherung stehen „Kosten" gegenüber[36].

— Die Überwachung und Durchsetzung der administrativen Maßnahmen verursachen sachliche und vor allem personelle Kosten bei den Kontrollbehörden und den betroffenen Wirtschaftssubjekten.

---

[35] *BB*-Monatsberichte, 1973, 2, S. 37.

[36] Vgl. dazu auch *Vollmar*, H.: Wirkungsmöglichkeiten von Devisenkontrollen, in: Wirtschaftsdienst, 1972/VIII, S. 402 ff.

— Ausweichreaktionen (z. B. außerbankliche Verrechnungs- und Kreditierungsvorgänge) können zu gesamtwirtschaftlichen Verlusten führen.

(3) Wie schon angesprochen, zielen die Maßnahmen nach dem AWG auf eine Reduzierung der Kapitalmobilität. Liberalisierung des internationalen Kapitalverkehrs gehörte bislang zu den ordnungspolitischen Essentials. Die Teilerfolge in der außenwirtschaftlichen Absicherung wurden mit einer Zurückbildung des Liberalisierungsgrades erkauft; eine Tatsache, die auch der Bundesbank klar ist. Ordnungspolitischen Bedenken begegnet sie mit der folgenden Argumentation:

„Aber die wichtigsten Voraussetzungen für einen freien Kapitalverkehr, der seine Rechtfertigung darin fände, daß er für die bestmögliche Verteilung von Finanzmitteln sorgt, sind ein voll funktionierendes internationales Währungssystem und das Einhalten der dafür geltenden Spielregeln. Solange diese Bedingungen nicht wieder gegeben sind, wird der jeweils gewährte Grad an Freizügigkeit im internationalen Kapitalverkehr abzuwägen sein gegen die Gefahren, die sich daraus für die monetäre Ordnung im eigenen Land ergeben können[37]."

Fehlende Disziplin fremder Länder im „Einhalten der Spielregeln" ist häufig nicht Ursache, sondern Folge eines nicht voll funktionierenden Währungssystems. Potentielle Funktionsmängel des Systems von Bretton Woods werden durch realwirtschaftliche Entwicklungen, denen spekulative Erscheinungen folgen, akut. Nur in diesem Sinn kann der Bundesbank in ihrer Aussage, daß ein voll funktionierendes Währungssystem Voraussetzung für Freizügigkeit im Kapitalverkehr ist, zugestimmt werden.

Im übrigen ist hier auf einen Widerspruch hinzuweisen. Die Einführung des Bardepots (und der anderen auf eine Reduzierung der Kapitalmobilität abzielenden Maßnahmen) war die Absicht, zinsinduzierte Kapitalzuflüsse abzuwehren und nicht, wie das Zitat impliziert, die Absicht „spielregelnverletzenden" Aktionen zu entgehen.

(4) Wie dargelegt, ist die Bundesbank der Meinung, daß erst spekulative Erwägungen zur Unwirksamkeit des Systems der außenwirtschaftlichen Absicherung führten. Da wir die spekulativen Erwägungen als eine Folge realwirtschaftlicher Ursachen sehen, gehören Spekulationen des erlebten Ausmaßes solange zu den Realitäten eines Systems fester Wechselkurse wie es gravierend unterschiedliche wirtschaftliche Entwicklungen in den außenwirtschaftlich dominierenden Ländern des Währungssystems gibt. Wird in einem

[37] *BB*-Monatsberichte, 1972, 7, S. 9.

solchen System der Versuch einer außenwirtschaftlichen Absicherung mittels administrativer Maßnahmen unternommen, so muß man sich dieser Realitäten bewußt sein. Sie verhindern, wie die Erfahrungen gezeigt haben, die Erreichung der verfolgten Ziele.

Ausgangspunkt der vorangegangenen Darlegungen war die Behauptung, daß bei festen Wechselkursen und hoher Kapitalmobilität nationale Geldpolitik unwirksam ist. Es war dann die Frage gestellt worden, ob administrative Maßnahmen, wie sie die Bundesrepublik ergriffen hat, geeignet sind, die Kapitalmobilität so weit einzuschränken, daß die nationale Geldpolitik zur Erreichung gesamtwirtschaftlicher Ziele erfolgreich eingesetzt werden kann. Zusammenfassend kann festgestellt werden, daß die außenwirtschaftliche Absicherung die Kapitalmobilität nicht in dem Maße reduzieren konnte, mit anderen Worten der Freiraum für die Geldpolitik nicht so weit vergrößert werden konnte, wie er nötig gewesen wäre, um den angestrebten gesamtwirtschaftlichen Zielen wesentlich näher zu kommen.

3. Beschreibung und Beurteilung der Erfahrungen mit dem Bardepotgesetz und anderen Mitteln zur außenwirtschaftlichen Absicherung in der Zeit des Gemeinschaftsfloatens

Da Bargeldumlauf und Sichteinlagen (Geldvolumen) längerfristig nur wachsen können, wenn auch die Zentralbankgeldmenge wächst, versuchte und erreichte die Bundesbank zunächst einen Abbau der Liquiditätsreserven auf nahezu Null, um dann die Zuwachsraten des Zentralbankgeldes kontrollieren zu können. Ein Bestimmungsfaktor für die Entstehung von Zentralbankgeld sind, wie oben gezeigt, die Veränderungen in den Währungsreserven. Durch die Aufgabe der Interventionspflicht gegenüber dem US-Dollar, war dieser Bestimmungsfaktor quantitativ spürbar verringert worden. Guthaben und Geldmarktanlagen der Banken im (Nicht-Block-)Ausland hatten ihre Eigenschaft, potentiell Zentralbankgeld zu sein, verloren[38]. Damit war eine wesentliche Voraussetzung für die Kontrolle der monetären Expansion geschaffen. Die ungefähr einen Monat vor Aufgabe der Interventionspflicht gegenüber dem US-Dollar zusätzlich eingeführten Maßnahmen zur außenwirtschaftlichen Absicherung wurden auch nach dem Übergang zum Gemeinschaftsfloaten beibehalten, da aus der Interventionspflicht gegenüber den Block-Währungen noch unerwünschte Devisenzuflüsse resultieren konnten. Die Finanzkredite der Unternehmen verringerten sich weiter in hohem Maße (vgl. Tabelle 2 und Schau-

---

[38] Vgl. dazu auch *Deutsche Bundesbank* (Hrsg.): Geschäftsbericht der Deutschen Bundesbank für das Jahr 1973, Frankfurt/M. 1974, S. 3.

bild 2), der Saldo der kurzfristigen Forderungen und Verbindlichkeiten inländischer Kreditinstitute gegenüber dem Ausland nahm ebenfalls spürbar ab. Die Einlagen auf dem Sonderkonto Bardepot, im Januar 1973 noch 1,8 Mrd. DM, fielen bis zum Jahresende bis auf rd. 0,25 Mrd. DM, da auch die bardepotpflichtigen Transaktionen, wie schon in den letzten Monaten fester Wechselkurse, abnahmen.

Wegen der Interventionspflicht innerhalb des Floating-Blocks kam es im Juni und Juli 1973 noch einmal zu einer Aufnahme von Devisen im Gegenwert von rd. 6 Mrd. DM. Dem neuerlichen, unerwünschten Devisenzufluß wurde schneller als in der Vergangenheit mit einer Aufwertung der D-Mark von 5,5 v. H. gegenüber den Sonderziehungsrechten begegnet. Mit Einführung einer Genehmigungspflicht beim Verkauf von Inlandsforderungen an das Ausland (19. 7. 1973) wurde ein letztes Mal versucht, das System der außenwirtschaftlichen Absicherung zu vervollständigen. Daß dieses System dennoch nicht perfekt war und wegen Ausweichreaktionen weiterhin nur Teilwirkungen zeigte, macht ein Zitat aus den Monatsberichten der Bundesbank deutlich. Sie konstatiert, daß „... Gebietsfremdenkontingente auf mißbräuchliche Weise ‚geschöpft' worden sind, in deren Rahmen dann — durch Sammelgenehmigungen gestattet — deutsche Rentenwerte an Ausländer verkauft wurden"[39].

In Anbetracht der durch die Aufgabe der Interventionspflicht gegenüber dem US-Dollar entstandenen neuen Lage und der Ausweichreaktionen, muß der Bundesbank in ihrer Meinung, daß administrative Maßnahmen zur Eindämmung zins- oder liquiditätsinduzierter Geld- und Kapitalimporte in einem System flexibler Wechselkurse von sekundärer Bedeutung sind[40], beigepflichtet werden. Diese Einsicht bewog die währungspolitischen Instanzen jedoch nicht, die administrativen Maßnahmen aufzugeben. Erst mit einer Festigung des US-Dollars, deren Ursachen in einer Verbesserung der amerikanischen Handelsbilanz (1973: + 3,0 Mrd. US-$) und der sog. Ölkrise zu sehen sind, kam es zu einer Lockerung der administrativen Maßnahmen. Die Festigung des Dollars führte zu Kapitalabflüssen. Unterstützend wirkte darüber hinaus die Reduzierung des Zinsgefälles zum Ausland. Nachdem gegen Ende 1973 eine verstärkte Rückgabe inländischer Rentenpapiere durch Ausländer erfolgte — diese präferierten mehr Dollar-Werte —, wurde der Genehmigungsvorbehalt nach § 23 AWG für den Erwerb inländischer Rentenpapiere (Laufzeit länger als 4 Jahre) aufgehoben.

In diesem Zusammenhang kam es am 30. 1. 1974 zu weiteren Lockerungen, die eine weitgehende Rücknahme der administrativen Maßnah-

---

[39] *BB*-Monatsberichte, 1974, 2, S. 37.

[40] Vgl. *BB*-Jahresbericht 1973, S. 21.

men darstellten. Der Bardepotsatz wurde auf 20 v. H. reduziert, der Freibetrag auf 100 000 DM erhöht. Seit Anfang des Jahres 1974 stiegen dann auch wieder die Finanzkredite der Unternehmen (vgl. Tabelle 2 und Schaubild 2). Im Gefolge dieser Erleichterungen normalisierten sich, wie an den hohen negativen „Restposten" abzulesen ist, auch wieder die terms of payment (vgl. Tabelle 6).

Seit Einführung des Gemeinschaftsfloatens kam es mehrfach zu Schüben von Devisenzuflüssen aus Blockländern mit unerwünschten Wirkungen auf die Zentralbankgeldmenge. So beispielsweise von Mitte März bis Mitte Mai 1974 in Höhe von 4 Mrd. DM.

IV. Das ungelöste Dilemma

Obwohl die monetäre Entwicklung nach März 1973, als die Bundesbank von der Pflicht zur Dollarintervention befreit wurde, günstiger verlaufen ist (freie Liquiditätsreserven wurden fast auf Null abgebaut, Zentralbankgeldmenge nahm nur noch um ca. 5 v. H. pro Jahr zu, Zuwachsrate des Geldvolumens wurde halbiert und die Kreditgewährung der Banken eingedämmt), müssen die aus der Interventionspflicht gegenüber den Blockwährungen resultierenden Devisenzuflüsse als Störfaktor in der Erreichung gesamtwirtschaftlicher Ziele angesehen werden. Devisenzuflüsse aus dieser Richtung konnten mit administrativen Maßnahmen ebensowenig wie in der Zeit fester Wechselkurse abgewehrt werden. Dieses Problem könnte weitgehend durch eine vollständige Wechselkursfreigabe gelöst werden. Ein solcher Schritt würde jedoch die Schaffung einer Wirtschafts- und Währungsunion der EG außerordentlich erschweren. Solange die Mitgliedsländer der EG unterschiedliche Wirtschaftsstrukturen sowie divergierende Kredit- und Fiskalpolitiken haben und damit auch nicht annähernd ein „optimales" Währungsgebiet darstellen, stehen sie vor einem Dilemma: Ausscheiden aus dem Währungsverbund und damit Verzögerung der Schaffung einer Währungsunion oder Mitglied des Währungsverbundes und damit Inkaufnahme der aus der Interventionspflicht resultierenden Nachteile. Ein Abwägen der mit beiden Alternativen verbundenen Vor- und Nachteile aufgrund quantitativer und qualitativer Bewertungen ist an dieser Stelle nicht möglich. Die Bundesrepublik Deutschland hat sich bislang für die Teilnahme am Währungsverbund entschieden. Sie muß die damit verbundenen Nachteile in Kauf nehmen. Daß diese Nachteile durch administrative Maßnahmen, zu denen die Bardepotpflicht gehört, nur unwesentlich unter Inkaufnahme einer starken Reduzierung des Liberalisierungsgrades im Kapitalverkehr gemildert werden können, wurde mit den vorangegangenen Darstellungen gezeigt.

Zusammenfassend muß, nachdem die Bardepotpflicht nach § 6 a AWG im September 1974 außer Kraft gesetzt wurde, festgestellt werden, daß die gesteckten Ziele nur sehr unvollständig erreicht wurden. Unter formaler Aufrechterhaltung der Konvertibilität sollte die Kapitalmobilität verringert werden. Die Bardepotpflicht war ein unglücklicher Versuch an Symptomen zu kurieren und erleichterte die Geldmengenpolitik der Bundesbank nur unwesentlich.

TEIL IV

Verkehrspolitik

Verkehrsinvestitionen als Instrument der Regionalpolitik

Von Hansheinz Kreuter, Jürgen Melcher, Manfred Tietzel

I.

Die Investitionsplanung im Straßenbau orientiert sich an den übergeordneten Zielsetzungen der Verkehrspolitik. Die zunehmende Integration der Wirtschaftspolitik in die Gesellschaftspolitik findet ihren Niederschlag auch in den Zielsetzungen der Verkehrspolitik. „Moderne Verkehrspolitik ist zugleich auch in einem besonderen Sinne immer Gesellschaftspolitik."[1] Dem Verkehrssystem kommt in diesem Zusammenhang ein erhebliches Gewicht zu. Ein leistungsfähiges Verkehrswesen stellt aufgrund der Katalysatorwirkung eine notwendige Voraussetzung für technischen Fortschritt und Wirtschaftswachstum dar. Da von der Beschaffenheit des Verkehrssystems starke räumliche Differenzierungswirkungen ausgehen[2], bedürfen die Ziele der Raumordnungspolitik besonderer Berücksichtung bei der Investitionsplanung im Straßenbau.

Die Komplexität der politischen Zielsetzungen in diesem Bereich macht eine Prüfung der Zielinterdependenzen und -antinomien erforderlich. Da sich eine wirtschafts- und gesellschaftspolitisch ausgerichtete Verkehrspolitik in einer Zeit wachsender internationaler Verkehrsverflechtungen nicht auf einen nationalen Raum beschränken kann, müssen auch größere Zusammenhänge im europäischen und weltweiten Bereich Berücksichtigung finden. Eine „Konkurrenz" der Ziele erschwert die Formulierung von Leitbildern. Dennoch ist die Herausarbeitung ordnungspolitischer Zielsetzungen unumgänglich, um die Investitionspläne für einzelne Verkehrsträger oder -mittel zielkonform aufzustellen und realisieren zu können[3].

Eine solche Abstimmung kann mit einem Koordinationsverfahren zur programmierten Ziel- und Mittelabstimmung erfolgen. Unter der Ko-

---

[1] *Der Bundesminister für Verkehr* und für das Post- und Fernmeldewesen (Hrsg.): Verkehrsbericht 1970, Bonn 1970, S. 26.

[2] *Voigt*, F.: Die volkswirtschaftliche Bedeutung des Verkehrssystems, Berlin 1960, S. 128 ff.

[3] *Voigt*, F.: Theorie der regionalen Verkehrsplanung, Berlin 1964, S. 38.

ordination von Verkehrsinvestitionen verstehen wir die zeitliche, räumliche und sachliche Abstimmung der Ziele und Mittel der Entscheidungsträger und der Betroffenen über diese Investition. Sowohl die Koordinationsmöglichkeiten als auch die Koordinationsnotwendigkeiten sind gerade im Bereich der Verkehrsinvestitionen besonders ausgeprägt. Besonders gute Koordinationsmöglichkeiten bestehen für Verkehrsinvestitionen, weil vor allem die öffentliche Hand für den gesamten Bereich zuständig ist. Die Koordinationsnotwendigkeit ist besonders ausgeprägt, weil die externen Effekte, die die Verkehrswirtschaft auf ihre wirtschaftliche und soziale Umwelt ausübt, im Vergleich zu anderen Wirtschaftssektoren ungewöhnlich stark sind. „Mangelnde Koordination ... ist demnach mit einer Beschränkung des Messungsbereichs für Ertrag und Aufwand gleichzusetzen, d. h. mit dem Vorhandensein von externen Kosten und Erträgen[4]."

Gründe für mangelnde Koordination der Verkehrsinvestitionen können in einer Überlagerung wirtschaftlicher Empfehlungen durch autonome politische Entscheidungen ebenso zu sehen sein, wie in bestimmten Ressortegoismen, die eben aufgrund der mangelnden Koordination und des damit ungenügenden Informationsflusses nicht offenbar werden. Außerdem steigen die Kosten der Koordination in einem komplexen System geometrisch, und Koordinationsmaßnahmen sind wegen der Vielfalt der denkbaren Beziehungen zwischen Entscheidungsträgern und Betroffenen technisch schwer durchführbar. Schließlich besteht eine traditionell gewachsene institutionelle Struktur der Entscheidungsträger, welche nicht funktional und problemorientiert, sondern nach herkömmlichen Organisationsschemata konzipiert ist.

Diese auf den ersten Blick unüberwindlichen Schwierigkeiten sind die Ursachen für die mangelnde Koordination der Verkehrsinvestitionen.

Zu Recht hat *Oort* darauf hingewiesen, daß gute ökonomische Kriterien schlechte politische Leitlinien sein können, wenn die institutionellen Erfordernisse fehlen, die ihre wirksame Durchführung gewährleisten[5]. Gerade die ausgeprägten Kollektivguteigenschaften und externen Effekte, welche vom Verkehrssystem ausgehen, machen „gute Institutionen" und eine erfolgreiche Koordination unbedingt erforderlich: Die Investitionspolitik im Verkehrswesen kann nicht so betrieben wer-

---

[4] *Seidenfus*, H. St.: Koordinationsprobleme und aktuelle Hemmnisse der Regionalpolitik; in: *Schneider*, K. H. (Hrsg.): Beiträge zur Regionalpolitik, Berlin 1968, S. 126 f.

[5] Vgl. *Oort*, C. J.: Investitionskriterien bei Infrastrukturmaßnahmen im Bereich des Binnenverkehrs; in: Europäische Konferenz der Verkehrsminister, Zweites Internationales Symposium über Theorie und Praxis in der Verkehrswirtschaft vom 10. bis 13. Oktober 1967 in München, S. 193.

den, als sei das Transportwesen ein isoliertes System ohne Auswirkungen auf andere volkswirtschaftliche Systembereiche. Gerade auf die regionale Wirtschaftsstruktur und -entwicklung gehen eine Vielzahl von positiven und negativen differenzierenden Effekten vom Verkehrssystem aus[6]. Solche intersektoralen Interdependenzen des Planungsgegenstandes bedingen, daß bei der Investitionsplanung des Verkehrswesens dann Fehlkalkulationen vorgenommen werden, wenn das Transportwesen als isoliertes System optimiert wird.

Das Transportsystem muß vielmehr als ein Subsystem eines komplexen Gesamtsystems angesehen werden, dessen Elemente und Ausdehnung durch Art und Richtung der Wirkung von Verkehrsinvestitonen bestimmt sind. Erst bei einer koordinierten Planung des komplexen Gesamtsystems wird das maximal erreichbare Nutzenniveau realisiert. „Solche zusätzlichen Benefits integrierter Planung kann man als ‚synergistische Benefits' bezeichnen: Das komplexe System insgesamt reagiert anders als die Summe seiner Subsysteme, und der Planer kann das ausnutzen, um seinem Ziel bei gegebenem Aufwand näherzukommen. Mehr noch: Wo die Realisierung synergistischer Benefits durch komplexe Planung möglich ist, führt die unkoordinierte Planung von Subsystemen zu einer ineffizienten Allokation der Ressourcen; innerhalb eines komplexen Systems können nur komplexe Planungsstrategien effizient sein[7]."

Die Interdependenzen, welche zwischen den Maßnahmen in einem Subsystem und den Handlungsbedingungen in einem anderen stehen, können komplementär und kompetitiv sein. Komplementär sind die Interdependenzen dann, wenn Maßnahmen in einem Subsystem die Grade der Zielerfüllung in einem anderen erhöhen; kompetetiv sind sie, wenn sie den Realisierungsgrad der Ziele in einem anderen System verringern.

Organisatorisch hat die Koordination eine horizontale und eine vertikale Dimension; horizontale Koordination besteht in der Aufgabe, mehrere Entscheidungsträger derselben Ebene (beispielsweise verschiedene Bundesländer, Kreise und Städte) in den Überschneidungsbereichen ihrer Aktionsfelder zu vereinheitlichen, vertikale Koordination ist die Ziel- und Mittelabstimmung zwischen nachgelagerten Entscheidungsträgern. (Ein mögliches Beispiel dafür ist, daß der Ausbau des Fernstraßennetzes, welcher durch den Bund geplant wird, Effekte

---

[6] Vgl. *Voigt*, F.: Theorie der regionalen Verkehrsplanung; *Seidenfus*, H. St.: Verkehr und Regionalpolitik; in: Zeitschrift für Verkehrswissenschaft, 37. Jg. (1966), S. 7.

[7] *Bonus*, H.: Nutzen-Kosten-Analyse in Stadtregionen; in: Jahrbuch für Sozialwissenschaften, Bd. 23 (1972), S. 21.

auf das regionale Straßennetz ausübt, welches zum Planungsbereich der Länder gehört.)

Die Koordination dieser Entscheidungsträger hat nun die mehrfache Aufgabe, diese Überschneidungsbereiche aufzudecken und Handlungsstrategien der einzelnen Entscheidungsträger so zu definieren, daß die Nutzen des Gesamtsystems maximiert werden, also synergistische Benefits durch einen institutionell gesicherten Adaptionsprozeß realisiert werden.

Die Zahl aller denkbaren Überschneidungsbereiche zwischen den einzelnen Subsystemen ist sehr groß (bei n Problembereichen sind 2^{n-1} Überschneidungsbereiche denkbar) und a priori unbekannt. Würden alle diese potentiellen Überschneidungen, von denen von vornherein keine als nicht existent ausgeschlossen werden kann, untersucht, so würden sehr schnell die geometrisch wachsenden Kosten der Koordination (ganz abgesehen vom Problem der Praktikabilität) die erzielbaren synergistischen Nutzen überschreiten.

Daher ist ein praktikabler Koordinationsmechanismus zu entwerfen, der hinreichend sicher alle Überschneidungsbereiche identifiziert, gleichzeitig die Kosten der Koordination niedrig hält und den organisatorischen Aufwand der Koordination nicht übermäßig steigert. Ein solcher Katalysator der Koordination, das sogenannte „organisierende" Konzept, wurde von *Bonus* entwickelt[8].

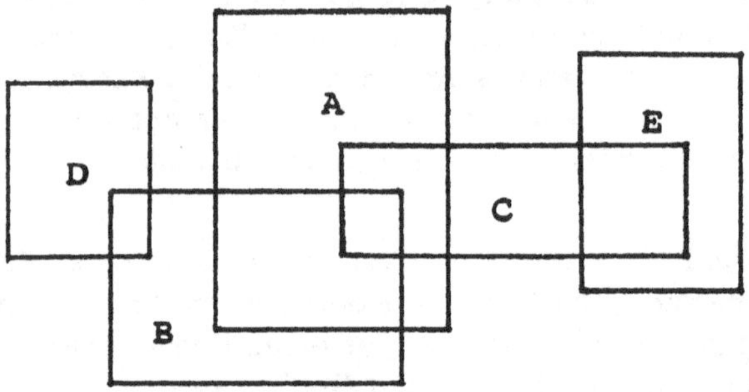

Die Flächen *A, B, C, D* und *E* charakterisieren die Problembereiche einzelner Subsysteme und die jeweiligen Mengen aller ihnen zugehörigen Einzelprobleme. Eine Koordination der Subsysteme ist dort notwendig, wo sich die Problembereiche überschneiden, also gemeinsame Einzelprobleme existieren. In jedem einzelnen Subsystem sind natürlich Informationen über den gesamten Problembereich vorhanden,

[8] Vgl. *Bonus,* H.: Nutzen-Kosten-Analyse in Stadtregionen.

nicht jedoch über eventuelle Überlappungsbereiche mit anderen Subsystemen. Eine Koordination zwischen den Subsystemen kann nun durch einen Suchprozeß erfolgen, durch welchen die relevanten Überschneidungsbereiche geklärt und daraufhin eine Ziel- und Maßnahmenabstimmung zwischen den einzelnen Subsystemen zur Entwicklung einer „komplexen" Strategie gefunden werden kann.

Beginnend mit einem beliebigen dieser Problembereiche, etwa *C*, welcher das organisierende Konzept genannt wird, können Informationen über Ausdehnung und Inhalt des Problembereiches sowie geplante Ziele und Maßnahmen entwickelt und an die benachbarten Bereiche *A*, *B* und *E* weitergeleitet werden. Hier werden Kollisionen und Überschneidungen in Problembereichen und Strategie offenbar und können durch gemeinsame Lösungen der identischen Problembereiche koordiniert werden. Mit zunehmender Dauer der Anwendung steigt auch die koordinierende Wirkung des organisierenden Konzepts: Da nämlich in der zweiten Planungsperiode bestimmte Überschneidungen schon bekannt sind, kann sich der Suchprozeß auf die wenigen neuen Überschneidungen beschränken. „Je länger das Verfahren praktiziert würde, desto weniger Reibungsverluste würden sich ergeben, und desto schneller würde es zum Ziele führen[9]."

Zur Veranschaulichung des hier entwickelten Koordinationsverfahrens sei davon ausgegangen, daß das Gesamtsystem, welches von Verkehrsinvestitionen beeinflußt wird, in die Subsysteme $S_1, S_2, S_3, \ldots, S_n$ zerfalle. Den einzelnen Subsystemen sind die Problembereiche P_1 bis P_n zugeordnet. Die Gesamtmenge der Elemente aller Problembereiche, also die Menge aller Einzelprobleme, sei E_m. Auf der ersten Koordinationsebene findet zunächst eine horizontale subsektorinterne Koordination in den einzelnen Problembereichen statt. Wenn das Subsystem S_1 der Verkehrssektor und P_1 der zugeordnete Problembereich ist, so müssen die Einzelprobleme E_1, E_2 und E_m, die sich gegenseitig beeinflussen können, koordiniert werden. So ist das Problem E_1, etwa die Elektrifizierung einer Eisenbahnstrecke, nicht unabhängig vom Problem E_m, dem Neubau einer Autobahn in der gleichen Relation.

Bestimmte Einzelprobleme sind dort, wo sich die Problembereiche überschneiden, einzelnen Subsystemen gemeinsam. So ist E_2 den Subsystemen S_1, S_2 und S_3 gemeinsam, E_3 den Subsystemen S_2 und S_n und E_m den Subsystemen S_1, S_3 und S_n. Auf der zweiten Koordinierungsebene müssen nun komplexe Strategien für diese Einzelprobleme gefunden werden. Wenn Subsystem S_1 den Verkehrssektor, Subsystem S_2 die Regionalplanung und Subsystem S_3 den Umweltschutz darstellt, so

[9] Ebenda, S. 31.

überschneiden sich ihre Problemkreise beim Einzelproblem E_2, z. B. dem Autobahnbau in einer bestimmten Region mit bestimmter Streckenführung. Das Ziel des Autobahnbaus, getragen von Subsystem S_1, kann sich beispielsweise komplementär zum Ziel des Subsystems S_2, die Industrieansiedlung in der betreffenden Region zu fördern, verhalten. Kompetetiv verhalten sich die Ziele dieser beiden Systeme zum Ziel des Subsystems S_3, Beeinträchtigungen der Umweltqualität und der Homogenität einer Landschaft zu vermeiden. Für diesen gemeinsamen Problembereich muß nun ein Koordinierungsgremium geschaffen werden, das diese Zielinterdependenzen einem Kompromiß zuführt, der nicht die Einzelzielsetzungen, sondern die Gesamtzielsetzungen maximiert.

Dieser Prozeß muß auf der zweiten Koordinierungsebene für alle Überschneidungspunkte aller relevanten Subsysteme vollzogen werden. Falls die auf der zweiten Koordinierungsebene entwickelte komplexe Strategie für Einzelprobleme Rückwirkungen auf andere Einzelprobleme der ersten Koordinierungsebene hat, muß unter Berücksichtigung des gefundenen Kompromisses eine Revision der Plankoordination auf der ersten, subsektorinternen Ebene vollzogen werden.

Die auf diese Weise intern und extern koordinierten Programmbereiche definieren nun die komplexe Strategie der Subsysteme (dritte Koordinierungsebene).

Das Gesamtsystem der Verkehrsplanung muß dann noch einmal auf der vierten Koordinierungsebene abgestimmt werden, wenn seine Dimension volkswirtschaftlich so groß ist, daß von der komplexen Strategie Effekte auf andere wirtschaftliche Zielbereiche, etwa auf Beschäftigungsstand oder Inflation ausgehen.

II.

Abgesehen von der Notwendigkeit einer politischen Koordination der Ziele lassen sich die Kriterien der Verkehrsinvestitionsplanung unter regionalpolitischen Gesichtspunkten theoretisch ableiten.

Die Differenzierungswirkungen, die für den Prozeß der Industrialisierung charakteristisch sind, erwachsen nach zwei Richtungen: innerhalb der Produktionszweige und im Raume. Diese unterschiedlichen Begünstigungen und Benachteiligungen, deren Richtung und Intensität z. T. als Funktion der Qualität des Verkehrssystems gesehen werden müssen, bedeuten jeweils für eine folgende Prozeßperiode unterschiedliche Entwicklungschancen.

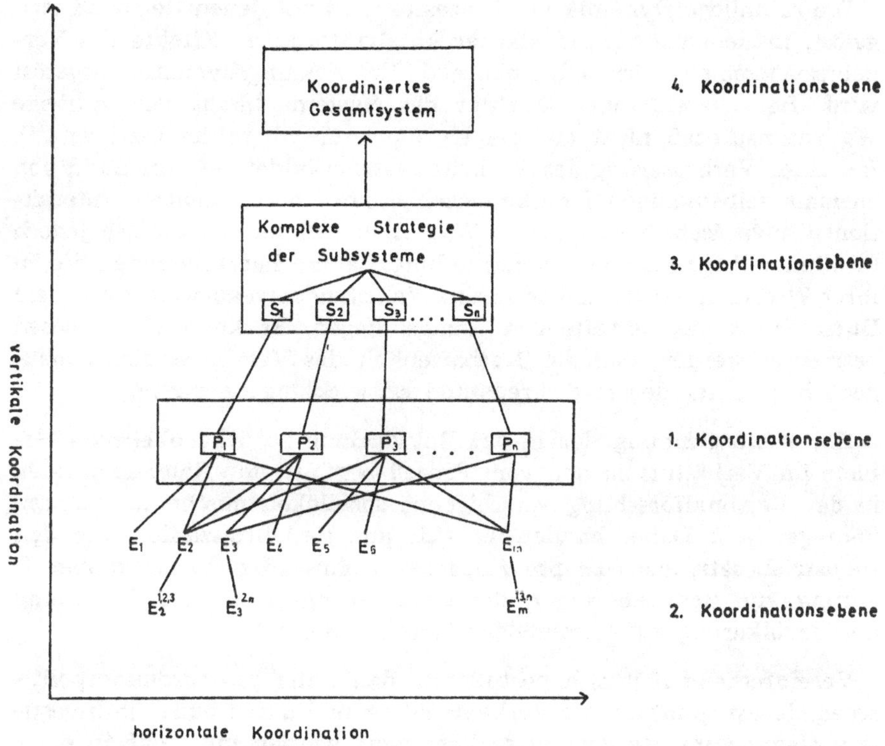

Die räumliche Differenzierung erwächst aus der Tatsache, daß in einem marktwirtschaftlich organisierten System in der Regel Investitionen nur dort vorgenommen werden, wo unter der Voraussetzung rationalen Verhaltens der Investoren jeweils ein maximaler Gewinn erwartet wird. Für die langfristige Entwicklungsfähigkeit eines Raumes ist entscheidend, wie sich das Minimum der Kosten und die Höhe des Ertages am gewählten Standort im Vergleich zu alternativen Räumen entwickeln können.

Die Entwicklung der Kosten — ebenso wie die Erträge im längerfristigen Prozeßablauf als Variable zu betrachten — hängt nicht nur vom Preis und der Verfügbarkeit des Produktionsfaktors Arbeit ab. Auf der Bezugs- und Absatzseite sind die Transportkosten und die Qualität der Verkehrsleistung von ausschlaggebender Bedeutung für die industrielle Produktion und für die sich aufgrund der Summe der relevanten Standortentscheidungen ergebende räumliche Differenzierung[10].

[10] *Frerich*, J., *Helms*, E., *Kreuter*, H.: Die Erfassung und Quantifizierung der Wachstums- und Struktureffekte von Autobahnen — dargestellt am Beispiel einer in der Vergangenheit gebauten Strecke, Bonn 1972, S. 19.

Die räumliche Dynamik des Prozesses wird von jenen Regionen ausgelöst, in denen aufgrund starker katalysatorischer Effekte des Verkehrssystems eine sich selbst nährende Entwicklungsdynamik ausgelöst wird. Bei ausreichender Qualität des Systems bleibt der initiierte Wachstumsprozeß nicht auf die einzelnen Kernbereiche beschränkt[11]. Bei einer Verbesserung des Verkehrssystems bildet sich ein Band von ehemals selbständigen Kernbereichen heraus, deren Zentren Interaktionen aufweisen. Neben diesen Wachstumsregionen haben sich jedoch in allen Industrieländern benachteiligte Räume herausgebildet, die in ihrer Wirtschaftskraft und in ihrem Wohlstandsniveau weit unter dem Durchschnitt des betreffenden Landes liegen. Es kann als erwiesen betrachtet werden, daß die Beschaffenheit des Verkehrssystems maßgeblich zu einer derart diskrepanten Entwicklung beiträgt[12].

Zur Kennzeichnung der in der Entwicklung zurückgebliebenen Gebiete im Verhältnis zu den vom Prozeß begünstigten Räumen werden in der Regionalforschung verschiedene sozialökonomische Indikatoren herangezogen. Dabei handelt es sich um Verhältniszahlen wie den Industriebesatz, das BIP pro Kopf der Wohn- oder Wirtschaftsbevölkerung, die Realsteuerkraft, die Bevölkerungsdichte, die Verteilung der Bevölkerung auf Gemeindegrößenklassen etc.[13].

Vereinfachend läßt sich postulieren, daß unter raumordnungspolitischen Gesichtspunkten die Verkehrspolitik und damit auch die Investitionsplanung im Straßenbau so konzipiert werden muß, daß in einer insgesamt hochindustrialisierten Volkswirtschaft in den bestehenden Problemgebieten die angeführten Indikatoren einem gesamtwirtschaftlichen Durchschnitt, also einem bestimmten Richtwert, zugeführt werden.

Eine derartige Harmonisierung der durch die ausgewählten Indikatoren widergespiegelten räumlichen Wirtschaftskraft entspricht voll den Gestaltungszielen in der Raumordnungs- und Regionalpolitik, wie sie in jüngerer Zeit formuliert wurden[14].

---

[11] *Voigt*, F.: Die volkswirtschaftliche Bedeutung des Verkehrssystems, S. 101 ff.

[12] *Voigt*, F., *Frerich*, J., *Radel*, R., *Unterburg*, G.: Ökonomische Untersuchung zum Ausbauplan für die Bundesfernstraßen; in: Ausbauplan für die Bundesfernstraßen 1971 - 1985, Untersuchungsberichte, Bd. B, Teil IV, Gutachten im Auftrage des Bundesministers für Verkehr, Abteilung Straßenbau, Bonn 1971, S. 9 ff.

[13] *Frerich*, J., *Helms*, E., *Kreuter*, H.: Die Erfassung und Quantifizierung, S. 23.

[14] *Schneider*, H. K.: Über die Notwendigkeit regionaler Wirtschaftspolitik; in: Beiträge zur Regionalpolitik (Hrsg. H. K. *Schneider*), Schriften des Vereins für Socialpolitik, N. F., Bd. 41, Berlin 1968, S. 3 ff.; *Müller*, J. H.: Wirtschaftliche Grundprobleme der Raumordnungspolitik, Berlin 1969, S. 109 ff.

Eine erschöpfende Behandlung dieser Gestaltungsziele kann an dieser Stelle nicht vorgenommen werden[15]. In aller Kürze läßt sich sagen, daß als Ursprung der eigenständigen Entwicklungsdynamik des Marktes und Ursache eines regional differenzierten Wirtschaftswachstums die industrielle Aktivität in Verbindung mit den unterschiedlichen Qualitäten der Standortfaktoren angesehen werden muß. Die verkehrsmäßige Erschließung ist neben den Faktoren Arbeitskräfte und Industriegelände die wichtigste Determinante in diesem Kalkül, eine Tatsache, die die überragende Bedeutung und Tragweite der Investitionsplanung im Fernstraßenbau apostrophiert. Eine effiziente Raumwirtschaftspolitik, aus der die Investitionsplanung nicht wegzudenken ist, muß nicht nur systematisch eingreifen, sondern auch kausal-therapeutisch an der Wurzel der räumlichen Differenzierung einsetzen. Dabei sind die raumordnungspolitischen Gestaltungsziele zu beachten, die sich wie folgt zusammenfassen lassen[16]:

(1) Die qualitative Harmonie einer ausgewogenen Wirtschaftstätigkeit im Raum (Mischung und Spezialisierung).

(2) Die quantitative Adäquanz der räumlichen Wirkungsfaktoren (Proportionalität und Disproportionalität).

(3) Optimale räumliche Verteilung der Wirtschaftstätigkeit (Zentralität und Dezentralität).

(4) Gesamtwirtschaftlich stabile räumliche Wirtschaftsdynamik (Produktivität und Stabilität).

Aus diesen allgemein formulierten Gestaltungszielen kann jedoch nicht ohne weiteres ein operationales und konfliktfreies Zielsystem für die Raumordnungs- oder Regionalpolitik entwickelt werden[17].

Um eine praktische Berücksichtigung der Gestaltungsziele bei der Investitionsplanung im Fernstraßenbau zu ermöglichen, empfiehlt sich eine Anpassung raumwirtschaftlicher Indikatoren an postulierte Richtwerte.

Aufbauend auf realitätsbezogenen theoretischen Fundamenten müssen regionalpolitisch relevante Zusammenhänge in den Bereichen der Produktions-, Faktor- und Siedlungsstruktur ermittelt werden, um aus diesen praktikable Analyseansätze für die Investitionsplanung im Fernstraßenbau zu entwickeln.

---

[15] Vgl. *Voigt*, F.: Verkehr, Erster Band, Zweite Hälfte, Berlin 1973, S. 680 ff.

[16] *Kreuter*, H.: Industrielle Standortaffinität und regionalpolitische Standortlenkung dargestellt am Beispiel Baden-Württembergs, Berlin 1974, S. 23 ff.

[17] *Storbeck*, D.: Regionale Wirtschaftspolitik; in: Handwörterbuch der Raumforschung und Raumordnung, 2. Aufl., Hannover 1970, Sp. 2629.

Die sogenannten Globalindikatoren (Volkseinkommen, Sozialprodukt, Bruttoinlandsprodukt etc.) sind in erster Linie deskriptive Informationsinstrumente, die in ihren einfachsten Formen noch keinen Einblick in die Strukturzusammenhänge und die Wirkungsweise bestimmter Entwicklungsdeterminanten vermitteln[18]. In modifizierter Form können detaillierte Globalindikatoren Einblicke in spezifische Strukturzusammenhänge ermöglichen, wenn sie eine systematische und übersichtliche Darstellung einer raumwirtschaftlichen Ausgangslage liefern und bei entsprechender Ausgestaltung eine Beurteilung regionaler Entwicklungsmöglichkeiten zulassen[19]. Derart modifizierte Indikatoren werden als regionale Spezialindikatoren bezeichnet oder bei weiterer Modifizierung als regionale Strukturkennziffern.

Sofern ein ausgewählter Indikator in Beziehung zur Ausgestaltung der verkehrsmäßigen Erschließung gesetzt werden kann, ergibt sich hier ein Ansatzpunkt für eine raumwirtschaftlich effiziente Investitionsplanung. Bei dem Versuch, die Wachstums- und Struktureffekte von Autobahnbauten zu erfassen und zu quantifizieren, konnte eine funktionale Abhängigkeit der industriellen Produktivitätsentwicklung von der verkehrsmäßigen Erschließung im Raum festgestellt werden. Sowohl ein regressionsanalytisches Verfahren als auch eine Standortanalyse führten zu dem Ergebnis, daß ein bestimmter Anteil des Wirtschaftsergebnisses einer Region auf das Vorhandensein einer Autobahn zurückgeführt werden kann[20]. Dabei lassen sich sowohl für unterschiedliche Branchen und Betriebsgrößenklassen als auch für Neuansiedlungen und Umsatzausdehnungen bereits bestehender Industriebetriebe unterschiedliche Anteile der Autobahn feststellen[21].

Die Ergebnisse dieser Untersuchungen lassen den Schluß zu, daß Investitionen im Fernstraßenbau die regionale Entwicklung bestimmter Indikatoren, beispielsweise des BIP pro Kopf der Wohn- oder Wirtschaftsbevölkerung, zu beeinflussen vermögen.

Im Bereich der regionalen Produktionsstruktur liefert der Indikator BIP pro Kopf der Wirtschaftsbevölkerung Aufschluß über die regional unterschiedlichen Erwerbsintensitäten und Leistungseffekte[22]. Der Indikator ermöglicht einen Vergleich der Teilräume auf Basis des Inlands-

---

[18] *Frerich*, J., *Helms*, E., *Kreuter*, H.: Die Erfassung und Quantifizierung, S. 22.

[19] *Fischer*, G.: Praxisorientierte Theorie der Regionalforschung, Tübingen 1973, S. 94.

[20] *Frerich*, J., *Helms*, E., *Kreuter*, H.: Die Erfassung und Quantifizierung, S. 206 ff.

[21] *Kreuter*, H.: Industrielle Standortaffinität, S. 100 ff.

[22] *Fischer*, G.: Praxisorientierte Theorie, S. 104.

konzepts und somit eine Kategorisierung von Problemregionen. Als Ziel einer raumwirtschaftlich orientierten Investitionsplanung kann in diesem Zusammenhang gefordert werden, daß die Verkehrsinvestitionen einen Beitrag zur Angleichung dieses Indikators an einen gesamtwirtschaftlichen Richtwert leisten. Dabei muß von einer Branchendifferenzierung des Indikators ausgegangen werden. Tragfähigkeit und Standortwertigkeit der Problemregionen geben Aufschluß darüber, welcher branchenspezifische Indikator des Konzeptes BIP pro Kopf der Wirtschaftsbevölkerung am ehesten eine Annäherung an den Richtwert verspricht.

Die betriebliche Produktivität steht im Zentrum der Analyse der regionalen Produktionsstruktur. „Die strategische Größe zur Realisierung potentieller Entwicklungsmöglichkeiten liegt in der Fähigkeit der regionalen Produktionsbereiche, durch eine optimale Anpassung ihrer Input- und Output-Strukturen an die sich wandelnde Produktions- und Absatzverhältnisse die volkswirtschaftliche Produktivität des regionalen Faktorpotentials zu steigern[23].“ Die Qualität der Verkehrsinfrastruktur wirkt sowohl auf der Input- als auch auf der Output-Seite auf die betriebliche Produktivität ein.

Bei der Analyse der regionalen Faktorstruktur konzentriert sich das Interesse der meisten Autoren in erster Linie auf die Mobilität des Produktionsfaktors Arbeit. Insbesondere wird versucht, Informationen über die Möglichkeiten einer indirekten Beeinflussung der interregionalen Wanderungsströme zu gewinnen[24]. Im Vordergrund dieser Einwirkungsmöglichkeiten steht eine gezielte, bestmögliche Ausgestaltung der teilräumlichen Infrastruktur im weitesten Sinne, um so raumwirtschaftlich unerwünschten Wanderungsverlusten entgegenzuwirken[25].

Da das Verkehrssystem wie kein anderer Sektor direkt und indirekt-katalysatorisch Entwicklungsimpulse zu induzieren vermag, ist in diesem Zusammenhang für die verkehrliche Infrastruktur bei der allenthalben konstatierbaren Ausdehnung der Absatzbereiche[26] insbesondere die Fernstraßenstruktur von herausragender Bedeutung.

Das Verhältnis BIP pro Kopf der Wirtschaftsbevölkerung zu BIP pro Kopf der Wohnbevölkerung mehrerer Vergleichsregionen gibt Aufschluß über den Grad der Pendelwanderung. Ab einer gewissen Entfernungsschwelle führt eine Pendelwanderung zu volkswirtschaftlichen

---

[23] Ebenda, S. 159 f.

[24] Vgl. hierzu insbesondere *Siebert*, H.: Zur Theorie des regionalen Wirtschaftswachstums, Tübingen 1967, S. 90 ff. Hierzu auch *ders.:* Regionales Wirtschaftswachstum und interregionale Mobilität, Tübingen 1970.

[25] *Fischer*, G.: Praxisorientierte Theorie, S. 216.

[26] *Kreuter*, H.: Industrielle Standortaffinität, S. 105 ff.

Produktivitätsverlusten. Außerdem wird das Auseinanderfallen von Wohn- und Arbeitsstätte dann auch individuell als unzumutbar empfunden. Sofern die Teilräume, denen die besondere raumwirtschaftspolitische Aktivität gilt, genügend groß gewählt werden — die Förderung einer bestimmten Mindestgröße resultiert aus zahlreichen Überlegungen[27] —, kann als Ziel der Regionalpolitik innerhalb der Faktorstruktur eine Vermeidung produktivitätshemmender Wanderungsverluste postuliert werden. Dennoch auftretende Pendlerströme in peripheren Bereichen der Teilräume werden gesamträumlich ausgeglichen.

Aus diesen Überlegungen ergibt sich, daß eine Verbesserung des BIP pro Kopf der Wirtschaftsbevölkerung in den Problemregionen sowohl die Implikationen der Produktions- als auch der Faktorstruktur berücksichtigt.

Zwischen Faktor- und Siedlungsstruktur bestehen bedeutsame Interdependenzen, die eine Lösung der Raumordnungs- und Regionalpolitik von der herkömmlichen Standortpolitik erforderlich erscheinen lassen[28]. Determinanten der Wohn- und Freizeitgunst müssen stärker als bisher berücksichtigt werden. Wohnortwünsche der Arbeitnehmer und Standortaffinität der Industriebetriebe müssen miteinander in Einklang gebracht werden, womit die Frage der optimalen Gestaltung der Siedlungsstruktur und deren Beeinflussung durch die Infrastrukturpolitik zu einem zentralen Aspekt der Analyse wird[29].

Die Siedlungsstruktur ist gewissermaßen das Bindeglied zwischen Faktor- und Produktionsstruktur. Diskrepante Beschaffenheiten der Siedlungsstrukturen benachbarter Teilräume hängen eng mit Wanderungsbewegungen zwischen diesen Räumen zusammen. Dabei ist gegenwärtig davon auszugehen, daß vielfach bei Standort- resp. Wohnortentscheidungen nicht mehr nur der Wohnort am Beschäftigungsort orientiert wird, sondern auch die Industrieansiedlung an Standorten mit hohen Wohn- und Freizeitwerten stattfindet. Der Faktor Kapital folgt hier dem Faktor Arbeit.

Die Komplexität geographischer, sozialer, gesellschaftlicher, ökonomischer und historischer Determinanten der Siedlungsstruktur hat bisher eine umfassende theoretische Erklärung realer Siedlungsstrukturen

---

[27] Siehe hierzu *Bobeck*, H.: Die Versorgung mit zentralen Diensten; in: Mitteilungen der österreichischen geographischen Gesellschaft, Bd. 110 (1968), S. 143 ff.

[28] *Schröder*, D.: Strukturwandel, Standortwahl und regionales Wachstum, Prognos-Studien, Bd. 3, Beiträge zur angewandten Wirtschaftsforschung, Hrsg:. Prognos-AG in Basel, Stuttgart-Berlin-Köln-Mainz 1968, S. 116 ff. und S. 195 ff.; siehe auch 2. Aufl., Stuttgart 1972.

[29] *Fischer*, G.: Praxisorientierte Theorie, S. 216.

nicht erlaubt. Es konnten lediglich allgemeine Grundsätze einer „wirtschaftlich und gesellschaftlich erwünschten, d. h. bedarfsgerechten und funktionsfähigen Siedlungsweise“[30] abgeleitet und als Empfehlungen für die allgemeinen Nutzungs- und Richtpläne ausgesprochen werden.

Auf die theoretischen Ansatzpunkte zur Erklärung der Siedlungsstruktur, beispielsweise Industriestandorttheorien, Agglomeration und soziale Kosten sowie Erträge, ökonomische Siedlungstheorien, zentrale Orte etc., kann hier nicht näher eingegangen werden[31]. Es soll lediglich in Anlehnung an die Ausführungen zu Produktions- und Faktorstruktur auf operationale Analyseansätze Bezug genommen werden, für die der Verkehr bedeutsam ist.

Die Verkehrsfunktion ist siedlungspolitisch in doppelter Hinsicht relevant. Der Aspekt des Nahverkehrs, der wesentlich über die Entfernungen zwischen Wohn- und Arbeitsstätte sowie die Erreichbarkeit von Versorgungs- und Entsorgungseinrichtungen entscheidet, kann im vorliegenden Analysezusammenhang nur erwähnt werden. Der Fernverkehr ist die Klammer überregionaler Siedlungsstrukturen, der Katalysator zwischen den Aktivitäten unterschiedlicher Wirtschafts- und Industriebereiche, quantitative und qualitative Determinante von Beschaffungs- und Absatzstrukturen sowie zuordnendes Glied zwischen den relevanten Daseinsgrundfunktionen.

In der Entwicklung der Siedlungsstruktur lassen sich ähnliche Tendenzen feststellen wie bei der Herausbildung von Industriebändern[32], ein Prozeß, der den gegenwärtigen und künftigen Bedürfnissen der Gesellschaft angepaßt ist[33]. Insofern liegt die Bedeutung der Fernstraßeninvestitionen in der Erreichung eines Beitrags zur annähernd gleichmäßigen Ausstattung der Siedlungsbänder mit Kommunikationspotential.

Die Siedlungsstruktur muß durch Infrastrukturinvestitionen so beeinflußt werden, daß die Verbesserung der Wohn- und Freizeitgunst sich an den bevorzugten Industriestandorten orientiert, um so ein zu starkes Auseinanderklaffen von Wohn- und Arbeitsstätte zu verhindern. Ohne Zweifel ist hier neben dem Nahverkehr auch der Ausbau des Fern-

[30] Ebenda, S. 280 ff.

[31] Vgl. hierzu ausführlich *Ritter*, U. R.: Siedlungsstruktur; in: Handwörterbuch der Raumforschung und Raumordnung, 2. Aufl., Hannover 1970, Sp. 2894 ff.

[32] *Voigt*, F.: Die volkswirtschaftliche Bedeutung des Verkehrssystems, S. 301 f.

[33] Vgl. *Partzsch*, D.: Die Ergebnisse der historischen Raumforschung zur Erforschung der Siedlungsstruktur und deren Bedeutung für die Raumordnung; in: Informationsbriefe für Raumordnung und Städtebau, R. 2.1.3, Wiesbaden 1968, S. 7.

Vom Verkehr gewährleistete Interdependenzen der Daseinsgrundfunktionen Darstellung der Verkehrswertigkeit in der Ebene

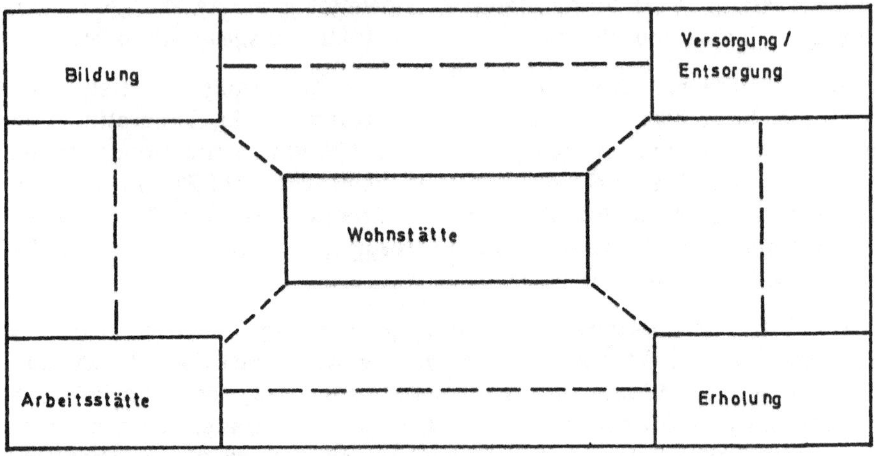

Quelle: Partzsch, D.: „Daseinsgrundfunktionen", in: Handwörterbuch der Raumforschung und Raumordnung, 2. Aufl., Hannover 1970, S. 429 f.

straßennetzes, beispielsweise das Vorhandensein einer Autobahn entscheidend. Ist dieses Ziel erreicht, so kann die Investitionsplanung im Fernstraßenbau auch ohne Verstoß gegen siedlungsstrukturpolitische Postulate an der Forderung ausgerichtet werden, das BIP pro Kopf der Wirtschaftsbevölkerung in den Problemregionen an vorgegebenen Richtwerten zu orientieren.

III.

Nach der Koordination politischer Zielvorstellungen im Bereich der Verkehrsinvestitionen und der Herausarbeitung der wichtigsten regionalpolitischen Kriterien in diesem Bereich, muß in einem dritten Schritt eine Methode entwickelt werden, die es erlaubt, die Prioritäten von geplanten Verkehrsinvestitionen unter der Beachtung regionalpolitischer Kriterien festzulegen. Hierfür betrachten wir zunächst vorhandene Methoden aus dem Bereich der einzelwirtschaftlichen und gesamtwirtschaftlichen Entscheidungsfindung.

Die einzelwirtschaftlichen Entscheidungsmethoden des *Operations Research* dienen zur Klärung von Problemen, die im Handlungsablauf eines rational handelnden Wirtschaftssubjekts zwischen der Planungs- und Entscheidungsphase angesiedelt, also der Entscheidungsvorbereitung zuzuordnen sind. Sie wenden dabei wissenschaftliche — insbesondere mathematische — Methoden an, um gegebene Probleme in bezug auf exogen vorgegebene Zielsetzungen „optimal“ zu lösen[34]. Allerdings gehört eine Überprüfung der Gültigkeit der Zielsetzungen nicht zu den Aufgaben des Operations Research.

Wir wollen nun die vier wichtigsten Teilgebiete des Operations Research einer kurzen Überprüfung unterziehen:

Lineare Planungsrechnung (LP). Die lineare Planungsrechnung löst die Aufgabe, eine lineare Funktion, deren Variable einem System linearer Nebenbedingungen genügen müssen, zu optimieren (d. h. maximieren bzw. minimieren). In allgemeiner Form: Bestimme das Maximum bzw. das Minimum einer linearen Funktion (Zielfunktion) unter Beachtung der gegebenen Nebenbedingungen.

ZF: $$\alpha_1 z_1 + \alpha_2 z_2 + \ldots + \alpha_i z_i + \ldots + \alpha_r z_r \rightarrow \text{Max !}$$

NB: $$a_{ji} z_i \leq b_j$$

$$z_i \geq 0$$

Die z_i können hierbei als die Zielbeiträge interpretiert werden, die α_i sind die Koeffizienten der Zielfunktion, die a_{ji} die Koeffizienten der Nebenbedingung und die b_j die vorgegebenen Kapazitäten; schließlich müssen die Zielbeiträge so ausgegewählt werden, daß sie nicht negativ werden können.

Die geforderte strenge Linearität der Zielfunktion und der Nebenbedingung bereitet in der Praxis die größten Schwierigkeiten. Dennoch läßt sich in vielen Fällen die Problemstellung so fassen, daß sie dieser Bedingung genügt. Die Lösung dieses mathematischen Problems (auch bei sehr komplexer Struktur) bereitet wegen der Möglichkeit des Einsatzes der Datenverarbeitung kaum Schwierigkeiten.

Gelingt es also, das Problem der Investitionsplanung im Fernstraßenbau als lineares Planungsrechnungsmodell zu interpretieren, indem die z_i den relevanten Zielen, die α_i der „Wert“-Größe der Ziele und die Nebenbedingung den beispielsweise finanziellen und zeitlichen Restriktionen entsprechen, so ist die lineare Planungsrechnung als Methode zur Prioritätsbestimmung von Fernstraßenbaumaßnahmen geeignet.

In der ökonomischen Realität liegen zwischen den verschiedenen Variablen meist nicht lineare Abhängigkeiten zugrunde. Man kann das oben beschriebene Modell auch mit solchen nichtlinearen Gleichungssystemen beschreiben und bewegt sich damit im Bereich der *nichtlinearen Planungsrechnung.* Leider gibt es hier keine allgemeinen

---

34 Vgl. *Frerich,* J., *Melcher,* J. u. a.: Die Methoden des Operations Research und ihre Anwendungsmöglichkeiten auf die Investitionsplanung im Straßenbau, Bonn 1974 (Straßenbau und Straßenverkehrstechnik, H. 159), S. 1.

mathematischen Lösungswege. Nur für einen eingeschränkten Teil von Spezialproblemen existieren bisher brauchbare Algorithmen, so daß wir auf eine weitere Betrachtung an dieser Stelle verzichten müssen.

Die *Graphentheorie*, mit ihrem bekanntesten Zweig der Netzplantechnik, ist ohne Zweifel ein vorteilhaftes Hilfsmittel für die Konstruktion von Modellen und die Lösung komplizierter Probleme. Ihre Methoden zur Berechnung „kürzester Wege" zwischen zwei Punkten in einem Netz oder die Bestimmung von „maximalen Flüssen" in Netzwerken lassen sich ohne Zweifel auf Probleme der Fernstraßenbauplanung übertragen. Auch die raumordnerischen Gesichtspunkte lassen sich in der Form von „Belegungen" der „Knoten" bzw. „Kanten" berücksichtigen. Allerdings findet die Methode ihre Grenzen in der Anzahl der simultan zu berücksichtigenden Variablen, die im Höchstfalle zwei betragen kann.

Die *Entscheidungstheorie* beschäftigt sich mit Prozessen, in denen „einem Individuum verschiedene Handlungsalternativen mit gewissem oder ungewissem Ausgang zur Auswahl stehen"[35]. Der Entscheidende wird dabei seine Handlungsalternativen so einsetzen, daß ein optimales Ergebnis erzielt wird. Ohne nun im einzelnen auf die theoretischen Implikationen dieser Theorie einzugehen, bleibt an dieser Stelle festzuhalten, daß in jedem rationalen Entscheidungsprozeß die hier erarbeiteten theoretischen Erkenntnisse berücksichtigt werden müssen, so daß wir an späterer Stelle darauf zurückkommen werden.

Im Gegensatz zur Entscheidungstheorie treten in der *Spieltheorie* im Normalfall Spieler und Gegenspieler auf, die ihre jeweiligen Interessen durchsetzen wollen. Die Spieltheorie stellt diese Interessenkonflikte durch strategische Spiele modellmäßig dar[36]. Diese Entscheidungssituation entspricht nicht dem an dieser Stelle gestellten Problem, weil dieses nicht ein Modell eines Kooperations- sondern eines Konfliktmechanismus' ist, so daß wir sie außer Betrachtung lassen können.

Unter den gesamtwirtschaftlichen Evaluierungsmethoden[37] ist die *Cost-Benefit-Analyse* (CBA) beim Wirtschaftlichkeitsvergleich öffentlicher Investitionsprojekte am häufigsten anzutreffen. Sie verfolgt die Optimalstrategie des Ausgleichs des Nutzens der jeweiligen marginalen

---

[35] *Bühemann*, H., *Loeffel*, H.: Einführung in die Theorie und Praxis der Entscheidung bei Unsicherheit, 2. Aufl., Berlin 1967.

[36] Vgl. *Burger*, E.: Einführung in die Theorie der Spiele, Berlin 1966.

[37] Vgl. hierzu *Sarrazin*, R., *Spreer*, F., *Tietzel*, M.: Logical Decision-Making Techniques to Evaluate Public Investment Projects: Cost-Benefit-Analysis, Cost-Effectiveness Analysis, Utility-Analysis — A Critical Comparative Approach; in: International Journal of Transport Economics, Vol. I, No. 2, August 1974; *Melcher*, J.: Der öffentliche Nachrichtenverkehr in der Bundesrepublik Deutschland, Methode und empirische Erfassung seiner ökonomischen Leistungsfähigkeit, Diss. Bonn 1973.

Staatsausgaben (in allen Verwendungen) mit den privaten und öffentlichen Opportunitätskosten und kann in die Entscheidungsregel gefaßt werden, alle bei Infrastrukturinvestitionen realen Aufwendungen und Erträge zu quantifizieren „und so in Geld zu bewerten, daß die Geldbeträge einerseits den der Gesellschaft erwachsenden Nutzenzuwachs und andererseits den ihr erwachsenden Nutzenentgang angeben, der aus der Inanspruchnahme von Produktionsfaktoren resultiert, die nunmehr nicht mehr zur Produktion von Gütern und Diensten an anderer Stelle der Volkswirtschaft zur Verfügung stehen“[38].

Die CBA ist also eine formallogische Methode, die Rationalität des Marktmechanismus als einem Koordinationssystem, das bei vollkommener Konkurrenz die simultane und vollständige Abstimmung aller Wirtschaftspläne und demzufolge auch gesamtwirtschaftliche Konsistenz individueller Entscheidungen garantiert, zu simulieren[39].

Im Gegensatz zur gesamtwirtschaftlichen Orientierung der Cost-Benefit-Analyse verfolgt die *Cost-Effectiveness-Analyse* (CEA) den Zweck, aus einer Menge komplexer Handlungsalternativen eines bestimmten Entscheidungsträgers die optimale auszuwählen, indem bei alternativen Strategien erreichbaren Realisierungsgraden der multiplen Zielsetzungen des Entscheidungsträgers die jeweiligen Projektkosten gegenübergestellt werden[40].

Die *Nutzwertanalyse* (NA) ist ein spezielles Verfahren innerhalb der Cost-Effectiveness-Analyse, eine ordinale Rangfolge der Nutzwerte der Projekte bezüglich der Ziele und Prioritäten des Entscheidungsträgers zu bestimmen. Der Nutzwert eines Projektes ist dabei als ein subjektiver durch die Tauglichkeit zur Bedürfnisbefriedigung des Entscheidungsträgers bestimmter Wert aufzufassen[41].

Der Anspruch dieser Evaluierungsverfahren, zumindest für die Infrastrukturinvestition ein brauchbares Instrument zur Rationalisierung politischer Entscheidungen darzustellen, ist nicht unbestritten. Das Spektrum der Meinungen reicht über alle Extreme von der vollkommenen und bedenkenlosen Adaption bis zur rigorosen Ablehnung als einer arroganten Anstrengung moderner Technokraten, „die gleichsam nach der Quadratur des Kreises suchen und nichts anderes im Schilde führen

---

[38] *Hesse*, N., *Arnold*, V.: Kosten-Nutzen-Analyse für städtische Verkehrsprojekte — dargestellt am Beispiel der Unterpflasterbahn Hannover; in: Kyklos, Vol. 23 (1970), S. 521.

[39] Vgl. dazu im einzelnen *Niskanen*, W. A.: Measures of Effectiveness Analysis, New York 1969, S. 17 ff.

[40] Siehe auch *Zangemeister*, C.: Nutzwertanalyse in der Systemtechnik, 2. Aufl., München 1971, S. 45 f.

[41] Vgl. zu dieser Problematik: *Tietzel*, M.: Die Effizienz staatlicher Investitionsentscheidungen im Verkehrssektor, Bern-Frankfurt 1972.

als die ganze Entscheidungsfunktion einer politischen Demokratie zu usurpieren"[42].

Dieser Auseinandersetzung wollen wir hier nicht folgen und verweisen auf die einschlägige Literatur.

In der CBA existieren zwei Bewertungsprobleme:

(1) Um den gesamtwirtschaftlichen Knappheitsgrad der durch ein Investitionsprojekt gebundenen Ressourcen und deren Outputs konsistent zu spezifizieren, müssen „shadow prices" abgeleitet werden.

(2) Da bei unvollkommenem Kapitalmarkt die gesamtwirtschaftlichen Opportunitätskosten in der Regel höher sind als die Nominalkosten, müssen diese explizit errechnet werden.

Gegen die Ermittlung von „shadow prices" wurde eine Reihe methodenkritischer Einwände erhoben, die ihre Anwendbarkeit nur bedingt empfehlenswert erscheinen lassen. Einmal sind die Schattenpreise nicht unabhängig von der zu maximierenden Zielfunktion und den Nebenbedingungen, die wiederum für die Gesamtwirtschaft oder Wirtschaftssektoren nur schwer mit der nötigen Genauigkeit ermittelt werden können[43]. Selbst wenn es aber möglich wäre, „alle theoretisch feststellbaren gesamtwirtschaftlichen Interdependenzen einer Sozialinvestition in einem einzigen umfassenden Modell einzufangen, wären dessen Ergebnisse wegen ihrer Komplexität praktisch kaum auswertbar"[44].

Das zweite Bewertungsproblem, die Bestimmung der gesamtwirtschaftlichen Opportunitätskosten der öffentlichen Mittel, erfordert einen erheblichen Formelapparat, dessen einzelne Inzidenz- und Entzugsparameter quantifiziert werden müssen[45]. Dazu bedarf es eines beträchtlichen Aufwandes an statistischen Daten, der schon von der Seite der Informationsbeschaffung her die Anwendbarkeit der Opportunitätskostenmodelle erheblich einschränkt. Das ist insbesondere dann der Fall, wenn die Annahme zeitlich, räumlich und sektoral konstanter gesamtwirtschaftlicher Grenzproduktivität von Privatinvestitionen und kon-

[42] *Recktenwald*, H. C.: Die Nutzen-Kosten-Analyse, Tübingen 1971, S. 8 f.

[43] „For entire economies or sectors of economies, however, it is almost impossible to conceive of complete and appropriate preference and production functions... Shadow prices from a pretend-economy have a good chance of being no more relevant than shadow prices from economy on Mars." (Mc *Kean*, R. M.: The Use of Shadow Prices; in: *Chase*, S. B. (Hrsg.), Problems in Public Expenditure Analysis, 2. Aufl., Washington 1969, S. 49 f.)

[44] *Fest*, H. E.: Zur gesamtwirtschaftlichen Konsistenz des Entscheidungskriteriums für die Auswahl öffentlicher Investitonen, Berlin 1971, S. 67.

[45] „Determination of values... is of course an empirical matter." Siehe *Marglin*, S. A.: Economic Factors affecting System Design; in: *Mass*, A. u. a. (Hrsg.): Design of Water Resource Systems, 3. Aufl., London 1967, S. 203.

stanter Entzugskoeffizienten aufgehoben wird und wenn Reinvestitionen der Erträge privater Investitionen zugelassen werden.

Ohne die Möglichkeit einer zeitlich, sachlich und räumlich differenzierten Quantifizierung der Modellparameter bilden die Opportunitätskostenmodelle für die praktische, auf die Entscheidungsvorbereitung bezogene CBA einen nur geringen Informationsgewinn. „Nobody has yet succeeded in quantifying such expressions, however, so at present, the approach can only serve as a reference-standard for judging simpler but more practicable ways of tackling the problem[46]." So bleibt denn für praktische Zwecke — und hier liegt die eigentliche Bedeutung eines pragmatisch orientierten Instruments — nichts anderes übrig, als sich an aktuellen Marktdaten zu orientieren und diese, sofern sie allzusehr von pareto-optimalen Preisen abweichen, zu korrigieren, obwohl dieses Verfahren theoretisch unbefriedigend ist.

Eine abschließende und theoretisch überzeugende Lösung des Bewertungsproblems ist also noch nicht gefunden. Daher ist man in der Praxis dazu übergegangen, nach dem „Kriterium der geringeren Fehlerwahrscheinlichkeit", einem immerhin zweifelhaften Kriterium, wo immer nur möglich direkt oder indirekt auf Marktpreise zurückzugreifen. Man gibt die strenge Konsistenz der Modelle und gesamtwirtschaftliche Genauigkeit der Wertung auf „... tauscht dafür aber zweifellos den Vorteil der Anwendbarkeit ein"[47].

Für die CEA und entsprechend auch für die Nutzwertanalyse existieren folgende Bewertungsprobleme:

(1) die Umsetzung physischer Zielrealisierungsgrade in einem dimensionslosen Ordnungsindex durch Punktbewertung und
(2) die Bestimmung der Zielgewichte.

Die Kosten werden, da nur ein einzelwirtschaftlicher Kalkül vorliegt, der soziale Nebenwirkungen außer Betracht läßt, zu ihrem Nominalbetrag angesetzt.

Die Überführung der physischen Zielerfüllungsgrößen in dimensionslose, kardinale Zielerfüllungsgrößen erfolgt nach der Delphi-Methode durch Expertenbefragung. Die ermittelten Rangplätze können nur dann zur Errechnung der Teilnutzwerte herangezogen werden, „wenn die Nutzendistanzen zwischen den Rängen gleich groß sind"[48]. Ähnliche Prämissen erfordert auch die Bestimmung der Zielgewichte.

---

[46] *Prest*, A. R., *Turvey*, R.: Cost-Benefit-Analysis: A Survey; in: Economic Journal, Vol. 75 (1965), S. 687.

[47] *Recktenwald*, H. C.: Die Nutzen-Kosten-Analyse, S. 24.

[48] *Strassert*, G., *Turowski*, G.: Ein Verfahren zur Beurteilung regionalpolitischer Projekte; in: Informationen des Instituts für Raumordnung, 21. Jg. (1971), S. 39.

Die voranstehende Methodendiskussion zeigt, daß verschiedene Möglichkeiten zur Lösung des Problems der Prioritätenbestimmung bei Investitionen im Fernstraßenbau herangezogen werden können. Die im nachfolgenden Abschnitt vorzunehmende problemorientierte Bestimmung einer optimalen Evaluierungsmethode erfordert allerdings eine vorher anzustellende Klärung der Anforderungen an ein solches Modell.

Aus dem bisher Gesagten ergibt sich:

(1) Aus der Menge der wirtschaftspolitischen Zielsetzungen werden einmal nur die Teilmengen der raumordnerischen und verkehrspolitischen und hier wiederum nur die Schnittgröße beider Mengen, d. h. die unter beiden Gesichtspunkten relevanten Ziele, betrachtet. Die raumordnerischen Ziele stehen dabei maßgeblich im Vordergrund, während die relevanten verkehrspolitischen Zielsetzungen die zu beachtenden Rahmenbedingungen bilden.

(2) Die relevanten Ziele unterscheiden sich hinsichtlich ihrer quantitativ erfaßbaren Maßeinheit. Neben direkten monetär bewertbaren Nutzen- und Kostengrößen handelt es sich bei den raumordnerischen Zielen vor allem um quantifizierbare, aber nicht direkt monetär erfaßbare Größen.

(3) Die relevanten Ziele unterscheiden sich in ihrer Bedeutung (Gewicht) im Entscheidungsprozeß.

(4) Der Entscheidungsträger hat eine Vielzahl von möglichen Alternativen in sein Kalkül einzubeziehen.

(5) Neben den relevanten Zielen sind politische Restriktionen in Form von regionalen, zeitlichen und finanziellen Beschränkungen zu beachten.

Die Überprüfung dieser Modellanforderungen an Hand der diskutierten Methoden zeigt sehr eindringlich, daß keine Methode für sich allein allen Anforderungen genügt. Der Ausweg kann nur in einem „Methoden-Mix" bestehen, dem wir uns im folgenden zuwenden wollen.

IV.

Aus der Beachtung der Anforderungen an ein optimales Modell ist die *Nutzwertanalyse* als „Grundmodell" am besten geeignet. Sie ermöglicht vor allem die Berücksichtigung der nicht monetär erfaßbaren raumordnerischen Zielsetzungen und ihre Bedeutung (Zielgewicht) im gesamten Entscheidungsprozeß. Aufgabe der Nutzwertanalyse in diesem Zusammenhang ist die quantitative Erfassung der Zielerfüllungsgrößen durch eine Abbildung auf einer dimensionslosen kardinalen Skala in

Hinblick auf die herausgearbeiteten relevanten raumordnerischen Ziele und mit Hilfe der vorgeschlagenen Indikatoren.

Dieser Zielkatalog wird durch ein „Kostenziel" erweitert, indem alle durch die geplanten Fernstraßenbaumaßnahmen anfallenden direkten Nutzen- und Kostengrößen wie z. B. Zeit-, Betriebs-, Unfallkosten erfaßt werden. Die Zielerfüllungsgrößen werden mit Hilfe der *Cost-Benefit-Analyse*[49] unter Zugrundelegung des Differenzkriteriums ermittelt und entsprechend auf die vorgegebene Kardinalskala übertragen.

Die auf diese Weise gewonnenen „Nutzwerte" gehen dann als „Koeffizienten" in die Zielfunktion eines linearen Planungsmodells ein. Die Einfügung der *linearen Planungsrechnung* bietet zwei große Vorteile:

ZF: $\alpha_1 z_1 + \alpha_2 z_2 + \ldots + \alpha_i z_i + \ldots + \alpha_r z_r \rightarrow \text{Max !}$

NB: $z_i = 0{,}1$

(1) Die lineare Planungsrechnung ermöglicht sowohl die simultane Berücksichtigung einer Vielzahl von Fernstraßenbaualternativen als auch den Vergleich ganzer Straßenbauprogramme. Die Optimierungsaufgabe lautet dann: Maximiere die Summe der Nutzwerte (α_i) der in die Betrachtung eingehenden Straßenbaumaßnahmen z_i ($z_i = 0{,}1$; $i \in 1, \ldots, r$; r ist die Gesamtzahl aller geplanten Straßenbaumaßnahmen).

(2) Die lineare Planungsrechnung ermöglicht sowohl die Berücksichtigung der verkehrspolitischen Rahmenbedingung (z. B. Befriedigung der Verkehrsnachfrage zwischen zwei bestimmten Punkten) als auch der übrigen politischen Restriktionen in Form von regionalen, zeitlichen und finanziellen Beschränkungen durch die Einführung zusätzlicher Nebenbedingungen, unter denen die Zielfunktion zu maximieren ist[50].

Durch diese Verschmelzung (Amalgamation) dreier eigentlich selbständiger Methoden wird erreicht, daß alle Modellvoraussetzungen erfüllt werden. Allerdings sind hierbei eine Reihe methodischer Voraussetzungen zu beachten. Die in der Nutzwertanalyse vorzunehmenden

---

[49] Als Beispiel für eine im Fernstraßenbau angefertigte Cost-Benefit-Analyse vgl. *Frerich*, J., *Lehmacher*, H., *Menke*, R.: Ökonomische Untersuchung für eine Ergänzung des Fernstraßennetzes in Norddeutschland einschl. BAB Ruhrgebiet—Ostfriesland (Emslandautobahn), Bonn 1972; Gutachten angefertigt vom Institut für Industrie- und Verkehrspolitik der Universität Bonn.

[50] Zur Formulierung solcher Nebenbedingungen in einem linearen Programmierungsansatz vgl. *Frerich*, J., *Melcher*, J. u. a.: Die Methoden des Operations Research, S. 7 ff.

Bewertungsschritte, nämlich die Umsetzung physischer Zielrealisierungsgrade in einen dimensionslosen Ordnungsindex und die Bestimmung der Teilgewichte, erfordern

(1) eine ökonomisch rationale, d. h. eine nur im Hinblick auf das Zielsystem ohne Beeinflussung durch die subjektive Interessenlage vorzunehmende Entscheidung,

(2) eine Präferenzordnung, die eindeutig, konsistent und zeitunabhängig ist und schließlich

(3) eine Unabhängigkeit der Ziele voneinander, da sich sonst die Gewichtungen bei gegebenen Präferenzen und konvexen Indifferenzkurven des Entscheidenden ändern.

Die schwerwiegendste Forderung ist ohne Zweifel die Wertunabhängigkeit der Ziele, die auch im Hinblick auf die Verwendbarkeit des linearen Planungsmodells (Additivität) gefordert werden muß. Wenn diese Wertunabhängigkeit auch in der Praxis nicht immer erfüllt werden kann, so ist doch nach aller Erfahrung eine hinlängliche Approximation ausreichend, wenn es gelingt, die Ziele in geeigneter Weise zu formulieren.

Die relative Überlegenheit des hier vorgestellten Konzeptes ergibt sich bereits aus der Darstellung hinsichtlich der Erfüllung der problemadäquaten Modellvoraussetzungen.

Besonders hingewiesen sei vor allem noch einmal auf die besondere Praktikabilität dieses Ansatzes, der es erlaubt, eine Vielzahl von Zielvorstellungen als Erfüllungsgrößen oder als Rahmenbedingung zu berücksichtigen. Hierbei wird das unter methodologischen Gesichtspunkten fragwürdige Problem eines allgemein verbindlichen gesamtwirtschaftlichen Zieles und die Forderung der monetären Erfaßbarkeit der gesamten Nutzen und Kosten ersetzt durch ein der praktischen Entscheidungsfindung angemessenes Vorgehen bei multipler Zielsetzung mit zum Teil nicht monetär meßbarer Zielerfüllung.

Die Überführung des vorgeschlagenen methodischen Ansatzes in ein lineares Planungsmodell erlaubt die simultane Berücksichtigung allgemein politisch bestimmter Restriktionen und den Einsatz der Datenverarbeitung zur Lösung der gestellten Aufgabe. Diese ermöglicht nicht nur eine rationale Entscheidungsfindung für Einzelprojekte, sondern auch die Aufstellung von Prioritäten bei Fernstraßenbauprogrammen unter regionalpolitischen Gesichtspunkten.

Industrielle Standortwahl und verkehrsmäßige Erschließung

Von Hans-Jörg Budischin und Hansheinz Kreuter

I. Die Bedeutung der industriellen Standortwahl für die Wirtschaftsentwicklung

Zu den ausschlaggebenden Determinanten der ökonomischen Entwicklung zählen in einem marktwirtschaftlichen System die Pläne der privaten Wirtschaftssubjekte. Dabei kommt der Aktivität des sekundären Sektors in den Industrieländern besondere Bedeutung zu. Ausgangspunkt einer derartigen industriellen Aktivität ist die Standortentscheidung, die auf Basis des unternehmerischen Zielsystems erfolgt.

Mit der Fortentwicklung der Volks- und Betriebswirtschaftslehre, die ihren Niederschlag beispielsweise in der Ausgestaltung des betrieblichen Rechnungs- und Planungswesens fand, hat auch der Prozeß der industriellen Standortentscheidung an Rationalität zugenommen. Die Standortwahl wurde systematischer, umfangreicher und in der Orientierung stärker langfristig ausgerichtet. Es erscheint lohnenswert, diese Konstatierung zunehmender Rationalität in der industriellen Standortwahl näher zu analysieren. Dabei soll auf empirische Untersuchungen Bezug genommen werden, die in den vergangenen zwei Dekaden konsistentere, typischere Entscheidungsverhaltensweisen für die industrielle Standortwahl ermittelten. Im Mittelpunkt dieser Untersuchung steht dabei eine empirische Analyse der Standortwahl industrieller Unternehmen in Baden-Württemberg, deren Ergebnisse sich jedoch als weitgehend repräsentativ für den Raum der Bundesrepublik Deutschland herausgestellt haben[1]. Die Ergebnisse dieser Untersuchung sollen mit ähnlichen empirischen Analysen verglichen werden, die wesentlichen Ergebnisse zusammengefaßt und der Bedeutungswandel einzelner Standortdeterminanten für die Industriebereiche im Zeitablauf herausgearbeitet werden.

---

[1] *Kreuter*, H.: Industrielle Standortaffinität und regionalpolitische Standortlenkung; in: Schriftenreihe zur Industrie- und Entwicklungspolitik, Bd. 13 (Hrsg. Fritz *Voigt*), Berlin 1974.

II. Die Determinanten der Standortwahl

1. Grundsätzliche Anforderungen an den Standort

Grundsätzlich muß ein jedes Produktionsunternehmen bemüht sein, seine Standortwahl so zu treffen, daß langfristig eine maximale Differenz zwischen Erlös und Kosten der Unternehmenstätigkeit erwartet werden kann. Aus diesen Gründen muß ein standortsuchendes Unternehmen zunächst eine ausführliche Untersuchung der kostenmäßigen Vor- und Nachteile alternativer Standorte durchführen. Zu diesen grundsätzlichen Überlegungen, die beispielsweise die fixen Kosten für Grundstücke, Gebäude etc. sowie für die erwarteten Betriebskosten, Steuern und ähnliche Kostenfaktoren umfassen, treten subjektiv-psychologische Überlegungen hinzu, die beispielsweise die landschaftliche Attraktivität oder weitere persönliche Präferenzen für einen Standort in das Kalkül einbeziehen[2]. Diese allgemeinen Informationen über den Standort müssen um weitere Standorterfordernisse ergänzt werden, die sich aus der betriebstypischen, d. h. branchen- und größenklassenspezifischen Besonderheit der standortsuchenden Unternehmung ergeben.

2. Relevante spezifische Ansiedlungsfaktoren

Zahlreiche empirische Untersuchungen zur Standortwahl arbeiteten die Determinanten heraus, die für die industrielle Standortwahl von entscheidender Relevanz sind. Vielfach bedienen sich derartige Analysen der Brief- und/oder Interviewbefragung. Zumeist wird dabei in Orientierung an die Realität eine tatsächlich erfolgte Standortentscheidung in Form einer „Ist-Entscheidung" erfragt[3]. Diese Untersuchungsmethode hat sich in der Praxis bewährt[4].

---

[2] Vgl. zu den angeführten Standortinformationen *Burns,* L. S.: Vorgeplante Industriekomplexe in den USA, Europäische Gemeinschaft für Kohle und Stahl, Hohe Behörde, Regional- und wirtschaftspolitische Studienreihe, 1: Die industrielle Umstellung in Europa, VII: Standortbestimmung und Erschließung von Industriegelände, Freudenstadt, Europabücher Nr. 20 (Luxemburg 1966), S. 122.

[3] Vgl. hierzu *Fürst,* D.: Die Standortwahl industrieller Unternehmer: Ein Überblick über empirische Erhebungen; in: Jahrbuch für Sozialwissenschaft, Bd. 22 (1971), H. 2, S. 188 f.

[4] Ebenda, S. 197 f. Siehe hierzu auch die Überprüfung derartiger Erhebungen zur Standortwahl durch das Kontrollverfahren der Regressionsanalyse, vgl. *Frerich,* J., *Helms,* E., *Kreuter,* H.: Die Erfassung und Quantifizierung der Wachstums- und Struktureffekte von Autobahnen — dargestellt am Beispiel einer in der Vergangenheit gebauten Strecke, Untersuchung im Auftrag des Bundesministeriums für Verkehr, Bonn 1972, S. 114 ff.

Zur Bedeutung dieser Methode bei der Bestimmung der Zusammenhänge zwischen ökonomischen und sozialen Variablen vgl. *Hampe,* J.: Die Bedeutung der Regressionsanalyse in der Regionalforschung; in: Methoden der empirischen Regionalforschung, 1. Teil, Hannover 1973, S. 85 ff.

Die Fragestellung der meisten Untersuchungen zur Standortwahl industrieller Unternehmer ist weitgehend vergleichbar. Es interessieren generell faktische Entscheidungen und nicht hypothetische Fragestellungen. Erfragt wird die Bedeutung einzelner Faktoren für die erfolgte Standortentscheidung. Die gewonnenen Aussagen werden nach Maßgabe der Häufigkeit ihrer Nennung sowie teilweise auch entsprechend den jeweils ermittelten Beschäftigtenzahlen der befragten Industrieunternehmen gewichtet. Eine vielfach vorgenommene Branchendifferenzierung wird jedoch durch die in unterschiedlichen Ländern divergierenden Systematiken der Industrieberichterstattung in der Vergleichbarkeit der Aussage geschwächt.

Auf die Ergebnisse der erwähnten Standortuntersuchungen wird im folgenden Kapitel eingegangen. An dieser Stelle sollen nur die Standortdeterminanten erwähnt und hervorgehoben werden, die sich in den Analysen allgemein als ausschlaggebend und dominant herausgestellt haben. So zeigt die Gegenüberstellung der Ergebnisse dieser empirischen Untersuchungen, daß bestimmte Einflußgrößen die Standortentscheidung in allen Ländern, in denen entsprechende Analysen durchgeführt wurden, von den Befragten als durchweg relevant empfunden wurden. Unterschiede ergeben sich lediglich im Stellenwert der Faktoren von Land zu Land.

Für das Gebiet der Bundesrepublik Deutschland ermittelte das *Bundesministerium für Arbeit und Sozialordnung* die Ansiedlungsgründe Arbeitskräftenachfrage, Raum und Gelände sowie Absatz und Transport als Hauptdeterminanten für Verlagerungen und Neugründungen industrieller Ansiedlungen[5]. Als weitere Ansiedlungsfaktoren wurden regelmäßig genannt: Rohstoffe, öffentliche Förderung und private Gründe.

Die gleichen Hauptdeterminanten wurden in empirischen Untersuchungen für die Vereinigten Staaten und Großbritannien ermittelt. Die Rangfolge ihrer Relevanz ist jedoch eine grundsätzlich andere. Hauptursache für die unterschiedliche Relevanzempfindung in den USA ist zweifellos unter anderem die unterschiedliche geographische Größe im Vergleich zur Bundesrepublik Deutschland. So wurde für die Vereinigten Staaten die Marktnähe als in den meisten Fällen ausschlaggebender Faktor für die Industrieansiedlung empfunden.

Als Ergebnis der Untersuchungen kann festgehalten werden: Die Hauptdeterminanten sind in allen Industrieländern die gleichen, lediglich ihre Rangfolge divergiert[6].

---

[5] Vgl. *Bundesministerium für Arbeit und Sozialordnung* (Hrsg.): Die Standortwahl der Industriebetriebe in der Bundesrepublik Deutschland mit Berlin (West), Bonn 1971. Vgl. auch *Groner*, G.: Standortwahl und Stillegungen von Industriebetrieben in den Jahren 1968 und 1969; in: Informationen, 21. Jg. (1971), Nr. 9, S. 221 f.

Zu den Hauptdeterminanten der Standortwahl treten weitere Einflußgrößen hinzu, die zwar nicht den alleinigen Ausschlag für die Entscheidung geben, bei der Standortwahl jedoch in einer bestimmten Form Berücksichtigung finden. Als Determinanten dieser Art können angeführt werden: lokale Steuer- und Preisunterschiede, Besonderheiten der öffentlichen Ver- und Entsorgungseinrichtungen, Besonderheiten der Wohn-und Freizeitwerte, politische und kulturell gesellschaftliche Determinanten, öffentliche Förderungsmaßnahmen, allgemeine Agglomerationsvorteile sowie zahlreiche persönliche Präferenzen[7]. Eine besondere Berücksichtigung der Branchen sowie der Betriebsgrößen der standortsuchenden Unternehmen wird in den meisten Untersuchungen nicht vorgenommen. Auf die Bedeutung dieser Einflußfaktoren wird in den folgenden Kapiteln näher eingegangen.

Unter Berücksichtigung der im Ausland vorgenommenen Analysen sowie zahlreicher inländischer Untersuchungen lassen sich die folgenden Standortfaktoren unter quantitativem und qualitativem Gesichtspunkt als durchgehend relevant für die Industriebereiche in der Bundesrepublik herausstellen:

(a) verfügbares Potential an Arbeitskräften;
(b) verfügbares (erschlossenes) Ansiedlungsgelände;
(c) günstige Lage zu den Beschaffungsmärkten resp. Rohstoffquellen;
(d) günstige Lage zum Absatzmarkt;
(e) verkehrsmäßige Erschließung;
(f) öffentliche Förderungsmaßnahmen;
(g) Übernahme vorhanderner Produktionsstätten;
(h) Faktoren der Wohn- und Freizeitgunst;
(i) sonstige, insbesondere private Faktoren.

Der Faktor *Arbeitskräfte* ist unter einem quantitativen und qualitativen Aspekt zu betrachten. Berücksichtigt wird sowohl die erforderliche Zahl an Arbeitskräften als auch deren fachlich erforderliche Qualifikation sowie der Preis des Produktionsfaktors Arbeit. Implizit berücksichtigt werden somit auch Bildungsinstitutionen, die unmittelbar oder mittelbar Einfluß auf das Arbeitskräftepotential nehmen.

Die Kategorie des Faktors *Industriegelände* ist ähnlich komplex. Berücksichtigt werden dabei alle Faktoren, die den Erschließungsgrad des Geländes bedingen, wie beispielsweise Nutzungs- resp. Bebauungsmöglichkeiten, Versorgungs- und Entsorgungseinrichtungen (Energieversor-

[6] Vgl. hierzu *Fürst*, D.: S. 196 ff.
[7] Ebenda, S. 206 ff.

gung, Müll- und Abwasserbeseitigung) und ähnliche Faktoren, die den Wert des Industriegeländes ausmachen. Damit erfaßt die Kategorie Industriegelände auch einen Teil der Agglomerationsvorteile, der durch diese Einrichtungen beeinflußt wird.

Die Determinante *verkehrsmäßige Erschließung* enthält alle Einflüsse der verkehrlichen „facilities". Diese sind zugleich eigenständige wie auch mittelbare Einflußgrößen, die auf die Beschaffenheit anderer Standortfaktoren aufgrund der Katalysatorwirkung des Verkehrssystems einwirken. Katalysatorisch wirkt die verkehrsmäßige Erschließung auf die Mobilität des Produktionsfaktors Arbeit, auf den Erschließungsgrad des Industriegeländes, die Lage zu den Rohstoff-, Beschaffungs- und Absatzmärkten sowie auf die Erreichbarkeit von Räumen mit höheren Wohn- und Freizeitwerten. In diesem Zusammenhang ist hervorzuheben, daß derart qualitative Aspekte der verkehrlichen Erschließung den rein quantitativ kostenmäßigen Aspekt der Beförderung in hochindustrialisierten Regionen immer stärker prädominieren[8].

In der Ansiedlungsdeterminante *günstige Lage zu den Rohstoffquellen bzw. Beschaffungsmärkten* ist neben dem Aspekt der Materialbeschaffung auch die Möglichkeit der Kapitalbeschaffung enthalten.

Während in Flächenstaaten wie beispielsweise den USA die Nähe zum Absatzmarkt als eine der relevantesten Standortdeterminanten angesehen wird, kann in Staaten wie der Bundesrepublik Deutschland diesem Faktor eine nur nachgeordnete Bedeutung beigemessen werden. Von ausschlaggebender Relevanz ist der Faktor nur dann, wenn überwiegend für rein lokale Absatzmärkte gefertigt wird[9].

Zum Standortfaktor *öffentliche Förderung* kann an dieser Stelle so viel gesagt werden, daß diese Standortdeterminante im bewußten Kalkül der ansiedlungswilligen Unternehmen zumeist in seiner Bedeutung unterschätzt wird. Diese Tatsache liegt nicht zuletzt darin begründet, daß dieser Faktor häufig seinen Niederschlag in anderen Ansiedlungsdeterminanten findet, die dann bei der Analyse der Standortwahl hervorgehoben werden. Zu nennen ist in diesem Zusammenhang der Einfluß der öffentlichen Förderung auf die Erschließung von Industriegelände sowie

---

[8] Vgl. hierzu u. a. *Voigt*, F.: Verkehr, 1. Bd., Kapitel 3 sowie *Klatt*, S.: Ort, Größe und Verkehrsqualität; in: Industrie und zentrale Orte, Veröffentlichungen der Akademie für Raumforschung und Landesplanung, Forschungs- und Sitzungsberichte, Bd. 49, Raum und gewerbliche Wirtschaft Heft 4, Hannover 1969, S. 50 f.

[9] Siehe hierzu unter anderem *Hengstenberg*, R.: Industriebetriebe im ländlichen Raum; in: Forschungsberichte des Landes Nordrhein-Westfalen, Nr. 677, Köln und Opladen 1956, S. 120 f.

auf die regionale Infrastruktur[10]. Bewußt wird die Bedeutung des Faktors hingegen in Fällen direkter Beihilfe, wie beispielsweise bei Steuererleichterungen, Investitionsbeihilfen und sonstigen Unterstützungsmaßnahmen der Öffentlichen Hände.

Der in den Veröffentlichungen des *Bundesministeriums für Arbeit und Sozialordnung* zur Standortentscheidung herausgearbeitete Faktor *Raum und Gelände* ist teilweise in der Determinante „Industriegelände", teilweise in dem Faktor „Übernahme vorhandener Produktionsstätten" enthalten[11].

In den meisten Untersuchungen zur Standortwahl konnte in den hochindustrialisierten Ländern eine wachsende Bedeutung des Faktors *Wohn- und Freizeitwerte* festgestellt werden. Dies gilt in starkem Ausmaß auch für den Bereich der Bundesrepublik Deutschland[12].

Insbesondere bei den Größenordnungen kleinerer Unternehmen spielen vielfach private Faktoren eine besondere Rolle bei der Ansiedlung, Faktoren, die häufig nicht direkt zum Betriebszweck einer Unternehmung in Verbindung zu setzen sind. Obwohl der Einfluß dieser privaten, häufig nicht rationalen Einflußgründe abnimmt, kann er bei der Analyse der Standortwahl nicht vernachlässigt werden[13].

Trotz zunehmender Nachteile der Agglomeration spielen auch alle Faktoren, die unter dem Stichwort *Agglomerationsvorteile* subsumiert werden können, selbst in dicht besiedelten Industriestaaten noch immer eine für die Ansiedlung ausschlaggebende Rolle, wenngleich eine deutlich feststellbare Tendenz besteht, die Industrieansiedlung nicht mehr direkt in den Zentren der Agglomerationen, sondern in deren peripherem Bereich vorzunehmen. Der Faktor Agglomerationsvorteile ist — wie aus den bisherigen Ausführungen zu den Ansiedlungsdeterminanten klar wurde — in den bereits behandelten Determinanten implizit enthalten, beispielsweise im Faktor „Nähe zu den Beschaffungs-, Rohstoff- und Absatzmärkten", „verkehrsmäßige Erschließung" und „Industriegelände"[14].

---

[10] Vgl. *Fischer*, G.: Praxisorientierte Theorie der Regionalforschung, Tübingen 1973, S. 239 ff.
Vgl. auch *v. Böventer*, E.: Die räumlichen Wirkungen von öffentlichen und privaten Investitionen; in: Grundfragen der Infrastrukturplanung für wachsende Wirtschaften, Schriften des Vereins für Socialpolitik, Neue Folge, Bd. 58, Berlin 1972, S. 167 ff.

[11] Siehe hierzu insbesondere *Frerich*, J., *Helms*, E., *Kreuter*, H.: S. 210 f.

[12] Siehe hierzu *Schröder*, D.: Strukturwandel, Standortwahl und regionales Wachstum, Prognosstudien Heft 3, Beiträge zur angewandten Wirtschaftsforschung, Hrsg. Prognos AG, Basel, Stuttgart, Berlin, Köln, Mainz 1968, S. 115 f. (2. Aufl., Stuttgart 1972).

[13] So auch *Fürst*, D.: S. 200 f.

III. Entwicklung des Standortentscheidungskalküls

Das im vorangegangenen Kapitel erwähnte Schrifttum und das offiziell verfügbare statistische Material liefern nun aber nur wenig verwertbare Ansatzpunkte für eine branchen- und größenklassenspezifische Differenzierung der Standortdeterminanten sowie für differenzierte Aussagen bezüglich der Standortrelevanz der verkehrsmäßigen Erschließung. Um diesem Mangel abzuhelfen, wurde in einer jüngeren Studie des *Instituts für Industrie- und Verkehrspolitik der Universität Bonn* in Zusammenarbeit mit den Psychologen eines Marktforschungsinstituts ein eigener Befragungsmodus entwickelt. Mehr als 5000 Industriebetriebe des baden-württembergischen Raumes wurden interviewt. Die Fragestellung bezüglich der Standortdeterminanten wurde so abgefaßt, daß in der Formulierung der Fragen psychologische Barrieren vermieden wurden, die den befragten Personenkreis in irgendeiner Form von einer objektiven Beantwortung der Fragen abhalten resp. die Antworten in unzulässiger Form prädeterminieren konnten[15]. Hierbei wird nicht verkannt, daß ein derartiges Befragungsverfahren, das zumeist in Brief- oder Interviewform vorgenommen wird, die Gefahr einer Verfälschung durch die beantwortende Gruppe selbst in sich birgt, da häufig in der ex post-Betrachtung das tatsächliche Gewicht einzelner Standortdeterminanten aufgrund der zeitlichen Entwicklung anders eingeschätzt wird als zum Zeitpunkt der Standortentscheidung. Zudem besteht die Möglichkeit, daß der befragte Personenkreis ex post die Standortentscheidung rationaler darzustellen wünscht, als es der Wirklichkeit entspricht. Brief- und Interviewbefragungen haben sich jedoch trotz dieser zweifellos bestehenden Verfälschungsgefahr in der empirischen Standortforschung als ausreichend informativ und zuverlässig erwiesen[16]. Die große Zahl der Gemeinsamkeiten in den Ergebnissen alternativer Standortuntersuchungen in unterschiedlichen Ländern untermauert diese Feststellung.

Die erwähnte Branchendifferenzierung wird zweckmäßigerweise nach Maßgabe der Differenzierung innerhalb der Industrieberichterstattung vorgenommen[17].

---

[14] Vgl. zu den Untersuchungsergebnissen alternativer Länder ausführlich *Kreuter*, H.: S. 81 ff.

[15] Vgl. hierzu *Kreuter*, H.: S. 90 f.

[16] Siehe hierzu *Lauschmann*, E.: Grundlagen einer Theorie der Regionalpolitik, Veröffentlichungen der Akademie für Raumforschung und Landesplanung, Abhandlungen, Bd. 60, Hannover 1970, S. 96.

[17] Vgl. zur Branchendifferenzierung *Statistisches Bundesamt* (Hrsg.), Fachserie G, Industrie und Handwerk, Reihe 4, Sonderbeitrag zur Industriestatistik, Regionale Verteilung der Industriebetriebe und deren Beschäftigte nach Industriegruppen, Stuttgart und Mainz 1968, S. 4.

Die Branchendifferenzierung zur Ermittlung der industriellen Standortaffinitäten in Baden-Württemberg

Industriebereich Industriegruppe und -zweig
(1) Bergbau, Industrie der Steine und Erden
(2) Eisen- und metallerzeugende Industrie
(3) Eisen- und metallverarbeitende Industrie (a) Maschinenbau (b) Fahrzeugbau (c) Elektrotechnische Industrie (d) Feinmechanik und Optik (e) Musikinstrumente-, Spiel-, Schmuckwaren- und Sportgeräte-Industrie (f) Sonstige Zweige der eisen- und metallerzeugenden Industrie (Ziehereien und Kaltwalzwerke, Stahlverformung, Stahl- und Leichtmetallbau, Eisen-, Blech- und Metallwarenindustrie)
(4) Chemische und verwandte Industrie
(5) Feinkeramische und Glasindustrie
(6) Holzindustrie
(7) Papier- und Druckerei-Industrie
(8) Lederindustrie
(9) Textil- und Bekleidungsindustrie
(10) Nahrungs- und Genußmittelindustrie
(11) Bauindustrie

Quelle: Systematik der Industrieberichterstattung in modifizierter Form.

Zusätzlich zur Branchendifferenzierung wird eine Unterscheidung nach Betriebsgrößenklassen vorgenommen. Unterschieden werden dabei die Kategorien

(1) bis unter 50
(2) 50 bis unter 100
(3) 100 bis unter 200
(4) 200 bis unter 500
(5) 500 bis unter 1000
(6) über 1000

Entsprechend den beiden Differenzierungen wird bei der Auswertung der Befragung eine Gewichtung nach Maßgabe der Branchen- und der Größenklasse vorgenommen. Diese Gewichtung orientiert sich zum einen an der Arbeitsproduktivität der Beschäftigten innerhalb einer Branche, zum anderen nach einer Größenklassengewichtungsziffer[18].

---

[18] Vgl. zur Gewichtung *Kreuter*, H.: S. 95 f.

Die Differenzierung nach Branchen- und Betriebsgrößenklassen wird ergänzt durch eine Differenzierung nach Zeitabschnitten. Diese zeitliche Differenzierung dient in erster Linie dem Ziel, bestimmte Aussagen hinsichtlich des Wandels der Standortdeterminanten im Zeitablauf zu gewinnen.

Auf Basis der hier nur kurz skizzierten Auswertungsverfahren werden für jeden Industriebereich, für jede Größenklasse und für jeden Zeitabschnitt branchenspezifische Standortanforderungen ermittelt. Die folgende Tabelle zeigt das Ergebnis dieser Untersuchung für alle Industriebereiche im Zeitabschnitt 1955 bis 1972[19].

Tabelle 1: **Die Standortaffinität der Industriebetriebe 1955 - 1972**

Standort-faktoren / Branchen	a	b	c	d	e	f	g	h	i
1	10,4	14,1	21,2	17,2	22,3	0,3	8,2	—	6,3
3	29,9	26,4	2,0	5,5	13,5	2,0	10,6	1,3	8,8
4	19,0	28,0	2,5	9,7	13,5	2,6	16,3	1,3	7,1
6	23,6	21,9	3,7	8,1	19,7	3,5	16,2	1,0	2,3
7	20,3	20,7	1,4	12,4	21,9	1,0	17,1	1,0	4,2
8	42,9	13,8	0,9	11,0	16,5	3,5	8,5	—	2,9
9	22,8	21,7	2,3	8,1	14,5	3,2	18,9	1,1	7,4
10	9,2	23,0	10,7	16,9	18,2	0,9	16,5	0,2	4,4
11	22,4	26,0	5,1	12,9	10,0	3,8	7,0	0,3	12,5

Quelle: Eigene Untersuchung. *Kreuter*, H. Industrielle Standortaffinität und regionalpolitische Standortlenkung, S. 100 ff.

In der Untersuchung konnten die allgemeinen Tendenzen bei der Standortwahl der Industriebetriebe bestätigt werden. Bis zum Ablauf des Jahres 1972 standen an der Spitze der Skala der Standortdeterminanten bei der überwiegenden Zahl der Entscheidungen die Faktoren Arbeitskräfte, Industriegelände und Transportmöglichkeiten. Hinsichtlich des letzten Faktors wurde eine Differenzierung nach Verkehrswegen vorgenommen[20].

---

[19] Vgl. zur Numerierung der Industriebereiche das Schema der modifizierten Industrieberichterstattung; vgl. zur Numerierung der Standortfaktoren Zusammenstellung auf S. 284.

[20] Vgl. hierzu *Frerich*, J., *Helms*, E., *Kreuter*, H.: S. 174 ff. Zur Aufschlüsselung der Verkehrserschließung siehe Tabelle 2. Zu den neueren Tendenzen der Standortwahl vgl. auch *Grotz*, R.: Entwicklung, Struktur und Dynamik der Industrie im Wirtschaftsraum Stuttgart — Eine industriegeographische Untersuchung —; in: Stuttgarter Geographische Studien, Band 82, hrsg. v. W. *Meckelein* und C. *Borcherdt*), Stuttgart 1971, S. 106 ff.

Tabelle 2: **Das relative Gewicht der verkehrsmäßigen Erschließung (VE) an der Gesamtheit aller Ansiedlungsfaktoren im Zeitraum von 1955 - 1972**[a])

Industriebereich	Eisenbahn	Autobahn	Sonstige Straßen	Binnen-schiffahrt	VE insges.	Restliche Ansied-lungs-faktoren
1	2	3	4	5	6	7
Bergbau, Steine, Erden, Glas	3,89	3,89	2,92	9,58	20,28	79,72
Eisen- und Metallerz.	—	10,00	10,00	—	20,00	80,00
Eisen- und Metallver.	6,01	6,51	4,75	0,62	17,89	82,11
Chemie	5,93	6,07	2,02	0,37	14,39	85,61
Holz	8,42	6,57	8,39	—	23,38	76,62
Papier, Pappe, Buch	4,00	6,00	5,38	—	15,38	84,62
Leder	—	7,50	7,50	—	15,00	85,00
Textil	3,52	3,52	5,77	—	12,81	87,19
Nahrung	1,50	6,00	12,00	—	19,50	80,50
Bau	1,09	4,95	5,33	2,93	14,30	85,70
Gesamtindustrie	3,35	6,05	6,45	1,14	16,99	83,01

Quellen: Eigene Berechnungen; *Frerich*, J., *Helms*, E., *Kreuter*, H., Die Erfassung und Quantifizierung der Wachstums- und Struktureffekte von Autobahnen, Tabelle 112.

a) Die Unterschiede im Gesamtgewicht der VE zwischen den Tabellen 1 und 2 resultieren aus der Auswahl unterschiedlicher Gruppen von Befragten. Die Industriebetriebe, welche Tab. 2 zugrunde liegen, befinden sich im näheren Einzugsbereich einer Autobahn. Tabelle 1 bezieht sich auf das Gesamtgebiet Baden-Württemberg.

Die relevantesten Charakteristiken und Wandlungen in der Standortentscheidung für die einzelnen Branchen lassen sich wie folgt zusammenfassen:

(1) Für den Industriebereich *Bergbau, Steine, Erden* zählt naturgemäß die Standortdeterminante „Nähe zu den Rohstoffvorkommen" zu den wichtigsten Faktoren. Eindeutig gehört dieser Industriebereich damit zu den standortgebundenen Sektoren[21]. Die Bedeutung dieses Standortfaktors schlägt sich in einem Prozentsatz von immerhin mehr als 21 v. H. nieder. Von erheblicher Ansiedlungsdeterminanz ist ebenfalls der Faktor Industriegelände, der in der Zeit von vor 1955 bis in den Zeitabschnitt 1955 bis 1972 in seiner Bedeutung von ca. 9 v. H. auf knapp 15 v. H. anstieg. Ein vergleichsweise schwächeres Ansteigen konnte beim Faktor „Arbeitskräfte" von rd. 9,5 auf 10,4 v. H. festgestellt werden.

Die Bedeutung der „verkehrsmäßigen Erschließung" stieg ebenfalls an. Vor 1955 belief sie sich auf 18,5 v. H., stieg dann 55 bis 72 auf 22 v. H. Hervorstechend ist in diesem Zusammenhang die relativ starke Bedeutung der Binnenschiffahrt für den Industriebereich Bergbau, Steine, Erden. Mit knapp 10 v. H. macht er fast die Hälfte des Gesamtfaktors „verkehrsmäßige Erschließung" aus. Es folgen die Autobahn und die Eisenbahn mit jeweils knapp 4 v. H. Die hohe Bedeutung der Binnenschiffahrt ist leicht aus Transportkostengründen zu erklären, da es sich bei den Produkten dieses Industriebereichs um massenhafte Güter handelt, die eine starke Affinität zur Beförderung auf der vergleichsweise billigeren Wasserstraße aufweisen.

Parallel mit der Entwicklung der „verkehrsmäßigen Erschließung" ist eine Bedeutungssteigerung des Faktors „günstige Lage zum Arbeitsmarkt" erkennbar, der von ca. 15 auf rd. 18 v. H. in seiner Relevanz anstieg. „Wohn- und Freizeitwerte" können verständlicherweise als Ansiedlungsdeterminanten im Kalkül eines standortgebundenen Industriebereichs kaum eine entscheidende Bedeutung einnehmen. So lag das Gewicht dieses Ansiedlungsfaktors deutlich unter 1 v. H.

Als Gesamtergebnis für den Industriebereich Bergbau, Steine, Erden muß festgehalten werden, daß trotz der festen Standortbindung die Bedeutung des Faktors „Nähe zu den Rohstoffquellen" geringfügig abnahm, da die starre Bindung an bestimmte Standorte durch eine relative Verbesserung des Verkehrssystems und aufgrund der daraus resultierenden Kosten- und Qualitätsvorteile elastischer gestaltet werden konnte. Eine weitere herausragende Feststellung ist die vergleichsweise starke Übereinstimmung in der Relevanzeinschätzung der Faktoren innerhalb unterschiedlicher Betriebsgrößenklassen.

---

[21] *Schröder*, D.: S. 150 f.

(2) Hinsichtlich des Industriebereichs der *Eisen- und Metallerzeugung* konnten im Untersuchungsraum Baden-Württemberg keine repräsentitiven Ergebnisse ermittelt werden, da die zu geringe Zahl der befragten Unternehmen einer derartigen Auswertung im Wege stand. Festgehalten werden soll lediglich, daß sich hier eine Bedeutung der „verkehrsmäßigen Erschließung" von ca. 20 v. H. innerhalb des Gesamtstandortkalküls ermitteln ließ.

(3) Einer der im baden-württembergischen Raum am stärksten vertretenen Industriebereiche ist die *eisen- und metallverarbeitende Industrie*. Als wichtigste Standortdeterminanten wurden auch hier die Faktoren „Arbeitskräfte", „Industriegelände" und „Übernahme vorhandener Produktionsstätten" sowie „verkehrsmäßige Erschließung" ermittelt. Innerhalb des Faktors „verkehrsmäßige Erschließung" dominierte mit mehr als 6 v. H. die Autobahn, gefolgt von Eisenbahn, sonstigen Straßen und der Binnenschiffahrt. Stärker als die Zunahme des Gewichts der „verkehrsmäßigen Erschließung" war die zunehmende Bedeutung der Faktoren „Arbeitskräfte" und „Industriegelände", die im Untersuchungszeitraum 1955 bis 1972 einen deutlichen Engpaßbereich darstellten. Diesen Faktoren gegenüber blieben die anderen Standortdeterminanten mit durchweg unter 10 v. H. Ansiedlungsgewicht relativ weniger bedeutend. Neben dem starken Anwachsen der Engpaßfaktoren ist als auffälligstes Charakteristikum der Standortentscheidung dieser Branche ein Rückgang der Bedeutung „sonstiger, insbesondere privater Faktoren" von 22 auf weniger als 10 v. H. festzuhalten.

(4) Der Bereich *Chemie* ist nach der Eisen- und Metallverarbeitung die relevanteste Industriegruppe in Baden-Württemberg. Während die organische Groß-Chemie unter Orientierung an Input-Transportkosten als relativ standortgebundene Industrie relativ schwächer vertreten ist, zeigt sich die Fabrikation von pharmazeutischen Produkten, Farben und chemisch-technischen Erzeugnissen insbesondere in kleineren und mittleren Betriebsgrößenklassen überaus stark vertreten. Die vertretene Groß-Chemie neigt eindeutig zur betrieblichen und räumlichen Konzentration. Der zweite Bereich ist regional breit gestreut und bevorzugt in Konsumnähe angesiedelt. Innerhalb dieser Gruppe ist wiederum die Kunststoffverarbeitung für die Industrie des Bundeslandes besonders bedeutungsvoll. Mittelgroße Betriebsstrukturen sind hier eher vorherrschend als Großunternehmen.

Während sich die Gewichte der Faktoren „Arbeitskräfte" und „Industriegelände" nahezu verdoppelten, die Bedeutung der „verkehrsmäßigen Erschließung" gleichfalls erheblich zunahm, ist ein starker Bedeutungsschwund der „Rohstoffnähe" sowie der Relevanz der „Beschaffungsmärkte" konstatierbar. Gleichzeitig ist ein leichtes Absinken des Einflusses „nahegelegener Absatzmärkte", eine Zunahme der Bedeutung „regionaler Wohn- und Freizeitfaktoren" sowie eine starke Abnahme der Faktoren „Übernahme vorhandener Produktionsstätten" und „sonstiger, insbesondere privater Einflußfaktoren" festzustellen.

Der Faktor „verkehrsmäßige Erschließung" fällt mit insgesamt rd. 14 v. H. Ansiedlungsdeterminanz ins Gewicht. Dabei ist das Vorhansein resp. die Nähe einer vorhandenen Autobahn mit über 6 Punkten Gewicht die stärkste Determinante innerhalb der „verkehrsmäßigen Erschließung". Nur relativ geringer wird die Bedeutung der Eisenbahn eingeschätzt; demgegenüber sind die Faktoren „sonstige Straßen" und „Binnenschiffahrt" von vergleichsweise untergeordneter Bedeutung.

(6) Eine der im Untersuchungsraum ebenfalls stark vertretenen Industriegruppen ist die *Holzindustrie*. Sägewerke und Betriebe der Holzbearbeitung zählen zu den standortgebundenen Industrien, die ihre Ansiedlung im wesentlichen am Holzvorkommen zu orientieren haben. Ein qualitativ hochwertiges Verkehrssystem ist jedoch hier in der Lage, die enge Bindung an die Rohstoffvorkommen ein wenig weiter zu fassen. Beispiel für die Ausdehnung des Beschaffungsbereichs ist in diesem Zusammenhang der Regierungsbezirk Nord-Württemberg, der über eine relativ starke Konzentration verfügt. Während die Sägewerke und die Betriebe der Holzverarbeitung bei zunehmendem Mechanisierungsgrad einen Beschäftigungsrückgang zu verzeichnen hatten, konnte sich der holzverarbeitende Bereich Baden-Württembergs erheblich ausdehnen. Die vergleichsweise schwache „Rohstoffbindung" dieses wachsenden Industriebereichs erklärt den Bedeutungsschwund des Standortfaktors „Nähe zu den Rohstoffquellen". Demgegenüber stieg die Bedeutung der „Arbeitskräfte" und des „Industriegeländes" im Standortentscheidungskalkül an. Hier ist vor allem die Möbelfabrikation anzuführen, die zunehmend an der „verkehrsmäßigen Erschließung" und an einer möglichst günstigen Lage zum Absatzmarkt orientiert ist, auch wenn nicht ausschließlich für den Nahbereich produziert wird. Dabei ergibt sich für die Transportfrage eine nahezu gleich große Affinität zu Autobahnen, sonstigen Straßen und zur Eisenbahn. Interessanterweise ist in diesem Zusammenhang die Binnenschiffahrt als nicht ausschlaggebend für die Summe aller Standortorientierungen empfunden worden.

(7) Ähnlich stark wie bei der Holzindustrie war auch ursprünglich die „Rohstofforientierung“ im Industriebereich *Papier* und *Druck*. In den letzten 20 Jahren läßt sich jedoch eine Verlagerung der Transportkostenempfindlichkeit von der Inputseite auf die Outputseite feststellen. Eine allgemein zwingende Standortdeterminanz kann in diesem Industriebereich heute nicht mehr festgestellt werden. Auffällig ist jedoch eine starke Orientierung an Konsumzentren, so daß sich insbesondere in den baden-württembergischen Ballungsräumen eine starke Konzentration der papiererzeugenden und -verarbeitenden Industrie feststellen läßt. Während dieser Industriebereich in Gesamt-Baden-Württemberg eine Affinität zur „verkehrsmäßigen Erschließung“ von ungefähr 20 v. H. aufweist — eine Verdoppelung im Vergleich zur Zeit von 1955 —, zeigt sich bei einer Untersuchung der Industriebetriebe, die sich in Gebieten ansiedelten, welche im Einzugsbereich von Autobahnen liegen, eine Affinität von lediglich 15 Punkten. Diese Diskrepanz kann darauf zurückgeführt werden, daß in den verkehrlich besonders gut erschlossenen Räumen Baden-Württembergs die Transportproblematik als weniger stark empfunden wurde[22].

Wie bei allen untersuchten Industriebereichen herrschte die Bedeutung der Faktoren „Arbeitskräfte“ und „Industriegelände“ vor.

(8) Mehr als 50 v. H. der gesamten *Lederverarbeitung* der Bundesrepublik Deutschland ist im baden-württembergischen Raum angesiedelt. Auffällig stark ist im Untersuchungszeitraum die Arbeitsorientierung in diesem Industriebereich. Sie nimmt mit einem Anwachsen von 25 v. H. vor 1955 auf ca. 43 v. H. im Zeitabschnitt 1955 bis 1972 innerhalb des Faktors „Arbeitskräfte“ eine eindeutige Spitzenposition ein. Gleichzeitig verstärkt sich die Absatzorientierung, während die Ausrichtung der Standortwahl an Beschaffungsfragen zurückgeht. Diese Feststellung ist ein Indiz für die zunehmende Orientierung an nicht-lokalen Absatzbereichen.

Die Bedeutung der „verkehrsmäßigen Erschließung“ ist im Zeitablauf weitgehend konstant, wobei für die Ansiedlung das Vorhandensein einer Autobahn und Qualität der übrigen Straßen als annähernd gleichbedeutend empfunden wird. Wie bei den meisten anderen analysierten Industriebereichen ist auch für die Lederindustrie der starke Bedeutungsschwund der „privaten Faktoren“ innerhalb des Standortkalküls charakteristisch.

---

[22] Dieser Feststellung steht nicht entgegen, daß innerhalb des Faktors „verkehrsmäßige Erschließung“ dem Ansiedlungsgrund „Autobahn“ eine besonders hohe Bedeutung zukommt.

(9) Einer der traditionellen Industriebereiche des Untersuchungsraumes ist die *Textil-* und *Bekleidungsindustrie*. Für einen derartigen Zweig, dessen niedrige Nachfrageelastizität in bezug auf das Einkommen ein Charakteristikum darstellt[23], ist eine starke Mechanisierungstendenz typisch. Diese Entwicklungstendenz spiegelt sich in einem kontinuierlichen Absinken der Relevanz des Standortfaktors „Arbeitskräfte" in den Vergleichsräumen wider. Demgegenüber wächst die Bedeutung des Industriegeländes an. Die „Orientierung an Beschaffungsfragen" wird geringer, während bei relativ gleichbleibender Bedeutung der „verkehrsmäßigen Erschließung die Orientierung an „Absatzproblemen" wächst. Eisenbahn und Autobahnen verzeichnen mit knapp 4 v. H. eine annähernd gleiche Relevanz. Demgegenüber wird das Vorhandensein sonstiger Straßen mit knapp 6 v. H. als wichtiger für die Standortentscheidung empfunden.

(10) Ähnlich der Textil- und Bekleidungsindustrie steht auch den Produkten der *Nahrungsmittelindustrie* eine Einkommenselastizität der Nachfrage von weit unter 1 gegenüber[24]. Um im Bereich einer größeren Einkommenselastizität produzieren zu können, war die Nahrungs- und Genußmittelindustrie schon frühzeitig gezwungen, ihre Produktion in Richtung auf Genußmittel des gehobenen Bedarfs zu orientieren. Die starke „Arbeitsorientierung" sowie die hohe Affinität eilbedürftiger Güter zur Dimension „Schnelligkeit der Verkehrsmittel" zwangen die Branche schon frühzeitig zu einer kontinuierlichen Mechanisierung der Produktionsverfahren und zur Fertigung dauerhafterer Güter. Der Mechanisierungszwang führte zu einer starken Arbeitsproduktivität[25], so daß die Bedeutung der „Arbeitskräftenachfrage" in Grenzen gehalten werden konnte.

Eine überdurchschnittlich ausgeprägte Affinität zum Faktor „verkehrsmäßige Erschließung" ist jedoch für den Industriebereich Nahrungs- und Genußmittel charakteristisch geblieben. Signifikant für die Tatsache, daß im baden-württembergischen Raum in starkem Maße für den Nahbereich produziert wird, ist die hohe Bedeutung des Faktors der „sonstigen Straßen" sowie der „Autobahnen". Unter Einbeziehung der Eisenbahnen in das verkehrsmäßige Entscheidungskalkül ergibt sich insgesamt für diese Ansiedlungsdeterminante ein Gewicht von knapp 20 v. H.

---

[23] *Voigt*, F.: Theorie der regionalen Verkehrsplanung, Ein Beitrag zur Analyse ihrer wirtschaftlichen Problematik, Schriftenreihe des Instituts für Verkehrswissenschaft der Universität Hamburg, Bd. 10, Berlin 1964, S. 76 f.

[24] Vgl. *Kreuter*, H.: S. 113.

[25] Vgl. hierzu *Frerich*, J., *Helms*, E., *Kreuter*, H.: S. 133 ff.

Ähnlich relevant wird von den anderen Faktoren nur die Determinante „Industriegelände“ empfunden. Einer abnehmenden „Beschaffenheitsorientierung“ steht eine erhebliche Zunahme der „Absatzorientierung“ gegenüber, ebenfalls ein Indiz für die Bedeutung lokaler Absatzbereiche.

(11) Die bisher behandelten in Baden-Württemberg vertretenen Industriebereiche sind Branchen, die in der Systematik der Industrieberichterstattung enthalten sind. Parallel zu der Industrieberichterstattung der Statistischen Landesämter werden regelmäßig Statistiken über den *Bausektor* veröffentlicht. Da die Bauindustrie in nicht unerheblichem Maße am industriellen Wachstum Baden-Württembergs partizipierte, wurde auch sie in die Standortanalyse einbezogen. Dabei ist zu beachten, daß die Befragung der Unternehmen abgeschlossen wurde, bevor die Bauindustrie in eine konjunkturelle und strukturelle Krise geriet.

Trotz zunehmender Mechanisierung ist die Branche nach wie vor stark absatzorientiert. Diese Tatsache spiegelt sich wider in der großen Bedeutung des Standortfaktors „Arbeitskräfte“, der in den Vergleichszeitraum von ca. 18 auf etwa 22 v. H. Relevanz anstieg. Stärker war der Anstieg der Bedeutung des Faktors „Industriegelände“ mit einem Anwachsen von ca. 13 Punkten auf 26. Diese Bedeutung des Faktors „Industriegelände“ wird nicht zuletzt durch die stark anwachsende Zahl der Fabrikationsbetriebe von Fertigbauteilen hervorgerufen, die quantitativ und qualitativ erhebliche Anforderungen an die Beschaffenheit des „Industriegeländes“ stellen, aufgrund industriemäßiger Fertigung jedoch in geringerem Maße arbeitsorientiert sind. Bei konstanter Bedeutung der „Rohstoffbeschaffung“ nahm die Relevanz der „unmittelbaren Nähe der Absatzmärkte“ ab. Diese Tendenz spricht für eine Ausdehnung des Leistungsradius in Richtung auf eine überregionale Versorgung. Stärker als bei den anderen bisher behandelten Branchen fällt die Standortdeterminante „öffentliche Förderung“ ins Gewicht. Auch hier dürfte der Bereich der Fertigteilindustrie im Bausektor mit seinen starken Subventionen die Verteilung der Gewichte geprägt haben.

Die Affinität zum Faktor „verkehrsmäßige Erschließung“ blieb in den Vergleichszeiträumen nahezu unverändert groß. Hier konnte neben der Relevanz der Binnenschiffahrt für den Industriebereich Bergbau, Steine, Erden die zweitstärkste Relevanz der Binnenschiffahrt festgestellt werden, die mit knapp 3 Punkten stärker das Ansiedlungskalkül determinierte als die Eisenbahn. Als noch wichtiger für das Kalkül wurden mit etwa gleichen Anteilen die Teilkomponenten „Autobahn“ und „sonstige Straßen“ empfunden.

IV. Ergebnisse für die Regionalpolitik

Für alle Industriebereiche und Größenklassen können einige besonders charakteristische Grundtendenzen im Bedeutungswandel der Standortdeterminanten für den Gesamtraum Baden-Württembergs und in nur geringfügig modifizierter Form für die gesamte Bundesrepublik Deutschland festgehalten werden.

Im Untersuchungszeitraum waren die Faktoren „Arbeitskräfte“, „Industriegelände“ und „verkehrsmäßige Erschließung“ für fast alle Branchen die Hauptdeterminanten der Standortentscheidung, wobei die Relevanz der Arbeitskräfte- und Industriegeländefrage im Durchschnitt stärker als die der Verkehrserschließung ausgeprägt war. Längerfristige Prognosen gingen jedoch schon Ende der 60er Jahre davon aus, daß bereits vor Mitte der 70er Jahre eine Änderung hinsichtlich der Relevanzempfindung des Faktors „Arbeitskräfte“ eintreten würde[26]. Diese Prognose kann heute als weitgehend bestätigt angesehen werden. Außerdem wird das Angebot an qualifizierten Arbeitskräften zunehmen, woraus gewisse Erleichterungen für die Standortentscheidung resultieren dürften[27].

Die Standortdeterminante „Verfügbarkeit erschlossenen Industriegeländes“ wird bei wachsender Siedlungsdichte auch künftig wahrscheinlich quantitativ und qualitativ an Bedeutung im Standortkalkül der Industrieunternehmen gewinnen. Ähnliche Prognosen gelten für die „verkehrsmäßige Erschließung“ sowohl in Verdichtungsräumen als auch in ländlichen und in der Entwicklung zurückgebliebenen Regionen der Bundesrepublik[28]. Als sicher kann gelten, daß für die „verkehrsmäßige Erschließung“ von den Industriebetrieben durchweg nur die Relevanzempfindung angegeben wird, die diesem Ansiedlungsfaktor als eigenständiger Standortdeterminante beigemessen wird. Die Katalysatorwirkung des Verkehrs wird von den befragten Unternehmen durchweg nicht realisiert. Mit den indirekten Einflüssen auf die übrigen Ansiedlungsfaktoren, beispielsweise „Erhöhung der Arbeitermobilität“, „Verbesserung der Erreichbarkeit von Infrastruktureinrichtungen“, „Verbesserung der Erreichbarkeit von Erholungszentren mit starken Wohn- und Freizeitwerten“, kann der „verkehrsmäßigen Erschließung“ eine noch wichtigere Bedeutung für die Standortentscheidung beigemessen werden, als sie sich in den angegebenen Prozentsätzen widerspiegelt, die sich zwischen durchweg 10 und 20 v. H. Ansiedlungsgewicht bewegen. Die Untersuchung läßt den Schluß zu, daß der industrielle Sektor insgesamt die Be-

---

[26] Siehe hierzu *Schröder*, D.: S. 199.

[27] Vgl. *Kreuter*, H.: S. 182.

[28] Vgl. hierzu auch die Raumordnungsberichte der Bundesregierung.

deutung des Straßenverkehrs höher einschätzt als die der Binnenschifffahrt und Eisenbahn. Ohne eine entscheidende staatliche Einflußnahme auf diese Entwicklung kann mit einer grundsätzlichen Änderung dieser Relevanzempfindung künftig kaum gerechnet werden. Die vergleichende Standortanalyse erlaubt den Schluß, daß die Transportkostenempfindlichkeit und die damit zusammenhängende Standortabhängigkeit der Industriebetriebe zunehmend geringer werden, und daß die in ihrer Standortwahl weitgehend unabhängigen Industriebereiche im stärkerem Maße als bisher künftig das regionale Wirtschaftswachstum bestimmen werden[29].

Eine weitere Entwicklungstendenz, die aus der Standortanalyse deutlich sichtbar wird, ist die Bedeutungszunahme regionaler Faktoren der „Wohn- und Freizeitgunst". Knappheitsfaktoren wie Klima, Landschaft, Sport und sonstige Unterhaltungsmöglichkeiten werden bei fortschreitender Arbeitszeitverkürzung und wachsendem Freizeitbewußtsein der Beschäftigten künftig eher weiter an Attraktivität gewinnen.

Auffällig in den meisten Untersuchungen zur Standortwahl ist die relativ geringe Relevanzempfindung, die dem Faktor „öffentliche Förderung" beigemessen wird. Es ist jedoch typisch für befragte Industriebetriebe, in der Rubrik „öffentliche Förderung" nur die Relevanz anzugeben, die aus direkt spürbaren Förderungsmaßnahmen wie Subventionen oder Steuererleichterungen resultiert. Eine öffentliche Förderung, die den Industriebetrieben auf indirektem Wege zu Nutzen kommt — beispielsweise staatliche Aktivität auf dem Sektor der regionalen Infrastruktur —, wird von den Industriebetrieben im Zusammenhang mit anderen Standortdeterminanten als bedeutend angegeben. Die vergleichsweise geringe Einschätzung der öffentlichen Förderung darf daher nicht zu dem Fehlschluß verleiten, der Staat könne seine dahingehenden Aktivitäten einschränken, da der private Sektor derartige Bemühungen ohnehin nur in unerheblichem Maße in das industrielle Standortkalkül einbeziehe.

Die Abnahme der Bedeutung „sonstiger, insbesondere privater Faktoren" für die Standortentscheidung zeugt von der Tatsache, daß Standortentscheidungen zunehmend rationaler getroffen werden. Diese Annahme wird durch die Ergebnisse zahlreicher Standortanalysen untermauert[30]. Sachlich zwingende, längerfristig orientierte Auswahlkriterien gewinnen an Bedeutung. Gefühlswertungen werden durch ökonomisch zuverlässige umfangreiche Informationen ersetzt. Wenngleich in erster Linie diese Tendenz für größere Unternehmungen gilt, kann eine ähnliche Orientierung auch bei kleineren und mittleren Industriebetrieben

---

[29] *Kreuter*, H.: S. 183; siehe zu dieser Prognose auch: *Schröder*, D.: S. 195.

[30] Siehe beispielsweise *Fürst*, D.: S. 218.

festgestellt werden. Die Standortentscheidungen sind insgesamt berechenbarer geworden. Eine zwingende Standortdeterminanz existiert nur noch in den wenigsten Fällen. Die Breite der sogenannten „footloose industries“ hat zugenommen. Damit sind gleichzeitig die staatlichen Möglichkeiten gestiegen, industrielle Ansiedlungsanreize dort zu schaffen, wo sie im Sinne einer ausgewogenen Regionalstruktur für die Entwicklung eines Gesamtraumes ihren eigenen Beitrag für eine sich verstärkende Wirtschaftsdynamik zu leisten vermögen.

Die Problematik vergleichender Analysen der Leistungsfähigkeit verschiedener Verkehrsmittel

Dargestellt am Beispiel der Binnenschiffahrt und der Eisenbahn

Von Angelika Franke und Hermann Witte

I.

Die Wettbewerbssituation zwischen den drei Verkehrsträgern Binnenschiffahrt, Eisenbahn und Straßengüterverkehr — wobei letzterer an dieser Stelle nicht betrachtet werden soll — ist sowohl in der Verkehrswissenschaft als auch in der Verkehrspolitik ein viel diskutiertes Problem. Während sich die wissenschaftliche Diskussion vorwiegend auf Kostenvergleiche der konkurrierenden Verkehrsmittel konzentriert, rücken in den neueren verkehrspolitischen Programmen auch gesellschaftspolitische Zielsetzungen immer mehr in den Vordergrund. So geht die Bundesregierung in ihrer verkehrspolitischen Konzeption[1] ebenso wie der Vorstand der Deutschen Bundesbahn von der wissenschaftlich kaum begründbaren Annahme aus, ausschließlich die Eisenbahn sei „in der Lage ein so umfassendes, den Erfordernissen der Gesellschaft in der Bundesrepublik und im Europa von morgen, gerechtwerdendes Angebot unterbreiten zu können"[2].

Derartige Zielsetzungen lassen vermuten, daß der Eisenbahn auf der politischen Ebene eine Priorität vor der Binnenschiffahrt eingeräumt wird, zu deren Begründung recht verschwommene gesellschaftspolitische Vorstellungen herangezogen werden. Als mittel- bis langfristige Folge einer solchen ordnungspolitischen Zielausrichtung der staatlichen Verkehrspolitik müssen sich zwangsläufig marktinkonforme Wettbewerbsverzerrungen zuungunsten der Binnenschiffahrt ergeben. Aufgabe der Verkehrswissenschaft ist es daher, auf die möglichen negativen Effekte

---

[1] Vgl. Regierungserklärung des Bundeskanzlers vor dem Deutschen Bundestag, in: Bulletin Nr. 6, Hrsg.: *Presse- und Informationsamt der Bundesregierung*, Bonn, Januar 1973, S. 51 sowie ferner: Kursbuch für die Verkehrspolitik, Hrsg.: Pressestelle des *Bundesministers für Verkehr*, Bonn 1973.

[2] Vgl. *Sarrazin*, Thilo; *Spreer*, Frithjof: Analyse des Mittelstandes in der Verkehrswirtschaft sowie Entwicklung eines Maßnahmenprogramms für das Verkehrsgewerbe — unter besonderer Berücksichtigung Nordrhein-Westfalens —, Teil 2 - 4 (Manuskript), Bonn 1974, S. 81.

einer zu einseitigen Verkehrspolitik aufmerksam zu machen und die tatsächliche Wettbewerbssituation zwischen Binnenschiffahrt und Eisenbahn mit dem ihr zur Verfügung stehenden Analyseinstrumentarium kritisch rational zu durchleuchten.

II.

Vergleichende Analysen zweier Verkehrsmittel sind grundsätzlich problematisch, da jede quantitative Aussage über die Vorteilhaftigkeit des einen oder anderen Verkehrsmittels eine gleiche Bezugsbasis für alle Vergleichsmerkmale voraussetzt. Wie schwierig vergleichende Analysen im Bereich der Verkehrswissenschaft sind, wurde bereits frühzeitig erkannt. So bemerkte beispielsweise *Neesen*, ... „daß, wenn man die Fahrzeuge nimmt, so wie sie gerade im Verkehr laufen, ein Vergleich hinsichtlich Wirtschaftlichkeit und Eignung gar nicht möglich ist, daß erst bestimmte Vorbedingungen, wie Geschwindigkeit, Raum, Reichweite, Größe bei den einzelnen Fahrzeugen gleichgehalten werden müssen, um einen Einblick in den Charakter der Fahrzeuge, vor allem bei einer vergleichenden Betrachtung tun zu können“[3].

Die restriktive Prämisse einer gemeinsamen Bezugsbasis für alle zu vergleichenden Verkehrsmittel bedingt, daß sich auch die neueren verkehrswissenschaftlichen Untersuchungen[4], die einen Vergleich zwischen Binnenschiffahrt und Eisenbahn anstellen, auf bestimmte Kriterien beschränken müssen und daher nur von begrenztem Aussagewert sind. Die Gefahr bei derartigen Analysen besteht allerdings darin, daß allgemeingültig formulierte Aussagen aus restriktiven Prämissen abgeleitet werden.

So befaßt sich die oben erwähnte Untersuchung von *Breimeier* lediglich mit dem Energiebedarf des Massenguttransportes bei Binnenschiffahrt und Eisenbahn. Die Restriktion besteht also von der Themenstellung bereits in der Begrenzung auf den „Energieaufwand“ und die spezielle Verkehrsleistung „Massenguttransport“. In der Untersuchung selbst werden dann beide Kriterien noch spezieller auf bestimmte Fahrzeugtypen (nämlich die Schiffstypen „Gustav Koenigs“ und „Johann Welker“ einerseits und einen Ganzzug nebst Diesellok der Baureihe 230 mit variabler Wagenzahl des Typs Fad 167) begrenzt.

---

[3] *Neesen*, F.: Gestaltung und Wirtschaftlichkeit der Land-, Wasser- und Luftfahrzeuge, Verkehrswissenschaftliche Abhandlungen, Schriftenreihe des verkehrswissenschaftlichen Forschungsrats beim Reichsverkehrsministerium, Heft 10, Jena 1940, S. VII.

[4] Vgl. *Breimeier*, Rudolf: Der Energieaufwand des Massenguttransportes auf Binnenwasserstraßen und Eisenbahnen, Wissenschaftliche Arbeiten, Nr. 4, Hrsg.: Lehrstuhl und Institut für Verkehrswesen, Eisenbahnbau und -betrieb der Technischen Universität Hannover, Hannover 1972.

Als Ergebnis dieser Untersuchung kommt *Breimeier* zu dem Schluß, „... daß die Beförderung der Massengüter auf Binnenwasserstraßen nicht ‚energiesparender' als auf Eisenbahnen ist. Die gegenüber der Eisenbahn niedrigeren Tarife der Binnenschiffahrt lassen sich nicht auf den vermeintlich geringeren Energieaufwand des Binnenschiffstransportes zurückführen. Die derzeitige Lehrmeinung über den Energieaufwand des Massenguttransportes auf Binnenwasserstraßen und Eisenbahnen kann demnach nicht aufrechterhalten werden"[5]. Diese allgemeingültig formulierte Aussage aufgrund einer so eng gefaßten Analyse ist in dieser Form unzutreffend. Sie widerlegt auch nicht — wie sie für sich in Anspruch nimmt[6] — die vermeintliche zur Zeit herrschende verkehrswissenschaftliche Lehrmeinung.

Die von *Breimeier* zitierten Verkehrswissenschaftler *v. Bissing, Predöhl* und *Voigt* müssen daher — wie nachfolgend gezeigt werden soll — ihre bisherigen Ansichten nicht revidieren.

Wenn z. B. *v. Bissing* ausführt, daß im allgemeinen „... die Frachten der Binnenschiffahrt 10 bis 15 % unter denen der Eisenbahnen ..." zu liegen pflegen und daß dies möglich sei, „... weil der Aufwand für die Fortbewegung auf dem Wasser geringer ist als für die auf dem Lande ..."[7], so ist hierbei mit Aufwand keinesfalls nur der Energieaufwand gemeint — wie es *Breimeier* fälschlicherweise interpretiert hat[8] — sondern, wie sich bei *v. Bissing* weiter oben nachlesen läßt, faßt er damit noch andere Faktoren zusammen. Wörtlich heißt es bei *v. Bissing:* „Auf der Angebotsseite wirken auf die Höhe der Frachten alle Aufwendungen, die auf die eigentliche Transportbewegung auf dem Wasser entfallen. Das sind zunächst die fixen Aufwendungen für die Tilgung und Verzinsung des im Schiff selbst investierten Kapitals ... Dazu kommen die variablen Aufwendungen für die Löhne der Arbeitskräfte ... sowie die Aufwendungen, die abhängig von der zurückgelegten Entfernung sind, wie die Schleppkosten oder die Aufwendung für den Betriebsstoff bei Selbstfahrern ..."[9].

Auch das in der Untersuchung von *Breimeier* angeführte Zitat von *Predöhl,* das sich im übrigen auf eine Veröffentlichung von *Pirath*[10] stützt, ist in dieser Form sinnentstellend, da *Predöhl* selbst die Frag-

---

[5] *Breimeier,* Rudolf: Der Energieaufwand ..., S. 36.

[6] *Breimeier,* Rudolf: Der Energieaufwand ..., S. 1, 3, 35 f.

[7] *Bissing,* W. M. v.: Verkehrspolitik — Eine Einführung — Berlin 1956, S. 127.

[8] Siehe *Breimeier,* Rudolf: Der Energieaufwand ..., Zitat: S. 1 f., Interpretation: S. 3.

[9] *Bissing,* W. M. v.: Verkehrspolitik ..., S. 126.

[10] *Pirath,* Carl: Die Grundlagen der Verkehrswirtschaft, 2. erw. Aufl., Berlin, Göttingen, Heidelberg 1949, S. 139 und 150.

würdigkeit und Einseitigkeit derartiger vergleichender Berechnungen dem von *Breimeier* angeführten Zitat vorausschickt. Wenn *Predöhl* auch der Binnenschiffahrt einen geringeren Energieaufwand als der Eisenbahn bescheinigt, so ist dies bei ihm jedoch keineswegs der alleinige und entscheidende Faktor für die geringeren Transportkosten der Binnenschiffahrt[11].

Gänzlich verzerrt wiedergegeben sind schließlich auch die von *Breimeier*[12] angeführten *Voigt*-Zitate. Der von *Breimeier* zitierte Textausschnitt ist völlig aus dem Zusammenhang gerissen. Bei genauerer Betrachtung ergibt sich nämlich eindeutig, daß *Voigt* im ersten Zitat die verkehrswirtschaftlichen Verhältnisse im Altertum und im Mittelalter, d. h. ausdrücklich *vor* der Maschinenzeit und damit auch vor Einführung der Eisenbahn schildert. *Voigt* führt in diesem Zusammenhang wörtlich aus: „Während Wege auf dem Land schnell zu verfallen pflegen, wenn eine hoheitliche Gewalt nicht mehr für die Instandhaltung sorgt, sind Flußläufe wegen der Räumkraft des fließenden Wassers für primitive Fahrzeuge bei geringen Ansprüchen verhältnismäßig konstant benutzbar. (Ab jetzt zitiert *Breimeier*, Anm. d. V.) Da bei der Fortbewegung eines Gegenstandes im Wasser kein wesentlicher Reibungswiderstand zu überwinden ist und der Strömungswiderstand zwar über dem Luftwiderstand bei Landverkehrsmitteln liegt, aber bei niedriger Fahrgeschwindigkeit unbedeutend ist, erfordert die Binnenschiffahrt nur einen recht geringen Energieaufwand (Ende des bei *Breimeier* angeführten Zitats, Anm. d. V.). Hinzu kommt, daß bei der Binnenschiffahrt die Bewegung des Wassers ausgenutzt werden kann, so daß Talfahrten überhaupt keinen Einsatz von Antriebsenergie erforderlich machen. Flußaufwärts bedarf es dagegen, je nach den Strömungsverhältnissen, unterschiedlich hoher Antriebskräfte (ab jetzt wieder bei *Breimeier* zitiert, Anm. d. V.). Mit 6 km/h Geschwindigkeit etwa vermag ein Pferd auf waagerechter, nicht befestigter Kunststraße nicht mehr als 1,8 t zu ziehen, auf einer waagerechten Schiene 15 t, dagegen im stehenden Wasser 70 bis 100 t (Ende des bei *Breimeier* aufgeführten Zitats, Anm. d. V.). Schon aus diesem Verhältnis kann man die verkehrspolitische Bedeutung der Schiffahrt vor der Maschinenzeit erkennen[13]."

Dieses von *Breimeier* nur bruchstückhaft angeführte *Voigt*-Zitat, dessen vollständige Wiedergabe wir hier zur Verdeutlichung des Gesamtzusammenhanges für zweckmäßig erachtet haben, zeigt klar, daß *Voigt* lediglich die Verhältnisse in der Binnenschiffahrt im Altertum und im Mittelalter darstellen will, und daß er demzufolge eine vergleichende

---

[11] Vgl. *Predöhl*, Andreas: Verkehrspolitik, Göttingen 1964, S. 105 f.

[12] Vgl. *Breimeier*, Rudolf: Der Energieaufwand ..., S. 1.

[13] *Voigt*, Fritz: Verkehr, Bd. II/1, Berlin 1965, S. 225 f.

Analyse zwischen Binnenschiffahrt und Eisenbahn per se ausschließt. Es ist daher zweifellos unkorrekt mit diesem Zitat eine angeblich zur Zeit herrschende verkehrswissenschaftliche Lehrmeinung über die Kostenvorteile der Binnenschiffahrt gegenüber der Eisenbahn begründen zu wollen.

Das zweite *Voigt*-Zitat, das sich bei *Breimeier*[14] findet, trifft die Sache schon eher, da es in der Tat einen Vergleich zwischen unterschiedlichen Verkehrsmitteln beinhaltet, wobei allerdings nicht ausdrücklich auf eine Gegenüberstellung von Eisenbahn und Binnenschiffahrt abgestellt ist. Zur Verdeutlichung sei auch diese Stelle wörtlich wiedergegeben:

„Der verhältnismäßig geringe Energieaufwand angesichts des archimedischen Prinzips, der geringe zu überwindende Fahrtwiderstand eines Schiffes (bis hierher auch bei *Breimeier* zitiert, Anm. d. V.) und der nicht im gleichen Ausmaß zunehmende Bedarf an Energie bei Vergrößerung des Transportgefäßes sowie der im Vergleich etwa zum Kraftwagen oder zum Flugzeug erheblich kleinere Personalbedarf je Tonne Nutzlast (ab hier wieder zitiert von *Breimeier*, Anm. d. V.) bewirken sehr geringe Transportkosten[15]."

Abgesehen davon, daß sich auch aus diesem *Voigt*-Zitat selbst bei großzügiger Auslegung nicht die vermeintliche Lehrmeinung ableiten läßt, „wichtigster Grund für die gegenüber der Eisenbahn geringeren Selbstkosten der Binnenschiffahrt ..." sei der „... geringe Energieaufwand beim Transport auf dem Wasser"[16], führt *Voigt* noch in demselben Abschnitt aus, daß die Eisenbahn unter gewissen Konstellationen durchaus Kostenvorteile gegenüber der Binnenschiffahrt aufweisen kann. *Voigt* gibt in diesem Zusammenhang eine Berechnung von *Pirath* als Beispiel wieder, wonach dieser für das Jahr 1939 durchschnittliche Selbstkosten je angebotenen Tonnenkilometer auf natürlichen Wasserstraßen (ohne Umschlag) in Höhe von 0,45 Pfg., auf künstlichen Wasserstraßen in Höhe von 0,84 Pfg., für Eisenbahnwagenladungen in geschlossenen Zügen in Höhe von 0,81 Pfg. und in nichtgeschlossenen Zügen in Höhe von 2,00 Pfg. ermittelt[17].

Diese Ausführungen mögen genügen, um zu zeigen, daß von einer herrschenden Lehrmeinung, die der Binnenschiffahrt generell geringere Selbstkosten aufgrund des niedrigeren Energieaufwandes gegenüber der

---

14 Vgl. *Breimeier*, Rudolf: Der Energieaufwand ..., S. 1.

15 *Voigt*, Fritz: Die volkswirtschaftliche Bedeutung des Verkehrssystems, Verkehrswissenschaftliche Forschungen. Schriftenreihe des Verkehrswissenschaftlichen Seminars der Universität Hamburg, Bd. 1, Berlin 1960, S. 208.

16 Vgl. *Breimeier*, Rudolf: Der Energieaufwand ..., S. 3.

17 *Pirath*, Carl: Die Grundlagen der Verkehrswissenschaft, S. 238.

Eisenbahn bescheinigt, nicht die Rede sein kann. Vielmehr sind sich nahezu alle Verkehrswissenschaftler einig in der Meinung, daß zur Beurteilung der Leistungsfähigkeit von Eisenbahn und Binnenschiffahrt weitaus vielschichtigere und umfassendere Kriterien als nur der Einfluß des Energieaufwands auf die Transportkosten herangezogen werden müssen.

Um die Frage nach der Bedeutung eines Verkehrsmittels beantworten zu können, muß das gesamte Spektrum der makroökonomischen Folgewirkungen, die dieses Verkehrsmittel auf die wirtschaftliche Entwicklung eines bestimmten Raumes ausübt, analysiert werden; d. h. im Hinblick auf die hier interessierende Fragestellung wäre in einer vergleichenden Untersuchung darzustellen, wie sich die Entwicklungsfähigkeit einer betrachteten räumlichen Einheit ändert, wenn die Art oder die Qualität der Verkehrsleistungen der Binnenschiffahrt bzw. der Eisenbahn variiert werden. In diesem Zusammenhang müßte dann analysiert werden, in welchen Bereichen die Binnenschiffahrt — respektive die Eisenbahn — bestimmte Entwicklungen auslösen oder verstärken kann und auf welchen Gebieten sie andererseits an und für sich potentiell vorhandene Impulse (z. B. Wachstumsimpulse) hemmen oder umgestalten können. Dies führt zu einer vergleichenden Analyse der volkswirtschaftlichen Gestaltungskraft der beiden Verkehrsmittel. Da die von dem jeweiligen Verkehrsmittel (Eisenbahn bzw. Binnenschiffahrt) ausgehende Intensität der Impulse auf wirtschaftliche Wachstumsprozesse, auf räumliche Ballungs- und Entleerungsvorgänge sowie auf Strukturwandlungen in der Wirtschaft eines Raumes wiederum eine Funktion der jeweiligen Streuung der Ebenen der *Verkehrswertigkeit* ist, bietet sich hier mit dem Instrumentarium der Verkehrswertigkeiten eine Möglichkeit, eine vergleichende Analyse verschiedener Verkehrsmittel auf einer einheitlichen Bezugsbasis vorzunehmen.

Mit dem Terminus Verkehrswertigkeit, der in der nachfolgend dargestellten Form von *Voigt*[18] in die verkehrswirtschaftliche Literatur eingeführt wurde, lassen sich alle ökonomisch relevanten Leistungen eines Verkehrsmittels wie

1. Massenleistungsfähigkeit (v_1),
2. Schnelligkeit (v_2),
3. Netzbildungsfähigkeit (v_3),
4. Berechenbarkeit (v_4),
5. Sicherheit (v_5),

---

[18] *Voigt*, Fritz: Verkehr und Industrialisierung, in: Z. f. g. St., 109. Bd., 2. Halbb., Tübingen 1953, S. 198 ff.; vgl. auch *ders.*: Verkehr, Bd. I/1, Berlin 1973, S. 69 ff.

6. Bequemlichkeit (v_6) sowie
7. Häufigkeit der Verkehrsbedienung (v_7)

erfassen. Dabei wird die hypothetische ideale Teilwertigkeit (z. B. unendliche Schnelligkeit oder hundertprozentige Sicherheit eines Verkehrsmittels) als Qualitätsindex 1 definiert, während die tatsächlichen Teilwertigkeiten in Relation hierzu ausgedrückt werden. Die Teilwertigkeiten bewegen sich auf einer Skala, die definitionsgemäß von Null bis Eins geht. Der Wert Null beschreibt hierbei ebenfalls einen hypothetischen Zustand, in dem eine Teilwertigkeit für ein bestimmtes Verkehrsmittel nicht existiert.

Dieser *Voigt*sche Begriffsapparat bietet ein weitaus feineres Instrumentarium für eine vergleichende Analyse zwischen der Binnenschiffahrt und der Eisenbahn, als die reinen, unter technischen oder kostenmäßigen Aspekten erfolgten Gegenüberstellungen beider Verkehrsmittel, für die wir eingangs ein Beispiel anführten. Problematisch gestaltet sich hierbei allerdings die quantitative Erfassung der Verkehrswertigkeit. Ansätze zur Lösung dieses Problems finden sich bei *Klatt*[19] und *Engelmann*[20]. *Klatt* versucht das Problem über eine Qualitätsanalyse zu lösen, während sich *Engelmann* der Delphi-Methode bedient, wobei er ein Gremium von 12 wissenschaftlichen Experten über ihre Einschätzung der Verkehrswertigkeit einzelner Verkehrsmittel befragt. Beide Lösungswege können bisher nur als mehr oder weniger vielversprechende Ansätze angesehen werden, die einer weiteren Vertiefung durch die verkehrswissenschaftliche Forschung bedürfen. Diese beiden als Beispiele angeführten Ansätze zeigen jedoch, daß das *Voigt*sche Konzept der Verkehrswertigkeit in der verkehrswissenschaftlichen Literatur Resonanz gefunden hat, da es umfassender ist und nicht unter der Einseitigkeit herkömmlicher Vergleichsanalysen (von denen wir eine hier beispielhaft anführten) leidet. Graphisch lassen sich die sieben Teilwertigkeiten in einer Ebene wie folgt darstellen.

Bei dieser Darstellung wird die Prämisse gesetzt, daß die Teilwertigkeiten untereinander gleichrangig sind. Unter dieser Annahme lassen sich für jedes Verkehrsmittel die Teilwertigkeiten $v_i, i \varepsilon \{1, \ldots, 7\}$, wobei sich v_i im Intervall von Null bis Eins bewegt, d. h. $0 \leq v_i \leq 1$, auf den einzelnen Achsen abbilden. Verbindet man die so gewonnenen Punkte miteinander, so erhält man ein Siebeneck, dessen Flächeninhalt die Verkehrswertigkeit des entsprechenden Verkehrsmittels ausdrückt. Dabei gilt, je größer der Flächeninhalt desto höher die Verkehrswertig-

---

[19] *Klatt*, Sigurd: Die ökonomische Bedeutung von Verkehrsleistungen, Verkehrswissenschaftliche Forschungen, Bd. 11, Hrsg.: *Voigt*, Fritz, Berlin 1965.

[20] *Engelmann*, Heinz: Ansätze zur Bestimmung der Verkehrswertigkeit, in: DDR-Verkehr, 11 — 1970, S. 456 - 459.

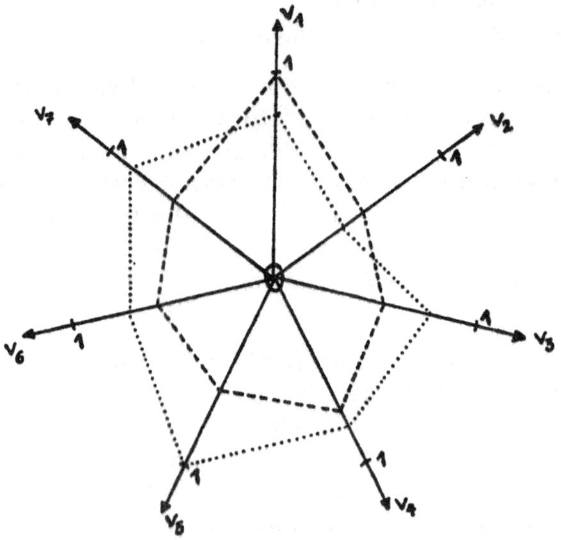

Darstellung der Verkehrswertigkeit in der Ebene

keit eines Verkehrsmittels. In diesem Zusammenhang sei nochmals darauf hingewiesen, daß die restriktive Prämisse gleichrangiger Teilwertigkeiten im Modell zwar zulässig ist, in der Realität hingegen kaum anzutreffen sein wird.

Läßt man die Prämisse der Gleichrangigkeit aller Teilwertigkeiten fallen, so muß eine Prioritätenskala für die Teilwertigkeiten gefunden werden, die ihrerseits die gesamte Problematik einer adäquaten Gewichtung aufwirft; d.h. es muß entschieden werden, ob und in welchem Ausmaß beispielsweise die Schnelligkeit vor der Sicherheit oder die Sicherheit vor der Bequemlichkeit usw. rangieren soll.

III.

Ein weiterer wichtiger Faktor bei der Beurteilung der Leistungsfähigkeit eines Verkehrsmittels ist der Einfluß des technischen Fortschritts[21]. Dieser Faktor ist, wenngleich bislang nicht explizit erwähnt,

[21] Die Bedeutung des technischen Fortschritts in der Verkehrswirtschaft wird etwa an folgenden Beispielen sichtbar:

1. An der Entwicklung von Schubschiffen in der Binnenschiffahrt,
2. an der Entwicklung der Düsenflugzeuge,
3. an der Entwicklung des Containerverkehrs,
4. an der Elektrifizierung der Eisenbahn.

So belaufen sich beispielsweise die durch den Einsatz der Schubschiffahrt bewirkten Gesamtkostenersparnisse je nach Verkehrsrelation auf 0,8 % - 51,2 %. Vgl. hierzu auch *Böttger*, W.: Die betriebswirtschaftlichen Vorteile der Schubschiffahrt, in: Zeitschrift für Verkehrswissenschaft, 37. Jg., 1966, S. 82.

implizit bereits in dem *Voigt*schen Instrumentarium der Verkehrswertigkeit enthalten. Eine Verbesserung der Sicherheit oder der Schnelligkeit stellt zweifellos einen technischen Fortschritt dar, der in seiner Auswirkung eine höhere Verkehrswertigkeit zur Folge hat. Problematisch ist jedoch die quantitative Erfassung der durch den technischen Fortschritt bedingten Qualitätsverbesserung des Leistungsangebots eines Verkehrsmittels. Bisher bietet auch die ökonomische Theorie hierzu keine operationale Lösungsmöglichkeit.

Der technische Fortschritt wird in der ökonomischen Theorie als ein rein *quantitatives* Element definiert, das eine Änderung der Produktionsfunktion bewirkt[22].

Die Änderung der Produktionsfunktion äußert sich derart, daß sich bei gleichem Input der Output von zumindest einem Endprodukt erhöht, respektive eine gleichbleibende Endproduktmenge durch die Verringerung des Einsatzes von zumindest einem Inputfaktor erreicht wird.

Verbesserungen der Teilwertigkeiten sind jedoch keine quantitativen, sondern rein *qualitative* Faktoren des technischen Fortschritts. In einem theoretischen Ansatz lassen sich diese qualitativen Veränderungen der Produktionsfaktoren in quantitative transformieren[23], indem die Mengen eines qualitativ inhomogenen Faktors j über einen „Qualitätsindex“ oder Fortschrittsfaktor $\pi_j(\tau)$ in fiktive Mengen gleicher Qualität umgerechnet werden, d. h.

$$(1) \qquad \pi_j(\tau) = \frac{x_j^0(t)}{x_j^\tau(t)}, \qquad j \,\varepsilon\, \{1, \dots n\} .$$

Hierbei bedeutet $x_j^\tau(t)$ die tatsächliche Einsatzmenge des Faktors j mit der Qualität τ, z. B. einer bestimmten Bequemlichkeit oder Schnelligkeit eines Verkehrsmittels; $x_j^0(t)$ bezeichnet demgegenüber die Inputmenge des Faktors j in der Periode t, wenn er die schlechtere Qualität 0 hätte und $\pi_j(\tau)$ ist der Normierungskoeffizient. Er gibt an, wieviel Einheiten des Faktors j der älteren schlechteren Qualität 0 pro Einheit des Faktors j mit der verbesserten Qualität τ aufgewandt werden müssen, um die gleiche Endproduktmenge erzielen zu können. Gleichung (1) läßt sich umformen zu:

$$(2) \qquad x_j^\tau(t) \cdot \pi_j(\tau) = x_j^0(t)$$

[22] Vgl. zum folgenden *Voigt*, Fritz; *Franke*, Angelika; *Jokl*, Stefan: Die gesamtwirtschaftliche Problematik der Arbeitsunfallfolgekosten, Dortmund 1973, S. 37 ff.

[23] *Krelle*, Wilhelm: Produktionstheorie, Tübingen 1969, S. 118.

Gleichung (2) beschreibt den äquivalenten Faktoreinsatz der verbesserten Qualität τ mit einer entsprechend größeren Inputmenge der schlechteren Qualität 0. Denn es gilt:

(3) $$x_j^\tau (t) < x_j^0 (t) \text{ sowie wegen (1) und (2)}$$

(4) $$\pi_j (\tau) > 1 \; .$$

Für die entsprechende Produktionsfunktion ergibt sich:

(5) $$Y (t, \tau) = Y (x_1^\tau (t) \cdot \pi_1 (\tau), \ldots, x_n^\tau (t) \cdot \pi_n (\tau), \tau) \; ,$$

wobei Y die jeweilige Endproduktmenge in der Periode t bedeutet.

Da jedoch auch bei dem hier skizzierten modelltheoretischen Ansatz die Meßbarkeit qualitativer Leistungselemente vorausgesetzt ist, bietet dieser Weg für die empirische Vergleichsanalyse bisher noch keine praktikable Lösung. Solange eine Normierung unterschiedlicher Verkehrsmittel mit verschiedenen Leistungsmerkmalen noch nicht zufriedenstellend quantitativ gelöst worden ist, muß jede Gegenüberstellung der Leistungsfähigkeit mehrerer Verkehrsmittel einseitig und unvollkommen sein, da eine Analyse nur von gleichen Voraussetzungen der zu analysierenden Verkehrsmittel ausgehen kann. Dies ist erst dann möglich, wenn die in der Realität anzutreffenden Unterschiede so auf eine einheitliche Bezugsbasis transformiert werden können, daß sie vergleichbar und vor allem quantitativ erfaßbar sind.

Das *Voigt*sche Instrumentarium der Verkehrswertigkeit bietet hierzu eine erste Ansatzmöglichkeit, wobei das Problem der Quantifizierung noch nicht endgültig gelöst ist. Die Konzeption der Verkehrswertigkeiten ist jedoch so breit angelegt, daß ihre Anwendung einseitige Untersuchungen ausschließt. Da der technische Fortschritt, soweit er eine Verbesserung einer oder mehrerer Teilwertigkeiten bewirkt, immer auch eine Erhöhung der Gesamtverkehrswertigkeit eines Verkehrsmittels impliziert, würde man aufgrund des *Voigt*schen Instrumentariums niemals zu einer solch einseitigen und unrealistischen Schlußfolgerung kommen, zu der beispielsweise die oben erwähnte Untersuchung von *Breimeier* gelangt. Als Fazit der Analyse werden dort zur Verringerung des Energieaufwands bei der Binnenschiffahrt etwa die folgenden drei Lösungen angeboten[24]:

„a) Eine erhebliche Verminderung der Fahrtgeschwindigkeit

b) oder die Wiedereinführung der Treidelschiffahrt oder

c) die Wiedereinführung der Kettenschiffahrt“,

---

[24] *Breimeier*, Rudolf: Der Energieaufwand ..., S. 35.

wobei der Autor allerdings in realistischer Selbsteinschätzung zugibt, daß diese Vorschläge kaum Aussicht auf Verwirklichung haben werden — man bedenke, daß diese Untersuchung im Jahre 1972 erstellt wurde! Dieses Beispiel mag zeigen, welche Gefahr vergleichende Analysen über die Leistungsfähigkeit verschiedener Verkehrsmittel in sich bergen, sobald sie sich zu einseitig auf einzelne Kriterien beschränken.

Bezogen auf die Verkehrspolitik bedeutet dies, daß die politisch relevanten Entscheidungsträger bei den jeweils zu treffenden Maßnahmen ein breites Spektrum der möglichen Auswirkungen im Auge behalten sollten, um nicht der Gefahr zu unterliegen, allgemeine politische Konsequenzen aus Spezialuntersuchungen abzuleiten. Würde man z. B. *Breimeiers* Vorschlägen folgen, so müßten die verkehrspolitischen Maßnahmen auf einen technischen Rückschritt anstatt auf einen technischen Fortschritt abzielen. Zieht man hingegen die Verkehrswertigkeit als Beurteilungskriterium heran, so führen sich *Breimeiers* angeführte Lösungsmöglichkeiten, die allerdings ein zugegebenermaßen krasses Beispiel für fachspezifische Einseitigkeit einer verkehrswissenschaftlichen Analyse darstellen, selbst ad absurdum. Verkehrspolitische Fehlschlüsse mit möglicherweise verheerenden Folgen für die Wettbewerbsfähigkeit der Binnenschiffahrt gegenüber der Eisenbahn ließen sich somit vermeiden.

Das Oszillationsphänomen in der Frachtratenentwicklung und sein Einfluß auf die Zahlungsbilanz der Entwicklungsländer

Von Manfred Zachcial

I. Das Erscheinungsbild

Wirft man einen Blick zurück auf die Dynamik der Frachtratenentwicklung im Weltseeverkehr während der letzten zehn Jahre, so zeigt sich ein Verlauf, der einer genaueren Differenzierung bedarf. Wegen der der Schiffahrt eigenen Verschiedenartigkeit der Organisationsformen werden je nach der Art des Marktes ausgesprochen unterschiedliche Entwicklungsverläufe erkennbar. Kaum miteinander vergleichbar ist die Frachtratenentwicklung in der Linienfahrt, unter der man die Gesamtheit aller Schiffahrtskonferenzen — in der Regel kombinierte Preis-, Rabatt-, Quoten- und Regionalkartelle — versteht, mit derjenigen in der Trampschiffahrt. Demgegenüber ist das Erscheinungsbild bei Tramp- bzw. Tankfahrt weit ähnlicher.

Die auffällige Diskrepanz zwischen Linien- und Trampschiffahrt ist im wesentlichen das Ergebnis der organisationsbedingten völlig ungleichen Preisbildungsprozesse. Im Gegensatz zu einem in einer Linie eingesetzten Schiff ist der Tramp nicht an einen festgelegten Fahrplan gebunden. Insofern ist er also frei, sieht man einmal von politisch bedingten Einschränkungen ab, irgendeinen Hafen anzulaufen oder irgendeine Route zu befahren, einschließlich all jener Fahrtgebiete, die von regulären Linien bedient werden. In der Praxis ist es so, daß weder die Angebots- noch die Nachfrageseite im Bereich der Trampschiffahrt lange den Weltmarkt absuchen muß, um ihre Anforderungen zufriedenzustellen. Vielmehr lehrt die Erfahrung die Schiffseigner im Einzelfall, an welchen Verlader sie sich wenden sollten, um sich die Ladung zu sichern, die für eine spezielle Reise benötigt wird. Andererseits besteht für die Verladerseite die Möglichkeit, ihre Aktivitäten auf solche Eigner bzw. Schiffsmakler zu konzentrieren, von denen bekannt ist, daß sie Schiffe des Typs oder der Tonnage zur Verfügung haben, die benötigt werden. Erkennt der Eigner eines bestimmten Schiffes, daß eben jenes etwa wegen seiner Größe, seiner Verwendungsfähigkeit oder seinem augenblicklichen Standort von verschiedenen Charterern gewünscht wird, wird er seine Frachtvorstellungen heraufsetzen und eine Rate verlangen, die beträchtlich über einer vergleichbaren zuletzt gezahlten liegen kann. Das gleiche gilt sinngemäß in umgekehrter Weise, wenn ein Charterer zwischen mehreren Trampschiffen wählen kann. Dies ist der klassische Fall des offenen Frachtenmarktes, der zwar weitgehend dem Gesetz von Angebot und Nachfrage folgt, aber in gewisser Hinsicht durch den Erwartungshorizont der beteiligten Parteien beeinflußt wird. So spielen auf dem Trampschiffahrtsmarkt bspw. allgemeine ökonomische Trendentwicklungen, die das Transportgeschäft tangieren, politische Aktionen und Ereignisse sowie Naturkatastrophen wie Überschwemmungen, Hungersnöte und Ernteausfälle eine wichtige Rolle[1].

Diese Faktoren kann man als Rahmenbedingungen für das Aushandeln der Frachtrate zwischen dem einzelnen Trampreeder und dem Verlader auf einem Markt ansehen, der in den letzten Jahren zwar durch zunehmende Machtkonzentrationen auf der Güterseite und ein dadurch bedingtes Vorrücken der Werksflotten geschwächt ist und zunehmend Randmarkt und spekulativer Markt wird, der aber vor allem wegen seiner relativ schnellen Anpassungsfähigkeit der für den Welthandel wirkungsvollste Dienst bleibt.

Wegen der Individualität des Vertragsabschlusses kann abgeleitet werden, daß jeder einzelne Tauschakt einen Elementarmarkt bildet[2]. Damit ist ein solcher Markt gemeint, auf dem es nicht einen Preis für ein Gut, sondern ein Preisbündel für jeweils durchaus ähnliche, aber dennoch andersartige Gütervarianten gibt[3]. Das aber bedeutet, daß wir die enge Prämisse homogener Güter aufgeben müssen. Verlassen wir aber die Güterhomogenitätsforderung, so wird dies im Grunde für den Wegfall der Prämisse der Leistungshomogenität geradezu notwendig. Damit wird dann der Begriff der Heterogenität zum hervorragenden Merkmal des Weltseeverkehrsmarktes[4]. Im Sinne der herkömmlichen Marktformenlehre gilt aber gerade ein solcher heterogener Markt als unvollkommen[5]. Bei Erscheinungsformen dieser Art ist es dann gemeinhin üblich, den gesamten (unvollkommenen) Markt in seine

---

[1] Vgl. UNCTAD: Ocean Shipping and Freight Rates; in: Proceedings of the United Nations Conference on Trade and Development, 1st Session, Vol. V. New York 1964, S. 274.

[2] Vgl. *Harff*, Paul: Der Beitrag nationaler Handelsflotten zur wirtschaftlichen Entwicklung der lateinamerikanischen Länder, Göttingen 1970, S. 120.

[3] Vgl. *Gutenberg*, Erich: Grundlagen der Betriebswirtschaftslehre, 2. Bd.: Der Absatz, 14. Aufl., Berlin, Heidelberg, New York 1973, S. 183 ff.

[4] So auch *Sanmann*, Horst: Seeverkehrsmärkte, Grundlegung einer Ökonomik des Seeverkehrs, Göttingen 1965, S. 23.

[5] Vgl. *Stackelberg*, Heinrich v.: Grundlagen der theoretischen Volkswirtschaftslehre, Tübingen, Zürich 1951, S. 219 ff.

Bestandteile, die bereits genannten Elementarmärkte, zu zerlegen. Wie *Sanmann*[6] zeigt, ist es aber im Falle des Seeverkehrs so, daß die Zerlegung des Gesamtmarktes in seine Elemente und deren spezifische Analyse wesentliche Zusammenhänge und Vorgänge nur unvollkommen verdeutlichen können. Dies gilt um so mehr, als auf den Elementarmärkten der Trampschiffahrt die Marktform des bilateralen Monopols herrscht und daher der Marktpreis, wenn auch eingrenzbar, letztlich unbestimmt ist[7].

Es bleibt daher, wenn man zu einigermaßen gesicherten Aussagen kommen will, nur der Ausweg, die Elementarmarktgruppen in der Trampschiffahrt zu analysieren. Beide Marktparteien verfügen in dieser erweiterten Betrachtungsweise jeweils als Polypolisten über eine Reihe von Wahlmöglichkeiten, bei denen sie sich innerhalb der Elementarmarktgruppe am vorherrschenden Ratenniveau ausrichten müssen[8]. Somit sind zwar Monopolgewinne aus der Machtstellung eines Marktteilnehmers nicht möglich[9], allerdings kann, wie bereits angedeutet, das Gesamtgefüge des Marktes dazu führen, daß Frachtraten zu zahlen sind, die erheblich über bzw. unter der Kostendeckungsgrenze liegen.

Das wechselweise Auf- und Abschwingen der Frachtraten zeigte sich in den letzten zehn Jahren mit einer eigenartigen Regelmäßigkeit insbesondere bei den Frachten für Tankerladung, wobei bei der Beurteilung des Ausmaßes der jeweiligen Schwankungen stets nach Charterart und Schiffsgrößenklassen differenziert werden muß. Nicht nur im Bereich der flüssigen Ladung zeigt sich das Oszillationsphänomen, sondern auch die gesondert ausgewiesenen Reise- und Zeitcharterindices im Rahmen der Trampschiffahrt zeigen einen eindeutigen Schwankungsverlauf, der sich vor allem um die Jahreswende 1973/74 auf ein Rekordniveau aufgeschwungen hat, das man vorher nicht für denkbar gehalten hatte. Auch in der Linienschiffahrt schnellte das Ratenniveau nach oben, jedoch ist der längerfristige Entwicklungsverlauf der monatlichen Frachten wesentlich anders geartet, wie wir im folgenden zeigen wollen.

1. Linienschiffahrt

Legt man einmal den vom Bundesminister für Verkehr[10] herausgegebenen Frachtratenindex für die Linienfahrt für die weltweite

---

[6] *Sanmann*, Horst: Seeverkehrsmärkte, S. 23, vor allem S. 80 ff.

[7] Vgl. *Stackelberg*, Heinrich v.: Grundlagen . . ., S. 204.

[8] Vgl. *Harff*, Paul: Der Beitrag nationaler Handelsflotten . . ., S. 120.

[9] Vgl. *Sanmann*, Horst: Seeverkehrsmärkte, S. 264.

[10] Der *Bundesminister für Verkehr*, Abt. Seeverkehr, Hamburg, abgedruckt in: Statistik der Schiffahrt, hrsg. vom Institut für Seeverkehrswirtschaft, Bremen, verschiedene Jahrgänge.

Entwicklung in diesem Schiffahrtsbereich zugrunde, so zeigt sich, daß die Frachtenindices, die sich aus dem Durchschnitt aller verfügbaren Informationen über Frachten, Versicherungen, Kostenfaktoren landseitiger Art sowie aller sonstigen Einzelposten wie Kriegsrisiko- und Hafenzuschläge u. a. m. zusammensetzen und deshalb nicht unbedingt der genauen Ratenentwicklung entsprechen, andererseits aber die Tendenz der Bewegung zufriedenstellend wiedergeben dürften, über mehrere Jahre ausgesprochen stabil gewesen sind, dies um so mehr, wenn man die Entwicklung der letzten Monate mit den durch die Ölkrise bedingten Preissteigerungen als Vergleichsmaßstab heranzieht. Die Indices zeigten zwar stets einen leicht steigenden Trend, jedoch war die Zuwachsrate mit insgesamt rund 39 % zwischen 1965 und August 1973 im Verhältnis zur Steigerungsrate zwischen September 1973 und Juli 1974 in Höhe von 36 % sehr gering.

Die jüngsten Ratensteigerungen in der Linienfahrt können nicht als tendenzielle Auftriebstendenzen gewertet werden, sie bedeuten vielmehr eine eindeutige Niveauverschiebung in bisher nicht feststellbarem Ausmaß. Dieses Phänomen entspricht im Grunde einem Strukturbruch, von dem ab sich die weitere Entwicklung tendenziell vergleichbar dem Trend vor Ausbruch der Nahostkrise abspielt. Zusätzlich kann nicht ausgeschlossen werden, daß sich die Auftriebstendenzen auch auf dem gehobenen Niveau noch verstärken werden. Dies wird dann allerdings nicht mehr in erster Linie von der Energiekrise, sondern von dem allgemeinen Inflationstrend ausgelöst werden.

Der eigentliche Ratensprung um die Jahreswende erhielt besondere Nahrung durch die außerordentlich gestiegenen Bunkerkosten, die bei fast allen Konferenzen zu Bunkerzuschlägen geführt haben. Demgegenüber wurden die zunächst erhobenen Kriegsrisikozuschläge relativ schnell wieder abgebaut. Neben den erhöhten Bunkerkosten spielte in der Linienfahrt die Einschränkung der Bunkerlieferungen eine entscheidende Rolle. Wegen des Fehlens ausreichenden Treibstoffs wurde eine Reduzierung der Fahrpläne erforderlich. Zusätzliche Sparmaßnahmen wurden durch die Herabsetzung der Fahrtgeschwindigkeit erreicht.

2. Trampschiffahrt

Sowohl bei den Reise- als auch bei den Zeitchartern haben sich die Schwankungen des Ratengefüges von 1965 bis heute immer mehr verstärkt. Während dieses Zeitraumes sind drei Spitzen innerhalb der Ratenentwicklung feststellbar, und zwar Spätsommer 1967, Spätsommer 1970 und Herbst 1973. Dieser jeweils drei Jahre dauernde Zyklus zeigt sich in entsprechender Weise auch bei den Reisechartern. Die höchsten Raten liegen allerdings hier ein bis zwei Monate später als bei den Zeitcharterabschlüssen. Während bis 1970 die Ratenbewegung bei Zeit- und Reisechartern fast identisch war, bewegte sich die Ratenentwicklung bei den Zeitchartern ab Mitte 1970 stets und erheblich über derjenigen bei den Reisechartern.

Betrachten wir im folgenden kurz die Gründe für das überproportional starke Aufschwingen des Ratengefüges in der jüngsten Vergangenheit. Die Trampschiffahrtsmärkte standen während des ganzen Jahres 1973 im Zeichen eines sich voll entfaltenden Aufschwungs. Besondern lebhaft war die Nachfrage nach Zeitcharterabschlüssen bis Ende September 1973. Ein einschneidendes Nachlassen bei den Zeitbefrachtungen zeigte sich erst im November unter dem Einfluß der Ölverknappung. Die erste Belebung der Trampraten erfolgte bereits ganz zu Anfang des Jahres, als insbesondere japanische Befrachter Getreidetonnage nachfragten. Hieran schlossen sich umfangreiche Abschlüsse für sowjetische Rechnung an. Ein weiterer Nachfragestoß, durch den die ansonsten übliche saisonale Marktberuhigung ausblieb, resultierte aus Zeitcharterungen von Getreidetonnage für die Volksrepublik China und für Indien. Die neue Frachthausse, von der die Reisechartern zunächst kaum erfaßt wurden, ließ die vorangegangenen Ratensteigerungen weit hinter sich. Sie beschleunigte sich seit der zweiten Septemberhälfte u. a. infolge zunehmender japanischer Nachfrage nach Erz- und Kohletonnage außerordentlich. Im Oktober erhöhten sich die Reisecharterraten in zahlreichen Relationen und für fast alle Schiffstypen sprunghaft teilweise um mehrere Dollar[11].

Im Gegensatz zum Tankermarkt brach in den verschiedenen Trockenladungsmärkten das Ratenniveau im Spätherbst 1973 nicht zusammen, sondern hielt sich, wenn auch bei leicht nachgebender Tendenz auf einem ausgesprochen hohen Niveau. Der Reisecharter-Index nach Norwegian Shipping News stieg zwischen Januar und Dezember 1973 um 120 %. Zwischen Januar 1973 und Juli 1974 betrug die Zuwachsrate immer noch mehr als 87 %. Im Zeitchartermarkt belaufen sich die Prozentwerte auf 101 bzw. 73 %.

Wenn wir nach den Gründen für die Marktentwicklung in der Trampfahrt fragen, müssen wir zunächst festhalten, daß es sich bei allen Ratennotierungen um Nominalsätze handelt. Sie werden damit wesentlich beeinflußt durch die Preiserhöhungen bei wichtigen Betriebsmitteln sowie durch die wiederholten Wechselkursänderungen, die den tatsächlichen Wert einer in Dollar fixierten Rate für Reeder verschiedener Nationalität unterschiedlich berühren können. Wie *Böhme*[12] unter Aus-

---

[11] Vgl. *Böhme*, Hans: Weltseeverkehr 1973: Märkte zwischen Frachtboom und Ölboykott; in: Die Weltwirtschaft, hrsg. v. Herbert Giersch, 1973, H. 2, S. 165.

[12] *Böhme*, Hans: Weltseeverkehr ..., S. 169.

Zeitcharter (...) / Reisecharter (+ + +) — Index nach Norwegian Shipping News

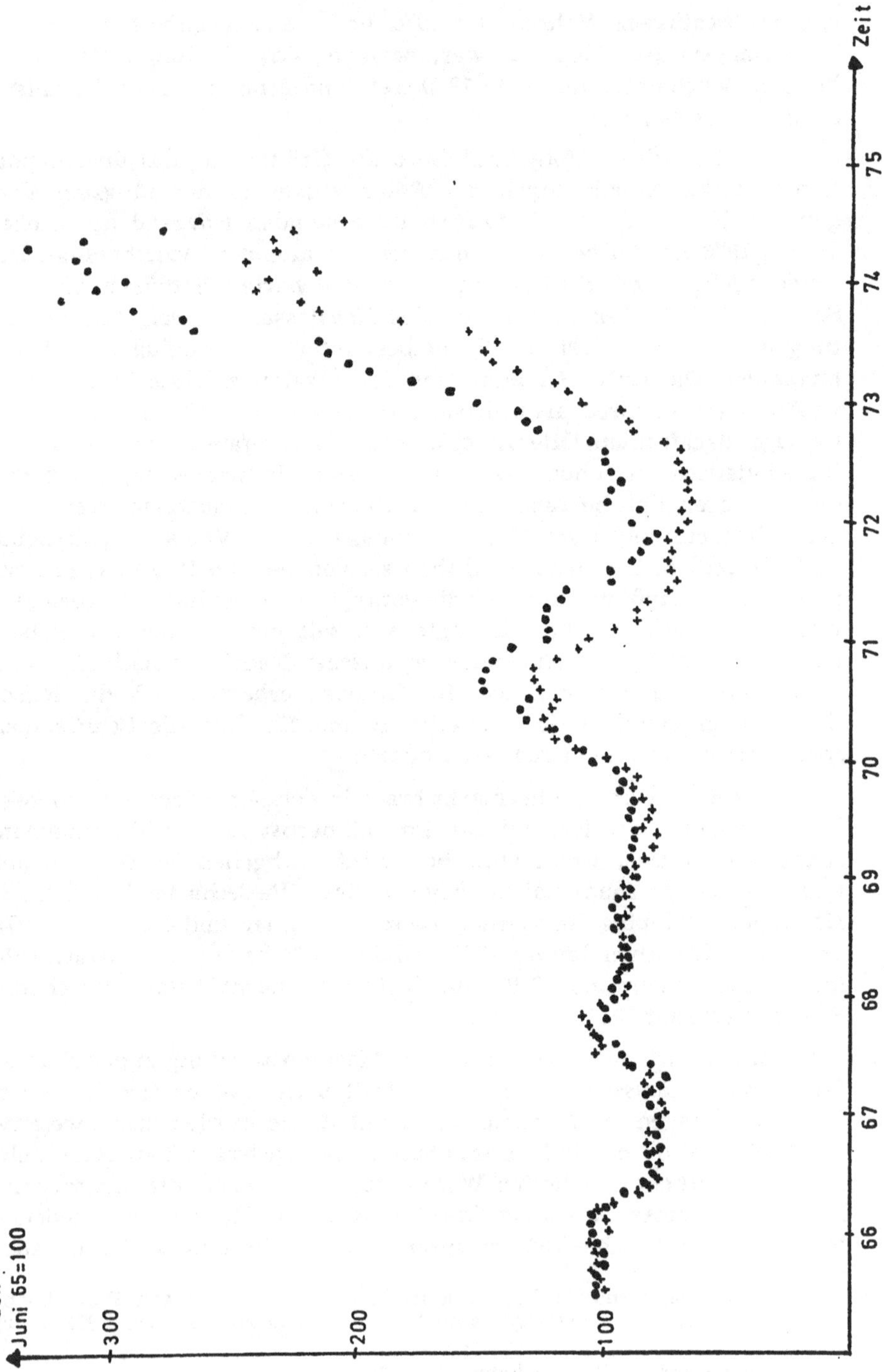

wertung von *Seatrade*[13] schreibt, wurde zusätzlich in der Getreidefahrt, in der die Steigerungen der gezahlten Raten 1973 besonders ausgeprägt waren, die Ratenhöhe ferner durch die zeitweilig extrem langen Liegezeiten in den Lade-, namentlich in der Indien- und Rußlandfahrt auch in den Löschhäfen stark beeinflußt.

Sogar nach Ausbrechen der Nahostkrise erhöhte sich die Nachfrage nach Trockenladungstransporten in der Massengutfahrt weiter, da die Kohletransporte, insbesondere von Virginia Ports, zunahmen. Die Tonnageknappheit schwächte sich dadurch ab, daß wegen der überhöhten Kapazitäten in der Tankfahrt ein Teil der kombinierten Tonnage in den Trockenladungsmarkt überwechselte.

3. Tankschiffahrt

Nach der zweijährigen Baisse-Situation bewirkte Ende 1972 die Zunahme der Nachfrage nach Schiffsraum einen erheblichen Anstieg des Ratengefüges. Der Tendenzumschwung setzte sich mit zunehmender Beschleunigung bis Ende 1973 fort. Die Entwicklung verlief dabei keineswegs einheitlich; vielmehr muß nach Größenklassen, Charterarten und Relationen genauer differenziert werden.

In der Rohölfahrt erreichte der zunächst nur mäßig anziehende Ratenauftrieb im Juni 1973 seinen ersten Höhepunkt. So erreichte ein relativ großer Tanker von 235 000 tdw für eine Einzelreise vom Persischen Golf westwärts Worldscale[14] 265 gegenüber WS 125 zum Jahrebeginn. Nach einer kurzfristigen Beruhigung verstärkten sich die Auftriebstendenzen des Ratenniveaus im August erneut. Hier zeigt sich das denkwürdige Phänomen, daß das ansonsten übliche größenabhängige Ratengefälle für kurzfristige Ladetermine nahezu fortfiel. So wurden in der zweiten Augusthälfte Schiffe aller Größenklassen um WS 300 gebucht. Die weitere Entwicklung war gekennzeichnet durch eine Serie sprunghafter Ratenerhöhungen, die schließlich Mitte Oktober 1973 zu Ratennotierungen in bisher wohl kaum für möglich gehaltener Höhe führten. Selbst für Großtanker wurde WS 400, für kleinere Einheiten gar über WS 500 abgeschlossen. Diese Ratenniveauverschiebungen waren keineswegs lokal, d. h. auf den Persischen Golf, beschränkt, sie griffen nach und nach auf alle Fahrtgebiete für flüssige Ladung über[15].

Für die außergewöhnliche Entwicklung in der Tankfahrt 1973 nennt *Böhme*[16] folgende Bestimmungsgründe:

---

[13] *Seatrade*, Vol. 3 (1973), No. 8, S. 22.

[14] Im folgenden mit WS bezeichnet, allgemein anerkannte Indizierungsbasis.

[15] *Böhme*, Hans: Weltseeverkehr 1973 . . ., S. 180.

(1) Eine Steigerung des Ölverbrauchs über das langfristig zu erwartende Maß hinaus;

(2) das Bestreben der Verbraucherländer, die geschrumpften Lagerbestände wieder aufzufüllen;

(3) die zunehmende räumliche Differenzierung von Raffineriezentren und Verbrauchsregionen;

(4) die Erhöhung des Ölimportbedarfs der USA;

(5) wirtschaftliche Maßnahmen in den Förderländern, die zum teilweisen Ausfall konsumnaher Exportgebiete und zum Import aus weiter entfernten Bezugsquellen führten;

(6) das durch pessimistische Erwartungen geprägte Marktverhalten vieler Charterer mit zeitweilig überstürzter Nachfrage nach Tonnage, im Grunde eine vorweggenommene Krisenwirkung;

(7) ein Teil der Ratensteigerungen muß in der Tank- wie in der Trockenladungsfahrt zweifellos auf die Wechselkursbewegungen im Jahre 1973 zurückgeführt werden. So dürfte das Verhalten der Reeder auf die Durchsetzung von Ratenerhöhungen zum Ausgleich von insbesondere US-$ bedingten Einnahmeminderungen gerichtet gewesen sein und bei expandierender Nachfrage nach Tonnage Erfolg gehabt haben. Die Bedeutung der Wechselkursänderungen und die Schwierigkeiten, künftige Kursschwankungen abzuschätzen, spiegeln sich darin wider, daß langfristige Zeitchartern relativ selten abgeschlossen wurden[16].

Die Drosselung der Ölausfuhr aus dem Persischen Golf verursachte Ende Oktober 1973, zunächst beschränkt auf dieses Fahrtgebiet, eine ausgesprochene Baisse-Situation. Vor allem unter dem Angebotsdruck einer Vielzahl von „relets“ sanken die Raten insbesondere für Großtanker innerhalb kürzester Zeit ins Bodenlose ab. Die angekündigte Zunahme der Ölförderung seitens der Araber führte zu einem gewissen Optimismus und zu leichten Ratensteigerungen, die jedoch weitgehend durch die beträchtlichen Bunkerpreissteigerungen relativiert wurden. Die Zusammenballung prompter Tonnage beendete die leichte Erholung der Tankraten. So gingen die Raten bspw. für 85 000-Tonner auf WS 70 zurück. Berichten von Norwegian Shipping News[17] zufolge hätte demgegenüber ein unter norwegischer Flagge fahrendes Schiff der „Handy-Size-Klasse“ eine Rate von WS 195 erreichen müssen, um die durch die Bunkersituation entstandenen Kosten zu decken.

---

[16] Zum Problem der Wechselkursänderungen im Tankergeschäft wurde bspw. Stellung genommen in: „Compensation requested by tanker owners“, in: The Financial Times, London, 25. 9. 1973.

[17] Norwegian Shipping News, No. 5, 1974, S. 61.

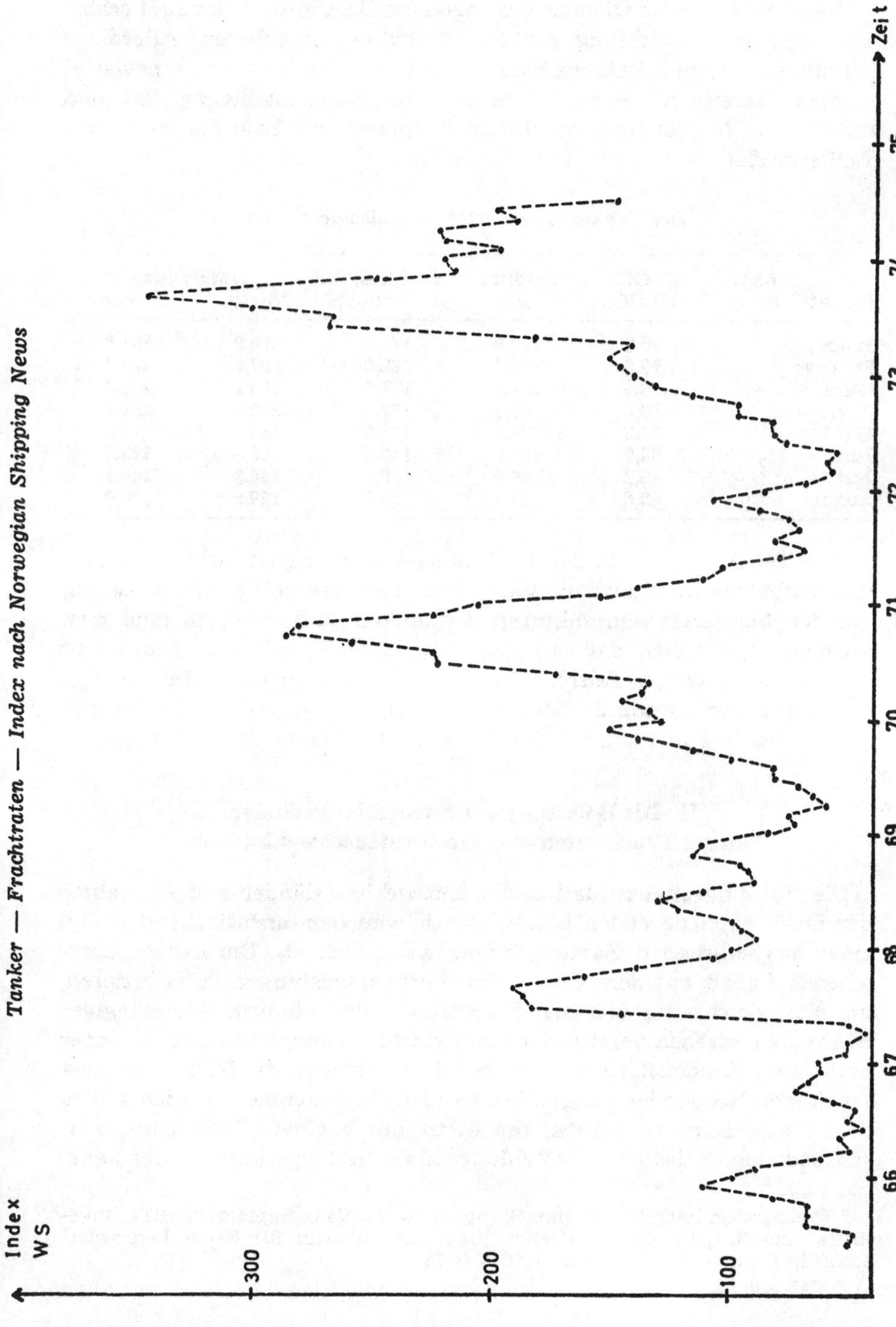
Tanker — Frachtraten — Index nach Norwegian Shipping News
Index
WS
300
200
100
66
67
68
69
70
71
72
73
74
75
Zeit

Die Aufhebung des Ölembargos gegen die USA Mitte März 1974 schien eine erneute Entwicklung zur Markterholung einzuleiten. Allerdings konnte die leichte Ratenbelebung nicht als Tendenzwende gewertet werden. Bereits im April setzte sich der Ratenabschwung fort und erreichte im August einen deutlichen Tiefpunkt, und zwar bei sämtlichen Tankergrößen.

Der Tankermarkt 1974 (Worldscale = 100)*

Tanker / Monat	VLCC/ ULCC	Medium Size	Small Size & Products	Handy Size dirty	Handy Size clean
Januar	96,2	127,6	173,9	220,9	334,8
Februar	72,3	103,5	168,0	197,5	325,7
März	73,6	109,2	177,9	220,2	268,6
April	58,8	91,2	162,5	222,3	239,2
Mai	64,8	91,3	142,9	189,1	217,8
Juni	69,7	101,9	140,2	196,6	173,7
Juli	46,2	66,5	100,1	146,6	146,1
August	42,6	64,1	89,7	129,6	128,0

Eine Tendenzwende in der Tankratenentwicklung ist nicht erkennbar und nicht vorausschätzbar. Vergleicht man die jetzige Entwicklung mit den Schiffahrtskonjunkturen der letzten 10 Jahre[18], so muß man vielmehr annehmen, daß sich das Ratenniveau noch eine ganze Zeit lang in der jetzigen Talsohle halten wird. Wie sich das Ratengefüge entwickeln wird, wenn die Masse der in Auftrag gegebenen Großtanker erst einmal in Fahrt kommt, darüber kann man keine Aussage wagen.

II. Die Belastung der Entwicklungsländer durch Frachtraten und Frachtratenschwankungen

Die Zahlungsbilanzsituation der Entwicklungsländer mit Ausnahme der Erdöl exportierenden Länder weicht von dem anzustrebenden Ziel einer ausgeglichenen Zahlungsbilanz wesentlich ab. Um das vorherrschende Defizit auf dem Gebiet der Verkehrsleistungen zu reduzieren, um sich gleichzeitig von den Frachtratenentwicklungen unabhängiger zu machen, streben verschiedene Entwicklungsländer den Aufbau einer nationalen Handelsflotte an, mit der Seetransporte, die bisher von ausländischen Reedereien ausgeführt wurden, übernommen werden sollen. Es ist allerdings zu fragen, inwieweit durch einen Flottenauf- bzw. -ausbau eine Entlastung der Zahlungsbilanz herbeigeführt werden kann.

* Frachtraten nach Norwegian Shipping News, Oslo, September 1974; abgedruckt in: Statistik der Schiffahrt, hrsg. vom Institut für Seeverkehrswirtschaft in Bremen, 18. Jg. (1974), Heft 10, S. 28.

[18] Vgl. Abb. 2.

Hierfür ist die Veränderung der Nettodevisenzuflüsse die entscheidende Komponente. Die mit dem Flottenaufbau verbundenen Nettogrößen werden mit zwischen 20 bis 50 % der Bruttofrachteinnahmen geschätzt[19]. Wie hoch dieser Wert anzusetzen ist, hängt wesentlich mit dem Entwicklungsstand des betreffenden Landes zusammen. Am höchsten wird bisher mit 50 % der Nettodevisengewinn in der Linienfahrt einer entwickelten Volkswirtschaft eingeschätzt, wenn auch für alle bisher angegebenen Prozentsätze keine gesicherte Berechnungsbasis vorliegt. So schwanken bspw. die Schätzungen für Entwicklungsländer zwischen 20 und 40 %.

Hieraus läßt sich ableiten, daß die Transportkosten über See auf den Außenhandel der Entwicklungsländer je nach Land und nach Güterart einen sehr differenzierten Einfluß haben. Um die grundsätzliche Wirkungsweise von Ratenfluktuationen auf die Exporte und Importe und damit auf Devisenerlöse und Devisenausgaben zu zeigen, wollen wir von einem Modell ausgehen, das *Harff*[20] vornehmlich für Lateinamerika verwendet hat.

Harff geht von folgenden Prämissen aus[21]:

Die Marktbedingungen seien vorgegeben. Das bedeutet, daß sie grundsätzlich nicht durch Frachtratenschwankungen nennenswert beeinflußt werden können. Die Verläufe von Angebots- und Nachfragekurven werden als normal vorausgesetzt. *Harff* nimmt weiter an, daß die Handlungsweise einzelner Marktteilnehmer grundsätzlich keine Wirkung auf das Marktgeschehen hat. Die Ratenfluktuationen werden im Ausgangsmodell zunächst quasi als Zufallschwankungen angesehen, also als unabhängig von dem Anbieter- und Nachfragerverhalten auf dem Transportmarkt.

Unter diesen Bedingungen wird bei einem gegebenen Preis p_1, der die Frachtrate in Höhe $p_1 - p_2$ einschließt, die Gütermenge x_1 abgesetzt. p_1 entspricht dem c. i. f.-Preis, der f. o. b.-Preis ergibt sich in Höhe von p_2. Falls der Importeur auch Seefracht zu zahlen hat, ist c. i. f. gleich f. o. b.

Unter der Annahme einer gestiegenen Frachtrate verschiebt sich die Angebotskurve parallel nach oben. Neuer Gleichgewichtspreis unter Einschluß der Frachtrate wird p'_1. Der für den Exporteur verbleibende f. o. b.-Preis ist um $p_2 - p'_2$ gefallen. Der Importeur hat $p'_1 - p_1$ zu tragen. Wegen des neuen c. i. f.-Preises ist nur noch x_2 abzusetzen. Unter diesen, wenn auch vereinfachenden Bedingungen läßt sich zeigen, daß sich c. i. f.-

[19] Vgl. *Stuchtey*, Rolf: Die Beurteilung des Aufbaus nationaler Handelsflotten in unterentwickelten Ländern, Hamburg 1968, S. 111 sowie die dort angegebene Literatur.

[20] *Harff*, Paul: Der Beitrag nationaler Handelsflotten ...

[21] Vgl. *Harff*, Paul: Der Beitrag nationaler Handelsflotten ..., S. 143 sowie die Abbildungen auf S. 144, 148, 156.

und f. o. b.-Preis bei einer Variation der Ratenbelastung stets in entgegengesetzter Richtung bewegen. Wesentlich dabei ist, daß p_1 um so stärker steigt und p_2 um so weniger fällt, je steiler die Nachfragekurve verläuft. Je unelastischer die Nachfrage, d. h. je steiler die Nachfragekurve ist, um so weniger wird die Gütermenge von x_1 und x_2 eingeschränkt.

Wie *Harff*[22] zeigt, steigt der c. i. f.-Preis um so stärker und der f. o. b.-Preis sinkt um so weniger, je geringer die Steigung ist. In diesem Fall folgt jedoch ein größerer Rückgang der abzusetzenden Menge. Daraus ist zu folgern, daß allein aus dem Anstieg der Angebotskurven nicht unbedingt abgeleitet werden kann, welche Bedingungen in bezug auf die f. o. b.-Erlöse von Vorteil sind.

Kehren wir von unserem Modell zurück zu den Entwicklungen der Frachtraten in jüngster Vergangenheit und fragen wir danach, wie die Frachtratenschwankungen einzustufen sind. Wir gehen davon aus, daß die Fluktuationen zumindest der Tendenz nach weltweit feststellbar sind. Ansonsten müßten wir, wenn wir nach Elementarmarktgruppen z. B. der Linienfahrt unterscheiden wollten, die räumlich recht begrenzt sein können, davon ausgehen, daß eine Vielzahl von Angebots- und Nachfragekurvenscharen existiert, die von Ratensteigerungen in durchaus unterschiedlicher Weise berührt werden können.

Im Falle der letzten Krise und der dadurch bewirkten Erhöhungen der Treibstoffpreise können wir annehmen, daß zumindest in der Trampfahrt die für bestimmte Güter jeweils in Frage kommenden, konkurrierenden Exporteure in entsprechender Weise von Ratenverschiebungen betroffen worden sind. Damit könnte zunächst angenommen werden, daß die Exportmenge ceteris paribus unverändert geblieben ist, sofern nicht die Nachfrage elastisch genug gewesen ist, in fühlbarer Weise zu reagieren.

Gehen wir in der folgenden Betrachtung von „normalen" Marktverhältnissen aus, so kann unter der Voraussetzung, daß die Frachtraten in Devisen zu zahlen sind, festgehalten werden, daß in der Regel jede Ratensteigerung die Exporterlöse eines bestimmten Landes aufgrund sinkender f. o. b.-Preise und zurückgehender Absatzmengen verringert und umgekehrt.

Wenn man die Belastungen der Exportländer mit Frachtraten betrachtet, sollte man sich vor Augen halten, daß absolut hohe Raten immer dann relativ geringe Bedeutung haben, wenn sie für den Transport von hochwertigen Gütern erhoben werden. Stark ins Gewicht fallen dagegen die Frachtraten beim Transport von ausgesprochenen Massen-

[22] *Harff*, Paul: Der Beitrag nationaler Handelsflotten ..., S. 146.

gütern wie Eisenerz und Kohle. Beispielsweise betrug 1963 bei Eisenerz der Prozentsatz der Fracht am f. o. b.-Preis für eine Reise Chile—Argentinien rund 102 %[23]. Es ist also eindeutig so, daß vorzugsweise die Rohstoff exportierenden Entwicklungsländer von den Ratenfluktuationen in der trockenen Massengutfahrt tangiert werden. Für sie machen die Rohstoffexporte einen erheblichen Anteil an den Exporterlösen insgesamt aus, so daß sich die Ratenänderungen über eine gedrosselte Nachfrage stark auf die Deviseneinnahmen auswirken. Allerdings wird dadurch, daß ein Teil der Transporte durch Werksflotten ausgeführt wird, die Abhängigkeit der Höhe der Devisenimporte von der Frachtratenentwicklung insofern wieder abgeschwächt.

Die nicht massenhaften Außenhandelsgüter der Entwicklungsländer werden überwiegend von der Linienfahrt übernommen. Die Frachten der Linienschiffahrt waren über lange Zeit, bezogen auf die f. o. b.-Werte der Güter, relativ gering. Bis Mitte 1973 konnte man davon ausgehen, daß sich Schwankungen in den Frachtraten der Linienfahrt im Gegensatz zur Trampfahrt in engen Grenzen halten würden und damit wenig Einfluß auf die Devisensituation haben würden.

In den meisten Untersuchungen zur Frage der Linien- und Trampfrachtraten und ihrer Höhe und Schwankungsintensität wird entweder unterstellt, daß die Fluktuationen der Raten unabhängig von den Verhaltensweisen der Angebots- und Nachfrageseite auf den Märkten für Transportgüter sind oder daß kurzfristige Frachtratenänderungen häufig mit Nachfrageänderungen bei den entsprechenden Transportgütern eng verbunden sind. Die zweite Hypothese, beispielsweise von *Harff*[24] vertreten, der im übrigen die erste Annahme als nicht unbedingt realitätsnah bezeichnet, muß sich aufgrund der Auswirkungen der jüngsten Krise den gleichen Vorwurf gefallen lassen wie die erste. Es muß jedoch eingeräumt werden, daß es vor dieser Krise keine vergleichbare Situation gegeben hat; denn die bisher aufgetretenen Konflikte, wie z. B. jener, der zur Schließung des Suezkanals führte, haben im wesentlichen über den Transportraummengeneffekt zu einem Ratenanstieg geführt, der allerdings nicht langfristiger Natur war und weitgehend auf den Tankermarkt beschränkt blieb.

Die Aufblähung des Ratengefüges in der Linienfahrt wurde überwiegend durch die gestiegenen Schiffsbetriebskosten, im besonderen durch die Bunkerkosten, ausgelöst. Damit aber hat ein bisher im Verhältnis zu heute recht unbedeutender Kostenfaktor entscheidendes Gewicht gewonnen. Als Folge ist denkbar, daß nunmehr die Entwicklungsländer noch

---

[23] Vgl. CEPAL: El transporte en América Latina, New York 1965, S. 152.
[24] *Harff*, Paul: Der Beitrag nationaler Handelsflotten ..., S. 147.

konsequenter die von ihnen verfochtene Flotten- und Schiffahrtspolitik durchsetzen werden, sofern die finanziellen Mittel verfügbar sind.

III. Die Bestrebungen der Entwicklungsländer zur Neuorientierung der Schiffahrtspolitik

Die bereits einige Jahre anhaltende Diskussion über eine verstärkte Beteiligung der Entwicklungsländer am Weltseeverkehr und die daraus zu erwartenden Folgen für die traditionelle Ordnung der Schiffahrt, die lange Zeit auf der Interdependenz freier Seeverkehrsmärkte beruhte, erreichte mit dem „Second Ministerial Meeting of the Group of 77", das vom 25. 10. bis 7. 11. 1971 in Lima stattfand und auf dem sich Repräsentanten von 96 Entwicklungsländern trafen, um ihre Standpunkte für die dritte Welthandels- und Entwicklungskonferenz anzugleichen, die als UNCTAD III im April/Mai 1972 in Santiago abgehalten wurde, einen neuen Höhepunkt. Von den Vertretern der Entwicklungsländer wurden im wesentlichen folgende Zielvorstellungen formuliert[25]:

(1) Entwicklung der Handelsflotten der Entwicklungsländer. Anzustreben sei ein Anteil an der Welthandelsflotte, der dem Anteil der Entwicklungsländer am Welthandel entspricht.

(2) Gleichzeitig solle die Leistungsfähigkeit der nationalen Flotten der Entwicklungsländer erhöht werden, um insbesondere die Frachteinnahmen zu steigern.

(3) Damit soll es möglich gemacht werden, eine Verringerung des Devisenabflusses durch geringere Beanspruchung von durch Drittländer durchgeführten Seetransporten herbeizuführen.

(4) Um insgesamt die Seetransportkosten zu reduzieren, wird verlangt, die Frachtraten auf einem möglichst niedrigen Niveau festzusetzen, um den Export der Entwicklungsländer zu fördern.

(5) Im Mittelpunkt der Beratungen aber stand bereits in Lima die Ausarbeitung von Verfahrens- und Verhaltensregeln für das Konferenzsystem. Wir werden vor allem hierauf noch einmal zurückkommen.

(6) Unter dem letzten Punkt wurde zusammenfassend gefordert, daß alle Maßnahmen ausgeschaltet werden müßten, die den Entwicklungsländern die Durchführung von Seetransporten in irgendeiner Weise erschweren.

---

[25] Vgl. *Bremer Ausschuß für Wirtschaftsforschung* (Hrsg.): Auswertung der Dokumentation der dritten Welthandels- und Entwicklungskonferenz Santiago de Chile 1972, Teil II, Bremen, April 1973, S. 553.

Weitgehende Forderungen wurden vor allem auf dem Gebiet des Kreditwesens erhoben. So sollten den Entwicklungsländern von den Industriestaaten günstige Darlehen vor allem in bezug auf den Kauf von Zweithandtonnage bereitgestellt werden. Angestrebt wurde dabei eine Kreditlaufzeit von 8 Jahren mit einer Anzahlung von 15 - 20 % des Gesamtpreises und einer maximalen Zinshöhe von 5 %. Es wurde außerdem verlangt, daß die Entwicklungsländer beim Kauf bzw. bei Auftragserteilung für Neubauten bevorzugt behandelt werden müßten.

Bezüglich der Beschäftigung nationaler Flotten der Entwicklungsländer beschränkten sich die Forderungen nicht nur auf einen ungehinderten Zutritt nationaler Linien zu den Konferenzen, sondern wurden dahingehend erweitert, daß die in der trockenen Massengutfahrt einzusetzenden Bulkcarrier unter der Flagge eines Entwicklungslandes bevorzugt Beschäftigungsverträge zu bekommen hätten. Auf der gleichen Linie liegen die Bestrebungen zum Auf- und Ausbau nationaler Flotten und zur Gründung eigener Schiffsbauindustrien. Inwieweit gerade die beiden letztgenannten Zielsetzungen als Instrumente zur Verbesserung der Schiffahrts- und Wirtschaftssituation betrachtet werden können, muß für die überwiegende Zahl der Länder bezweifelt werden. Wegen der besonders hohen Kapitalbindung bei Flottenbauprojekten, der zu erwartenden Überkapazitäten und der jüngsten Folgen der Nahostkrise werden wir diesen Gesichtspunkt noch einmal aufgreifen müssen.

Ein weiterer Schwerpunkt im Rahmen der Empfehlungen und Beschlüsse der „Gruppe der 77" bildete die Problematik der Frachtratenentwicklung als solche. Dies gilt sowohl für das Ratenniveau als auch für das Oszillationsphänomen. Wesentliche Gründe für die sich unter Schwankungen vollziehende Auftriebstendenz sah die Konferenz vor allem in den eskalierenden Hafen- und Umschlagkosten sowie in der weltweiten Inflationstendenz — die Komponente der Explosion bei den Treibstoffkosten war damals noch nicht aktuell — wobei die Kostenauftriebsmomente überwiegend den entwickelten Ländern zugeschrieben wurden.

Die Beratungen wurden in Santiago durch die Verabschiedung einer Resolution beendet, die im wesentlichen den Vorstellungen der Entwicklungsländer folgte. Im Dezember 1972 beauftragte die UN-Vollversammlung den UN-Generalsekretär, Anfang 1973 unter Federführung der UNCTAD eine Konferenz von Regierungsbevollmächtigten einzuberufen, auf der ein Verhaltenskodex verbindlich ausgearbeitet werden sollte. Im Januar 1973 trat der vorbereitende Ausschuß erstmals zusammen. Im Juni des gleichen Jahres unterbreiteten die OECD-Vertreter ihre gegenteiligen Vorstellungen zu den Auffassungen der Entwicklungsländer auf der UNCTAD III. Am 12. 11. 1973 erfolgte die Einberufung der Konferenz der Regierungsbevollmächtigten unter Leitung der UNCTAD nach Genf. Sie wurde am 15. 12. 1973 auf März 1974 vertagt. Zwischen dem 11. 3. und dem 7. 4. 1974 wurde die Schlußakte „Übereinkommen über einen Verhaltenskodex für Linienkonferenzen“ verabschiedet. Es stimmten 72 Vertreter dafür, 7 dagegen. Fünf Vertreter enthielten sich der Stimme. Alle Gegenstimmen sowie alle Enthaltungen stammten im übrigen von den OECD-Vertretern, die mit insgesamt 19 anwesend waren. Das Übereinkommen über einen Verhaltenskodex liegt bis zum 30. Juni 1975 zur Unterzeichnung auf.

1. Die mit dem Verhaltenskodex beabsichtigten Ziele

Die Problematik von Verhaltens- und Verfahrensregeln für das Konferenzsystem war das beherrschende Thema des im Rahmen der UNCTAD III eingesetzten Schiffahrtsausschusses. Man ging davon aus, daß die internationalen Schiffahrtskonferenzen im Linienverkehr mit den Entwicklungsländern über eine ausgesprochene Schlüsselposition verfügen. Von den Entwicklungsländern wird deshalb häufig die Ansicht vertreten, daß die Mitgliedschaft eigener Linien in den Konferenzen von besonderer Wichtigkeit sei. Durch eine solche Mitgliedschaft können die Konferenzen dazu angehalten werden, ihre Politik auch an den Bedürfnissen der Entwicklungsländer auszurichten[26].

War man sich auch in den Ausschüssen und speziell für die Problematik eingesetzten Untersuchungsgruppen grundsätzlich über die Notwendigkeit eines umfassenden „Code of Conduct“ einig, so gingen die Ansichten in Detailfragen weitgehend auseinander. Während die entwickelten Länder für eine Flexibilität der auszuarbeitenden Bestimmungen eintraten, da jeder spezielle Verkehr nicht ohne weiteres kategorisiert werden könne, bestanden insbesondere die Vertreter der Gruppe 77 auf Spezialvorschriften, da ansonsten die Konferenzen selbst letztlich über die Erfüllung der Bestimmungen entscheiden könnten[27].

Die Problematik der Frachtratenpolitik stellte auch in dem hier behandelten Bereich einen ganz besonderen Streitpunkt dar. Betonten die westlichen Industrieländer das Recht der Konferenzen auf die Ratenfixierung, so forderten die Entwicklungsländer und mit ihnen die Ostblockstaaten eine weitgehende Einflußnahme der Regierungen, um den Vorstellungen der Verlader mehr Gewicht geben zu können. Die allgemein beobachtbare Blockbildung — hier Industriestaaten, dort Entwicklungs- und sozialistische Länder — wurde auch bei den Detailfragen deutlich.

---

[26] Vgl. *Harff*, Paul: Der Beitrag nationaler Handelsflotten . . ., S. 166.

[27] Vgl. *Bremer Ausschuß für Wirtschaftsforschung* (Hrsg.): Auswertung der Dokumentation . . ., S. 563.

Die westlichen Industrieländer waren der Überzeugung, daß die Frachtraten und etwaige Streitigkeiten keinem Schiedsgerichtsverfahren unterworfen werden dürften. Sie lehnten weiterhin eine Ratenstabilisierung für festgelegte Zeiträume ab. Starke Bedenken wurden von ihnen immer wieder gegen die Förderungsfrachtraten erhoben, hier vor allem in Hinsicht auf in ihnen begründete Subventionselemente.

Nach dem inzwischen zur Unterzeichnung aufliegenden Lösungskonzept des UNCTAD-Sekretariats wird den Konferenzen bzw. der Linienschiffahrt nur ein relativ geringer Spielraum für eigene Entscheidungen zugestanden. Dagegen gewinnen die Stellung der Verlader sowie der Einfluß der Staaten bzw. staatlicher Behörden wesentlich an Bedeutung. Beispielsweise ist vorgesehen, daß die Konferenzen grundsätzlich für Linien der jeweils betroffenen Länder geöffnet sind. Das Ladungsaufkommen soll nach der Formel 50 : 50 oder bei Beteiligung von Drittländern im Verhältnis 40 : 40 : 20 aufgeteilt werden. Die Strafen gegenüber Mitgliedslinien werden in der Höhe begrenzt. Über die Behandlung von Vorwürfen durch Außenseiter ist den betroffenen Staaten und internationalen Gremien Bericht zu erstatten. Alle Kartellabsprachen sind zu veröffentlichen. Die Vorstellungen der Industrieländer liefen praktisch in die entgegengesetzte Richtung, wurden aber, wie bereits angemerkt, bei der Abstimmung überstimmt[28].

2. Die Entwicklung eigener Handelsflotten

Die Bemühungen der Entwicklungsländer, eigene Handelsflotten auf- bzw. auszubauen, werden im wesentlichen folgendermaßen begründet. Die Stärkung der nationalen Flotte soll dazu dienen,

(1) die Zahlungsbilanzsituation zu verbessern,

(2) ein Gegengewicht gegen die von den Entwicklungsländern vorgeworfenen monopolistischen Praktiken der Konferenzen zu bilden,

(3) das „Trade follows Flag"-Argument zu realisieren,

(4) die wirtschaftliche Unabhängigkeit des betreffenden Landes zu sichern,

(5) den Schiffsverkehr mit den Nachbarländern zu verbessern[29].

Die Entwicklungsländer selbst geben bezüglich des Ausbaus nationaler Flotten an, daß das langsame Wachstum vornehmlich auf die zu geringen Finanzhilfen zurückgeführt werden muß. Im Vergleich zur

[28] Vgl. *Bremer Ausschuß für Wirtschaftsforschung* (Hrsg.): Auswertung der Dokumentation . . ., S. 551.

[29] *Stuchtey*, Rolf: Die Beurteilung . . ., S. 60 f.

Größenordnung der Welthandelsflotte nehmen sich die Flotten sowie die Anstrengungen der Entwicklungsländer, ihre Flotten auszubauen, insgesamt gesehen recht bescheiden aus, sieht man einmal von den „Billigen Flaggen" ab.

Am 1. Mai 1974 verfügten die Entwicklungsländer über eine Handelsflotte von 20,2 Mill. BRT (nur Handelsschiffe mit 300 BRT und darüber)[30]. Das waren 7,1 % der Welthandelsflotte. Der Anteil der Industriestaaten nimmt zwar ständig ab — von 77,1 % im Jahre 1960 auf 67,8 % im Mai 1974 —, er liegt in Wirklichkeit jedoch beträchtlich höher, da der überwiegende Teil der unter billigen Flaggen fahrenden Flotte (23,2 %) Eignern aus den westlichen Industriestaaten zuzurechnen ist. Die übrigen 6,9 % entfallen auf die Ostblockländer. Obwohl der Anteil der Entwicklungsländer im Zeitablauf leicht gestiegen ist, ist er bezogen auf die Zahl der Länder und ihre Bevölkerung, insbesondere aber zu ihrer Bedeutung am mengenmäßigen Weltexport und -import ausgesprochen gering. Zu beachten ist ferner, daß sich der größte Teil der Flotte der Entwicklungsländer auf einige Staaten konzentriert. Von den 67 untersuchten Entwicklungsländern (ohne „Billige Flaggen") hielten am 15. 5. 1974 die führenden 15 Länder einen Anteil von knapp 83 %, davon Indien mit 3,1 Mill. BRT rund 12,4 %, Brasilien mit 2,2 Mill. BRT rund 10,7 %.

Die Industrieländer führen die Auftragsbestände bei sämtlichen Schiffstypen an[31]. Von der Gesamttonnage in Höhe von 273 Mill. tdw (nur Schiffe mit 1000 tdw und darüber) haben sie 53,6 % bestellt, die „Billigen Flaggen" 29,9 %, die Länder des Ostblocks nur 3,8 % und die Entwicklungsländer immerhin 7,9 %. Bei den Dry Cargo-Schiffen halten die Entwicklungsländer einen Anteil von 18,8 %, bei Containerschiffen von 11,3 % ,bei Tankern über 150 000 tdw fällt der Anteil auf 4,1 % ab; an kleineren Tankern haben die Entwicklungsländer immerhin 13 %, an Bulkcarriern 10 % und an OBO-Carriern sogar 19,8 % in Auftrag gegeben.

Um die Auftragstätigkeit bei einzelnen Schiffstypen besser interpretieren zu können, empfiehlt sich eine Aufgliederung in Erdöl produzierende bzw. nicht Erdöl produzierende Entwicklungsländer. Von den Erdölproduzenten wurden an Tankern $\geq$ 150 000 tdw 3,96 Mill. tdw bestellt, das sind rund 60 % der insgesamt von Entwicklungsländern in dieser Größenordnung in Auftrag gegebenen Tonnage. Die übrigen Aufträge verteilen sich auf Indien (20,4 %), Brasilien (12,6 %), der Rest auf Singapore und Taiwan. Bei den Tankern unter 150 000 tdw beträgt der

[30] Nach der Statistik der Schiffahrt, hrsg. vom Institut für Seeverkehrswirtschaft, Bremen, 18. Jg. (1974), Heft 6, S. 3.

[31] Zusammengestellt nach Fairplay. World Ships on Order, London, 23. 5. 1974.

Anteil der von Erdölproduzenten in Auftrag gegebenen Tonnage dagegen nur 21,1 % (1,7 Mill. tdw). Auf Rechnung Singapores ist hier der überwiegende Teil mit 46 % (3,72 Mill. tdw) bestellt worden. Die nächstgrößeren Aufträge liegen für indische Rechnung (12,5 %), für nationalchinesische Rechnung (6,2 %) und für brasilianische Rechnung vor.

Bereits an anderer Stelle haben wir auf die Bedeutung der Seefrachten auf die Zahlungsbilanzen der Entwicklungsländer hingewiesen. Zusammenfassend wollen wir festhalten, daß durch den Aufbau nationaler Flotten diese Länder prinzipiell in der Lage wären, durch Importsubstitution von Verkehrsleistungen, gegebenenfalls sogar durch die Übernahme von Exporten die Zahlungsbilanzen zu entlasten[32].

Stellt man aber die Frage nach dem Umfang dieser Entlastung, muß man den zusätzlichen Deviseneinnahmen die gleichzeitig auftretenden Devisenausgaben gegenüberstellen. Durch die Vergrößerung der Flotte erhöhen sich zwangsläufig die Gebühren in ausländischen Häfen. Weitere Belastungen der Devisenbilanz entstehen durch das Chartern von ausländischen Schiffen, durch den Ankauf von Schiffen sowie Schiffsversicherungen, die zumeist im Ausland durchgeführt werden.

Darüber hinaus werden nach Maßgabe der Transportanteilsausweitung eigener Schiffe die Deviseneinnahmen aus der Benutzung der inländischen Häfen durch ausländische Schiffe zurückgehen.

Allgemein muß zwar die Beteiligung der Entwicklungsländer am Weltseeverkehr befürwortet werden, es bleiben aber einige Fragen, über die sich jedes Entwicklungsland Klarheit verschaffen sollte. Es handelt sich darum, ob die Schiffahrt im Rahmen jeweiliger nationaler Zielsysteme für eine Erweiterung der wirtschaftlichen Aktivitäten geeignet ist; ob die möglichen, volkswirtschaftlichen Erträge der Schiffahrt zutreffend eingeschätzt werden; ob die zur Förderung der Schiffahrt angewendeten Maßnahmen zweckmäßig erscheinen[33].

Besonders ist bei der Entscheidung, eine eigene Flotte auf- bzw. auszubauen, zu prüfen, ob die Schiffahrt für ein bestimmtes Entwicklungsland als Instrument der Importsubstitution oder Exportdiversifizierung ökonomisch vertretbar ist, dies vor allem im Hinblick auf die angesprochene Kapitalintensität. Zusätzlich muß die Möglichkeit protektionistischer Maßnahmen in anderen Ländern berücksichtigt werden. Schließlich sollten nicht die Entwicklungstendenzen der Weltschiffahrt insgesamt mit Schiffahrts- und Schiffbaukonjunkturen außer Acht gelassen werden.

---

[32] *Henning*, Franz: Intra-kontinentaler Verkehr in Lateinamerika, Hamburg 1965, S. 66.

[33] *Böhme*, Hans: Die Schiffahrtspolitik der Entwicklungsländer; in: Die Weltwirtschaft 1971, S. 192.

TEIL V

Entwicklungspolitik

Die Spaltung der Dritten Welt
Zukunftsaussichten der Entwicklungsländer

Von Jürgen Melcher

I.

Die Probleme der Entwicklungsländer sind seit dem 2. Weltkrieg immer mehr in das Bewußtsein der industrialisierten Nationen gedrungen und nehmen heute einen hervorragenden Platz in der Diskussion um die Zukunft und den Fortbestand unserer Welt ein.

Der unbedingte Fortschrittsglaube der westlichen Welt und die ideologische Auseinandersetzung um die erfolgreichste Wirtschaftsordnung brachten die Vorstellung einer dreigeteilten Welt hervor: Die westlichen Industrienationen, der sozialistische Machtblock und die sogenannten unterentwickelten Länder — die Dritte Welt.

Maßstab für die Standortbestimmung einer Nation ist der Reichtum der westlichen Welt und vor allem der Vereinigten Staaten. So ergab sich folgerichtig, daß nach allgemeiner Übereinkunft das Bruttosozialprodukt eines Landes bezogen auf die Bevölkerung Ziel- und Beurteilungskriterium der wirtschaftlichen Anstrengungen der Entwicklungsländer war. Im Hinblick auf diese Größe wurden Entwicklungsstrategien diskutiert und Hilfsmaßnahmen in Gang gesetzt. Hierbei ist die partielle Untauglichkeit des Wohlfahrtsindikators „Bruttosozialprodukt" zur Lösung der anstehenden Probleme der Entwicklungsländer zu befürchten. So ist ein inländischer Strukturwandlungsprozeß in Richtung auf eine ausreichende Ernährung der Bevölkerung ohne eine sichtbare Zunahme des Bruttosozialproduktes in vielen Fällen eine bessere Zukunftssicherung im Sinne der Lebensqualität[1] als ein Industrialisierungsbemühen zur Erhöhung des angesprochenen Globalindikators.

Sicherlich fehlte es nicht an Anstrengungen und Vorschlägen, eine differenziertere Betrachtung der unterschiedlichen wirtschaftlichen Situation der Entwicklungsländer über das Bruttosozialproduktkonzept

---

[1] Vgl. *Scaperlanda*, A. E.: Die Exportnotwendigkeiten der Entwicklungsländer und die erforderlichen Anpassungsmaßnahmen in den Industrienationen; in: Probleme der weltwirtschaftlichen Arbeitsteilung, Schriften des Vereins für Socialpolitik, N. F. Bd. 78, Berlin 1974, S. 137.

hinaus durchzusetzen[2], aber es bedurfte einer solch einschneidenden weltwirtschaftlich relevanten Entwicklung wie der Erdölkrise, bis die Spaltung der Dritten Welt für alle offensichtlich wurde.

II.

Unterstellen wir für diese Untersuchung den traditionellen Entwicklungsbegriff und akzeptieren die „Industrialisierung“ als das überragende ökonomische Ziel der Entwicklungsländer, so wird die Zukunft der Dritten Welt ohne Zweifel von ihren Exportaussichten und ihrer Stellung im Welthandel abhängen. Ausdruck für die Entwicklungschancen und die Entwicklungsfortschritte in diesen Ländern ist die „Importkapazität“, unter der das für den Import verfügbare Gesamtaufkommen an Devisen zu verstehen ist und die in hohem Maße von den Warenexporten abhängt.

Wenden wir uns also zunächst der Stellung der Entwicklungsländer im Welthandel zu. Von 1971 - 1973 weisen die Exporte der Entwicklungsländer eine Steigerungsrate von 70,4 % auf. Im gleichen Zeitraum betrug die Weltexportsteigerung 62,6 % und die Steigerung der Industrieländerexporte 60,5 %.

Die gesamten Exporte zwischen Industrie- und Entwicklungsländern erfuhren von 1971 - 1973 eine Steigerung von 63,3 %. Die Entwicklungsländer liegen auch hier mit 72,6 % deutlich über den Industrieländern mit einer Steigerungsrate von 55,1 %. Somit konnte sich der Anteil der Exporte aus den Entwicklungsländern am Weltexport von 1971 - 1973 um rund 1 % erhöhen, nachdem er in den Jahren davor ständig abnahm bzw. stagnierte. Allerdings liegt der Anteil der Entwicklungsländer am Welthandel insgesamt lediglich bei rund 18 %.

Diese relativ schlechte Stellung im Welthandel ist vor allem darauf zurückzuführen, daß die Länder der Dritten Welt untereinander den Handel nicht in ausreichendem Maße steigern können. So lag im Zeitraum 1971 - 1973 die Exportausweitung der Entwicklungsländer mit den Industrieländern um 10 % über der Zuwachsrate des Handels untereinander.

Bei der Betrachtung der Exportbeziehungen zwischen den Entwicklungs- und Industrieländern zeigt sich (Tabelle 1 a, 1 b), daß die Zentralverwaltungswirtschaften einen äußerst geringen Anteil an den Exporten der Entwicklungsländer haben, der zudem in seiner Bedeutung immer

---

[2] Vgl. u. a. *Salin*, E.: Unterentwickelte Länder; Begriff und Wirklichkeit; in: Entwicklungsländer; in: NWB, Bd. 24, hrsg. von B. *Fritsch*, Köln 1968, S. 21 ff.; *Lorenz*, D.: Zur Typologie der Entwicklungsländer; in: Entwicklungsländer, hrsg. von B. *Fritsch*, Köln 1968, S. 38 ff.

weiter absinkt. Haupthandelspartner mit rund 50 % ist Europa, gefolgt von den USA mit rund 23 % und Japan, das in den letzten Jahren verstärkt aus der Dritten Welt importierte. Hauptexporteure sind die asiatischen Entwicklungsländer, die ihre Stellung in den letzten Jahren stark ausbauen konnten. Der Grund hierfür liegt vor allem in den zunehmenden Edölexporten des mittleren Ostens.

Dieser Tatbestand erklärt auch die positive Entwicklung des Anteils der Entwicklungsländer am Weltexport in den letzten Jahren. Bereits 1971 betrugen die Exporte des mittleren Ostens im Bereich der Brennstoffe (SITC[3]-Klasse 3) in die Industrieländer rund 90 % seiner gesamten Exporte, rund 47 % der Exporte aller asiatischen Entwicklungsländer und rund 23 % aller Entwicklungsländerexporte[4]. Die überproportionale Zunahme der Exporte des mittleren Ostens von 1971 auf 1973 um rund 79 % (vgl. Tabelle 1 a) überdeckt die unterproportionale Entwicklung in anderen Warengruppen und läßt insgesamt das eingangs geschilderte positive Bild entstehen, das sich auch darin zeigt, daß der gesamte Exportsaldo der Entwicklungsländer für 1973 nur in geringem Maße negativ ist.

Bei den übrigen Primärprodukten (vgl. Tabelle 2) übersteigt der Exportwert der Entwicklungsländer den der Industrieländer um mehr als das Doppelte; in diesen Warengruppen besitzen die amerikanischen Entwicklungsländer den größten Exportanteil. Hauptabnehmer ist wiederum Europa, gefolgt von den USA und Japan[5]. Ein Blick auf die Stellung innerhalb der Weltexporte (Tabelle 2) zeigt jedoch, daß auf die genannten Entwicklungsländerexporte lediglich ein Teil von rund 24 % entfällt.

In den Warengruppen der sogenannten „produzierten" Güter (SITC-Klassen 5, 6, 7, 8) offenbart sich die schwache Handelsposition der Entwicklungsländer besonders deutlich. Vom gesamten Handel zwischen Industrie- und Entwicklungsländern (Tabelle 3) entfällt nur ein Anteil von 20,9 % auf die Exporte der Dritten Welt in die Industrieländer. Der Anteil am Weltexport dagegen beträgt nur noch 4,8 %.

Hauptexporteure sind wiederum die asiatischen Entwicklungsländer mit über 50 %, gefolgt von Amerika und Afrika. Bedeutendster Handelspartner in der Dritten Welt bleibt wie in allen Warengruppen Europa[6].

---

[3] *SITC* = Standard International Trade Classification.

[4] Eigene Berechnungen und *UN*. Monthly Bulletin of Statistics, Juli 1973, S. XXII ff.

[5] Ebenda.

[6] Ebenda.

Tabelle 1 a

Exportstruktur ausgewählter Regionen 1971 - 1973
(in Millionen Dollar f. o. b.)

Exporte nach / Exporte von		Industrieländer: Marktwirtschaften: Europa	USA	Japan	Übrige	Gesamt	Zentralverwaltungswirtsch.	Gesamt
Entwicklungsländer insgesamt	1971	23 860	10 580	6 205	2 075	42 720	3 420	46 140
	73	29 020	13 590	8 190	2 480	53 280	3 045	56 325
	72	39 530	18 470	13 660	3 410	75 070	4 555	79 625
davon: Afrika	1971	8 320	1 070	485	195	10 070	1 000	11 070
	72	9 410	1 380	570	270	11 630	1 170	12 800
	73	12 160	2 350	920	340	15 770	1 760	17 530
davon: Amerika	1971	5 270	5 890	940	750	12 850	1 120	13 970
	72	6 080	6 610	1 030	770	14 490	590	15 080
	73	8 020	8 210	1 320	920	18 470	1 000	19 470
davon: Asien	1971	10 270	3 620	4 780	1 130	19 800	1 300	21 100
	72	13 530	5 600	6 590	1 440	27 160	1 285	28 445
	73	19 350	7 910	11 420	2 150	40 830	1 795	42 625
— Mittlerer Osten	1971	7 520	490	2 340	450	10 800	320	11 120
	72	9 610	580	3 150	460	13 800	345	14 145
	73	13 470	910	5 000	720	20 100	475	20 575
— Übriges Asien	1971	2 750	3 130	2 440	680	9 000	980	9 980
	72	3 920	5 020	3 440	980	13 360	940	14 300
	73	5 880	7 000	6 420	1 430	20 730	1 320	22 050

Quelle: UN. Monthly Bulletin of Statistics, Vol. XXVIII, Juni 1974, S. XIV ff. und eigene Berechnungen.

Tabelle 1 b

Exportstruktur ausgewählter Regionen 1971 - 1973
(in Millionen Dollar f. o. b.)

Exporte nach / Exporte von		Entwicklungsländer					
		Afrika	Amerika	Asien: Mittlerer Osten	Asien: Übriges Asien	Asien: Gesamt	Gesamt
Industrieländer insgesamt	1971	11 840	16 040	7 000	16 750	23 750	51 630
	72	13 060	18 310	8 680	17 700	26 380	57 750
	73	18 195	23 706	12 611	25 556	38 167	80 068
davon: Marktwirtschaften	1971	10 610	14 960	5 990	14 940	20 930	46 500
	72	11 730	17 190	7 650	16 210	23 860	52 780
	73	16 360	22 160	11 190	23 500	34 690	73 210
— Europa	1971	7 220	6 210	3 620	4 060	7 680	21 110
	72	8 390	7 150	4 710	4 260	8 970	24 510
	73	11 590	8 590	6 990	6 010	13 000	33 180
— USA	1971	1 040	6 420	1 360	4 020	5 380	12 840
	72	930	7 200	1 660	4 330	5 990	14 120
	73	1 510	9 830	2 210	6 580	8 790	20 130
— Japan	1971	1 620	1 490	700	5 770	6 470	9 580
	72	1 680	1 860	1 030	6 310	7 340	10 880
	73	2 500	2 670	1 610	8 950	10 560	15 730
— Übrige	1971	730	840	310	1 090	1 400	2 970
	72	730	980	250	1 310	1 560	3 270
	73	760	1 070	380	1 960	2 340	4 170
davon: Zentralverwaltungswirtschaften	1971	1 230	1 080	1 010	1 810	2 820	5 130
	72	1 330	1 120	1 030	1 490	2 520	4 970
	73	1 835	1 546	1 421	2 056	3 477	6 858

Quelle: UN, Monthly Bulletin of Statistics, Vol. XXVIII, Juni 1974, S. XIV ff., und eigene Berechnungen.

Tabelle 2

Exportstruktur von Primärgütern in ausgewählten Regionen 1971, 1972
(in Millionen Dollar f. o. b.)

Exporte von \ Exporte nach		SITC — 0, 1, 2, 4		
		IL[a)]	EL	Insg.
Afrikanische EL	1971	4 750	640	5 390
	1972	5 200	740	5 940
Amerikanische EL	1971	8 360	1 025	9 385
	1972	9 890	1 250	11 140
Asiatische EL	1971	5 740	2 135	7 875
	1972	6 795	2 685	9 480
— Mittlerer Osten	1971	950	305	1 255
	1972	1 180	415	1 595
— übriges Asien	1971	4 790	1 830	6 620
	1972	5 615	2 270	7 885
Entwicklungsländer insgesamt	1971	18 850	3 800	22 650
	1972	21 885	4 675	26 560
Industrieländer[a)]	1971	46 750	8 415	55 165
	1972	56 480	9 125	65 605

a) Marktwirtschaften und Zentralverwaltungswirtschaften.

Quelle: UN. Monthly Bulletin of Statistics, Juli 1973, S. XXII ff. und Sept. 1974, S. XVIII ff., sowie eigene Berechnungen.

Tabelle 3

Exportstruktur von produzierten Gütern in ausgewählten Regionen 1971, 1972

(in Millionen Dollar f. o. b.)

Exporte von \ Exporte nach		SITC — 5, 6, 8			SITC — 7		
		IL a)	EL	Insg.	IL a)	EL	Insg.
Afrikanische EL	1971	1 777	337	2 114	38	36	74
	1972	1 872	350	2 222	30	54	84
Amerikanische EL	1971	1 740	725	2 465	221	220	441
	1972	2 112	855	2 967	310	305	615
Asiatische EL	1971	5 292	1 927	7 219	733	525	1 258
	1972	6 751	2 355	9 106	1 303	696	1 999
— Mittlerer Osten	1971	199	217	416	31	55	86
	1972	291	290	581	72	76	148
— übriges Asien	1971	5 093	1 710	6 803	702	470	1 172
	1972	6 460	2 065	8 525	1 231	620	1 851
Entwicklungsländer insgesamt	1971	8 809	2 989	11 798	992	781	1 773
	1972	10 735	3 560	14 295	1 643	1 055	2 698
Industrieländer a)	1971	90 695	19 345	110 040	79 670	21 610	101 280
	1972	99 090	21 420	120 510	96 050	25 390	121 440

a) Marktwirtschaften und Zentralverwaltungswirtschaften.

Quelle: UN. Monthly Bulletin of Statistics, Juli 1973, S. XXII ff. und Sept. 1974, S. XVIII ff., sowie eigene Berechnungen.

Noch offensichtlicher wird die schwache Position der Dritten Welt im Welthandel, wenn man aus der Gruppe der produzierten Güter die Investitionsgüter (SITC-Klasse 7) herausnimmt. In dieser Gruppe beträgt der Anteil der Entwicklungsländerexporte im Handel zwischen Entwicklungs- und Industrieländern 6,1 %, der Anteil am Weltexport nur noch 1,3 % (Tabelle 3).

Dieser kurze Überblick zeigt in aller Deutlichkeit die unerschütterlich starke Handelsposition der Entwicklungsländer im Bereich der Energieexporte, die sich ansonsten im wesentlichen auf Exporte von Primärgütern stützt. Bezieht man jedoch in die Überlegungen die Tatsache mit ein, daß die Weltexportreserven der agrarischen Primärgüter im wesentlichen in den Industrieländern liegen und von den mineralischen Rohstoffen nur einige wenige Entwicklungsländer profitieren, so ergibt sich selbst in der relativ starken Exportgruppe der Primärgüter für die meisten Entwicklungsländer eine schlechte Position.

Die geringen Exportanteile der Entwicklungsländer bei den produzierten Gütern, denen außerdem noch wertmäßig ein rund 4mal so großer Import gegenüber steht (Tabelle 3), zeigen das vergebliche Bemühen der Dritten Welt auf, die Industrialisierung durch Handel rasch voranzutreiben.

Die beinahe hundertprozentige Abhängigkeit von Investitionsgüterimporten läßt die Hoffnung auf eine in absehbarer Zeit spürbare Verbesserung gänzlich illusorisch erscheinen.

Betrachten wir den Außenhandel zwischen Entwicklungsländern, so zeigt sich, daß der Außenhandel bei Primärprodukten um ein Vielfaches größer ist als bei den produzierten Gütern (Tabelle 2 und 3). Zieht man die Tabelle 4 in die Betrachtung mit ein, so zeigt sich, daß der Anteil der Exporte zwischen Entwicklungsländern nur 20,4 % ihrer gesamten Exporte ausmacht und an den Weltexporten nur noch mit 3,5 % beteiligt ist. Allerdings ist positiv zu vermerken, daß von dem relativ geringen Außenhandel mit produzierten Gütern immerhin in den SITC-Klassen 5, 6, 8 25 % und den Investitionsgütern 39,1 % innerhalb der Entwicklungsländer abgewickelt wird.

Die stärkste Position im Handel zwischen den Entwicklungsländern in allen Warengruppen haben die asiatischen Entwicklungsländer, die schwächste die afrikanischen.

Zusammenfassend läßt sich feststellen, daß die Entwicklungsländer im Außenhandel mit produzierten Gütern gemessen am Weltexport unbedeutend sind. Offensichtlich haben sie sich trotz der großen Industrialisierungsbemühungen nicht aus der Rolle der „Rohstofflieferanten" befreien können. Aus der Vielzahl von Gründen, die für diese Entwicklung verantwortlich sind, scheinen der große technologische Vorsprung der Industrieländer und die mangelnde Kapitalausstattung der Dritten Welt im Vordergrund zu stehen.

Bereits dieser kurze Überblick läßt die bestehenden Unterschiede zwischen den Entwicklungsländern erkennen. Wie eingangs bereits festgestellt wurde, hat die weltweite Energiekrise die unter ökonomischen Gesichtspunkten ohnehin seit langem nicht mehr bestehende Einheit der Dritten Welt in geradezu brutaler Weise klar gemacht. Wir müssen uns damit abfinden, daß in der Zukunft — um bei der Zahlenklassifizierung zu bleiben — neben einer „dritten" eine „vierte" und „fünfte" Welt besteht; d. h. neben den erdölexportierenden Staaten die übrigen rohstoffreichen Länder und schließlich die ärmsten, die selbst der üblichen Entwicklungsländerrolle „Rohstofflieferant" nicht gerecht werden.

Unter dem Gesichtspunkt des für alle Entwicklungsländer geltenden Industrialisierungszieles müssen wir außerdem in jeder Gruppe noch

Tabelle 4: **Der Außenhandel zwischen den Entwicklungsländern 1972**
(in Prozent)

	SITC — 0 - 9		SITC — 0, 1, 2, 4		SITC — 3		SITC — 5, 6, 8		SITC — 7	
	Anteil am Gesamtexport der EL	Anteil am Weltexport	Anteil am Gesamtexport der EL	Anteil am Weltexport	Anteil am Gesamtexport der EL	Anteil am Weltexport	Anteil am Gesamtexport der EL	Anteil am Weltexport	Anteil am Gesamtexport der EL	Anteil am Weltexport
Afrika	2,5	0,4	2,8	0,8	2,3	1,5	2,4	0,3	2,0	0,04
Amerika	5,4	0,9	4,7	1,4	5,2	3,5	6,0	0,6	11,3	0,25
Asien	12,4	2,2	10,1	2,9	11,2	7,4	16,5	1,7	25,8	0,56
Entwicklungsländer insgesamt	20,4	3,5	17,6	5,1	18,7	12,4	24,9	2,6	39,1	0,8

Quelle: Eigene Berechnungen aufgrund des *UN.* Monthly Bulletin of Statistics Vol. XXVIII, No. 9, Sept. 1974, S. XVIII ff.

die Länder nach ihrem Industrialisierungsgrad unterscheiden, so daß wir für unsere Untersuchung der Zukunftsaussichten der Dritten Welt neben den erdölexportierenden Staaten — deren Probleme an anderer Stelle dieses Sammelbandes dargestellt werden[7] — vier Problemgruppen behandeln wollen:

(1) Exportaussichten im Bereich der Nahrungs- und Genußmittel;

(2) Exportaussichten im Bereich der agrarischen Rohstoffe und Bergbauprodukte;

(3) Exportaussichten im Bereich der produzierten Güter;

(4) die Beeinträchtigung des Industrialisierungszieles durch die direkten Wirkungen der Energiekrise.

Auf eine Zuordnung bestimmter Entwicklungsländer hinsichtlich der Problemgruppen soll an dieser Stelle verzichtet werden, um den Allgemeinheitsgrad der Ausführungen zu erhalten.

III.

Die Zukunftsaussichten des Außenhandels der Entwicklungsländer werden in starkem Maße von der Nachfrageentwicklung und damit der Entwicklung des weltwirtschaftlichen Wachstums abhängen. Obwohl wir bisher nicht in der Lage sind, den Einfluß der Energiekrise auf das Wachstum der Weltwirtschaft genauer abzuschätzen, besteht kein Zweifel darüber, daß wir uns in einer Phase einer verlangsamten Expansion des Welthandels befinden. Zwar waren die Umsätze im Welthandel im ersten Halbjahr 1974 um fast 50 % höher als im Vorjahr; dem Volumen nach betrug die Zuwachsrate allerdings nur noch ca. 7 % nach 14 % im Jahre 1973[8].

Diese Verlangsamung des Wachstums verbunden mit einer geringeren Zuwachsrate des Sozialprodukts aller Länder, außer dem der Erdölexporteure, führt zunächst zu einem Rückgang der Einkommen und damit wegen der unterschiedlichen Einkommenselastizitäten zu einem verschieden starken Rückgang der Nachfrage nach einzelnen Warengruppen. Zum anderen bedeutet ein verlangsamtes Wirtschaftswachstum eine Verringerung der unternehmerischen Gewinnerwartungen sowie eine Reduzierung des Konsums. Damit ergibt sich über eine Veränderung der Investitionsquote ein Rückgang in der Nachfrage nach Rohstoffen und Investitionsgütern.

---

[7] Vgl. *Tietzel*, M.: Das Kartell der erdölproduzierenden Staaten (OPEC) — Verhalten, Stabilität und Zukunftsaussichten.

[8] Vgl. *HWWA* — Institut für Wirtschaftsforschung, Konjunktur von Morgen, Nr. 420, Sept. 1974.

Auf diesem Hintergrund läßt sich feststellen, daß wegen der geringen Einkommenselastizitäten im Bereich der Nahrungs- und Genußmittel (SITC-Klasse 0 und 1) — unter der Voraussetzung konstanter Importquoten — die Entwicklungsländer kaum negativ betroffen werden. Die Bedeutung dieser Warengruppen zeigt sich darin, daß Entwicklungsländer 1972 in die Industriestaaten für 6,23 Mrd. DM mehr exportieren konnten als die Industriestaaten in die umgekehrte Richtung.

Allerdings ist die Annahme gleichbleibender Importquoten recht unrealistisch, da die Industrieländer sehr schnell unter dem Eindruck abnehmender Inlandsnachfrage zu protektionistischen Maßnahmen gegriffen haben (z. B. Fleischimporte aus Uruguay).

Dazu tritt erschwerend, daß der durch die Energiekrise erheblich gestiegene Devisenbedarf der Industrieländer die ohnehin seit dem 2. Weltkrieg vorhandene Tendenz zur Selbstversorgung mit landwirtschaftlichen Produkten stärken wird, um Devisen für die mittelfristig nicht ersetzbaren Erdölimporte freizusetzen. Eine solche Politik verändert verhältnismäßig schnell den Importgehalt der Nachfrage nach Nahrungs- und Genußmitteln und trifft die Entwicklungsländer in einem ihrer wichtigsten Exportbereiche.

Aber auch die Agrarpolitik der Entwicklungsländer selbst führt zu einer Veränderung des Importgehalts der Nachfrage nach landwirtschaftlichen Produkten. Ohnehin steht die Förderung der Landwirtschaft auf dem Programm fast aller Entwicklungsländer, um die steigende Inlandsnachfrage zu decken, die bisher notwendigen Importe durch inländische Erzeugnisse zu stubstituieren und schließlich um aus den wachsenden Exporten Devisen einnehmen zu können. Die Belastung der Devisenbestände durch eine nicht substituierbare Erdöleinfuhr wird trotz der Verschlechterung der Exportchancen in die Industrieländer die Entwicklungsländer in ihrem Bestreben bestärken, alle jenen Waren, die sie überhaupt herstellen können, verstärkt im Inland zu produzieren und ihren Selbstversorgungsgrad dadurch zu erhöhen. Dies schwächt naturgemäß den Außenhandel mit diesen Produkten und schadet damit in erster Linie wieder den Entwicklungsländern. Statt der erhofften Erhöhung der Exporterlöse tritt ein weiterer Rückgang bzw. eine Stagnation des Handels ein.

Allein die aufgezeigten Tendenzen können jedoch die abnehmende Wettbewerbsfähigkeit der Entwicklungsländer im Handel mit Nahrungs- und Genußmitteln nicht erklären. Hinzu tritt die erheblich geringere Arbeitsproduktivität der Landwirtschaft in den Ländern der Dritten Welt gegenüber den Industrieländern. Wir wollen diesen Aspekt hier nicht weiter verfolgen, sondern uns auf das eng mit der Erdölkrise verbundene Problem der Kunstdüngung beschränken.

Die oben begründeten Förderungsmaßnahmen der Landwirtschaft in den Entwicklungsländern wäre ohne eine verstärkte Düngemittelbeigabe nicht möglich gewesen. Unter dem Schlagwort „Grüne Revolution“ begannen nach dem Kriege weltweite Bemühungen, durch Veränderung des Saatguts und gezielte Düngung die Hektarerträge tropischer Böden entscheidend zu erhöhen. Nach einer Zeit euphorischer Zukunftshoffnungen sieht man die Entwicklung heute realistischer, zumal sich gezeigt hat, daß nur bei drei Produkten (Weizen, Reis und Mais) und in einigen Regionen Amerikas, Afrikas und Asiens ein durchschlagender Erfolg eintrat. Dennoch ist die Erhöhung der Produktionsziffer der genannten Nahrungsmittel erstaunlich, aber nun um so mehr substantiell vom Düngemitteleinsatz abhängig.

Die Erhöhung der Erdölpreise schlägt sich zunächst direkt in einer erheblichen Verteuerung der aus Erdöl gewonnenen Düngemittel nieder; zum anderen wird sich eine bedrohliche Verknappung einstellen, da die Düngemittelproduzenten in den Industrieländern das Rohöl in andere nationalwirtschaftlich wichtigere Verwendungen lenken werden, was den Preisauftrieb aller Künstdünger verstärken wird. Diese Entwicklung wiederum setzt Marokko mit den reichsten Phosphatlagern in die Lage, seine Monopolstellung auf dem Weltmarkt für Phosphatdüngemittel weiter zu verstärken. Führen diese Preissteigerungen zu einer Verringerung des Kunstdüngereinsatzes in den Entwicklungsländern, so wird sich die Wettbewerbsstellung der Dritten Welt weiter verschlechtern, zumal die Hektarerträge bei gleichem Düngemitteleinsatz in den Industrieländern durchweg höher sind als in den Entwicklungsländern.

Bedeutet schon die Aufrechterhaltung des status quo im Agrarsektor der Entwicklungsländer im Zeichen der Erdölkrise einen enormen zusätzlichen Devisenaufwand, so ist völlig zweifelhaft, wie diese in Anbetracht des auf uns zukommenden Weltbevölkerungsproblems unbedingt notwendigen erheblichen Finanzmittel für die Fortführung der zum Stillstand gekommenen „Grünen Revolution“ aufgebracht werden sollen.

IV.

Auch im Bereich der agrarischen Rohstoffe und Bergbauprodukte (SITC-Klassen 2 und 4) ergibt sich das Bild eines abnehmenden Anteils am Weltexport, wenn auch die Entwicklungsländer im Handel mit den Industriestaaten 1972 für rund 7,0 Mrd. Dollar mehr exportieren konnten als jene in umgekehrter Richtung.

Da fast alle Rohstoffe Input-Produkte sind, hängt die Nachfrageentwicklung bei der konstatierten Verlangsamung der Expansion der Weltwirtschaft von den Einkommenselastizitäten der Nachfrage der jeweiligen Endprodukte ab. Diese sind vor allem bei langlebigen Konsumgütern und Investitionsgütern relativ hoch. Ein Rückgang der Produktion von Endprodukten trifft also die Rohstoffexporteure der Dritten Welt von vornherein ungleich stärker als die Nahrungsmittelexporteure. Hierfür spricht auch der zu beobachtende aktuelle Preisverfall auf den Rohstoffmärkten in den letzten Monaten[9].

Unabhängig davon müssen jedoch im Zuge der wirtschaftlichen Weiterentwicklung die rationellere Verarbeitung von Rohstoffen und bei vielen Endprodukten Substitutionsmöglichkeiten beim Rohstoffinput berücksichtigt werden. Beide Prozesse gewinnen für die Produzenten bei steigenden Energiekosten besondere Bedeutung und verschlechtern damit tendenziell die Wettbewerbssituation der Anbieter.

V.

Die Außenhandelssituation der Entwicklungsländer im Bereich der produzierten Güter (SITC-Klassen 5 - 8) ist bisher von einer positiven Entwicklung gekennzeichnet, beschränkt sich jedoch zum größten Teil auf Metalle und Textilerzeugnisse. Im Bereich der Investitionsgüter (SITC-Klasse 7) sind die Entwicklungsländer beinahe ausschließlich auf Importe angewiesen.

Wegen der nur geringfügig höheren Einkommenselastizitäten der Nachfrage nach kurzlebigen Konsumgütern in Bezug auf die Nahrungs- und Genußmittel und der relativ größten Einkommenselastizität der Nachfrage nach langlebigen Konsumgütern sind die direkten Auswirkungen in der Gruppe der produzierten Güter für die Entwicklungsländer durch die Energiekrise zunächst gering, da sie am Handel mit den zuletzt genannten Gütern ohnehin kaum teilhaben. Getroffen werden in diesem Bereich vor allem die Industrieländer.

Allerdings sehen sich die Entwicklungsländer in ihrer Nachfrage nach Investitionsgütern durch Folgewirkungen der Energiekrise (nämlich steigender Devisenbedarf für Energieimporte und abnehmende Deviseneinkommen wegen der Verschlechterung im Bereich der oben geschilderten Warengruppen Nahrungs- und Genußmittel sowie Rohstoffe) stark beschnitten. Diese Entwicklung kann nicht ohne Einfluß auf ihr eigenes Wirtschaftswachstum bleiben, und das Industrialisierungsziel wird unter Umständen in Frage gestellt.

Aber auch im Bereich der kurzlebigen Konsumgüter ergeben sich weitreichende Veränderungen, soweit in der Strategie der Importsubstitution der Kern der Industrialisierungsbemühungen der Entwick-

[9] Ebenda.

lungsländer zu sehen ist. Sie wird vor allem im ersten Stadium der Industrialisierung in bezug auf die genannten Warengruppen zur Anwendung gelangen. Dieser Prozeß wird nun durch die Folgewirkungen der Energiekrise beschleunigt. Die freiwerdenden Devisen sollen vor allem zum Kauf von Kapitalgütern und zur Bezahlung der verteuerten Energieprodukte verwendet werden. Hierdurch verändert sich die Zusammensetzung der Einfuhren von Fertigprodukten, da der Anteil an kurzlebigen Konsumgütern durch die Importsubstition abnimmt. Gleichzeitig verringert sich weltweit der Importgehalt bezüglich dieser Erzeugnisse. Dies geht jedoch zu Lasten jener Entwicklungsländer, die das erste Stadium der Importsubstitution bereits erfolgreich durchlaufen haben und mit ihren im Inland erzeugten Massenbedarfsartikeln auf den Weltmarkt drängen (z. B. Indien, Brasilien, Süd-Korea). Diesen Ländern wird dadurch der Übergang zur zweiten Phase der Industrialisierung — Aufbau einer Kapitalgüterindustrie — erschwert, wenn nicht gar wegen der bereits genannten Entwicklungen unmöglich gemacht.

Die zukünftige Stellung der Entwicklungsländer auf dem Weltmarkt bei kurzlebigen Konsumgütern wird sich mit großer Sicherheit verschlechtern, und damit die insgesamt positive Entwicklung der letzten Jahre beendet sein. Den Industrieländern wird es aufgrund ihrer überlegenen Technologie, eines effizienteren Managements und einer größeren Flexibilität der Produktionsstruktur weit eher möglich sein, die gestiegenen Produktionskosten aufzufangen und damit ihre Wettbewerbsposition im Welthandel weiter auszubauen.

Auch die Entwicklung auf dem Exportmarkt für Kapitalgüter wird die Entwicklungsländer wegen der Monopolstellung der Industrieländer und der damit verbundenen Möglichkeit der Kostenüberwälzung in ihrem Industrialisierungsbestreben hart treffen.

Der zukünftige Devisenbedarf der Entwicklungsländer, die an einer Industrialisierung festhalten, wird aufgrund dieser Entwicklungen des Welthandels und der zukünftigen Wettbewerbssituation dieser Länder erheblich anwachsen. Eine Lösung dieses Problems ist nicht in Sicht.

Erfolgsaussichten können nur in einer völlig veränderten ökonomischen Weltstruktur erwachsen, in der die Industrialisierung der Entwicklungsländer auf Kosten des Wachstums der Industrieländer und unter starken Einkommensverlusten durchgeführt wird. Chancen für eine solche Politik lassen sich in der heutigen Lage nicht erkennen.

VI.

Zu der geschilderten Verschiedenartigkeit der Ausgangssituationen von Entwicklungsländern und den daraus resultierenden unterschiedlichen Zukunftsaussichten (aufgrund der indirekten weltweiten Wirkungen der Energiekrise) treten nun noch erschwerend die direkten Folgen der Erdölkrise durch die gewaltigen Preiserhöhungen hinzu.

Generell läßt sich für die Länder der Vierten und Fünften Welt sagen, daß sie aufgrund ihrer Energieaufkommensstruktur durch eine völlig unzureichende Energieversorgung gekennzeichnet sind. Die Gründe hierfür liegen zunächst in einer mangelhaften eigenen Energieerzeugung. So ergibt sich z. B. für die armen afrikanischen Entwicklungsländer für 1971 ein Eigenenergieanteil von nur 9,6 % gegenüber den Industrieländern von 65,3 %[10]. Dies ist vor allem auf die weit verbreitete Armut an klassischen Energiequellen zurückzuführen. Die vorhandenen Kohlelagerstätten sind gering und (soweit vorhanden) weitgehend minderwertig und deshalb im Industriebereich nur ineffizient einsetzbar. Zu der partiellen Armut an klassischen Energiequellen treten vor allen Dingen im Bereich der Wasserkrafterzeugung mangelhafte Erschließungsmaßnahmen. Ein weiterer Grund für die unzureichende Energieversorgung liegt im Standortproblem von Energieerzeugung und Energieverbrauch. Vornehmlich aus verkehrswirtschaftlichen Gründen finden sich die Industrieansiedlungen an der Küste, wodurch sich eine Trennung zwischen den eigenen im Landesinneren befindlichen Energievorräten und den Verbrauchszentren ergibt. Zusätzlich fehlende Infrastruktureinrichtungen und in tropischen Bereichen jahreszeitliche Unwegsamkeiten lassen schwer lösbare Transport- und Verkehrsprobleme entstehen, die zudem zu einer unverhältnismäßigen Verteuerung der Eigenenergie führen. Bei der Energiegewinnung aus Wasserkraft treten außerdem bei der Stromverteilung über weite Strecken große unwirtschaftliche „Netzverluste" auf.

Schließlich sind in diesem Zusammenhang noch die technischen Unzulänglichkeiten zu beachten. Fehlendes Know-How führte im Bereich der Energiegewinnung zu einer Überalterung und Rückständigkeit des technischen Standes und beim Energieverbrauch zu einem geringen Ausnutzungsgrad.

Aufgrund der Armut an klassischen Energiequellen stellten die Entwicklungsländer in der Vergangenheit (anders als die Industrieländer) ihre Energieversorgung vor allem auf das Mineralöl ab. Die weite Verbreitung des Mineralöls beruht ganz wesentlich auch auf seinen physikalischen Eigenschaften. Besonders für die Entwicklungsländer ist das Erdöl die bei weitem flexibelste Energiequelle. Nicht nur daß

---

[10] Vgl. *Melcher*, J.: Die Auswirkungen der Ölkrise auf die Länder der Vierten Welt. Zur energiewirtschaftlichen Situation der Entwicklungsländer; in: Glückauf, Zeitschrift für Technik und Wirtschaft des Bergbaus, Jg. 110 (1974), H. 24.

es verhältnismäßig leicht, in beliebigen Mengen und unter relativ geringen Kosten transportiert werden kann, es erfüllt auch beim heutigen Stand der Technik spezifische Anforderungen, die durch keine andere Energiequelle übertroffen werden. Somit kann es nicht erstaunen, daß bei den genannten afrikanischen Ländern der Anteil der Erdölprodukte am gesamten Energieverbrauch mittlerweile über 80 % beträgt, während er in Industrieländern bei ca. 50 % liegt[11]. Hierdurch wurden die Entwicklungsländer in bezug auf ihre ökonomische Entwicklungsfähigkeit in hohem Maße vom Erdölangebot abhängig.

Neben dieses Problem tritt noch erschwerend der Mangel an ausreichenden Raffineriekapazitäten, der den Import teurerer Mineralölprodukte erzwingt.

Neben der Energieaufkommensstruktur ist zur Beleuchtung der Energiesituation der Entwicklungsländer der Zusammenhang zwischen dem Energieverbrauch und der Wirtschaftsentwicklung von besonderem Interesse. Der Energieverbrauch ist entsprechend dem Grad der wirtschaftlichen Entwicklung und der Industrialisierung in den einzelnen Ländern unterschiedlich und im wesentlichen vom Volkseinkommen, den Wachstumsfaktoren einer Volkswirtschaft (wie Bevölkerungswachstum, technischer Fortschritt etc.) und der Bedeutung der einzelnen Wirtschaftssektoren abhängig[12]. So ist vor allem in Ländern, die sich in einem zügigen industriellen Aufbau befinden und sich durch ein relativ geringes Pro-Kopf-Einkommen und geringen Pro-Kopf-Energieverbrauch sowie hohe Wachstumsraten auszeichnen, eine hohe Energieverbrauchszunahme zu beobachten, die vor allem auf den forcierten Ausbau energieintensiver Industrien und des Transportwesens zurückzuführen ist. In den unterentwickelten Gebieten mit geringem Pro-Kopf-Einkommen und Energieverbrauch und geringen bis keinen Wachstumsraten ist bei beginnender Industrialisierung eine noch größere Energieverbrauchszunahme zu erwarten.

Auch ohne über hinreichend aussagefähige statistische Angaben zu verfügen, kann mit Sicherheit angenommen werden, daß in den Entwicklungsländern, die sich in einer beginnenden bzw. einer fortschreitenden Industrialisierung befinden, der Energieverbrauch als der „Schlüssel" der wirtschaftlichen Entwicklung im Industriesektor am höchsten ist. Der zweitgrößte Verbrauchssektor ist das Transport- und Verkehrswesen, das vor allem durch eine extreme Erdölorientierung und einen verhältnismäßig geringen Nutzungsgrad geprägt ist. In der

---

11 Ebenda.

12 Vgl. *Ghaussy*, A. G.: Die Rolle des Energiesektors in der Entwicklungspolitik; in: Die industrielle Entwicklung, Abt. A, Bd. 10, hrsg. von F. *Voigt*, Köln-Opladen 1960, S. 51 ff.

Landwirtschaft ist der Energieverbrauch gering, da hier oft noch die menschliche und tierische Arbeitskraft im Vordergrund stehen. Selbst dort, wo der Energieverbrauch absolut zunimmt, geht sein relativer Anteil gegenüber der Industrie und dem Verkehr zurück. Die Haushalte schließlich verbrauchen am Anfang des Industrialisierungsprozesses wenig.

In dieser Situation treffen die Entwicklungsländer die drastischen Preiserhöhungen der erdölproduzierenden Staaten um so schwerer, als weder Substitions- noch Sparmöglichkeiten als Ausweg offenstehen[13]. Der für die Entwicklungsländer immer wieder propagierte Ausweg „Kernenergie" ist wegen des relativ geringen Energieabnahmemarktes auch nicht gangbar.

So bleibt festzustellen, daß die Auswirkungen der Energiekrise die Entwicklungsländer im Kern ihres Industrialisierungsbemühens treffen. Ohne Hilfe von außen werden die Zukunftsaussichten der Entwicklungsländer, die ohnehin nicht positiv zu beurteilen sind, nur als katastrophal einzuschätzen sein.

VII.

Für alle hier angesprochenen Entwicklungsländergruppen mit ihren zum Teil erheblich verschiedenartigen Problemen wird es in Zukunft gleichermaßen darauf ankommen, die fehlenden Devisen für den Import lebenswichtiger Produkte bzw. für die Fortsetzung des Industrialisierungsprozesses aufzubringen. Denn nur „weil und soweit den Entwicklungsländern Auslandshilfe gewährt wird, können sie sich einen Überschuß der Einfuhren von Gütern und Dienstleistungen über die gleichzeitige Ausfuhr hinaus leisten"[14].

Das Volumen der Entwicklungshilfeleistungen der Industriestaaten, das 1973 die Höhe von 9,4 Mrd. Dollar erreicht hat, wird 1974 und im darauffolgenden Jahr sicher nicht steigen können, da diese Länder mit eigenen Zahlungsbilanzschwierigkeiten zu kämpfen haben. Erschwerend tritt noch eine bereits zu beobachtende Veränderung der Vergabekriterien hinzu: Nicht mehr der Aspekt einer möglichst effektiven Wirksamkeit der Entwicklungshilfeleistungen für die weniger entwickelten Länder steht schwergewichtig im Vordergrund, sondern konkurrierend daneben das eigene Interesse der Energie- und Rohstoffsicherung. Selbst bei gleichbleibender Höhe der Entwicklungshilfelei-

---

[13] Vgl. *Melcher*, J.: Die Auswirkungen der Ölkrise auf die Länder der Vierten Welt, S. 1039 f.

[14] Vgl. *Meyer*, F. W.: Zahlungsbilanzprobleme der Entwicklungsländer; in: Jahrbuch der Sozialwissenschaft. Bd. 14 (1963), S. 64.

stung der Industrieländer für die rohstoffarmen und nicht erdölexportierenden Länder ist in absehbarer Zukunft mit einer absoluten Verringerung ihrer Entwicklungshilfe zu rechnen.

In der weit verbreiteten Praxis, Zahlungsbilanzdefizite mit Kreditaufnahme am Eurodollarmarkt zu finanzieren, liegt auch keine Lösung des Problems. Diese Art der Finanzierung birgt für die Entwicklungsländer große Gefahren, die vor allem in der kurzen Laufzeit der Kredite (ca. 6 Monate) und den hohen Zinsbelastungen liegen, die mittelfristig zu einer weiteren Verschlechterung der Finanzierungsprobleme führen.

Verbesserungen für die Zukunft sind eigentlich nur durch multilaterale langfristige Anleihen zu erwarten. Von den in diesem Zusammenhang diskutierten Modellen scheint lediglich der Plan der Weltbank, ihr Kreditvolumen zu verdoppeln, reale Verwirklichungschancen zu haben. Die Lösung der Finanzierungsprobleme über einen massiven Einsatz der Sonderziehungsrechte stößt dagegen unter anderem wegen der Möglichkeit einer weiteren Anheizung der weltweiten Inflation auf weitgehenden Widerstand.

Die „Schlüsselrolle“ zur Bewältigung der ungelösten Finanzierungsprobleme kommt ohne Zweifel dem Verhalten der erdölexportierenden Länder zu. Da diese Länder den überwiegenden Teil der ihnen zufließenden Überschüsse wieder im Ausland anlegen müssen, ist ein gewisser Rückfluß der Devisen (Recycling) und damit eine Finanzierung der Leistungsbilanzdefizite möglich. Es kann nun allerdings nicht erwartet werden, daß das Recycling gerade den Ländern, die in den größten Zahlungsschwierigkeiten sind, zu gute kommt. Gerade die wirtschaftsstarken Ländern werden im Exportgeschäft mit Kapital und Gütern von den Ölländern in starkem Maße bevorzugt werden, so daß an dieser Entwicklung die armen Länder nicht teilhaben werden.

So bleibt als einzige Aussicht für die armen Entwicklungsländer, daß sich die erdölexportierenden Länder ihrer weltweiten Verantwortung bewußt werden. Diese Verantwortung könnten sie in der Finanzierung von Entwicklungsbanken, die sich gezielt mit den Problemen der betroffenen Entwicklungsländer befassen, zeigen. Nach jüngsten Meldungen scheint sich tatsächlich hier ein Lösungsweg anzubahnen, da für 1974 erhebliche Zusagen der OPEC-Staaten vorliegen sollen[15]. Diese Tatsache ist ein erster Hoffnungsschimmer am ansonsten verdunkelten Zukunftshimmel der Vierten und Fünften Welt.

---

[15] Vgl. Frankfurter Allgemeine Zeitung vom 8. 10. 1974.

Das Kartell der erdölproduzierenden Staaten

Verhalten, Stabilität und Zukunftsaussichten

Von Manfred Tietzel

I. Die bisherige Entwicklung des Weltmineralölmarktes

Nach dem Ersten Weltkrieg begann der Siegeszug des Mineralöls als Brennstoff und Produktionsrohstoff. Die beginnende Motorisierungswelle, die Umstellung der Schiffahrt von Kohle- auf Ölfeuerung, die zunehmende Verwendung von Öl und Ölprodukten in technischen Prozessen, bewirkten eine starke Expansion der Welterdölnachfrage. Nur ein Bruchteil der heute bekannten Lagerstätten war damals erschlossen, und um in den Genuß der heiß begehrten Öl-Dollars zu kommen, fand ein regelrechter „Ausverkauf der Konzessionen", eine Konkurrenz der Ölländer um die Prospektion und Erschließung ihrer Ölfelder, statt.

Dies dauerte noch bis in die 50er Jahre an; die Expansion der Produktion übertraf noch die Ausdehnung der Weltnachfrage nach Mineralöl, so daß trotz der Nachfrageexplosion eine Tendenz zur Überproduktion, zum *Käufermarkt,* bestand. Daher blieb bis etwa 1970 für nahezu 25 Jahre lang der Mineralölpreis konstant. Bei noch vehement wachsender Ölnachfrage waren nahezu alle Felder erschlossen und die Produktionsausdehnung verlangsamte sich deutlich, der Käufermarkt wandelte sich zu einem *Verkäufermarkt.*

Schon früh hatte man erkannt, daß „der OPEC ein großes Interesse unter den Einrichtungen in unserer Weltwirtschaft"[1] gebührt, dennoch wurden trotz dieser *Strukturwandlungen des Mineralölmarktes* potentielle Macht und Bedeutung der OPEC unterschätzt. Noch 1970 schrieb *Penrose,* die OPEC sei in den letzten 10 Jahren für die Änderungen in der Ölindustrie kein wichtiger Faktor gewesen und werde es wahrscheinlich auch in Zukunft nicht sein[2].

---

[1] *Rohde,* K. E.: Die Organisation erdölexportierender Länder der OPEC-Strategien und energiewirtschaftliche Bedeutung eines internationalen Kartells; in: Beiträge zur Wirtschafts- und Sozialpolitik, Festgabe für F. W. Meyer, Köln 1967, S. 263.

[2] Vgl. *Penrose,* E.: OPEC and the Changing Structure of the International Petroleum Industry; in: *dieselbe,* The Growth of the Firm, Middle East Oil, and Other Essays, London 1971, S. 234.

J.-M. Chevalier weist in einer neueren Untersuchung auf die große Differenz zwischen den realen Kosten für Exploration, Förderung, Transport, Verarbeitung und Vertrieb und den Preisen für die Mineral-Endprodukte hin. Diese Differenz nennt er das „surplus", den Zusatzgewinn. Stets sei die Erdölwirtschaft durch den Kampf zwischen Mineralölgesellschaften, Verbraucherstaaten und Erzeugerstaaten um diesen Zusatzgewinn gekennzeichnet gewesen[3]. Mit dem Phasenwechsel auf dem Mineralölweltmarkt gewinnt die OPEC eine ganz neue *Machtposition* in diesem Verteilungskampf: einerseits betrachten es die ölexportierenden Länder als widersinnig, „daß das niedrige Niveau der Erdöl- und Erdölproduktpreise es den Regierungen der Verbraucherländer gestattet, aus der Mineralölbesteuerung weit höhere Einnahmen zu erzielen als sie den Regierungen der Produktionsländer zufallen"[4], andererseits mißbilligen sie die hohen Gewinne der Mineralölgesellschaften, was in den letzten Monaten zu mehrfachen Erhöhungen der Förderabgaben geführt hat.

Tatsächlich hat die Strukturwandlung des Weltmineralölmarktes in den letzten Jahren OPEC in die Lage versetzt, diesen *Verteilungskampf* zu ihren Gunsten zu entscheiden. Die Ereignisse seit Oktober 1973 haben gezeigt, in welchem Maße die OPEC-Länder ihre Marktmacht auf Kosten der Verbraucherländer ausspielen können und daß in diesem Verteilungskampf die Mineralölgesellschaften mehr und mehr in die Rolle des „Steuereinnehmers"[5] gedrängt worden sind. Es stellt sich die Frage, wie dieser Verteilungskampf weitergehen wird, ob die ökonomische Macht des OPEC-Kartells schon ausgeschöpft ist, welches mit anderen Worten die Zukunft des Weltmineralölmarktes sein wird.

II. Das zukünftige Verhalten des Kartells der ölproduzierenden Länder (OPEC)

Seit ihrer Gründung hat die OPEC versucht, die Preise, neuerdings auch die Förder- und Exportmengen als *Aktionsparameter* einzusetzen. Die zukünftige Entwicklung des Mineralölmarktes und der geförderten Mengen hängt vom zukünftigen Verhalten des Kartells ab, also von seiner Fähigkeit, die Preise und Mengen autonom zu beeinflussen. Dieses Kartellverhalten bestimmen externe und interne Faktoren, die auf eine Verhaltenskoordination hinwirken und Faktoren, die ihr entgegen-

---

[3] Vgl. *Chevalier*, J.-M.: Le nouvel enjeu pétrolier, Paris 1973.

[4] *Michaelis*, A.: Erdöl in der Weltwirtschaft und Weltpolitik, Berlin 1974, S. 105.

[5] *Adelman*, M. A.: The World Petroleum Market, 2. Aufl., Baltimore-London, 1973, S. 257.

wirken[6]. Das Gesamtverhalten des Kartells ergibt sich aus der *Willensbildung im Innenverhältnis* und seiner *ökonomischen Macht im Außenverhältnis*.

Das Innenverhältnis eines Kartells wird durch die Art und Größe der für Kartellbildung und -verhalten wichtigen Merkmale der einzelnen Kartellmitglieder bestimmt; je homogener die Kartellmitglieder sind, um so größer ist der Koordinationserfolg und um so leichter lassen sich die Aktionsparameter im erwünschten Sinne beeinflussen.

Das Außenverhältnis des Kartells folgt aus Art und Ausmaß der Reaktionen der Umwelt auf das Kartellverhalten. Will man nun eine einigermaßen verläßliche Information über die Tendenz und Schwankungsbreite des zukünftigen Mineralölpreises erhalten, so muß man die *Verhaltensmöglichkeiten* und *-grenzen* des Kartells durch begründete Annahmen über das Innenverhältnis und das Außenverhältnis des Kartells abschätzen. Das in der Vergangenheit zu beachtende Verhalten der OPEC ist eine Resultante des Zusammenwirkens dieser Determinanten des Kartellverhaltens. Es wäre zwecklos, dieses beobachtete Verhalten und den Mineralölpreis über längere Zeit hinweg in die Zukunft extrapolieren zu wollen. Ebenso unbegründbar wäre die Vermutung, die OPEC habe „ihre Karten nun ausgereizt“ und der Mineralölpreis müsse im nächsten Jahrzehnt konstant bleiben oder leicht sinken. Ein Trend gilt nämlich nur dann absolut, wenn er durch seine Determinanten (bzw. Gesetzmäßigkeiten) erklärt wird, und wenn die Randbedingungen der Gültigkeit dieses Trends zeitlich invariant sind[7]. Hier soll daher versucht werden, den Trend zu „erklären“, also die Entwicklung der internen und externen Determinanten des Kartellverhaltens abzuschätzen. Dabei kann es nicht das Ergebnis sein, bestimmte Schätzungen des Mineralölpreises für bestimmte Zeitpunkte der Zukunft zu geben, da weder alle Determinanten des Kartellverhaltens vollständig erfaßt werden können, noch diese Determinanten unabhängig voneinander sind und keine empirischen Informationen über den quantitativen Zusammenhang dieser determinierenden Größen des Kartellverhaltens vorliegen. Es soll hier — allerdings mit dem Anspruch relativ hoher Wahrscheinlichkeit — versucht werden, aufgrund realitätsnaher Annahmen über Einfluß und Entwicklung dieser Determinanten eine Aussage über die Tendenz zukünftiger Mineralölpreisänderungen und deren Schwankungsbreite zu treffen.

---

[6] Vgl. *Eckel*, D.: Das Kartell, Ein Modell der Verhaltenskoordination, Berlin 1968, S. 127.

[7] Vgl. *Popper*, K. R.: Prognose und Prophetie in den Sozialwissenschaften; in: *Topitsch*, E. (Hrsg.): Logik der Sozialwissenschaften, 7. Aufl., Köln-Berlin 1971, S. 113 ff.

1. Das Innenverhältnis des Kartells

Das Innenverhältnis des Kartells bestimmt in erheblichem Maße seine Einflußmöglichkeiten auf die Fixierung der Aktionsparameter Mineralölpreis und Fördermenge. Preise und Mengen werden in dem Maße, wie das Innen- und Außenverhältnis des Kartells es zulassen, in bezug auf die ökonomischen und politischen Zielsetzungen des Kartells fixiert. Die interne Willensbildung des Kartells und der Koordinierungserfolg, die zusammen zur Bestimmung der Gesamtzielsetzung des Kartells führen, sind auf die nationalen Zielsetzungen der einzelnen, dem Kartell zugehörigen Staaten zurückzuführen. Ihrerseits sind die nationalen politischen und ökonomischen Ziele der OPEC-Staaten abhängig von bestimmten sozialen, politischen und ökonomischen Merkmalen. Je homogener die einzelnen Staaten in diesen Merkmalen sind, um so größer wird der Koordinierungserfolg des Kartells und damit seine Einflußmöglichkeit sein.

a) Politische Merkmale der OPEC-Staaten

Ein Teil der OPEC-Staaten verfolgt eine Politik der Blockfreiheit und nationalen Unabhängigkeit, während andere eine entweder prowestliche oder pro-östliche politische Tendenz zeigen.

Algerien, Libyen und der *Irak* verfolgen eine von Einheitsparteien gesteuerte „sozialistische" Politik, die aber außer dieser grundsätzlichen Orientierung aufgrund besonderer historischer Gegebenheiten in diesen Staaten keine einheitliche Ausrichtung besitzt. Die Ölpolitik dieser Länder erstrebt eine weitgehende Unabhängigkeit von „imperialistischer Ausbeutung" und eine selbständige Bewirtschaftung der heimischen Ölproduktion[8].

Demgegenüber sind die arabischen Golfstaaten *Saudi-Arabien, Kuweit, Abu-Dhabi, Katar* und *Dubai* bei monarchistisch-konservativer Verfassung eher pro-westlich eingestellt, haben sich aber während des Oktoberkrieges gegen Israel unter dem Druck ihrer Bevölkerung und der arabischen Nachbarstaaten an den Sanktionsmaßnahmen gegen die USA beteiligt[9].

Der ebenfalls monarchistisch verfaßte *Iran* nimmt insofern eine Sonderstellung ein, als einerseits seine politische Unabhängigkeit durch eine ausgeprägt anti-kommunistische, stark national orientierte und nur beschränkt pro-westliche Grundhaltung charakterisiert ist, andererseits

[8] Vgl. dazu *Ismaël*, T. Y.: Domestic Sources of Middle Eastern Foreign Policy; in: *ders.* (Hrsg.): The Middle East in the World Politics, Syracuse University Press 1974, S. 205 ff. und 214 ff.

[9] Siehe dazu: *Mosley*, L.: Power Play — Oil in the Middle East, London 1973.

aber seine Außenpolitik aus bestimmten Gründen als nicht araberfreundlich gelten kann. (Spannungen zwischen dem Iran und Irak; Ansprüche des Iran auf die Insel Bahrein und Teilansprüche auf Abu Musa und die Tumb-Inseln[10].)

Allerdings bewirkte die Koinzidenz der Interessen bei den Maßnahmen der OPEC vom Oktober und Dezember 1973, die allerdings von seiten des Iran nur ökonomischer, von seiten der arabischen Staaten sowohl ökonomischer als auch politischer Natur waren, eine einheitliche Front gegenüber den ölverbrauchenden Staaten. Dabei fiel dem Iran sogar die Führungsrolle bei den Preiserhöhungsforderungen zu.

Venezuela, Indonesien und *Nigeria,* volkreiche Staaten mit erheblichem Devisenbedarf zur wirtschaftlichen Entwicklung, haben aufgrund ihrer Populationsdichte, sozialen Probleme und ihrer politischen Struktur und Ausrichtung wenig Gemeinsamkeiten mit dem arabischen Raum, um so mehr aber sind sie aus ökonomischen Gründen an einer Verhaltenskoordination in der OPEC interessiert. Nicht zuletzt auf Betreiben Venezuelas kam die OPEC zustande[11]. Venezuela hat in der Vergangenheit mit den übrigen „Exportländern" eng zusammengearbeitet und die Politik der OPEC unterstützt. Das gilt sowohl hinsichtlich der Durchsetzung höherer Erdölpreise als auch für die Ausweitung der nationalen Kontrolle über die natürlichen Ressourcen[12]. Angesichts sich langsam erschöpfender Reserven ist es verständlich, daß Venezuela „in den letzten Jahren alles getan hat, um seine Öleinkünfte durch die Steigerung der Preise je Volumeneinheit Erdöl in die Höhe zu treiben"[13]. Daher ist Venezuela, einmal um die Preise hochzuhalten, zum andern um die Reserven zeitlich zu strecken, auch an einer Produktionsbegrenzung interessiert und stand damit in der Vergangenheit im Gegensatz zu Saudi-Arabien, das noch 1972 den Plan hatte, bis 1980 die Produktion von 7 auf 20 Mio. Barrels pro Tag zu steigern. Obwohl die Förderung von einem bestimmten Niveau an nicht mehr im nationalen Interesse liegt, „fühlt Saudi-Arabien die moralische Verpflichtung (die wohl politisch motiviert ist, d. V.) die Vereinigten Staaten und die Welt mit Rohöl zu versorgen"[14]. Indonesien und Nigeria zählen zu den „Produktionsmaximierern", „die soviel Einkünfte aus Erdöl benötigen, wie sie nur bekommen können"[15].

---

10 Dazu: *Braun,* U.: Stabilitäts- und Krisenfaktoren im Gebiet um den Arabischen Golf; in: Europaarchiv, Nr. 8 (1972), S. 273 - 284.

11 Vgl. *Rouhani,* F.: A History of OPEC, London 1971, S. 75.

12 *Zenk,* G.: Die Erdölsituation in Lateinamerika, Bonn-Bad Godesberg 1974, S. 70.

13 *Petroleum Press Service,* Vol. 40 (1973), S. 414.

14 *Ismaël,* T. Y.: Oil: The New Diplomacy, in: *ders.* (Hrsg.): The Middle East in World Politics, S. 236.

b) Sozio-ökonomische Merkmale der OPEC-Staaten

Ebenso unterschiedlich — für die jeweilige Interessenlage aber vielleicht noch gravierender — wie die politischen sind die sozio-ökonomischen Merkmale der OPEC-Staaten. Eine Gruppe von ihnen, nämlich *Indonesien* und *Nigeria* sind Staaten mit einer hohen Bevölkerungszahl und einer für Entwicklungsländer beträchtlichen Populationsdichte, gleichzeitig aber einem so niedrigen Bruttosozialprodukt pro Kopf der Bevölkerung, daß sie zu der Gruppe der sogenannten *„least developed countries“* gehören (Vgl. Spalten 1 - 3 der Tabelle 1). Diese Länder haben eine hohe Absorptionskapazität, und die Zielsetzung wirtschaftlicher Entwicklung hat absolute Priorität. Die Deviseneinkommen aus Ölexporten können sinnvoll zu diesem Ziel eingesetzt werden. Eine zweite Ländergruppe, bestehend aus *Algerien*, dem *Iran*, dem *Irak* und *Venezuela*, weist bei Bevölkerungszahlen zwischen 10 und 30 Millionen bei gleichzeitig mittlerer Populationsdichte ein Pro-Kopf-Einkommen zwischen 360 und 1 060 Dollar auf. Die Zielsetzungen innerhalb dieser Gruppe sind je nach der ökonomischen Absorptionskapazität, die mittel bis hoch anzusetzen ist, und je nach der politischen Ausrichtung heterogener als in der ersten Gruppe. Die Öleinnahmen dieser Ländergruppe sind nicht ausschließlich wie bei dem ersten Instrument zur wirtschaftlichen Entwicklung, sondern dienen auch nichtökonomischen Zielsetzungen.

Eine dritte Gruppe schließlich, bestehend aus den Ländern *Saudi-Arabien*, *Libyen*, *Kuweit* und *Katar* haben nur eine geringe Gesamtbevölkerung zwischen 500 000 und 8 000 000, gleichzeitig (mit Ausnahme von Kuweit) eine so geringe Bevölkerungsdichte, daß schon aus diesem Grund, dem Fehlen des Produktionsfaktors Arbeit nämlich, die wirtschaftliche Entwicklung im Rang der verfolgten Ziele nur eine untergeordnete Stellung einnehmen kann. Das Pro-Kopf-Einkommen in diesen Ländern ist mit Beträgen zwischen 540 und 3 860 US-Dollar vergleichsweise sehr hoch. Außerdem entfällt auf diese Länder der größere Teil der Öleinnahmen und gleichzeitig der größte Anteil an den gesamten bekannten Ölreserven der OPEC.

Innerhalb dieser Gruppe, ebenso innerhalb der gesamten OPEC, haben die arabischen Golfstaaten Saudi-Arabien, Kuweit und Katar die größte *ökonomische Macht*.

---

[15] *Forschungsinstitut der Deutschen Gesellschaft für auswärtige Politik:* Lösungsvorschläge für die Welt-Energieprobleme, Bonn 1974, S. 11. Für Nigeria wird bis 1985 eine Produktionserhöhung von 100, für Indonesien von 300 Prozent geschätzt (vgl. ebenda, S. 19); vgl. auch: Großer Aufschwung der indonesischen Förderung, in: *Petroleum Press Service*, 40. Jg. (1973), S. 253 ff.; Nigeria, auf dem Weg zur Staatsbeteiligung; in: *Petroleum Press Service*, 39. Jg. (1972), S. 441 ff.

An den Förderbeschränkungen durch die arabischen OPEC-Staaten nach dem vierten Nahost-Krieg hatten allein Kuweit und Saudi-Arabien einen Anteil von zusammen 78,3 % (vgl. Tabelle 2) und innerhalb der Gruppe der OAPEC einen Anteil von ca. 56,5 % der Gesamtreserven. Diese ökonomische Macht sichert diesen Staaten ein bedeutendes Gewicht bei der Willensbildung des Produzentenkartells; allein Saudi-Arabien wäre in der Lage, durch seine Förderpolitik den Ölpreis zu beeinflussen und seinen Interessen zuwiderlaufende Handlungen des OPEC-Kartells unwirksam zu machen. Das Schwergewicht der ökonomischen Macht liegt innerhalb des OPEC-Kartells also zweifellos bei den *konservativen arabischen Golfstaaten*, welche diese Macht, frei von ökonomischen Sachzwängen, auch nach Belieben und Ermessen ausspielen können. Das Schwergewicht der *politischen Macht* im Kartell liegt allerdings bei der zweiten Staatengruppe, die aber von ihrer wirtschaftlichen und politischen Interessenlage her weit heterogener ist und in der der *Iran* und *Venezuela* eine Sonderstellung einnehmen.

Nach dem Abzug der britischen Streitkräfte aus dem Nahen Osten fiel dem Iran, welcher erfolgreich die zurückgelassene militärische Lücke auszufüllen verstand, die politische Führungsrolle im Großraum um den Persischen Golf zu.

Venezuela sieht sich wegen der traditionellen Hegemonieverhältnisse im südamerikanischen Raum und wegen seiner Exportstruktur (ein Großteil der venezolanischen Erdölexporte geht nach Kanada und in die USA) in einer vollständig anderen Situation als die Ölproduzenten des Nahen Ostens. Die politische Macht innerhalb des Kartells ist also weit ungleicher verteilt als die ökonomische.

c) Die Ziele des Kartells der OPEC-Staaten

Allgemein gesprochen besteht das Ziel des OPEC-Kartells in einer *optimalen Fixierung der Aktionsparameter* Preise und Mengen. Diese Verhaltenshypothese bleibt solange eine Leerformel, als nicht geklärt ist, in bezug auf welche *Ziele* und unter welchen *Bedingungen* diese Parameter optimiert werden sollen.

Eine einfache, erste Verhaltenshypothese wäre die, daß das Kartell versucht, den *Gegenwartswert der Gesamterlöse* aus Erdölexporten *zu maximieren.*

$$E_{ges} = \sum_{j=i}^{n} \sum_{i=1}^{t} x_{ij} \cdot p_i \cdot (1 + r_j)^{-tj} \text{ max!}$$

E_{ges} = Gesamterlöse
x_{ij} = Fördermenge des Landes j im Zeitraum i
p_j = Preis im Zeitraum i
r_j = Diskontierungs- oder Zeitpräferenzrate des Landes j
t_j = Förderjahre (= Reichweite der Reserven des Landes j).

Tabelle 1

Sozio-ökonomische Strukturdaten der OPEC-Staaten

	Bevölkerung 1972 (in Mio.)	Bevölkerungsdichte (in Einw./km²)	Bruttosozialprodukt pro Kopf 1971 (in US-$)	Absorptionskapazität	Dominierende Ziele
	(1)	(2)	(3)	(4)	(5)
Algerien	15,27	6	360	hoch	wirtschaftliche Entwicklung; sozialistischer Panarabismus
Indonesien	121,63	81	80	hoch	wirtschaftliche Entwicklung
Iran	30,55	19	450	hoch	wirtschaftl. Entw.; politische Führungsansprüche
Irak	10,07	22	370	mittel	„antiimperialistischer" arabischer Sozialismus
Katar	0,05	4	2 370	niedrig	enge politische Verflechtung mit Saudi-Arabien
Kuweit	0,91	53	3 860	niedrig	enge politische Verflechtung mit Saudi-Arabien
Libyen	2,01	1	1 450	niedrig	stark national betonter Panarabismus
Nigeria	58,02	63	140	hoch	wirtschaftl. Entwicklung
Saudi-Arabien	7,97	4	540	niedrig	Sicherung des politischen Status-quo; panarabisch
Venezuela	10,97	12	1 060	hoch	wirtsch. Entwicklung; ökonomische Unabhängigkeit

Quellen: UN, Statistical Yearbook, div. Jgg.; World Bank Atlas 1973; BP Statistical Review of the World Oil Industry; IMF, International Financial Statistics, div. Jgg. eigene Berechnungen.

Dieses Modell des OPEC-Verhaltens ist nur unter den allerdings nicht sehr realitätsnahen Bedingungen gültig, daß

(1) das Kartell sich *ökonomisch rational* verhält, also außer der ökonomischen Zielsetzung der Erlösmaximierung keine weiteren Zielsetzungen verfolgt,

(2) die Entscheidungsgrößen in jeder Periode einwertig (d. h. für alle Kartellmitglieder gleich) sind, und ihre *zukünftige Entwicklung bekannt* ist.

Unter diesen Voraussetzungen ließe sich für jede Periode bis zur Erschöpfung der gesamten OPEC-Reserven die optimale Kombination von Preisen und Fördermengen für jedes Jahr ermitteln.

Beide Prämissen entsprechen aber nicht der Realität, da einmal die einzelnen Mitgliedstaaten der OPEC nicht nur das Ziel der Erlösmaximierung verfolgen (das einerseits oft Instrument zur Erreichung anderer Zielsetzungen ist) und weder die zukünftigen Werte der einzelnen Variablen bestimmbar, noch diese Größen für jeden der Staaten einheitlich sind. Bestimmte Länder mit hoher Absorptionskapazität, wie Venezuela, Nigerien, der Iran, Indonesien oder Algerien werden eine kapitalaufwendige *Industrialisierungsstrategie* in möglichst naher Zukunft durchführen wollen. Dazu sind Erdölerlöse notwendig. Je zeitnäher diese Erlöse anfallen, desto wertvoller sind sie für diese Länder. Die Zeitpräferenzrate r_j wird für diese Länder also sehr hoch sein; Optimalstrategie für diese Länder ist es bei möglichst hohen Preisen eine möglichst hohe Fördermenge auszubringen.

Tabelle 2

Absolute und relative Anteile einzelner OAPEC-Staaten am Ölembargo und Reservenanteile (ökonomische Machtstruktur)

	Mengenrestriktion Sept. 1973 bis Nov. 1973 (in 1 000 Barrel)	Anteile in %	Anteil an den Ölreserven in %
	(1)	(2)	(3)
OAPEC	− 125 893	100,00	100,00
davon:			
Abu Dhabi	− 5 432	4,00	6,83
Algerien	− 4 424	3,50	2,49
Irak	+ 567	− 0,05	10,26
Katar	− 3 773	3,00	2,04
Kuweit	− 26 077	21,00	24,11
Libyen	− 14 606	11,60	8,08
Saudi-Arabien	− 72 096	57,30	46,20

Quelle: Eigene Berechnungen.

Länder mit niedriger Absorptionskapazität, beispielsweise Saudi-Arabien und die Golf-Emirate, stehen nicht unter dem unmittelbaren ökonomischen Zwang, große Devisenerlöse in der nahen Zukunft zu haben. Daher liegt ihre Zeitpräferenz niedrig, und sie werden dazu neigen, ihre Förderung zeitlich zu strecken (vgl. Tabelle 3). Diese Motivation wird noch dadurch gestützt, daß die maximale Ausbeute aus einem Ölfeld abhängig ist von der Fördergeschwindigkeit. Für jedes Ölfeld gibt es eine bestimmte Tagesförderung, bei der die Gesamtausbeute aus diesem Feld maximal wird. Außerdem wird die Neigung dieser Staaten, ihre Devisen „unter der Erde zu lassen" durch weltweite Inflationstendenzen und Wechselkursrisiken verstärkt. Optimalstrategie für diese Länder wäre, die Fördermenge zu verknappen und den Preis für Mineralöl so hoch zu schrauben wie nur möglich. Mittel- bis langfristig findet die Strategie des maximalen Preises ihre *Grenzen* mit den überproportional zum Preis ansteigenden *Substitutionsanreizen* in den Verbraucherländern (vgl. Schaubild). „Daher würden die ölproduzierenden Länder nicht nur ihre eigenen Interessen gefährden, sollten sie versuchen, die kurzfristig maximal möglichen Erlöse zu erreichen[16]." Dadurch bewirkte Nachfragerückgänge können langfristig Preisrückgänge zur Folge haben, so daß das Erlösmaximum nicht erreicht wird.

Gewisse Mengenrestriktionen dieser Länder mit niedriger Absorptionskapazität können durchaus im Interesse der Länder mit hoher Absorptionskapazität liegen, da diese dann, ohne um die Stabilität des gegebenen Preisniveaus fürchten zu müssen, ihre Ausbringungsmenge erhöhen können.

Ein kurzfristiger Preis, der auf einer Höhe liegt, die langfristig zu einer Senkung des Preisniveaus führen muß, liegt ebenfalls nicht im Interesse der an einer Industrialisierung interessierten ölproduzierenden Nationen.

Politische Interessen der durchweg westlich orientierten Ölproduzenten mit geringer Absorptionskapazität sichern allerdings eine relativ kontinuierliche und preisstabile Versorgung der westlichen Industrienationen. Bei der mehrfach vom saudi-arabischen Ölminister Jamani geäußerten Absicht, die Ölpreise kurz- bis mittelfristig zu senken, standen sicherlich ausschließlich politische und nicht ökonomische Beweggründe im Vordergrund. Allerdings sind andere Gruppenmitglieder des Kartells an einer Senkung des Ölpreises nicht interessiert, da dies ihre Industrialisierungspläne gefährden würde. So erklärte der iranische Wirtschafts- und Finanzminister *Ansari*, falls Saudi-Arabien seine Ölförderung mit dem Ziel einer Preissenkung vermehren wolle, dann

---

16 *Schmidt*, H.: The Struggle for the World Product; in: Foreign Affairs, Vol. 52 (1974), S. 445.

Energieproduktion, -verbrauch und Mineralölimporte der Verbraucherländer

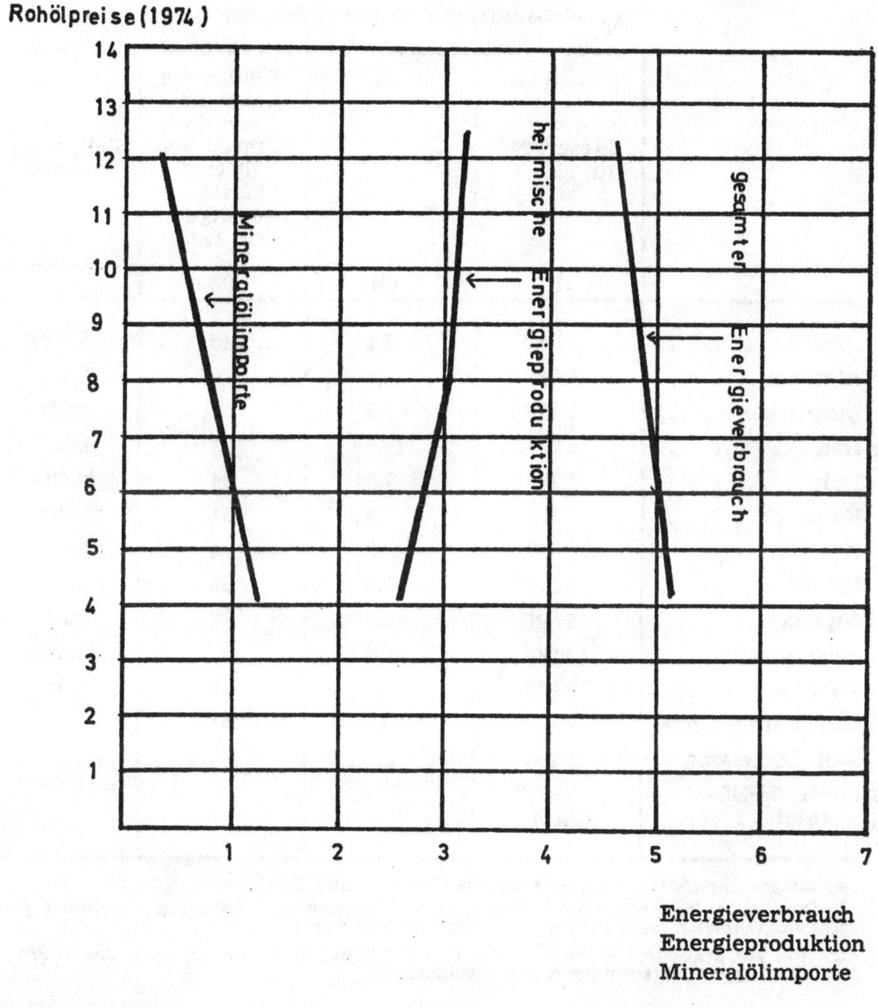

würden Persien und die anderen Länder der OPEC ihre Produktion entsprechend verringern, um den Preis hoch zu halten. „Wenn der saudi-arabische Ölminister Jamani die reichen, industrialisierten Länder beschenken will, so soll er das aus seiner eigenen Schatulle tun[17]."

Für das innere Gruppengleichgewicht des Kartells gilt also ein *Gleichgewichtsgebiet*, innerhalb dessen sich die Verhaltensweisen einzelner Länder bewegen können, ohne die *Stabilität* des Kartells zu gefährden und Gegenreaktionen der anderen Kartellmitglieder hervorzurufen. Im

---

[17] Iran droht mit Ölförderungsdrosselung; in: *General-Anzeiger* vom 2. 8. 1974.

Tabelle 3

Energiewirtschaftliche Strukturdaten der OPEC

	Reserven (in Mio. t)	Anteil der Reserven (in %)	Reichweite der Reserven (in Jahren bei gleicher Fördermenge wie 1973)	Zeitpräferenz[b)]
	(1)	(2)	(3)	(4)
Abu Dhabi	2 850	5,1	45	niedrig
Algerien	1 040	1,9	20	hoch
Indonesien	1 430	2,5	22	hoch
Iran	8 220	14,6	28	hoch
Irak	4 280	7,6	44	mittel
Katar	850	1,5	31	niedrig
Kuweit	10 060	17,9	66	niedrig
Libyen	3 370	6,0	32	niedrig
Nigeria	2 740	4,9	27	hoch
Saudi-Arabien ...	19 280	34,4	51	niedrig
Venezuela	2 000	3,6	11	hoch
OPEC insgesamt[a)]	56 120	100,0	37	
Welt insgesamt ..	71 900			
davon OPEC-Anteil	78,1 %			

a) Ausgenommen: Vereinigte Arabische Emirate und Equador.

b) Eine hohe Zeitpräferenz bedeutet, daß gegenwärtige Förderung ein hohes Gewicht im Vergleich zu zukünftiger besitzt und vice versa.

Quelle: BP Statistical Review of the World Oil Industry 1973; Oil and Gas Journal, Dez. 1973; eigene Berechnungen und Schätzungen.

einzelnen sind Ausdehnung und Form des Kartellgleichgewichtsgebietes von den Zielen der einzelnen Gruppenmitglieder und von deren relativer Macht im Kartellverband abhängig.

2. Das Außenverhältnis des Kartells der ölproduzierenden Staaten

Das Außenverhältnis des Kartells der ölproduzierenden Staaten, also seine Möglichkeiten, bestimmte Preise und Mengen gegenüber den Ölverbrauchern durchzusetzen, ist bestimmt von deren politischen und ökonomischen Reaktionsmöglichkeiten.

a) Ökonomische Bestimmungsgründe des Außenverhältnisses

aa) Ökonomische Macht

Die Möglichkeit einer einseitigen, unabhängigen Preis- und Mengenfixierung durch das Anbieterkartell steigt mit der relativen und absoluten Abhängigkeit der Verbraucherstaaten von Öllieferungen aus den OPEC-Staaten. Die erste Bestimmungsgröße dieser Abhängigkeit ist der Anteil des Erdölverbrauchs am gesamten Primärenergieverbrauch eines Landes. Der Anteil schwankt von mindestens 43 % in den Vereinigten Staaten bis zu 95 % in Dänemark; im (ungewichteten) Mittel beträgt dieser Anteil 63,5 %. Die Angaben über den Anteil des Mineralöls am Weltprimärenergieverbrauch schwanken zwischen 40 und 45 %[18].

Da einige der großen Verbraucherstaaten selbst Ölproduzenten sind, allerdings keiner von ihnen in der Erdölversorgung autark ist, liegen die Anteile der Mineralölimportmengen an dem gesamten Inlandsbedarf zwischen 20 % (Vereinigte Staaten) und 100 % (Vereinigtes Königreich, Belgien, Schweden, Japan); die ungewichtete Importquote der genannten Länder liegt bei 86 %.

Je höher der Anteil des Erdölverbrauchs am gesamten Primärenergieverbrauch eines Landes ist und je höher der Importgehalt der inländischen Mineralölnachfrage ist, um so stärker ist in dem betreffenden Land die *Rohölabhängigkeit*. Da nahezu 90 % der gesamten Welterdölimporte aus den OPEC-Staaten stammen, ist dieses Kartell auf dem Weltmineralölmarkt nahezu Monopolist[19]. Im Jahre 1973 betrug der Anteil der OPEC-Staaten an der gesamten Weltförderung 54 %.

Diese Zahlen verdeutlichen die große *Marktmacht* und den hohen Monopolgrad des OPEC-Kartells. Langfristig ist — zumindest an den Erdölreserven gemessen — diese Marktmacht noch höher, denn 75 % der bekannten Reserven liegen in OPEC-Staaten, davon 77 % (i. e. 57,4 % der Weltreserven) allein in den arabischen Staaten.

bb) Marktsituation und Marktentwicklung

Die ökonomische Macht aufgrund der Reserven- und Exportanteile der OPEC-Staaten stellen ein äußerst bedeutsames externes Datum für den Weltmineralölmarkt dar. Diese ökonomische Macht wird noch durch das *asymmetrische Abhängigkeitsverhältnis* zwischen den wichtigsten

---

[18] Vgl. *Michaelis*, A.: Erdöl in der Weltwirtschaft und Weltpolitik, Berlin 1974, S. 21; *Esso AG*, Gegenwärtige und künftige Probleme der Energieversorgung, Hamburg 1973.

[19] Vgl. *BP*, Statistical Review of the World Oil Industry, 1972, S. 10. *Michaelis*, A.: Erdöl in der Weltwirtschaft und Weltpolitik, S. 125, S. 184.

ölproduzierenden Ländern und den Industriestaaten verstärkt: Während die Industrieländer in hohem Maße für den reibungslosen Ablauf ihrer Wirtschaft auf Erdölimporte angewiesen sind, sind die arabischen Ölproduzenten mit niedriger Bevölkerungsdichte und schlechten Industrialisierungsmöglichkeiten, also gerade jene Länder mit den höchsten Reserven- und Förderanteilen, in nur geringem Maße von Importen aus den Industrieländern abhängig. Zudem sind die Devisenreserven dieser Länder außergewöhnlich hoch und wachsen seit den letzten Erdölpreiserhöhungen ganz rapide, so daß sie vorübergehend auf die Erdölerlöse sogar verzichten können und damit einen Lieferboykott ohne Schaden durchstehen können. Jedes der OPEC-Länder kann aus seinen Devisenreserven zumindest ein halbes Jahr, in einigen Fällen sogar zwei (Irak, Libyen) bis vier Jahre (Saudi-Arabien), Importe im gleichen Wert wie 1972 finanzieren (vgl. Tab. 4).

Tabelle 4

Reichweite der Devisenreserven[a)] der OPEC-Staaten zur Importfinanzierung

Land	Devisenreserven Jan. 1974 (in Mio. US-$)	Importe c. i. f. 1972 (in Mio. US-$)	Reichweite der Reserven (in Monaten)
	(1)	(2)	(3)
Algerien	1 350	1 954	8,3
Indonesien	868	1 458	7,1
Iran	1 208	2 699	5,3
Irak	1 472	793	22,7
Kuweit	493	875	6,8
Libyen	2 236	1 277	21,9
Nigeria	691	1 501	5,5
Saudi-Arabien	3 876	1 021	45,6
Venezuela	2 398	2 492	11,5

a) Gold, Sonderziehungsrechte, Reservepositionen beim IMF, ausländische Währungen.
Quelle: IMF, International Financial Statistics, Juni 1974; eigene Berechnungen.

Die 1974 zu erwartenden Ölmehreinnahmen (vgl. Tabelle 5) verstärken diese Unabhängigkeitsposition erheblich.

Die *Nachfrage*bedingungen am Weltmineralölmarkt sind durch eine kurzfristig *sehr geringe Preiselastizität* gekennzeichnet; die Preise konnten innerhalb von drei Monaten um 400 % steigen, was einen mengenmäßigen Nachfragerückgang von nur ca. 7 % zur Folge hatte. Mittel-

Tabelle 5

Öleinnahmen 1970, 1972 und 1974 wichtiger Förderländer (in Mrd. US-Dollar)

Land	1970	1972	1974[a)]
	(1)	(2)	(3)
Abu Dhabi	0,23	0,57	2,58
Algerien	0,34	0,56	2,55
Indonesien	0,29	0,60	2,72
Iran	1,33	2,84	12,85
Irak	0,53	0,81	3,68
Katar	0,12	0,26	1,18
Kuweit	0,96	1,70	7,71
Libyen	1,11	1,22	5,52
Nigeria	0,37	1,00	4,53
Saudi-Arabien ...	1,22	3,22	14,56
Venezuela	1,36	1,94	8,75
insgesamt	7,86	14,72	66,63
prozentuale Steigerung zum vorhergehenden Zeitraum		87,3	353
prozentuale Steigerung zu 1970		87,3	748

a) Für das Jahr 1974 wurden die Produktionsmengen von 1972 zugrundegelegt, um Nachfragerückgänge aufgrund von Verbrauchseinsparungen und Substitution von Öl durch andere Energieträger zu berücksichtigen. Zur Berechnung wurden Einnahmen von 6,95 US-$/t in 1970, 11,29 US-$/t in 1972 und 51,02 US-$/t in 1974 angenommen.

Quelle: Eigene Schätzungen und Berechnungen.

bis langfristig ist jedoch mit einer hohen Preis- und Substitionselastizität der Nachfrage für Mineralöl zu rechnen.

Je höher kurzfristig das OPEC-Kartell den Preis schraubt und je unsicherer die mengenmäßige Versorgung der Verbraucherstaaten mit Mineralöl ist, desto höher werden langfristig die Anreize zur Substitution von Mineralöl durch andere Primärenergieträger sein. Hat die *Europäische Kommission* für den Bereich der Europäischen Gemeinschaft noch im Jahre 1973 mit einer durchschnittlichen Wachstumsrate des Mineralölverbrauchs von 5,5 % gerechnet (damit wäre der Anteil des Mineralöls am gesamten Primärenergieverbauch im Jahre 1985 auf 61,4 % von 58,5 % im Jahre 1973 gestiegen), so rechnet sie nach den

Ölpreiserhöhungen nur noch mit einer durchschnittlichen Verbrauchssteigerung von 0,6 %, was bedeutet, daß 1985 das Mineralöl nur noch einen Anteil von 38,5 % der gesamten Energieversorgung haben wird[20]. Schätzungen und Absichtserklärungen der OPEC lassen vermuten, daß die Mineralölproduktion zwischen 3,5 % (*Khene*) und 7 % jährlich gesteigert werden soll. Träfe die Prognose des Verbrauchszuwachses der EG zu, so wäre eine geplante Produktionsvergrößerung in diesem Ausmaße nicht ohne Druck auf die Ölpreise durchzuführen.

Die Substitutionsvorgänge stellen also, will die OPEC den Gesamterlös ihrer Förderung maximieren, auch für die kurzfristigen Mineralölpreise eine Obergrenze dar.

b) Politische Bestimmungsgründe des Außenverhältnisses

Der Versuch der Vereinigten Staaten, auf der Washingtoner Konferenz vom Februar 1974 ein *Kartell der Verbraucherstaaten* zu schaffen, ist kläglich gescheitert. Dafür sind im wesentlichen zwei Ursachen zu nennen.

Für den Fall einer Kartellierung der Interessen der Verbraucher kündigten die arabischen Staaten einen *„Petroleumkrieg"* an, und daher scheuten die Verbraucherländer, die die Wirksamkeit des Boykotts zu spüren bekommen hatten, vor dieser Maßnahme zurück[21].

Ein zweiter Grund sind die stark *divergierenden politischen und ökonomischen Interessen* der westlichen Industrienationen. Die Erklärung des amerikanischen Außenministers, „daß kein einzelnes Land das Problem für sich allein lösen könne, eine uneingeschränkte Konkurrenz um die Ölversorgung ruinös sei und diejenigen künftige Energieversorgungskrisen nicht vermeiden werden, die anderen zuvorzukommen suchen", fiel auf unfruchtbaren Boden[22].

Schon im März 1973 schlug der Erdölfachmann *Walter J. Levy* vor, das Verhalten der westlichen Industriestaaten und Japans nicht nur zu koordinieren, sondern wenn möglich vollkommen zu vereinheitlichen[23]. Zur gleichen Zeit präzisierte der saudi-arabische Ölminister *Jamani* die Haltung der OPEC gegenüber einem solchen Verbraucherkartell: „Im Falle einer solchen Konfrontation zwischen Verbrauchern und Förderstaaten erlischt jede moralische Pflicht für uns, Steigerungen der För-

---

[20] Vgl. *Oel*, Zeitschrift für die Mineralölwirtschaft, 12. Jg. (1974), S. 163.

[21] Vgl. *Michaelis*, A.: Erdöl in der Weltwirtschaft und Weltpolitik, S. 196.

[22] *Michaelis*, A.: Erdöl in der Weltwirtschaft und Weltpolitik, S. 197.

[23] Zusammenschluß der Einfuhrländer heute dringend? In: *Petroleum Press Service*, 40. Jg. (1973), S. 128.

derung, die nicht dringend notwendig sind, zuzulassen." Nicht dringend notwendig seien solche Vergrößerungen der Ausbringung, die angesichts der inneren finanziellen und wirtschaftlichen Bedürfnisse der Förderländer überflüssig seien[24].

In Anbetracht der vorhergegangenen Machtdemonstration der OPEC waren die Chancen für eine „neue Ära" von Beziehungen zu den Erzeugerländern, „die den legitimen Interessen der ölproduzierenden Länder gerecht wird, gleichzeitig den Verbraucherländern eine ausreichende Versorgung zu fairen und vernünftigen Preisen sichert"[25] von vornherein nicht besonders gut, zumal Jamani erneut erklärte, daß solch ein Zusammenschluß einen Petroleumkrieg bedeute.

Stark unterschiedliche Abhängigkeitsgrade von Mineralölimporten und divergierende wirtschaftliche und politische Interessen der Verbraucherländer ließen das Kartell nicht zustandekommen. An der Haltung *Frankreichs*, dem seine traditionell guten Beziehungen zu den arabischen Staaten Versorgungssicherheit zu garantieren schienen, scheiterte die Washingtoner Energiekonferenz. Der französische Außenminister *Jobert* beharrte auf dem Standpunkt, sein Land könne sich nicht an der Bildung eines „Klubs" beteiligen, zu dem die ölproduzierenden Länder und die Entwicklungsländer nicht hinzugezogen würden[26].

Für *Japan*, in seiner Energieversorgung besonders stark von Ölimporten abhängig, stand der Gesichtspunkt der Sicherheit der Mineralölversorgung, verbunden mit der Hoffnung auf neue Absatzmärkte, vollständig im Vordergrund.

In der *Europäischen Gemeinschaft*, ebenfalls hochgradig von Ölimporten abhängig, war die Neigung zu Koalitionsbildungen gering, da sich in der Zeit des Mengenboykotts gezeigt hatte, daß im Ernstfall alle Gemeinschaftsstaaten zu nationalen Maßnahmen griffen.

Trotz des Appells der von den arabischen Staaten vollständig boykottierten Niederlande an die Partnerstaaten, „im Notfall mit eigenen Vorräten auszuhelfen"[27], waren Einzelmitgliedstaaten bereit, den Export von Öl in die Niederlande zu verbieten[28] aus Furcht, sonst von den Lieferungen einiger Ölexportländer ausgeschlossen zu werden. Der niederländische Ministerpräsident *Den Uyl* hielt es daraufhin „nicht für aus-

---

[24] Für Abänderung des Genfer Abkommens; in: *Petroleum Press Service*, 40. Jg. (1973), S. 145.

[25] *Europe*, Brüssel, 17. Januar 1974.

[26] Vgl. *Krämer*, H. R.: Die Europäische Gemeinschaft und die Ölkrise, Baden-Baden 1974, S. 97.

[27] *Handelsblatt*, Düsseldorf, 5. November 1973.

[28] *Frankfurter Allgemeine Zeitung*, 22. November 1973.

geschlossen, daß sein Land, wenn es von den Mitgliedsstaaten kein Öl erhielte, die Erdgaslieferungen in andere EG-Länder einstellen werde"[29].

Die *Vereinigten Staaten* sind zwar von arabischen Öllieferungen nicht in so außerordentlich hohem Maße abhängig wie die EG und Japan, haben aber als Mutterland der größten im Nahen Osten engagierten Ölkonzerne erhebliche *wirtschaftliche Interessen.* Wichtiger als diese ökonomischen Interessen ist vielleicht, daß die *Sowjetunion* in den 50er Jahren die Chance politischer Einflußnahme wahrnahm, als im arabisch-israelischen Konflikt die Vereinigten Staaten eine proisraelische Haltung einnahmen. Seither ist der Nahe Osten auch stets ein Gebiet geblieben, auf dem es zu direkten und indirekten Auseinandersetzungen der Interessensphären der beiden Supermächte kam.

Daher sind in Washington „radikalere Maßnahmen gegen die Ölländer einschließlich wirtschaftlicher Repressalien und militärischer Aktionen erwogen, mehr oder weniger vorsichtig angedroht und schließlich als untunlich verworfen worden"[30].

So machten diese *destabilisierenden Faktoren* auf der Seite der Verbraucherländer die Bildung eines Nachfragerkartells unmöglich. Die auf der Washingtoner Konferenz gegründete *Energie-Koordinierungsgruppe* zwölf wichtiger Verbraucherländer vermied daher jegliche Konfrontation mit den ölproduzierenden Staaten und beschränkte sich darauf, ein *„Solidaritätssystem"* zur Verteilung der Ölreserven in Krisenzeiten zwischen den Verbraucherländern zu entwickeln[31].

Im Interesse der nationalen Versorgungssicherheit bestanden die Reaktionen der Verbraucherländer in — oft sehr weitgehenden — *bilateralen Vereinbarungen* mit den ölproduzierenden Ländern.

Versorgungssicherheit und die Höhe der Preise für Mineralöl haben einen großen Einfluß auf die zukünftige Verbauchsentwicklung und damit auf die absetzbaren Mengen und durchsetzbaren Preise.

Kurzfristig sind — aus technischen Gründen — die Preiselastizität der Nachfrage nach Mineralöl und die Substitutionselastizität zwischen Mineralöl und anderen Energieträgern als sehr niedrig anzusetzen. Langfristig jedoch sind sowohl die Preis- als auch die Substitutionselastizität relativ hoch. Längerfristig gesehen wird nämlich zumindest die Zuwachsrate der Mineralölnachfrage durch direkte *Verbrauchseinspa-*

---

[29] *Frankfurter Allgemeine Zeitung,* 26. November 1973.

[30] *Michaelis,* A.: Erdöl in der Weltwirtschaft und Weltpolitik, S. 230.

[31] Vgl. Brüssel über Energiefragen uneinig; in: *Süddeutsche Zeitung,* 2. 8. 1974.

rung, Senkung des *spezifischen Energieverbrauchs*, durch *Rationalisierungsmaßnahmen* und *Umstrukturierung der Gesamtnachfrage* nach Primärenergieträgern durch Substitutionsvorgänge zurückgehen.

Direkte Maßnahmen sind durch Vermeidung von Energieverschwendung und faktorverbrauchsminimalen Betrieb von Maschinen möglich; der hohe Mineralölpreis bildet außerdem einen Anreizfaktor, Rationalisierungsinvestitionen durchzuführen, so daß der spezifische Energieverbrauch, d. h. die eingesetzte Energiemenge pro Endprodukteinheit, gesenkt wird. Darüber hinaus besteht der Anreiz, zukünftig billigere Primärenergieträger in der Produktion zu verwenden. Substitutionsprozesse finden allerdings ihre Grenzen in der Verfügbarkeit *alternativer Energieträger*, ihrer technischen Eignung und ihrer Wirtschaftlichkeit.

Diese Strukturwandlungen in der Primärenergienachfrage scheinen durchaus im Interesse der OPEC zu liegen. In einem Vortrag sprach sich der Generalsekretär der OPEC, *Khene*, dafür aus, die Bürde, die auf dem Erdöl laste, sobald wie möglich zu erleichtern: „Im Hinblick auf die weltweiten Ausmaße der drohenden Verknappung als auch im Hinblick auf die Zukunft ihrer Völker müßten die OPEC-Länder für eine Verringerung der Verbrauchszuwachsraten und dafür sorgen, daß mehr von diesen kostbaren Rohstoffen für nichtenergetische Verwendungszwecke, insbesondere für die Erzeugung von Kunstdünger verwendet werde[32].“

Weitere Preiserhöhungen würden zwar auch noch mit weiter sinkender Nachfrage verbunden sein, da jedoch Rohöl ein „essential“ jeder industrialisierten Wirtschaft ist, besteht für diese Verbrauchseinsparungen eine nicht unterschreitbare Grenze.

Die Nachfrageverhältnisse werden der OPEC also weitere Preiserhöhungen erlauben. Seit 1972 haben sich auch die Macht und Verfügungsgewalt über die Angebotsmenge an Mineralöl auf dem Weltmarkt zugunsten der OPEC-Staaten stark verschoben. Seitdem wurden Beteiligungsverträge geschlossen, die den Förderstaaten einen zunehmenden Anteil an der Produktion sicherten. Durch inzwischen vorgenommene Nationalisierungsmaßnahmen sind diese Verträge schon teilweise überholt. Nach einer Mitteilung des venezolanischen Bergbauministeriums werden die OPEC-Staaten 1975 ca. 74 % ihrer eigenen Erdölproduktionen kontrollieren, nachdem es im Jahre 1973 ca. 22 % gewesen seien. Der Anteil des sogenannten Selbstkostenöls (Konzessionsöls) der Mineralkonzerne fällt damit von 78 % im Jahre 1973 auf 26 % in 1975[33].

---

[32] Vgl. *Khene*, A.: Aktuelle Ölprobleme aus der Sicht der OPEC, in: Glückauf, 109. Jg. (1973), S. 1216.

[33] OPEC-Staaten wollen Kontrolle, *Frankfurter Allgemeine Zeitung*, 1. 8. 1974.

Damit steht den OPEC-Staaten ein weiterer machtstrategischer Vorteil zur Regulierung der Angebotsbedingungen zur Verfügung. Da die Anteile der Förderkosten am Mineralölpreis äußerst gering sind, der Großteil dieses Preises also einen Monopolgewinn darstellt, besteht für die Förderländer kein Zwang zur Kapazitätsauslastung. Außerdem läßt sich die Erdölförderung im allgemeinen technisch leicht drosseln, und da für nicht gefördertes Erdöl keine Lagerkosten entstehen, ist der Spielraum der Angebotspolitik der Förderstaaten sehr groß.

Marktmacht, Angebots- und Nachfrageverhältnisse und -entwicklung stellen also kaum externe Begrenzungen für das Verhalten der OPEC dar.

3. Weltwirtschaftliche Folgewirkungen des Kartellverhaltens der OPEC-Staaten

Die exorbitanten Preissteigerungen für Mineralöl haben für die ölimportierenden Länder Belastungen mit sich gebracht, die gar nicht unterschätzt werden können. Für viele Entwicklungsländer, die weder Ölvorkommen noch Rohstoffe besitzen, bedeuten diese zusätzlichen Belastungen eine nahezu vollständige Beschränkung ihrer zukünftigen Entwicklungsmöglichkeiten. Westliche Industriestaaten, die einen negativen Leistungsbilanzsaldo aufwiesen und nicht genügend Devisenreserven hatten, um ihre vervierfachte Ölrechnung zu begleichen, wurden, wie die Beispiele Italiens und Belgiens zeigen, in wirtschaftliche und politische Nöte gestürzt, die bei weitem noch nicht überwunden sind und außer ökonomischen auch soziale und innenpolitische Folgen von erheblicher Tragweite hatten.

Notwendige Anpassungsreaktionen werden in den nächsten Jahren Volumen und Struktur des Welthandels vollkommen umgestalten. Eine Eskalation protektionistischer Maßnahmen, die im Frühjahr 1974 noch zu befürchten war, scheint vorläufig gebannt zu kein. Dennoch gibt es Wirtschaftsexperten, die als Spätfolge der „Energiekrise" eine kommende weltweite Wirtschaftsdepression prognostizieren[34].

Eine indirekte Wirkung der Energiekrise ist das Bestreben anderer Rohstoffproduzenten, nach dem Vorbild der OPEC Kartelle zu bilden. Dies war auf der Rohstoffkonferenz der Vereinten Nationen der ausdrückliche Rat ihres Urhebers, des Staatspräsidenten von Algerien, *Boumedienne*, an die Entwicklungsländer: „Das Vorgehen der OPEC-Länder veranschaulichte erstmals und zugleich aufsehenerregend, wie

---

[34] The Coming Depression, in: *The Economist*, 1. Juni 1974, S. 69 ff.; Dilemma der Wirtschaftspolitik der Industrieländer nach der Ölkrise; in: *IFO*-Schnelldienst, Nr. 19, 27. Jg., 9. Juli 1974, S. 5 ff.

wichtig die Rohstoffpreise für unsere Länder sind und wie lebensnotwendig es für die Industrieländer ist, auch künftig am Preisschalthebel zu sitzen; und schließlich, über welche beachtlichen Möglichkeiten die rohstofffördernden Länder verfügen, wenn sie sich zusammenschließen. Unter diesem Aspekt dürften die Entwicklungsländer die Aktion nicht als ein Problem betrachten (wie jene es ihnen suggerieren, die die Dritte Welt spalten wollen), sondern vielmehr als ein Exempel, als ein Hoffnungsschimmer. Denn die Entscheidung der erdölfördernden Länder muß, auf die Tagesordnung der Dritten Welt gesetzt, auf alle anderen Rohstoffe der Entwicklungsländer ausgedehnt werden, basierend auf den Erfahrungen der Ölförderländer[35]." Aus verschiedenen ökonomischen Gründen ist allerdings die Möglichkeit der Kartellbildung bei anderen Rohstoffproduzenten weit geringer als bei dem „Sonderfall Erdöl". Dennoch ist die Bewußtseinsveränderung bei den Rohstofferzeugerländern als Folge der Ölkrise nachhaltig und kann nicht ohne Folgen für das System des Welthandels bleiben[36].

Sollte sich, was, wie wir gesehen haben, durchaus im Bereich des Möglichen liegt, die OPEC dazu entscheiden, weitere massive Preiserhöhungen durchzuführen, so werden sich diese weltwirtschaftlichen Effekte kumulativ verstärken. Der Plan, den Erdölpreis an den Preisindex für Industrieerzeugnisse zu binden, würde einen perfekten weltweiten *Inflationsmechanismus* kreieren, der nicht so sehr die Industriestaaten und die Ölproduzenten, sondern vor allem die ohnehin schon stark betroffenen Länder der Dritten Welt schädigen würde.

Die Solidarität mit den Entwicklungsländern und die Folgen einer weltweiten Depression, die nicht im Interesse der Ölproduzenten liegen kann, sollten Anlaß für eine in Zukunft mäßigere Preis- und Mengenpolitik des Kartells sein. Allerdings liegt es in der Macht der OPEC, sich über solche Bedenken hinwegzusetzen. Man kann also nur auf das Wort des OPEC-Generalsekretärs *Khene* vertrauen, „daß die OPEC-Länder nicht daran denken, den Vorteil, den ihnen die Situation auf dem Weltmarkt verschafft, zu mißbrauchen"[37].

---

[35] Rede des algerischen Staatspräsidenten H. *Boumedienne;* in: Entwicklungspolitik, Materialien Nr. 45, hrsg. v. Bundesministerium für wirtschaftliche Zusammenarbeit, Bonn 1974, S. 7.

[36] Vgl. *Krause,* K. P.: Wie weit kann das Erdölkartell Schule machen? In: Frankfurter Allgemeine Zeitung, 11. Juli 1974, S. 10; *Krasner,* S. D.: Oil is the Exception; in: Foreign Policy (1974), S. 68 ff.

[37] *Khene,* A.: Aktuelle Ölprobleme aus der Sicht der OPEC, S. 1217.

Die Verwirklichung des Gedankens der Arbeitnehmerbeteiligung in Entwicklungsländern

Von Michael Schönemann

I.

Das Beispiel sei Peru.

Die politische Geschichte Perus ist — wie auch in verschiedenen anderen, nicht nur lateinamerikanischen Entwicklungsländern — durch einen häufigen Wechsel der Regierungen gekennzeichnet. Diese auf den ersten Blick äußerliche und rein quantitative Erscheinung impliziert aber zugleich schicksalhafte Pendelschläge in der Politik, die — von dort ausgehend — nahezu alle Bereiche durchdrangen. Denn die ständigen Regierungswechsel waren — und sind es z. T. immer noch — der Ausfluß schwerwiegender Streitigkeiten zwischen Parteien mit konträren Ansichten über Ökonomie, Soziales, Gesellschaftliches etc. Dabei werden mögliche positive Entwicklungslinien vorangegangener Regierungen unterbrochen.

Langfristig angelegte, in die Zukunft weisende Regierungsprogramme wurden zwar mitunter erstellt, konnten aber wegen des häufigen Machtwechsels nur in Anfängen realisiert und nie wirklich vollendet werden. Um in möglicherweise nur kurzer Zeit doch einen gewissen Erfolg zu verbuchen, ging bei den jeweiligen Regierungen letztlich das mehr kurzfristige parteipolitische Interesse einer langfristigen Kontinuität zum Wohl der Bevölkerung und des Landes in politischer, ökonomischer und sozialer Hinsicht vor. Es wurde — um es im Hinblick auf die nun schon 6 Jahre andauernde Situation angemessen auszudrücken — eher taktiert, nicht etwa strategisch geplant.

Bei all diesen Machtkämpfen wurde darüber hinaus selten genug nach dem Willen der Bevölkerung gefragt; allenfalls wurden bestimmten Bevölkerungsgruppen gewisse Begehren unterstellt, die typischerweise folgendermaßen charakterisiert werden können: Sie paßten auf der einen Seite in das politische Programm und zum anderen in die Mentalität der betroffenen Gruppen. Und hinsichtlich der Anliegen bleibe es im Rahmen dieser Ausführung dahingestellt, ob sie zu Recht oder zu Unrecht als unterstellt bezeichnet wurden.

Eine weitere Wurzel der zurückgebliebenen Entwicklung Perus ist, daß weite Teile der Bevölkerung bis vor kurzem und in charakteristischem Maße heute noch überwiegend unmündig waren und in einer gewissen selbstzufriedenen Genügsamkeit „dahinvegetierten“. So überhaupt war es nur möglich, daß die Machtquerelen in dieser Ungestörtheit durchgeführt werden konnten.

Und dann diese bis heute letzte Zäsur durch die Machtergreifung des Militärs im Oktober 1968, nach der sich für das Land immer sichtbarer eine Phase abzuzeichnen beginnt, in der wohldurchdachte Überlegungen zur Wohlstandsmehrung von Bevölkerung und Land die kurzsichtigen Parolen von gestern ersetzen.

II.

Die politische Entwicklung in Peru kann gekennzeichnet werden durch den permanent schwelenden Konflikt zwischen der Alianza Popular Revolucionaria Americana (APRA) und den Militärs, die sich bis vor wenigen Jahren noch nicht als eine Partei in Uniform verstanden, die aber jederzeit bereit waren, als bis dahin mehr oder weniger latenter Machtfaktor aus ihrer Reserve zu kommen und in die Politik einzugreifen, wann immer sie es für richtig hielten.

Dabei verfolgten sie zwar ihre eigenen und auch vordergründigen Interessen, ihr Auftreten kann aber noch nicht als parteipolitisch bezeichnet werden; vielmehr wollte das Militär durch sein Eingreifen einer bestimmten Partei, die ihr genehm war, zu einer regierungsfähigen Basis verhelfen.

Zur Klassifikation des Machtwechsels von 1968 seien folgende spezielle Überlegungen vorangeschickt. In aller Regel gehen der Realisierung eines Unternehmens intellektuelle Aktivitäten voraus, die in — grob gesprochen — zwei Phasen eingeteilt werden kann

1. die genetische, kreative und
2. die abwägende, entscheidende.

Dabei gilt im relativ zufallsfreien Normalfall, daß sich die beiden Phasen u. a. immer dann länger hinziehen, wenn die Bedeutsamkeit des Projektes (qualitativer Aspekt) und der Umfang der Zielgruppe (quantitativer Aspekt) zunehmen.

Die Entscheidung der Militärs, nicht länger „nur“ als feldgraue Eminenz auf die Geschicke des Staates Einfluß zu nehmen, kam — was den physischen Akt der Realisierung betrifft — verhältnismäßig überraschend, wenngleich nicht ohne fundierte intellektuelle Vorarbeit[1]. Zugleich muß festgestellt werden, daß die Richtung, aus der diese Änderung kam, „von oben" heißen muß; und so resultiert aus den Charakteristika dieser drei Kriterien die Dauerhaftigkeit und Kontinuität der bisherigen Regierungszeit der Militärs:

1. Evolutionscharakter im Hinblick auf die Prärealisationsphasen,
2. Revolutionstendenzen im Hinblick auf die eigentliche Realisation und
3. diktatorische Demokratie — als praktizierte Mischung von 1. und 2. — seitdem.

Systemtheoretisch gesprochen handelt es sich um eine noch nicht klassifizierte und mit Begriff versehene Mischform, die orthographisch so zu beschreiben wäre: Re-Evolution und die von oben.

Die Militärs waren seitdem nicht länger die konservativen Wahrer traditioneller Strukturen[2]. Sie zeigten und zeigen sich als eine planvoll und zielorientiert arbeitende, sozialreformerische Gruppe mit deutlich erkennbaren revolutionären Tendenzen, was die Inhalte und Ziele, und eher evolutionären Tendenzen, was den Planungs- und Zeithorizont betrifft.

III.

Mit der politischen Entwicklung stehen in ursprünglicher, wechselseitiger Beziehung die Probleme des wirtschaftlichen Bereichs. Aus diesem soll hier derjenige Sektor herausgegriffen werden, dem im Konnex mit Entwicklungspolitik, Entwicklungshilfe, Technologietransfer etc. besonderes Gewicht beigemessen wird und dem auch vom Sprachgebrauch her entsprechend Rechnung getragen wird[3]: der Industriesektor.

---

[1] An der bekannten Militärschule in Lima, dem 1956 gegründeten Centro de Altos Estudios Militares (CAEM), wurde der Unterricht über die rein militär-taktische und -technologische Wissensvermittlung hinaus ausgeweitet auf die Ausbildung in administrativen, sozialwissenschaftlichen, insbesondere ökonomischen und naturwissenschaftlichen Problemen. Die Bedeutung dieses geistigen Kapitals kann daran abgelesen werden, daß immer wieder Dozenten dieser Schule — unter anderem in- und ausländische Professoren — in den Beraterstab der Militärregierung berufen werden.

[2] *Schlootz*, J.: Die Reformpolitik der Regierung Velasco und der Modellcharakter der nationalen Entwicklung Perus für Lateinamerika, Veröffentlichung der Stiftung Wissenschaft und Politik, Forschungsinstitut für internationale Politik und Sicherheit, Eggenberg 1972, S. 17; im folgenden zitiert als: Die Reformpolitik Perus.

[3] „Industrieländer" ist der konträre Begriff für „Entwicklungsländer". Gegen den Begriff Entwicklungsländer, insbesondere gegen den Umkehrschluß wendet sich *Voigt*, F.: Entwicklungspolitik, unveröffentlichtes Manuskript, Bonn o. J., wenn er weder von „unterentwickelten" noch von „nicht-industrialisierten Ländern" spricht. Seine Umschreibung „in der Entwicklung zu-

Die Situation in diesem Sektor insbesondere der verarbeitenden Industrie läßt sich wie folgt charakterisieren: Noch überwiegen jene Industrien, die in der ersten Phase des Industrialisierungsprozesses einen besonderen Wachstumsimpuls erhalten. Dies sind die Nahrungs- und Genußmittelindustrie, die Leder- und Textilindustrie und, allerdings weniger gewichtig, die holzverarbeitende Industrie[4]. Daß der theoretische Regelfall des Entwicklungsprozesses eines Landes im Stadium der Industrialisierungsphase — wie es *Voigt* in die wissenschaftliche Literatur eingebracht hat — von der Basis ausgehend seinen weiteren Verlauf nimmt, wird von den Mitgliedern der peruanischen Regierung auch für ihr Land als zutreffend angesehen und dem wird im Decreto Ley Nr. 18350[5] vom 30. Juli 1970 Ausdruck verliehen.

Allmählich erst, von der Militärregierung mittlerweile verstärkt gefördert, entwickelten sich weiterverarbeitende Industrien mit dem Hauptzweck, die im Lande gewonnenen Rohstoffe noch vor dem Export zu Halbfertig- oder Fertigprodukten zu machen. Dadurch könnte Peru nämlich noch stärker aus der typischen Rohstoffabhängigkeit eines Entwicklungslandes herauskommen. Zugleich würde der Absatz der bereits verarbeitet angebotenen Exportgüter weniger elastisch auf den Weltmarktpreis reagieren und schließlich würde diesen Gütern etwas von ihrer Transportkostenempfindlichkeit genommen.

Ein außerordentlich gewichtiges Problem beim Aufbau einer weiterverarbeitenden Industrie liegt vor allen Dingen in einem Mangel an ausgebildeten Arbeits- und Fachkräften, denn der Fortgang des Industrialisierungsprozesses postuliert vom Produktionsfaktor Arbeit primär mehr Qualität. So wird deutlich, daß eine einzelne Reformmaßnahme nie den gewünschten Erfolg zeitigen kann; immer müssen zunächst oder spätestens zugleich einige Fundamental- i. S. von Minimalbedingungen erfüllt sein, zu denen unter anderem, aber vorrangig, die Infrastruktur und die allgemeine Ausbildung des „human capital“ zählen. Die Bewältigung dieser Grundproblematik ist weitestgehend eine Frage der Kapitalbeschaffung.

Kapital wird aber auch für die Unternehmen und Betriebe selbst und insofern noch vordringlicher gebraucht, als die peruanischen Industrien zunächst einmal den internationalen Standard insbesondere in technologischer Hinsicht erreichen müssen, um dann noch — darauf aufbauend —

rückgeblieben“ ist zwar langatmig, aber für das betroffene Land und den Tatbestand realistisch — wenngleich unspezifiziert — und, was auch in dieser Dimension entwicklungspsychologisch von Wichtigkeit ist, nicht verletzend.

[4] *Voigt*, F.: u. a. Verkehr II/2, Berlin 1965, S. 1112 f.

[5] Ley General de Industrias (Industriegesetz).

gezieltes capital deepening[6] und capital widening[7] zu betreiben; denn nur so läßt sich im weltweiten Wettbewerbsfeld nachhaltig ein Erfolg erzielen.

IV.

Ungeachtet dieser bekannten und deshalb nur kurz skizzierten Kapitalprobleme setzten die Militärs ein Reformmodell in Gang, dessen Kosten — bei ordentlicher Besorgung des Vorhabens und aller damit verbundener Maßnahmen — bei weitem das Niveau überschreiten, das für sogenannte Entwicklungsländer noch vertretbar erscheint.

Welche Überlegungen waren Triebkraft genug, ein in nationaler wie internationaler Sicht so ergeiziges Programm realisieren zu wollen? Die Ausgangsdaten und der ideologisch-philosophische Hintergrund mögen hierüber Auskunft erteilen.

Eine Momentaufnahme der Situation Perus im Augenblick der Machtübernahme durch das Militär zeigt deutlich, wie chancenreich die Datenkonstellation für ein derartiges Vorhaben war:

1. in den meisten Bereichen mangelhafte Entwicklung des Landes,
2. imperialistische Aktivitäten ausländischer Mächte und die dadurch bedingte Abhängigkeit von diesen und schließlich
3. die Machtkonzentration im Inland in allen für die Entwicklung des Landes relevanten Bereichen.

Entsprechend zielten die wesentlichsten Postulate der Militärjunta nach ihrer Machtübernahme auf die folgenden Punkte:

1. Eine umfassende, sich selbst tragende Industrialisierung, die zum einen die Arbeitslosigkeit und die teilweise Unterbeschäftigung im Lande beseitigen, zum anderen durch rationelle Nutzung der nationalen Reichtümer den Lebensstandard der Bevölkerung verbessern und schließlich Peru Anschluß an die entwickelten Industriestaaten finden lassen soll.
2. Eine rigorose Umwandlung der sozialen Strukturen, damit dem oligarchischen Gesellschaftsgefüge mit den dadurch bedingten und z. T. bewußt geförderten krassen Gegensätzen zwischen arm und reich ein Ende gesetzt werde.

[6] Ausfluß dieser Strategie im Falle Perus: Intensivierung der Produktion von Erzeugnissen mit landesspezifischen komparativen Rohstoff- und Verarbeitungsvorteilen.

[7] Erschöpft sich gänzlich im Auffangen des Bevölkerungswachstums bzw. des damit verbundenen Anstiegs der Erwerbstätigen; die zusätzlichen Migrationszuwächse an der Costa können dabei weder ökonomisch noch sozial integriert werden.

3. Das rigorose Bestreben im Zuge des neuen Bewußtwerdensprozesses, der „Peruanisierung“, aus der umfassenden Abhängigkeit zu gelangen, die — nach dem Verständnis des Militärs — gleichbedeutend ist mit Unterentwicklung[8].

Die Verfolgung ganz ähnlicher Ziele ist auch aus anderen Ländern bekannt. In Peru jedoch erregen die, zumindest für diesen Ländertyp, neuartigen Instrumente Interesse. In Ruhe und Frieden wurde — so widersprüchlich es klingen mag — ein revolutionärer Prozeß eingeleitet, für den die alternative Fragestellung „Kapitalismus oder Kommunismus“ nicht zutreffend ist.

Die grundlegenden Probleme, so argumentiert die Militärregierung, sind im Zeichen des Kapitalismus erwachsen. Der Kapitalismus kann daher keine geeigneten Mittel zur Überwindung dieser selbstgeschaffenen Unzulänglichkeiten bieten. Von daher gesehen muß festgestellt werden, daß sich das angestrebte sozio-ökonomische Ordnungssystem von kapitalistischen bzw. marktwirtschaftlichen Ausprägungen entfernt.

Dies muß jedoch nicht zwangsläufig bedeuten, daß es nun zu einer Hinwendung zu kommunistischen Kategorien kommt. Vielmehr hat sich die konkrete Realität des Kommunismus als politisches, wirtschaftliches und gesellschaftliches System nach vielen Jahrzehnten der Praxis in anderen Ländern mit totalitären und bürokratisierten Gesellschaften als unfähig erwiesen, die freie Entfaltung des Menschen nach allen Richtungen zu garantieren. Die Intoleranz, der Totalitarismus und die Verbürokratisierung sind — im unwiderruflichen Licht der historischen Erfahrung — strukturelle Fehler der kommunistischen Gesellschaft und nicht einfache sekundäre Deformationen[9].

Aus dieser klaren Einsicht heraus kann auch dieses System für die Regierung in Peru kein Vorbild sein. Der Weg Perus grenzt sich insofern also auch ganz eindeutig gegen den Kommunismus ab. Velasco selbst formulierte dies einmal so: „Wir sind daher weder kommunistische Anti-Kapitalisten noch kapitalistische Anti-Kommunisten[10].“

Ausgangspunkt der Überlegungen, die zur Beschreitung eines eigenen Weges führten, war die Überzeugung, daß die in diesem konkreten sozialen, ökonomischen und kulturellen Rahmen erwachsenen Probleme mit all ihren komplexen aber eben typisch peruanischen Erscheinungen

---

[8] Rede von Präsident Velasco, Conferencia Anual des Ejecutivos (CADE) 1970, deutsche Übersetzung der Deutsch-Peruanischen Industrie- und Handelskammer (DPIHK), Lima o. J., S. 3.

[9] Rede von Präsident Velasco, CADE 1970, deutsche Übersetzung der DPIHK, a.a.O., S. 5.

[10] Ebenda, S. 5.

nur durch eine eigene Lösung bewältigt werden könnten[11]. Für das Verständnis der Militärs stellt sich die Unterentwicklung Perus als eine historische Realität dar, deren Probleme in dieser Ausprägung im tiefsten und weitesten Sinne eben nur diesem Land, dieser Wirtschaft, Gesellschaft usw. eigen sein können. Für diese konkrete, historisch bedingte Ausprägungsform der politischen, gesellschaftlichen und ökonomischen Realitäten Perus gibt es keinen Präzedenzfall, nach dessen Muster die eigenen Probleme gelöst werden könnten. Die geschichtlich gewachsene Situation stellt sich heute derart differenziert dar, daß auf ein Vorbild nicht zurückgegriffen werden kann. Der von der Militärregierung eingeleitete revolutionäre Prozeß hat daher eine einmalige, nicht wiederholbare und selbständige Ausprägung erfahren, die sich von jedem anderen revolutionären Prozeß auf jedem anderen Schauplatz der Welt unterscheidet[12].

Auf dem eigenen Weg zwischen Kapitalismus und Kommunismus streben die Uniformierten, die sich als Humanisten verstanden wissen wollen, eine humane, solidarische Gesellschaft an unter Mitwirkung aller und mit allseits sozialer Gerechtigkeit.

Dieser einen, einzigen Gesellschaftsklasse will diese Revolution zur Macht verhelfen: dem Menschen; so jedenfalls wird es deklariert.

V.

Vor dem Hintergrund dieser Zielvorgabe, nämlich der höchstmöglichen Zahl von Peruanern zu dienen, muß die Annulierung des Vertrages von Talara mit der International Petroleum Company (IPC) am 4. Oktober 1968 mit all ihren Konsequenzen gesehen werden. Auch die ITT konnte der Verstaatlichung nicht entgehen.

Die „Peruanisierung" im ökonomischen Bereich bedeutet also zahlenmäßig ausgedrückt: der peruanische Kapitalanteil muß mindestens 51 % erreichen. In Unternehmen, die bereits ausschließlich oder ganz überwiegend mit nationalem Kapital ausgestattet sind, darf ausländisches Kapital nur nach Genehmigung durch das Industrie- und Handelsministerium und maximal bis zu einem Drittel-Anteil einfließen.

---

[11] Eigene Wege wurden schon andernorts und früher beschritten. Vgl. *Tripp*, G. M.: Theorie und Realität zur Konzeption des Dritten Weges am Beispiel Mexiko; in: Mansilla, H. C. F. (Hrsg.): Probleme des Dritten Weges — Mexiko, Argentinien, Bolivien, Tansania, Peru; Darmstadt 1974, S. 11. Doch wurden solche Wege i. d. R." bislang einem Konzept weltweiten „Nasserismus" zugeordnet oder als irrelevante Varianten der in ihren Ursprungsländern jeweils herrschenden traditionellen Gesellschaftsordnungen angesehen". (1. Umschlagseite des eben zitierten Buches)

[12] Rede von Präsident Velasco, CADE 1970, a.a.O., S. 7.

Nach der knappen und unmißverständlichen Behandlung des Auslands widmet sich das Gesetz — wie jedes echte Reformwerk nationalistischer Prägung — ausschließlich den rein inländischen Belangen. Zunächst wird die gesamte Industrie in Prioritätsstufen eingeteilt.

Die erste Prioritätsstufe umfaßt

a) die Grundindustrie,

b) bestimmte Industrien, Hersteller von Kapitalgütern und anderen Grundstoffen für die industrielle Verarbeitung und

c) Unternehmen mit eigenen technologischen Entwicklungsvorhaben (Unternehmen, die industrielle Forschungs- und Entwicklungsprogramme durchführen)[13].

Die zweite Prioritätsstufe umfaßt die Produzenten der für die Bevölkerung lebensnotwendigen Güter[14] und Produzenten von Halb- und Fertigwaren für die Industrie[15].

Die dritte Prioritätsstufe wird vom Gesetzgeber als Komplementärindustrie bezeichnet. Zu dieser werden alle Unternehmen gezählt, die nicht-lebensnotwendige Güter herstellen.

Schließlich werden in der vierten Prioritätsstufe die Produzenten von Luxusgütern und anderen überflüssigen Gütern erfaßt.

Neben dieser grundsätzlichen Einteilung nach Prioritäten wird eine sektorale Zuordnung der Industrien vorgenommen. Danach kann sich im Bereich der Grundindustrie nur der staatliche Sektor betätigen. Dem staatlichen Sektor ist es weiter vorbehalten, sich allein oder auch als Partner in den übrigen Bereichen zu betätigen, allerdings nur wenn dadurch die stetige und sich selbsttragende industrielle Entwicklung des Landes gefördert wird.

Neben dem statlichen Sektor existieren nach wie vor der private Sektor, zu dem alle natürlichen und juristischen Personen gehören, und der genossenschaftliche Sektor für Industrieunternehmen, die im gesellschaftlichem Eigentum stehen[16].

---

[13] Dem Gesetz ist ein ausführlicher Katalog beigefügt, in dem erschöpfend die jeweils zugehörigen Produktionszweige und Produktgruppen aufgezählt sind.

[14] Es handelt sich hierbei um die sogenannte soziale Sekundärindustrie. Sie befriedigt wichtige industrielle und kollektive Bedürfnisse der Bevölkerung; diese Industrie umfaßt z. B. Ernährung, Bekleidung, Wohnung, Gesundheit, Erziehung, Kultur, Erholung und Verkehr.

[15] Sie umfaßt z. B. Landwirtschaft, Viehwirtschaft, Fischerei, Bergbau, Energiewirtschaft, Bauwirtschaft, Industrie, Transport- und Fernmeldewesen.

[16] Diese Unternehmen unterliegen einer besonderen Gesetzgebung. Nur in Ausnahmefällen kann sich der private und/oder der genossenschaftliche Sektor auch im Bereich der Grundindustrie betätigen.

Um die bereits bestehende industrielle Aktivität zu dynamisieren und die Bildung neuer Industrieunternehmen zu fördern, um dadurch schließlich eine stetige und sich selbsttragende industrielle Entwicklung in Gang zu setzen, wurden verschiedene Förderungsmaßnahmen festgelegt, die von Prioritätsstufe zu Prioritätsstufe differenziert werden, wobei die erste Prioritätsstufe auch die stärkste Förderung erfährt und die vierte gar keine mehr.

So werden Zollerleichterungen für notwendige Importe gewährt. Es werden über steuerliche Maßnahmen Reinvestitionsanreize gegeben. Staatliche Entwicklungsbanken räumen günstige Kredite ein. Darüber hinaus läßt der öffentliche Sektor den beiden ersten Prioritätsstufen administrative[17] und technologische Förderung zuteil werden.

Die Vergünstigungen werden noch spürbarer, wenn die neu zu gründenden Unternehmen und/oder Betriebe die Dezentralisierungsbestrebungen des Staates berücksichtigen.

In jedem Fall werden sämtliche Unternehmen des Industriesektors alle zwei Jahre einer Qualifikationskontrolle unterworfen. Die höchste Qualifikation erreicht ein Unternehmen mit 80 Punkten. Es muß dann jedes Qualifikationskriterium voll erfüllt haben, wofür es jeweils 20 Punkte erhält. Die vier Qualifikationsmerkmale sind:

1. das nationale Kriterium (u. a. peruanischer Anteil am Gesellschaftskapital),
2. soziales Kriterium (u. a. Leistungen an und Einrichtungen für den Arbeitnehmer),
3. wirtschaftliches Kriterium (z. B. Anzahl der beschäftigten Arbeitskräfte, Höhe der Lohnbezüge, input-output Relation),
4. technologisches Kriterium (z. B. Stand der Technologie, Fachpersonal).

Die Überprüfung, ob und in welchem Maße die verschiedenen Kriterien von den einzelnen Industrieunternehmen erfüllt werden, bedeutet aber nicht nur Kontrolle. Zugleich soll dadurch — gleichsam auf übergeordneter Ebene — ein Wetteifern unter den Unternehmen ausgelöst werden, für das es dann entsprechend der Qualifikation weitere steuerliche Preise und Ehrenpreise gibt.

Ferner regelt dieses Gesetz neben den Abschnitten über das industrielle Urheberrecht, über die technische Forschung, die technischen Normen und die abschließenden Straf-, Übergangs- und Ergänzenden Bestimmungen die umfassende Beteiligung der Arbeitnehmer und den damit eng zusammenhängenden Komplex der Betriebsgemeinschaft.

---

[17] Hierunter wird vor allen Dingen eine Beratung über die industriellen, kommerziellen und finanziellen Möglichkeiten verstanden.

VI.

Im Kapitel VII des 2. Teils des Allgemeinen Industriegesetzes wird die „Beteiligung der Arbeitnehmer" abgehandelt. Zu diesem Begriff ist erläuternd in definitorischer Hinsicht das folgende zu sagen:

Im spanischen Originaltext ist von „participación" die Rede. Auch im französischen Sprachbereich ist dieses Wort bekannt; es wird meist mit „Mitbestimmung" übersetzt. Auf die vielfältigen Bedeutungen des Wortes „Partizipation" soll hier aber nicht eingegangen werden. Im Hinblick auf die Artikel des hier zu behandelnden Gesetzestextes erscheint die Übersetzung „Beteiligung" als die logisch richtige, da dieser Begriff in den hier erforderlichen Wortkombinationen (Gewinnbeteiligung, Kapitalbeteiligung, Beteiligung an der Unternehmensführung = Mitbestimmung) Anwendung finden kann.

1. Während die bisherige Beteiligung der Arbeitnehmer am Betriebs- bzw. Unternehmensgeschehen 1. allein auf eine Gewinnbeteiligung bezogen war und diese 2. nach einer Dienstzeitstaffelung berechnet wurde, schreibt das neue Gesetz verbindlich eine direkte und eine indirekte *Gewinnbeteiligung* unabhängig von der Dienstzeit des allerdings vollbeschäftigten[18] Arbeitnehmers vor, mit der automatisch eine Miteigentums- und -bestimmungskonsequenz verbunden ist.

Zur Ausschüttung bei der *direkten* Gewinnbeteiligung gelangen 10 % des im jeweils verflossenen Geschäftsjahr erzielten Reingewinns, die wie folgt ausgeschüttet werden:

a) 50 % des auszuschüttenden Betrages werden gleichmäßig pro Kopf ausgezahlt, und

b) die restlichen 50 % werden in direktem Verhältnis zu den persönlichen Grundgehältern ausgezahlt.

Ausdrücklich wird dabei im Artikel 234 der Ausführungsbestimmungen zum Allgemeinen Industriegesetz (AAI) darauf hingewiesen, daß nur solche Arbeitnehmer in den Genuß dieser Gewinnbeteiligung kommen, die wirkliche und tatsächliche Anstrengungen unternommen haben, um diejenigen Pflichten zu erfüllen, die ihre Beschäftigung mit sich bringt.

Der zuletzt zitierte Artikel erlaubt also eine gewisse Differenzierung in der Behandlung der Arbeitnehmer bei der Ausschüttung der Gewinnanteile. Bei mangelhafter oder ungenügender Pflichterfüllung entscheidet die Betriebsgemeinschaft über den auszuschüttenden Betrag.

---

[18] Als vollbeschäftigt gelten die Arbeitnehmer, die ganztägig im Unternehmen beschäftigt sind.

Die vollbeschäftigten Arbeitnehmer eines Betriebes kommen darüber hinaus im Rahmen der *indirekten* Gewinnbeteiligung in den Genuß desjenigen Gewinnes, der aus der progressiv, bis zu 50 % anwachsenden Beteiligung der Betriebsgemeinschaft[19] am Unternehmenskapital stammt.

Diese über die direkte Gewinnbeteiligung hinausgehende Teilhabe stellt die Überleitung dar zu den beiden restlichen Beteiligungsformen, an die teilweise umfangreichere Bestimmungen gekoppelt sind.

2. Die Miteigentumsrechte der Arbeitnehmer werden durch die eben erwähnte Industrielle Betriebsgemeinschaft wahrgenommen. Um nicht den Rahmen dieses Beitrages zu sprengen, wird darauf verzichtet, Rechte und Pflichten der Betriebsgemeinschaft und ihrer Mitglieder aufzuzeigen. Ferner erübrigt sich hier die Darstellung des Ablaufes von Leitung, Verwaltung und Kontrolle; und schließlich soll auch nicht näher auf die Funktionen des Betriebsrates und Direktoriums eingegangen werden.

Wichtig im Hinblick auf die *Eigentumsbeteiligung* ist die Gesetzesregelung, daß das Vermögen der Betriebsgemeinschaft fortlaufend aus dem jährlichen Reingewinn des Industrieunternehmens gebildet wird. 15 % des Reingewinnes nämlich werden zugunsten der Betriebsgemeinschaft in das jeweilige Unternehmen reinvestiert. Nur wenn die Reinvestition im eigenen Unternehmen aus irgendwelchen Gründen nicht sinnvoll erscheint und die 50 % Kapitalbeteiligung am Unternehmenskapital noch nicht erreicht sind, können die 15 % des Reingewinns mit der Zustimmung des Industrie- und Handelsministeriums zum Erwerb von Kapitalanteilen anderer Aktionäre desselben Unternehmens verwendet werden.

Nimmt das Industrieunternehmen seinerseits Reinvestitionen von dem der Unternehmensführung verbleibenden Reingewinn vor, dann wird hieran das Vermögen der Betriebsgemeinschaft entsprechend dem bereits bestehenden Beteiligungsverhältnis am Kapital beteiligt.

Das zu bildende bzw. gebildete Vermögen der Betriebsgemeinschaft besteht aus:

1. den Aktien[20] und Anteilen, die im Rahmen der steuerfreien Reinvestitionen in Höhe von 15 % des Reingewinns des Unternehmens bis

[19] Die Industrielle Betriebsgemeinschaft wird durch die Bestimmung des Artikels 23 im zweiten Teil des Allgemeinen Industriegesetzes geschaffen. Sie ist eine juristische Person des Privatrechts und besteht aus der Gesamtheit aller vollbeschäftigten Arbeitnehmer des jeweiligen Industrieunternehmens, die Löhne oder Gehälter empfangen und tatsächlich dort tätig sind. Gegründet wird die Betriebsgemeinschaft in Unternehmen mit mindestens 6 Beschäftigten oder mit einem Bruttoeinkommen von mehr als 1 Million Soles.

[20] Während die Betriebsgemeinschaft als solche tatsächliche Aktien des Unternehmens erhält, werden diese nicht etwa an die einzelnen Mitglieder der

zum Erreichen einer Beteiligung von 50 % am Gesellschaftskapital erworben werden,

2. den Aktien und Anteilen am Gesellschaftskapital des eigenen Unternehmens, die mit den steuerfreien Beträgen des Reingewinns vor Erreichung der 50 %-Grenze von anderen Aktionären des eigenen Unternehmens erworben wurden, weil eine Reinvestition im eigenen Betrieb nicht sinnvoll erschien,
3. den Anteilen an Investitionen die das Unternehmen seinerseits vorgenommen hat; und zwar in dem Verhältnis, wie es dem Anteil der Betriebsgemeinschaft am Gesellschaftskapital entspricht (siehe oben),
4. den Aktien und Anteilen (sofern es sich um Unternehmen der Grundindustrie handelt: Schuldverschreibungen) anderer Industrieunternehmen, die erworben wurden, als die übrigen gesetzlich vorgesehenen Placierungen der Gewinne nicht durchführbar waren,
5. dem Allgemeinen Fonds der Betriebsgemeinschaft und
6. anderen Mitteln.

Während die Punkte 1 bis 4 keiner weiteren Klärung bedürfen und der Punkt 6 mangels Bedeutung vernachlässigt werden kann, muß doch an dieser Stelle kurz auf den Allgemeinen Fonds der Betriebsgemeinschaft eingegangen werden.

Dieser Allgemeine Fonds besteht aus einem Grundfonds und dem Sonderfonds.

Der Grundfonds umfaßt die Dividenden, Gewinne und Zinsen der erworbenen Aktienanteile und — soweit es sich um Unternehmen der Grundindustrie handelt — Schuldverschreibungen. Hinzu kommen andere Einnahmen, insbesondere der steuerfreie Anteil in Höhe von 15 % des Unternehmensgewinnes, wenn die Betriebsgemeinschaft eine Beteiligung von 50 % am Gesellschaftskapital erreicht hat.

Der Sonderfonds wird nur für den außergewöhnlichen Fall eingerichtet, daß kein Grundfonds vorhanden ist. Er wird für die sogenannte Indemnisation der Arbeitnehmer zur Verfügung gestellt; und zwar in Höhe von nicht mehr als 20 % der Rücklagen. In Peru muß nämlich der Arbeitgeber Rücklagen bilden, um dem Arbeitnehmer bei Beendigung des Beschäftigungsverhältnisses einen Betrag auszahlen zu können[21].

Betriebsgemeinschaft weitergegeben. Vielmehr erhalten die Mitglieder individuelle Aktien, die von der Betriebsgemeinschaft als Gegenwert für die Unternehmensaktien ausgegeben werden. Diese individuellen Aktien sind nicht übertragbar und nur durch die jeweilige Betriebsgemeinschaft einlösbar. Für die Betriebsgemeinschaft besteht bei Beendigung des Beschäftigungsverhältnisses Rückkaufzwang und für den Arbeitnehmer Verkaufszwang.

[21] Dieser Betrag ist gleich dem letzten Monatsgehalt, maximal jedoch 12 000 Soles, multipliziert mit der Anzahl der Beschäftigungsjahre.

Die Verwendung des Allgemeinen Fonds sieht folgendermaßen aus:

1) Unabhängig davon, ob die Betriebsgemeinschaft ein Beteiligungsverhältnis von 50 % am Unternehmenskapital erreicht hat oder nicht, werden
   - Gewinne ausgeschüttet, von denen allerdings 20 % für die Betriebsgemeinschaft und ihre Verwaltungsaufgaben einbehalten werden,
   - die übrigen Verwaltungskosten der Betriebsgemeinschaft gedeckt, die 5 % des jährlichen Fondseinkommen nicht übersteigen dürfen und
   - diejenigen Kosten gedeckt, die gesellschaftliche, kulturelle, berufliche und technische Entwicklung bzw. Förderung der Mitglieder notwendig macht und die weitere 20 % des jährlichen Fondseinkommen nicht übersteigen dürfen.

2) Bevor die Betriebsgemeinschaft ein Beteiligungsverhältnis von 50 % am Gesellschaftskapital erreicht hat,
   - werden aus ihm diejenigen Mitglieder ausgezahlt, die aus der Gesellschaft ausscheiden.

3) Nachdem die Betriebsgemeinschaft ein Beteiligungsverhältnis von 50 % am Gesellschaftskapital erreicht hat,
   - werden ausscheidende Mitglieder ausbezahlt, sofern sie im Besitz von Aktien der Betriebsgemeinschaft sind,
   - werden daraus die Aktien zurückgekauft, die sich im Besitz der ausscheidenden Mitglieder befinden,
   - wird daraus investiert
     - im eigenen Unternehmen, sofern das Gesellschaftskapital erhöht wird und das Beteiligungsverhältnis am Gesellschaftskapital erhalten bleiben soll
     - indem Schuldverschreibungen des Staates gekauft werden
     - in neue Industrieunternehmen oder in die Erweiterung bereits bestehender Industrieunternehmen,
   - werden Auszahlungen aus dem Allgemeinen Fonds vorgenommen für Dividenden, Gewinne und Zinsen für all die Arbeitnehmer, die im Besitz von Aktien der Betriebsgemeinschaft sind und für alle neu in das Unternehmen eintretende Arbeitnehmer, die noch keine Aktien erhalten haben.

3. Von *Mitbestimmung* ist expressis verbis weder im Allgemeinen Industriegesetz noch in seinen Durchführungsbestimmungen noch im Gesetz über die Industrielle Betriebsgemeinschaft die Rede. Das allerdings, was mit Art. 28 des Allgemeinen Industriegesetzes angekündigt wird, daß

nämlich mindestens ein Repräsentant der Betriebsgemeinschaft — bei staatlichen Unternehmen der Grundindustrie zwei — Mitglied des Direktoriums werden muß, wird in Verbindung mit den Art. 3, 13, 33, 35 und 44 des Gesetzes über die Industrielle Betriebsgemeinschaft und in Verbindung mit Art. 243 der Ausführungsbestimmungen konkretisiert.

Bei den zunächst genannten Artikeln handelt es sich überwiegend um die Rechte und Pflichten der Betriebsgemeinschaft bzw. ihrer Mitglieder, die deutlich die Beteiligung an der Unternehmensführung erkennen lassen:

a) Stärkung des Unternehmens

   — durch die einheitliche Aktion der Belegschaft in der Unternehmensleitung und

   — durch Anreize zu konstruktiven Formen des Verhältnisses zwischen Kapital und Arbeit

b) Vereinte Bemühungen zur Entwicklung des Unternehmens

c) Beratung und Überwachung der Vertreter der Betriebsgemeinschaft im Direktorium.

Die letzten drei Artikel sind mehr quantitativen Inhalts. Sie geben Auskunft darüber, wie sich rein zahlenmäßig die Mitbestimmung vollzieht.

Grundsätzlich wächst die Anzahl der Vertreter der Betriebsgemeinschaft im Direktorium im Verhältnis der Beteiligung der Betriebsgemeinschaft am Gesellschaftskapital. Dabei übersteigt das Beteiligungsverhältnis aber nicht die Parität. Nach unserem Sprachgebrauch endet die Mitbestimmung in Peru also mit der qualifizierten Mitbestimmung. Das Erreichen dieses Punktes ist allerdings abhängig vom Zuwachs der Kapitalbeteiligung seitens der Betriebsgemeinschaft. Damit muß die Mitbestimmung des peruanischen Gesamtmodells im funktionalen Zusammenhang mit der Eigentumsbeteiligung gesehen werden, wenn von der „Grundbeteiligung" mindestens eines Mitgliedes der Betriebsgemeinschaft unabhängig vom Kapitalbeteiligungsverhältnis einmal abgesehen wird.

VII.

Wenn die Gewinn- und Kapitalbeteiligung der Arbeitnehmer für eine ganze Nation kraft Gesetzes verfügt wird, dann kann davon ausgegangen werden, daß gesamtwirtschaftliche Zielsetzungen im Vordergrund der Überlegungen stehen. Dies bedeutet nicht, daß die mehr betriebswirtschaftlich relevanten Effekte nicht auch eine Rolle spielten. Im Gegenteil, sie werden mit Einführung eines solchen Gesetzes automatisch wirksam und bilden damit die Basis der Legislative.

Eine so verfügte monetäre Beteiligung der Arbeitnehmer muß dann aber in erster Linie als ein Instrument der Vermögenspolitik angesehen werden. Dies bedeutet auch und gerade im Falle Perus, daß eine „breiter gestreute" Vermögensverteilung eingeleitet und durchgeführt werden soll, um den noch relativeren Begriff „gerecht" zu vermeiden.

Nicht nur die Bevölkerung sondern auch die Wirtschaftskraft ist — wie eingangs dargestellt — einseitig verteilt. So sind auch die Reichen überwiegend in der Costa angesiedelt, umgeben von einem Heer von Armen und Ärmsten. Dem Abbau dieser erschreckenden Kluft, d. h. positiv ausgedrückt, der Schaffung einer ausreichend starken und gesunden Mittelschicht dient diese gesetzliche Fixierung einer Vermögenspolitik über die Gewinn- und Kapitalbeteiligung.

Die Gesetzgeber waren sich zugleich darüber im klaren, daß sie — übrigens ähnlich wie bei der Agrarreform — mit diesen Rechtsinstituten vor allem die unzufriedenen, seit Jahren und Jahrzehnten in unreflektierter Abhängigkeit arbeitenden Klassen ansprechen.

Dieser Vorstoß der Militärregierung geschieht also auch nicht ausschließlich in einer ökonomischen Absicht, sondern es ist klar erkennbar, daß sie politisches Kapital sammeln will.

Gerade bei einer so starken Außenhandelsabhängigkeit, aus der sich Peru gerade im Begriffe ist zu lösen, ist jeder Impuls zur Leistungssteigerung wünschenswert. Durch diese Beteiligung wird auch die Leistungskraft des Unternehmens in eine positive Korrelation mit dem individuellen Streben des Arbeitnehmers nach Wohlstand gebracht. Hierdurch kann dem Einzelnen das nahe gebracht werden, was auf der gesamtwirtschaftlichen Ebene ebenfalls erreicht werden soll: Durch das Leistungs- und insbesondere das Belohnungserlebnis wird jedem einzelnen die Chance aufgezeigt, daß es zumindest ab sofort auch in sozialer Hinsicht eine vertikale Mobilität gibt.

Grundsätzlich ist — je nach der konkreten Ausgestaltung des Beteiligungssystems — auch mit einer Verbesserung des Betriebsklimas zu rechnen, was wiederum von ganz wesentlicher Bedeutung für die Betriebsleistung an sich ist.

Die Vorteile, die unter personalpolitischem Aspekt des öfteren in der Literatur angeführt werden, insbesondere die weniger starke Mobilität des Produktionsfaktors Arbeit in ökonomischer Hinsicht, müssen aber auch den Nachteilen gegenübergestellt werden, deren gewichtigster kurz genannt werden soll: Konzentrationstendenzen des Produktionsfaktors

Arbeit auf die besonders rentabel arbeitenden Unternehmen. Mit diesen Schwierigkeiten hat auch das jugoslawische System der Selbstverwaltung immer wieder zu kämpfen[22]. Auch in Jugoslawien zeigte und zeigt sich noch heute sehr deutlich, daß die Leistungskraft eines Unternehmens nicht nur aus sich heraus bestimmt, sondern auch ganz wesentlich von ihrer regionalen Einbettung abhängig ist, was auch die verkehrliche Erschließung beinhaltet; denn wenn schon kein genügend ergiebiger Markt in unmittelbarer Umgebung des Unternehmens vorhanden ist, dann kann dieser durch ein hochwertiges Verkehrssystem geschaffen werden[23].

Was schon für die Ebene „Unternehmen — Arbeitnehmer" gesagt wurde, gilt noch persönlicher auch für das Spannungsverhältnis „Arbeitgeber (Unternehmer) — Arbeitnehmer". Dadurch, daß nicht länger dem Arbeitgeber (Unternehmer) allein der Gewinn aus dem Kapitaleinsatz zufließt, wird die bestehende soziale Spannung abgebaut.

So kann es mit der neuen Mittelschicht, die gerade geschaffen werden soll, zu einer partnerschaftlichen Zusammenarbeit kommen, ohne daß in größerem Maße neue Klassengegensätze entstehen müssen. Wenn zugleich die bestehenden abgebaut würden, wäre ein weiteres Hauptziel der Gewinn- und Kapitalbeteiligung im Rahmen dieser Gesetzgebung erreicht.

Was die Kritiker immer wieder als Kern des Allgemeinen Industriegesetzes herausstellen, ist die Vermutung, daß dieses Gesetz vor allem dem Nationalismus und der Verstaatlichung diene. Im Vordergrund ständen also ideologische und nicht etwa ökonomische Gedankengänge, wie es eigentlich in einem Industriezweig zu erwarten wäre.

Bei genauerem Hinsehen jedoch zeigen sich sehr wohl die tief einschneidenden ökonomischen Grundsätze, die zu erläutern und in den Vordergrund zu stellen Präsident Velasco und seine Minister große Mühe hatten. Immer wieder wurde von Regierungsseite darauf hingewiesen, daß die Rechte des Produktionsfaktors Kapital nicht beschnitten werden sollen, weil diese Rechte als ökonomisch sinnvoll und mithin auch als legitim anzusehen sind.

Im selben Atemzug wird aber darauf verwiesen, daß der Produktionsfaktor Arbeit als die ursprüngliche Quelle des Reichtums anzusehen ist, so daß mit dieser Aussage die eben deklarierte Anerkennung der Kapitalgewinne wieder relativiert wird.

---

[22] *Internationales Arbeitsamt:* Die Arbeiterselbstverwaltung in den Betrieben Jugoslawiens, Genf 1962, S. 286 f. und S. 323 f. Im übrigen sei an dieser Stelle darauf hingewiesen, daß das peruanische Modell im engen Gedanken- und Erfahrungsaustausch mit jugoslawischen Fachleuten erarbeitet wurde.

[23] *Voigt,* F.: u. a. Verkehr I/1, Berlin 1973, S. 9.

Unter Kapitel VII „Die Beteiligung der Arbeitnehmer" des Allgemeinen Industriegesetzes ist zunächst nur von einer Beteiligung der Arbeitnehmer am Gewinn die Rede; und auch am Ende dieses Kapitels erfolgt lediglich der kurze Hinweis, daß die Arbeitnehmer darüber hinaus noch in den Genuß eines weiteren Gewinnes kommen, der aus der progressiven Beteiligung der Betriebsgemeinschaft am Unternehmenskapital — nämlich bis zu einer Höhe von 50 % — herrührt. Im darauffolgenden Kapitel VIII „Die Betriebsgemeinschaft" findet diese Aussage ihre Erläuterung: Der vollbeschäftigte Arbeitnehmer wird über die Betriebsgemeinschaft auch am Unternehmenskapitel beteiligt. Von Mitbestimmung ist nicht die Rede.

Während die Beteiligung der Arbeitnehmer am Reingewinn des Unternehmens grundsätzlich über allen Ideologiestreit hinweg als gerechtfertigt angesehen werden kann — daran ändert auch nichts, daß die Beteiligungsquote strittig bleibt — ist die Beurteilung der Eigentumsbeteiligung der Arbeitnehmer, die mit 15 % des Reingewinns über die Betriebsgemeinschaft erfolgt, schon wesentlich kritischer. Denn diese Eigentumsbeteiligung muß auf den ersten Blick als rein sozialistische Gesetzgebung verstanden werden. Allerdings handelt es sich dabei nur um einen „50 %igen Sozialismus", weil die Betriebsgemeinschaft letztlich nicht mehr als die Hälfte des Unternehmenskapitals erhält.

Die Idee und auch die Praxis, die Arbeitnehmer am Vermögen des Unternehmens zu beteiligen, sind nicht neu. In der Bundesrepublik Deutschland werden schon seit vielen Jahren verschiedene Modelle praktiziert[24], die zum Teil eine deutliche Verwandtschaft mit dem „peruanischen Modell" haben. Allerdings handelt es sich bei den westdeutschen Modellen überwiegend um Modelle im Sinne einer versuchsweisen, einzelwirtschaftlichen Regelung, wogegen das „peruanische Modell" schon aufgrund seiner allgemeinen Rechtsverbindlichkeit weit über den provisorischen Charakter eines Versuchs hinausgeht. Das peruanische Modell will dagegen beispielhaft, verbindlich und richtungsweisend sein. Dies wird auch dadurch dokumentiert, daß eine entsprechende Betonung auf die Verwirklichung der verschiedenen Beteiligungsformen gelegt wird.

Prima vista scheint diese Teilsozialisierung in wenigen Jahren erreicht zu sein, denn immerhin werden jährlich 15 % des Reingewinnes in die Betriebsgemeinschaft eingebracht, die diesen Betrag in der Regel im eigenen Unternehmen reinvestiert und aus dieser Reinvestition als Aktionär wiederum jährliche Gewinne erhält usf. Dieser erste Eindruck täuscht. Es ist aber fraglich, ob diese Bestimmung über die Kapitalbetei-

---

[24] Einen Überblick über derartige Modelle in der BRD gibt *Jungblut,* M.: Nicht vom Lohn allein — Elf Modelle für Mitbestimmung und Gewinnbeteiligung, Hamburg 1973.

ligung kurz als „Sozialisierung“ abgetan werden sollte. Hiervon kann allenfalls dann die Rede sein, wenn dem Gesetzgeber unterstellt werden kann, daß er sich über die Zeitspanne, innerhalb der die 50 %ige Beteiligung erreicht werden sollte, nicht im klaren gewesen ist. Dies ist allerdings bei der oben erwähnten ökonomischen Ausbildung der Generäle nicht zu vermuten.

Wird also folgerichtig von der Annahme ausgegangen, daß diese Eigentumsbeteiligung der Arbeitnehmer doch überwiegend unter ökonomischem Aspekt gesehen werden muß, dann drängt sich die Frage auf: Ist etwa eine breit gestreute Vermögensbildung in Arbeitnehmerhand geeignet, um möglichst rasch und auch dauerhaft eine ökonomische Entwicklung in Gang zu setzen, eine wirtschaftlich relevante Mittelschicht in Peru zu schaffen, die z. Z. noch kaum vorhanden ist?

So gesehen ist die Vermögensbildung für die große Masse der Arbeitnehmer ein echter Anreiz, Stimulans zu einer Arbeitsleistung, worunter „die wirkliche und tatsächliche Anstrengung des Arbeitnehmers in Erfüllung seiner Pflichten, die seine Beschäftigung mit sich bringt, verstanden wird“[25].

Die Eigentumsbeteiligung der Arbeitnehmer muß aber auch noch unter einem ganz anderen Aspekt gesehen werden und deshalb wurde in diesem Abschnitt doch etwas detaillierter darauf eingegangen. Aus dieser Beteiligung wird das Recht der Arbeitnehmer auf eine wachsende Mitbestimmung in der Unternehmensführung abgeleitet. Die Mitbestimmungsregelung stellt sich also dar als eine Funktion der Eigentumsbeteiligung der Arbeitnehmer. Diese Feststellung läßt sich einmal aus der Reihenfolge der Gesetzesbestimmungen schließen. Erst in Kapitel VIII des Allgemeinen Industriegesetzes wird durch den Artikel 28 bestimmt, daß mindestens ein Repräsentant der Betriebsgemeinschaft im Direktorium des Industrieunternehmens seinen Sitz hat. Bis hierher handelt es sich nur um eine vage Andeutung von Mitbestimmung. Im Kapitel VII, wo es um die „Beteiligung der Arbeitnehmer“ expressis verbis geht, findet sich ein derartiger Hinweis überhaupt nicht.

Weiter findet sich dann ein Orientierungspunkt im Artikel 3. b. des Gesetzes über die Industrielle Betriebsgemeinschaft, wo es heißt, daß „die Beteiligung der Belegschaft in der Unternehmensleitung“ zu erfolgen hat, „um deren Rechte und Interessen als Eigentümer ... zu wahren“.

Während sich schließlich Artikel 33. b. des eben zitierten Gesetzes noch einmal fast wörtlich auf Artikel 28 des Allgemeinen Industriegesetzes bezieht, gibt der Artikel 35 endlich einen weiterführenden Hinweis,

[25] Ausführungsbestimmungen zum Allgemeinen Industriegesetz, Artikel 234.

wenngleich indirekt: „Die Zahl der Mitglieder des Betriebsrates ... muß mehr als doppelt so groß wie die Zahl der Vertreter der Betriebsgemeinschaft im Direktorium des Unternehmens sein."

Die endgültige Klärung des zahlenmäßigen Problems wie auch die Herleitung der Mitbestimmung als Funktion der Kapitalbeteiligung erfolgt im Artikel 243 der Ausführungsbestimmungen zum Allgemeinen Industriegesetz. Dort heißt es im Satz 1, daß es zwar eine grundsätzliche Mitbestimmung der Arbeitnehmer in jedem Falle gibt (ein bzw. zwei Vertreter der Betriebsgemeinschaft kommen unmittelbar nach Gründung der Betriebsgemeinschaft in das Direktorium); im zweiten Satz findet sich aber die tatsächlich durchgreifende Bestimmung, die nach dem Willen der peruanischen Gesetzgeber letztlich eine Form der qualifizierten Mitbestimmung vorsieht und die beinhaltet, daß „die Anzahl der Vertreter der Betriebsgemeinschaft im Direktorium sich im Verhältnis zum Anteil am Unternehmungskapital erhöht".

Es bleibt die Feststellung, daß in Peru im Gegensatz zu anderen Ländern, die ebenfalls die Mitbestimmung und die Eigentumsbeteiligung der Arbeitnehmer kennen, von der Militärregierung der umgekehrte Weg eingeschlagen worden ist. Während zum Beispiel in der Bundesrepublik Deutschland selbst nach vielen und langjährigen Diskussionen nicht einmal eine einheitliche Gesetzgebung in der Mitbestimmung zustande kam, geschweige denn die legale Fixierung einer Eigentumsbeteiligung der Arbeitnehmer am Unternehmenskapital, setzten die Machthaber in Peru rigoros beide Institute in klarer logischer Verbindung uno actu durch.

Dabei bleibt es dahingestellt, welche Beweggründe hinter diesem Vorgehen stehen. Es ist zu vermuten, daß mit gerade diesem Einführungsmodus der pragmatischste Weg gegangen werden sollte, weil so in den Führungsspitzen der Unternehmen zwar Anlaß besteht, sich über die Gewinnbeteiligung und insonderheit über die Eigentumsbeteiligung zu erregen, nicht aber über die Mitbestimmung, denn die muß den neuen Kapitaleignern am Unternehmen eben in ihrer Eigenschaft als Eigentümer und obendrein als Mitinhaber billigerweise zugestanden werden.

Eine langwierige und im Fall Peru wohl kritische Diskussion um die Mündigkeit der Arbeitnehmer in wirtschaftlichen Belangen hat sich so erübrigt. Das Kriterium „Kapitaleigner am Unternehmen" ist hier notwendige und hinreichende Bedingung zugleich für die Mitbestimmung der Arbeitnehmer, ob wirtschaftlich mündig oder nicht.

Daß die Regierung Velasco seit über sechs Jahren fest im Sattel sitzt, kann nun für die Bonität des Modells, was m. E. näher liegt, aber auch für die Unmündigkeit der Masse sprechen; und im übrigen sollte nicht vergessen werden, daß geübte Reiter auch die Peitsche zu handhaben wissen. Und über aller Ungewißheit liegt die für ein Entwicklungsland typische und verzerrende Divergenz zwischen Gesetzesabsicht und Gesetzeswirklichkeit. Auch die erst vierjährige Laufzeit des Modells läßt eine definitive Beurteilung nicht zu. Positive Tendenzen sind allerdings nicht zu übersehen und wären es wohl auch nicht, würde es sich um einen Fall aus der sog. Dritten Welt handeln.

Die Bedeutung der Produktivitätswirkung von Verkehrswegeinvestitionen für eine wachstumsorientierte Entwicklungspolitik

Von Jörn C. Fitter

I. Problemstellung

Im Mittelpunkt der Diskussionen um einen effizienten Einsatz von Verkehrswegeinvestitionen steht die Forderung nach der Entwicklung eines Investitionskriteriums für Verkehrswegeinvestitionen, das sowohl einen wachstumsorientierten Bezug aufweisen, als auch eine Berücksichtigung der Produktivitätswirkungen von Verkehrswegeinvestitionen ermöglichen soll. Eine adäquate Einordnung der Verkehrswegeinvestitionen in die gesamtwirtschaftlichen Produktionsverflechtungen ist schon für unterentwickelte Volkswirtschaften mit nur wenig differenziertem Produktionspotential, niedrigem Pro-Kopf-Einkommen und hohen Nachfrageelastizitäten in bezug auf das Einkommen äußerst schwierig. Diese Schwierigkeit ergibt sich insbesondere daraus, daß die Leistungsfähigkeit des Verkehrswegesystems, die in allen wachstumstheoretischen Modellanalysen als gegeben unterstellt wird, in einem gegenseitigen Beziehungsverhältnis zu den in der Wachstumstheorie verwendeten produktiven Faktoren steht[1].

Den Verkehrswegeinvestitionen muß eine besondere Beachtung geschenkt werden, weil es mit ihnen möglich ist, indirekte Produktivitätseffekte, d. h. also *externe Effekte* auszulösen[2]. Versuche einer Abgrenzung dieser „external economies" wurden bisher bei den Verkehrswegeinvestitionen nicht vorgenommen, obwohl gerade die Entwicklung eines Investitionskriteriums für den Einsatz von Verkehrswegeinvestitionen diesen Produktivitätswirkungen besondere Aufmerksamkeit widmen müßte. Die Ausklammerung dieser Produktivitätswirkungen von Verkehrswegeinvestitionen wird daher auch nach Ansicht von *Aberle* damit

---

[1] Vgl. *Jochimsen,* R.: Theorie der Infrastruktur, Grundlagen der marktwirtschaftlichen Entwicklung, Tübingen 1966, S. 103; *Aberle,* G.: Verkehrsinfrastrukturinvestitionen im Wachstumsprozeß entwickelter Volkswirtschaften, in: Buchreihe des Instituts für Verkehrswissenschaft an der Universität zu Köln, hrsg. von R. Willeke, Bd. 27, Düsseldorf 1972, S. 84 ff.

[2] Vgl. *Scitovsky,* T.: Two Concepts of External Economies; in: Journal of Political Economy, Vol. 62 (1954), S. 134 ff.

begründet, daß Verkehrswege „wegen ihrer welfare-bedeutsamen Rolle im Rahmen arbeitsteiliger Entwicklungsprozesse grundsätzlich keiner ökonomisch-rationalen Konzeption“ zugänglich seien[3].

Im Rahmen dieses Beitrages soll der Versuch unternommen werden, durch eine Einbeziehung der staatlichen Ausgaben für Verkehrswegeinvestitionen und anhand einer qualitativen Abgrenzung ihrer Produktivitätswirkungen den Einfluß der Verkehrswegeinvestitionen auf das gleichgewichte Wachstum einer Volkswirtschaft modelltheoretisch aufzuzeigen. Dabei müßte eigentlich der Versuch, im Rahmen der totalanalytischen Wachstumstheorie zur Bestimmung von Optimalkriterien für den Einsatz von Verkehrswegeinvestitionen zu gelangen, nicht nur zur Entwicklung von Beurteilungskriterien für konkurrierende Verkehrswegeinvestitionen führen, sondern zugleich auch auf die Erarbeitung von Entscheidungshilfen abzielen, mit denen im Zusammenhang mit der gesamtwirtschaftlichen Investitionsquote sowohl Umfang als auch Struktur der Verkehrswegeinvestitionen in der Art bestimmt werden können, daß das Wachstumspotential einer Volkswirtschaft unter Wahrung der Gleichgewichtsbedingung maximal genutzt werden kann. Ein solches ambitioniertes Unterfangen würde den Rahmen dieses Beitrages sprengen. Statt dessen wenden wir uns einem Teilaspekt der Problematik zu, der mit der Frage gekennzeichnet werden kann, welche Modifikationen aufgrund der Einbeziehung der staatlichen Ausgaben für Verkehrswegeinvestitionen im Hinblick auf die Aussagen des *Harrod-Domar*-Modells mit seiner Ausrichtung auf die Wachstumsdeterminanten Investitionsquote und Kapitalkoeffizienten und zweitens im Hinblick auf die Hypothesen der *neoklassischen* Wachstumstheorie mit ihrer Fixierung auf einen optimalen Wachstumspfad vorgenommen werden müßten.

Die Vorgabe einer zu maximierenden Zielfunktion ist eine notwendige Voraussetzung für eine konsistente Antwort auf die Frage nach einer Eingliederung der Verkehrswegeinvestitionen in die gesamtwirtschaftliche Investitionsstruktur. In der Regel wird ein maximales langfristiges Wachstum des Pro-Kopf-Einkommens als Kriterium gewählt, das die Mittelwahl entsprechend den in der Volkswirtschaft gegebenen Ressourcen und dem technischen Fortschritt bestimmt[4]. Die Wahl eines solchen Kriteriums beinhaltet eine Vernachlässigung des distributiven Elements, d. h. es rücken lediglich die Allokationsprobleme in den Vordergrund, der Ansatz, mit Hilfe von Verkehrswegeinvestitionen die Einkommensverteilung zu beeinflussen, bleibt unberücksichtigt[5].

[3] *Aberle*, G.: Verkehrsinfrastrukturinvestitionen ..., S. 15.

[4] Zur Kritik dieses Kriteriums vgl. *Marglin*, S. A.: Public Investment Criteria, 2. Aufl., London 1969.

II. Die Berücksichtigung der Verkehrswege-investition in der Wachstumstheorie

Wenn positive Nettoinvestitionen und damit verbunden steigende Einkommen im Rahmen einer wachsenden Wirtschaft unterstellt werden, kann aufgrund der Wirkungen der Einkommens- und Kapazitätseffekte die gesamtwirtschaftliche Investitionstätigkeit nicht zu einem stationären Gleichgewicht führen. Dieser dualistische Charakter[6] der gesamtwirtschaftlichen Investitionstätigkeit gab Anlaß zu der Frage, wie eine gleichgewichtige Kapazitäts- und Einkommensentwicklung zu erreichen wäre, um eine Vollbeschäftigung der wachsenden Kapitalbestände im Zeitablauf zu sichern. Während *Keynes* die Frage des Gleichgewichtseinkommens bei gegebenem Kapitalgüterbestand, gegebener Arbeitskräftezahl und gegebenem Stand der Technik analysiert, versuchen *Harrod, Domar* und *Lundberg* eine Antwort darauf zu finden, wie sich das unter den obigen Annahmen nur kurzfristig geltende Gleichgewichtsniveau verändert, wenn die von *Keynes* unterstellte Konstanz der drei Faktoren aufgehoben wird[7]. Im Gegensatz zu *Keynes*, der die Investitionen als autonom betrachtete und die Einkommensentwicklung mit Hilfe des Multiplikators erklärte, machte *Harrod* die Investition vom Realeinkommen abhängig[8]. *Domar* betrachtet die gesamtwirtschaftliche Nettoinvestition als den entscheidenden wachstumsinduzierenden Faktor und versucht, diejenige Wachstumsrate der Investitionen einer Wirtschaft zu bestimmen, die eine stetige Vollbeschäftigung ermöglicht[9].

Ausgangspunkt der *Domar*schen Modellüberlegungen ist die durchschnittliche gesamtwirtschaftliche Produktivität der Investitionen. Zwischen der Größe des Kapitalstocks und der Höhe der Produktionskapazität wird ein funktionaler Zusammenhang angenommen, der durch den Kapitalkoeffizienten erfaßt wird. Wird im Zeitablauf eine Konstanz der gesamtwirtschaftlichen Produktivität der Investitionen unterstellt, so ergibt sich aufgrund der Forderung nach einem ständigen Gleichgewicht von freiwilliger Ersparnis und geplanter Investition, daß die Wachstumsrate des Volkseinkommens in Abhängigkeit von der marginalen Sparneigung wachsen muß. Die Stärke des Wachstums der gesamt-

---

[5] *Stohler*, J.: Zur Methode und Technik der Cost-Benefit-Analyse; in: Kyklos, Vol. 20 (1967), S. 218 ff.

[6] *Rose*, K.: Grundlagen der Wachstumstheorie, Göttingen 1971, S. 19 f.

[7] Vgl. dazu u. a.: *Riese*, H.: Gleichgewichtswachstum und optimales Wachstum in der neoklassischen Wachstumstheorie; in: Kyklos, Vol. 17 (1964), S. 40 ff.

[8] *Harrod*, R. F.: Towards a Dynamic Economics, Some Recent Developments of Economic Theory and Their Application to Policy, London 1948; deutsch: Dynamische Wirtschaft, Wien, Stuttgart 1949, S. 103.

[9] *Domar*, E. D.: Capital Expansion, Rate of Growth and Employment; in: Econometrica, Vol. 14 (1946), S. 137 ff.; derselbe: Expansion and Employment; in: American Economic Review, Vol. 37 (1947), S. 34 f.

wirtschaftlichen Nettoinvestition, die zu einem höheren Einkommen führen kann, wird somit durch den Kapitalkoeffizienten und die marginale Sparneigung bestimmt. Abweichungen vom Gleichgewichtswachstum treten immer dann auf, wenn die gleichgewichtige von der tatsächlichen Wachstumsrate divergiert. *Domar* weist nach, daß bei Abweichungen der beiden Wachstumsraten der gesamtwirtschaftliche Auslastungskoeffizient mit der Folge unausgelasteter Produktionskapazitäten sinkt[10].

Die staatlichen Ausgaben für Verkehrswegeinvestitionen werden in den wachstumstheoretischen Modellansätzen des *Harrod-Domar*-Typs in der Regel durch Aufspaltung der Investitionen und des Kapitalkoeffizienten in private und staatliche berücksichtigt[11]. Im Vordergrund solcher Überlegungen steht die Behauptung, daß die gleichgewichtige Wachstumsrate, definiert als Übereinstimmung von Produktionskapazität und monetärer Nachfrage, durch die Einbeziehung der staatlichen Aktivität in Form von Verkehrswegeinvestitionen über eine Veränderung des Kapitalkoeffizienten beeinflußt werden kann[12]. Es geht hier also zum einen um den Einfluß der Verkehrswegeinvestitionen auf die gleichgewichtige, die tatsächliche und die natürliche Wachstumsrate einer Volkswirtschaft und zum anderen um die Problematik der Strukturierung der gesamtwirtschaftlichen Investitionstätigkeit und ihre Wirkung auf die Effizienz der nationalen Ressourcen. Die Berücksichtigung von Verkehrswegeinvestitionen in wachstumsorientierten Überlegungen steht in einem engen Zusammenhang mit zwei Thesen[13]. Die erste These besagt, daß Verkehrswegeinvestitionen und/oder das entsprechende Leistungsangebot der Kapazitäten zu gewissen Zeiten eine weitaus höhere Grenzproduktivität als andere wirtschaftliche Aktivitäten aufweisen. Die zweite These behauptet, daß Verkehrswegeinvestitionen unter bestimmten Entwicklungskonstellationen eine besondere strategische Bedeutung zugebilligt werden muß, da sie anderen Aktivitäten zeitlich vorauszu-

[10] *Domar*, E. D.: Capital Expansion ..., S. 143.

[11] *Wittmann*, W.: Staatliche Aktivität, wirtschaftliche Entwicklung, Preisniveau und Beschäftigung; in: Zeitschrift für Nationalökonomie, Bd. 24 (1964), S. 51 ff.; *Hesse*, H.: Der Einfluß des Staates auf die wirtschaftliche Entwicklung; in: Zeitschrift für die gesamte Staatswissenschaft, Bd. 117 (1961), S. 648 f.; *Musgrave*, R.: The Theory of Public Finance. A Study in Public Economy, New York, London, Toronto 1959, S. 485; *Weber*, W.: Wachstumseffekte der Staatsausgaben; in: Beiträge zur Theorie der öffentlichen Ausgaben, hrsg. von H. Timm und H. Haller, Schriften des Vereins für Socialpolitik, N. F., Bd. 47, Berlin 1967, S. 233; *Kurihara*, K. K.: Growth Models and Fiscal Policy Parameters; in: Public Finance, Vol. 11 (1956), S. 150; *Littmann*, K.: Zunehmende Staatstätigkeit und wirtschaftliche Entwicklung, Köln, Opladen 1957, S. 110.

[12] *Aberle*, G.: Verkehrsinfrastrukturinvestitionen ..., S. 62.

[13] *Borchardt*, K.: Die Bedeutung der Infrastruktur für die sozialökonomische Entwicklung; in: Grundfragen der Infrastrukturplanung für wachsende Wirtschaften, hrsg. von H. Arndt und D. Swatek, Schriften des Vereins für Socialpolitik, N. F., Bd. 58, 1971, S. 16 ff.

gehen hätten oder in besonderer Weise geeignet erscheinen, andere Aktivitäten zu stimulieren.

Die grundsätzliche Frage, ob es überhaupt sinnreich und möglich ist, die staatliche Investitionstätigkeit in Form von Verkehrswegeinvestition in wachstumsorientierten Totalanalysen bewerten zu können, läßt sich erst dann beantworten, wenn man sich Klarheit über die Anforderungen verschafft, die an einen wachstumsorientierten totalanalytischen Ansatz zu stellen sind, der die Verkehrswegeinvestitionen explizit berücksichtigen will. Es erscheint in der Tat fraglich, ob sich durch eine einfache Aufspaltung der gesamtwirtschaftlichen Investitionen und des gesamtwirtschaftlichen Kapitalkoeffizienten in private und staatliche die Wachstumswirkungen von Verkehrswegeinvestitionen adäquat erfassen lassen[14].

Der Wachstumseffekt von Investitionen wird in der Regel in vier Komponenten zerlegt[15]: den *Kapazitätseffekt*, den *Rationalisierungseffekt*, den *Wohlstandseffekt* und den *indirekten Produktivitätseffekt*. Der Kapazitätseffekt einer Investition erhöht die Produktionskapazitäten derjenigen Unternehmen oder öffentlichen Bereiche, die die Investition durchführen und für die Investitionskosten aufkommen. Dieser Kapazitätseffekt ist jedoch dann nicht von Bedeutung, wenn das Ausschlußprinzip nicht anwendbar ist oder nicht angewendet wird. Unter dem Rationalisierungseffekt wird die Freisetzung von Produktionsfaktoren verstanden, die sich aufgrund der mit der Investition ermöglichten Produktion der gleichen Menge von Gütern und Leistungen mit geringerem Einsatz von Produktionsfaktoren ergibt[16]. Der direkte Wohlstandseffekt kommt darin zum Ausdruck, daß gewisse Investitionen zwar den Bestand an Kapitalgütern vergrößern, nicht jedoch die Produktivkraft der zu entwickelnden Volkswirtschaft. Charakteristisch für diese Art von Kapitalgütern ist ihre direkte Nutzung durch die privaten Haushaltungen. Für eine adäquate Berücksichtigung dieses Wohlstandseffektes müßte ein umfassender Wohlstandsmaßstab geschaffen werden[17]. Der indirekte Produktivitätseffekt einer Investition erhöht die Produktionskapazitäten in anderen Unternehmungen. Sie wirken sich dort in Kostensenkungen beziehungsweise in Produktivitätssteigerungen aus, wobei der die Effekte verursachende Investor dafür nicht entschädigt wird.

---

[14] *Fitter*, J. C.: Die Verkehrswegeinvestitionen als Mittel der Entwicklungspolitik, unveröffentl. Manuskript, Bonn 1972, S. 71 ff.

[15] *Meinhold*, H.: Investitionen; in: Handwörterbuch der Sozialwissenschaften, Bd. 5, 1955, S. 337.

[16] Derselbe, S. 337.

[17] *Baumol*. W. J.: Welfare Economics and the Theory of State, 2. Aufl., London 1955, S. 124 ff.

Die vorgenannten Wachstumseffekte haben unterschiedliche Bedeutung, wenn man sie mit Verkehrswegeinvestitionen in Verbindung bringt[18]. So kommt dem Kapazitätseffekt überall dort keine Bedeutung zu, wo das Ausschlußprinzip nicht anwendbar ist oder nicht angewendet wird. Demzufolge müßten solche Verkehrsbereiche, die vollständig eigenwirtschaftlich betrieben werden, aus diesem Grunde zum privaten Sektor gezählt werden. Der Rationalisierungseffekt, der mit den privaten Investitionen verbunden ist, tritt auch bei Verkehrsinvestitionen auf. Die Wirkung dieses Rationalisierungseffektes läßt sich jedoch erst dann aufzeigen, wenn der Einsatz an Produktionsfaktoren berücksichtigt wird. Der direkte Wohlstandseffekt von Verkehrswegeinvestitionen läßt sich insofern schwer erfassen, als die Leistungen meistens nicht auf dem Markt gehandelt und daher auch nicht wie private Güter bewertet und in das Sozialprodukt aufgenommen werden. Um Verkehrswegeinvestitionen adäquat berücksichtigen zu können, müßte daher der Indikator „Sozialprodukt" durch ein geeignetes Wohlstandsmaß ersetzt werden, das auch die nicht vom Markt bewerteten Leistungen umschließt. Der indirekte Produktivitätseffekt ist der mit den Verkehrswegeinvestitionen beabsichtigte Zweck. Ihre Wirkung auf die Produktionsmöglichkeiten innerhalb der Volkswirtschaft zeigt sich gerade darin, daß sie die Kosten der Gütererzeugung senken bzw. die Produktivität der privaten Investitionen erhöhen.

Dieser besonderen Wirkungsweise von Verkehrswegeinvestitionen wird der obige wachstumstheoretische Ansatz in Form einer Aufspaltung der Investitionen und des Kapitalkoeffizienten nicht gerecht. Er besagt nämlich, daß Verkehrswegeinvestitionen die gleichen Merkmale wie private Investitionen aufweisen werden, beide ermöglichen eine Kapazitätsausweitung und eine Produktionserhöhung. Unter der Annahme, daß der private und der staatliche Kapitalkoeffizient gleich und konstant sind, führt eine Zunahme der privaten Investitionen und der staatlichen Ausgaben für Verkehrswegeinvestitionen zu einer Erhöhung des gesamtwirtschaftlichen Güterangebots. Ist die private Investition negativ, so kann der Kapazitätseffekt dennoch positiv sein, wenn die Verkehrswegeinvestition nur entsprechend höher ist. Es besteht bei diesem Modellansatz mithin eine begrenzte Substituierbarkeit zwischen den privaten Investitionen und den Verkehrswegeinvestitionen.

Dieser Zusammenhang ist von *Hirschmann*[19] am umfassendsten dargestellt worden. Seine Strategie zur Auslösung der wirtschaftlichen Entwicklung basiert auf Initialinvestitionen, die eine möglichst große Zahl

---

[18] *Frey*, R. G.: Infrastruktur. Grundlagen der Planung öffentlicher Investitionen, Tübingen, Zürich 1970, S. 48 ff.

[19] *Hirschman*, A. O.: The Strategy of Economic Development, New Haven, London 1958.

anderer Investitionen induzieren sollen. Im Hinblick auf Investitionen in das Verkehrswegesachkapital und unter der Annahme, daß der Staat für den Verkehrswegebau verantwortlich ist, ergeben sich zwei denkbare Alternativen für die *Entwicklungspolitik*. Die erste Alternative geht implizit davon aus, daß Verkehrswegeinvestitionen anderen wirtschaftlichen Aktivitäten vorauszugehen hätten (pressure-creating-function)[20]. Die zweite Strategie basiert auf der Annahme, daß die Förderung der privaten Investitionstätigkeit unter bestimmten Bedingungen die wirtschaftliche Entwicklung schneller vorantreiben könnte. Erst in dem Maße, wie diese direkt produktiven Aktivitäten an Umfang gewinnen, entsteht eine abgeleitete Nachfrage nach Verkehrswegeinvestitionen. Die Befriedigung dieser abgeleiteten Nachfrage kann mit gewissen zeitlichen Verzögerungen durchgeführt werden, so daß die Entwicklungspolitik einen erweiterten Spielraum in der Wahl des Zeitpunktes für Verkehrswegeinvestitionen erhält (pressure-relieving-function)[21]. Die Aufgabe einer Entwicklungspolitik ist dann auf die Auswahl der Sequenz zwischen Verkehrswegeinvestitionen und direkt produktiven Investitionen zu richten.

Die Zusammenhänge zwischen den privaten Investitionen und den Verkehrswegeinvestitionen sind jedoch keineswegs eindeutig. So sind beide Größen nicht unabhängig voneinander. Eine Variation in der Höhe der Verkehrswegeinvestitionen wird nicht ohne Einfluß auf die Größe der privaten Investitionen bleiben und vice versa[22]. Auch die Konstanz des privaten und des staatlichen Kapitalkoeffizienten ist nur modelltheoretisch sinnvoll, da eine Variation der privaten Investitionen und der Verkehrswegeinvestitionen sicherlich Rückwirkungen auf die beiden Kapitalkoeffizienten zeitigen wird. So wird gerade mit Verkehrswegeinvestitionen eine größere Effizienz der privaten Investition angestrebt, d. h. der private Kapitalkoeffizient wird sinken. Hierbei geht es vorwiegend um die Freisetzung von externen Effekten. Verkehrswegeinvestitionen wirken in erster Linie dadurch auf das Produktionspotential der Volkswirtschaft ein, daß sie die Produktivität der privaten Investitionen erhöhen. Das obige Modell enthält darüber hinaus methodologische Schwierigkeiten. Um den Produktivitätseffekt von Verkehrswegeinvestitionen in einem gesamtwirtschaftlichen Modell bestimmen zu können, müßte man in der Lage sein, den in der Realität feststellbaren privaten Kapitalkoeffizienten um den auf die Verkehrswegeinvestition zurückzuführenden Effekt zu reduzieren[23].

---

[20] Derselbe, S. 86 ff.

[21] Derselbe, S. 202 ff.

[22] *Peacock*, A. T.: Public Finance as an Instrument for Economic Development, in: Problems of Economic Development, hrsg. von der OECD, Paris 1965, S. 7 ff.

[23] *Frey*, R. L.: Infrastruktur ..., S. 50.

Ein weiterer Nachteil des *Kapitalkoeffizienten* für die Planung von Verkehrswegeinvestitionen ist mit der Tatsache verbunden, daß er die zeitliche Verteilung der Erträge nicht berücksichtigen kann. Der Kapitalkoeffizient kann definiert werden als Quotient aus Investitionen und direkter Wertschöpfung. Der Zähler bezieht sich hier streng genommen auf die in der Periode t für Investitionen aufgewendeten Ressourcen, während im Nenner die durch diese Investitionszuwächse in der nächsten Periode anfallenden Erträge erscheinen. Die Erträge von Verkehrswegeinvestitionen treten jedoch nicht nur in der nächsten Periode auf, sondern verteilen sich wegen ihrer langen Lebensdauer über mehrere Zeitperioden. Da die Erträge somit in einem Zeitraum zu unterschiedlichen Zeitpunkten anfallen, können sie nicht einfach aufsummiert werden, sondern sind aus Gründen der Vergleichbarkeit auf einen einheitlichen Bezugspunkt, den Gegenwartswert, zu diskontieren. Die Bestimmung des Zinssatzes, zu dem das geschieht, ist ohne ein Werturteil über die Zeitpräferenz, die die gesellschaftliche Grenzrate der Substitution von Gegenwarts- und Zukunftskonsum widerspiegelt, nicht durchführbar[24].

Die Verwendung des staatlichen Kapitalkoeffizienten als Maß für den Wachstumseffekt von Verkehrswegeinvestitionen ist deswegen wenig befriedigend, weil es dadurch nicht gelingt, die Wachstumswirkung von Verkehrswegeinvestitionen dem Charakter der Verkehrsleistungen entsprechend auszudrücken. Verkehrswegeinvestitionen vermögen eben nur über private Investitionen auf das Wachstum einzuwirken[25]. Die geschilderten Ansätze vernachlässigen demnach offensichtlich die spezifischen Eigenschaften von Verkehrswegeinvestitionen, zu denen insbesondere die *externen* Effekte gehören. Eine sinnvolle Einbeziehung der Verkehrswegeinvestitionen in die Wachstumstheorie kann jedoch nur dann erfolgreich sein, wenn gerade diese typischen Merkmale der Verkehrswegeinvestitionen nicht unberücksichtigt bleiben.

Ein alternativer Ansatz zur Erfassung der Wachstumswirkungen von Verkehrswegeinvestitionen könnte mit der Annahme einer funktionalen Beziehung zwischen den Produktionsbeziehungen im güterwirtschaftlichen Bereich und den Verkehrswegeinvestitionen begründet werden[26].

---

[24] *Elsholz,* G.: Cost-Benefit-Analysis-Kriterien der Wirtschaftlichkeit öffentlicher Investitionen, in: Hamburger Jahrbuch für Wirtschafts- und Gesellschaftspolitik, 13. Jhg. (1967), S. 289 f.

[25] *Schmölders* weist daraufhin, daß für Infrastrukturinvestitionen keine Rentabilität im üblichen Sinne des Begriffes errechnet werden kann und spricht von einer „Umwegsrentabilität". *Schmölders,* G.: Finanzpolitik, 2. Aufl., Berlin, Heidelberg, New York 1965, S. 176.

[26] *Timm,* H.: Staat, Wachstum und Preisniveau; in: Zeitschrift für die gesamte Staatswissenschaft, Bd. 119 (1963), wiederabgedruckt in: Finanztheorie, hrsg. von H. C. Recktenwald, 2. Aufl., Köln, Berlin 1970, S. 209 ff.; *Frey,* R. L.: Infrastruktur ..., S. 53.

Anstatt den Einfluß der Staatsausgaben für Verkehrswegeinvestitionen auf das gesamtwirtschaftliche Produktionspotential durch eine Aufspaltung der gesamtwirtschaftlichen Investitionen und des gesamtwirtschaftlichen Kapitalkoeffizienten in private und staatliche aufzudecken und sodann Vorstellungen über den Kapitalkoeffizienten der Verkehrswegeinvestitionen zu entwickeln, scheint es dem Charakter der Verkehrswegeinvestitionen eher zu entsprechen, die Wachstumswirkungen der staatlichen Ausgaben für Verkehrswegeinvestitionen in den Kapazitätseffekt der privaten Investitionen zu implizieren. Der Wachstumseffekt der Verkehrswegeinvestitionen liegt dann darin begründet, daß die Verkehrswegeinvestition die Produktivität der privaten Unternehmen erhöht[27]. Dieser indirekt zur Wirkung gelangende produktivitätsbeeinflussende Effekt der Verkehrswegeinvestition läßt sich durch die Einführung eines Parameters (a) in die *Harrod-Domar*-Beziehung für ein gleichgewichtiges Wachstum zur Geltung bringen. Damit kommt der Einfluß der Verkehrswegeinvestition auf die Erzeugung in der Art zum Ausdruck, daß sich der private Kapitalkoeffizient um (1-a) vermindert. Je mehr die Verkehrswegeinvestitionen die Produktivität der privaten Unternehmen erhöhen, desto kleiner wird der private Kapitalkoeffizient; bei gegebener Kapitalausrüstung wächst die Produktion, weil die Unternehmen in den unentgeltlichen Genuß von Verkehrswegeinvestitionen gelangen und dadurch ihre Grenzkosten sinken.

Der Erklärungswert dieses Modellansatzes hängt nun jedoch entscheidend davon ab, ob es gelingt, die Bedeutung des Parameters (a) näher aufzuhellen. Um Verkehrswegeinvestitionen vornehmen zu können, muß der Staat über die Besteuerung Ressourcen erwerben. Wird unterstellt, daß sich die Staatsausgaben in Transferzahlungen und Ausgaben für Verkehrswegeinvestitionen aufteilen lassen, und daß darüber hinaus diese Ausgaben aus den Steuereinnahmen[28] eines ausgeglichenen Staatsbudgets herrühren, so erhöht die Ausgabe für Verkehrswegeinvestitionen sowohl die monetäre Nachfrage als auch das Produktionspotential der Volkswirtschaft um den gleichen Betrag[29]. Die gleichgewichtige Wachstumsrate bleibt dann unverändert, wenn die konstante Steuerbelastung gleich dem Produktivitätseffekt der Verkehrswegeinvestitionen ist[30]. Die gleichgewichtige Wachstumsrate ändert sich jedoch, wenn der mit den staatlichen Ausgaben für Verkehrswegeinvestitionen verbundene Produktivitätseffekt den Steuersatz über- oder unterschreitet. Ist nämlich im Wachstumsprozeß der Steuersatz höher als der

---

[27] *Frey*, R. L.: Infrastruktur und Wirtschaftswachstum; in: Konjunkturpolitik, Bd. 15 (1969), S. 112 ff.

[28] Es gilt eine Einkommenselastizität des Steueraufkommens von eins.

[29] *Timm*, H.: Staat ..., S. 212.

[30] *Weber*, W.: Wachstumseffekte ..., S. 244 f.

Produktivitätseffekt der Verkehrswegeinvestitionen, dann verringert sich die gleichgewichtige Wachstumsrate durch die Verkehrswegeinvestitionen[31]. Es geht hier also um den Zusammenhang zwischen staatlicher Aktivität in Form von Verkehrswegeinvestitionen und privater Investitionsintensität[32].

Die allgemeine Behauptung lautet, daß das Wachstum des Sozialprodukts durch die Verkehrswegeinvestition in Abhängigkeit von den staatlichen Ersparnissen[33] beschleunigt oder verringert werden kann. Die Besteuerung der privaten Investoren zum Zweck der Durchführung von Verkehrswegeinvestitionen führt zu einer Verringerung der privaten Nettoinvestitionsrate[34]. Dies besagt mit anderen Worten nichts anderes, als daß die Vornahme von Verkehrswegeinvestitionen Ressourcen beansprucht, die anders zur Erweiterung des privaten Kapitalbestandes hätten verwendet werden können. Diesem Entzugseffekt steht jedoch der Wachstumseffekt der Verkehrswegeinvestitionen gegenüber, der sich darin äußert, daß die Staatsausgaben für Verkehrswegeinvestitionen zu einer höheren Produktivität der privaten Erzeugung führen. Die öffentlichen Ausgaben für Verkehrwegeinvestitionen reduzieren zwar „den trendmäßigen Zuwachs an Unternehmergewinn . . . , jedoch nicht unbedingt um den korrespondierenden Anteil, um den die privaten Investitionen gekürzt werden“[35]. Diese Argumentation führt zu der zentralen Problematik, mit der sich der Entwicklungsplaner beim Einsatz der Verkehrswegeinvestition als Mittel der Wachstumspolitik konfrontiert sieht. Es genügt offensichtlich nicht, irgendwann und irgendwo in der Volkswirtschaft Verkehrwegeinvestitionen vorzunehmen, um das Wachstum zu beschleunigen. Vielmehr muß der Entwicklungsplaner sein ganzes Interesse auf die Frage richten, welche Wirkungen seinen staatlichen Ausgaben für Verkehrswegeinvestitionen auf die Produktivität der privaten Investitionen beizumessen ist. Bei konstantem Anteil der Staatsausgaben für Verkehrswegeinvestitionen am Volkseinkommen ist es durchaus möglich, durch alternative Verkehrswegeprojekte unterschiedliche Wirkungen auf die Gleichgewichtsrate zu erzielen.

Eine Steigerung der Ausgaben für Verkehrswegeinvestitionen über längere Zeitperioden wird sicherlich nicht ohne Einfluß auf die Produktivität der Volkswirtschaft bleiben. Es ist hier ein ertragsgesetzlicher Zusammenhang zu vermuten[36]. Ausgehend von einem Nachholbedarf

---

[31] *Timm*, H.: Staat . . ., S. 212 f.

[32] *Aberle*, G.: Verkehrsinfrastrukturinvestitionen . . ., S. 62 ff.

[33] *Hesse*, H.: Der Einfluß . . ., S. 636.

[34] *Littmann*, K.: Zunehmende Staatstätigkeit . . ., S. 160.

[35] Derselbe, S. 85.

[36] *Timm*, H.: Staat . . ., S. 226; *Frey*, R. L.: Infrastruktur und Wirtschaftswachstum, S. 112.

an Verkehrswegesachkapital kann durch entsprechende Verkehrswegeinvestitionen die Produktivität des privaten Kapitals zuerst stark erhöht werden, da der Parameter (a) oder der Wert der Grenzproduktivität der öffentlichen Ausgaben für Verkehrswegeinvestitionen zunächst steigt, dann aber immer weniger, weil der Wert schließlich wieder sinkt. Von einem gewissen Verkehrswegesachkapitalbestand an ist die Produktivität der privaten Investitionen durch Verkehrswegeinvestitionen überhaupt nicht mehr zu beeinflussen. Bereits *Voigt* stellte die differenzierende Wirkung von Verkehrswegeinvestitionen innerhalb des Entwicklungsprozesses einer Volkswirtschaft heraus[37]. So können von Verkehrswegeinvestitionen auch erhebliche wachstumshemmende Effekte ausgelöst werden, sofern die im Verkehrsbereich verbleibenden Engpässe oder auftretenden Überkapazitäten entweder zu Wettbewerbsverzerrungen zwischen den direkt oder indirekt betroffenen Wirtschaftseinheiten führen oder aber die gesamtwirtschaftliche Koordination der einzelwirtschaftlichen Beiträge zum Sozialprodukt auf einem suboptimalen Pfad im Ablauf des Wachstumsprozesses verbleibt[38].

Es erscheint daher berechtigt zu sein, unter wachstumsorientierten Gesichtspunkten bei einer Analyse der Effizienzwirkung von Verkehrswegeinvestitionen auf die besondere Bedeutung der Art der Verausgabung der öffentlichen Mittel für Verkehrswegeinvestitionen hinzuweisen, zumal in der finanzwissenschaftlichen Literatur bislang fast ausschließlich der Entzugseffekt in seiner Wirkung auf die private Investitionsneigung und die Einkommensverteilung dominiert. Nun ist es jedoch offensichtlich schwierig, irgendwelche Aussagen über die Entwicklung des Wertes der Grenzproduktivität der öffentlichen Ausgaben für Verkehrswegeinvestitionen (Parameter a) zu machen, wenn nicht zuvor der Einfluß der Verkehrswegeinvestition auf das Kapazitätswachstum geklärt wird. Mit anderen Worten heißt dies, daß zur Beantwortung der Frage nach der Beeinflußbarkeit des wirtschaftlichen Wachstums durch Verkehrswegeinvestitionen die angebotsorientierte Wachstumstheorie herangezogen werden muß. Da die angebotsorientierte Wachstumstheorie auf einer makroökonomischen Produktionsfunktion fußt, liegt es nahe, die Wachstumswirkungen von Verkehrswegeinvestitionen an Hand ihres Einflusses auf die in der makroökonomischen Produktionsfunktion zusammengefaßten Produktionsfaktoren aufzuspüren. In der *neoklassischen* Wachstumstheorie ergibt sich die Wachstumsrate des Sozialprodukts als Summe der Wachstumsraten von Kapital

---

[37] *Voigt*, F.: Die volkswirtschaftliche Bedeutung des Verkehrssystems, Berlin 1960, S. 101 ff.; derselbe: Verkehr, 2 Bände, 1. Bd., 1. und 2. Hälfte: Die Theorie der Verkehrswirtschaft, Berlin 1973, 2. Bd., 1. und 2. Hälfte: Die Entwicklung des Verkehrssystems, Berlin 1965.

[38] *Aberle*, G.: Verkehrsinfrastrukturinvestitionen ..., S. 65.

und Arbeit. Die Bedingungen für ein stetiges Wachstum einer vollbeschäftigten Volkswirtschaft werden im neoklassischen Ansatz auf der Prämisse einer kontinuierlichen Substituierbarkeit der in einer makroökonomischen Produktionsfunktion zusammengefaßten Produktionsfaktoren und unter Verwendung des neoklassischen Grenzproduktivitätskonzepts abgeleitet, wobei eine konstante Substitutionselastizität unterstellt wird[39].

Diese Betrachtungsweise unterscheidet sich wesentlich von der vorangegangenen Argumentation. Bisher war den öffentlichen Ausgaben zwar ein Einfluß auf den gesamtwirtschaftlichen Kapitalkoeffizienten zugebilligt worden, der zusammen mit der gesamtwirtschaftlichen Sparneigung das volkswirtschaftliche Güterangebot bestimmt, jedoch nur in der Art, daß ein größerer Produktivitätseffekt der Ausgaben für Verkehrswegeinvestitionen den gesamtwirtschaftlichen Kapitalkoeffizienten verringert und damit zu einer Beschleunigung des gesamtwirtschaftlichen Wachstums Anlaß gibt. Es wurde also bisher nur güter- und geldwirtschaftlich argumentiert, die Angebotsseite war bisher vernachlässigt worden. Das Wachstum des Sozialprodukts wird jedoch de facto durch die Produktionsfaktoren begrenzt.

Damit wird die Investitionsfunktion im *Harrod-Domar*-Modell, die lediglich den Faktor Kapital explizit berücksichtigt, verlassen. Während in diesem Modell der Produktionsfaktor Arbeit nur komplementär zum Realkapital auftritt, berücksichtigt die neoklassische Wachstumstheorie die Möglichkeit von Faktorsubstitutionen. Die Wachstumsrate des Sozialprodukts setzt sich hier aus der Summe der Wachstumsraten von Arbeit und Kapital zusammen. Konnte im *Harrod-Domar*-Modell bei Konstanz des Kapitalkoeffizienten die Wachstumsrate des Sozialprodukts durch eine Erhöhung der Investitionsquote ständig gesteigert werden, so führt die Erhöhung der gesamtwirtschaftlichen Sparquote im neoklassischen Ansatz zu einem schnelleren Wachstum des Kapitalstocks als des Sozialprodukts. Unter Verwendung des Grenzproduktivitätstheorems und einer bestimmten makroökonomischen Produktionsfunktion lassen sich auch im neoklassischen Ansatz die Bedingungen für ein stetiges Wachstum einer vollbeschäftigten Wirtschaft ableiten. Wird eine *CES*-Produktionsfunktion vom Typ *Cobb-Douglas*[40] den modelltheoretischen Betrach-

---

[39] *Meade*, J. E.: A Neoclassical Theory of Economic Growth, Third Impression, London 1965, S. 30 ff.; *Solow*, R. M.: A Contribution to the Theory of Economic Growth; in: Quarterly Journal of Economics, Vol. 70 (1957), S. 65 ff.; derselbe: Growth Theory. An Exposition, Oxford 1970, S. 23 ff.; *Hahn*, F.; *Matthews*, R. C. O.: The Theory of Economic Growth, A Survey; in: Economic Journal, Vol. 74 (1964). Zur Substitutionselastizität vgl. *Hicks*, J. R.: The Theory of Wages, London 1932, S. 117; *Robinson*, J.: The Economics of Imperfect Competition, London 1933, S. 256.

[40] *Cobb*, C. W.; *Douglas*, P. H.: A Theory of Production; in: American Economic Review, Vol. 18 (1926), S. 139 ff. *Tinbergen* machte als erster auf die

tungen zugrunde gelegt[41], der in der wachstumstheoretischen Diskussion noch immer eine erhebliche Bedeutung beigemessen wird, so läßt sich das Wachstum des Sozialprodukts mithin als Summe der mit den Produktionselastizitäten der Arbeit und des Kapitals gewichteten Zuwachsraten der Inputgrößen und der Zuwachsrate des autonomen technischen Fortschritts als Restfaktor ableiten.

Damit ergibt sich die Frage nach dem Einfluß der öffentlichen Ausgaben für Verkehrswegeinvestitionen auf die in der neoklassischen Bestimmungsgleichung für die Wachstumsrate des Sozialprodukts enthaltenen Determinanten. Die Größe der Produktionselastizitäten der Arbeit bzw. des Kapitals sind bei konstanter Technik mehr oder weniger gegeben. Treten keine gesamtwirtschaftlichen Skalenerträge auf, so ist ihre Summe eins oder kleiner als eins. Damit verbleibt die Aufgabe, den Einfluß der Verkehrswegeinvestition auf die makroökonomischen Wachstumsdeterminanten Arbeit, Kapital und technischer Fortschritt nachzugehen.

III. Die Wirkungen der Verkehrswegeinvestitionen auf das gesamtwirtschaftliche Wachstum

Die Wachstumseffekte von Verkehrswegeinvestitionen ergeben sich aus ihren Wirkungen auf die makroökonomischen Wachstumsdeterminanten Arbeit, Kapital und technischer Fortschritt. Dabei ist jedoch zu beachten, daß die Einbeziehung von Verkehrswegeinvestitionen in einen wachstumstheoretischen Totalansatz dann keine gesamtwirtschaftlich aussagefähigen Ergebnisse zu liefern vermag, wenn nicht neben die in den Wachstumsmodellen bereits enthaltene Zeitdimension eine Raumdimension eingefügt wird[42]. Dies ist nicht zuletzt deswegen erforderlich, weil sich das Wachstum in einer Volkswirtschaft als ein sektoraler und regionaler Differenzierungsprozeß darstellt[43]. Die Einbeziehung der räumlichen Aspekte der wirtschaftlichen Entwicklung ist um so wichtiger, als man mehr und mehr zu erkennen beginnt, daß die räumlichen Beziehungen den eigentlichen Kern des Entwicklungs-

---

wachstumstheoretischen Aspekte aufmerksam; *Tinbergen*, J.: Zur Theorie der langfristigen Wirtschaftsentwicklung, in: Weltwirtschaftliches Archiv, Bd. 55 (1942), S. 511 ff.

[41] *Scheper*, W.: Produktionsfunktionen mit konstanten Substitutionselastizitäten, in: Jahrbuch für Nationalökonomie und Statistik, Bd. 117 (1965), S. 3 ff.; *Chenery*, H. B. u. a.: Capital-Labor-Substitution and Economic Efficiency, in: Review of Economics and Statistics, Vol. 43 (1961).

[42] *Siebert*, H.: Zur Theorie des regionalen Wirtschaftswachstums, Tübingen 1967, S. 6 ff.

[43] *Aberle*, G.: Verkehrsinfrastrukturinvestitionen . . ., S. 189.

problems darstellen[44]. So gibt es im Grunde genommen keine unterentwickelten Länder, sondern nur unterentwickelte Raumteile innerhalb einer Volkswirtschaft[45].

Bei einer Wachstumsförderung durch Verkehrswegeinvestitionen — gleichgültig, ob auf regionaler oder interregionaler Ebene — ist nämlich zu beachten, daß diese Investitionen, um sinnvoll zu sein, nur in größerem Umfang und in einer gewissen räumlichen Konzentration vorgenommen werden können. Das bedeutet, daß eine Verkehrswegeinvestition nicht alle räumlichen Teileinheiten gleichmäßig begünstigen kann. Der durch die Investition neu geschaffene oder verbesserte Verkehrsweg vermag je nach Art und Länge entweder die Leistungsfähigkeit[46] des intraregionalen oder/und die Leistungsfähigkeit eines Teils des interregionalen Verkehrswegesystems anzuheben. Daraus ergeben sich Unterschiede im Entwicklungspotential und im Wachstumstempo der einzelnen Regionen. Diese Differenzierungen ergeben sich aufgrund der Tatsache, daß die in der makroökonomischen Produktionsfunktion zusammengefaßten Inputfaktoren nicht gleichmäßig über den Raum verteilt sind. In einer arbeitsteiligen Wirtschaft sind Konsum und Produktion offensichtlich an unterschiedliche Raumpunkte gebunden[47].

Der Einfluß der Verkehrswegeinvestitionen auf die in einer makroökonomischen Produktionsfunktion zusammengefaßten Produktionsfaktoren und die Auswirkung auf das Wachstum des Sozialprodukts lassen sich an Hand von drei unterschiedlichen Wirkungskriterien aufhellen[48]. Der Verkehrswegeinvestition muß nämlich ein produktivitätsbeeinflussender Effekt auf die Faktorqualität, ein produktivitätsbeeinflussender

---

[44] *Heinze*, G. W.: Der Verkehrssektor in der Entwicklungspolitik, München 1967, S. 41 ff.

[45] *Higgins*, B.: Einige Bemerkungen zur Regionalplanung; in: Grundfragen der Entwicklungsplanung, Eine Analyse und die Ergebnisse einer Tagung, hrsg. von A. Kruse-Rodenacker, Berlin 1964, S. 157; *Myrdal*, G.: Ökonomische Theorie und unterentwickelte Region, Stuttgart 1959, S. 37.

[46] Die Leistungsfähigkeit eines Verkehrswegesystems kann durch die Ebenen der Verkehrswertigkeit bestimmt werden. *Voigt* bezeichnet das Bündel der einzelnen unterschiedlichen Verkehrsqualitäten eines Verkehrsmittels als dessen Verkehrswertigkeit. Das ideale Verkehrsmittel hätte die Verkehrswertigkeit von eins, das Verkehrsmittel ohne wirtschaftliche Relevanz die Verkehrswertigkeit von Null. Davon zu unterscheiden ist die Affinität. Unter der Affinität wird der Grad der Fähigkeit eines Gutes verstanden, Transporte zu ertragen. Erst wenn der Wert der Verkehrswertigkeit mit dem Wert der Affinität korrespondiert, kann von einer Erhöhung der gesamtwirtschaftlichen Leistungsfähigkeit des Verkehrssystems gesprochen werden; zu den Begriffen vgl. *Voigt*, F.: Verkehr und Industrialisierung, in: Zeitschrift für die gesamte Staatswissenschaft, Bd. 109 (1953), S. 198 ff.; derselbe: Die volkswirtschaftliche Bedeutung ..., S. 40 ff.; derselbe: Die Theorie der Verkehrswirtschaft ..., S. 580 ff.

[47] *Siebert*, H.: Zur Theorie ..., S. 8 f.

[48] *Fitter*, J. C.: Verkehrswegeinvestition ..., S. 73 ff.

Effekt auf die Faktormobilität und ein produktivitätsbeeinflussender Effekt auf die Gütermobilität zugebilligt werden. Die Verkehrswegeinvestition vermag auch Effekte auszulösen, die eine Verbesserung der Güterqualität einleiten können. Dieser Wirkung wird hier jedoch nicht weiter nachgegangen. Das Wachstum des Sozialprodukts ist bei gegebenen Realinvestitionen des privaten Sektors demnach um so höher, je größer diese Produktivitätseffekte sind. Die Verkehrswegeinvestitionen erhöhen das Sozialprodukt einer Volkswirtschaft also nicht direkt; die Verbesserungen wirken sich jedoch über geringere Kosten der Nutzung auf die Produktion aus. Diese Kostensenkungen werden durch eine Ersparnis an eingesetzten Produktionsfaktoren für die Erzeugung der gleichen Leistung realisiert.

1. Die expansive Wirkung des produktivitätsbeeinflussenden Effekts der Verkehrswegeinvestition auf die Faktorqualität

In der Literatur werden technologische und pekuniäre externe Effekte unterschieden[49]. Untersuchungen über die tatsächliche Bedeutung der technologischen externen Effekte liegen u. W. bisher nicht vor. Im Zusammenhang mit der Produktivitätswirkung von Verkehrswegeinvestitionen scheint es jedoch interessant zu sein, die Frage aufzuwerfen, ob eine expansive Wirkung auf das Sozialprodukt nicht nur von der durch die Verkehrswegeinvestition auslösbaren interregionalen Wanderung der Produktionsfaktoren Arbeit und Kapital ausgeht, sondern ob die Verkehrswegeinvestition auch eine produktive Qualitätsverbesserung der beiden Inputfaktoren mit Hilfe der *interregionalen Kommunikation* erzielen kann. Eine Zunahme der Arbeitsteilung erfordert in der Regel eine Erhöhung des wirtschaftlichen Integrationsgrades. Die Integration bedingt zunehmende Interdependenzen zwischen den einzelnen Wirtschaftssubjekten. Die wechselseitige Abhängigkeit wird durch die Kommunikation gefördert. Kommunikation bedeutet die Übertragung von Informationen[50]. Kommunikation ist jedoch keine Selbstverständlichkeit[51].

Die menschlichen Verhaltensweisen unterliegen bei Vorhandensein eines Verkehrssystems einem andauernden Beeinflussungsprozeß, der das zweckrationale, wirtschaftliche Verhalten im Rahmen eines Gesellschaftsgefüges entstehen und zur Auswirkung kommen läßt[52]. Die für

---

[49] *Scitovsky*, T.: Two Concepts . . ., S. 134 ff.

[50] *Marshall*, A.: Principles of Economics, 8. Aufl., London 1952, S. 220.

[51] *Lewis*, A.: Die Theorie des wirtschaftlichen Wachstums, Tübingen 1956, S. 182 f.

[52] *Klatt*, S.: Zur Theorie der Industrialisierung — Hypothesen über Bedingungen, Wirkungen und Grenzen eines vorwiegend durch technischen Fortschritt bestimmten wirtschaftlichen Wachstums, Köln, Opladen 1959, S. 63 ff.

den wirtschaftlichen Entwicklungsprozeß notwendigen Modifizierungen in den Verhaltensweisen erscheinen ohne eine von außen abhängige Evolution nicht erreichbar zu sein[53]. Einschränkend ist hierzu anzumerken, daß Verkehrssysteme nur dann die Entwicklungschancen einer Region verbessern können, wenn die Bevölkerung als Impulsempfänger aufzutreten in der Lage und gewillt ist — d. h., wenn die ansässige Bevölkerung bereit ist, die durch die Verkehrswegeinvestition angebotenen Anreize in einem freiwilligen inneren Anpassungsprozeß und durch Eigeninitiative zu nutzen[54]. Der Zusammenhang zwischen Verkehrssystem und zweckrationalem Verhalten muß jedoch auch umgekehrt formuliert werden, da das bei der Durchbrechung überkommener Denkschemata entstehende zweckrationale Verhalten erst eine Ausnutzung der Vorteile einer neuen Verkehrswegeinvestition ermöglicht.

Die Wirkungsweise von Verkehrswegeinvestitionen auf die Arbeitsqualität läßt sich verdeutlichen, wenn man eine dualistische Wirtschaft im Gesamtraum mit einem modernen und einem rückständigen Sektor, in dem die Arbeitsqualität niedriger ist, unterstellt. Der Fluß der Informationen wird natürlich nur dann zu einer Steigerung der Arbeitseffizienz im rückständigen Sektor führen können, wenn der mit der Größe der Arbeitsbevölkerung verbundene Anstieg der Kontakte zu einer absoluten und relativen Zunahme im Austausch von berufsbezogenen und leistungsmotivierenden Informationen führt. Da die Transformation dieser Informationen jedoch ein sozialer Prozeß ist, der eine Vielzahl von Personen umfaßt, hängt die Höhe der produktiven Effekte des Transfers von der Zahl der Personen ab, die untereinander in Kontakt treten können[55]. Die Möglichkeit zur Aufnahme von Kontakten und damit auch die räumliche Ausbreitung der leistungsmotivierenden und berufsbezogenen Informationsströme, die von dem modernen Sektor ausgehen, hängen jedoch zu einem nicht unerheblichen Teil von der Leistungsfähigkeit des Verkehrssystems ab. Die Effekte des Transfers von Informationen mit arbeitsqualitätsverbessernder Wirkung hängen nicht nur von der Existenz von Verkehrsverbindungen zwischen den modernen und den rückständigen Sektoren, sondern auch von der Höhe der Raumüberwindungskosten ab, die der Informationsträger für den Transfer aufwenden muß. Je niedriger die Raumüberwindungskosten sind, um so größer dürfte der produktivitätsbeeinflussende Effekt der Verkehrswegeinvestition auf die Arbeitsqualität sein. Unter Verwendung eines Gravitationsmodells kann gezeigt werden, wie der durch

[53] *Behrendt,* R. F.: Soziale Strategie der Entwicklungsländer, Entwurf einer Entwicklungsstrategie, Frankfurt 1965, S. 116 ff.

[54] *Moore,* W. E.: Die Wirkung der fremden Kultur; in: Soziologie der Entwicklungsländer, hrsg. von P. Heintz, Berlin 1962, S. 132 f.

[55] *Meade,* J. E.: External Economies und Diseconomies in a Competitive Situation; in: Economic Journal, Vol. 62 (1952), S. 65.

Informationsübertragung ausgelöste produktive Effekt einer Verbesserung der Arbeitsqualität mit den Raumüberwindungskosten variiert.

Eine Verkehrswegeinvestition, die die Kontaktsituation dadurch verbessert, daß die Raumüberwindungskosten reduziert werden, vergrößert den Fluß der Informationen, da die Informationsträger mobiler werden, und führt zu einer Steigerung der Arbeitsqualität durch häufigere und intensivere Kontakte.

Auch die Annahme, daß technisches Wissen allen Raumpunkten gleichermaßen zugänglich ist[56], erscheint wenig realistisch. Die durch die Ausbreitung des technischen Wissens induzierten technischen Neuerungen schlagen sich in einer Verbesserung des Produktionsfaktors Kapital nieder[57]. Die These von der völligen Mobilität des technischen Wissens wird nicht nur durch die Probleme der Kommunikation eingeschränkt[58], sondern auch durch die Tatsache, daß sich die Ausbreitung des technischen Wissens im Rahmen bestimmter technologischer Zusammenhänge abzuspielen scheint. *Pigou* und *Fellner* wiesen darauf hin, daß technische Neuerungen in einer Wirtschaftseinheit technische Neuerungen in einer anderen Wirtschaftseinheit induzieren[59]. Diese allgemeine Aussage muß jedoch dahingehend modifiziert werden, daß die Induktionsstärke zwischen den beteiligten Industrien offensichtlich um so größer ist, je enger die produktionsmäßige Verflechtung zwischen ihnen gestaltet werden kann. Dieser Zusammenhang sei an einem Beispiel verdeutlicht. Die Produkte der Eisen- und Stahlindustrie werden als Input bei der Maschinenindustrie verwendet, deren Output gleichzeitig wieder als Input bei der Eisen- und Stahlindustrie benötigt wird. Diese Verbindungen drücken sich in der Höhe des Austausches von Gütern zwischen den verschiedenen Industrien aus. Je stärker der Güterfluß, desto stärker wird auch die Induktionswirkung einer getätigten Innovation auf die anderen Industrien sein.

Die Induzierung des technischen Fortschritts und die Weitergabe von Kenntnissen über potentielle technische Verfahren setzt nicht nur einen Empfänger, sondern auch einen Sender voraus. In vielen Fällen sind jedoch Sender und Empfänger nicht in einem Raumpunkt vereint. Damit treten die Induzierungseffekte an unterschiedlichen Stellen des Raumes auf. Die Intensität der Induktionswirkung einer Innovation auf andere

---

[56] *Gerfin*, H.: Gesamtwirtschaftliches Wachstum und regionale Entwicklung, in: Kyklos, Vol. 17 (1964), S. 575.

[57] *Solow*, R. M.: Investment and Technical Progress; in: Mathematical Methods in Social Science, hrsg. von K. J. Arrow u. a., Stanford 1960, S. 89 ff.

[58] *Siebert*, H.: Zur Theorie . . ., S. 70 ff.

[59] *Pigou*, A. C.: The Economics of Welfare, 4. Aufl., London 1952, S. 185; *Fellner*, W.: Trends and Cycles in Economic Activity, New York 1956, S. 343.

Industrien ist also eine Funktion der potentiellen Kraft der Innovation zur Induzierung weiterer technischer Neuerungen[60] und der Ausbreitungsmöglichkeit der Effekte, die durch die gegebene räumliche Industriestruktur determiniert ist. Die gegebene Industriestruktur, d. h. die produktive Verflechtung in der Volkswirtschaft wird jedoch vorwiegend durch das Verkehrssystem geprägt[61]. Verkehrswegeinvestitionen bereiten damit die Grundlage für die Übertragung des technischen Wissens, das sich in einer qualitativen Verbesserung des Produktionsfaktors Kapital niederschlägt.

2. Die expansive Wirkung des produktivitätsbeeinflussenden Effekts der Verkehrswegeinvestition auf die Faktormobilität

Die maximale Nutzung des Wachstumspotentials einer Volkswirtschaft basiert auf einer effizienten Ressourcenallokation. Die Faktorwanderung gewinnt damit zentrale Bedeutung für die dem neoklassischen Modell zugrundeliegende Produktionsfunktion. Unter den Bedingungen vollständiger Konkurrenz maximiert eine optimale regionale Allokation der Ressourcen das Sozialprodukt. Es ergibt sich ein *Pareto*-Optimum, weil es unmöglich ist, den Produktionswert einer Region ohne Reduzierung des Produktionswertes einer anderen Region zu erhöhen. Ein Gleichgewicht in der regionalen Ressourcenallokation ist dann erreicht, wenn unter den Bedingungen der vollständigen Konkurrenz der Faktorpreis gleich dem Wert des Grenzprodukts ist.

Die interregionale Faktorwanderung, die auf einen Ausgleich der Grenzerlöse eines jeden Faktors in allen Regionen abzielt, wird jedoch durch unterschiedliche Opportunitäten, räumliche Präferenzen und soziale Faktoren, sowie besonders durch die Kosten der Raumüberwindung begrenzt. Kapitalbewegungen können durch Informationsmängel an Investitionschancen, Unvollkommenheiten des Kapitalmarktes und Differenzen in den regionalen Steuerstrukturen erheblich behindert werden. Die Faktorausstattung variiert nicht nur in Quantität, sondern auch in Qualität von Region zu Region. In der Realität wird daher die Mobilität der Faktoren nur in Richtung auf einen Ausgleich der Faktorpreise wirken, ohne jemals ein langfristiges Gleichgewicht zu erreichen[62]. Die Vernachlässigung der Transportkosten interessiert in dem hier verfolgten Zusammenhang besonders. Die Annahme uniformer Faktorpreise in allen Regionen vernachlässigt die Raumdimensionen. Die Exi-

---

[60] *Strassmann*, W. P.: Interrelated Industries and the Rate of Technological Change, in: Review of Economic Studies, Vol. 27 (1959/60), S. 17.

[61] *Fitter*, J. C.: Verkehrswegeinvestition . . ., S. 34 ff.

[62] *Haavelmo*, T.: A Study in the Theory of Economic Evolution, New York 1954, S. 84 ff.

stenz von Transportkosten beeinflußt die Reaktion der Faktoren auf vorhandene regionale Unterschiede in den Faktorpreisen. *Lefeber*[63] zeigte, daß unter den Bedingungen der vollständigen Konkurrenz die Faktorpreise zwar dem Grenzprodukt entsprechen, sie interregional jedoch um jene marginalen Kosten differieren, die notwendig sind, um eine Faktoreinheit von einer Region zu einer anderen zu transportieren. Auch die Güterpreise differieren interregional um die Transportkosten, d. h. der Ausgleich der Güterpreise ergibt sich erst nach Abzug der Transportkosten.

Die neoklassische Gleichgewichtstheorie besagt, daß die Arbeitskräfte bei Vorhandensein interregionaler Differenzen im realen Lohnniveau von der Region mit dem niedrigeren Lohnniveau in die Region mit dem höheren Lohnniveau wandern. Die Faktorwanderung ist beendet, wenn die Reallöhne in allen Regionen ausgeglichen sind. Diese Aussage basiert auf den kritischen Annahmen einer Homogenität der Arbeit, konstanter Skalenerträge und eines vollkommenen Arbeitsmarktes. Darüber hinaus wird unterstellt, daß die Entscheidung zur Abwanderung nur von dem Vorhandensein regionaler Lohndifferenzen abhängig ist und eine Abwanderung keine Kosten verursacht. Da sich die stärkeren Faktorbewegungen in der Regel von der Region mit dem niedrigeren Lohnniveau in Richtung auf die Region mit dem höheren Lohnniveau vollzieht, liegt der Schluß nahe, daß lediglich die Lohndifferenz die Faktorwanderung motiviert. Eine solche Argumentation vernachlässigt jedoch die Tatsache, daß sowohl der Entfernungsvariablen als auch der Anzahl der vorhandenen Opportunitäten deterministische Kraft zugestanden werden muß. Bereits im Zusammenhang mit der Wirkung der Verkehrswegeinvestition auf die Faktorqualität wurde herausgestellt, daß das Verkehrswegesystem Leitlinien für die Distribution von Informationen bildet. Durch die mit dem Verkehrssystem ständig aufrechterhaltene Kontaktsituation akkumuliert der potentielle Anbieter von Arbeitskraft Informationen. Da die Arbeitskräfte durch traditionale Verhaltensmuster in ein System von Gruppen integriert sind[64], kann eine regionale Mobilität erst dann erreicht werden, wenn die Faktoren der Beharrung durchbrochen werden[65]. Die Akkumulation von Informationen könnte die Voraussetzung dafür schaffen, daß ein Schwellenwert überschritten wird, der dem Individuum die Existenz besserer Opportunitäten signalisiert. Eine Analyse der Faktorbewegung hätte demnach die Entfernung, die zwischen dem Ort des Anbieters von

---

[63] *Lefeber*, L.: Allocation in Space-Production, Transport and Industrial Location, Amsterdam 1958.

[64] *Isaak*, J.: Economics of Migration, London 1947; *Miernyk*, W. H.: The Role of Labour Migration in Regional Growth; in: Papers and Proceedings of the Regional Science Association, Vol. 1 (1955).

[65] *Merton*, R. K.: Social Theory and Social Structure, Glencoe 1957, S. 225 ff.

Arbeitskraft und dem Ziel der Wanderung zurückzulegen ist, die Höhe der akkumulierten Informationen über bessere Opportunitäten, die Höhe der Lohndifferenz zwischen den alternativen Regionen und die Anzahl der vorhandenen Opportunitäten zu berücksichtigen.

Eine nähere Betrachtung dieser Bestimmungsgründe offenbart, daß die Mobilität des Arbeitsangebots zumindest aus drei Gründen von den Raumüberwindungskosten abhängig ist[66]. Je größer nämlich die Entfernung zwischen dem Ort der Abwanderung und dem Ziel der Wanderung ist, desto höher sind die Kosten der Raumüberwindung. Je größer die Entfernung zwischen dem Ort der Abwanderung und dem Ziel der Wanderung ist, desto geringer ist die Informationsmenge mit positiver Wirkung auf die Wanderungsbereitschaft. Je größer die Entfernung zwischen dem Ort der Abwanderung und dem Ziel der Wanderung ist, desto stärker sind die Hemmnisse gegen die Mobilität. Mißt man die interregionale Mobilität in Einwanderer pro Gesamtarbeiterzahl der empfangenden Region, so fällt die Mobilität der Arbeit mit zunehmender Entfernung zwischen Ort der Abwanderung und Zentrum der Einwanderung. Vernachlässigt man die Problematik, daß die Abwanderer unterschiedliche Arbeitsqualitäten aufweisen können und unterstellt stattdessen die Prämisse eines homogenen Arbeitsangebots, so führen Verkehrswegeinvestitionen entweder über die Einführung neuer Verkehrsverbindungen oder/und über eine Reduzierung der Raumüberwindungskosten zu einem Expansionseffekt in der die Arbeitskräfte empfangenden Region. Die Transformationskurve dieser Region, die die Produktionsgrenze und damit das Wachstumspotential bei gegebenen Ressourcen kennzeichnet, wird durch die Zunahme des Arbeitsangebots, hervorgerufen durch die Verkehrswegeinvestition, nach außen verschoben, d. h. die Produktion steigt.

Unter der Annahme eines vollkommenen Marktes und vollkommener Information und unter Vernachlässigung der Kosten für den Transport von Kapitalmitteln fließen Kapitalien von den Raumpunkten mit niedriger Profitrate zu jenen mit höherer Profitrate. Dieser Prozeß ist beendet, wenn die Unterschiede in den Profitraten durch die Kapitalströme ausgeglichen sind. Die räumliche Richtung des Geldkapitaleinsatzes hängt auf den ersten Blick nicht von den Kosten der Raumüberwindung ab. Die Kosten des Geldtransportes sind so niedrig, daß dadurch keine räumlichen Hindernisse errichtet werden können. Diese generelle Aussage über die Abhängigkeit der Kapitalmobilität von der Entfernung muß jedoch differenziert werden. So müssen Informationen über die Höhe der

---

[66] Zur empirischen Überprüfung *Morill*, R. L.: The Distribution of Migration Distances; in: Papers and Proceedings of the Regional Science Association, Vol. 11 (1963), S. 75 ff.

Profitrate in den einzelnen Regionen vorhanden sein. Die Abhängigkeit von der Information ist für den Kapitaleinsatz von größerer Bedeutung als für die Mobilität des Produktionsfaktors Arbeit. Informationen über unterschiedliche regionale Lohnhöhen sind relativ leichter zu erhalten als solche über Profitraten. Hat der potentielle Anbieter von Arbeitskraft Kenntnis erhalten von der Existenz eines höheren Lohnniveaus in einer anderen Region, so kann er auf diese Information mit einem hohen Grad an Gewißheit vertrauen. Demgegenüber lassen sich verläßliche Informationen über die Rate des Nettoertrages einer Investierung in verschiedenen Regionen ungleich schwieriger beschaffen. Diese Schwierigkeit ergibt sich insbesondere durch die mit der Investitionsentscheidung verbundene Ungewißheit künftiger Daten. Aus dieser Ungewißheit ergeben sich Risiken, die bei einer Abweichung der realisierten von den erwarteten Daten zu Verlusten führen können[67]. Es scheint daher gerechtfertigt zu sein, die Mobilität des Geldkapitals mit der Entfernung zu koppeln, da anzunehmen ist, daß mit zunehmender Entfernung nicht nur die Informationen über Unterschiede in den Profitraten abnehmen, sondern auch die Verläßlichkeit der in die Investitionsplanung eingehenden antizipierten Daten sinkt.

Eine Berücksichtigung des Unsicherheits- und Risikofaktors kann durch eine entsprechende Manipulation des Kalkulationszinssatzes erreicht werden, der sich von dem reinen Marktzins durch einen Aufschlag unterscheidet, der dem besonderen Investitionsrisiko Rechnung trägt. Je größer die Entfernung, um so geringer sind sowohl die Informationen über bestehende Unterschiede in den regionalen Profitraten als auch die Gewißheit über die für die Investitionsplanung benötigten Daten, und um so höher ist der Risikoaufschlag. Die Höhe des Kalkulationszinssatzes variiert demnach über den Aufschlag mit der Entfernung. Das mit der Entfernung zunehmende Risiko in der Investitionsentscheidung kann mithin durch eine Reduzierung des kapitalisierten Ertragswertes berücksichtigt werden.

Die Zunahme des Risikos und der Ungewißheit in der Bildung der Ertragserwartung wird sich auch im Falle einer Beschaffung fremder Mittel für die Investitionen auf die Kosten der Kapitalbeschaffung auswirken. In der Regel ist die Annahme einer einzigen nationalen Zinsrate, zu der in allen Regionen Kapital beschafft werden kann, nicht gerechtfertigt[68]. Es ist eher anzunehmen, daß die Kosten der Kapitalbeschaffung die Tendenz aufweisen, direkt mit der Entfernung von

---

[67] *Bain*, J. S.: Pricing, Distribution and Employment — Economics of an Enterprise System, New York 1948, S. 479. *Knight*, F. H.: Risks, Uncertainty and Profit, 2. Aufl., London 1948, S. 198; *Keynes*, J. M.: The General Theory of Employment, Interest and Money, London 1936, S. 149 f.

[68] *Voigt*, F.: Die volkswirtschaftliche Bedeutung . . ., S. 150 f.

den Zentren der Geldschöpfung zu variieren. Damit müssen auch die Kosten der Fremdkapitalbeschaffung in Abhängigkeit von der Entfernung postuliert werden.

Bei Investierungen einer bestimmten Geldsumme in Investitionsgüter können die erwarteten Erträge als Rendite dieses eingesetzten Kapitals mit den möglichen Erträgen in anderen Anlageformen verglichen werden. Da es sich bei der Strömungsgröße Investition um einen Güterstrom handelt, kann die Mobilität der Investitionsgüter durch die Kosten der Raumüberwindung wesentlich beeinflußt werden. Die Beantwortung der Frage, ob eine Kapitalgüterwanderung auch tatsächlich ausgelöst wird, hängt offensichtlich nicht nur von dem Angebotspreis des Kapitalgutes, sondern auch von der Höhe der Transportkosten ab, die aufgewendet werden müssen, um das Kapitalgut vom Herstellungsort zum Investitionsort zu schaffen. Je höher die Transportkosten für das Kapitalgut sind, desto höher müssen die erwarteten Erträge aus dem Kapitalgut angesetzt werden. Daraus ergibt sich auch für die Rendite eine Abhängigkeit von der Leistungsfähigkeit des Verkehrswegesystems.

Somit ergibt sich auch für die Mobilität des Kapitals eine Abhängigkeit von dem Verkehrswegesystem und den Raumüberwindungskosten. Je größer die Entfernung zwischen zwei Raumpunkten ist, desto geringer sind die Informationen über die Unterschiede in den Profitraten und in der Verläßlichkeit der in die Investitionsentscheidung eingehenden antizipierten Daten und um so stärker sind die Widerstände gegen eine Mobilität des Geldkapitals. Je größer diese Distanz ist, desto größer ist die Entfernung von den Zentren der Geldschöpfung und um so höher sind die Kosten der Kapitalbeschaffung. Je größer diese Distanz ist, desto höher sind die Kosten der Raumüberwindung. Je größer die Kosten der Raumüberwindung sind, desto höher ist der Diskontierungsfaktor. Mißt man die interregionale Kapitalmobilität in Kapitaleinheiten pro Kapitalausstattung der empfangenden Region, so fällt die Mobilität des Kapitals mit zunehmender Entfernung zwischen dem Ort des Investors und dem Ort der Investition. Verkehrswegeinvestitionen, die entweder neue Verkehrsverbindungen schaffen, oder/und eine Reduzierung in den Raumüberwindungskosten einleiten, führen daher über eine Senkung des Diskontierungsfaktors zu einer Erhöhung der Kapitalmobilität.

3. Die expansive Wirkung des produktivitätsbeeinflussenden Effekts der Verkehrswegeinvestition auf die Gütermobilität

Die Ausnutzung von „external economies“, die Realisierung von Allokationsgewinnen und die Transmission regionaler Nachfragesteigerung über eine Ausweitung der Marktinterdependenzen basiert auf einer Anhebung der Gütermobilität[69]. Erst wenn es gelingt, die Gütermobilität in der Volkswirtschaft zu erhöhen, lassen sich die Expansionswirkungen aus der Ausnutzung von external economies, der Realisierung von Allokationsgewinnen und der Transmission regionaler Nachfragesteigerungen realisieren. Die Anhebung der Gütermobilität hängt jedoch von der Leistungsfähigkeit des Verkehrswegesystems ab.

Bei den „external economies"[70] handelt es sich um die Interdependenzen im Preisgerüst der Produktionsfunktion, d. h. um die Interaktionen zwischen der Änderung der absoluten und der relativen Preise verschiedener Produkte und den Rückwirkungen dieser Änderungen auf die Produktion. Die externen Effekte drücken sich also in den Veränderungen in den Preisen für die güterlichen Inputs aus. Positive externe Effekte liegen dann vor, wenn der Preis für die gesamten Inputs durch Interdependenzen fällt[71]. Die Gewinnerhöhung wird dabei durch eine Ausdehnung des Absatzes der beteiligten Unternehmen erreicht, die eine Ausnutzung sinkender Stückkostenkurven ermöglicht. Diese Wirkung der externen Effekte kann jedoch durch die Einführung einer Raumdimension wieder rückgängig gemacht werden[72], denn die Transmission der externen Effekte von der verursachenden Wirtschaftseinheit auf die empfangende Wirtschaftseinheit wird entscheidend von der Leistungsfähigkeit des Verkehrswegesystems determiniert.

Eine Erhöhung der Gütermobilität eröffnet auch die Möglichkeit zur Realisierung von Allokationsgewinnen[73]. Eine solche Möglichkeit tritt immer dann auf, wenn die Verbesserung der Leistungsfähigkeit des Verkehrswegesystems zu einem Abbau regionaler Handelsschranken führt und damit den Weg zu einer verbesserten regionalen Arbeitsteilung in der Produktion ermöglicht, die sich in einer effizienteren Nutzung der Produktionsfaktoren niederschlägt. Die regionalen Allokationsgewinne insgesamt sind damit eine Funktion der Veränderung der Gütermobilität: Die Verteilung der Gewinne über den Raum der Volkswirtschaft hinweg

---

[69] *Fitter*, J. C.: Verkehrswegeinvestition ..., S. 117 ff.; *Siebert*, H.: Zur Theorie ..., S. 77 ff.

[70] *Bohnet*, M.: Die Konzepte der ‚External Economies' unter besonderer Berücksichtigung ihrer Bedeutung für Entwicklungsländer, Berlin 1968, S. 11 ff.; *Bohm*, P.: External Economies in Production; in: Stockholm Economic Studies, Pamphlet Series 3, Uppsala 1964.

[71] *Siebert*, H.: Zur Theorie ..., S .123 f.

[72] Die horizontalen und vertikalen external economies wurden daher auch als reversible external economies bezeichnet; *Ellis*, H. S., *Fellner*, W.: External Economies and Diseconomies; in: American Economie Review, Vol. 33 (1949), S. 501 ff. Die Reversibilität wurde jedoch nicht auf den Einfluß von Transportkosten zurückgeführt, sondern mit dem Hinweis auf einen Anstieg in den Faktorpreisen begründet.

[73] *Siebert*, H.: Zur Theorie ..., S. 106 ff.

hängt jedoch von dem Ausmaß der Veränderung in der Leistungsfähigkeit des Verkehrswegesystems ab.

Zusätzliche interregionale Güterbewegungen resultieren nicht nur aus einem durch Verkehrswegeinvestitionen induzierten Abbau regionaler Handelsschranken, sondern auch durch das Auftreten von internen Wachstumsdeterminanten in der Form von Einkommenssteigerungen. Auch diese Beziehung führt, ähnlich wie die Beseitigung von Handelshemmnissen, nur dann zu einem expansiven Effekt, wenn die Produktionsfaktoren nicht vollständig mobil sind. Die auf der Theorie der regionalen Exportbasis basierende These von der expansiven Wirkung interregional wirksam werdender Nachfragesteigerungen geht davon aus, daß die regionale Nachfrage nicht die vorhandenen Ressourcen voll ausschöpfen kann. Erst eine zusätzliche Nachfrage läßt die regionale Produktion steigen[74]. Unabhängig von den kritischen Einwänden, die man gegen die der Theorie der Exportbasis zugrunde liegenden Annahmen vorbringen kann[75], ist jedoch darauf hinzuweisen, daß der interregionale Multiplikator nicht gleichmäßig in den Raum hinein streut. Der Multiplikatoreffekt, der sich aus der in einem Raumpunkt vorgenommenen autonomen Investition ergibt, folgt den produktiven Interdependenzen[76]. Diese Interdependenzen sind durch die Leistungsfähigkeit des Verkehrswegesystems geprägt.

Die Wirksamkeit dieser expansiven Effekte ist also zu einem nicht unwesentlichen Teil eine Funktion der Verbesserungen im Verkehrssystem. Verkehrswegeinvestitionen sind damit über längere Zeiträume ein entscheidender Bestimmungsgrund für eine Zunahme der regionalen Interaktion. Erst eine Intensivierung der interregionalen Arbeitsteilung, die ohne ein leistungsfähiges Verkehrswegesystem nicht zu realisieren ist, führt zu den mit einer Ausnutzung von „external economies", der Realisierung von Allokationsgewinnen und der Transmission regionaler Nachfragesteigerungen erzielbaren Expansionseffekten.

IV. Schlußfolgerungen: Die Bedeutung der Produktivitätswirkung von Verkehrswegeinvestitionen für das Harrod-Domar-Wachstum und für den neoklassischen Wachstumsansatz

Die vielfältigen Wirkungen der Verkehrswegeinvestitionen lassen erkennen, daß es offensichtlich schwierig ist, im Rahmen des *Harrod-*

[74] *Tiebout,* C. M.: Exports and Regional Economic Growth; in: Journal of Political Economy, Vol. 64 (1956), S. 162.

[75] *Siebert,* H.: Zur Theorie ..., S. 90 ff.

[76] Vgl. hier die Availability-These von *Kravis,* J.: Availability and other Influences on the Commodity Composition of Trade; in: Journal of Political Economy, Vol. 64 (1956), S. 143 ff.; ebenso *Linder,* S. B.: An Essay on Trade and Transformation, Stockholm, New York 1961, S. 87.

Domar-Modells unter Berücksichtigung der Produktivitätseffekte der staatlichen Ausgaben für Verkehrswegeinvestitionen zu präzisen Aussagen über die Entwicklung des gesamtwirtschaftlichen Kapitalkoeffizienten und über den Anteil der Verkehrswegeinvestitionen an der gesamtwirtschaftlichen Investitionsquote zu gelangen. Sicherlich kann nicht geleugnet werden, daß den Verkehrswegeinvestitionen ein Einfluß auf die Produktivität des privaten Kapitals zugestanden werden muß. Die Schwierigkeit liegt letztlich in der Tatsache begründet, daß für Verkehrswegeinvestitionen keine Rentabilität im gebräuchlichen Sinn des Wortes berechnet werden kann.

Solange es nicht gelingt, die Produktivitätseffekte von Verkehrswegeinvestitionen zu quantifizieren, wird es wohl nicht möglich sein, im Rahmen der Wachstumstheorie über bloße Tendenzaussagen hinauszukommen. Wenn die tatsächliche Wachstumsrate kleiner ist als die gleichgewichtige Wachstumsrate, könnten die wirtschaftspolitischen Instanzen bei der Verfolgung eines gleichgewichtigen Wachstums eine Senkung der gleichgewichtigen Wachstumsrate durch erhöhte Ausgaben für Verkehrswegeinvestitionen erzwingen, jedoch nur unter der Voraussetzung, daß diese Ausgaben einen Produktivitätseffekt von Null oder annähernd Null hätten. Damit würde sich gleichzeitig die tatsächliche Wachstumsrate erhöhen, so daß sich beide Raten „irgendwo" treffen würden. Die Forderung, die Staatsausgaben für Verkehrswegeinvestitionen sollten einen Produktivitätseffekt von Null aufweisen, stellt wachstumspolitisch eine Vergeudung von volkswirtschaftlichen Ressourcen dar. Sinnvoller wäre es daher, wenn es gelingen würde, die Verkehrswegeinvestitionen in der Art zu plazieren, daß der Wert der Ausgabenquote gleich dem Wert des Parameters (a) ist. Dann würde sich nämlich die tatsächliche Wachstumsrate an die gleichgewichtige angleichen, und es würde ein gleichgewichtiges Wachstum auf höherem Niveau erreicht[77].

Ist die tatsächliche Wachstumsrate dagegen größer als die gleichgewichtige, dann könnte durch eine Senkung der Staatsausgaben für Verkehrswegeinvestitionen die tatsächliche Wachstumsrate an die gleichgewichtige angeglichen werden. Die beiden Wachstumsraten würden wiederum einem Mittelwert zustreben, da bei einer Ausgabensenkung für Verkehrswegeinvestitionen gleichzeitig die gleichgewichtige Wachstumsrate zu steigen beginnt. Zieht man es dagegen vor, die gleichgewichtige Wachstumsrate an die tatsächliche heranzuführen, so müßten die wirtschaftspolitischen Instanzen bei konstanter Ausgabenquote nach solchen Verkehrswegeinvestitionen Ausschau halten, die es ihnen gestatten würden, den Produktivitätsbeitrag der Verkehrswegeinvestitionen gerade

[77] *Giersch*, H.: Strategien der Wachstumspolitik; in: Zeitschrift für die gesamte Staatswissenschaft, Bd. 119 (1963), S. 249 ff.

um so viel zu erhöhen, daß die gleichgewichtige Wachstumsrate gleich der tatsächlichen wird. Offensichtlich sind solche Entscheidungskriterien aufgrund der Vielfältigkeit der Produktivitätswirkungen von Verkehrswegeinvestitionen von geringem praktischen Nutzen.

Eine aussagefähigere Berücksichtigung der staatlichen Ausgaben für Verkehrswegeinvestitionen ist daher eher mit der *angebotsorientierten* Wachstumstheorie zu erreichen. Es zeigt sich jedoch auch hier, daß die Einbeziehung der Produktivitätswirkungen von Verkehrswegeinvestitionen auf Schwierigkeiten stößt, sofern die Interdependenzen aller Wachstumsdeterminanten in einer Volkswirtschaft berücksichtigt werden[78]. Werden nämlich die Überlegungen, die im Zusammenhang mit den produktivitätsbeeinflussenden Effekten der Verkehrswegeinvestitionen auf die Faktorqualität, die Faktormobilität und die Gütermobilität angestellt wurden, mit der natürlichen Wachstumsrate im „golden age" in Verbindung gebracht, so zeigt sich, daß bei Berücksichtigung der staatlichen Ausgaben für Verkehrswegeinvestitionen die Annahme einer exogen gegebenen Wachstumsrate der Arbeitsproduktivität und des technischen Fortschritts recht unwahrscheinlich ist. Bezieht man die staatlichen Ausgaben für Verkehrswegeinvestitionen explizit in das Modell ein, so ließe sich die Entwicklung der Arbeitsproduktivität und die Veränderung des technischen Fortschritts endogen erklären. Mit Hilfe von Verkehrswegeinvestitionen könnte der Staat damit einen Einfluß auf die Höhe der natürlichen Wachstumsrate im „golden age" gewinnen.

---

[78] Dies hat *Aberle* sehr deutlich gemacht; *Aberle*, G.: Verkehrsinfrastrukturinvestitionen ..., S. 68 ff.

Anhang

Aufgaben und Entwicklung des Instituts für Industrie- und Verkehrspolitik der Universität Bonn und der Gesellschaft für wirtschafts- und verkehrswissenschaftliche Forschung e. V., Bonn

Der übergeordneten Aufgabenstellung, die Bedingungen einer optimalen wirtschaftlichen und sozialen Entwicklung sowie die Möglichkeiten und Grenzen staatlicher Einwirkungen darauf zu erforschen und sie in der Lehre darzustellen, sind folgende Teilbereiche unterzuordnen:

— Analyse der Beziehungen zwischen industrieller Entwicklung, Trägern wirtschaftlicher Macht und Strukturveränderungen der Gesellschaft;

— Erarbeitung geeigneter wirtschaftspolitischer Instrumentarien und Erforschung der Grenzen der Einwirkungsmöglichkeit der Macht des Staates und anderer Institutionen;

— Untersuchung der Gründe unterschiedlicher Entwicklung von Räumen; Erforschung der Probleme der Unterentwicklung und der wirtschaftlichen und sozialen Not.

Zum besseren und wirklichkeitsnäheren Verständnis der Probleme, die unserer heutigen Zeit gestellt sind, wird in diesem Zusammenhang angestrebt, wirtschaftliche, soziale und politische Prozesse in ihrer Komplexität, nicht in Isolierung und Abstraktion, zu analysieren. Wir dürfen deshalb nicht nur die Erfahrungen der heutigen westlichen Industrieländer zur wissenschaftlichen Analyse heranziehen, sondern müssen auch Erfahrungen anderer Kulturbereiche auswerten, insbesondere prüfen, aus welchen Gründen die Entwicklung in anderen Räumen anders und unterschiedlich verlief.

Ziel einer derartigen Betrachtungsweise ist es — unabhängig von Ideologien —, die Realität in Zeit und Raum unter Berücksichtigung der vielfältigen besonderen Impulse des Verkehrssystems und unter Einbeziehung der monetären Daten zu analysieren und ihre Probleme einer geeigneten Lösung nahezubringen. Auf dem Weg, diese Gesamtzielsetzung der Institute soweit wie möglich zu realisieren, hat *Fritz Voigt* im Laufe seines Schaffens an den verschiedenen Universitäten *Institute für Industrie- und Gewerbe- bzw. Verkehrspolitik* ins Leben gerufen, die heute unter anderem Ordinariat weitergeführt werden. Daß in Bonn neben dem Universitätsinstitut noch die *Gesellschaft für wirtschafts- und verkehrswissenschaftliche Forschung* gegründet wurde, hat seinen Grund in dem Wunsche, den Gedankenaustausch zwischen Forschung und Lehre einerseits und führenden Persönlichkeiten in Staat und Wirtschaft andererseits zustande zu bringen und zu pflegen. Auch die anregende Diskussion zwischen früheren Mitarbeitern und Schülern soll aufrecht erhalten werden.

Ermöglicht wurde ihr diese Unterstützung durch nicht unerhebliche Zuschüsse im Rahmen der projektgebundenen bzw. institutionellen Förderung durch das Ministerium für Wirtschaft, Mittelstand und Verkehr des Landes Nordrhein-Westfalen in Düsseldorf. Zum anderen flossen finanzielle Hilfen durch die ständig steigende Mitgliederzahl in den Förderfonds ein. So konnte im Laufe der Zeit die Unterstützung der Institutsarbeit von den laufenden Notwendigkeiten eines Forschungs- und Lehrbetriebes ausgedehnt werden auf die Anschaffung von Lehr- und Lernhilfen, diversen technischen Geräten, zusätzlicher Literatur[1], auf die Bezuschussung von Veröffentlichungen in den Buchreihen „Verkehrswissenschaftliche Forschungen" und „Schriftenreihe zur Industrie- und Entwicklungspolitik" (beide im Verlag *Duncker & Humblot*, Berlin)[2] und schließlich auch auf den personellen Bereich.

Dadurch nahm die Publizität der Gesellschaft nicht nur automatisch zu; sie wurde darüber hinaus auch ganz gezielt angestrebt; auf den Hauptversammlungen referierten Persönlichkeiten aus Wirtschaft, Wissenschaft und öffentlichem Leben; unter der wissenschaftlichen Leitung von Herrn Prof. Dr. *Fritz Voigt* wurden Redner für Vorträge gewonnen, und schließlich wurden Hauptseminare als Kooperationsveranstaltungen von Wirtschaftsfachleuten, Professoren, Assistenten und Studenten abgehalten und betreut.

Daneben wurde keineswegs die Grundlagenforschung auf dem Gebiet des Verkehrs und in den wissenschaftlichen Komplementärbereichen

---

[1] Eine effektive Lehr- und Forschungstätigkeit läßt sich ohne gut bestückte Institutsbibliothek kaum vorstellen. So begann mit der Gründung des Instituts der Auf- und Ausbau einer Spezialbibliothek; gegenwärtig stehen dem Benutzer rd. 5 000 Bände zur Verfügung, wovon ca. 22 % der Industriepolitik und über 30 % der Verkehrspolitik zuzuordnen sind. Der Restbestand verteilt sich gleichermaßen auf Veröffentlichungen aus dem Bereich der Wirtschaftspolitik, der Theoretischen Nationalökonomie und den übrigen wirtschaftswissenschaftlichen Disziplinen. Erwähnenswert ist, daß ca. 400 wissenschaftliche Schriftenreihen und weitere 235 Periodika regelmäßig bezogen werden.
In der Anschaffungspolitik wird angestrebt, alle wesentlichen Veröffentlichungen auf dem Gebiet der Verkehrswissenschaft zu berücksichtigen, ohne den Schwerpunkt Industriepolitik zu vernachlässigen. Besonderes Interesse wird auch weiterhin den Gebieten Entwicklungspolitik, Regionalpolitik und dem Problemkreis gesamtwirtschaftlicher Evaluierungs- und Planungsmethoden zukommen.

[2] Siehe hierzu die nachfolgende Dokumentation, S. 428 ff.

(Regionalpolitik, Infrastrukturplanung, Stadtentwicklung etc.) vernachlässigt, was aus diesem Buch eindrucksvoll hervorgeht. Ferner wurden Forschungsarbeiten — fast ausschließlich für öffentliche Auftraggeber — fertiggestellt, die wegen ihrer grundlegenden Bedeutsamkeit in der Regel von den zuständigen Stellen veröffentlicht wurden[3]. Die Gesellschaft entwickelte neben ihrem Förderercharakter auch ein Eigenleben, das nicht nur in der Umbenennung von 1968 in „Gesellschaft für wirtschafts- und verkehrswissenschaftliche Forschung e. V." ihren Ausdruck fand, sondern auch durch verstärkte Forschungstätigkeit auf dem Gebiet der allgemeinen Wirtschaftspolitik. Dabei kommt die seit langem bestehende Kooperation mit dem *Institut für das Spar-, Giro- und Kreditwesen* an der Universität Bonn immer stärker zum Tragen; nicht zuletzt bedingt durch die abgestimmte Koordination der gemeinsamen in den Händen von *Fritz Voigt* liegenden wissenschaftlichen Leitung beider Institutionen. Schließlich wurde der „output" der Gesellschaft so umfänglich, daß der Entschluß gefaßt wurde, das z. T. wertvolle Material, das bei der Bearbeitung der einzelnen Forschungsaufträge bzw. im Rahmen der Grundlagenforschung anfiel und laufend anfällt, als Diskussionspapiere zu veröffentlichen[4].

Die Anzahl der Mitglieder beläuft sich heute auf über 300. Namhafte Persönlichkeiten aus allen Bereichen des öffentlichen Lebens, aus Wissenschaft und Wirtschaft fördern die Aktivitäten der Gesellschaft ebenso wie große und kleine Unternehmen, Verbände usw. Diese Unterstützung kommt immer und vor allem auch dem Institut für Industrie- und Verkehrspolitik zugute, so daß festgestellt werden kann, daß Ziel und Zweck der Gesellschaft, die weitesgehende Förderung des Instituts und seiner Aktivitäten, bei gleichzeitigen Eigenarbeiten, stets voll realisiert werden.

---

[3] Siehe hierzu die nachfolgende Dokumentation, S. 426 ff.

[4] Hierzu die nachfolgende Dokumentation, S. 431. Die Diskussionspapiere werden allen Mitgliedern, Förderern der Gesellschaft und den Freunden des Instituts unentgeltlich zur Verfügung gestellt.

Dokumentation der wissenschaftlichen Beiträge des Instituts für Industrie- und Verkehrspolitik der Universität Bonn und der Gesellschaft für wirtschafts- und verkehrswissenschaftliche Forschung e. V., Bonn*

Zusammengestellt von Rainer Neumann

A. Forschungsberichte

(soweit nicht unter B. aufgeführt)

F. Voigt, L. Beth, D. Carl, W. Gumpel, H. Herberg, H. Lose, S. Reitschuler: Theoretische Grundlagen einer Generalverkehrsplanung, Hamburg 1963

F. Voigt, L. Beth, D. Carl, H. Herberg, K.-J. Juhnke, H. Lose: Untersuchung über die Differenzierung der Problemstellung eines Generalverkehrsplanes für Nordrhein-Westfalen hinsichtlich der räumlichen Unterschiedlichkeit, Hamburg 1963

F. Voigt, L. Beth, D. Carl, J. Fleischhauer, H. Herberg, H. Lose, S. Reitschuler: Theoretische Grundlagen einer regionalen Generalverkehrsplanung, Hamburg 1964

F. Voigt, D. Meinke: Möglichkeiten und Grenzen einer wirtschaftlichen Entwicklung der Stadt Elmshorn, Elmshorn 1966

F. Voigt, J. Frerich, R. Radel, G. Unterburg: Die Entstehung wirtschaftlicher Notstandsgebiete in Industrieländern und die Möglichkeiten einer aktiven Regionalpolitik, Bonn 1966

F. Voigt u. a.: Untersuchung über die Wirtschaftlichkeit des Teilstückes der Rhein-Main-Donau-Großschiffahrtsstraße von Bamberg bis Regensburg, Bonn 1968

F. Voigt u. a.: Stand und Entwicklung des Gas-Seetransports, Bonn 1969

F. Voigt, D. Havlićek: Möglichkeiten und Formen der Kooperation für den gewerblichen Güternahverkehr einerseits sowie zwischen den Nahverkehrsunternehmen und der verladenden Wirtschaft andererseits im Hinblick auf die besondere Lage im Lande Nordrhein-Westfalen; Gutachten im Auftrage des Ministers für Wirtschaft, Mittelstand und Verkehr des Landes Nordrhein-Westfalen, Bonn 1969

F. Voigt, K. Steffen: Welche Grundsätze sind bei der Gesamtverkehrsplanung der Städte, der Regionen, der Länder und des Bundes zu beachten, um ein einheitliches und koordiniertes Verkehrssystem in der Bundesrepublik Deutschland zu erhalten und weiterzuentwickeln? Gutachten im Auftrage des Bundesministeriums für Verkehr, Bonn 1970

J. Frerich, E. Helms, G. Unterburg: Die zukünftige Entwicklung der österreichischen Verkehrswirtschaft — Unter besonderer Berücksichtigung der österreichischen Bundesbahnen, Bonn 1970

* Stand: 31. 12. 1974

F. Voigt, J. Frerich, R. Radel u. a.: Ökonomische Untersuchungen zum Ausbauplan für die Bundesfernstraßen, Bd. B, Teil IV; in: Ausbauplan für die Bundesfernstraßen 1971 - 1985; Gutachten im Auftrage des Bundesministers für Verkehr, Abt. Straßenverkehr, Bonn 1971

F. Voigt, M. Wrobel: Entwicklungschancen des Bremer Wirtschaftsraumes durch Verkehrsverbesserung des ÖPNV-Systems unter Berücksichtigung von kosten- und nutzentheoretischen Überlegungen, dargestellt am Beispiel einer U-Bahn-Linie Huchting-Stadtmitte-Universität; Gutachten im Auftrage des Senators für das Bauwesen der Freien Hansestadt Bremen, Bonn 1971

R. Pusch, I. Scholz: Methodische Grundlagen einer Stauungskostenrechnung für den Stadtverkehr, Gutachten im Auftrage des Bundesministers für Verkehr unter Mitarbeit von Hensel, van Rey und Mäcke, Bonn 1971

F. Voigt, G. Hoff, D. Havliček: Die Bedeutung des Luftfrachtverkehrs für die nordrhein-westfälische Wirtschaft und seine Entwicklungsmöglichkeiten; Gutachten im Auftrage des Ministers für Wirtschaft, Mittelstand und Verkehr des Landes Nordrhein-Westfalen, Bonn 1971

F. Voigt, M. v. d. Adel: Möglichkeiten und Marktchancen für die Errichtung einer tabakverarbeitenden Industrie in den Entwicklungsländern, Bonn 1971

J. Frerich, E. Helms, H. Kreuter: Die raumwirtschaftlichen Entwicklungseffekte von Autobahnen (BAB Karlsruhe-Basel), Bonn 1972 (zur Veröffentlichung vorgesehen in der Schriftenreihe „Straßenbau und Straßenverkehrstechnik", hrsg. vom Bundesminister für Verkehr, Abt. Straßenbau, Bonn)

F. Voigt, R. Pusch, K. Reitz, I. Scholz, M. Zachcial: Die Vorausschätzung der Nachfrage nach den Dienstleistungen der Deutschen Bundespost auf ökonomischer Grundlage bis zum Jahre 1985, Bd. I Fernmeldewesen (Pusch, Scholz, Zachcial), Bd. II Postwesen (Reitz, Zachcial); Gutachten im Auftrage des Bundesministers für das Post und Fernmeldewesen, Bonn 1972 und 1973

F. Voigt, H.-J. Budischin, G. Heyder, W. Laschet: Ursachen und Entwicklungsphasen des Bewußtwerdens von Vorstellungen über neue Schwerpunkte der Technologie-, Wirtschafts- und Gesellschaftspolitik; Gutachten im Auftrag der Kommission für wirtschaftlichen und sozialen Wandel; zugleich Heft 6 der Diskussionspapiere der Gesellschaft für wirtschafts- und verkehrswissenschaftliche Forschung, Bonn 1974

F. Voigt, Th. Sarrazin, F. Spreer: Analyse des Mittelstandes und der Mittelstandspolitik in der Verkehrswirtschaft sowie Entwicklung eines Maßnahmenprogramms für das Verkehrsgewerbe — unter besonderer Berücksichtigung Nordrhein-Westfalens; Gutachten im Auftrage des Ministers für Wirtschaft, Mittelstand und Verkehr des Landes Nordrhein-Westfalen, Bonn 1974

J. Frerich, J. Melcher, H. Steinheuer: Die Methoden des Operations Research und ihre Anwendungsmöglichkeiten auf die Investitionsplanung im Straßenbau; in: Schriftenreihe „Straßenbau und Straßenverkehrstechnik", hrsg. vom Bundesminister für Verkehr, Abt. Straßenbau, Bonn, Heft 159, Bonn 1974

J. Frerich, B. Nitsche, Th. Sarrazin: Lkw-Prognose — Die voraussichtliche Entwicklung von Bestand und Verkehrsleistungen der Lastkraftwagen in der BRD bis zum Jahre 1985; in: Schriftenreihe „Straßenbau und Straßenverkehrstechnik", hrsg. vom Bundesminister für Verkehr, Abt. Straßenbau, Bonn, Heft 168, Bonn 1974

J. Frerich, Th. Sarrazin: Pkw-Prognose — Die voraussichtliche Entwicklung von Bestand und Verkehrsleistungen der Personenkraftwagen in der BRD bis zum Jahre 1985; in: Schriftenreihe „Straßenbau und Straßenverkehrstechnik", hrsg. vom Bundesminister für Verkehr, Abt. Straßenbau, Bonn, Heft 169, Bonn 1974

F. Voigt, J. Frerich, H. Lehmacher, R. Menke: Verkehrswissenschaftliche Untersuchungen für eine Ergänzung des Fernstraßennetzes in Norddeutschland, Küstenautobahn — Emslandautobahn — Nordlandlinie; Gutachten im Auftrag des Bundesministers für Verkehr, Bonn o. J. (1974)

F. Voigt, W. Laschet, J. Melcher: Kriterien für die Standortwahl der Fertigteilbetriebe in Nordrhein-Westfalen in betrieblicher und gesamtwirtschaftlicher Sicht; Gutachten im Auftrag des Ministers für Wirtschaft, Mittelstand und Verkehr des Landes Nordrhein-Westfalen, Bonn 1975 (in Zusammenarbeit mit dem Betriebswirtschaftlichen Institut der Westdeutschen Bau-Industrie)

F. Voigt, A. Franke, St. Jokl: Die volkswirtschaftlichen Kosten der Arbeitsunfälle. Eine empirische Analyse der makroökonomischen Folgewirkungen von Arbeitsunfällen in der BRD für das Jahr 1972; Gutachten im Auftrag der Bundesanstalt für Arbeitsschutz und Unfallforschung (Dortmund), Bonn 1975

B. Veröffentlichungen

I. Schriftenreihen

1. *Verkehrswissenschaftliche Forschungen*

Schriftenreihe des Instituts für Industrie- und Verkehrspolitik der Universität Bonn, hrsg. v. Prof. Dr. Dr. Dr. h. c. Fritz Voigt, Verlag Duncker & Humblot, Berlin-München

F. Voigt: Die volkswirtschaftliche Bedeutung des Verkehrssystems (Band 1), Berlin 1960

H. Göben: Der Wettbewerb der deutschen Fischereihäfen und seine Probleme (Band 2), 1961

P.-H. Spranger: Theorie des Nachrichtenverkehrs als Grundlage für die Beurteilung von Integrationsmaßnahmen einer Europäischen Postunion (Band 3), 1961

B. Holland: Die Rohrleitung als Ferntransportmittel. Mit einem Beitrag von F. Voigt: Die Eingliederung der Rohrleitung als Ferntransportmittel in das deutsche Verkehrssystem (Band 4), 1961

G. Berendt: Die Entwicklung der Marktstruktur im internationalen Luftverkehr (Band 5), 1961

J. Schneider: Empirische Untersuchungen über den Einfluß von Frachtraten, Frachteinnahmen und Schiffbaupreisen auf den Bau von seegehenden Güterschiffen 1900 - 1958 (Band 6), 1961

W. Gumpel: Die Seehafen- und Schiffahrtspolitik des COMECON. Ihre Auswirkungen auf den Hafen Hamburg (Band 7), 1963

E. Schulz-Hanßen: Die Verkehrswirtschaft des Seehafens. Eine Begriffs- und Wesensbestimmung (Band 8), 1965

P. Metge: Die Struktur der Hafenschiffahrt. Dargestellt am Beispiel Hamburgs (Band 9), 1964

F. Voigt unter Mitarbeit von *L. Beth, D. Carl, J. Fleischhauer, H. Herberg, K.-J. Juhnke, H. Lose* und *S. Reitschuler:* Theorie der regionalen Verkehrsplanung. Ein Beitrag zur Analyse ihrer wirtschaftlichen Problematik (Band 10), 1964

S. Klatt: Die ökonomische Bedeutung der Qualität von Verkehrsleistungen (Band 11), 1965

H. P. Weber: Investitionskriterien für Wasserstraßenbauten (Band 12), 1965

H.-L. Beth: Ökonomische Grundlagen der Planung von Straßen (Band 13), 1966

K.-J. Juhnke: Die Bedeutung und Gestaltung der Eisenbahnen für den Personenverkehr in Ballungsräumen (Band 14), 1966

H. Hölterling: Die Tarife für Seehafenleistungen (Band 15), 1966

K.-P. Otto: Die Preisbildung in der Binnenschiffahrt. Eine Analyse unter besonderer Berücksichtigung der deutschen Verhältnisse (Band 16), 1966

G. Aurbach: Vorhandene und notwendige statistische Erfassung des Binnenverkehrs in der Bundesrepublik Deutschland (Band 17), 1967

R. Franz: Schiffahrtsprotektionismus. Der Einfluß schiffahrtsprotektionistischer Maßnahmen auf die Preisbildung im Seeverkehr (Band 18), 1967

D. Becker: Die Haftung der Eisenbahn nach nationalem und internationalem Frachtrecht. Die Rechtsgrundlagen des Eisenbahnfrachtvertrages und die Haftung der Eisenbahn nach deutschem Recht sowie nach dem Internationalen Übereinkommen über den Eisenbahnfrachtverkehr (CIM, gültig ab 1. Januar 1965) (Band 19), 1969

D. Strohm: Der Einfluß wirtschaftlicher Wechsellagen auf Verkehrsströme (Band 20), 1969

R. Radel: Die Bedeutung des öffentlichen Personennahverkehrs für die Raumordnungspolitik in den ländlichen Regionen der Bundesrepublik Deutschland (Band 21), 1970

H. Stiesch: Die Bedeutung der gemeinsamen Verkehrspolitik der EWG für die Entwicklung der Raumstruktur der Bundesrepublik Deutschland (Band 22), 1971

J. Grevsmähl: Adaptive Verkehrsplanung. Ein Versuch zur Berücksichtigung gesamtwirtschaftlicher Gesichtspunkte und des Unsicherheitsmoments in einem Teilbereich der Infrastrukturplanung (Band 23), 1971

G.-F. Gisevius: Zur Vorgeschichte des Preußisch-Sächsischen Eisenbahnkrieges. Verkehrspolitische Differenzen zwischen Preußen und Sachsen im Deutschen Bund (Band 24), 1971

G. Hoff: Entwicklung und Bedeutung des Luftfrachtverkehrs in der Bundesrepublik Deutschland (Band 25), 1972

D. Havlíček: Die Preisbildung im gewerblichen Güternahverkehr auf der Straße (Band 26), 1973

P. Broers: Die Strukturwandlungen in der deutschen Seeschiffahrt (Band 27), 1974

J. Frerich: Die regionalen Wachstums- und Struktureffekte von Autobahnen in Industrieländern. Ein Beitrag zur Erfassung und Quantifizierung des mittelbaren volkswirtschaftlichen Nutzens von Straßenbauinvestitionen (Band 28), 1974

H. Lehmacher: Die Ökonomie der Stauungen im Straßenverkehr von Ballungsräumen. Möglichkeiten und Grenzen einer Ermittlung von Ballungspreisen für den Individualverkehr (Band 29), 1975

2. *Schriftenreihe zur Industrie- und Entwicklungspolitik*

hrsg. v. Prof. Dr. Dr. Dr. h. c. Fritz Voigt, Verlag Duncker & Humblot, Berlin-München

K. Ikeda, Y. Kato, J. Taiyoji: Die industrielle Entwicklung in Japan unter besonderer Berücksichtigung seiner Wirtschafts- und Finanzpolitik (Band 1), 1970

D. Dubber: Die Bedeutung des Markenartikels im Prozeß der industriellen Entwicklung (Band 2), 1969

G. Unterburg: Die Bedeutung der Patente in der industriellen Entwicklung (Band 3), 1970

H. Wruck: Internationale Marktvereinbarungen. Wesen und volkswirtschaftliche Bedeutung (Band 4), 1970

K. Schulz-Hanßen: Die Stellung der Elektroindustrie im Industrialisierungsprozeß (Band 5), 1970

H. Fest: Zur gesamtwirtschaftlichen Konsistenz des Entscheidungskriteriums für die Auswahl öffentlicher Investitionen. Ein Beitrag zur theoretischen Grundlegung der gesamtwirtschaftlichen Nutzen-Kosten-Analyse (Band 6), 1971

L. Poth: Die Stellung des Steinkohlenbergbaus im Industrialisierungsprozeß unter besonderer Berücksichtigung des Ruhrgebietes (Band 7), 1971

H. Bartling: Wirtschaftliche Macht unter wettbewerbspolitischem Aspekt (Band 8), 1971

R. Pötzsch: Stadtentwicklungsplanung und Flächennutzungsmodelle für Entwicklungsländer (Band 9), 1972

H. Frankus: Fusionskontrolle bei Konglomeraten (Band 10), 1972

H. Hehl: Ökonomische Entwicklungsfunktionen nationaler Entwicklungsbanken. Dargestellt am Beispiel der Indischen Union (Band 11), 1973

R. Hedtke: Möglichkeiten und Grenzen einer Anwendung der Kosten-Ertrags-Analyse in der Strukturpolitik (Band 12), 1973

H. Kreuter: Industrielle Standortaffinität und regionalpolitische Standortlenkung. Dargestellt am Beispiel Baden-Württembergs (Band 13), 1974

H. Bonus: Untersuchungen zur Dynamik des Konsumgüterbesitzes (Band 14), 1975

H. Dawar: Die Bedeutung der Zollpolitik für die industrielle Entwicklung wirtschaftlich zurückgebliebener Räume. Dargestellt am Beispiel Afghanistans (Band 15), 1975

3. Industrie und Verkehr

Schriftenreihe der Gesellschaft für Wirtschafts- und Verkehrswissenschaftliche Forschung, hrsg. v. Prof. Dr. Dr. Dr. h. c. Fritz Voigt, Verlag Kirschbaum, Bonn-Bad Godesberg

D. Carl: Koordinierte Verkehrsplanung in Stadtregionen (Band 1), 1969

H. Lose: Verkehrsplànung für wirtschaftsschwache Regionen (Band 2), 1969

4. Diskussionspapiere der Gesellschaft für Wirtschafts- und Verkehrswissenschaftliche Forschung

M. Tietzel: Über die Optimalität von Verkehrsinvestitionen (Heft 1), Bonn 1972

J. Füllenbach: Die Wirtschaftsreform in der CSSR (Heft 2), Bonn 1972

H. Malsbender: Die Auswirkungen des Einsatzes von ausländischen Arbeitskräften auf Wirtschaftswachstum und Konjunkturentwicklung in der Bundesrepublik Deutschland, Teil I. und II. (Heft 3), Bonn 1973

R. Neumann: Qualitative und quantitative Beeinträchtigung der Umwelt durch den Kraftfahrzeugverkehr unter besonderer Berücksichtigung der Möglichkeiten einer monetären Erfassung und Zurechnung der bereits entstandenen und noch zu erwartenden Schäden, Teil I. und II. (Heft 4), Bonn 1973

E. Hartbrich: Die Bedeutung betrieblicher Erfolgsbeteiligungsmodelle und arbeiterselbstverwalteter Betriebe in der BRD für eine allgemeine Beteiligung der Arbeitnehmer am Produktivvermögen (Heft 5), Bonn 1974

F. Voigt mit *H.-J. Budischin, G. Heyder, W. Laschet:* Ursachen und Entwicklungsphasen des Bewußtwerdens von Vorstellungen über neue Schwerpunkte der Technologie-, Wirtschafts- und Gesellschaftspolitik (Heft 6), Bonn 1974

W. Hirsch: Zum gegenwärtigen Stand der Diskussion zur überbetrieblichen Ertragsbeteiligung der Arbeitnehmer (Heft 7), Bonn 1974

F. Voigt, F. Spreer: Über die Aufgaben der modernen Verkehrswissenschaft (Heft 8), Bonn 1974

H. J. Kurth: Ziele der Stadtsanierung und Stadterneuerung — Versuch einer Zielformulierung in der Stadtentwicklungsplanung (Heft 9), Bonn 1974

Th. Sarrazin, F. Spreer, M. Tietzel: Rationale Infrastrukturplanung — Probleme und Methoden (Heft 10), Bonn 1974

H. Lehmacher: Ökonomische Straßenverkehrsplanung in der Bundesrepublik Deutschland — dargestellt anhand der Untersuchung für eine Ergänzung des Fernstraßennetzes in Norddeutschland (Heft 11), Bonn 1974

F. Voigt: Probleme der historischen und der künftigen Entwicklung des Verkehrs in Ballungsräumen (Heft 12), Bonn 1974

F. Voigt, H.-J. Budischin: Probleme des Bewußtwerdens ökonomischer und sozialer Wandlungen (Heft 13), Bonn 1974

A. Franke, St. Jokl: Die Problematik der quantitativen Erfassung und Bewertung des Humankapitals aus makroökonomischer Sicht — dargestellt am Beispiel gesamtwirtschaftlicher Arbeitsunfallfolgekosten (Heft 14), Bonn 1974

II. Ausgewählte Dissertationen

(soweit nicht unter I. aufgeführt)

G. Abraham: Einfluß des gewerblichen Güterfernverkehrs auf wirtschaftliche Wachstumsprozesse und Differenzierungsprozesse, Diss. Hamburg 1963

J. C. Fitter: Wirtschaftliche Entwicklung in Chile von 1950 - 1963. Kritische Analyse der Entwicklungspolitischen Konzeption, Diss. Hamburg 1968

D. Oberländer: Verkehrssystem und Integrationsbestrebungen als Determinanten der wirtschaftlichen Entwicklung Lateinamerikas, Diss. Bonn 1968

O. U. v. Blanquet: Die wirtschaftliche Entwicklungspolitik in Peru. Analyse und Kritik, Diss. Bonn 1969

H. Schüler: Die Bedeutung von Zwangssparprozessen für die Industrialisierung der Entwicklungsländer, Diss. Bonn 1969

T. Zemzoum: Beiträge zu einer Theorie der nationalen Integration in den Entwicklungsländern, Diss. Bonn 1969

W. Borgstede: Strukturänderungen und Wirtschaftswachstum in der Bundesrepublik Deutschland, Diss. Bonn 1969

M. Kiani: Ansätze und Möglichkeiten der Geld- und Fiskalpolitik als Finanzierungsinstrument einer gesamtwirtschaftlichen Entwicklungspolitik — dargestellt am Beispiel Persiens, Diss. Bonn 1970

J. Henrich: Die wirtschaftliche Leistungsfähigkeit des Luftverkehrs in den Entwicklungsländern — dargestellt am Beispiel Afrikas, Diss. Bonn 1970

D. Winter: Die Determinanten der Nachfrage nach Güterverkehrsleistungen, Diss. Bonn 1971

R. Brüning: Die Schaffung optimaler Parkverhältnisse in den Stadtkernen und für den privaten Individualverkehr mit Personen- und Kombinationskraftwagen — eine volkswirtschaftliche Untersuchung am Beispiel Bremens, Diss. Bonn 1972

M. Tietzel: Die Effizienz staatlicher Investitionsentscheidungen im Verkehrssektor (Diss. Bonn 1972), Frankfurt, Bern 1972

M. Wrobel: Die vertikale Preisbindung als Aktionsparameter — eine volks- und betriebswirtschaftliche Studie, Diss. Bonn 1972

M. Azzam: Möglichkeiten und Grenzen der Importsubstitution im Industrialisierungsprozeß der Länder des gemeinsamen Marktes Ost-Afrikas, Kenyas, Tansanias und Ugandas, Diss. Bonn 1972

R. H. Pusch: Ökonomie des Faktors Zeit im Personenverkehr. Ein methodenkritischer Beitrag (Diss. Bonn 1972), Frankfurt, Bern 1973

U. Möller: Die Stellung der Nahrungs- und Genußmittelindustrie im Prozeß der Industrialisierung (Diss. Bonn 1973), Frankfurt, Bern 1973

G. Aflissah: Die Methoden der wirtschaftlichen Planung in den westafrikanischen Staaten Ghana und Togo, Diss. Bonn 1973

J. Melcher: Das öffentliche Nachrichtenverkehrssystem der Bundesrepublik Deutschland — Methode und empirische Erfassung seiner ökonomischen Leistungsfähigkeit, Diss. Bonn 1973

M. Schönemann: Das Modell der Arbeitnehmerbeteiligung im Rahmen der peruanischen Industriereform von 1970 — ein Beispiel für Entwicklungsländer?, Diss. Bonn 1973

F. Spreer: Meta-theoretische Aspekte der Wirtschaftsplanung, Diss. Bonn 1973

Th. Sarrazin: Logik der Sozialwissenschaften an den Grenzen von Nationalökonomie und Geschichte: Die New Economic History, Diss. Bonn 1974

K. Reitz: Bestimmungsgründe und voraussichtliche Entwicklung der Nachfrage nach Briefsendungen bis zum Jahre 1985, Diss. Bonn 1974

I. Scholz: Die Telefonnachfrage — Die Ausbreitung privater Hauptanschlüsse und einige Grundlagen ihrer Prognose für Ortsnetzbereiche, Diss. Bonn 1974

M. Zachcial: Der Kleingutverkehr der deutschen Bundespost, Determinanten, Schätzprobleme und Prognose, Diss. Bonn 1974

III. Sonstige Veröffentlichungen (Auswahl)

F. Voigt: Die gestaltende Kraft der Verkehrsmittel in wirtschaftlichen Wachstumsprozessen. Untersuchung der langfristigen Auswirkungen von Eisenbahn und Kraftwagen in einem Wirtschaftsraum ohne besondere Standortvorteile, Bielefeld 1959

— Beziehungen zwischen Seeschiffahrt, Seehäfen und Binnenschiffahrt in der Bundesrepublik Deutschland; in: Verkehr und Wirtschaft, Festschrift für Otto Most, Duisburg-Ruhrort 1961, S. 217 - 257

— Die Mitbestimmung der Arbeitnehmer in den Unternehmungen. Eine Analyse der Einwirkungen der Mitbestimmung in der Bundesrepublik Deutschland auf die Unternehmungsführung; in: Zur Theorie und Praxis der Mitbestimmung, hrsg. von Walter Weddigen. Schriften des Vereins für Socialpolitik, N. F., Bd. 24/I, Berlin 1962, S. 87 - 536. Auszugsweise abgedruckt in: Arbeitsökonomik. Neue Wissenschaftliche Bibliothek, hrsg. v. B. Külp und W. Schreiber, Bd. 48, Wirtschaftswissenschaften, Köln 1972, S. 101 - 118

— German Experience with Cartels and their Control during Pre-War and Post-War Periods; in: Competition, Cartels and their Regulation, hrsg. v. J. P. Miller, Amsterdam 1962, S. 169 - 213

— Die Mitbestimmung der Arbeitnehmer in der Bundesrepublik Deutschland. Geschichtliche Entwicklung — Einfluß auf die unternehmerische Willensbildung — Volkswirtschaftliche Folgewirkungen; in: Zeitschrift für Evangelische Ethik, 7. Jg., H. 3 (1963), S. 129 - 148

— Die volkswirtschaftlichen Grundlagen der Verkehrsplanung; in: Gestaltungsprobleme der Weltwirtschaft. Festschrift für Andreas Predöhl, hrsg. von H. Jürgensen, Göttingen 1964, S. 237 - 253; auch in: Jahrbuch der Sozialwissenschaften, hrsg. v. H. Jürgensen, A. Predöhl, H. Schelsky, F. Voigt, Bd. 14, H. 3, Göttingen 1963, S. 237 - 253

— Die Formung der staatlichen Wirtschaftspolitik; in: studium sociale, Ergebnisse sozialwissenschaftlicher Forschung der Gegenwart, hrsg. v. K. G. Specht, H. G. Rasch, H. Hofbauer, Köln, Opladen 1963, S. 607 - 632

— Wirtschaftliche Probleme der Verkehrsplanung; in: III. Studientagung für Verkehrswissenschaft, 21. Sept. bis 17. Okt. 1964 in Hamburg, hrsg. v. Verkehrswissenschaftliches Seminar e. V. und auto und erdöl Presse-Verlag, Hamburg 1964, S. 221 - 230

— Verkehrspolitik, Raumordnung, Gemeinden; in: Schriften des Deutschen Gemeindetages, H. 5, Bad Godesberg 1965, S. 13 - 86

— Die Transportwirtschaft zwischen Dirigismus und Liberalismus; in: Wirtschaft-Correspondent, Internationale Zeitschrift für Verkehr und Wirtschaft, Jg. 19, Nr. 51 (1965), S. 1 - 3

J. Fitter: Wachsende Schwierigkeiten für die chilenischen Wirtschafts- und Sozialreformen; in: Wirtschaftsdienst, Nr. 10 (1966), S. 556 - 560

F. Voigt: Bemerkungen zur heutigen Situation der Verkehrswissenschaft; in: Kraftfahrt und Verkehrsrecht, Rechtszeitschrift der Akademie für Verkehrswissenschaft, H. 1 (1966), S. 27 - 36; auch in: citroen journal, 2. Jg., H. 1 und 2, Hamburg 1966

— Stillegungspläne der Bundesbahn und Verantwortung der Kreise im Flächenverkehr; in: Der Landkreis, Zeitschrift für kommunale Selbstverwaltung, hrsg. v. Deutscher Landkreistag, 36. Jg., H. 10 (1966), o. O., S. 368 - 371

— Untersuchung der Elemente des Bedarfs unter Berücksichtigung der Nachfrage; in: Zweites Internationales Symposium über Theorie und Praxis in der Verkehrswirtschaft, hrsg. v. Europäische Konferenz der Verkehrsminister, Paris 1967, S. 221 - 271

F. Voigt, J. Frerich, A. Hartog, R. Radel, K. Steffen: Die verkehrswirtschaftlichen Untersuchungen für den zweiten Ausbauplan der Bundesfernstraßen; in: Straße und Autobahn, 19. Jg., H. 6 (1968), S. 216 - 222

F. Voigt, D. Carl, H. Lose: Arbeitsstätte, Wohnstätte, Nahverkehr. Die Bedeutung des großstädtischen Nahverkehrssystems für die optimale Zuordnung von Wohnstätte und Arbeitsstätte — unter besonderer Berücksichtigung des Hamburger Wirtschaftsraumes. Schriftenreihe der Gesellschaft für Wohnungs- und Siedlungswesen e. V. (GEWOS), Hamburg 1968

J. Frerich, A. Hartog, R. Radel, K. Steffen: Ökonomische Grundlagen der Fernstraßenplanung; in: Raum und Siedlung, H. 11, Stuttgart 1968, S. 276 - 280

J. Fitter: Chilenische Entwicklungswirklichkeit und Entwicklungsstrategie, Köln-Opladen 1968

F. Voigt, J. Frerich, R. Radel, G. Unterburg: Wirtschaftliche Entleerungsgebiete in Industrieländern. Ein Beitrag zur Theorie der Raumwirtschaft und der Regionalpolitik für die BRD. Forschungsberichte des Landes Nordrhein-Westfalen Nr. 2061, Köln, Opladen 1969

J. Frerich, A. Hartog, R. Radel, K. Steffen: Analyse des Güterfernverkehrs auf der Straße und seine voraussichtliche Entwicklung bis zum Jahre 1980; in: Der Güterverkehr, H. 9 (1969), S. 292 - 300

F. Voigt, J. Frerich, K.-P. Otto, G. Unterburg: Backward Areas in Industrialized Countries, Report of the Federal Republic of Germany; in: Regional disequilibria in Europe. A Multinational Comparative Research, ed. European Coordination Center for Research and Documentation in Social Sciences, Brüssel 1969, S. 389 - 415

F. Voigt, D. Havliček, J. Henrich: Verkehrswirtschaft und Verkehrspolitik; in: Verkehrswissenschaftliche Arbeit in der Bundesrepublik Deutschland — Eine prognostische Bilanz, hrsg. v. Deutsche Verkehrswissenschaftliche Gesellschaft und F. Voigt, Köln 1969, S. 203 - 269; Schlußbetrachtung von F. Voigt, S. 599 - 604

F. Voigt: Die Betriebsstruktur im gewerblichen Güternahverkehr auf der Straße. Ein Beitrag zur Problematik der Kooperationsnotwendigkeit; in: Kooperation im Verkehr. Strukturpolitische Aufgaben und Perspektiven, Beiträge zur Verkehrs- und Gewerbepolitik, hrsg. von H. Schmidt, Bad Godesberg 1969, S. 202 - 210

Fünf Nordseehäfen (Amsterdam, Rotterdam, Antwerpen, Hamburg, Bremen), Exkursionsberichte, erstellt v. *Institut für Industrie- und Verkehrspolitik* der Universität Bonn (*Voigt, Havliček, Schönemann*); in: Schriftenreihe der DVWG, Reihe B: Seminar, B 4, Köln 1969

J. Fitter: Droht die Sprengung der Indischen Union?; in: Wirtschaftsdienst, Nr. 9 (1970), S. 541 - 545

Beiträge zur Industrie- und Verkehrspolitik, Festschrift für Prof. Dr. Dr. Dr. h. c. Fritz Voigt zum 60. Geburtstag, hrsg. v. *Gesellschaft für Wirtschafts- und Verkehrswissenschaftliche Forschung*, Bonn; Thomasberg 1970

F. Voigt, E. Helms: Die gesamtwirtschaftliche Problematik steigender Verkehrsunfälle. Die volkswirtschaftlichen Kosten der Verkehrsunfälle. Forschungsberichte des Landes Nordrhein-Westfalen Nr. 2138, Köln, Opladen 1970

J. Frerich: Die Bestimmungsfaktoren für die regionale Differenzierung des Wirtschaftswachstums und ihr Zusammenwirken; in: Die Mitarbeit, Zeitschrift zur Gesellschafts- und Kulturpolitik, 19. Jg., H. 4 (1970), S. 332 - 348

— Das wirtschafts- und gesellschaftspolitische Leitbild der Raumordnung; in: Die Mitarbeit, Zeitschrift zur Gesellschafts- und Kulturpolitik, 19. Jg., H. 2 (1970), S. 136 - 143

— Die Differenzierung der wirtschaftlichen Raumstruktur in der Bundesrepublik Deutschland; in: Die Mitarbeit, Zeitschrift zur Gesellschafts- und Kulturpolitik, 19. Jg., H. 3 (1970), S. 238 - 253

H. Kreuter: Themen und Argumente der gegenwärtigen Mitbestimmungsdiskussion; in: Die Mitarbeit, Zeitschrift zur Gesellschafts- und Kulturpolitik, 19. Jg., H. 4 (1970), S. 354 - 361

E. Helms: Probleme der ökonomischen Verkehrsunfallforschung; in: Die Mitarbeit, Zeitschrift zur Gesellschafts- und Kulturpolitik, 19. Jg., H. 4 (1970), S. 361 - 366

F. Voigt: The Influence of Transport Systems on Economic Development Processes; in: Regional Transport Planing in Theory and Practice, Second International Symposium on Transport, hrsg. v. Institute of Transport, Maritime Affairs and Communication, Zagreb 1971, S. 72 - 79

J. Frerich: Stadtverkehr — Problem ohne Ausweg? — Volkswirtschaftliche Kosten des Individualverkehrs; in: Vorrang dem öffentlichen Personennahverkehr, hrsg. von der Gewerkschaft öffentliche Dienste, Transport und Verkehr, Reutlingen 1972, S. 58 - 61 (= unveränderter Nachdruck aus: Deutsche Verkehrswacht, Zeitschrift für Sicherheit im Straßenverkehr, H. 2 (1971), S. 46 - 47

— Lkw-Prognose 1980, Die Entwicklung der Nachfrage nach Transportmitteln für den Güterverkehr auf der Straße in den einzelnen Wirtschaftsbereichen der BRD bis zum Jahre 1980; in: Absatzwirtschaft, H. 5 (1971), S. 41 - 54

— Industrielle Standortwahl und Raumordnungspolitik in der BRD; in: Die Mitarbeit, Zeitschrift für Gesellschafts- und Kulturpolitik, 20. Jg., H. 4 (1971), S. 312 - 339

F. Voigt, J. Frerich, R. Pötzsch, R. Radel: Eifel; in: Le développement régional en Europe, hrsg. v. R. Petrella, Publications du Centre Européen de Coordination de Recherche et de Documentation en Sciences Sociales, No. 2, Den Haag, Paris 1971, S. 383 - 408

J. Frerich: Die volkswirtschaftlichen Grundlagen der Planung des Bundesfernstraßennetzes; in: Die Planung des Bundesfernstraßennetzes, H. B 12 der Schriftenreihe der Deutschen Verkehrswissenschaftlichen Gesellschaft e. V., Köln 1972, S. 27 - 58

F. Voigt: Le Développement régional et le systéme de transport; in: Le développement régional et les secteurs économiques, hrsg. v. R. Pötzsch und F. Voigt, Den Haag, Paris 1972, S. 105 - 123

— Verkehr, Bd. 1, Die Theorie der Verkehrswissenschaft, 2 Teilbände, Berlin 1973; Bd. 2, Die Entwicklung des Verkehrssystems, 2 Teilbände, Berlin 1965

K. M. Gwilliam, S. Petriccione, F. Voigt, J. A. Zighéra: Koordinierung der Verkehrswege-Investitionen, Analyse — Empfehlungen — Verfahren; in: Studien, Reihe Verkehr, Nr. 3, hrsg. von der Kommission der Europäischen Gemeinschaften, Brüssel 1973

F. Voigt, A. Franke, St. Jokl: Die gesamtwirtschaftliche Problematik der Arbeitsunfallfolgekosten. Eine Analyse der makroökonomischen Folgewirkungen von Arbeitsunfällen und ein theoretisches Modell zur qualitativen Erfassung der gesamtwirtschaftlichen Arbeitsunfallfolgekosten, Forschungsbericht Nr. 108 der Bundesanstalt für Arbeitsschutz und Unfallforschung, Dortmund 1973

J. Fitter: Der Einfluß der Verkehrsinvestitionen auf die wirtschaftliche Entwicklung Afghanistans, Meisenheim 1973

Th. Sarrazin, F. Spreer, M. Tietzel: Eisenbahnen und wirtschaftliche Entwicklung — Neue Perspektiven eines alten Problems; in: Jahrbuch für Sozialwissenschaft, Bd. 24 (1973), H. 1, S. 85 - 105

Th. Sarrazin, F. Spreer, M. Tietzel: Die Sättigungsgrenze der Motorisierung; in: Zeitschrift für Verkehrswissenschaft, 44. Jg., H. 3 (1973), S. 147 - 162

Th. Sarrazin, F. Spreer, M. Tietzel: Zur Optimalität staatlicher Wirtschaftspolitik; in: Die Mitarbeit, Zeitschrift für Gesellschafts- und Kulturpolitik, 22. Jg., H. 1 (1973), S. 35 - 45

J. Frerich: Die Preisbildung in der Binnenschiffahrt der Bundesrepublik Deutschland — Zur Frage der Relevanz preistheoretischer Erklärungsansätze; in: Zeitschrift für Verkehrswissenschaft, 44. Jg., H. 4 (1973), S. 187 - 197

J. Frerich, H. Lehmacher: Etudes Economiques se Rapportant aux Plans d'Amenagement du Réseau d'Axes Routiers de la République Fédérale d'Allemagne pour les Années 1971 - 1985; in: Reflets et perspectives de la vie économique, Jg. 1974, Brüssel 1974

Th. Sarrazin, F. Spreer, M. Tietzel: Methods of Decision Theory to Evaluate Infrastructure Projects: Cost-Benefit-Analysis, Cost-Effectiveness-Analysis and Utility-Analysis — a Critical Comparative Approach; in: International Journal of Transport Economics, Vol. 1 (1974), S. 155 - 170

Th. Sarrazin, F. Spreer, M. Tietzel: Theorie und Realität in der Cost-Benefit-Analyse; in: Zeitschrift für die gesamte Staatswissenschaft, Bd. 130 (1974), S. 51 - 74

M. Schönemann: Was spricht für den Werkverkehr — Entscheidend ist die Frage der Wirtschaftlichkeit; in: Junge Wirtschaft, H. 10 (1974), Bad Godesberg, S. 30 - 35

F. Voigt: Die Gastarbeiter in der Bundesrepublik Deutschland; in: Die Mitarbeit, Zeitschrift zur Gesellschafts- und Kulturpolitik, 23. Jg., H. 4 (1974), S. 299 - 317

FSC
www.fsc.org
MIX
Papier | Fördert gute Waldnutzung
FSC® C083411

Kolibri 360 GmbH
Ferdinand-Jühlke-Straße 7
99095 Erfurt, Deutschland
produktsicherheit@kolibri360.de

Druck:
CPI Druckdienstleistungen GmbH
im Auftrag der
Kolibri 360 GmbH
Ferdinand-Jühlke-Str. 7
99095 Erfurt